Ana Tereza Basilio
Caius Marcellus Lacerda
Carlos Eduardo Pianovski Ruzyk
Carlos Roberto Siqueira Castro
Carolina Altoé Velasco
Ceres Rabelo
Christine Oliveira Peter da Silva
Diego Alves Bezerra
Eduardo Sérgio Cabral de Lima
Elias Marques de Medeiros Neto
Firly Nascimento Filho
Flávia Carvalho
Flávio Pansieri
George Salomão Leite
Gilmar Ferreira Mendes
Liliane Aparecida Sobreira Ferreira Fonseca
Maiana Guimarães e Silva
Manoel Jorge e Silva Neto
Manoel Messias Peixinho
Manuellita Hermes

20
25

COORDENADORES

GEORGE **SALOMÃO LEITE**

MANOEL JORGE **E SILVA NETO**

ATIVISMO JUDICIAL

O SUPREMO TRIBUNAL FEDERAL E A CONSTITUIÇÃO

Marcos Delli Ribeiro Rodrigues
Maria Berenice Dias
Melina Girardi Fachin
Ohana Fernandes Sales
Rafael Borges
Renata Câmara
Rodrigo Cavalcanti
Saul Tourinho Leal
Tauã Lima Verdan Rangel
Theophilo Antonio Miguel Filho
Thimotie Aragon Heemann

EM HOMENAGEM AO **MINISTRO EDSON FACHIN**

Dados Internacionais de Catalogação na Publicação (CIP) de acordo com ISBD

A872

Ativismo Judicial: O Supremo Tribunal Federal e a Constituição em homenagem ao Min. Edson Fachin / Ana Tereza Basilio ... [et al.] ; coordenado por George Salomão Leite, Manoel Jorge e Silva Neto. - Indaiatuba, SP : Editora Foco, 2025.

400 p. ; 17cm x 24cm.

Inclui bibliografia e índice.

ISBN: 978-65-6120-497-2

1. Direito. 2. Ativismo Judicial. 3. Supremo Tribunal Federal. 4. Constituição. 5. Edson Fachin. I. Basilio, Ana Tereza. II. Lacerda, Caius Marcellus. III. Ruzyk, Carlos Eduardo Pianovski. IV. Castro, Carlos Roberto Siqueira. V. Velasco, Carolina Altoé. VI. Rabelo, Ceres. VII. Silva, Christine Oliveira Peter da. VIII. Bezerra, Diego Alves. IX. Lima, Eduardo Sérgio Cabral de. X. Medeiros Neto, Elias Marques de. XI. Nascimento Filho, Firly. XII. Carvalho, Flávia. XIII. Pansieri, Flávio. XVI. Leite, George Salomão. XVII. Mendes, Gilmar Ferreira. XVIII. Fonseca, Liliane Aparecida Sobreira Ferreira. XIX. Silva, Maiana Guimarães e. XX. Silva Neto, Manoel Jorge e. XXI. Peixinho, Manoel Messias. XXII. Hermes, Manuellita. XXIII. Rodrigues, Marcos Delli Ribeiro. XXIV. Dias, Maria Berenice. XXV. Fachin, Melina Girardi. XXVI. Sales, Ohana Fernandes. XXVII. Borges, Rafael. XVIII. Câmara, Renata. XIX. Cavalcanti, Rodrigo. XX. Leal, Saul Tourinho. XXI. Rangel, Tauã Lima Verdan. XXII. Miguel Filho, Theophilo Antônio. XXIII. Heemann, Thimotie Aragon. XXIV. Título.

2025-1389 CDD 340 CDU 34

Elaborado por Vagner Rodolfo da Silva - CRB-8/9410

Índices para Catálogo Sistemático:

1. Direito 340
2. Direito 34

Ana Tereza Basilio
Caius Marcellus Lacerda
Carlos Eduardo Pianovski Ruzyk
Carlos Roberto Siqueira Castro
Carolina Altoé Velasco
Ceres Rabelo
Christine Oliveira Peter da Silva
Diego Alves Bezerra
Eduardo Sérgio Cabral de Lima
Elias Marques de Medeiros Neto
Firly Nascimento Filho
Flávia Carvalho
Flávio Pansieri
George Salomão Leite
Gilmar Ferreira Mendes
Liliane Aparecida Sobreira Ferreira Fonseca
Maiana Guimarães e Silva
Manoel Jorge e Silva Neto
Manoel Messias Peixinho
Manuellita Hermes

COORDENADORES

GEORGE **SALOMÃO LEITE**
MANOEL JORGE **E SILVA NETO**

ATIVISMO JUDICIAL

O SUPREMO TRIBUNAL FEDERAL E A CONSTITUIÇÃO

EM HOMENAGEM AO **MINISTRO EDSON FACHIN**

Marcos Delli Ribeiro Rodrigues
Maria Berenice Dias
Melina Girardi Fachin
Ohana Fernandes Sales
Rafael Borges
Renata Câmara
Rodrigo Cavalcanti
Saul Tourinho Leal
Tauã Lima Verdan Rangel
Theophilo Antonio Miguel Filho
Thimotie Aragon Heemann

2025 © Editora Foco
Coordenadores: George Salomão Leite e Manoel Jorge e Silva Neto
Colaboradores: Ana Tereza Basilio, Caius Marcellus Lacerda, Carlos Eduardo Pianovski Ruzyk, Carlos Roberto Siqueira Castro, Carolina Altoé Velasco, Ceres Rabelo, Christine Oliveira Peter da Silva, Diego Alves Bezerra, Eduardo Sérgio Cabral de Lima, Elias Marques de Medeiros Neto, Firly Nascimento Filho, Flávia Carvalho, Flávio Pansieri, George Salomão Leite, Gilmar Ferreira Mendes, Liliane Aparecida Sobreira Ferreira Fonseca, Maiana Guimarães e Silva, Manoel Jorge e Silva Neto, Manoel Messias Peixinho, Manuellita Hermes, Marcos Delli Ribeiro Rodrigues, Maria Berenice Dias, Melina Girardi Fachin, Ohana Fernandes Sales, Rafael Borges, Renata Câmara, Rodrigo Cavalcanti, Saul Tourinho Leal, Tauã Lima Verdan Rangel, Theophilo Antonio Miguel Filho e Thimotie Aragon Heemann
Diretor Acadêmico: Leonardo Pereira
Editor: Roberta Densa
Coordenadora Editorial: Paula Morishita
Revisora Sênior: Georgia Renata Dias
Revisora Júnior: Adriana Souza Lima
Capa Criação: Leonardo Hermano
Diagramação: Ladislau Lima e Aparecida Lima
Impressão miolo e capa: FORMA CERTA

NOTAS DA EDITORA:

Atualizações e erratas: A presente obra é vendida como está, atualizada até a data do seu fechamento, informação que consta na página II do livro. Havendo a publicação de legislação de suma relevância, a editora, de forma discricionária, se empenhará em disponibilizar atualização futura.

Erratas: A Editora se compromete a disponibilizar no site www.editorafoco.com.br, na seção Atualizações, eventuais erratas por razões de erros técnicos ou de conteúdo. Solicitamos, outrossim, que o leitor faça a gentileza de colaborar com a perfeição da obra, comunicando eventual erro encontrado por meio de mensagem para contato@editorafoco.com.br. O acesso será disponibilizado durante a vigência da edição da obra.

Impresso no Brasil (4.2025) – Data de Fechamento (4.2025)

2025

Editora Foco Jurídico Ltda.
Rua Antonio Brunetti, 593 – Jd. Morada do Sol
CEP 13348-533 – Indaiatuba – SP

E-mail: contato@editorafoco.com.br
www.editorafoco.com.br

COLABORADORES

Ana Tereza Basilio

Presidente da OAB-RJ.

Caius Marcellus Lacerda

Advogado.

Carlos Eduardo Pianovski Ruzyk

Doutor, Mestre e Graduado em Direito pela Universidade Federal do Paraná (UFPR), com estágio de pesquisa na Universidade Coimbra. Professor Associado nos cursos de Graduação e Pós-Graduação (Mestrado e Doutorado) da Universidade Federal do Paraná. Membro da Comissão constituída pelo Senado da República para a elaboração do anteprojeto de reforma do Código Civil. Presidente Estadual do IBDFAM Paraná. Advogado, parecerista e árbitro.

Carlos Roberto Siqueira Castro

Master of Laws (LL.M) pela University of Michigan. Doutor em Direito Público pela Universidade Federal do Rio de Janeiro. Professor Titular de Direito Constitucional da UERJ. Professor visitante da Université Panthéon Assas – Paris II. Subprocurador-Geral da República, aposentado.

Carolina Altoé Velasco

Doutora em Direito pela PUC-Rio. Professora do Curso em Direito da Universidade Cândido Mendes. Professora dos Cursos de Pós-graduação do Departamento de Direito da PUC-Rio. Advogada.

Ceres Rabelo

Mestre e Doutoranda em Direito Público. Advogada.

Christine Oliveira Peter da Silva

Doutora e Mestre em Direito, Estado e Constituição pela UnB; Professora Associada do Mestrado e Doutorado em Direito das Relações Internacionais do Centro Universitário de Brasília (UniCeub). Pesquisadora e vice-líder do Centro Brasileiro de Estudos Constitucionais ICPD/UniCeub. Assessora de Ministro do Supremo Tribunal Federal.

Diego Alves Bezerra

Mestre em Direito pela UFRN. Especialista em Direito Penal, Processo Penal e Penal Econômico pela PUC, Minas Gerais. Professor Universitário. Advogado.

Eduardo Sérgio Cabral de Lima

Mestrando em Direito pela UNICAP/PE. Advogado.

Elias Marques de Medeiros Neto

Pós-Doutorados em Direito Processual Civil pelas Universidades de Lisboa, Coimbra-IGC e Salamanca. *Visiting Scholar* no Instituto Max Planck. Doutor e Mestre em Direito Processual Civil pela PUCSP. Advogado e Professor. Presidente da Comissão de Processo Civil da OABSP e da Comissão de Processo Empresarial do IASP.

Firly Nascimento Filho

Doutor em Direito (PUC-RIO). Professor da PUC-RIO. Coordenador do Curso de Especialização em Direito Processual Civil da PUC-RIO. Membro honorário do Instituto dos Advogados do Brasil (IAB). Desembargador Federal no Rio de Janeiro (TRF-2). Coordenador Adjunto da Comissão de Direito Internacional da EMARF-TRF-2. Ex-Diretor Adjunto da Escola Nacional da Magistratura (ENM) da Associação dos Magistrados Brasileiros (AMB). Palestrante na EMARF-TRF-2.

Flávia Carvalho

Mestranda em Direito pela UNICAP/PE. Juíza de Direito do TJPB.

Flávio Pansieri

Pós-Doutor em Direito pela Universidade de São Paulo (USP). Doutor em Direito pela Universidade Federal de Santa Catarina (UFSC). Mestre em Direito pela Universidade de São Paulo (USP). Professor do PPGD da Pontifícia Universidade Católica do Paraná (PUC-PR). Advogado e Sócio Fundador da Pansieri Advogados. Líder do Publius (CNPq). E-mail: pansieri@pansieriadvogados.com.br. Lattes: http://lattes.cnpq.br/0746109917958819; ORCID: https://orcid.org/0000-0003-4025-4534; vinculação: Paraná (PUC-PR).

George Salomão Leite

Doutor em Direito pela UCA. Mestre em Direito pela PUC/SP. Presidente da Escola Brasileira de Estudos Constitucionais – EBEC.

Gilmar Ferreira Mendes

Doutor em Direito pela Universidade de Münster, Alemanha. Professor de Direito Constitucional nos cursos de graduação e pós-graduação do Instituto Brasileiro de Ensino, Desenvolvimento e Pesquisa (IDP). Ministro do Supremo Tribunal Federal (STF).

Liliane Aparecida Sobreira Ferreira Fonseca

Especialista em Direito Constitucional. Especialista em Direito da Família com ênfase nos Direitos da Mulher e Alienação Parental da Universidade de Coimbra/Portugal. Presidente da Comissão Especial de Direito Constitucional e Coordenadora de Apoio Cultural da OAB/SP, 101ª Subseção.

Maiana Guimarães e Silva

Mestra em Direito Público pela Universidade Federal da Bahia. Professora de Direito Constitucional, escritora de Livros e obras jurídicas. Membro da Comissão Nacional de Pessoas com deficiência da OAB. Advogada especializada em Direito Público, com ênfase em Direito das pessoas com Autismo e direito à saúde, sócia fundadora do escritório MGS Advocacia e Consultoria.

Manoel Jorge e Silva Neto

Doutor e Mestre em Direito pela Pontifícia Universidade Católica de São Paulo – PUC/SP. Professor-Adjunto III da Universidade Federal da Bahia – UFBA. Subprocurador-geral do Trabalho no Ministério Público do Trabalho (DF). Diretor-Geral Adjunto da Escola Superior do Ministério Público da União (ESMPU). Professor-Visitante na Universidade da Flórida (EUA) – Levin College of Law e na Universidade François Rabelais (FRA).

Manoel Messias Peixinho

Pós-doutor pela Universidade de Paris X. Professor do Departamento de Direito da PUC-Rio. Doutor em Direito pela PUC-Rio. Presidente da Comissão de Concessão, Parcerias-Público-Privadas e Prestadores de Serviço da OAB-RJ. Advogado.

Manuellita Hermes

Doutora summa cum laude em Direito e Tutela pela Università degli studi di Roma Tor Vergata (Itália) e em Direito, Estado e Constituição pela UnB, com períodos como pesquisadora visitante no Max Planck Institute for Comparative Public Law and International Law (Alemanha) e no Institut de recherche en droit international et européen de la Sorbonne (França). Professora da graduação e do programa de pós-graduação do Instituto Brasileiro de Ensino, Desenvolvimento e Pesquisa (IDP). Docente da Escola Superior da AGU. Coordenadora no Centro de Estudos Constitucionais Comparados da Universidade de Brasília (UnB). Integrante da Associação Internacional de Direito Constitucional (IACL/AIDC), da World Academy of Art ande Science e da International Society of Public Law (ICON-S). Ex-secretária de Altos Estudos, Pesquisas e Gestão da Informação do STF e ex-assessora de ministra no STF. Procuradora Federal. Coordenadora do Grupo de Trabalho sobre Igualdade Étnica e Racial do Comitê de Diversidade e Inclusão da AGU.

Marcos Delli Ribeiro Rodrigues

Doutorando em Direito pela Universidade de Marília. Mestre em Direito pela UNIMAR. Sócio do escritório MDR Advocacia. Advogado.

Maria Berenice Dias

Vice-Presidente Nacional do IBDFAM. Advogada.

Melina Girardi Fachin

Possui estágio Pós-doutoral realizado na Universidade de Coimbra no Instituto de Direitos Humanos e Democracia (2019/2020). Doutora em Direito Constitucional, com ênfase em direitos humanos, pela Pontifícia Universidade Católica de São Paulo (PUC/SP.) Visiting researcher da Harvard Law School (2011). Mestre em Direitos Humanos pela (PUC/SP). Bacharel em Direito pela Universidade Federal do Paraná (UFPR). Diretora da Faculdade de Direito da Universidade Federal do Paraná (UFPR), 2024-2028. Atualmente Diretora da Faculdade de Direito, Professora Associada do Curso de Graduação em Direito e docente permanente do Curso de Pós-Graduação Stricto Sensu em Direito – Mestrado e Doutorado da Universidade Federal do Paraná (UFPR). Com área de atuação no Direito Constitucional e Direitos Humanos. Advogada sócia de Fachin Advogados.

Ohana Fernandes Sales

Especialista em Direito Público pelo Complexo Educacional Damásio de Jesus. Mestranda em Direito Processual Constitucional da Universidad Nacional Lomas de Zamora em parceria com o IIES – Instituto Internacional de Educação Superior – Buenos Aires. Atualmente, compõe a equipe de assessoria jurídica (Gabinete) do Quinto Juizado Especial Cível, Criminal e da Fazenda Pública da Comarca de Mossoró – RN. Advogada com mais de 10 (dez) anos de militância. Palestrante. Atuou como assistente jurídica na Procuradoria do Município de Mossoró – RN. Foi membro de diversas comissões da OAB Mossoró (do advogado iniciante, de direitos humanos, de eventos, da mulher advogada, OAB em ação, de educação e ensino jurídico, de apoio à criança adolescente e idoso, de meio ambiente). Atuou como Defensora Dativa do Tribunal de Ética e Disciplina da OAB Mossoró. Membro do Projeto Acolher Mossoró – MPRN.

Rafael Borges

Secretário-geral da OAB-RJ.

Renata Câmara

Mestranda em Direito pela UNICAP/PE. Juíza de Direito do TJPB.

Rodrigo Cavalcanti

Doutorando em Direito pela Universidade de Marília. Mestre em Direito pela UFRN. Advogado. Sócio do escritório MDR ADVOCACIA. Professor Universitário.

Saul Tourinho Leal

Pós-doutor em Direito Constitucional pela Universidade Humboldt de Berlim. Assessorou a Corte Constitucional da África do Sul e a vice-presidência da Suprema Corte de Israel. Sócio da banca Tourinho Leal Drummond de Andrade Advocacia.

Tauã Lima Verdan Rangel

Pós-doutorado em Sociologia Política pela Universidade Estadual do Norte Fluminense. Doutor e Mestre em Ciências Jurídicas e Sociais pela Universidade Federal Fluminense. Líder do Grupo de Pesquisa "Faces e Interfaces do Direito", vinculado à Faculdade de Direito de Cachoeiro de Itapemirim (FDCI). Professor Universitário, Pesquisador e Autor de diversos artigos e ensaios na área do Direito.

Theophilo Antonio Miguel Filho

Doutor em Direito pela Pontifícia Universidade Católica do Rio de Janeiro. Mestre em Direito da Administração Pública pela Universidade Gama Filho. Especialista em Direito Processual Civil e Direito Sanitário pela Universidade de Brasília. Bacharel em Teologia e Professor Adjunto da Pontifícia Universidade Católica do Rio de Janeiro (Direito Processual Civil, Direito Internacional Privado e Improbidade Administrativa). Coordenador Científico da Comissão de Direito Internacional da Escola de Magistratura Regional Federal (Emarf) do Tribunal Regional Federal – 2ª. Região. Possui Curso de Extensão em Propriedade Intelectual pela PUC/RJ e é Desembargador Federal do Tribunal Regional Federal da Segunda Região.

Thimotie Aragon Heemann

Promotor de Justiça no Ministério Público do Estado do Paraná (MP/PR). Especialista em Direito. Professor de Direito Constitucional e Direitos Humanos na Fundação Escola do Ministério Público do Estado do Paraná (FEMPAR) e da Escola da Magistratura do Estado do Paraná (EMAP). Editor da Coluna "Direito dos Grupos Vulneráveis" no site JOTA. Autor de livros e artigos jurídicos.

PREFÁCIO

Foi com grande alegria que recebi o convite para prefaciar a obra "Ativismo Judicial: o Supremo Tribunal Federal e a Constituição – em homenagem ao Min. Edson Fachin", coordenada por George Salomão Leite e Manoel Jorge e Silva Neto. Este livro busca reverenciar o mister do Ministro Edson Fachin no Supremo Tribunal Federal (STF), caracterizado por decisões pioneiras em temas como direitos das mulheres, proteção ambiental e combate à corrupção, sem, contudo, se limitar a esse propósito.

Nascido no Rio Grande do Sul e moldado pelo Paraná, Luiz Edson Fachin personifica a síntese entre raízes humildes e excelência jurídica. Filho de agricultores, sua infância rural forjou não só o caráter resiliente, mas a compreensão das dinâmicas sociais que mais tarde orientariam sua carreira jurídica. Da colheita à cátedra, construiu uma trajetória marcada pelo rigor intelectual e pelo compromisso inabalável com os princípios democráticos.

Formado pela Universidade Federal do Paraná, Fachin ascendeu à Procuradoria do Estado antes de consolidar-se como uma das mentes mais relevantes do Direito Civil brasileiro. Sua produção acadêmica e seu envolvimento na elaboração do Código Civil de 2002 revelam a rara capacidade de conciliar densidade teórica com aplicação prática, expertise que se tornaria ainda mais admirável ao alçar-se à posição de membro da Suprema Corte brasileira.

Ainda durante sua sabatina no Senado Federal, o homenageado vaticinara os fundamentos de sua futura atuação na Corte:

> Fiz minha travessia até aqui, olhando para a sociedade, para os fatos e para o Direito. Não me calei diante da vida, da violência, do desabrigo, do desafeto, mas bem compreendo a diferença entre debate acadêmico e exercício da judicatura. O acadêmico é plural no debate, o advogado é parcial por definição; nada obstante, o julgador é, por imperativo legal e ético, o ser imparcial no qual repousam as garantias da segurança e da juridicidade, guiado pela Constituição.[1]

Passados dez anos desde sua posse, suas palavras tomaram forma, destacando-se pela combinação singular de serenidade e firmeza doutrinária. Como relator da Operação Lava Jato, após o trágico falecimento do Ministro Teori Zavascki, conduziu o processo com equilíbrio histórico, de modo a assegurar tanto o avanço das investigações quanto o estrito cumprimento das garantias processuais. Sua conduta tornou-se paradigma de como lidar com casos de alta complexidade sem concessões ao espetáculo ou ao arbítrio.

1. GALLI, M. Fachin cita papa, Max Weber e Norberto Bobbio em apresentação no Senado. *Consultor Jurídico*, São Paulo, 12 maio 2015. Disponível em: https://www.conjur.com.br/2015-mai-12/fachin-cita-papa-max-weber-bobbio-apresentacao-senado/. Acesso em: 20 fev. 2025.

Neste momento histórico, em que a Suprema Corte ocupa papel central nos debates sobre democracia, direitos fundamentais e interpretação constitucional, o Ministro Edson Fachin não se deixa levar por ataques e pressões externas. Neste contexto, a presente coletânea reúne análises críticas de juristas e acadêmicos renomados e exibe panorama multifacetado acerca do fenômeno do ativismo judicial e seu entrelaçamento com a trajetória constitucional do Brasil, o que se confunde com a própria atuação do homenageado.

Esta obra transcende o debate técnico-jurídico. Ao situarem o STF no centro da reflexão sobre cultura política, ensino jurídico e democratização do acesso à Justiça, os autores oferecem diagnóstico preciso dos dilemas do Brasil contemporâneo. Seu mérito maior está em equilibrar o reconhecimento das conquistas do ativismo (especialmente na proteção de minorias) com a crítica contundente à judicialização como sintoma de falhas estruturais do sistema representativo.

Mais que um tributo ao exercício judicante do Ministro Edson Fachin, este livro é um convite à reinvenção do constitucionalismo brasileiro – um projeto que exige não apenas juízes capazes, mas uma sociedade apta a fazer da Constituição mais que um documento, um *ethos*.

Por esses motivos, não tenho dúvida de que os debates e as soluções aqui propostas haverão de frutificar, estimulando outras discussões nessa matéria tão atual e tão carente de estudos sistemáticos e aprofundados como o presente.

Desejo a todos proveitosa leitura!

Gilmar Ferreira Mendes

Ministro do Supremo Tribunal Federal (STF). Doutor em Direito pela Universidade de Münster, Alemanha. Professor de Direito Constitucional nos cursos de graduação e pós-graduação do Instituto Brasileiro de Ensino, Desenvolvimento e Pesquisa (IDP).

APRESENTAÇÃO

No já considerado clássico "*A Condição Humana*", Hannah Arendt registra que é necessário diferenciar o conhecimento e o reconhecimento. Para ela, o conhecimento é acessível a todos os indivíduos que promovam esforços para o fim de obtê-lo, ao passo que o reconhecimento habita o mundo do imponderável e das subjetividades. Logo, nem todos atingirão o almejado reconhecimento, malgrado tenham acessado plenamente o conhecimento.

Indiscutivelmente, não é o caso do Eminente Ministro Edson Fachin, cuja trajetória resplandece com o conhecimento cultivado todos os dias e floresce com o reconhecimento que se lhe destinam os juristas brasileiros.

Não parece suficiente ser promulgada constituição que se vincule às mais elevadas aspirações da coletividade; é, sim, indeclinável a existência de julgadores que se movam técnica e idealisticamente em prol da realização da vontade de constituição, como quer Hesse.

O Ministro Edson Fachin possui expressiva contribuição à ciência do direito, em obras nas quais se evidencia suprimento intelectual e invulgar fôlego acadêmico, tal como se mostra nas notáveis publicações: "*Diálogos sobre Direito Civil*", Rio de Janeiro: Ed. Renovar, 2012; "*Pensamento Crítico do Direito Civil Brasileiro*", Curitiba: Ed. Juruá, 2011; "*Teoria Crítica do Direito Civil*", Rio de Janeiro: Renovar, 2012; "*Direito Civil – Sentidos, Transformações e Fins*", Rio de Janeiro: Renovar, 2015; "*Jurisprudência Civil Brasileira*", São Paulo: Ed. Forum, 2017; "*Comentários ao Novo Código Civil*", São Paulo: Gen/Forense. Trata-se, todavia, de elenco literário meramente exemplificativo face à prolífica atividade intelectual realizada com absoluto esmero pelo dedicadíssimo autor homenageado na presente obra coletiva.

Contribuição tanto mais significativa e relevante quanto se constata, a não mais poder, o irrefreável ímpeto para realizar a sempre indispensável conexidade entre o sistema constitucional e o direito civil, ocasionando, sobremaneira, o enriquecimento da Constituição, e tornando-a, de verdade, texto paradigmático para conformar comportamentos não apenas do agente público, mas sobretudo das pessoas naturais e jurídicas que, no altiplano de relações entre particulares, se veem submetidas, por igual, às prescrições constitucionais, diante da já amplamente sedimentada teoria da eficácia externa ou horizontal dos direitos fundamentais.

Assim – tão humilde quanto firme –, o que sobressai em suas atitudes e decisões, é que, o Eminente Ministro Edson Fachin, ao aliar o nobilitante empenho acadêmico à relevantíssima função judicante em nossa Corte Constitucional, parece tornar mais fácil do que, de fato, é, a inexcedível tarefa construtora da cidadania, consolidada por interpretação constitucional comprometida com a realidade de seu tempo; um tempo de sociedade conflituosa e polarizada.

Portanto, nos sentimos profundamente honrados ao coordenarmos a obra coletiva.

E – mais do que isso – a honra se agiganta superlativamente, quando as singelas linhas de apresentação da obra colhem como destinatário figura humana extraordinária – agregador da ciência à existência: *Luiz Edson Fachin.*

George Salomão Leite

Manoel Jorge e Silva Neto

Coordenadores

SUMÁRIO

O PAPEL DO SUPREMO TRIBUNAL FEDERAL NOS LITÍGIOS ESTRUTURAIS: UMA ANÁLISE CONTEMPORÂNEA

Gilmar Ferreira Mendes

Doutor em Direito pela Universidade de Münster, Alemanha. Professor de Direito Constitucional nos cursos de graduação e pós-graduação do Instituto Brasileiro de Ensino, Desenvolvimento e Pesquisa (IDP). Ministro do Supremo Tribunal Federal (STF).

INTRODUÇÃO

Desde sua criação formal – a partir da primeira Constituição republicana brasileira, em 1891 –, o Supremo Tribunal Federal tem por missão zelar pela constitucionalidade da ordem normativa pátria e assegurar a observância dos princípios e mandamentos inscritos em nossa Carta Constitucional.[1] Passados mais de 130 anos desse marco, é certo que seu compromisso institucional permanece o mesmo, não sem ter enfrentado inúmeros contextos disruptivos, que exigiram do Tribunal postura resoluta e inovadora para sempre agir no resguardo dos direitos de todo o povo brasileiro.

Um desses novos contextos a ganhar momento na atuação da Corte diz respeito aos litígios estruturais, tema desta reflexão. As ações estruturais emergem como resposta jurídica inovadora a situações de violação sistemática e generalizada de direitos fundamentais, que transcendem a mera incompatibilidade normativa com a Constituição. Dessa forma, dada sua dimensão abrangente, esses litígios têm sido compreendidos como mecanismo da mais alta importância para a efetivação das promessas contidas no texto constitucional.

A trajetória dos litígios estruturais remonta ao contexto estadunidense de meados do século XX, com manifestações que foram se disseminando por outros países no decorrer do tempo. No Brasil, parte não desprezível da influência dos litígios estruturais veio da prática jurisprudencial colombiana, mediante o conceito de "estado de coisas inconstitucional" (ECI) – cuja manifestação pioneira entre nós se fez na Arguição de Descumprimento de Preceito Fundamental (ADPF) 347, ajuizada perante o Supremo

1. Sendo certo que a primeira menção expressa à instituição *Supremo Tribunal Federal* surge com a Constituição Republicana de 1891, não se pode negar que outras instituições já prefiguravam em normativos anteriores no desempenho de funções que foram posteriormente consolidadas na figura do STF. Nesse sentido: BRASIL. Senado Federal. *O Supremo Tribunal Federal*. Brasília: Centro Gráfico do Senado Federal, 1976, p. 5-7.

Tribunal Federal em 2015.[2] Desde então, diversos outros processos com pretensões estruturais foram intentados na Corte.

Diante dessa importância crescente, o STF foi instado a dar respostas institucionais e jurisprudenciais à altura da magnitude dos litígios estruturais. Nesse sentido, durante a presidência da Ministra Rosa Weber, o Tribunal editou a Resolução 790, de 22 de dezembro de 2022, que criou o Centro de Coordenação e Apoio às Demandas Estruturais e Litígios Complexos (CADEC) no âmbito do Centro de Soluções Alternativas de Litígios (CESAL).[3] A estrutura foi pensada diante das diferentes necessidades impostas pelas demandas estruturais e litígios complexos, que exigem técnicas especiais de efetivação processual e de intervenção jurisdicional, tais como flexibilidade de procedimento, consensualidade, negociações processuais e atipicidade dos meios de provas e de medidas executivas. Atualmente, a unidade responsável por auxiliar a Corte nessa função é o Núcleo de Processos Estruturais e Complexos (NUPEC).[4] Conforme levantamento, até dezembro de 2024, os Ministros proferiram 22 decisões estruturais ou complexas com apoio do Núcleo. Ao todo, o departamento segue monitorando dezesseis processos.[5]

Ainda nessa toada, em 2023, a Suprema Corte julgou o Recurso Extraordinário (RE) 684.612/RJ (tema 698 da repercussão geral).[6] Na oportunidade, o Tribunal manifestou-se acerca da intervenção do Poder Judiciário em políticas públicas. O voto condutor, de lavra do Ministro Luís Roberto Barroso, trouxe expressamente considerações sobre a atuação judicial em contextos de litígio estrutural.[7] Dentre outras, foram assentadas as seguintes teses, que mostram o esforço da Corte em calibrar sua participação nesse tema:

---

2. BRASIL. Supremo Tribunal Federal. Arguição de Descumprimento de Preceito Fundamental 347/DF. Relator: Min. Marco Aurélio, Redator do acórdão: Min. Luís Roberto Barroso, Tribunal Pleno, DJe 19.12.2023. Disponível em: https://jurisprudencia.stf.jus.br/pages/search/sjur493579/false. Acesso em: 16 fev. 2025.
3. BRASIL. Supremo Tribunal Federal. Resolução 790, de 22 de dezembro de 2022. Dispõe sobre a criação do Centro de Soluções Alternativas de Litígios do Supremo Tribunal Federal (CESAL/STF) e dá outras providências. Brasília, DF: Supremo Tribunal Federal [2022]. Disponível em: https://www.stf.jus.br/arquivo/cms/noticiaNoticiaStf/anexo/Resolucao790.pdf. Acesso em: 22 fev. 2025.
4. BRASIL. Supremo Tribunal Federal. Resolução 819, de 05 de fevereiro de 2024. Torna público o regulamento da Secretaria do Supremo Tribunal Federal. Brasília, DF: Supremo Tribunal Federal [2024]. Disponível em: https://digital.stf.jus.br/publico/publicacao/346419. Acesso em: 22 fev. 2025.
5. As informações sobre as atividades do NUPEC podem ser conferidas em sua aba institucional no *site* do STF. Disponível em: https://portal.stf.jus.br/textos/verTexto.asp?servico=cmc&pagina=nupec_apresentacao#litigio_analisado. Acesso em: 15 fev. 2025.
6. BRASIL. Supremo Tribunal Federal. Recurso Extraordinário 684.612/RJ. Relator: Min. Ricardo Lewandowski, Redator do acórdão: Min. Roberto Barroso, Tribunal Pleno, DJe 07.08.2023. Disponível em: https://jurisprudencia.stf.jus.br/pages/search/sjur484369/false. Acesso em: 15 fev. 2025.
7. Nesse sentido, o Min. Luís Roberto Barroso assentou que "o órgão julgador deve privilegiar medidas estruturais de resolução do conflito. Para atingir o 'estado de coisas ideal' – o resultado a ser alcançado –, o Judiciário deverá identificar o problema estrutural. Caberá à Administração Pública apresentar um plano adequado que estabeleça o programa ou projeto de reestruturação a ser seguido, com o respectivo cronograma. A avaliação e fiscalização das providências a serem adotadas podem ser realizadas diretamente pelo Judiciário ou por órgão delegado. Deve-se prestigiar a resolução consensual da demanda e o diálogo institucional com as autoridades públicas responsáveis". BRASIL. Supremo Tribunal Federal. Recurso Extraordinário 684.612/RJ. Relator: Min. Ricardo Lewandowski, Redator do acórdão: Min. Roberto Barroso, Tribunal Pleno, DJe 07/08/2023, p. 80. Disponível em: https://jurisprudencia.stf.jus.br/pages/search/sjur484369/false. Acesso em: 15 fev. 2025.

> 1. A intervenção do Poder Judiciário em políticas públicas voltadas à realização de direitos fundamentais, em caso de ausência ou deficiência grave do serviço, não viola o princípio da separação dos poderes.
> 2. A decisão judicial, como regra, em lugar de determinar medidas pontuais, deve apontar as finalidades a serem alcançadas e determinar à Administração Pública que apresente um plano e/ou os meios adequados para alcançar o resultado.[8]

Tudo isso demonstra a relevância do assunto aqui abordado para a atuação contemporânea do Tribunal diante dos desafios com que se depara para a efetiva proteção dos direitos fundamentais de todos os brasileiros e brasileiras. No quanto segue, esta reflexão está estruturada em mais três seções, para além das considerações finais. Inicialmente, são apresentados elementos basilares e o desenvolvimento histórico das ações estruturais, partindo da prática estadunidense, em meados do século XX. Em seguida, analisa-se a influência colombiana na doutrina brasileira do "estado de coisas inconstitucional", que se apresenta em diversos litígios que pleiteiam a alcunha de estruturais. Por fim, o contexto atual desse tipo de litígio é recuperado com base na prática do Supremo Tribunal Federal.

1. AÇÕES ESTRUTURAIS: ELEMENTOS CARACTERIZADORES E DESENVOLVIMENTO HISTÓRICO

A gênese e o desenvolvimento dos processos estruturais podem ser considerados uma das mais significativas inovações jurisprudenciais da prática estadunidense do século XX.[9] O ponto de partida desse movimento é usualmente atribuído ao julgamento por parte da Suprema Corte norte-americana do caso *Brown vs. Board of Education of Topeka*, em 1954.

Na ocasião, o Tribunal declarou a inconstitucionalidade da admissão de estudantes em escolas públicas com fundamento no sistema de segregação racial. Estabeleceu, assim, que os sistemas escolares fossem unificados sem essa prática discriminatória. Ao determinar a aceitação da matrícula de estudantes negros em instituições de ensino até então dedicadas à educação de pessoas brancas, a Suprema Corte dos EUA suscitou amplo processo de reformulação do sistema público de educação no país, consubstanciando o que ficou conhecido como reforma estrutural.[10]

A partir desse momento, os juízes federais dos Estados Unidos passaram a admitir processos de reforma estrutural em diversas matérias – não apenas na temática dos distritos escolares, mas também no que dizia respeito a presídios, a forças policiais, a

8. BRASIL. Supremo Tribunal Federal. Recurso Extraordinário 684.612/RJ. Relator: Min. Ricardo Lewandowski, Redator do acórdão Min. Roberto Barroso, Tribunal Pleno, DJe 07.08.2023. Disponível em: https://jurisprudencia.stf.jus.br/pages/search/sjur484369/false. Acesso em: 15 fev. 2025.
9. WEAVER, Russel L. The Rise and Decline of Structural Remedies. *San Diego Law Review*, San Diego, v. 41, n. 4, p. 1617-1632, 2004.
10. DIDIER JUNIOR, Fredie; ZANETI JUNIOR, Hermes; OLIVEIRA, Rafael A. Elementos para uma teoria do processo estrutural aplicada ao processo civil brasileiro. *Revista do Ministério Público do Estado do Rio de Janeiro*, Rio de Janeiro, v. 75, n. 1, p. 101-136, 2020.

instituições psiquiátricas e a políticas habitacionais segregacionistas –, o que resultou em amplas reformulações da sociedade americana. Nas palavras de Owen Fiss (1985), o escopo do processo de reforma estrutural expandiu-se ao longo dos anos 1960 e 1970, para se tornar tão abrangente quanto as próprias manifestações da burocracia estatal.[11]

Ainda de acordo com Fiss (1985), esse modelo então emergente de litígio singulariza-se por duas características: (i) em primeiro lugar, a percepção de que o risco de lesão aos valores constitucionais fundamentais – como liberdade, igualdade, devido processo, liberdade de expressão, laicidade estatal, vedação à tortura etc. – deriva não da atuação de indivíduos isolados, mas sim da operação das instituições da burocracia estatal; e, (ii) em segundo lugar, a ciência de que, a menos que essas instituições sejam reformuladas, as ameaças a esses valores não poderão e não serão eliminadas. Nesse sentido, ao proferir uma decisão de reforma estrutural, o juiz dirige um processo de reconstrução dessa organização burocrática que está em desconformidade com os valores constitucionais.[12]

A amplitude desse processo de reforma é bem ilustrada pelos desdobramentos do caso *Brown:*

> *Brown* demandava nada menos do que a transformação do "sistema dual" de escolas em um "sistema unitário, não racial", e isso desencadeou uma reforma organizacional profunda. A decisão demandava novos procedimentos para a alocação dos estudantes; novos critérios para a construção de escolas; realocação do corpo docente; revisão dos sistemas de transporte para acomodar novas rotas e distâncias; realocação de recursos entre escolas e entre novas atividades; alterações curriculares; aumento das dotações; revisão dos horários dos esportes intercolegiais; novos sistemas de informação para monitoramento da performance da organização; e mais. Com o tempo se compreendeu que a dessegregação era um processo de transformação total em que o juiz assumia a reconstrução de uma instituição social em funcionamento.[13]

Os traços distintivos das ações estruturais podem ser mais facilmente apreendidos por meio do cotejo de suas características com as do tipo tradicional de litígio – este assentado na relação piramidal entre as partes e o juiz.

Essas modalidades de litígio diferem-se entre si em razão do tipo de ocorrência que as suscita. Enquanto os litígios tradicionais têm por base incidentes pontuais – como uma contraparte que não adimple suas obrigações em determinado contrato –, os litígios estruturais estão centrados em conjunturas sociais e no papel que organizações de larga escala (notadamente as burocracias estatais) têm na conformação dessas conjunturas.[14] Assim, por exemplo, o cerne da questão de uma demanda estrutural não está no ato

11. FISS, Owen M. Two models of adjudication. In: GOLDWIN, Robert A.; SCHAMBRA, William A. (Ed.) *How does the Constitution secure rights?* Washington: American Enterprise Institute for Public Policy Research, 1985, p. 37.
12. FISS, Owen M. Two models of adjudication. In: GOLDWIN, Robert A.; SCHAMBRA, William A. (Ed.) *How does the Constitution secure rights?* Washington: American Enterprise Institute for Public Policy Research, 1985, p. 36.
13. FISS, Owen M. Foreword: The Forms of Justice. *Harvard Law Review*, v. 93, n. 1, p. 1-58, 1979, p. 2-3, tradução livre.
14. FISS, Owen M. Foreword: The Forms of Justice. *Harvard Law Review*, v. 93, n. 1, p. 1-58, 1979, p. 18.

isolado de violência policial – por mais que tenha sido esse ato o estopim do processo estrutural em curso. Está, sim, no padrão de comportamento que o ato em questão corporifica. O fator indispensável nesse tipo de litígio é a condição social que põe em risco valores constitucionais fundamentais, bem como a dinâmica organizacional que cria e perpetua essa condição de desacordo.

Também a composição das partes é aspecto que difere os dois tipos de litígio. Nos litígios usuais, os polos da relação processual são ocupados por indivíduos. Nos litígios estruturais, são grupos sociais que fazem as vezes da parte autora, ao passo que é a burocracia estatal que figura como ré. Essa natureza plural faz com que a percepção do que seja o interesse da parte autora se ramifique em diversas alternativas possíveis: alguns integrantes podem considerar como pontos determinantes certos aspectos do problema estrutural, enquanto integrantes diferentes podem atribuir maior sensibilidade a outros tópicos. Essa multitude de grupos presentes nos polos ativo e passivo das demandas transforma a noção de antagonismo, que deixa de ser binária para ser melhor compreendida como um mosaico resultante dos diversos interesses mobilizados pelo tema em questão.[15]

Outra característica dos litígios estruturais é que o grupo a ser beneficiado com a reforma estrutural não necessariamente é o mesmo grupo, afetado pelo problema, que suscitou o processo em primeiro lugar. Por exemplo, em casos de violência policial contra determinada minoria (como a população negra), a reforma das instituições de segurança pública pode beneficiar outros grupos minoritários que não estavam diretamente abarcados pelo escopo da ação estrutural – como a população em situação de rua.[16]

No que tange à decisão prolatada ao final do processo, há importante diferença de perspectiva entre os litígios tradicionais e os estruturais. Para os primeiros, na maioria das vezes – como em ações reparatórias ou penais –, os comandos possuem natureza retrospectiva, no sentido de que buscam reparar uma conduta indevida praticada pelo réu. No caso dos litígios estruturais e sua pretensão reformista, ao contrário, a sentença é dotada de natureza prospectiva, voltada a erradicar a ameaça de lesão aos valores constitucionais que o funcionamento corrente da burocracia estatal suscita.[17]

Ainda em relação à sentença, a complexidade de seu cumprimento é influenciada pelos diferentes objetos de atenção de cada tipo de litígio – de um lado, incidentes pontuais, e, de outro, conjunturas sociais de ameaça a valores constitucionais. Quanto aos litígios tradicionais, a sentença volta-se a corrigir eventos específicos, de forma que a afirmação do direito é suficiente para a tutela pleiteada. Relativamente aos litígios estruturais, contudo, a diferença entre afirmação do direito e efetivação da tutela pleiteada é acentuada, com o cumprimento de sentença ganhando relevância diante do "mero" pronunciamento judicial a reconhecer o direito objeto de disputa.[18]

15. FISS, Owen M. Foreword: The Forms of Justice. *Harvard Law Review*, v. 93, n. 1, p. 1-58, 1979, p. 21.
16. FISS, Owen M. Foreword: The Forms of Justice. *Harvard Law Review*, v. 93, n. 1, p. 1-58, 1979, p. 22.
17. FISS, Owen M. Foreword: The Forms of Justice. *Harvard Law Review*, v. 93, n. 1, p. 1-58, 1979, p. 23.
18. FISS, Owen M. Two models of adjudication. In: GOLDWIN, Robert A.; SCHAMBRA, William A. (ed.) *How does the Constitution secure rights?* Washington: American Enterprise Institute for Public Policy Research, 1985, p. 45.

Nesse contexto, enquanto os litígios tradicionais têm natureza episódica, os litígios estruturais "possuem um começo, talvez um meio, mas não um fim, ou quase não possuem um fim".[19] A deflagração de um processo de reforma estrutural dá início a uma longa relação entre o juiz e a instituição burocrática a ser reformulada, que tem por foco não o *enforcement* de uma tutela já concedida, mas a própria concessão e desenho dessa tutela, em um vínculo que durará enquanto perdurar a ameaça aos valores constitucionais.

Esse liame que se forma entre juiz e burocracia, bem como sua duração, suscita pontos sensíveis que são levantados como ressalvas aos litígios estruturais. A empreitada de reforma estrutural demanda dos juízes a execução de funções não judiciais, que extrapolam sua expertise e podem gerar questionamentos a respeito da separação dos poderes, para além de suscitar evidentes problemas de monitoramento da corporificação dessas decisões.[20] Nesse sentido é que o deferimento de reformas estruturais passou a ser entendido por alguns como medida de caráter excepcional, adstrita à correção da violação constitucional e com duração limitada ao quanto estritamente necessário.

Nada obstante as ponderações a serem consideradas, o cabimento das ações estruturais não é de forma alguma descartado em sua essência:

> [...] mesmo que os tribunais federais mostrem contenção, a tutela estrutural às vezes será necessária e apropriada. Em *Swann* e *Hutto*, embora os tribunais tenham encontrado sérias violações constitucionais, autoridades estaduais e locais não fizeram nada para corrigi-las. *Brown* e os casos de dessegregação escolar surgiram durante um período de hostilidade à dessegregação escolar. Se os tribunais não tivessem imposto medidas estruturais, é improvável que a dessegregação tivesse ocorrido. De fato, embora *Brown II* tenha ordenado que as escolas dessegregassem "a toda velocidade", a maioria dos distritos escolares fez pouco ou nada para dessegregar. Em *Swann*, que foi decidido dezesseis anos após *Brown II*, a Suprema Corte ainda encontrou resistência significativa à dessegregação.[21]

O êxito relativo dessas iniciativas nos Estados Unidos catalisou sua adoção em outras jurisdições. No Canadá, por exemplo, as ações estruturais foram empregadas para garantir os direitos linguísticos de minorias francófonas, particularmente no que tange à educação. Um caso emblemático nesse contexto é o *Doucet-Boudreau*, em que a Suprema Corte daquele país concluiu pela constitucionalidade da adoção de ordens abertas e flexíveis de cumprimento no âmbito das ações estruturais, a serem especificadas pelos órgãos envolvidos durante a fase de implementação da decisão.

De acordo com Paul Rouleau e Linsey Sherman (2010), esse modelo de implementação não fere o princípio da separação dos poderes, pois em vez de proferir, desde logo, determinações executivas que podem se revelar inadequadas ou impossíveis de serem cumpridas, o uso de técnicas abertas e flexíveis de implementação possibilita a

---

19. FISS, Owen M. Foreword: The Forms of Justice. *Harvard Law Review*, v. 93, n. 1, p. 1-58, 1979, p. 27, tradução livre.
20. WEAVER, Russel L. The Rise and Decline of Structural Remedies. *San Diego Law Review*, San Diego, v. 41, n. 4, p. 1617-1632, 2004.
21. WEAVER, Russel L. The Rise and Decline of Structural Remedies. *San Diego Law Review*, San Diego, v. 41, n. 4, p. 1617-1632, 2004, p. 1629-1630.

participação de todos os envolvidos na definição de ordens executivas, de forma dialogada e informada.[22]

Esse modelo de ordens abertas e flexíveis com supervisão judicial não ficou restrito à América do Norte, uma vez que ocorrem manifestações mundo afora. Também na Índia – em casos de igualdade de gênero e de direitos da população carcerária, dentre outros – e na África do Sul – como no caso *Grootboom*, relativo ao direito à moradia –, há exemplos nesse sentido.[23] O mesmo se apresenta na Colômbia, país que influenciou a prática brasileira dos litígios estruturais, a partir do conceito de "estado de coisas inconstitucional".

2. A RECEPÇÃO DA INFLUÊNCIA COLOMBIANA NA DOUTRINA BRASILEIRA DO "ESTADO DE COISAS INCONSTITUCIONAL"

A trajetória evolutiva das demandas estruturais ilustra sua versatilidade e potencial como ferramenta jurídica para enfrentar desafios sociais complexos e sistêmicos bem como para promover mudanças institucionais profundas e a efetivação de direitos fundamentais em diversos contextos sociopolíticos. Sua essência reside na abordagem de falhas sistêmicas que afetam número significativo de pessoas e exigem soluções que ultrapassam a capacidade de decisão unilateral dos juízes.

Enquanto as experiências norte-americanas, canadenses e de outros países ofereceram importantes lições, foi o conceito de "estado de coisas inconstitucional"[24] (ECI), desenvolvido pela Corte Constitucional da Colômbia, que encontrou maior ressonância no contexto latino-americano e brasileiro. Nada obstante, é importante ressaltar que, mesmo antes da incorporação pelo Poder Judiciário nacional do conceito de ECI, a prática jurisprudencial do STF já possuía mecanismo próprio para lidar com situações de grave omissão de autoridades públicas: a representação interventiva.[25] Ainda que

22. ROULEAU, Paul S.; SHERMAN, Linsey. Doucet-Boudreau, dialogue and judicial activism: tempest in a teapot? *Ottawa Law Review*, v. 41, n. 2, p. 171-207, 2010. p. 177.

23. ROULEAU, Paul S.; SHERMAN, Linsey. Doucet-Boudreau, dialogue and judicial activism: tempest in a teapot? *Ottawa Law Review*, v. 41, n. 2, p. 171-207, 2010. p. 184-5.

24. LYONS, Josefina Q.; MONTERROZA, Angélica M.; MEZA, Malka I. La figura del Estado de Cosas Inconstitucionales como mecanismo de protección de los derechos fundamentales de la población vulnerable en Colombia. *Revista Mario Alario D'Filippo*, Cartagena, v. 3, n. 1, p. 69-80, 2011, p. 70.

25. No contexto da Constituição de 1988, apresentou-se questionamento sobre se a representação interventiva poderia se voltar igualmente a atos concretos ou omissões atribuíveis a autoridades do estado-membro, e não apenas a atos normativos que se mostrassem afrontosos aos princípios passíveis de resguardo pelo instrumento da representação. No ponto, é exemplar a IF 114, em que o STF, por maioria, conheceu representação interventiva proposta pelo Procurador-Geral da República, sob o fundamento de lesão aos direitos da pessoa humana que teria sido praticada pelo estado de Mato Grosso. O caso concreto tratava de alegação de que, ao não oferecer adequada proteção a presos – que findaram linchados em praça pública por populares exaltados – o estado teria afrontado os direitos da pessoa humana inscritos no art. 34, VII, b, da CF. O saudoso Ministro Sepúlveda Pertence argumentou de forma pedagógica pela cognoscibilidade da ação, mostrando a evolução do instituto ao longo das Cartas Constitucionais pátrias – pelo que concluiu que: "já não há agora o obstáculo, que a literalidade das Constituições de 1934 e de 1946 representavam, para que a representação interventiva, que, no passado, era exclusivamente uma representação por inconstitucionalidade de atos sirva, hoje, à verificação de situações de fato. É claro que isso imporá adequações, se for o caso, do procedimento desta representação à necessidade da verificação, não da constitucionalidade de um

assim seja, é palpável a influência que a ideia de ECI passou a exercer na jurisprudência constitucional e no ideário jurídico pátrio, pelo que é inegavelmente relevante compreender a evolução de seus contornos e sua recepção no Brasil.

O mecanismo jurídico do "estado de coisas inconstitucional", criado jurisprudencialmente em 1997, visa a abordar situações que violam de maneira massiva, generalizada e persistente os direitos fundamentais e os princípios constitucionais. Dentre os casos julgados, a Corte colombiana reconheceu esse estado de coisas em temas como violação maciça ao direito de petição de segurados da Previdência Social; lesão aos direitos dos detentos, recolhidos em prisões superlotadas; e negação de direitos de população vítima de deslocamento forçado, em virtude de conflitos armados no país.[26]

De acordo com Carlos Alexandre de Azevedo Campos (2015), os dois casos de maior destaque na jurisprudência colombiana do ECI são o da situação carcerária (T-153/98) e o do deslocamento forçado de pessoas (T-025/04).[27] A comparação entre os dois evidencia aprendizado por parte da Corte no manejo do ECI, no sentido de posturas mais abertas ao diálogo interinstitucional, com ganhos democráticos e de efetividade decisória.

Na *Sentencia de Tutela* (T) 153 de 1998, à semelhança da ADPF 347, discutia-se o problema da superlotação e das condições desumanas das Penitenciárias Nacionais de Bogotá e de Bellavista de Medellín. Fundamentada em dados e estudos empíricos, a Corte reconheceu a "tragédia diária dos cárceres" e deferiu um conjunto de medidas juntamente com a declaração do ECI – como a elaboração de plano para construção e reparação de unidades carcerárias e a destinação de recursos orçamentários.

A implementação dessas ordens, no entanto, teve percalços. As fragilidades apontadas foram a baixa flexibilidade das ordens, fundamentalmente em relação à burocracia local, e a falta de monitoramento, por parte da própria Corte, da execução do quanto decidido.[28] A crença de que a decisão em si, por sua autoridade, bastaria para seu efetivo cumprimento não se mostrou realista.

A postura foi diferente quando do julgamento do caso do deslocamento forçado de pessoas. Na *Sentencia* T-025 de 2004, mais de uma centena de pedidos formulados

---

ato formal, mas da existência de uma grave situação de fato atentatória à efetividade dos princípios constitucionais, particularmente, aos direitos humanos fundamentais". BRASIL. Supremo Tribunal Federal. Intervenção Federal 114/MT. Relator: Min. Néri da Silveira, Tribunal Pleno, DJe 27.09.1996, p. 37. Disponível em: https://jurisprudencia.stf.jus.br/pages/search/sjur118664/false. Acesso em: 14 fev. 2025. Dessa forma, compõe a jurisprudência do STF o entendimento de que não só atos normativos estaduais, mas também atos administrativos, atos concretos ou até omissões podem dar ensejo à representação interventiva – como de resto passou a constar expressamente da própria legislação, na forma da Lei 12.562/2011 (art. 3º, II).

26. DANTAS, Eduardo S. Ações estruturais, direitos fundamentais e o Estado de Coisas Inconstitucional. *Revista Constituição e garantia de direitos*, v. 9, n. 2, p. 155-176, 2017, p. 158.

27. CAMPOS, Carlos A. O Estado de Coisas Inconstitucional e o litígio estrutural. *Consultor Jurídico*, São Paulo, 1 set. 2015. Disponível em: https://www.conjur.com.br/2015-set-01/carlos-campos-estado-coisas-inconstitucional-litigio-estrutural/. Acesso em: 20 fev. 2025.

28. CAMPOS, Carlos A. O Estado de Coisas Inconstitucional e o litígio estrutural. *Consultor Jurídico*, São Paulo, 1 set. 2015. Disponível em: https://www.conjur.com.br/2015-set-01/carlos-campos-estado-coisas-inconstitucional-litigio-estrutural/. Acesso em: 20 fev. 2025.

por núcleos familiares deslocados foi analisada pela Corte, que uma vez mais declarou restar caracterizado o estado de coisas inconstitucional. Nada obstante, as medidas que ladearam o reconhecimento do ECI não exerciam diretamente as competências das demais autoridades envolvidas no enfrentamento da questão. Elas foram marcadas pela flexibilidade e pelo diálogo com número elevado de autoridades públicas e a sociedade, com a fase de implementação sujeita a monitoramento pela Corte. Na síntese de Carlos Campos:

> A corte interveio na confecção de políticas públicas, dirigindo ordens à ampla estrutura de poderes e órgãos envolvidos, sem, contudo, fixar os detalhes do plano de ação. A corte versou os procedimentos e as autoridades competentes para atuar em favor da superação do estado de coisas inconstitucional, nada dispondo sobre o conteúdo das políticas, mas vindo a acompanhar durante seis anos a realização concreta dessas. A corte convocou audiências públicas periódicas, com a participação de atores estatais e sociais, para discutir a elaboração e a implementação das novas políticas públicas, criando "espaços de deliberação e formas alternativas, inovadoras e potencialmente democratizantes, de aplicação judicial dos direitos constitucionais".[29]

Dessa forma, a experiência colombiana no manejo do ECI paulatinamente passou a valorizar o conteúdo dialogado na concreção dos direitos fundamentais sob tutela em processos de reforma estrutural, abrindo espaço para que a substância das políticas a serem implementadas seja definida coletivamente. No mesmo sentido, a importância do monitoramento judicial também exsurge como aprendizado nesse processo.

Essa abordagem – que enfatiza a participação de múltiplos atores na formulação e na implementação de soluções, bem como o monitoramento contínuo das medidas adotadas – inspirou significativamente a doutrina constitucional brasileira. O debate sobre a atuação da Corte Constitucional em litígios envolvendo a reformulação de políticas públicas foi dinamizado, com teses diversas que proliferaram nas instâncias judiciais e na academia.

A influência do conceito colombiano de "estado de coisas inconstitucional" teve seu marco primeiro no judiciário brasileiro a partir da ADPF 347, verdadeiro ponto de inflexão na forma como o Poder Judiciário aborda questões estruturais complexas, particularmente no âmbito do sistema prisional. Emulando o caso T-153/98, o objetivo central da ação brasileira era o reconhecimento formal da condição inconstitucional do sistema carcerário, caracterizada por violações sistemáticas e generalizadas de direitos fundamentais.

A análise pelo STF da medida cautelar na ADPF 347, em 2015,[30] revelou postura cautelosa, porém significativa, na adoção do paradigma colombiano. Embora o Tribunal tenha concedido apenas fração dos pedidos formulados, as decisões tomadas demons-

---

29. CAMPOS, Carlos A. O Estado de Coisas Inconstitucional e o litígio estrutural. *Consultor Jurídico*, São Paulo, 1º set. 2015. Disponível em: https://www.conjur.com.br/2015-set-01/carlos-campos-estado-coisas-inconstitucional-litigio-estrutural/. Acesso em: 20 fev. 2025.
30. BRASIL. Supremo Tribunal Federal. Medida Cautelar na Arguição de Descumprimento de Preceito Fundamental 347/DF. Relator: Min. Marco Aurélio, Tribunal Pleno, DJe 19.02.2016. Disponível em: https://jurisprudencia.stf.jus.br/pages/search/sjur339101/false. Acesso em: 15 fev. 2025.

tram clara influência do modelo de intervenção estrutural oriundo daquele país. Entre as medidas deferidas, destacam-se a implementação obrigatória de audiências de custódia e a liberação de recursos do Fundo Penitenciário Nacional.

O exame de mérito da ação, em 2023, no entanto, marcou mudança substancial na postura do Tribunal.[31] Em decisão unânime, o Supremo reconheceu explicitamente a existência de um estado de coisas inconstitucional no sistema prisional brasileiro. Essa declaração representa adoção mais completa e assertiva do conceito desenvolvido pela Corte Constitucional da Colômbia e sinaliza uma nova era na abordagem de problemas estruturais complexos pelo Judiciário brasileiro.

A tese de julgamento estabelece três pontos fundamentais: (i) o reconhecimento formal do estado de coisas inconstitucional no sistema carcerário brasileiro, caracterizado pela violação massiva de direitos fundamentais dos presos, cujo enfrentamento demanda atuação cooperativa de diversas autoridades; (ii) a determinação à União, aos Estados e ao Distrito Federal, em conjunto com o Conselho Nacional de Justiça (CNJ), para que elaborem (em até seis meses) e implementem (em até três anos) planos para resolver a situação prisional, os quais devem ser previamente homologados pelo STF; e (iii) a atribuição ao CNJ para realizar estudos e regulamentar a criação de varas de execução penal em número proporcional às varas criminais e à população carcerária de cada unidade da Federação.

Além disso, o Supremo determinou providências concretas, como a realização de audiências de custódia no prazo de 24 horas após a prisão e a separação de presos provisórios daqueles com condenação definitiva. Essas medidas visam a abordar os três problemas principais identificados no sistema: insuficiência e má qualidade das vagas, entrada excessiva de presos e saída atrasada de detentos.

A decisão de mérito, portanto, representa evolução significativa na aplicação do conceito de "estado de coisas inconstitucional" no Brasil. Ao adotar postura mais enfática e estabelecer cronograma específico para a implementação de reformas estruturais, o STF demonstra compreensão mais profunda e aplicação mais robusta do modelo colombiano.

3. CONTEXTO ATUAL DOS LITÍGIOS ESTRUTURAIS NO STF

Como ressaltado nos apontamentos que abrem este artigo, o Supremo Tribunal Federal tem dado passos institucionais para melhor lidar com os processos estruturais que lhe são apresentados. Na figura do Núcleo de Processos Estruturais e Complexos (NUPEC), a Corte está atualmente envolvida em ao menos dezesseis casos desse tipo, o que sinaliza tendência crescente na mobilização dessa abordagem jurídica inovadora.

31. BRASIL. Supremo Tribunal Federal. Arguição de Descumprimento de Preceito Fundamental 347/DF. Relator: Min. Marco Aurélio, Redator do acórdão: Min. Luís Roberto Barroso, Tribunal Pleno, DJe 19.12.2023. Disponível em: https://jurisprudencia.stf.jus.br/pages/search/sjur493579/false. Acesso em: 16 fev. 2025.

Nesse novo contexto de atuação do Tribunal, o caso da ADPF 760/ADO 54 (Ação Direta de Inconstitucionalidade por Omissão) traz apontamentos importantes.[32] O julgamento conjunto foi realizado em 14 de março de 2024 e representou ponto de inflexão na jurisprudência ambiental do STF.

No caso das ações, os autores alegavam que o Governo federal havia abandonado, a partir de 2019, a política de prevenção e controle do desmatamento na Amazônia Legal, prevista no "Plano de Ação para Prevenção e Controle do Desmatamento na Amazônia Legal" (PPCDAm). Essa desídia por parte da União teria gerado exponencial aumento de desmatamento, queimadas e degradação ambiental na região amazônica. Segundo afirmavam, a existência de falhas estruturais na política de proteção ambiental caracterizava um estado de coisas inconstitucional.

O posicionamento assumido pela Corte no caso é instrutivo porque o STF reconheceu que, no intervalo até o início do julgamento das ações (ou seja, de 2019 até 2022), o Plano concernente à prevenção e ao controle do desmatamento na Amazônia Legal realmente havia sido abandonado. Contudo, a contar de 2023, sua execução foi retomada pelo Governo federal. Diante disso, não seria possível reconhecer a existência de um estado de coisas inconstitucional.

Mesmo com a retomada do PPCDAm, todavia, a política de proteção da Amazônia continuava a ter falhas estruturais, as quais justificavam a atuação do STF. Nesse sentido, por unanimidade, o Plenário determinou à União que tomasse providências – no âmbito do PPCDAm e de outros programas – para reduzir o desmatamento na Amazônia Legal para a taxa de 3.925 km anuais até 2027 e a 0 km até 2030. O colegiado também determinou ao Congresso Nacional a abertura de crédito extraordinário, no exercício financeiro de 2024, para assegurar a continuidade das ações e vedou o bloqueio orçamentário de recursos dos programas de combate ao desmatamento.

É possível identificar certa contenção na postura da Corte ao reconhecimento do ECI, diante dos esforços da nova administração federal em retomar o efetivo exercício do dever constitucional de proteção ambiental. Pode-se dizer que a cautela apresentada corporifica o entendimento de que a deflagração de um processo de reforma estrutural deve ser medida excepcionalíssima, espécie de último recurso para a concreção de direitos constitucionais – o que, no caso, ainda não se justificava, ante o resgate do compromisso ambiental pelo Governo federal. Nada obstante, mesmo não tendo reconhecido o ECI, a Corte pode atuar para a proteção desses direitos, como de fato fez.

Outro caso em acompanhamento pelo NUPEC é a ADPF 635, de relatoria do Ministro Edson Fachin. Ainda em julgamento, a ação permite a identificação de pontos relevantes para o manejo das ações estruturais pelo STF.

---

32. BRASIL. Supremo Tribunal Federal. Arguição de Descumprimento de Preceito Fundamental 760/DF. Relatora: Min. Cármen Lúcia, Redator do acórdão: Min. André Mendonça, Tribunal Pleno, DJe 26.06.2024. Disponível em: https://jurisprudencia.stf.jus.br/pages/search/sjur506055/false. Acesso em: 17 fev. 2025.

Por meio da ADPF 635, proposta em 2019, o Partido Socialista Brasileiro pleiteia a adoção de medidas para reduzir o número de mortes por intervenção policial no Estado do Rio de Janeiro. Foram deferidas diversas medidas liminares, uma delas relativa à elaboração de um plano por parte do Governo estadual para diminuir os índices de letalidade policial. Também foi determinada, no contexto da pandemia do coronavírus, a suspensão das operações policiais em comunidades do estado, restritas a casos excepcionais previamente informados ao Ministério Público estadual, para acompanhamento. Outras medidas implementadas foram a instalação de câmeras e equipamentos de geolocalização nas forças policiais e a determinação de caráter excepcional de operações próximas a escolas, creches, hospitais e postos de saúde – cuja pertinência deve ser justificada perante o Ministério Público.

A participação de órgãos, instituições e entidades da sociedade civil foi mais um ponto marcante: mais de vinte organizações puderam colaborar na condição de terceiros interessados. Há com isso a produção de massa crítica para os pronunciamentos da Corte, que estimula a prática dialógica na construção de seu entendimento.

Essa natureza dialógica também se evidencia no plano a ser elaborado pelo Governo estadual, que precisa ser homologado pelo Supremo Tribunal Federal. Na medida em que a Corte pode demandar outras providências para compatibilizar a política de segurança do Rio de Janeiro com as regras constitucionais, há evidente diálogo entre os Poderes Executivo e Judiciário.

De fato, o voto do relator quanto ao plano apresentado – proferido em fevereiro de 2025 – propõe a homologação parcial da estratégia formulada pelo Governo do estado. No caso, o Ministro Fachin argumentou[33] que as cautelares proferidas ao longo do processo serviam como diretrizes para o plano, mas que algumas medidas ainda não haviam sido totalmente implementadas, uma vez que seriam necessárias determinações complementares e um novo ciclo de acompanhamento e monitoramento com coordenação local. Na visão do relator, portanto, há necessidade de calibração da proposta originalmente apresentada, devendo-se abrir nova rodada de diálogo entre Executivo e Judiciário, com controle local dos desdobramentos das medidas já em curso.

A questão do monitoramento também surge na proposta do Ministro relator no sentido da estruturação de um comitê para acompanhar o cumprimento da decisão do STF, de forma a apoiar sua implementação por parte do Governo estadual. Na modelagem proposta, competirá ao comitê comunicar ao CNJ eventual descumprimento da decisão, para adoção dos encaminhamentos pertinentes. A duração desse controle, tal como sugerido, será inicialmente de quatro anos, mas a condição aventada para o término dos trabalhos é que os indicadores de violência desproporcional estejam em níveis aceitáveis.

---

33. ROCHA, Pedro. Relator propõe homologação parcial de plano do Rio de Janeiro para reduzir letalidade policial. *Portal de notícias do STF*, Brasília, 5 fev. 2025. Disponível em: https://noticias.stf.jus.br/postsnoticias/relator-propoe-homologacao-parcial-de-plano-do-rio-de-janeiro-para-reduzir-letalidade-policial/. Acesso em: 17 fev. 2025.

Os contornos finais da ADPF 635 – e a eventual constatação de um estado de coisas inconstitucional na matéria – dependem ainda da finalização do julgamento, com a manifestação dos demais Ministros da Corte. De qualquer forma, os desdobramentos até o momento apontam para práticas vistas ao longo deste artigo como incrementadoras da eficácia de decisões em casos de reforma estrutural, como o estímulo ao diálogo entre os poderes e a sociedade e o monitoramento das medidas que venham a ser adotadas.

CONSIDERAÇÕES FINAIS

As ações estruturais surgiram em meados do século XX nos Estados Unidos e espalharam-se gradativamente para outras jurisdições em que a violação sistemática de valores constitucionais se fazia presente diante da atuação da burocracia estatal. Pleiteando a reforma estrutural dessas instâncias corporificadoras do próprio Estado, as ações estruturais têm escopo abrangente e podem ser compreendidas como mecanismo de alta importância para a concretização das promessas contidas no texto constitucional.

Partindo da trajetória histórica e dos elementos distintivos desse tipo de litígio – evidenciados quando em comparação com o modelo tradicional de processo –, este artigo procurou apresentar como o Supremo Tribunal Federal tem pautado o tema dos litígios estruturais em sua prática jurisprudencial. Para isso, apresentaram-se ressalvas às ações estruturais, bem como a evolução desse tipo de processo no conceito que teve maior ressonância no contexto latino-americano – a ideia colombiana de "estado de coisas inconstitucional". Foi esse conceito que encontrou manifestação pioneira na jurisdição constitucional pátria – notadamente na ADPF 347 – e segue sendo mobilizado em demais processos levados à apreciação da Corte, como bem ilustram as ADPFs 760 e 635.

A análise desses julgados permite constatar algumas tendências no comportamento do Supremo Tribunal Federal no que tange ao deferimento e ao manejo de processos estruturais. Inicialmente – como ilustrado pela ADPF 760/ADO 54 –, há indícios de que a Corte adota postura prudente na deflagração de uma intervenção de reforma estrutural, porquanto procura ser atenta aos esforços do Poder Executivo para, de forma progressiva, dar concreção aos valores constitucionais. Nesse sentido, compreende as ações estruturais como medida excepcional, de modo a evitar intervenções excessivas que possam dar azo a críticas de afronta à separação dos poderes. Igualmente, as movimentações iniciais no bojo da ADPF 635 sugerem práticas de diálogo institucional e de monitoramento da implementação, o que está em linha com aprendizados a partir da experiência colombiana no manejo do estado de coisas inconstitucional.

Tais apontamentos reforçam a compreensão de que o Supremo Tribunal Federal está comprometido não apenas com a defesa dos valores insculpidos em nossa Constituição, mas também com os modelos processuais e aprendizados jurisprudenciais que identificam as melhores práticas para concretizar esses direitos, cumprindo plenamente sua missão institucional de guardião do texto constitucional.

REFERÊNCIAS

BRASIL. [Constituição (1988)]. Constituição da República Federativa do Brasil de 1988. Brasília, DF: Presidência da República [2023]. Disponível em: https://www.planalto.gov.br/ccivil_03/constituicao/constituicao.htm. Acesso em: 14 fev. 2025.

BRASIL. Lei 12.562, de 23 de dezembro de 2011. Regulamenta o inciso III do art. 36 da Constituição Federal, para dispor sobre o processo e julgamento da representação interventiva perante o Supremo Tribunal Federal. Brasília, DF: Presidência da República [2011]. Disponível em: https://www.planalto.gov.br/ccivil_03/_ato2011-2014/2011/lei/l12562.htm. Acesso em: 14 fev. 2025.

BRASIL. Senado Federal. O Supremo Tribunal Federal. Brasília: Centro Gráfico do Senado Federal, 1976.

BRASIL, Supremo Tribunal Federal. Intervenção Federal 114/MT. Relator: Min. Néri da Silveira, Tribunal Pleno, DJe 27.09.1996, p. 37. Disponível em: https://jurisprudencia.stf.jus.br/pages/search/sjur118664/false. Acesso em: 14 fev. 2025.

BRASIL. Supremo Tribunal Federal. Arguição de Descumprimento de Preceito Fundamental 347/DF. Relator: Min. Marco Aurélio, Redator do acórdão: Min. Luís Roberto Barroso, Tribunal Pleno, DJe 19.12.2023. Disponível em: https://jurisprudencia.stf.jus.br/pages/search/sjur493579/false. Acesso em: 16 fev. 2025.

BRASIL. Supremo Tribunal Federal. Arguição de Descumprimento de Preceito Fundamental 760/DF. Relatora: Min. Cármen Lúcia, Redator do acórdão: Min. André Mendonça, Tribunal Pleno, DJe 26.06.2024. Disponível em: https://jurisprudencia.stf.jus.br/pages/search/sjur506055/false. Acesso em: 17 fev. 2025.

BRASIL. Supremo Tribunal Federal. Medida Cautelar na Arguição de Descumprimento de Preceito Fundamental 347/DF. Relator: Min. Marco Aurélio, Tribunal Pleno, DJe 19/02/2016. Disponível em: https://jurisprudencia.stf.jus.br/pages/search/sjur339101/false. Acesso em: 15 fev. 2025.

BRASIL. Supremo Tribunal Federal. Recurso Extraordinário 684.612/RJ. Relator: Min. Ricardo Lewandowski, Redator do acórdão: Min. Roberto Barroso, Tribunal Pleno, DJe 07/08/2023. Disponível em: https://jurisprudencia.stf.jus.br/pages/search/sjur484369/false. Acesso em: 15 fev. 2025.

BRASIL. Supremo Tribunal Federal. Resolução 790, de 22 de dezembro de 2022. Dispõe sobre a criação do Centro de Soluções Alternativas de Litígios do Supremo Tribunal Federal (CESAL/STF) e dá outras providências. Brasília, DF: Supremo Tribunal Federal [2022]. Disponível em: https://www.stf.jus.br/arquivo/cms/noticiaNoticiaStf/anexo/Resolucao790.pdf. Acesso em: 22 fev. 2025.

BRASIL. Supremo Tribunal Federal. Resolução 819, de 05 de fevereiro de 2024. Torna público o regulamento da Secretaria do Supremo Tribunal Federal. Brasília, DF: Supremo Tribunal Federal [2024]. Disponível em: https://digital.stf.jus.br/publico/publicacao/346419. Acesso em: 22 fev. 2025.

CAMPOS, Carlos A. O Estado de Coisas Inconstitucional e o litígio estrutural. *Consultor Jurídico*, São Paulo, 1º set. 2015. Disponível em: https://www.conjur.com.br/2015-set-01/carlos-campos-estado-coisas-inconstitucional-litigio-estrutural/. Acesso em: 20 fev. 2025.

DANTAS, Eduardo S. Ações estruturais, direitos fundamentais e o Estado de Coisas Inconstitucional. *Revista Constituição e garantia de direitos*, v. 9, n. 2, p. 155-176, 2017.

DIDIER JUNIOR, Fredie; ZANETI JUNIOR, Hermes; OLIVEIRA, Rafael A. Elementos para uma teoria do processo estrutural aplicada ao processo civil brasileiro. *Revista do Ministério Público do Estado do Rio de Janeiro*, Rio de Janeiro, v. 75, n. 1, p. 101-136, 2020.

FISS, Owen M. Foreword: The Forms of Justice. *Harvard Law Review*, v. 93, n. 1, p. 1-58, 1979.

FISS, Owen M. Two models of adjudication. In: GOLDWIN, Robert A.; SCHAMBRA, William A. (Ed.). *How does the Constitution secure rights?* Washington: American Enterprise Institute for Public Policy Research, 1985.

LYONS, Josefina Q.; MONTERROZA, Angélica M.; MEZA, Malka I. La figura del Estado de Cosas Inconstitucionales como mecanismo de protección de los derechos fundamentales de la población vulnerable en Colombia. *Revista Mario Alario D'Filippo*, Cartagena, v. 3, n. 1, p. 69-80, 2011.

ROCHA, Pedro. Relator propõe homologação parcial de plano do Rio de Janeiro para reduzir letalidade policial. *Portal de notícias do STF*, Brasília, 5 fev. 2025. Disponível em: https://noticias.stf.jus.br/postsnoticias/relator-propoe-homologacao-parcial-de-plano-do-rio-de-janeiro-para-reduzir-letalidade-policial/. Acesso em: 17 fev. 2025.

ROULEAU, Paul S.; SHERMAN, Linsey. Doucet-Boudreau, dialogue and judicial activism: tempest in a teapot? *Ottawa Law Review*, v. 41, n. 2, p. 171-207, 2010.

WEAVER, Russel L. The Rise and Decline of Structural Remedies. *San Diego Law Review*, San Diego, v. 41, n. 4, p. 1617-1632, 2004.

ATIVISMO JUDICIAL E INTERPRETAÇÃO CONSTITUCIONAL

George Salomão Leite

Doutor e Mestre em Direito. Presidente da Escola Brasileira de Estudos Constitucionais – EBEC. E-mail: georgesalomao@gmail.com.

"Não me importa o que pensam os doutrinadores. Enquanto for Ministro do Superior Tribunal de Justiça, assumo a autoridade da minha jurisdição. O pensamento daqueles que não são Ministros deste Tribunal importa como orientação. A eles, porém, não me submeto. Interessa conhecer a doutrina de Barbosa Moreira ou Athos Carneiro. Decido, porém, conforme minha consciência. Precisamos estabelecer nossa autonomia intelectual, para que este Tribunal seja respeitado. É preciso consolidar o entendimento de que os Srs. Ministros Francisco Peçanha Martins e Humberto Gomes de Barros decidem assim, porque pensam assim. E o STJ decide assim, porque a maioria de seus integrantes pensa como esses Ministros. Esse é o pensamento do Superior Tribunal de Justiça, e a doutrina que se amolde a ele. É fundamental expressarmos o que somos. Ninguém nos dá lições. Não somos aprendizes de ninguém. Quando viemos para este Tribunal, corajosamente assumimos a declaração de que temos notável saber jurídico – uma imposição da Constituição Federal. Pode não ser verdade. Em relação a mim, certamente, não é, mas, para efeitos constitucionais, minha investidura obriga-me a pensar que assim seja." (Min. Humberto Gomes de Barros, STJ, AgRg nos Embargos de Divergência em Resp 279.889/AL, Rel. Min. Francisco Peçanha Martins, d. j. 14.08.02).[1]

---

1. Sobre trecho da decisão judicial colacionada, Lenio Streck expõe o seguinte:

"Guardado o contexto no qual foi proferida, a assertiva do magistrado não pode ficar isenta de uma crítica à luz dos pressupostos filosóficos que sustentam as contemporâneas teorias do direito. Defetivo, é preciso dizer, de pronto, que o direito não é aquilo que os Tribunais dizem que é, como se estivéssemos a sufragar a velha tese do realismo norte-americano. Só que não é bem assim, ou melhor dizendo, não pode ser assim. Com efeito, o direito é algo bem mais complexo do que o produto da consciência-de-si-do-pensamento-pensante, que caracteriza a (ultrapassada) filosofia da consciência, como se o sujeito assujeitasse o objeto. O ato interpretativo não é produto nem da objetividade plenipotenciária do texto e tampouco de uma atitude solipsista do intérprete: o *paradigma do Estado Democrático de Direito está assentado na intersubjetividade*.

Repetindo: o direito não é aquilo que o intérprete quer que ele seja. Portanto, o direito não é aquilo que o Tribunal, no seu conjunto ou na individualidade de seus componentes, dizem que é (lembremos, aqui, a assertiva de Herbert Hart, em seu *Concept of Law*, acerca das regras do jogo de críquete, para usar, aqui, um autor positivista contra o próprio decisionismo positivista que claramente exsurge do acórdão em questão). A doutrina *deve* doutrinar, sim. *Esse é o seu papel*. Aliás, não fosse assim, o que faríamos com as quase mil faculdades de direito, os milhares de professores e os milhares de livros produzidos anualmente? E mais, não fosse assim, o que faríamos com o parlamento, que aprova as leis? E, afinal, o que fazer com a Constituição, lei das leis?

Portanto, há que se ter o devido cuidado: a afirmação de que 'o intérprete sempre atribui sentido ao texto' nem de longe pode significar a possibilidade de autorizá-lo a 'dizer qualquer coisa sobre qualquer coisa'., atribuindo sentido de forma arbitrária aos textos, como se texto e norma estivessem separados (e, portanto, tivessem existência autônoma)". *Verdade e Consenso*: Constituição, Hermenêutica e Teorias Discursivas – Da possibilidade à necessidade de respostas corretas em direito. 3. ed. Rio de Janeiro: Lumen Juris, 2009, p. 212 e 213.

1. SOBRE O QUE *NÃO É* ATIVISMO JUDICIAL

O trecho trazido à colação não é indício de *ativismo judicial*, como pode parecer a muitos, mas de *arbitrariedade judicial*. Isto é importante para que não se confunda *ativismo judicial* com *arbitrariedade judicial*.

A distinção entre *ativismo* e *arbitrariedade* reside, inicialmente, no modo como o Poder Judiciário exerce sua função interpretativa para fins de decidir as controvérsias que lhe são submetidas à apreciação, para fins de julgamento. De forma mais abreviada, referida distinção se encontra no modo como o Poder Judiciário exerce sua função interpretativa e decisória.

Com o propósito de atestar em que *não* consiste o *ativismo judicial*, optamos por evidenciar, de saída, algumas notas sobre a *arbitrariedade judicial*, utilizando, para tanto, trecho da decisão proferida pelo então Min. Humberto Gomes de Barros, do Superior Tribunal de Justiça - STJ, colacionada na abertura deste texto. A arbitrariedade judicial ocorre quando o magistrado toma decisões que não se baseiam em critérios jurídicos objetivos, mas sim em suas próprias convicções axiológicas, ideológicas ou políticas. É possível dizer que o cerne, a essência da noção de *arbitrariedade judicial*, com o sentido que ora se busca atribuir ao termo, pode ser encontrada no seguinte trecho da decisão em comento: "Decido, porém, conforme minha consciência".

Ora, em um Estado Democrático de Direito, os *juízes devem* decidir em conformidade ao disposto no ordenamento jurídico, desde uma perspectiva constitucional ou infraconstitucional. Ou melhor, *devem* decidir mediante *aplicação* da Constituição e legislação ordinária. Logo, a *arbitrariedade judicial* assenta-se no *desrespeito* ao *texto constitucional* e à *lei*, por parte do magistrado, que age prescindindo dos limites que lhe foi imposto pelo sistema normativo. Como consequência da violação ao sistema normativo - Constituição e Legislação - ter-se-á um subjetivismo exacerbado,[2] no qual o juiz tende a tomar decisões com base em suas próprias preferências, sem levar em conta os princípios da imparcialidade, neutralidade e igualdade, resultando, eventualmente, em abuso de poder, na medida em que o magistrado pode se utilizar de sua posição para impor suas próprias vontades ou convicções, afrontando os direitos das partes envolvidas no processo e, por evidente, o próprio ordenamento jurídico.

A *arbitrariedade judicial*, consequentemente, gera insegurança jurídica, implica em violação a direitos e, não menos grave, *deslegitima* o próprio Poder Judiciário. Ora, a ausência de segurança jurídica prejudica a confiança no sistema judicial; ao lesionar

---

2. O termo *arbitrariedade* deriva do latim "*arbitrarius*", que significa "*dependente da vontade, do arbítrio*". Implica uma ação baseada no capricho ou na vontade pessoal, sem considerar leis ou critérios objetivos. Portanto, a *arbitrariedade* caracteriza-se por ações que ignoram ou violam as leis e normas estabelecidas. As decisões desta natureza são frequentemente baseadas em preferências pessoais, preconceitos ou interesses egoístas, sem justificativa racional.
Por seu turno, o vocábulo *discricionariedade* vem do latim "*discretionarius*", pertinente a "*discretio*", que significa "discernimento, separação". Refere-se à capacidade de julgar e decidir com base em critérios razoáveis e dentro dos limites da lei. As decisões pautadas na discricionariedade devem ser fundamentadas em critérios objetivos, como o interesse público, a conveniência e a oportunidade, e devem ser passíveis de controle e revisão.

direitos, a arbitrariedade conduz à injustiça e à opressão, especialmente contra os mais vulneráveis e; a percepção de que os juízes agem arbitrariamente, mina a credibilidade do sistema judicial, deslegitimando a própria estrutura jurisdicional, é dizer, o Poder Judiciário.

Com estas breves palavras sobre arbitrariedade judicial, conclui-se que tal forma de proceder por parte dos magistrados corrompe o sistema jurídico, gerando, por seu turno, injustiça e desigualdade. Portanto, *ativismo judicial não deve ser confundido com arbitrariedade judicial.*

2. SOBRE O QUE *É ATIVISMO JUDICIAL*

Em diversas definições sobre *ativismo judicial* encontradas na doutrina, seja nacional ou estrangeira, é possível encontrar elementos em comum. Neste cenário, compreendemos o ativismo judicial como uma *atitude, prática, atuação* ou *postura jurisdicional de, ao interpretar o direito com o propósito de solucionar um caso concreto, transcender a literalidade dos textos legais.* Logo, se percebe que o ativismo judicial ocorre quando o Judiciário adota uma postura *proativa* na interpretação da Constituição e das leis, buscando concretizar valores e direitos, mesmo que isso implique em decisões que *extrapolam a literalidade* dos textos legais.

No entendimento de Ronald Dworkin, o "ativismo judicial é a *postura* do juiz que, ao interpretar o Direito, busca a solução mais justa e adequada para o caso concreto, mesmo que isso signifique *ir além* do que está expressamente previsto na lei".[3]

Em Luís Roberto Barroso, a ideia de "ativismo judicial está associada a uma participação mais ampla e intensa do Judiciário na concretização dos valores e fins constitucionais, com maior interferência no espaço de atuação dos outros dois Poderes".[4] Segundo Barroso, o comportamento proativo dos magistrados pode se dá mediante distintas maneiras, incluindo: a) aplicação direta da Constituição a situações não expressamente contempladas em seu texto e independentemente de integração normativa; b) a declaração de inconstitucionalidade de ato normativo emanado do legislador, com base em critérios menos rígidos que os de patente e ostensiva violação da Constituição e; c) a imposição de condutas ou de abstenções ao Poder Público, notadamente em matéria de políticas públicas.[5]

A atuação proativa do Poder Judiciário pode legitimar-se quando da possibilidade de colmatação de lacunas legislativas, é dizer, em situações nas quais a lei é omissa ou insuficiente. Em tal hipótese, o Poder Judiciário pode e deve agir para garantir a efetividade de direitos fundamentais. Ademais, se legitima quando da *atualização*[6] da

---

3. DWORKIN, Ronald. *Levando os direitos a sério*. São Paulo: Martins Fontes, 2002, p. 157.
4. *O Controle de Constitucionalidade no Direito Brasileiro*. 4. ed. São Paulo: Saraiva, 2009, p. 335.
5. Idem.
6. Devemos lembrar que a interpretação constitucional se configura como um processo informal de mudança da Constituição, é dizer, altera-se o significado sem, contudo, alterar o suporte físico do enunciado prescritivo (o próprio texto). Sobre o tema, cf. FERRAZ, Anna Candida da Cunha. *Processos Informais de Mudança da*

lei à realidade social que lhe é subjacente. Tal ocorre posto que as leis podem se tornar defasadas com o tempo, necessitando o Judiciário interpretá-las de modo a adequá-las às novas demandas da sociedade. Por fim, podemos elencar, também, a tutela de minorias e grupos vulneráveis, na medida em que ao Poder Judiciário compete atuar para assegurar a igualdade e a inclusão social, combatendo toda e qualquer forma de discriminação e injustiça. O reconhecimento do direito a união homoafetiva ou medidas protetivas ao direito à saúde, mesmo diante da ausência de legislação específica, são exemplos das hipóteses retro elencadas.

Em virtude do que brevemente já se expôs, observa-se que são diversas as concepções doutrinárias acerca do ativismo judicial. Ao tratar do tema, Elival da Silva Ramos aponta que para os defensores do literalismo e do originalismo,[7] as decisões judiciais desvinculadas do interpretativismo são ativistas, atribuindo-se a elas valor negativo, contraposto à Democracia, ao Estado Democrático de Direito e à Segurança Jurídica.[8-9]

Constituição. São Paulo: Max Limonad, 1986; PEDRA, Adriano Sant'Ana. *Mutação Constitucional. Interpretação evolutiva da Constituição na democracia constitucional*. 2. ed. Rio de Janeiro: Lumen Juris, 2014.

7. Numa perspectiva conceitual, André Ramos Tavares expõe o seguinte:

   "Conceitualmente falando, como observou Rosenfeld, 'textualismo e originalismo podem ser vistos como ferramentas interpretativas do positivismo constitucional' (Rosefeld, 2004, item V) e, mais ainda, como uma tentativa de resposta teórica (não uma contraposição cega) à intensa posição contramajoritária desempenhada pela *judicial review*, especialmente nos EUA. Ao apoiar-se amplamente, em sua mais conhecida e divulgada vertente, na linguagem, o originalismo reposta-se ao textualismo e, concomitantemente, este 'se revela como uma variante das teorias originalistas' (Brito, 1998:39).

   Mesmo nos dias de hoje, praticamente nenhum autor irá sustentar que o elemento originalista é totalmente irrelevante para fins de interpretação constitucional (nesse mesmo sentido, Farber, 1988-9, 1085). A diferença que costuma aparecer é de intensidade, pois o originalismo, como teoria hermenêutica, prega que a intenção original dos fundadores, dos constituintes originários, é não apenas relevante (o que está praticamente fora de disputa), mas também que é impositiva, vinculante, obrigatória". *Paradigmas do Judicialismo Constitucional*. São Paulo: Saraiva, 2012, p. 76.

8. RAMOS, Elival da Silva. *Ativismo judicial: parâmetros dogmáticos*. São Paulo: Saraiva, 2010. p. 132.

9. No âmbito do pensamento jurídico-constitucional, os termos *literalismo*, *textualismo*, *interpretativismo* e *originalismo* representam diferentes abordagens para a interpretação de textos legais, especialmente a Constituição. Cada um desses termos possui nuances e características distintas:

   Literalismo:

   O literalismo, também conhecido como interpretação literal ou gramatical, é a abordagem mais direta e restrita.

   Ele se concentra exclusivamente no significado literal das palavras e frases encontradas no texto legal, sem considerar o contexto, a intenção dos autores ou as consequências da aplicação estrita do texto.

   Os literalistas acreditam que o significado das leis é claro e objetivo, e que o papel do intérprete é simplesmente aplicar o texto como está escrito.

   Textualismo:

   O textualismo é tese hermenêutica que enfatiza o texto da lei como a principal fonte de significado.

   Os textualistas buscam o significado ordinário ou comum das palavras no momento em que a lei foi promulgada, levando em consideração o contexto linguístico e gramatical.

   Diferentemente do literalismo estrito, o textualismo pode considerar o contexto do texto e o propósito geral da lei, mas sempre prioriza o significado das palavras como expressas no texto.

   Interpretativismo:

   O interpretativismo é uma abordagem mais ampla que reconhece a necessidade de interpretar o texto legal para aplicá-lo a situações específicas.

Os opositores do interpretativismo compreendem o ativismo como equivalente ao protagonismo judicial, com a inevitável intepretação jurisdicional, democratizando o sistema político mediante concretização da supremacia constitucional e instituição do controle de constitucionalidade. Para os não interpretativistas, o passivismo judicial deve ser repelido com o propósito de assegurar a permanência do texto constitucional e dos seus institutos através de uma interpretação evolutiva, adaptando-se, deste modo, às transformações sociais.[10] Deste modo, o ativismo encontra-se intrinsicamente associado ao compromisso do Poder Judiciário com a efetividade dos direitos fundamentais. O ativismo judicial pode ser igualmente detectado no âmbito da fiscalização da constitucionalidade dos atos estatais, seja no modelo abstrato ou concreto.

No entendimento de Elival da Silva Ramos, o ativismo judicial pode ser compreendido como o desvio ou excesso decorrente do exercício da prestação jurisdicional por parte do Estado, em detrimento da função legislativa atribuída primordialmente ao Poder Legislativo, devendo tal postura ser repelida dogmaticamente.[11] Deste modo, deve-se entender por ativismo judicial "o exercício da função jurisdicional para além dos limites impostos pelo próprio ordenamento que incumbe, institucionalmente, ao Poder Judiciário fazer atuar, resolvendo litígios de feições subjetivas (conflitos de interesse) e controvérsias jurídicas de natureza objetiva (conflitos normativos). Há, como visto, uma sinalização claramente negativa no tocante às práticas ativistas, por importarem na desnaturação da atividade típica do Poder Judiciário, em detrimento dos demais Poderes. Não se pode deixar de registrar mais uma vez, contudo, que o fenômeno golpeia mais fortemente o Poder Legislativo, o qual tanto pode ter o produto da legiferação irregularmente invalidado por decisão ativista (em sede de controle de

Os interpretativistas acreditam que o significado das leis não é sempre claro e objetivo, e que o intérprete deve usar seu julgamento e raciocínio para determinar o significado correto.

Essa abordagem pode envolver a consideração de vários fatores, como o contexto histórico, o propósito da lei, os valores sociais e os princípios constitucionais.

Originalismo:

O originalismo é uma abordagem específica de interpretação constitucional que busca o significado original da Constituição.

Os originalistas acreditam que a Constituição deve ser interpretada de acordo com a intenção dos seus autores ou o significado que o texto tinha para o público no momento em que foi promulgado.

Existem diferentes vertentes do originalismo, como o originalismo da intenção (que se concentra na intenção dos autores) e o originalismo do significado original (que se concentra no significado público do texto).

O originalismo pode ser considerado uma forma de textualismo, pois se concentra no texto original, mas com uma ênfase particular na intenção original ou no significado original.

Em resumo, essas abordagens representam diferentes maneiras de entender e aplicar o direito constitucional, com ênfases variadas no texto, na intenção dos autores e no contexto mais amplo. Cf. tb. Lenio Streck. *O que é isto* – textualismo e originalismo? O que é, afinal, interpretar? Disponível em: https://www.conjur.com.br/2022-jun-30/senso-incomum-isto-textualismo-originalismo-afinal-interpretar/.

10. Elival da Silva Ramos. *Ativismo judicial*: parâmetros dogmáticos. São Paulo: Saraiva, 2010. p. 133.
11. Elival da Silva Ramos. *Ativismo judicial*: parâmetros dogmáticos. São Paulo: Saraiva, 2010. p. 129.

constitucionalidade), quanto o seu espaço de conformação normativa invadido por decisões excessivamente criativas".[12]

Apesar das diversas formas de compreensão do ativismo judicial, somos adeptos de uma postura ativista exercida no âmbito do sistema constitucional, sobretudo em razão de sua textura aberta, que favorece a postura judicial a qual estamos nos referindo.[13] Não se pode admitir uma forma de proceder judicial que transcenda os limites do ordenamento jurídico positivo, de modo que os magistrados deverão circunscrever suas respectivas participações nos processos judiciais, no âmbito interno do ordenamento jurídico-positivo, não lhes sendo permitido ultrapassar tais barreiras. Portanto, deve-se afastar qualquer postura ativista que possa configurar atuação arbitrária ou fora dos limites impostos pelo sistema normativo.

Não há dúvida de que uma postura judicial de cunho ativista tem a possibilidade de conferir uma maior efetividade ao texto constitucional, em comparação a uma postura mais contida do Poder Judiciário. É certo, no entanto, que há situações limites, nas quais se pode discutir, à luz do princípio da separação de poderes, acerca da legitimidade da interferência do Poder Judiciário no âmbito de competência do Poder Executivo ou do Poder Legislativo. Da mesma forma, cabe analisar o comportamento de magistrados que não raro inovam o sistema normativo através de decisões judiciais consubstanciadoras de interpretação jurídica à margem do direito positivo.

Não se pode prescindir, neste contexto, da metódica adotada por diversos magistrados consistente no "*decido conforme minha consciência*", onde juízos pré-concebidos fazem prevalecer a visão particular do julgador, em detrimento ao que prevê o sistema normativo. Não raro, tais decisões buscam ser legitimadas sob o argumento de favorecimento de políticas públicas, de combate à corrupção, prescindindo de toda sorte de limites normativos que são impostos ao órgão julgador. Ter-se-á, através desta postura judicial, um comportamento proativo quando da resolução dos casos concretos que lhes são submetidos à apreciação, dando margem à construção de um raciocínio inegavelmente criativo, de inovação do sistema normativo.

Portanto, um comportamento judicial ativista, que busca legitimação no cenário político-social, deve ser norteado pelos enunciados normativos que compõem o sistema positivo de normas, sempre guiado pela Constituição e leis, permitindo, deste modo, a construção de uma norma de decisão no âmbito interno da moldura jurídica.

3. ATIVISMO JUDICIAL E INTERPRETAÇÃO CONSTITUCIONAL

A Constituição, na medida em que se constitui no fundamento de validade de um ordenamento jurídico positivo, há de ser compreendida como um sistema aberto de princípios e regras jurídicas. Logo, muitas das normas constitucionais se caracterizam

12. Elival da Silva Ramos. *Ativismo judicial*: parâmetros dogmáticos. São Paulo: Saraiva, 2010. p. 129.
13. Referido ponto pode ser complementado com o que já expusemos no trabalho *Interpretação Constitucional e Tópica Jurídica*. São Paulo: Juarez de Oliveira, 2002.

por revestir uma textura aberta e um elevado grau de indeterminabilidade em relação à matéria que dispõem. Em razão disto, confere ao intérprete uma elevada margem de discricionariedade no âmbito do processo hermenêutico. Tais particularidades do sistema constitucional não permitem, no entanto, que o intérprete da Constituição vá além do que o seu texto permite. Sua margem criativa é, pois, limitada.

Os princípios constitucionais informam o modelo de Constituição adotado por um país, conformando todo o sistema jurídico e promovendo sua unidade (não apenas dela própria, mas de todo o ordenamento jurídico). Logo, além de legitimar uma ordem político-constitucional, os princípios constitucionais conformam não apenas a atividade do legislador, porquanto agente de produção legislativa, mas também a atuação dos magistrados, que tem o poder-dever de aplicá-los aos casos concretos. Deste modo, os princípios constitucionais adquirem concretização normativa na medida em que são aplicados pelos magistrados na solução de conflitos de interesses submetidos à sua apreciação, além de serem objeto de desenvolvimento através da atuação legislativa, densificando o seu conteúdo através das leis. Não se prescinde, também, da atuação do Poder Executivo, na medida em que uma das suas principais atribuições consiste na aplicação do texto constitucional. Com isto, tem-se que a Constituição é uma norma jurídica passível de densificação normativa[14] por parte dos três poderes estatais.

Ademais, os princípios jurídicos guiam o intérprete a um ideal normativo e evolutivo, otimizando as possibilidades morais no âmbito do sistema jurídico. Permitem expandir o campo de incidência da norma sobre todo o ordenamento jurídico, demarcando a onipresença da Constituição.

Enquanto elementos normativos do sistema, os princípios constitucionais, inclusive os implícitos, devem ser manejados pelo Judiciário tendo em vista suas peculiaridades hermenêuticas decorrentes do seu sentido mais abrangente. O intérprete deve considerar que os institutos e conceitos jurídicos não estão simplesmente justapostos no ordenamento, havendo vínculos funcionais entre eles. A interpretação jurídica não se reduz a usar adequadamente os critérios da Hermenêutica, mas implica necessariamente o cuidado metodológico em estabelecer em que termos se dá a harmonização entre os institutos e os conceitos jurídicos.[15] As regras constitucionais, por sua vez, apesar de abstratas, possuem um grau de indeterminabilidade mais reduzidas no tocante às suas prescrições, em comparação com as normas principiológicas. Por consequência, restringem a margem de discricionariedade hermenêutica do intérprete constitucional. Na dinâmica do jogo de aplicação da Constituição, há uma enorme dificuldade em estabelecer os limites da

---

14. Densificar uma norma, afirma Canotilho, "significa preencher, complementar e precisar o espaço normativo de um preceito constitucional, especialmente carecido de concretização, a fim de tornar possível a solução, por esse preceito, dos problemas concretos.

As tarefas de concretização e de densificação de normas anda, pois, associadas: densifica-se um espaço normativo (= preenche-se uma norma) para tornar possível a sua concretização e a consequente aplicação a um caso concreto". Cf. *Direito Constitucional e Teoria da Constituição*. 7. ed. Coimbra: Almedina, p. 1.201.

15. RAMOS, Elival da Silva. *Ativismo judicial: parâmetros dogmáticos*. São Paulo: Saraiva, 2010. p. 178.

atividade interpretativa, na medida em que as instituições às quais se atribuem, em última instância, referida tarefa, são passíveis de transcender os limites hermenêuticos.

Em tal cenário, os métodos e técnicas de interpretação desenvolvidas pela Hermenêutica Constitucional são de extrema relevância, pois buscam nortear o intérprete a agir no âmbito interno do sistema constitucional positivo, permitindo-lhe precisar o conteúdo e alcance das normas constitucionais. Através da interpretação constitucional, o operador do direito (magistrado) construirá a norma que poderá pôr fim a uma determinada controvérsia submetida a sua apreciação. Nesta tarefa, utilizar-se-á de vários *topoi* decisórios, a exemplo da interpretação conforme à Constituição,[16] declaração parcial de inconstitucionalidade sem redução de texto[17] e o apelo ao legislador.[18]

---

16. O princípio da interpretação conforme à Constituição busca preservar não apenas o resultado da atuação legislativa, mas também o respeito à atuação de um outro Poder, na medida em que se preserva no ordenamento jurídico o ato normativo pelo mesmo emanado, afastando, no entanto, interpretações que dele podem resultar incompatíveis com a Constituição. Na interpretação conforme, o Poder Judiciário estabelece o único sentido que pode ser construído a partir do enunciado normativo em conformidade à Constituição, afastando, portanto, as demais interpretações por não corresponderem ao estabelecido na Lei Maior. Portanto, através desta técnica, enaltece o significado positivo obtido através da interpretação constitucional, excluindo os demais sentidos atribuíveis ao texto por resultarem inconstitucionais. J. J. Gomes Canotilho, afirma tratar-se fundamentalmente de um "princípio de controlo (tem como função assegurar a constitucionalidade da interpretação) e ganha relevância autónoma quando a utilização dos vários elementos interpretativos não permite a obtenção de um sentido inequívoco dentre os vários significados da norma. Daí a sua formulação básica: no caso de normas polissémicas ou plurissignificativas deve dar-se preferência à interpretação que lhe dê um sentido em conformidade à constituição. Esta formulação comporta várias dimensões: (1) o princípio da prevalência da constituição impõe que, dentre as várias possibilidades de interpretação, só deve escolher-se uma interpretação não contrária ao texto e programa da norma ou normas constitucionais; (2) o princípio da conservação de normas afirma que uma norma não deve ser declarada inconstitucional quando, observados os fins da norma, ela pode ser interpretada em conformidade com a constituição; (3) o princípio da exclusão da interpretação conforme a constituição mas 'contra legem' impõe que o aplicador de uma norma não pode contrariar a letra e o sentido dessa norma através de uma interpretação conforme à constituição, mesmo que através desta interpretação consiga uma concordância entre a norma infraconstitucional e as normas constitucionais. Quando estiverem em causa duas ou mais interpretações – todas em conformidade com a Constituição – deverá procurar-se a interpretação considerada como a melhor orientada para a Constituição". *Direito Constitucional e Teoria da Constituição*. 7. ed. Coimbra: Almedina, p. 1.226 e 1.227.
17. De forma distinta da interpretação conforme, através da declaração parcial de inconstitucionalidade sem redução de texto, o Poder Judiciário estabelece o significado que *não deve* ser atribuído ao enunciado normativo, por ser incompatível com a Constituição, permitindo ao intérprete a construção de diversos outros significados, desde que não aquele tido por inconstitucional pelo Poder Judiciário. Fazendo um paralelo com a interpretação conforme, nesta, o intérprete determina o único significado compatível com a Constituição, excluindo os demais por não se harmonizarem a Lei Maior; na declaração parcial de inconstitucionalidade sem redução de texto, o intérprete especifica o sentido que não deve ser atribuído ao texto, por incompatível à Constituição, permitindo-lhe desenvolver outros significados que se harmonizam à Lei Fundamental.

    Ao discorrer sobre as decisões interpretativas em sede de jurisdição constitucional, Georges Abboud expõe o seguinte entendimento:

    "Em seu sentido lato, as sentenças interpretativas englobariam decisões interpretativas em sentido estrito e decisões manipuladoras (ou manipulativas). As decisões interpretativas em sentido estrito, por sua vez, comportam a interpretação conforme à Constituição (denominadas sentenças interpretativas de rechaço – Riccardo Guastini – tendo em vista que essa técnica exclui outras possibilidades interpretativas que não sejam aquelas adotadas pela Corte) e a declaração de nulidade parcial sem redução de texto (sentença interpretativa de aceitação, ou de anulação, uma vez que, nesse caso, o Tribunal exclui/anula o sentido apresentado pelo texto de maneira inconstitucional, aceitando, no entanto, outras possibilidades interpretativas". *Jurisdição Constitucional e Direitos Fundamentais*. São Paulo: RT, 2011, p. 166.
18. O *apelo ao legislador* se afigura como uma técnica decisória em sede de controle de constitucionalidade, na qual a Corte Constitucional reputa a norma *ainda constitucional*, ou seja, *em trânsito para a inconstitucionalidade*.

O magistrado, em sua tomada de decisão, está condicionado por seu viés ideológico e consciente de que este interfere no processo decisório. Sua forma de compreender o mundo é balizada pelos valores individuais e sociais decorrentes do seu tempo e espaço. Não se pode prescindir, também, dos elementos temporal e geográfico, que possibilitam uma mudança de significado em relação aos enunciados normativos. A interpretação evolutiva é prova disso. Logo, em razão do evoluir histórico, a intepretação jurídica ganha novos contornos, sem que haja a necessidade de implementar modificações na estrutura normativa da Constituição. Muda-se o significado atribuído ao texto legal, embora sua base empírica permaneça a mesma. Trata-se de um fenômeno não muito complexo para se compreender, na medida em que fatores históricos, axiológicos, sociais, culturais e políticos têm a possibilidade de interferir no processo hermenêutico, permitindo ao intérprete analisar o problema sob outra perspectiva, à luz desses novos horizontes.[19] Conforme visto acima, a liberdade de conformação do intérprete do direito é ampliada na medida em que ele esteja diante de uma norma principiológica, de ampla textura aberta[20] e elevado grau de indeterminabilidade.

Em tal hipótese, o Tribunal afasta a inconstitucionalidade, todavia, adverte o legislador que possivelmente ela se tornará inconstitucional, permitindo a este atuar de forma célere e preventiva para que a situação fática até então disciplinada não fique sem um tratamento jurídico.

19. Neste contexto, são pertinentes as palavras de Gustavo Zagrebelsky:
“Si valorarmos en su conjunto la reflexión científica sobre el derecho público llevada a cabo en estas décadas, no podemos dejar de notar que los términos y los conceptos empleados son básicamente los mismos de otro tiempo, que han sido heredados de la tradición. Ahora bien, ya no producen significados unívocos y estables. Al haberse erosionado progresivamente el principio unitario de organización política, representado por la soberanía y por el orden que de ella derivaba, los significados resultantes pueden variar en función de las constelaciones que se van formando entre los elementos que componen el derecho público. El rasgo más notorio del derecho público actual no es la sustitución radical de las categorías tradicionales, sino su ‘pérdida de la posición central’. Y ello constituye realmente una novedad de absoluta importancia, porque comporta una consecuencia capital: al faltar un punto unificador tomado como axioma, la ciencia del derecho público puede formular, proponer y perfeccionar sus propias categorías, pero éstas no pueden encerrar y reflejar en sí un significado concreto definible a priori, como sucedía cuando la orientación venía dada desde la soberanía del Estado. Hoy en día el significado debe ser construido.
Éste es el rasgo característico de la situación actual. Las categorías del derecho constitucional, para poder servir como criterio de acción o de juicio para la praxis, deben encontrar una combinación que ya no deriva del dato indiscutible de un ‘centro’ de ordenación. Por usar una imagen, el derecho constitucional es un conjunto de materiales de construcción, pero el edificio concreto no es obra de la Constitución en cuanto tal, sino de una política constitucional que versa sobre las posibles combinaciones de esos materiales.
Las sociedades pluralistas actuales – es decir, las sociedades marcadas por la presencia de una diversidad de grupos sociales con intereses, ideologías y proyectos diferentes, pero sin que ninguno tenga fuerza suficiente para hacerse exclusivo o dominante y, por tanto, establecer la base material de la soberania estatal en el sentido del pasado -, esto es, las sociedades dotadas en su conjunto de un cierto grado de relativismo, asignan a la Constitución no la tarea de establecer directamente un proyecto predeterminado de vida en común, sino la de realizar las condiciones de posibilidad de la misma. Desde la Constitución, como plataforma de partida que representa la garantía de legitimidad para cada uno de los sectores sociales, puede comenzar la competición para imprimir al Estado una orientación de uno u otro signo, en el ámbito de las posibilidades ofrecidas por el compromiso constitucional”. *El Derecho dúctil* – Ley, derechos, justicia. Trotta: Madrid, 2005, p. 12.

20. Aduz Luís Roberto Barroso que “a ideia de *ativismo judicial* está associada a uma participação mais ampla e intensa do Judiciário na concretização dos valores e fins constitucionais, com maior interferência no espaço de atuação dos outros dois Poderes. A postura ativista se manifesta por meio de diferentes condutas, que

A Constituição, por sua própria natureza e finalidade, utiliza-se no mais das vezes de conceitos vagos, indeterminados e com elevada carga de imprecisão, conferindo ao aplicador do direito uma maior liberdade de conformação pertinente à densificação do seu conteúdo. Tais elementos permitem ao magistrado uma leitura e reformulação construtiva do seu texto, de modo a propiciar uma decisão à luz dos atuais problemas com os quais as sociedades contemporâneas se deparam. Logo, tudo isso deve ser tomando em consideração para fins de compreensão acerca do *modus operandi* do Poder Judiciário, no trato de questões constitucionais.

Neste particular, ao discorrer sobre a atuação do Supremo Tribunal Federal – STF, Glauco Salomão Leite aponta para as seguintes dimensões do ativismo na jurisprudência da Corte: a) ocupação de vazios normativos;[21] b) criação e/ou alteração de normas constitucionais;[22] c) expansão de poderes processuais e da força de suas decisões;[23] d) ativismo de precedentes;[24]

---

incluem: (i) a aplicação direta da Constituição a situações não expressamente contempladas em seu texto e independentemente de manifestação do legislador ordinário; (ii) a declaração de inconstitucionalidade de atos normativos emanados do legislador, com base em critérios menos rígidos que os de patente e ostensiva violação da Constituição; (iii) a imposição de condutas ou de abstenções ao Poder Público, notadamente em matéria de políticas públicas". *O Controle de Constitucionalidade das Leis no Direito Brasileiro*. 4. ed. São Paulo: Saraiva, 2009.

21. "Essa dimensão do ativismo se relaciona com a fiscalização judicial das omissões inconstitucionais por meio do mandado de injunção e da ação direta de inconstitucionalidade por omissão. Está-se, pois, diante de hipótese caracterizada principalmente pela omissão total ou parcial de norma legal regulamentadora de preceito constitucional". *Juristocracia e Constitucionalismo Democrático*: do ativismo judicial ao diálogo constitucional. Rio de Janeiro: Lumen Juris, 2017, p. 138. Nesta perspectiva, vejamos decisão do Superior Tribunal de Justiça – STJ: "Ementa: Pedido de suspensão de medida liminar. Interferência do judiciário na atividade administrativa. Flagrante ilegitimidade e lesão à ordem pública. Ao Judiciário cabe o controle da legalidade dos atos da Administração. O *ativismo judicial pode legitimar-se para integrar a legislação onde não exista norma escrita*, recorrendo-se, então, à analogia, aos costumes e aos princípios gerais de direito (CPC, art. 126). Mas a atividade administrativa, propriamente tal, não pode ser pautada pelo Judiciário. Na espécie, em última análise, o MM. Juiz Federal fez mais do que a Administração poderia fazer, porque impôs o que esta só pode autorizar, isto é, que alguém assuma a responsabilidade pela prestação de serviço público. Agravo regimental não provido". STJ, AgRg na SLS 1427/CE, Rel. Min. Ari Pargendler, Cote Especial, d. j. 05.12.2011. (Destaque nosso)

22. Efetuando uma ressalva de que o ativismo judicial não se reduz a um problema hermenêutico, de maior ou menor correspondência das decisões judiciais aos textos normativos, Glauco Salomão Leite aponta para o fato de que "o conteúdo indeterminado dos enunciados constitucionais contribui, portanto, para a elevação dos poderes do STF, permitindo-lhe alargar seu raio de locomoção com decisões ativistas através da criação e alteração de normas constitucionais que são incorporadas ao sistema normativo".

23. Sobre esta nota tipificadora, aduz Glauco Salomão Leite que "o alargamento dos poderes político-normativos do STF, enquanto expressão do ativismo judicial, pode se traduzir na expansão de seus poderes processuais e da força das suas decisões. No primeiro caso, quer se referir a uma ampliação daquilo que é cognoscível pelo Tribunal, ou seja, do que ele entende que pode ser objeto de apreciação judicial. No segundo, aponta-se a elevação da eficácia das decisões da Corte. No fundo, essa modalidade de ativismo se relaciona com aspectos processuais da atuação do STF". *Juristocracia e Constitucionalismo Democrático*: do ativismo judicial ao diálogo constitucional. Rio de Janeiro: Lumen Juris, 2017, p. 161.

24. "Como consequência da ascensão política e institucional do STF, constata-se a valorização de sua jurisprudência constitucional. Guardadas as devidas proporções entre os sistemas da *civil law* e *common law* em relação à importância atribuída ao direito produzido pelos Tribunais, é certo que a posição atual do STF o torna um dos principais responsáveis pela própria construção dos múltiplos sentidos do documento constitucional. Dessa maneira, a estabilidade da sua jurisprudência é um fator indispensável à própria segurança jurídica das relações sociais e institucionais. Sendo assim, o ativismo de precedentes se configura quando a Corte se afasta de uma posição anteriormente assumida, rompendo, assim, com uma linha de entendimento que norteava a solução de

e) ativismo contramajoritário;[25] f) imposição de obrigações positivas ao Poder Público;[26] g) maximalismo judicial.[27]

Trata-se, portanto, de uma postura expansiva do Poder Judiciário. Por ser a Constituição o estatuto jurídico do político, que compreende os princípios de legitimação do poder, conflitos desta natureza passam a ser dirimidos em última instância pelo Poder Judiciário,[28] mediante aplicação das normas constitucionais.

---

uma determinada controvérsia constitucional. Embora seja bastante frequente que a Corte se reporte aos seus precedentes como razão de decidir, muitas vezes como uma razão em si mesma e sem maiores preocupações com a justificativa por trás delas, não raro ela altera sua trajetória jurisprudencial, sem explicitar o anacronismo ou erro do entendimento que existiria. Assim, *o ativismo de precedentes representa uma atitude do Tribunal em ignorar seus próprios precedentes já firmados para situações semelhantes, reafirmando sua autoridade em estabelecer uma nova regra de decisão dali em diante*". In: LEITE, Glauco Salomão. *Juristocracia e Constitucionalismo Democrático*: do ativismo judicial ao diálogo constitucional. Rio de Janeiro: Lumen Juris, 2017, p. 169.

25. No tocante ao ativismo contramajoritário, este diz "respeito à forma de atuação do Tribunal na revisão das decisões políticas do legislador democrático." Adverte o autor, que referida dimensão não se confunde com o controle de constitucionalidade, mas, podemos dizer, o controle de constitucionalidade é utilizado para fins *ativistas*. Pontua Glauco Salomão Leite que "a possibilidade de o Tribunal expandir seus poderes em detrimento do legislador é verificada quando o controle de constitucionalidade é realizado à luz de parâmetros vagos e indeterminados. *Nessas situações, a invalidação de uma lei pode representar a substituição de opções políticas razoáveis pelo legislador por aquelas definidas pela Corte*". In: LEITE, Glauco Salomão. *Juristocracia e Constitucionalismo Democrático*: do ativismo judicial ao diálogo constitucional. Rio de Janeiro: Lumen Juris, 2017, 176.

26. Tal dimensão do ativismo judicial "envolve a imposição expansiva de obrigações positivas para os entes da Administração Pública. No Brasil, esta problemática diz respeito ao cumprimento das normas constitucionais que fixam metas para o Estado". In: LEITE, Glauco Salomão. *Juristocracia e Constitucionalismo Democrático*: do ativismo judicial ao diálogo constitucional. Rio de Janeiro: Lumen Juris, 2017, p. 184.

27. Nesta dimensão, Glauco Salomão Leite aduz que "o maximalismo judicial diz respeito ao modo de decidir dos Tribunais e se opõe ao minimalismo. Decisões maximalistas se caracterizam pela profundidade dos fundamentos utilizados para solucionar um caso concreto. Dessa maneira, busca-se exaurir a abordagem dos temas presentes em determinada situação, incursionando em aspectos morais, políticos, históricos, econômicos e científicos. Assim, faz-se uma *leitura bastante diversificada do texto constitucional*, construindo-se uma tese mais que necessária para o deslinde do caso." In: LEITE, Glauco Salomão. *Juristocracia e Constitucionalismo Democrático*: do ativismo judicial ao diálogo constitucional. Rio de Janeiro: Lumen Juris, 2017, p. 180.

28. Ao tratar do processo de judicialização da política, Canotilho expõe os seguintes fatores que conduziram a este modelo de política judicial:

"Em primeiro lugar, descobriu-se a dimensão objectiva dos direitos que não só abriu caminho para a transformação dos direitos em ordem objectiva da comunidade como forneceu o substracto dogmático para a irradiação dos direitos em direcção a toda a ordem jurídica civil. Mas não só isso: a objectivização dos direitos conduz à ressubjectivização de posições prestacionais, configurando-se os próprios direitos, liberdades e garantias como esquemas de garantia dos direitos sociais. A radicalização objectivante dos direitos fundamentais acaba logicamente na redescoberta da constituição como "ordem de valores e de princípios" legitimadora da ultrapassagem dos tradicionais limites metodológicos e metódicos do poder judicial. Concretizemos um pouco esta última afirmação. Dentro do arsenal metódico-metodológico várias categorias dogmáticas servem hoje para abrirem aos juízes os interstícios da política dos direitos e dos valores. Uma dessas categorias é, desde logo, a concretização dos direitos. A concretização exprime uma tendência incontornável para o alargamento do espaço de discricionariedade das magistraturas no dizer do direito em nome da necessidade de assegurar a justa realização da constituição. Outra categoria é a da ponderação ou balanceamento de bens e direitos. Não é por acaso que alguns autores veem no chamado Estado ponderador (assim W. Leisner, Der Abwiigungsstaat, Berlin, 1997) um dos cavalos de Troia da erosão da juridicidade estatal. As relações funcionais e competenciais entre o poder legislador e o poder judiciário deslocam-se estreitando a margem de conformação política de quem ao fazer política deve fazer o balanceamento justo em caso de conflito de bens, e alargando o espaço discricionário de quem, não fazendo política, é agora o ponderador, em termos definitivos, da solução de conflitos de direitos e bens. A terceira categoria politicamente suspeita de converter os juízes em legisladores políticos é a que diz respeito à concretização do princípio da competência orçamental em sede de realização de direitos. Este

4. A JUDICIALIZAÇÃO DA POLÍTICA

"Nós vivemos sob uma constituição, mas a constituição é o que os juízes dizem que é."[29]

(We are under a constitution but the constitution is what the judges say it is) Justice Holmes

A judicialização da política não deve ser confundida com o ativismo judicial, embora se possa estabelecer pontos de contato entre eles. O primeiro diz sobre a atuação do poder judiciário em questões políticas, ao passo que o segundo versa sobre viés ideológico que norteia a forma de proceder dos magistrados em matéria de decidibilidade. Luís Roberto Barroso, ao tratar do tema, afirma que "a judicialização e o ativismo judicial são primos. Vêm, portanto, da mesma família, frequentam os mesmos lugares, mas não têm as mesmas origens. Não são gerados, a rigor, pelas mesmas causas imediatas".[30]

A Constituição é, essencialmente, o "estatuto jurídico do político",[31] de modo que disciplinar o poder se constitui na própria razão de ser das constituições. Ressalte-se, por oportuno, que os textos constitucionais, no que toca à sua materialidade, possuem uma força irradiante, na medida em que os seus conteúdos se espraiam por todo o sistema normativo, conferindo ao mesmo, legitimidade material. Tal ocorre em virtude da nota de superioridade, típica das Constituições contemporâneas.

Sob tal perspectiva, ter-se-á uma constitucionalização de todo sistema jurídico, na medida em que o DNA constitucional, de cunho predominantemente político, é transmitido às normas que nela (Constituição) se fundamentam. Portanto, afigurando-se a Constituição como documento jurídico de conteúdo político, inexiste possibilidade

---

último tópico conduz-nos a outro dos aspectos da liminar que nos foi endereçada: a das relações entre o poder político e o poder judiciário no campo das políticas públicas de direitos. Sejam-nos, porém, permitidas algumas considerações sobre a pretensa deriva do activismo judiciário. É indiscutível que as relações entre a magistratura e o sistema político não são os mesmos sistemas em que existe controlo da constitucionalidade da lei (sobretudo fiscalização abstracta concentrada) e nos sistemas em que continua a valer a insindicabilidade judicial das leis". Cf. CANOTILHO, José Joaquim Gomes. Um Olhar Jurídico-Constitucional sobre a Judicialização da Política. *Revista de Direito Administrativo*, Rio de Janeiro, v. 245, p. 87-95, mai. 2007. ISSN 2238-5177. Disponível em: http://bibliotecadigital.fgv.br/ojs/index.php/rda/article/view/42122. Acesso em: 14 ago. 2023. doi:http://dx.doi.org/10.12660/rda.v245.2007.42122. p. 90.

29. De forma contraposta, trazemos novamente à colação o pensamento de Lenio Streck: "o direito não é aquilo que o intérprete quer que ele seja. Portanto, *o direito não é aquilo que o Tribunal, no seu conjunto ou na individualidade de seus componentes, dizem que é* (lembremos, aqui, a assertiva de Herbert Hart, em seu *Concept of Law*, acerca das regras do jogo de críquete, para usar, aqui, um autor positivista contra o próprio decisionismo positivista que claramente exsurge do acórdão em questão). A doutrina *deve* doutrinar, sim. *Esse é o seu papel.* Aliás, não fosse assim, o que faríamos com as quase mil faculdades de direito, os milhares de professores e os milhares de livros produzidos anualmente? E mais, não fosse assim, o que faríamos com o parlamento, que aprova as leis? E, afinal, o que fazer com a Constituição, lei das leis?

    Portanto, há que se ter o devido cuidado: a afirmação de que 'o intérprete sempre atribui sentido ao texto' nem de longe pode significar a possibilidade de autorizá-lo a 'dizer qualquer coisa sobre qualquer coisa'., atribuindo sentido de forma arbitrária aos textos, como se texto e norma estivessem separados (e, portanto, tivessem existência autônoma)." (Destaque nosso). *Verdade e Consenso*: Constituição, Hermenêutica e Teorias Discursivas – Da possibilidade à necessidade de respostas corretas em direito. 3. ed. Rio de Janeiro: Lumen Juris, 2009, p. 212 e 213.
30. *O Controle de Constitucionalidade no Direito Brasileiro*. 4. ed. São Paulo: Saraiva, 2009, p. 335.
31. Cf. CANOTILHO, J. J. Gomes. *Direito Constitucional e Teoria da Constituição*. 7. ed. Coimbra: Almedina, 2003, p. 1173.

em dissociar a política da práxis constitucional desenvolvida pelo Poder Judiciário, operando-se desta maneira o que se denomina por judicialização da política.

O poder – a política – é judicializado em razão de ser ele próprio, objeto de normas da maior envergadura jurídica. A título de exemplo, podemos citar as normas que dispõem sobre a Organização do Estado; relativas à Organização dos Poderes; às Limitações ao Poder de Tributar, entre várias outras. Com isto, percebe-se que o direito não se restringe a disciplinar comportamentos intersubjetivos, indo mais além. É importante salientar que as questões políticas, por sua própria natureza, não se revelam como fenômenos simples. São *políticas*, as situações que envolvem critérios de oportunidade e conveniência, desvinculadas, neste contexto, de questões de índole constitucional.[32] No Mandado de Segurança 34.327/DF, restou decidido que o "Supremo Tribunal Federal *somente deve interferir em procedimentos legislativos para assegurar o cumprimento da Constituição, proteger direitos fundamentais e resguardar os pressupostos de funcionamento da democracia e das instituições republicanas*. Exemplo típico na jurisprudência é a preservação dos direitos das minorias. Nenhuma das hipóteses ocorre no presente caso".[33] (destaque nosso)

Portanto, em conformidade à jurisprudência do Supremo Tribunal Federal – STF, não possuindo as questões políticas, natureza constitucional, nem estando relacionadas aos direitos de minorias parlamentares ou as condições de funcionamento do regime democrático, a Corte Constitucional não está autorizada a intervir na dinâmica do Poder Legislativo, por se tratar de questões *interna corporis*. Nesse contexto, a questão deve, em princípio, ser resolvida pela própria instância parlamentar, sem intervenção do Poder Judiciário.

No Mandado de Segurança 24.831/DF, o Supremo Tribunal Federal – STF, tendo em conta o princípio da separação dos poderes e precedentes da Corte, decidiu ser possível o controle jurisdicional dos atos parlamentares, desde que: a) o Poder Legislativo transcenda os limites que lhe foram traçados pela Constituição; b) ocorra desrespeito a direitos e/ou garantias fundamentais. titularizados, ou não, por membros do Congresso Nacional, mediante ofensa decorrente do exercício de suas atribuições institucionais.[34]

---

32. O Supremo Tribunal Federal – STF já assentou a doutrina de que os atos de natureza política são imunes à intervenção judicial, desde que não transcendam os limites estabelecidos constitucionalmente ou que causem violação a direitos públicos subjetivos, conforme disposto no Ementa do MS 24.849/DF, Rel. Min. Celso de Mello:

"O controle jurisdicional dos atos parlamentares: possibilidade, desde que haja alegação de desrespeito a direitos e/ou garantias de índole constitucional.

– O Poder Judiciário, quando intervém para assegurar as franquias constitucionais e para garantir a integridade e a supremacia da Constituição, desempenha, de maneira plenamente legítima, as atribuições que lhe conferiu a própria Carta da República, ainda que essa atuação institucional se projete na esfera orgânica do Poder Legislativo.

- Não obstante o caráter político dos atos parlamentares, revela-se legítima a intervenção jurisdicional, sempre que os corpos legislativos ultrapassem os limites delineados pela Constituição ou exerçam as suas atribuições institucionais com ofensa a direitos públicos subjetivos impregnados de qualificação constitucional e titularizados, ou não, por membros do Congresso Nacional. Questões políticas. Doutrina. Precedentes."

33. Rel. Min. Roberto Barroso, Pleno, D. J. 08.09.2016.

34. O Supremo Tribunal Federal – STF, em diversos julgados, vem delineando sua jurisprudência acerca da intervenção do Poder Judiciário na esfera de atuação parlamentar do Congresso Nacional, conforme se pode

O eminente Min. Celso de Mello, por ocasião do julgamento do MS 34.327-DF, na qual figurou como relator da ação, entendeu ser legítima a competência do Supremo Tribunal Federal, no âmbito da atuação congressual, mesmo nas hipóteses pertinentes a procedimentos e deliberações parlamentares, "toda vez que se imputar às Casas do Congresso Nacional a prática de atos ofensivos à Constituição, notadamente a direitos e garantias fundamentais".[35] A questão perde sua natureza política na medida em que existe um direito subjetivo ou um princípio constitucional a ser tutelado judicialmente. Por tal razão, a existência de controvérsia jurídica com reflexos imediatos na Constituição legitima o exercício da competência do Supremo Tribunal Federal em sede de controle, conforme atribuições que lhe foram assinaladas pela própria Constituição Federal. Logo, a judicial review, não "pode ser considerada um gesto de indevida interferência jurisdicional na esfera orgânica do Poder Legislativo." Salienta, ainda, que a discrição da Câmara dos Deputados e do Senado Federal não se legitima quando exercida em desarmonia ao estabelecido pela Constituição, na medida em que as atividades desenvolvidas pelos Poderes da República submetem-se a rigorosos condicionamentos constitucionais, em particular nas hipóteses de sanções restrição de direitos, ainda que de natureza política, a exemplo da suspensão do exercício do mandato parlamentar. Assinala, ainda, o eminente Ministro-Relator, que em razão da elevada missão que se acha investido o Supremo Tribunal Federal – STF, os desvios jurídico-constitucionais

---

verificar das suas decisões trazidas à colação:

"O Poder Judiciário, quando intervém para assegurar as franquias constitucionais e para garantir a integridade e a supremacia da Constituição, desempenha, de maneira plenamente legítima, as atribuições que lhe conferiu a própria Carta da República, ainda que essa atuação institucional se projete na esfera orgânica do Poder Legislativo.

– Não obstante o caráter político dos atos parlamentares, revela-se legítima a intervenção jurisdicional, sempre que os corpos legislativos ultrapassem os limites delineados pela Constituição ou exerçam as suas atribuições institucionais com ofensa a direitos públicos subjetivos impregnados de qualificação constitucional e titularizados, ou não, por membros do Congresso Nacional. Questões políticas. Doutrina. Precedentes.

– A ocorrência de desvios jurídico-constitucionais nos quais incida uma Comissão Parlamentar de Inquérito justifica, plenamente, o exercício, pelo Judiciário, da atividade de controle jurisdicional sobre eventuais abusos legislativos (RTJ 173/805-810, 806), sem que isso caracterize situação de ilegítima interferência na esfera orgânica de outro Poder da República" (MS 24.831/DF, Rel. Min. Celso de Mello, Pleno, DJ 22.06.2005).

"1. Agravo Regimental em Mandado de Segurança. 2. Oferecimento de denúncia por qualquer cidadão imputando crime de responsabilidade ao Presidente da República (artigo 218 do Regimento Interno da Câmara dos Deputados). 3. Impossibilidade de interposição de recurso contra decisão que negou seguimento à denúncia. Ausência de previsão legal (Lei 1.079/50). 4. A interpretação e a aplicação do Regimento Interno da Câmara dos Deputados constituem matéria *interna corporis*, insuscetível de apreciação pelo Poder Judiciário. 5. Agravo regimental improvido" (MS 26.026 AgR, Rel. Min. Gilmar Mendes).

"Constitucional. Mandado de segurança. Atos do poder legislativo: controle judicial. Ato *interna corporis*: matéria regimental.

I. – Se a controvérsia é puramente regimental, resultante de interpretação de normas regimentais, trata-se de ato *interna corporis*, imune ao controle judicial, mesmo porque não há alegação de ofensa a direito subjetivo.

II. – Mandado de Segurança não conhecido" (MS 24.356, Rel. Min. Carlos Velloso).

35. "Mandado de segurança impetrado contra ato do presidente da câmara dos deputados, relativo à tramitação de emenda constitucional. Alegação de violação de diversas normas do regimento interno e do art. 60, § 5º, da constituição federal. Preliminar: impetração não conhecida quanto aos fundamentos regimentais, por se tratar de matéria *interna corporis* que só pode encontrar solução no âmbito do poder legislativo, não sujeita à apreciação do poder judiciário; *conhecimento quanto ao fundamento constitucional* (...)" (MS 22.503, Rel. Min. Marco Aurélio, DJ. 08.05.1996).

eventualmente praticados por uma das Casas legislativas – mesmo quando surgidos no contexto de processos políticos – não se encontram imunes à fiscalização judicial da Corte Constitucional, "como se a autoridade e a força normativa da Constituição e das leis da República pudessem, absurdamente, ser neutralizadas por estatutos meramente regimentais ou pelo suposto caráter 'interna corporis' do ato transgressor de direitos e garantias assegurados pela própria Lei Fundamental do Estado.[36]" Não se pode recusar, advertiu o Ministro Celso de Mello, que a natureza política dos atos parlamentares não é o suficiente para subtraí-los à esfera da jurisdição constitucional, na medida em que sempre caberá ao Supremo Tribunal Federal atuar, mediante provocação da parte lesada, nos casos em que sejam alegadas ofensas, atual ou iminente, a direito individual, "pois nenhum Poder da República tem legitimidade para desrespeitar a Constituição ou para ferir direitos públicos e privados de seus cidadãos".[37]

Com este raciocínio, entendeu o Ministro Celso de Mello incumbir ao Supremo Tribunal Federal, o desempenho de legítima função arbitral nas delicadas relações institucionais entre os Poderes da República, de modo a fazer prevalecer, no plano político-jurídico, "o convívio harmonioso entre os órgãos do Estado, prestigiando-se, desse modo, o dogma da separação de poderes, que traduz elemento nuclear e central no contexto das funções governamentais".[38]

A produção legislativa levada a cabo nos últimos anos pelo Congresso Nacional[39] e Presidente da República é bastante expressiva, resultando na possibilidade de ampliação, no âmbito do Poder Judiciário, de novas demandas decorrentes deste novo arcabouço legislativo. Isto, por sua vez, faz ampliar a produção normativa do Poder Judiciário, na medida em que necessita dirimir tais conflitos intersubjetivos decorrentes desta produção legiferante. Além disto, não podemos perder de vista que o Poder Judiciário pode ser provocado para atuar, em sede de jurisdição constitucional, em decorrência do questionamento (por quem detém de legitimidade para tanto) acerca da constitucionalidade destas medidas legislativas. Portanto, faz-se necessário dissociar com cautela aquilo que deve ser considerado questão *interna corporis*, imune a fiscalização jurisdicional por situar-se no campo exclusivamente político, de outros temas que escapam deste âmbito interno e que,

36. Mandado de Segurança 34.327/DF, p. 30.
37. Mandado de Segurança 34.327/DF, p. 30.
38. Após traçar uma linha argumentativa acerca da competência do Supremo Tribunal Federal para processo e julgar causas cujo objeto verse sobre "questões políticas", o Min. Celso de Mello afirmou o seguinte:
"É por esse motivo que assume indiscutível relevo o significado da jurisdição desta Corte Suprema na prática institucional viabilizada pelo modelo que consagra a democracia constitucional em nosso País, notadamente quando o Supremo Tribunal Federal exerce a função contramajoritária, que lhe é ínsita, no contexto de suas atividades jurisdicionais, a significar que este Tribunal acha-se legitimamente investido da função de promover o equilíbrio entre os Poderes do Estado e de atuar como garante dos direitos fundamentais. Daí a plena legitimidade jurídico-constitucional da decisão que o Supremo Tribunal Federal está a proferir neste julgamento."
39. Consoante *Relatório de 2022*, da Presidência do Senado Federal, foram promulgadas *14 Emendas Constitucionais* (5 de iniciativa da Câmara dos Deputados e 9 provenientes do Senado Federal) e *237 leis* (93 propostas advindas da Câmara dos Deputados, 36 do Senado Federal, 02 da Defensoria Pública da União; 02 do Ministério Público da União, 01 do Poder Judiciário e 103 Presidente da República). Disponível em: https://www8.senado.leg.br/dwweb/abreRap.html?docId=Abwp0R6Wg51Ml_TwxvNQv7U Acesso em: 20 ago. 2023, às 10h09.

por tal razão, podem se constituir em objeto de controle (de constitucionalidade ou de legalidade) pelo Poder Judiciário. Ademais, não podemos prescindir do fato de que a Corte Constitucional, no exercício do controle de constitucionalidade das leis e atos normativos, atua como *legislador negativo* ao estabelecer uma norma geral com sinal negativo.[40]

É oportuno ressaltar, que o Poder Legislativo e o Poder Executivo, ao agirem de forma discricionária, mediante observância de juízos de conveniência e oportunidade, devem agir em estrita consonância ao que dispõe a Constituição e o sistema normativo ao qual todos estão submetidos, de modo que, uma vez ultrapassado tais barreiras normativas, possivelmente suas respectivas atuações incorrerão em violações a direitos

---

40. Kelsen, em atenção às críticas formuladas pertinentes à função atribuída ao Tribunal Constitucional, argumenta o seguinte:

"Costumam-se fazer certas objeções a esse sistema. A primeira, naturalmente, é que tal instituição seria incompatível com a soberania do Parlamento. Mas, à parte o fato de que não se pode falar de soberania de um órgão estatal particular, pois a soberania pertence no máximo à própria ordem estatal, esse argumento cai por terra pelo simples fato de que é forçoso reconhecer que a Constituição regula no fim das contas o processo legislativo, exatamente da mesma maneira como as leis regulam o procedimento dos tribunais e das autoridades administrativas, que a legislação é subordinada à Constituição exatamente como a jurisdição e a administração o são à legislação, e que, por conseguinte, o postulado da constitucionalidade das leis é, teórica e tecnicamente, absolutamente idêntico ao postulado da legalidade da jurisdição e da administração. Se, ao contrário dessas concepções, se continua a afirmar a incompatibilidade da jurisdição constitucional com a soberania do legislador, é simplesmente para dissimular o desejo do poder político, que se exprime no órgão legislativo, de não se deixar limitar pelas normas da Constituição, em patente contradição, pois, com o direito positivo. No entanto, mesmo se tal tendência for aprovada por motivos de oportunidade, não há argumento jurídico em que ela possa se embasar.

Não é muito diferente o que ocorre com a segunda objeção, decorrente do princípio da separação dos poderes. Claro, a anulação de um ato legislativo por um órgão que não o órgão legislativo mesmo, constitui uma intromissão no 'poder legislativo', como se costuma dizer. Mas o caráter problemático dessa argumentação logo salta aos olhos, ao se considerar que o órgão a que é confiada a anulação das leis inconstitucionais não exerce uma função verdadeiramente jurisdicional, mesmo se, com a independência de seus membros, é organizado em forma de tribunal. Tanto quanto se possa distingui-las, a diferença entre a função jurisdicional e a função legislativa consiste antes de mais nada em que esta cria normas gerais, enquanto aquela cria unicamente normas individuais. Ora, anular uma lei é estabelecer uma norma geral, porque a anulação de uma lei tem o mesmo caráter de generalidade que sua elaboração, nada mais sendo, por assim dizer, que a elaboração com sinal negativo e portanto ela própria uma função legislativa. E um tribunal que tenha o poder de anular as leis é, por conseguinte, um órgão do poder legislativo.

(...) a instituição da jurisdição constitucional não se acha de forma alguma em contradição com o princípio da separação dos poderes; ao contrário, é uma afirmação dele.

(...)

Sua independência diante do Parlamento como diante do governo é um postulado evidente. Porque precisamente o Parlamento e o governo é que devem ser, como órgãos participantes do processo legislativo, controlados pela jurisdição constitucional. Caberia ao máximo examinar se o fato de a anulação das leis ser, ela própria, uma função legislativa, não acarretaria certas consequências particulares no que concerne à composição e à nomeação dessa instância. Mas na realidade não é assim. Porque todas as considerações políticas que domina a questão da formação do órgão legislativo não entram em linha de conta quando se trata de anulação das leis. É aqui que aparece a distinção entre a elaboração e a simples anulação das leis. A anulação de uma lei se produz essencialmente como aplicação das normas da Constituição. A livre criação que caracteriza a legislação está aqui quase completamente ausente. Enquanto o legislador só está preso pela Constituição no que concerne a seu procedimento - e, de forma totalmente excepcional, no que concerne ao conteúdo das leis que deve editar, e mesmo assim, apenas por princípios ou diretivas gerais -, a atividade do legislador negativo, da jurisdição constitucional, é absolutamente determinada pela Constituição." *Jurisdição Constitucional*. São Paulo: Martins Fontes, 2003, p. 153.

subjetivos, que não podem deixar de ser tutelados pelo Poder Judiciário, uma vez tendo sido provocado para tanto. Portanto, a atuação política do Poder Judiciário se justifica na medida em que, do seu agir, resultará uma medida protetiva dos direitos fundamentais. Ora, na medida em que a Constituição é compreendida como instrumento jurídico do político, nada mais revela, em um primeiro plano, de que o exercício do poder por parte do órgão legitimado para tanto, de per si, tende a extrapolar os limites que lhes foram impostos. É bastante atual as lições de Montesquieu acerca da relação entre liberdade política e governo:

> A liberdade política só se encontra nos Governos moderados. Mas ela não existe sempre nos Estados moderados. Ela só existe neles quando não se abusa do poder. Mas é uma experiência eterna que todo homem que tem poder é levado a abusar dele. Vai até encontrar os limites. Quem diria! A própria virtude precisa de limites. Para que não possam abusar do poder, precisa que, pela disposição das coisas, o poder freie o poder.[41]

Conforme demonstrado acima (cf. nota 15), o Poder Judiciário não está impedido constitucionalmente de aferir a regularidade da atuação política dos demais poderes. A atuação dos poderes republicanos é estabelecida normativamente pela Constituição. Não é sem propósito que são denominados de poderes constituídos. Constituídos por quem? Pela Constituição, que estabelece juridicamente as regras do jogo político. Deste modo, reitere-se, os atos praticados pelos Poderes da República que impliquem em desvio funcional e reflitam negativamente no plano dos direitos fundamentais, são susceptíveis de fiscalização pelo Poder Judiciário.[42] Se assim não for, do que valeria a regra constante no artigo 101, da Constituição Federal, que assim dispõe:

> Art. 102. Compete ao Supremo Tribunal Federal, precipuamente, a guarda da Constituição.

Se forçarmos um pouco o raciocínio, quando o Supremo Tribunal Federal profere uma decisão que reflete na dinâmica dos poderes republicanos, o que ele está a fazer é conferir proteção à Constituição, zelando pela regularidade funcional dos diversos órgãos constitucionais e por designação da própria Constituição. Inexiste, a rigor, uma intervenção indevida, mas sim aplicação da Constituição para que os poderes constituídos passem a atuar em atenção ao que ela lhes reservou a título de competências constitucionais.

Em setembro de 1978, em data comemorativa dos 150 anos do Supremo Tribunal Federal, o então Ministro Seabra Fagundes proferiu uma palestra na Universidade Federal de Brasília, sob o título "*A função política do Supremo Tribunal Federal*", na qual afirmara

41. *O Espírito das Leis*. 8. ed. São Paulo: Saraiva, 2004, p. 167.
42. "Recurso Extraordinário. Controle de constitucionalidade estadual. Alegação de incompetência do Poder Legislativo municipal para propor lei que importa obrigação de fiscalização pelo Poder Executivo.
O dever do Executivo de cumprir e fazer que se cumpram as leis é contratual à sua essência. A lei que não cria uma obrigação específica, extraordinária, para órgãos da Administração, não está sujeita à reserva de iniciativa do Chefe do Executivo; do outro modo, a autonomia do Legislativo seria substancialmente deprimida, em desacordo com a recomendação extraída do *princípio interpretativo da correção funcional*.
Vício de iniciativa não caracterizado. Parecer pelo desprovimento do recurso" (Destaque nosso) RE 795970, Rel. Min. Gilmar Mendes, DJ 02.10.2015.

que "da presença afirmativa e enérgica do mais alto tribunal da República dependerá, nos regimes presidencialistas, em parte substancial, o êxito prático das instituições políticas".[43] Portanto, não é de hoje que se discute acerca da legitimidade do Supremo Tribunal Federal para proferir decisões de conteúdo político.

No entanto, devemos frisar mais uma vez: as decisões são políticas em razão do seu próprio objeto, resultando em interferência na dinâmica dos poderes republicanos, mas não por decorrerem de motivações políticas. Pelo contrário, são decisões revestidas de juridicidade e legitimação proveniente da Constituição Federal. Deste modo, não podemos prescindir do avanço e relevância atualmente desenvolvida pela jurisdição constitucional, não apenas no Brasil, mas em diversos países do mundo. Uma vez jurisdicizada a política, politiza-se o Poder Judiciário.[44] Além disto, o Estado é a máxima expressão do poder político, cuja titularidade reside no povo. A Constituição, por sua vez, é o documento que institucionaliza o Estado, dando-lhe forma jurídica. Disto resulta que os textos constitucionais estão impregnados de Política, por constituir na sua própria essência.

Raúl Canosa Usera, ao analisar o processo de interpretação constitucional, formula as seguintes colocações acerca da função desempenhada pelos Tribunais Constitucionais:

> El problema básico de la interpretación es el carácter político o no de la jurisdicción constitucional.
>
> Por tanto, debemos decidirnos por una de las dos posturas expuestas o, al menos, por una toma de posición personal. Si el eclepticismo oculta, a veces, la forzada combinación de elementos antitéticos, en el asunto que nos ocupa resulta ser la única postura, a nuestro juicio razonable, ya que essas antinomias se producen de hecho y no pueden privilegiarse algunas a costa de relegar al ostracismo, teórico se entiende, a las otras.
>
> Se ha dicho de estos tribunales que son órganos políticos que ejercen una función jurisdiccional, con lo que se confunden, según nos parece, dos planos distintos. En todo caso, el sincretismo debería afectar tanto la naturaleza del órgano como a la respectiva de su actividad. Si convenimos en reconocer una preponderante juridicidad en sus atribuciones, concluiremos por estimar como preferentemente o jurisdiccional la naturaleza de los tribunales en cuestión- sin embargo, parece evidente al mismo

---

43. Na sequência, trecho do discurso proferido pelo Min. Seabra Fagundes:
"No presidencialismo, não se solucionando os conflitos oriundos de atuações do Poder Executivo e do Congresso ou Parlamento, mediante critérios políticos e pela ação deste último (como sucede, em geral, nos estados sob regime parlamentar, inclusive com apelo ao *bill of indemnity*), senão por meio de critérios jurídicos (exegese da lei e asseguração da supremacia da Constituição sobre aquela), o Poder Judiciário assume um papel magno na dinâmica do governo, visto que, pela sua natureza mesma, é o órgão das soluções jurídicas.
E no contexto deste órgão dirimidor de todas as situações contenciosas, em que são partes os Poderes Legislativo e Executivo entre si, ou o indivíduo e qualquer deles (mediante lei ou ato administrativo), um ente de cúpula há de situar-se, necessariamente, com jurisdição para dizer a palavra inapelável e final, sempre que arguida ilegalidade ou inconstitucionalidade do comportamento dos outros dois poderes. Daí dizer-se que da presença afirmativa e enérgica do mais alto tribunal da República dependerá, nos regimes presidencialistas, em parte substancial, o êxito prático das instituições políticas. Elas vicejarão em sua pureza ou se amofinarão inexpressivas, em razão das manifestações dessa corte, seja nos momentos cruciais de crise, seja no dia-a-dia da vida política, social e econômica. *Porque a ela, e somente a ela, cabe, com autoridade magna, dizer não às demasias e abusos dos outros dois poderes, reduzindo-lhes as ações, pela força convincente das razões dos seus arestos e pelo peso moral da sua autoridade, às dimensões próprias, segundo o contexto da Constituição. Foi com a noção exata de que assim é e há de ser, no regime presidencial, que os fundadores da República, entre nós, instituíram o Supremo Tribunal Federal*". (destaque nosso) Disponível em http://bibliotecadigital.fgv.br/ojs/index.php/rda/article/view/42824/41547.

44. Cf. RAMOS, Elival da Silva. *Ativismo judicial*: parâmetros dogmáticos. São Paulo: Saraiva, 2010, p. 25.

tiempo que su actividad y objeto, en algunas ocasiones, revisten evidente carácter político, politicidad, que como se tratara de demostrar personaliza la interpretación constitucional.

Quienes califican de jurisdiccional, o no, la actividad de los órganos de control constitucional dependiendo de los casos aciertan, en parte, a causa de la demostrada ambivalencia y extrema versatilidad de combinar principios y factores interpretativos convierte o puede convertirlos en verdadeiras piezas como del esquema constitucional. Esta situación como organismo ntermedio entre otros dos: el Parlamento y el poder judicial, parece dotarle de las características que aquéllos poseen en estado puro: politicidad y jurisdiccionalidad.[45]

A *judicialização da política*, conforme já ilustrado acima, é um fenômeno que atesta a expansão jurisdicional no âmbito do processo decisório dos países democráticos, através de uma metódica própria que a torna distinta daquela praticada nos poderes legislativo e executivo. Neste contexto, a judicialização da política ocorre por meio dos processos judiciais, seja no exercício da jurisdição constitucional concentrada ou difusa.

Nos últimos anos, podemos observar um constante diálogo entre o Supremo Tribunal Federal e a sociedade, através de entidades representativas na condição de *amici curiae*, sobretudo nos processos objetivos ou subjetivos da jurisdição constitucional, através da realização de audiências públicas[46] como forma de melhor formar a convicção dos Ministros mediante a transmissão de conhecimentos técnicos na área objeto da ação. Trata-se de legitimar uma sociedade aberta de intérpretes da Constituição,[47]

---

45. USERA, Raúl Canosa. *Interpretación Constitucional y Formula Política*. Madrid: Centro de Estudios Constitucionales, 1988, p. 38.
46. A título de ilustração, o Ministro Edson Fachin convocou para 9 de dezembro de 2024, uma audiência pública para discutir a possibilidade de reconhecimento de vínculo de emprego entre motoristas de aplicativo e a empresa administradora de plataforma digital. Especialistas e entidades interessadas em expor suas posições sobre o tema deveriam se cadastrar para fins de participação. A matéria é objeto do Recurso Extraordinário (RE) 1446336, com repercussão geral reconhecida (Tema 1.291). No recurso, a Uber do Brasil Tecnologia Ltda. questiona decisão do Tribunal Superior do Trabalho (TST) que entendeu que a relação de um motorista com a plataforma cumpria os requisitos da Consolidação das Leis do Trabalho (CLT) para o reconhecimento do vínculo de emprego.
47. Sobre o tema, Cf. Peter Häberle. *Hermenêutica Constitucional* – A Sociedade Aberta dos Intérpretes da Constituição: Contribuição para Interpretação Pluralista e "Procedimental" da Constituição. Disponível em: https://www.portaldeperiodicos.idp.edu.br/direitopublico/article/view/2353/1205. Acesso em: 20 ago. 2023. É oportuno salientar, que as lições de Haberle acabaram por influenciar o Parlamento brasileiro, posto constar, nas Leis 9868/99 (dispõe sobre o processo e julgamento da ADI e ADC perante o STF) e 9882/99 (dispõe sobre o processo e julgamento da ADPF perante o STF).

    Lei 9868/99:

    "Art. 7º Não se admitirá intervenção de terceiros no processo de ação direta de inconstitucionalidade.

    § 1º (Vetado)

    § 2º O relator, considerando a relevância da matéria e a representatividade dos postulantes, poderá, por despacho irrecorrível, admitir, observado o prazo fixado no parágrafo anterior, a manifestação de outros órgãos ou entidades".

    Lei 9882/99

    "Art. 6º Apreciado o pedido de liminar, o relator solicitará as informações às autoridades responsáveis pela prática do ato questionado, no prazo de dez dias.

    § 1º Se entender necessário, poderá o relator ouvir as partes nos processos que ensejaram a arguição, requisitar informações adicionais, designar perito ou comissão de peritos para que emita parecer sobre a questão, ou ainda, fixar data para declarações, em audiência pública, de pessoas com experiência e autoridade na matéria.

permitindo aos julgadores enxergarem novos horizontes para, eventualmente, proceder a uma mudança informal[48] da Lei Maior.

Por fim, cabe afirmar novamente que a atuação do Poder Judiciário deve se dar, de igual maneira que os demais poderes, nos estreitos limites impostos pela Constituição. Ademais, procedendo desta maneira, confere proteção a um dos postulados essenciais do Estado Democrático de Direito: a separação dos poderes.

5. LIMITES DO ATIVISMO JUDICIAL

Há uma preocupação doutrinária no tocante aos efeitos decorrentes da prática judicial ativista. Refere-se, portanto, aos *limites hermenêuticos dos magistrados* frente ao princípio da separação dos poderes e, também, atinente à segurança jurídica.

Conforme dito acima, faz-se necessário que o Poder Judiciário atue dentro do quadrante fixado constitucionalmente, não podendo extrapolar os limites estabelecidos pelo sistema normativo constitucional. A ausência de vínculo do juiz à norma jurídica emanada do legislador gera insegurança jurídica, decorrente da falta de previsibilidade das decisões judiciais. De maneira reflexa, ter-se-á, a depender da complexidade da causa, instabilidade social. A insegurança jurídica, que resulta da ausência de coerência das decisões judiciais, pode ser um elemento propulsor de instabilidade social.

O princípio da interdependência e harmonia entre os Poderes se constitui em princípio universal nas democracias contemporâneas, havendo distinção entre os países quanto à sua efetiva configuração constitucional. Embora cada Poder tenha uma função típica que lhe foi assinalada constitucionalmente e, apesar da Constituição Federal ter proclamado em seu artigo 2º o princípio da separação dos poderes, é certo que analisando o sistema constitucional, os Poderes Legislativo, Executivo e Judiciário se condicionam reciprocamente, devendo conviver de forma harmônica e dialógica, evitando, desta maneira, conflitos interinstitucionais. Tal condicionamento recíproco pode ser ilustrado através do mecanismo de *freios e contrapesos*,[49] onde um poder tem

---

§ 2º Poderão ser autorizadas, a critério do relator, sustentação oral e juntada de memoriais, por requerimento dos interessados no processo."

O Supremo Tribunal Federal – STF, de forma adequada, tem feito uso desta ferramenta para fins de subsidiar o conhecimento acerca do objeto da ação, posta à sua apreciação. A título de exemplo, podemos citar a ADPF 54, cujo tema versou sobre a antecipação terapêutica do parto, nos casos de anencefalia. Na ocasião, figurou como advogado da Confederação Nacional dos Trabalhadores da Saúde – CNTS, o atual Ministro do Supremo Tribunal Federal – STF, Luís Roberto Barroso.

48. Cf. FERRAZ, Anna Candida da Cunha. *Processos informais de mudança da Constituição*. São Paulo: Max Limonad, 1986. Entre os processos informais de mutação constitucional, encontra-se a interpretação constitucional, posto que mediante o ato interpretativo, altera-se o sentido do texto, sem, contudo, alterar a sua literalidade, é dizer, o suporte físico do enunciado prescritivo.

49. No entendimento de José Afonso da Silva, "se ao Legislativo cabe a edição de normas gerais e impessoais, estabelece-se um processo para sua formação em que o Executivo tem participação importante, quer pela iniciativa das leis, quer pela sanção e pelo veto. Mas a iniciativa legislativa do Executivo é contrabalanceada pela possibilidade que o Congresso tem de modificar-lhe o projeto por via de emendas, e até de rejeitá-lo. O Presidente da República tem o poder de veto, que pode exercer em relação a projetos de iniciativa dos congressistas como em relação às emendas aprovadas a projetos de sua iniciativa. Em compensação, o Congresso, pelo voto

a prerrogativa de interferir legitimamente na esfera de um outro poder, estabelecendo um balanceamento entre os poderes republicanos, de modo a evitar que o poder abuse dele próprio, incorrendo em arbitrariedades. Logo, essa interferência recíproca de um poder em relação aos demais, busca promover o necessário equilíbrio entre eles, além da realização do bem comum da sociedade. Atuar de forma harmônica significa agir em conformidade ao texto constitucional, pois, havendo um eventual conflito de competências entre os poderes estatais, de certo houve uma invasão de competência de um poder na esfera reservada a um outro. Esta é a razão pela qual uma das atribuições do Tribunal Constitucional consiste em aferir a regularidade da atuação dos poderes estatais, pois, uma vez extrapoladas as competências que lhes foram traçadas constitucionalmente, sem dúvida terremos uma situação de inconstitucionalidade.

Estabelecer limites à atuação jurisdicional do Estado não é tarefa fácil, na medida em que inexiste um critério ou padrão universal que possa efetuar rigoroso controle. Por maior que seja a preocupação do Direito em estabelecer procedimentos e parâmetros decisórios, sempre restará ao intérprete judicial uma margem de discricionariedade quando da apreciação de casos concretos que lhe foram submetidos à apreciação. A própria dinâmica forense atesta isto: o grau de subjetividade que reside nos juízes pode se externalizar de maneira mais ou menos intensa, a depender do perfil do magistrado.

Portanto, a prestação jurisdicional dispensada pelo juiz não consiste em um ato mecânico, estritamente objetivo, mas sim em um comportamento de caráter eminentemente subjetivo que, para ganhar foros de legitimidade, necessita estar fundamentado em uma norma do direito positivo. O que se afigura discutível, no entanto, diz sobre a discricionariedade (liberdade de conformação) do magistrado quando do momento de proferir uma decisão judicial, sendo aquela mais ampla ou mais reduzida, a depender da situação concreta e dos instrumentos normativos que lhe são postos à frente.

Atualmente, a atividade do magistrado não se reduz a declarar ou reproduzir um Direito preexistente, mas a *criá-lo*. No entanto, esta missão *criativa* por parte da magistratura, conforme já reiterado por diversas vezes, deve ter como parâmetro a Constituição e as demais normas jurídicas que nela se fundamentam, não lhe sendo permitido decidir à margem do sistema normativo. Portanto, no atual modelo de magistratura delineado constitucionalmente e, também, pelas normas processuais em vigor, o juiz tem o *dever de motivar sua decisão, enfrentando todas as questões suscitadas pelas partes*. Logo, não há mais espaço para o *livre convencimento*, sobretudo porque o CPC em vigor extinguiu essa figura

---

da maioria absoluta de seus membros, poderá rejeitar o veto e, pelo presidente do Senado, promulgar a lei, se o Presidente da República não o fizer no prazo previsto (art. 66, § 7º).

Se o Presidente da República não pode interferir nos trabalhos legislativos, para obter aprovação rápida de seus projetos, é-lhe, porém, facultado marcar prazo para sua apreciação, nos termos dos §§ do art. 64.

Se os Tribunais não podem influir no Legislativo, são autorizados a declarar a inconstitucionalidade das leis, não as aplicando, neste caso.

O Presidente da República não interfere na função jurisdicional; em compensação, os ministros dos Tribunais Superiores são por ele nomeados (art. 84, XIV-XVI), sob controle do Senado Federal, a que cabe aprovar o nome escolhido (art. 52, III, "a")". *Comentário Contextual à Constituição*. São Paulo: Malheiros, 2005, p. 45.

processual. Novos padrões decisórios foram instituídos, a exemplo do *dever de coerência e integridade* das decisões judiciais, previsto no artigo 926, do Código de Processo Civil Brasileiro.[50] Apesar disto, a margem de *discricionariedade* do julgador sempre existirá, na medida em que tratamos de elementos de cunho *subjetivo*. Por mais que se tente *objetivar* a *subjetividade*, esta nunca desaparecerá por completo, restando sempre uma margem de *livre conformação do intérprete*.[51] A subjetividade, todavia, deve estar pautada pela objetividade normativa, reduzindo, deste modo, o seu alcance, mas não a eliminando por completo.

---

50. "Art. 926. Os tribunais devem uniformizar sua jurisprudência e mantê-la estável, íntegra e coerente.

§ 1º Na forma estabelecida e segundo os pressupostos fixados no regimento interno, os tribunais editarão enunciados de súmula correspondentes a sua jurisprudência dominante.

§ 2º Ao editar enunciados de súmula, os tribunais devem ater-se às circunstâncias fáticas dos precedentes que motivaram sua criação."

A inserção do *dever de coerência e integridade* no Código de Processo Civil Brasileiro – Lei 13.105/15, se deu por sugestão de Lenio Streck – sob influência de Dworkin – ao Deputado-Relator da proposta parlamentar, Dep. Paulo Teixeira. Sobre o tema, escreveu Lenio Streck:

"(...) a integridade e a coerência guardam um substrato ético-político em sua concretização, isto é, são dotadas de consciência histórica e consideram a facticidade do caso.

Por tais razões é que sugeri ao Deputado-relator a inclusão da exigência de coerência e integridade ao novo Código. Ele assim o fez. E foi aprovado. Trata-se do primeiro código processual do mundo que exige explicitamente, ao mesmo tempo, que a jurisprudência dos tribunais seja estável, coerente e íntegra". À guisa de Prefácio. In: Streck, Lenio Luiz; Alvim, Eduardo Arruda; Leite, George Salomão. *Hermenêutica e Jurisprudência no Novo Código de Processo Civil. Coerência e Integridade*. São Paulo: Saraiva, 2016. P. 11 e 12.

"(...) haverá *coerência* se os mesmos preceitos e princípios que foram aplicados nas decisões o forem para os casos idênticos; mais do que isso, estará assegurada a integridade do direito a partir da *força normativa* da Constituição. A *coerência* assegura a igualdade, isto é, que os diversos casos terão a igual consideração por parte do Poder Judiciário. Isso somente pode ser alcançado através de um holismo interpretativo, constituído a partir de uma circularidade hermenêutica. Coerência significa igualdade de apreciação do caso e igualdade de tratamento. (...)

Já a *integridade* é duplamente composta, conforme Dworkin: um princípio legislativo, que pede aos legisladores que tentem tornar o conjunto de leis moralmente coerente, e um princípio jurisdicional, *que demanda que a lei, tanto quanto possível, seja vista como coerente nesse sentido*. A integridade exige que os juízes construam seus argumentos de forma integrada ao conjunto do direito, constituindo uma garantia contra arbitrariedades interpretativas; coloca efetivos freios, através dessa *comunidade de princípios*, às atitudes solipsistas-voluntaristas. A integridade é antitética ao voluntarismo, do ativismo e da discricionariedade. Ou seja, por mais que o julgador desgoste de determinada solução legislativa e da interpretação possível que dela se faça, não pode ele quebrar a integridade do direito, estabelecendo um 'grau zero de sentido', como que, fosse o direito uma novela, matar o personagem principal, como se isso – a morte do personagem – não fosse a condição para a construção do capítulo seguinte. Exemplo interessante exsurge desde já: pode parecer, para os Procuradores do Estado de todo o Brasil, que seja injusto, inadequado ou impertinente que o governador do Estado possa nomear livremente o Procurador-Geral do Estado. Entretanto, a integridade do direito aponta para a prerrogativa do Chefe do Poder Executivo, conforme deixou claro o Supremo Tribunal Federal na decisão do Ministro Ricardo Lewandowski, ao deferir liminar na ADI 5211 suspendendo a eficácia da Emenda à Constituição da Paraíba (EC) 35/2014, que, no caso, impedia o governador de escolher o procurador-geral desta unidade da federação". *O que é isto* – a exigência de coerência e integridade no Novo Código de Processo Civil. p. 157 e 158. STRECK, Lenio Luiz; ALVIM, Eduardo Arruda; LEITE, George Salomão. *Hermenêutica e Jurisprudência no Novo Código de Processo Civil. Coerência e Integridade*. São Paulo: Saraiva, 2016.

51. A *coerência* e *integridade* buscou, além de outros aspectos, suplantar o *livre convencimento motivado*, que não "migrou" para o novo Código de Processo Civil Brasileiro. Antes, no Código de 1973, o *livre convencimento* estava positivado no art. 131, da seguinte forma:

"O juiz apreciará livremente a prova, atendendo aos fatos e circunstâncias constantes dos autos, ainda que não alegados pelas partes; mas deverá indicar, na sentença, os motivos que lhe formaram o convencimento."

Sobre o tema, cf. NUNES, Dierle; LEITE, George Salomão; STRECK, Lenio. *O fim do livre convencimento motivado*. Florianópolis: Tirant lo Blanch, 2018.

Logo, o *norte* do intérprete há de ser o direito positivo; este será o seu material de construção. Uma vez utilizado este material, o intérprete terá como resultado o *edifício normativo* por ele concebido. Ultrapassado o *quantitativo do material* que lhe é posto à disposição para *construir o edifício normativo*, terá o *intérprete transcendido dos limites de sua "propriedade"*, devendo, por tal razão, ser o *edifício normativo novamente construído em estrita observância do material que lhe é posto à disposição para se trabalhar.*

No entendimento de Elival da Silva Ramos, a liberdade decisória do magistrado encontra-se no atuar dentro dos parâmetros estabelecidos pela lei, mas não perante a lei. Não se tratar de *pensar o novo*, mas de *pensar até o fim o que já começou a ser pensado.* Trata-se, portanto, de um *pensar em cadeia.*[52-53-54]

52. RAMOS, Elival da Silva. *Ativismo judicial: parâmetros dogmáticos.* São Paulo: Saraiva, 2010. p. 137.

53. Na interpretação jurídica, o intérprete busca interpretar algo criado pelas pessoas, mas como uma entidade distinta a elas. Trata-se de uma forma de interpretação "criativa", segundo Dworkin. Neste sentido, a "interpretação criativa pretende decifrar os propósitos ou intenções do autor ao escrever determinado romance ou conservar uma tradição social específica, do mesmo modo que, na conversação, pretendemos perceber as intenções de um amigo ao falar como fala. Defenderei aqui uma solução diferente: a de que a interpretação criativa não é conversacional, mas construtiva." Dworkin, na medida em que se opõe ao convencionalismo e ao pragmatismo jurídico, propõe a compreensão do direito como integridade.

(...)

O princípio jurídico da integridade instrui os juízes a identificar os direitos e deveres legais, até onde for possível, a partir do pressuposto de que foram todos criados por um único autor – a comunidade personificada -, expressando uma concepção coerente de justiça e equidade. Elaboramos nossa terceira concepção do direito, nossa terceira perspectiva sobre quais são os direitos e os deveres que decorrem de decisões políticas anteriores, ao reafirmarmos essa orientação como uma tese sobre os fundamentos do direito. Segundo o direito como integridade, as proposições jurídicas são verdadeiras se constam, ou se derivam, dos princípios de justiça, equidade e devido processo legal que oferecem a melhor interpretação construtiva da prática jurídica da comunidade.

O direito como integridade é, portanto, mais inflexivelmente interpretativo do que o convencionalismo ou o pragmatismo.

(...)

A história é importante no direito como integridade: muito, mas apenas em certo sentido. A integridade não exige coerência de princípio em todas as etapas históricas do direito de uma comunidade; não exige que os juízes tentem entender as leis que aplicam como uma continuidade de princípio com o direito de um século antes, já em desuso, ou mesmo de uma geração anterior. Exige uma coerência de princípio mais horizontal do que vertical ao longo de toda a gama de normas jurídicas que a comunidade agora faz vigorar. Insiste em que o direito – os direitos e os deveres que decorrem de decisões coletivas tomadas no passado e que, por esse motivo, permitem ou exigem a coerção – contém não apenas o limitado conteúdo explícito dessas decisões, mas também, num sentido mais vasto, o sistema de princípios necessários a sua justificativa. A história é importante porque esse sistema de princípios deve justificar tanto o status quanto o conteúdo dessas decisões anteriores.

(...)

O direito como integridade, portanto, começa no presente e só se volta para o passado na medida em que seu enfoque contemporâneo assim o determine.

Não pretende recuperar, mesmo para o direito atual, os ideais ou objetivos práticos dos políticos que primeiro o criaram. Pretende, sim, justificar o que eles fizeram (às vezes incluindo, como veremos, o que disseram) em uma história geral digna de ser contada aqui, uma história que traz consigo uma afirmação complexa: a de que a prática atual pode ser organizada e justificada por princípios suficientemente atraentes para oferecer um futuro honrado. O direito como integridade deplora o mecanismo do antigo ponto de vista de que 'lei é lei', bem como o cinismo do novo 'realismo'". *O Império do Direito.* São Paulo: Martins Fontes, 1999, p. 271 a 274.

54. Dworkin faz uma analogia do "romance em cadeia" com o processo de interpretação do direito, revelando uma exigência de coerência por parte dos aplicadores do direito, em relação a casos que necessitam julgar, à luz de situações similares já decididas. Para Dworkin, "a interpretação criativa vai buscar sua estrutura formal

na ideia de intenção, não (pelo menos não necessariamente) porque pretenda descobrir os propósitos de qualquer pessoa ou grupo histórico específico, mas porque pretende impor um propósito ao texto, aos dados ou às tradições que está interpretando. Uma vez que toda interpretação criativa compartilha essa característica, e tem, portanto, um aspecto ou componente normativo, podemos tirar proveito de uma comparação entre o direito e outras formas ou circunstâncias de interpretação. Podemos comparar o juiz que decide sobre o que é o direito em alguma questão judicial, não apenas com os cidadãos da comunidade hipotética que analisa a cortesia que decidem o que essa tradição exige, mas como o crítico literário que destrinca as várias dimensões de valor em uma peça ou um poema complexo. Os juízes, porém, são igualmente autores e críticos. Um juiz que decide o caso McLoughlin ou Brown introduz acréscimo na tradição que interpreta; os futuros juízes deparam com uma nova tradição que inclui o que foi feito por aquele. É claro que a crítica literária contribui com as tradições artísticas em que trabalham os autores; a natureza e a importância dessa contribuição configuram, em si mesmas, problemas de teoria crítica. Mas a contribuição dos juízes é mais direta, e a distinção entre autor e intérprete é mais uma questão de diferentes aspectos do mesmo processo. Portanto, podemos encontrar uma comparação ainda mais fértil entre literatura e direito ao criarmos um gênero literário artificial que podemos chamar de 'romance em cadeia'.

Em tal projeto, um grupo de romancistas escreve um romance em série; cada romancista da cadeia interpreta os capítulos que recebeu para escrever um novo capítulo, que é então acrescentado ao que recebe ao romancista seguinte, e assim por diante. Cada um deve escrever seu capítulo de modo a criar da melhor maneira possível o romance em elaboração, e a complexidade dessa tarefa reproduz a complexidade de decidir um caso difícil do direito como integridade. O projeto literário fictício é fantástico, mas não irreconhecível. Na verdade, alguns romances foram escritos dessa maneira, ainda que com uma finalidade espúria, e certos jogos de salão para os fins de semana chuvosos nas casas de campo inglesa têm estrutura semelhante. As séries de televisão repetem por décadas os mesmos personagens e um mínimo de relação entre personagens e enredo, ainda que sejam escritas por diferentes grupos de autores e, inclusive, em semanas diferentes. Em nosso exemplo, contudo, espera-se que os romancistas levem mais a sério suas responsabilidades de continuidade; devem criar em conjunto, até onde for possível, um só romance unificado que seja da melhor qualidade possível.

Cada romancista pretende criar um só romance a partir do material que recebeu, daquilo que ele próprio lhe acrescentou e (até onde lhe seja possível controlar esse aspecto do projeto) daquilo que seus sucessores vão querer ou ser capazes de acrescentar. Deve tentar criar o melhor romance possível como se fosse obra de um único autor, e não, como na verdade é o caso, como produto de muitas mãos diferentes. Isso exige uma avaliação geral de sua parte, ou uma série de avaliações gerais à medida que ele escreve e reescreve. Deve anotar um ponto de vista sobre o romance que vai se formando aos poucos, alguma teoria que lhe permita trabalhar elementos como personagens, trama, gênero, tema e objetivo, para decidir o que considerar como continuidade e não como um novo começo. Se for um bom crítico, seu modo de lidar com essas questões será complicado e multifacetado, pois o valor de um bom romance não pode ser apreendido a partir de uma única perspectiva. Vai tentar encontrar níveis e correntes de sentido, em vez de um único e exaustivo tema.

Contudo, segundo a maneira que agora nos é peculiar, podemos dar uma estrutura a qualquer interpretação que ele venha a adotar, distinguindo duas dimensões a partir das quais será necessário submetê-la à prova. A primeira é a que até aqui chamamos de dimensão da adequação. Ele não pode adotar nenhuma interpretação, por mais complexa que seja, se acredita que nenhum autor que se põe a escrever um romance com as diferentes leituras de personagem, trama, tema e objetivo que essa interpretação descreve, poderia ter escrito, de maneira substancial, o texto que lhe foi entregue. Isso não significa que sua interpretação deva se ajustar a cada segmento do texto. Este não será desqualificado simplesmente porque ele afirma que algumas linhas ou alguns tropos são acidentais, ou mesmo que alguns elementos da trama são erros, pois atuam contra as ambições literárias que são afirmadas pela interpretação. Ainda assim, a interpretação que adotar deve fluir ao longo de todo o texto; deve possuir um poder explicativo geral, e será mal sucedida se deixar sem explicação algum importante aspecto estrutural do texto, uma trama secundária tratada como se tivesse grande importância dramática, ou uma metáfora dominante ou recorrente. Se não se encontrar nenhuma interpretação que não possua tais falhas, o romancista em cadeia não será capaz de cumprir plenamente sua tarefa; terá de encontrar uma interpretação que apreenda a maior parte do texto, admitindo que este não é plenamente bem-sucedido.

Talvez até mesmo esse sucesso parcial seja impossível; talvez cada interpretação que considere não seja compatível com o material que lhe foi entregue. Nesse caso, deve abandonar o projeto, pois a consequência de adotar a atitude interpretativa com relação ao texto em questão será, então, uma peça de ceticismo interno; nada pode ser considerado como continuação do romance: é sempre um novo começo". *O Império do Direito*. São Paulo: Martins Fontes, 1999, p. 275 a 278. Eis, em Dworkin, a ideia de coerência e integridade.

O exemplo do "romance em cadeia", utilizado por Dworkin para ilustrar a exigência de coerência e integridade do direito, pode ser substituído por uma tradicional brincadeira popular, conhecida como *telefone sem fio*. Nesta, uma pessoa fala uma frase ao ouvido (segredo) de uma outra que está ao seu lado, sem permitir que os demais integrantes da brincadeira escutem. Referida pessoa que recebeu (ouviu) o segredo, por sua vez, procede de igual maneira em relação a um terceiro participante da brincadeira, que está ao seu lado, e assim sucessivamente, até chegar ao último, que deverá revelar em voz alta o segredo a todos os partícipes do jogo. A coerência será concretizada na medida em que o segredo revelado pelo último participante corresponda, de forma íntegra, à informação (princípio) transmitida pelo primeiro partícipe ao segundo, e por este sequenciado aos demais componentes da brincadeira. Através deste mesmo exemplo, fica mais fácil assimilar a ideia acerca da vontade do legislador em relação ao sentido que deve ser atribuído a um enunciado normativo que está sendo objeto de interpretação.[55] A coerência serve, dentre outras finalidades, para impedir abusos hermenêuticos por parte dos operadores jurídicos aos quais incumbe a tarefa de aplicação do direito.

A exigência de coerência e integridade do direito não revela restrição à liberdade hermenêutica do intérprete, mas tão somente que, ao interpretar o direito positivo, deverá ele pautar-se em decisões judiciais pretéritas proferidas em situações semelhantes, de modo a propiciar certeza e estabilidade às relações sociais e jurídicas em face da previsibilidade de conteúdo destas decisões. Até porque, se o magistrado *entender* que a situação posta à apreciação não é análoga a uma outra já decidida, poderá decidir de maneira distinta àquela orientação jurisprudencial já firmada, posto serem *casos distintos*.

Referidos institutos afiguram-se, também, como um mecanismo de racionalidade da própria dinâmica judicial e instrumento propiciador da igualdade de tratamento por parte dos órgãos jurisdicionais. Sob tal perspectiva, e levando em consideração entendimento sufragado pelo Supremo Tribunal Federal – STF, não compete ao magistrado adentrar no mérito dos atos legislativos e administrativos, na medida em que se trata de questões *interna corporis*, sendo-lhe permitido tão somente uma análise acerca da constitucionalidade ou legalidade destes atos. A questão meritória, conforme já assinalado, circunscreve-se à conveniência e oportunidade quanto à produção do ato, configurando-se assunto de natureza política, insusceptível de controle por parte do Poder Judiciário. O juízo meritório é ínsito aos Poderes Legislativo e Executivo, salvo, conforme já salientado, se a prática de tais atos resultar em lesões ao texto constitucional e leis[56] que compõem o ordenamento jurídico brasileiro.

55. Esse mesmo raciocínio pode ser aplicado em relação aos precedentes no âmbito jurisdicional, na medida em que se constitui no ponto de partida para ulterior desenvolvimento jurisprudencial de forma coerente e íntegra.
56. Na hipótese de se tratar de atos infralegais ou de natureza administrativa.

Deste modo, a vinculação do magistrado à Constituição, inicialmente, e à legislação, na sequência, é pressuposto para conter os abusos decorrentes de sua livre atuação,[57] não sendo permitido ao mesmo transcender dos limites da literalidade que podem ser projetados pelo texto da norma mediante livre construção hermenêutica. Deste modo, a interpretação constitucional deve partir do texto da norma e nele próprio encontrar seus limites, faltando competência ao magistrado para atribuir, arbitrariamente, significado aos signos linguísticos que compõem o enunciado normativo ora objeto de interpretação constitucional. Dito de outra maneira, falta competência ao Poder Judiciário para, no exercício da jurisdição constitucional, inovar o ordenamento jurídico, mediante criação de normas jurídicas individuais e concretas, desvinculada dos parâmetros hermenêuticos traçados pela Constituição e o órgão soberano que a concebeu – Assembleia Nacional Constituinte. Atualizar o texto constitucional através da interpretação constitucional faz parte da dinâmica e função jurisdicional. Todavia, a atualização jurisdicional da Constituição, conforme já salientado, encontra barreira não apenas na literalidade do texto, mas também na vontade constituinte. O intérprete constitucional deve estar atento a estes dois parâmetros, sob pena de extrapolar os limites hermenêuticos que lhe são permitidos.

Ater-se aos limites impostos pela literalidade do texto constitucional não significar destituir o intérprete de sua capacidade interpretativa. Isto seria impossível! O intérprete judicial deve aferir as limitações inerentes ao poder de julgar, decorrentes do exercício controlável da razão e manejo dos métodos e técnicas hermenêuticas que lhe são postas à disposição, realizando uma atividade interpretativa de forma prudente e segura.[58] É importante salientar que a interpretação constitucional realizada pelo Poder Judiciário pode sofrer restrição mediante uso da intepretação autêntica emanada do Poder Legislativo. Em tal hipótese, sendo competência do Poder Legislativo desenvolver o conteúdo constitucional, a interpretação judicial deverá circunscrever a esta que foi inicialmente concretizada pelo Poder Legislativo, salvo se o ato legislativo consubstanciador da interpretação constitucional for, ele próprio, inconstitucional.

Deste modo, é dever do Poder Judiciário atualizar informalmente a Constituição através da interpretação constitucional,[59] desde que referido labor hermenêutico não adentre na esfera de competência própria dos demais poderes e, muito menos, busque inovar nas entrelinhas o ordenamento jurídico. O Poder Judiciário, conforme já ressaltado, tem plena liberdade de conformação dos dispositivos constitucionais, no entanto, deverá nortear seu labor hermenêutico pela literalidade do enunciado normativo objeto de interpretação e através da análise da vontade do legislador, permitindo, desta forma, conferir ao texto constitucional a máxima efetividade possível, tarefa que, em última

57. Apesar de termos mencionado acima o *fim do livre convencimento motivado*, a pergunta que há de ser feita é: a *extinção normativa do livre convencimento* põe fim ao *livre convencimento* na *práxis forense*?
58. RAMOS, Elival da Silva. *Ativismo judicial*: parâmetros dogmáticos. São Paulo: Saraiva, 2010. p. 173-174.
59. Cf. URBANO, Maria Benedita. *Curso de Justiça Constitucional*: evolução histórica e modelos de controlo de constitucionalidade. 2. ed. Coimbra: Almedina, 2016, p. 140 e 142.

instância, lhe foi atribuída pela própria Constituição. Em que pese a necessidade de atualização informal da Constituição e a ampla liberdade de conformação dos magistrados na densificação das normas constitucionais, no âmbito de um procedimento hermenêutico, tais fatores não podem ser utilizados de forma arbitrária por parte dos juízes constitucionais, de modo que eles têm a necessidade de observar determinados parâmetros, quando do exercício da jurisdição constitucional, para não incorrer em práticas ativistas. De forma mais abreviada: a transcendência dos limites hermenêuticos - o ponto de partida e de chegada da interpretação há de ser o texto constitucional - importa em ativismo judicial.

Neste contexto, o Poder Judiciário incorre em prática ativista nas seguintes hipóteses: 1) quando os juízes constitucionais contrariam uma decisão política plasmada em uma norma jurídica com fundamentos em critérios, motivações ou raciocínios políticos, ainda que juridicamente motivados; ao fazê-lo, estarão criando uma orientação política autônoma e alternativa à dos governantes. Referido fenômeno será tanto mais viável quanto se verificar a utilização, por parte dos magistrados, dos princípios constitucionais expressos, apesar de vagos e indeterminados, ou a princípios implícitos no texto constitucional. Cumpre, ainda, aduzir, na esteira do pensamento de Maria Benedita Urbano, que o uso de tais princípios, na medida em que se permite uma concretização e formatação dos mesmos, torna os juízes constitucionais não apenas *colegisladores* - na medida em que criam ou retificam normas legais -, mas, igualmente, *coconstitucionais* - em virtude de formatarem esses princípios constitucionais em conformidade às suas ideias e pré-compreensões; 2) quando os juízes constitucionais criam direito *ex nihilo* e *ex novo*, mesmo que o façam para combater a omissão do legislador e as lacunas ou zonas de silêncio por ele deixados - silêncio eloquente -, e ainda que a pretensão seja a de criar direito temporário (Cf. Resolução 22.610/TSE); 3) quando os juízes constitucionais não se limitam a aplicar a Constituição, mesmo que de maneira construtiva, acabando por completá-la ou corrigi-la com normas de sua autoria, a exemplo do casamento homoafetivo; 4) quando os juízes constitucionais, mais do que retificar uma norma constitucional, pura e simplesmente a derrogam. Nesta perspectiva, podemos exemplificar com a Reclamação 4335-5, do Supremo Tribunal Federal - STF. Em sede decisória, entendeu o Min. Gilmar Mendes por dar uma nova interpretação ao art. 52, X, da Constituição brasileira, sustentando que ao Senado Federal não cabe mais determinar a execução de lei julgada inconstitucional, conforme preceituado expressamente no referido dispositivo, mas tão-somente publicizar a decisão do STF de "*abstrativizar*" os efeitos do controle difuso, pelo que foi acompanhado pelo Min. Eros Grau.

Queremos, por fim, deixar consignado que o debate continua! Discorrer sobre ativismo judicial supõe tratar de interpretação constitucional, poderes constituídos, jurisdição constitucional, legitimidade democrática, além de outros temas correlatos. Em que pese ser atribuição do Poder Judiciário e, no particular, do Supremo Tribunal Federal - STF, a defesa da Constituição, isto não confere a este órgão jurisdicional um *cheque em branco hermenêutico*, no sentido de poder dizer qualquer coisa sobre qualquer coisa que está na Constituição. Há limites! E uma das atribuições da doutrina constitucional reside em fiscalizar a observância destes limites por parte da Corte Constitucional.

REFERÊNCIAS

ABBOUD, Georges. *Jurisdição Constitucional e Direitos Fundamentais*. São Paulo: Revista dos Tribunais, 2011.

BARROSO, Luís Roberto. *O Controle de Constitucionalidade no Direito Brasileiro*. 4. ed. São Paulo: Saraiva, 2009.

CANOTILHO, J. J. Gomes. *Direito Constitucional e Teoria da Constituição*. 7. ed. Coimbra: Almedina, 2003.

CANOTILHO, J. J. Gomes. Um Olhar Jurídico-Constitucional sobre a Judicialização da Política. *Revista de Direito Administrativo*, Rio de Janeiro, v. 245, p. 87-95, maio 2007. ISSN 2238-5177. Disponível em: http://bibliotecadigital.fgv.br/ojs/index.php/rda/article/view/42122. Acesso em: 14 ago. 2023. doi:http://dx.doi.org/10.12660/rda.v245.2007.42122.

CUNHA FERRAZ, Anna Candida da. *Processos Informais de Mudança da Constituição*. São Paulo: Max Limonad, 1986.

CUNHA FERRAZ, Anna Candida da. *Processos informais de mudança da Constituição*. São Paulo: Max Limonad, 1986.

DWORKIN, Ronald. *Levando os direitos a sério*. São Paulo: Martins Fontes, 2002.

DWORKIN, Ronald. *O Império do Direito*. São Paulo: Martins Fontes, 1999.

HÄBERLE, Peter. *Hermenêutica Constitucional* – A Sociedade Aberta dos Intérpretes da Constituição: Contribuição para Interpretação Pluralista e "Procedimental" da Constituição. Disponível em: https://www.portaldeperiodicos.idp.edu.br/direitopublico/article/view/2353/1205. Acesso em: 20 ago. 2023.

KELSEN, Hans. *Jurisdição Constitucional*. São Paulo: Martins Fontes, 2003.

LEITE, George Salomão. *Interpretação Constitucional e Tópica Jurídica*. São Paulo: Juarez de Oliveira, 2002.

LEITE, Glauco Salomão. *Juristocracia e Constitucionalismo Democrático*: do ativismo judicial ao diálogo constitucional. Rio de Janeiro: Lumen Juris, 2017.

MONTESQUIEU. Charles de Secondat. *O Espírito das Leis*. 8. ed. São Paulo: Saraiva, 2004.

NUNES, Dierle; LEITE, George Salomão; STRECK, Lenio. *O fim do livre convencimento motivado*. Florianópolis: Tirant lo Blanch, 2018.

PEDRA, Adriano Sant'Ana. *Mutação Constitucional. Interpretação evolutiva da Constituição na democracia constitucional*. 2. ed. Rio de Janeiro: Lumen Juris, 2014.

RAMOS, Elival da Silva. *Ativismo judicial*: parâmetros dogmáticos. São Paulo: Saraiva, 2010.

SILVA, José Afonso da. *Comentário Contextual à Constituição*. São Paulo: Malheiros, 2005.

STRECK, Lenio Luiz. *Verdade e Consenso*: Constituição, Hermenêutica e Teorias Discursivas – Da possibilidade à necessidade de respostas corretas em direito. 3. ed. Rio de Janeiro: Lumen Juris, 2009.

STRECK, Lenio Luiz. *O que é isto* – textualismo e originalismo? O que é, afinal, interpretar? Disponível em: https://www.conjur.com.br/2022-jun-30/senso-incomum-isto-textualismo-originalismo-afinal-interpretar/.

STRECK, Lenio Luiz. O que é isto – a exigência de coerência e integridade no Novo Código de Processo Civil. In: STRECK, Lenio Luiz; ALVIM, Eduardo Arruda; LEITE, George Salomão. *Hermenêutica e Jurisprudência no Novo Código de Processo Civil. Coerência e Integridade*. São Paulo: Saraiva, 2016.

STRECK, Lenio Luiz; ALVIM, Eduardo Arruda; LEITE, George Salomão. *Hermenêutica e Jurisprudência no Novo Código de Processo Civil. Coerência e Integridade.* São Paulo: Saraiva, 2016.

TAVARES, André Ramos. *Paradigmas do Judicialismo Constitucional.* São Paulo: Saraiva, 2012.

URBANO, Maria Benedita. *Curso de Justiça Constitucional*: evolução histórica e modelos de controlo de constitucionalidade. 2. ed. Coimbra: Almedina, 2016.

USERA, Raúl Canosa. *Interpretación Constitucional y Formula Política.* Madrid: Centro de Estudios Constitucionales, 1988.

ZAGREBELSKY, Gustavo. *El Derecho dúctil* - Ley, derechos, justicia. Trotta: Madrid, 2005.

O CONSTITUCIONALISMO BRASILEIRO TARDIO E O ATIVISMO JUDICIAL

Manoel Jorge e Silva Neto

Doutor e Mestre em Direito pela Pontifícia Universidade Católica de São Paulo – PUC/SP. Professor-Adjunto III da Universidade Federal da Bahia – UFBA. Subprocurador-geral do Trabalho no Ministério Público do Trabalho (DF). Diretor-Geral Adjunto da Escola Superior do Ministério Público da União (ESMPU). Professor-Visitante na Universidade da Flórida (EUA) – Levin College of Law e na Universidade François Rabelais (FRA).

1. JUSTÍSSIMA HOMENAGEM AO MINISTRO EDSON FACHIN

No já considerado clássico "A Condição Humana", Hannah Arendt registra que é necessário diferenciar o *conhecimento* e o *reconhecimento*. Para ela, o conhecimento é acessível a todos os indivíduos que promovam esforços para o fim de obtê-lo, ao passo que o reconhecimento habita o mundo do imponderável e das subjetividades. Logo, nem todos atingirão o almejado reconhecimento, malgrado tenham acessado plenamente o conhecimento.

Indiscutivelmente, não é o caso do Eminente Ministro Edson Fachin, cuja trajetória resplandece com o conhecimento cultivado todos os dias e floresce com o reconhecimento que se lhe destinam os juristas brasileiros.

Portanto, sinto-me profundamente honrado por integrar o rol de Coordenadores dessa obra coletiva, ao lado do culto Professor George Salomão.

2. NOTAS DE INFORMAÇÃO SOBRE O CONSTITUCIONALISMO BRASILEIRO TARDIO

O que significa o constitucionalismo brasileiro tardio? Trata-se de fenômeno singular da evolução histórico-constitucional brasileira? Qual o significado de cultura constitucional? Que relação pode existir entre eles?

São perguntas iniciais muito importantes para desvendar a indissociabilidade existente entre o fenômeno do constitucionalismo brasileiro tardio e o ativismo judicial.

A ideia de constitucionalismo tardio poderia ser reconduzida falsamente à conclusão de que o fenômeno está relacionado à mera e simples adoção tardia, no tempo, de uma constituição, o que não é exato, conforme se verá adiante.

Por outro lado, são indissociáveis as ideias de cultura constitucional e constitucionalismo tardio, razão por que o assunto deve ser abordado nesse breve articulado.

A ideia de cultura constitucional é importantíssima para a compreensão do significado de constitucionalismo tardio.

Mas o que é cultura constitucional? Define-se cultura constitucional os comportamentos e condutas, públicas ou privadas, tendentes a: I) preservar a "vontade de constituição"; II) efetivar, no plano máximo possível, os princípios e normas constitucionais; III) disseminar o conhecimento a respeito do texto constitucional.

E constitucionalismo brasileiro tardio? O que significa?

Para compreender o significado do fenômeno, é preciso assinalar que não se identifica, em absoluto, a mera adoção tardia, no tempo, de uma constituição. Realmente, o fato de a primeira Constituição do Brasil ter sido outorgada em 1824 não é circunstância determinante do constitucionalismo tardio, mais ainda quando se constata que nações tão jovens quanto a brasileira adotaram formalmente suas constituições no mesmo período, como é o caso dos Estados Unidos da América com a Constituição de Filadélfia de 1787, sem que a circunstância tenha operado efeitos negativos no modo como a sociedade e as instituições ianques interpretam a sua Constituição.

Nesse passo, se a promulgação ou a outorga de textos constitucionais tardiamente nos séculos XVIII e XIX não se identifica ao constitucionalismo tardio, como compreendê-lo, então?

Constitucionalismo tardio é o fenômeno decorrente de causas históricas, políticas e jurídicas, entre outras, da ausência de cultura constitucional nos Estados pós-modernos que são organizados formalmente por meio de uma constituição, o que conduz à ineficácia social dos textos constitucionais.

Consequentemente, como não pode haver cultura constitucional sem constitucionalismo, ou seja, como não pode existir o *sentimento constitucional*[1] sem amparo em sistema constitucional formalmente adotado, pode-se concluir que o constitucionalismo tardio é circunstância impeditiva da efetividade do texto constitucional, que resulta da ausência daquela cultura.

No Brasil, a Constituição não triunfou, tampouco triunfou a ciência que se ocupa do seu estudo.[2] Nem mesmo a habitualmente propalada *constitucionalização do direito* denota a condição vitoriosa dos valores constitucionais. E por constitucionalização do direito se deve entender o efeito expansivo das normas constitucionais, cujo conteúdo material e axiológico se irradia, com força normativa, por todo o sistema jurídico.

Os valores, os fins públicos e os comportamentos contemplados nos princípios e regras da Constituição passam a condicionar a validade e o sentido de todas as normas do direito infraconstitucional (Barroso, 2007, p. 217-218).

---

1. A expressão foi cunhada por Pablo Lucas Verdú (2004).
2. Em sentido contrário, ver Barroso (2007, p. 203-249).

No nosso País muito há ainda a caminhar até que se possa efetivamente concluir, com acerto, que o direito se constitucionalizou. Aqui, o movimento é muito mais a eloquente constatação do desprestígio do Poder Legislativo brasileiro (diante de sua dissonância das aspirações da coletividade) e da oportunista percepção de que o Texto Constitucional pode libertar o aplicador do direito do jugo omisso e irresponsável do legislador, ou, ainda, libertá-lo do império de normas que reputa injustas para, com suposto fundamento nos princípios constitucionais, promover a dicção do direito à sua moda, delineando a figura do *ativismo judicial.*

E, aqui, já se esboça a interrelação subsistente entre o constitucionalismo brasileiro tardio e o ativismo judicial.

No entanto, ainda a respeito da suposta constitucionalização do direito, é necessário considerar que está longe de se converter num despertar constitucional no Brasil.

Os cursos jurídicos e suas grades curriculares oitocentistas aí estão para comprovar que a praguejada constitucionalização do direito não passa de solução fortuita e contingente para o grave impasse referente às omissões legislativas inconstitucionais. Não é algo, de modo algum, que possa equivaler a reforma do pensamento jurídico brasileiro, que pressupõe a ocorrência de mudanças estruturais e básicas no próprio modelo de ensino do direito no País.

Com evidência, a hipocrisia do discurso da constitucionalização do direito já se inicia na formação acadêmica. Reservam-se oito, dez semestres para o celebérrimo direito civil. Três para o seu primo, o direito empresarial. E mais cinco ou seis para o que muitos chamam pomposamente de "ciência processual". E para o direito sobre o qual todos tecem loas, recitam versos, declaram amores? Guardam dois, no máximo, três semestres. Dois ou três semestres para a ciência jurídica, aquela mesma, a mesmíssima que, segundo os juristas, desenvolve a dogmática que possibilitará a fundamentação dos mais variados domínios normativos à Constituição. E tudo isso com discentes obrigados ao estudo, em idêntico semestre, de distintas disciplinas de direito constitucional que tratam da organização do Estado e dos direitos fundamentais, conjugadamente. E tudo isso porque constitucionalizou-se o direito no Brasil...

E o discurso da constitucionalização do direito no Brasil continua produzindo os seus frutos, secos e pecos. Em primeiro lugar, se é verdade que *cultura não é, está sendo*, não deixa de ser verdade também que propalar falsamente que a dogmática jurídica se constitucionalizou é inteligente modo de entorpecer toda honesta iniciativa destinada a consolidar a cultura constitucional, milhas distante de todos nós. É dizer: instala-se o discurso para inibir a ação. E, em segundo lugar, a constitucionalização do direito é "irmã gêmea" da *constitucionalização simbólica.*[3] Enquanto a constitucionalização simbólica conduz à concepção alopoiética do direito porque, "em face da realidade social discrepante, o modelo constitucional é invocado pelos governantes como álibi [...]",[4] a

---

3. A expressão é de Marcelo Neves (1994, p. 161).
4. Idem, ibidem.

constitucionalização do direito realiza o mesmo papel, já, aqui, tendo por protagonista não o governante, mas o cientista do direito, que se pronuncia em linha de afirmação dos valores constitucionais e impõe toda a responsabilidade pelo malogro de sua iniciativa aos Poderes do Estado, ao Ministério Público, aos órgãos constituídos.

Frise-se: a almejada consolidação de uma consciência constitucional no Brasil é processo em fase embrionária para o qual, como visto, é muitíssimo duvidosa a contribuição da doutrina ao abrigar a ideia de que, finalmente, o sistema da ciência do direito constitucional triunfou, aqui e ali.

Estado é processo. O Estado, na história, como produto do pensamento reflexivo, não se concretiza jamais numa fórmula definitiva, cristalizada. Repita-se: Estado é processo, e nele se transforma incessantemente sua ideia debaixo do influxo de critérios de valoração constantemente renovados.[5] Nessa linha de compreensão, o círculo vicioso e dialético da ausência de cultura constitucional, que se materializa na fleumática jurisprudência dos tribunais, no fisiológico comportamento dos governantes e, sobretudo, na inexistente participação dos indivíduos no processo de densificação dos valores constitucionais – tornando utópico construir a *sociedade aberta dos intérpretes da constituição*,[6] isso tudo impede objetivamente o reconhecimento da constitucionalização do direito no Brasil; tem-se, quando muito, um esboço, um propósito da indigitada constitucionalização, que se confirmará, no tempo, desde que se entenda que a consciência constitucional e o seu consectário – a constitucionalização do direito – estão muito longe do nosso alcance, a exigir esforços sinceros em prol de sua real e concreta efetivação.

2.1 Possível causa jurídica para o constitucionalismo brasileiro tardio: o individualismo jurídico

Não é novidade referir que a Escola da Exegese originária do direito francês produziu grande fascínio nos juristas brasileiros.

Legaz y Lacambra (1961, p. 95) explica os dados essenciais da Escola da Exegese:

"Antes de tudo, o culto do texto legal; todo o direito se encerra na lei, a lei deve ser a única preocupação do jurista: 'eu não conheço o direito civil, somente ensino o Código de Napoleão', disse Buguet, um dos mais característicos representantes desta Escola. Laurent adverte que os Códigos não deixam nada ao arbítrio do intérprete; este não tem por missão fazer o direito, porque o direito já está feito e somente tem de interpretá-lo; se fizer outra coisa, usurpará as atribuições do poder legislativo que foram reservadas a este pela nação soberana".

Mas os juristas brasileiros passaram a seguir à risca não apenas o mito da lei acima de tudo, mas principalmente os valores individualistas incorporados à Escola da Exegese.

5. Posada, (1933, p. 11-12).
6. Häberle, 1997.

Com isso, a constituição deixou de habitar o discurso jurídico como instrumento dotado de normatividade e apto a realizar a conformação de comportamentos, públicos ou privados. E por quê? Em virtude do fato de que os valores constitucionais presos aos interesses da coletividade estavam e estão dissociados da visão individualista do direito, preconizada a partir e com fundamento na doutrina francesa.

É absolutamente inegável reconhecer que fatos históricos, políticos e jurídicos deram origem à concepção tardia de constitucionalismo no Brasil.

Por consequência, as causas jurídicas simbolizam apenas parcialmente os dados da realidade nacional e que nos distanciam da constitucionalização do direito.

Causas jurídicas, históricas e políticas são concomitantes, sendo todas igualmente relevantes para a investigação das razões que nos levaram ao desprezo da vontade de constituição.

Há, porém, fenômeno mais significativo que a percepção de se tratarem de concausas: a interpenetrabilidade dos fatos que conduziram e ainda conduzem ao problema.

É simplesmente inevitável o liame entre tais causas, porque não é correto localizá-las em compartimentos estanques, desde que se saiba que fatos políticos se sucedem em contexto histórico. História, por sua vez, que conforma a edição de normas jurídicas à imagem e semelhança do momento em que são editadas. Realidade normativa que expande efeitos no modo como se realiza a política.

3. ESCLARECIMENTOS SOBRE O ATIVISMO JUDICIAL

O que é *ativismo judicial*?

Examinado pioneiramente o fenômeno em sistemas jurídicos que adotam o *Commom Law*, pode-se definir *ativismo judicial* ou *excesso judicial*, como "a percepção de que os tribunais excederam o seu poder de interpretar e desenvolver o direito consuetudinário e se desviam para a seara política, que é devidamente deixada aos ramos do Executivo e Legislativo, de acordo com a doutrina da separação de poderes".[7]

Portanto, a ideia de ativismo judicial guarda o atavismo inerente ao desbordamento da atividade judicante, atingindo invariavelmente as atribuições destacadas nas normas constitucionais às demais funções do estado.

Logicamente, o problema do ativismo é também um problema de sopesamento de atribuições cometidas ao Poder Legislativo, Executivo e Judiciário num mundo complexo, conflituoso, polarizado.

E se o mundo não é, de modo algum, mais o mesmo mundo que recebeu a teoria da tripartição das funções do estado a partir e com fundamento nas ideias de Charles de

7. "Also known as judicial overreach, the perception that courts have exceeded their power to interpret and develop the common law, and are straying into an area of policy properly left to the executive and legislative branches of government under the doctrine of the separation of powers" (ICLR, 2025, acesso em: 20 fev. 2025, às 11:26).

Secondat, o Barão de Montesquieu, isso lá pelos idos de 1748 – há quase trezentos anos, portanto –, é evidente, a não mais poder, que a divisão de funções do estado em 2025 só pode ser diametralmente diversa daquela idealizada no Século XVIII, no qual apenas uma mente insana poderia supor a existência de inteligência forjada por máquinas e rivalizando com a inteligência humana...

O mundo de nossos dias é substancialmente distinto daquele entorno de aplicação da Teoria de Montesquieu.

Se é assim, parece correto também concluir que, muito embora a Constituição de 1988 indique formalmente limitações aos órgãos de poder, tudo com o propósito de o estado realizar suas atividades essenciais, a intercambialidade inerente às relações entre funções estatais na pós-modernidade reclama a existência de juízes observadores do que se sucede à sua volta, sob pena de o encastelamento da atividade judiciária resultar em fragorosa derrota para os aniquiladores do meio ambiente, os líderes da macrocriminalidade organizada e os usurpadores do patrimônio público e da esperança dos cidadãos que dele dependem.

Por isso que é verdadeiramente indeclinável o exame da relação que subsiste entre o constitucionalismo tardio no Brasil e o ativismo judicial, seja para criticar o avanço indevido aos limites impostos pela Constituição de 1988, ou o comportamento contrário, ou seja, a atitude passiva e quase irresponsável de aplicadores do direito que não se deram conta da lição sempre atual de Lourival Vilanova, para quem "altera-se o mundo físico pelo trabalho e a tecnologia, que o potencia em resultados. E altera-se o mundo social pela linguagem, uma classe da qual é a linguagem das normas de direito".[8]

4. A RELAÇÃO INDISSOCIÁVEL ENTRE O CONSTITUCIONALISMO BRASILEIRO TARDIO E O ATIVISMO JUDICIAL

Ser desprovido de cultura constitucional ocasiona perniciosos efeitos a dada comunidade jurídica.

E o pior e mais insidioso deles é o desprezo à *dignidade da pessoa humana.*

Firmar como fundamento do Estado brasileiro a dignidade da pessoa humana (art. 1º, III/CF) deixa à mostra a obrigatoriedade de pôr no núcleo central das atenções o indivíduo, quer seja para torná-lo efetivamente destinatário dos direitos de cunho prestacional, quer ainda para demarcar, com precisão, a ideia de que o mais elevado e sublime propósito cometido à sociedade política é o enaltecimento da dignidade das pessoas que a compõem.

Quando o elemento constituinte originário põe sob destaque a pessoa humana, consagrando a sua dignidade, tem em mira pugnar pela humanização do sistema constitucional.

Com efeito.

8. Cf. As Estruturas Lógicas e o Sistema de Direito Positivo, p. 25.

Se a Constituição é o estatuto jurídico no qual foram disciplinadas questões da mais alta importância para a organização do Estado brasileiro, como a previsão de eleições, duração dos mandatos, competências das unidades federativas, organização das funções estatais legislativa, executiva e judiciária, intervenção federal e tantas outras disposições da ordem, a referência à dignidade da pessoa humana funciona como cláusula de advertência para a circunstância de que, não obstante seja a Constituição o texto que disciplinará as relações de poder, o que mais importa, em suma, é colocar a serviço do ser humano tudo o que é realizado pelo estado.

Não fosse assim, se pudesse existir organização estatal fleumática, soberba e indiferente às demandas dos indivíduos, haveria de se aceitar passivamente a tese de que o estado é um fim em si mesmo e não um meio ao atingimento de finalidades que, em último grau, contemplam a melhoria da vida das pessoas.

Convictamente, "o Estado não é fim do homem; sua missão é ajudar o homem a conseguir o seu fim. É um meio, visa à ordem externa para a prosperidade comum dos homens".[9]

Posto desta forma, para o mais elevado propósito da sociedade política, que é a dignificação da pessoa, é necessário possuir cultura constitucional, simplesmente porque todo o sistema da Constituição de 1988 gravita em torno à pessoa humana e sua dignidade.

E, por sua vez, não deve receber a alcunha de ativismo judicial toda e qualquer decisão que seja inspirada e radique na cláusula constitucional maior que é a dignidade da pessoa humana.

Deveras, a persecução de modelo de estado reverente à igualdade e à república, impõe atitude de aplicadores do direito em linha de afirmação dos princípios e valores constitucionais.

Todavia, o constitucionalismo brasileiro tardio, grandemente responsável pela timidez mediante a qual se consuma interpretação constitucional conducente à inefetividade da constituição é, por mais paradoxal que possa parecer, igualmente responsável pelos rompantes de arrogância institucional que brotam de decisões do Poder Judiciário, sendo que ambos os extremos são resultantes do desconhecimento do modo como o Texto Constitucional opera a relação entre os poderes, sempre inspirada pela cláusula que sedimenta a independência e harmonia entre eles (art. 2º/CF).

Por consequência, extrai-se que a pífia cultura constitucional brasileira é tanto responsável pelo comportamento judicial omissivo quando deveria efetivar valores constitucionais como, de contraparte, ultrapassa os limites demarcados pelo sistema constitucional para fazer o que a Constituição propriamente nem permite.

Porém, tais atitudes reverberam de modo profundamente negativo no âmbito do relacionamento entre as funções estatais, o que, na ponta da linha, repercute também negativamente em termos de proteção dos direitos fundamentais dos indivíduos.

9. Cf. NOGUEIRA, Ataliba. O Estado é um Meio e Não um Fim, p. 113.

Com evidência, é imperativo reconhecer que o dever de realização de direitos fundamentais não é destinado unicamente ao Poder Judiciário. O administrador e o legislador possuem idêntico dever, máxime porque a obrigação institucional de realizar o interesse público colhe todas as funções do estado, indistintamente.

Assim, nem tudo que o Poder Judiciário realiza sem lastro na lei em sentido material e formal possa ou deva ser nominado de "ativismo judicial". Isso fundamentalmente porque o ativismo judicial compreende atos judiciais excessivos e praticados à revelia dos valores e princípios constitucionais. Se, todavia, o juiz decide, ainda que diante de ausência de lei, com base em disposições constitucionais de compostura programática, preenchendo a lacuna inconstitucional deixada muitas vezes propositalmente pelo legislador, já, aí, trata-se de decisão judicial que se encontra afinada à vontade de constituição, na feliz síntese de Konrad Hesse.[10]

Toda decisão judicial afinada às cláusulas programáticas e resultante de omissão inconstitucional dos Poderes Legislativo e Executivo não pode ser considerada ativismo judicial.

Acerca dos efeitos que devem ser desprendidos por normas constitucionais programáticas, é preciso destacar que o fenômeno do constitucionalismo social representou a pronta resposta dada pelo sistema político de matriz liberal não intervencionista como forma de diminuir os conflitos sociais que marcaram o fim do século XIX e início do século XX.

A antevisão de que se pudessem repetir movimentos revolucionários de densidade igual ou superior à Revolução Russa provocou tamanho desassossego no então inabalável ideal burguês que, à época, tratava-se de problema cujo enfrentamento e desenlace significavam a própria sobrevivência do modelo político liberal.

Forjado em clima inquietante, o constitucionalismo social já nasceu controvertido. Ao cometer a sociedade política como um todo à melhoria das condições de vida do cidadão, já surgiu provocador.

Entretanto, as principais metas perseguidas pela constituição social se consubstanciavam em normas programáticas, o que, desde então, abriu espaço para novos acessos de natureza sociológica fundados na teoria de Lassalle, segundo a qual o texto fundador do estado nada mais era que o somatório dos fatores reais de poder. Assim, todo o compromisso selado pelo agente constituinte ficaria condicionado à ocorrência de situações ideais para a efetivação. A realização do programa estatal passava a depender de circunstância "ótima", submetendo-se, também, ao juízo emitido pelo legislador infraconstitucional acerca da conveniência e oportunidade da concretização da cláusula por meio da via legislativa.

A cada dia tornava-se mais evidente que as normas constitucionais programáticas não poderiam ser colocadas no plano da mera opção política em termos de atuação do legislador futuro. Não havia cientificidade alguma em defender a ideia de que o programa

10. A Força Normativa da Constituição, 26.

inserido na constituição se incluía na seara da conveniência e da oportunidade adstritas ao alvitre do corpo legislativo ordinário.

O estado é instrumento à consecução de fins predeterminados pelo elemento formador.

A unidade política somente subsiste enquanto se mostrar capaz de atender às finalidades solenemente previstas no texto máximo pelo constituinte originário.

E tais finalidades estão expressamente materializadas no programa do estado, nas metas e objetivos fundamentais que descrevem a sua razão de ser e de existir.

Deve o estado, como um todo, buscar a concretização da vontade constituinte e, consequentemente, o cumprimento de programa que, de tão relevante, fora introduzido no principal texto do sistema do direito positivo.

As normas programáticas constituem a elevada reserva do propósito do estado, sendo proibido aos órgãos constituídos reduzir o plexo de metas inserto na constituição e afastar as cláusulas que consagram o programa estatal, tornando-se indiferentes a tais dispositivos mediante a adoção de tese de não vigência dos preceitos programáticos por força da sua dependência aos fatores de compostura econômica, política, social ou até cultural, como costuma ser referido, aqui e ali.[11]

O certo é que a problemática a envolver as cláusulas de programa é o ponto nevrálgico de toda a fecunda dissidência que se opera atualmente quando se propõe analisar a eficácia das normas constitucionais.

Em tais hipóteses, o que se vê, não raro, é discurso com pouco rigor científico, caracterizado por proposições extratadas que não levam em conta o simples fato – perceptível aos olhos de qualquer leigo – de que as normas programáticas foram um dia, por alguma razão, introduzidas no texto constitucional, competindo a toda a unidade política (considerada, aqui, em seu sentido amplíssimo) prosseguir energicamente na consecução do programa estatal, "empurrando" a eficácia da norma programática para grau máximo em termos de realizabilidade.

Em boa hora, nos idos de 1950, Vezio Crisafulli escreveu artigo intitulado "Eficácia das normas constitucionais programáticas", insurgindo-se contra a teoria tradicional e sustentando, com sólida e consistente argumentação, que: (i) a eficácia das normas de programa é a mesma de qualquer norma jurídica, distinguindo-se apenas quanto ao fato de que tais normas se dirigem de modo mais marcante aos órgãos estatais, particular-

11. A generalizada resistência quanto à efetivação dos comandos constitucionais programáticos faz lembrar conhecida fábula de La Fontaine, "A Raposa e a Cegonha": "A astuta raposa, estando num dia de fausto, convidou sua comadre cegonha para banquetear-se com ela. Satisfeita com tanta consideração, a cegonha aceitou de bom grado o amável convite. Qual não foi, porém, a sua surpresa ao verificar que todos os alimentos oferecidos pela raposa eram líquidos e vinham servidos em prato raso. Ora, possuindo bico longo, viu-se assim impossibilitada de sequer tocar na comida. E, enquanto isso, a raposa consumiu tudo e, ainda não se dando por satisfeita, lambeu até a última gota. (...)" (cf. La Fontaine, *Fábulas*, p. 29). É certo que a fábula continua e posteriormente a cegonha vai à forra. Mas é possível recorrer ao gênio de La Fontaine para concluir que o "banquete" dos direitos previstos na Constituição vem sendo servido em prato raso pelo Estado brasileiro ao cidadão!

mente no que atina ao Poder Legislativo; (ii) são normas obrigatórias, ao menos para o legislador; e, por conseguinte, (iii) são inválidas as leis com elas colidentes.[12]

Na esteira do que, de forma inaugural, foi exposto pelo constitucionalista italiano, podemos, com amparo ainda na doutrina nacional,[13] extrair os seguintes efeitos concretos das normas constitucionais programáticas: a) impõem um dever para o legislador ordinário; b) condicionam a legislação futura, sob pena de ser declarada a inconstitucionalidade das leis com elas incompatíveis; c) informam a concepção do estado, vinculando a emissão de normatividade aos fins colimados; d) estabelecem um *telos* para a interpretação, integração e aplicação das leis; e) condicionam a atividade discricionária da Administração e do Poder Judiciário; f) criam situações jurídicas subjetivas.

Portanto, é relevante esclarecer que não há ativismo judicial, quando o juiz decide para o propósito de realização de direito cuja omissão se apresenta inconstitucional e está legitimado o preenchimento da lacuna constitucional por meio de impetração de mandado de injunção (art. 5º, LXXI/CF).

Contudo, merecem considerações pontos críticos na interferência do Poder Judiciário em atribuições de outros poderes, como na hipótese de anulação de nomeações de auxiliares do Presidente da República, o que se fez com amparo na teoria do desvio de finalidade.

E esse procedimento fiscalizatório de nomeações de autoridades pelo Chefe do poder Executivo federal se iniciou em 2016, no rumoroso caso de anulação de nomeação de Luis Inácio Lula da Silva para o Ministério da Casa Civil.

Naquela época, o Min. Gilmar Mendes, relator do MS 34.070 MC/DF, concluiu o seguinte: "Nenhum Chefe do Poder Executivo, em qualquer de suas esferas, é dono da condução dos destinos do país; na verdade, ostenta papel de simples mandatário da vontade popular, a qual deve ser seguida em consonância com os princípios constitucionais explícitos e implícitos, entre eles a probidade e a moralidade no trato do interesse público *lato sensu*. O princípio da moralidade pauta qualquer ato administrativo, inclusive a nomeação de Ministro de Estado, de maneira a impedir que sejam conspurcados os predicados da honestidade, da probidade e da boa-fé no trato da *res publica*.

12. Cf. CRISAFULLI, Vezio. Efficacia delle norme costituzionali programmatiche. *Rivista Trimestrale di Diritto Pubblico*, 1951, p. 358. Eis as conclusões do autor: "1) riconoscimento della efficacia normativa anche delle disposizioni costituzionali esclusivamente programmatiche, le quali enunciano vere norme giuridiche, che sono perciò precettive non meno delle altre, sebbene rivolte originariamente e direttamente ai soli organi dello Stato, ed anzitutto e con certezza, almeno agir organi legislativi; 2) riconoscimento, nell'ordinamento vigente, della natura propriamente obbligatoria del vincolo derivante dalle norme costituzionali programmatiche agir organi legislativi, come conseguenza deita efficacia formale prevalente deita loro fonte (la Costituzione) rispetto alie altre leggi, ordinarie; 3) riconoscimento perciò della invalidità di leggi successive che fossero in contrasto con le norme costituzionali programmatiche e, secando la corrente dottrinale che sembra preferible, anche delle disposizioni di leggi preesistente, se ed in quanto con esse contrastanti".
13. Cf. SILVA, José Afonso da. *Aplicabilidade*, cit., p. 146-147.

Posteriormente, em 2020, repetiu-se a indevida interferência, *data venia*. Observe-se a decisão prolatada pelo Min. Alexandre de Moraes, nos autos do MS 37.097/DF: "Logicamente, não cabe ao Poder Judiciário moldar subjetivamente a Administração Pública, porém a constitucionalização das normas básicas do Direito Administrativo permite ao Judiciário impedir que o Executivo molde a Administração Pública em discordância a seus princípios e preceitos constitucionais básicos, pois a finalidade da revisão judicial é impedir atos incompatíveis com a ordem constitucional, inclusive no tocante as nomeações para cargos públicos, que devem observância não somente ao princípio da legalidade, mas também aos princípios da impessoalidade, da moralidade e do interesse público".

O que tanto a decisão de 2016 como a de 2020 não atinaram, *venia concessa*, é que a Constituição de 1988, com o objetivo de salvaguardar a independência e harmonia entre os Poderes, possui dispositivo que comete ao Chefe do Executivo federal o dever de probidade na administração, sob pena de responder por crime de responsabilidade, tal como expressamente consagra o art. 85, V/CF.

Vê-se, por conseguinte, que, num quadro de desejável preservação da harmonia e independência entre os Poderes, a Constituição, adrede, com muita clareza, expõe a consequência jurídico-constitucional para qualquer nomeação efetivada pelo Presidente da República que seja atentatória à probidade administrativa: responder por crime funcional, inclusive com o risco de pena de inelegibilidade por 8 (oito) anos, conforme prevê a Lei 1.079/1950.

Assim, os foguetes espoucados em 2016 pelos estafetas da direita brasileira e, depois, renovada a pirotecnia política pelos integrantes de movimentos de esquerda – ambos distanciados milhas e milhas do que a Constituição de 1988 prevê – somente lançaram mais combustível na interminável fogueira da polarização política no Brasil e – agora mais metaforicamente ainda – fizeram com que os extremistas políticos entregassem o bote salva-vidas, que é a Constituição, ao Supremo Tribunal Federal, que guardou sozinho esse instrumento de salvação e está deixando que morram num belíssimo abraço de afogados...

CONCLUSÕES

1. *Constitucionalismo tardio* é o fenômeno decorrente de causas históricas, políticas e jurídicas, entre outras, da ausência de cultura constitucional nos Estados pós-modernos que são organizados formalmente por meio de uma constituição, o que conduz à ineficácia social dos textos constitucionais;

2. No nosso País muito há ainda a caminhar até que se possa efetivamente concluir, com acerto, que o direito se constitucionalizou. Aqui, o movimento é muito mais a eloquente constatação do desprestígio do Poder Legislativo brasileiro (diante de sua dissonância das aspirações da coletividade) e da oportunista percepção de que o Texto Constitucional pode libertar o aplicador do direito do jugo omisso e irresponsável do

legislador, ou, ainda, libertá-lo do império de normas que reputa injustas para, com suposto fundamento nos princípios constitucionais, promover a dicção do direito à sua moda, delineando a figura do *ativismo judicial*;

3. No Brasil, a constituição deixou de habitar o discurso jurídico como instrumento dotado de normatividade e apto a realizar a conformação de comportamentos, públicos ou privados;

4. Pode-se definir *ativismo judicial* ou *excesso judicial*, como "a percepção de que os tribunais excederam o seu poder de interpretar e desenvolver o direito consuetudinário e se desviam para a seara política, que é devidamente deixada aos ramos do Executivo e Legislativo, de acordo com a doutrina da separação de poderes";

5. Não deve receber a alcunha de ativismo judicial toda e qualquer decisão que seja inspirada e radique na cláusula constitucional maior que é a dignidade da pessoa humana;

6. O constitucionalismo brasileiro tardio, grandemente responsável pela timidez mediante a qual se consuma interpretação constitucional conducente à inefetividade da constituição é, por mais paradoxal que possa parecer, igualmente responsável pelos rompantes de arrogância institucional que brotam de decisões do Poder Judiciário, sendo que ambos os extremos são resultantes do desconhecimento do modo como o Texto Constitucional opera a relação entre os poderes, sempre inspirada pela cláusula que sedimenta a independência e harmonia entre eles (art. 2º/CF);

7. As normas programáticas constituem a elevada reserva do propósito do estado, sendo proibido aos órgãos constituídos reduzir o plexo de metas inserto na constituição e afastar as cláusulas que consagram o programa estatal, tornando-se indiferentes a tais dispositivos mediante a adoção de tese de não vigência dos preceitos programáticos por força da sua dependência aos fatores de compostura econômica, política, social ou até cultural;

8. Merecem considerações pontos críticos na interferência do Poder Judiciário em atribuições de outros poderes, como na hipótese de anulação de nomeações de auxiliares do Presidente da República, o que se fez com amparo na teoria do desvio de finalidade.

REFERÊNCIAS

ATALIBA NOGUEIRA, J. C. *O Estado é Meio e não Fim*. São Paulo: Empresa Gráfica Revista dos Tribunais, 1940.

BARROSO, Luis Roberto. Neoconstitucionalismo e Constitucionalização do Direito (O Triunfoi Tardio do Direito Constitucional no Brasil). In: SOUZA NETO, Claudio Pereira de. *Constitucionalização do Direito*. Rio de Janeiro: Lumen Juris, 2007.

CRISAFULLI, Vezio. Efficacia delle Norme Costituzionali Programmatiche. *Rivista Trimestrali di Diritto Pubblico*, Milano: Giuffrè, 1951.

HÄBERLE, Peter. *Hermenêutica Constitucional*: a Sociedade Aberta dos Intérpretes da Constituição – Contribuição para a Interpretação Pluralista e "Procedimental" da Constituição. Trad. Gilmar Ferreira Mendes, Porto Alegre: Sergio Antonio Fabris Editor, 1997.

HESSE, Konrad. *A Força Normativa da Constituição*. Trad. Gilmar Ferreira Mendes, Porto Alegre: Sergio Antonio Fabris Editor, 1991.

LA FONTAINE, Jean de. *Fábulas*. São Paulo: PAUMAPE, 1993.

LEGAZ Y LACAMBRA, Luis. *Filosofía del Derecho*. Barcelona: Bosch, Casa Editorial, Segunda Edición, 1961.

NEVES, Marcelo. *A Constitucionalização Simbólica*. São Paulo: Acadêmica, 1994.

POSADA, Adolfo. *La Idea Pura del Estado*. Madrid: Librería General de Victoriano Suárez Preciado, 1933.

SILVA, José Afonso da. *Aplicabilidade das Normas Constitucionais*. 3. ed. São Paulo: Malheiros Editores, 1998.

SILVA NETO, Manoel Jorge e & SILVA, Maiana Guimarães de Sousa e. *Curso de Direito Constitucional*. 11. ed. Rio de Janeiro: Ed. Lumen Juris, 2024.

VERDÚ, Pablo Lucas. *O sentimento constitucional*. Aproximação ao estudo do sentir constitucional como modo de integração política. Rio de Janeiro: Forense, 2004.

VILANOVA, Lourival. *As Estruturas Lógicas e o Sistema do Direito Positivo*. São Paulo: RT, 1977.

A EFETIVAÇÃO DO DIREITO FUNDAMENTAL À SAÚDE POR MEIO DO ATIVISMO JUDICIAL

Manoel Messias Peixinho

Doutor em Direito pela PUC-Rio. Pós-doutor pela Universidade de paris X. Professor do Departamento de Direito da PUC-Rio. Presidente da Comissão de Concessão, Parcerias-Público-Privadas e Prestadores de Serviço da OAB-RJ. Advogado. E-mail: manoelpeixinho@yahoo.com.br.

Carolina Altoé Velasco

Doutora em Direito pela PUC-Rio. Professora do Curso em Direito da Universidade Cândido Mendes. Professora dos Cursos de Pós-graduação do Departamento de Direito da PUC-Rio. Advogada. E-mail: carolinaltoe@yahoo.com.br.

> Sabemos que muitas vozes críticas ao Poder Judiciário se referem ao que se convencionou chamar de "ativismo judicial". É preciso, no entanto, observar que, com efeito, se houver temas polêmicos e uma carência total de legislação, o Poder Judiciário será chamado a decidir, de modo a trazer novos direitos e garantias, sempre à luz da Constituição (Ministro Luiz Edson Fachin).[1]

1. FACHIN, Luiz Edson e JESUS, Jaqueline Gomes de. Participação política da população LGBTI+ e Poder Judiciário: Entrevista com o Ministro Luiz Edson Fachin. *Revista Brasileira de Estudos de Homocultura*. v. 04, n. 14, maio-ago. 2021. Disponível em: http://periodicoscientificos.ufmt.br/ojs/index.php/rebeh/index.

INTRODUÇÃO

Este artigo foi escrito para compor o livro "Ativismo Judicial: o Supremo Tribunal Federal e a Constituição – em homenagem ao Min. Edson Fachin". O livro se insere num âmbito do XIII Congresso Internacional de Direito Constitucional que se realizará nos dias 30 e 31 de maio de 2025 na cidade de Recife-PE.

Em primeiro lugar, com relação ao articulado neste artigo, os autores pretendem demostrar que o direito à saúde é um direito fundamental reconhecido pelas convenções internacionais e pelas Constituições estrangeiras, com destaque para o protagonismo dos estados nacionais na efetivação dos direitos fundamentais correlacionados ao direito à saúde pública e privada.

Em segundo lugar, aborda-se a constitucionalização do direito à saúde no direito brasileiro a partir de um estudo doutrinário com metodologia que correlaciona o direito à saúde como direito fundamental integrante indissociável dos direitos individuais, sociais, coletivos e difusos, que a doutrina denomina de indivisibilidade dos direitos fundamentais.[2]

Em terceiro lugar, nesse artigo, aborda-se a relação indissociável entre saúde e direitos fundamentais a partir da seguinte visão metodológica: é inviável o exercício pleno dos direitos fundamentais sem a atuação ativista do poder Judiciário, a despeito deste modelo de concretização do direito à saúde não ser absoluto. Neste sentido são analisadas decisões do Supremo Tribunal Federal – STF que efetivam o direito à saúde sob o prisma de um ativismo judicial inclusivo e de acordo com os valores fundamentais que inspiraram o constituinte originário de 1988.

1. DIREITO À SAÚDE NO DIREITO ESTRANGEIRO

1.1 O direito à saúde nas Declarações estrangeiras

O direito à saúde no direito estrangeiro está presente em declarações internacionais e constituições de diferentes países. Numa síntese historiográfica podemos fazer a seguinte cronologia.

1.1.1 O direito à saúde na Declaração Universal de Direitos Humanos (1948)

A Declaração Universal de Direitos Humanos (1948, art. 25) estabelece que toda pessoa tem direito a um nível de vida adequado para garantir sua saúde e bem-estar, o que inclui alimentação, moradia, assistência médica, serviços sociais, proteção especial à maternidade e à infância. O direito à saúde, nesse contexto, é tratado de forma indissociável de outros direitos fundamentais a evidenciar sua indivisibilidade e interdependência.

---

2. PIOVESAN. Flávia. *Direitos humanos, globalização econômica e integração regional*: desafios do direito constitucional internacional. In: PIOVESAN, Flávia. São Paulo: Max Limonad, 2002.

A compreensão da indivisibilidade dos direitos fundamentais é fundamental para que a pessoa humana seja tratada de forma integral e não fragmenta.[3]

1.1.2 O direito à saúde no Pacto Internacional de Direitos Econômicos, Sociais e Culturais (1966)

O Pacto Internacional de Direitos Econômicos, Sociais e Culturais (1966) reconhece o direito de todas as pessoas ao mais alto nível de saúde física e mental e impõe aos Estados a obrigação de garantir proteção integral à saúde de crianças e adolescentes e prevenir a exploração econômica e social. No Brasil, a realidade ainda está distante desse ideal: "em 2022, o Brasil tinha 1,9 milhão de crianças e adolescentes com 5 a 17 anos de idade (ou 4,9% desse grupo etário) em situação de trabalho infantil. Esse contingente havia caído de 2,1 milhões (ou 5,2%) em 2016 para 1,8 milhão (ou 4,5%) em 2019, mas cresceu em 2022".[4]

1.1.3 O direito à saúde na Convenção Americana de Direitos Humanos (1969)

A Convenção Americana de Direitos Humanos (1969), também conhecida como Pacto de São José da Costa Rica estatui que a liberdade de consciência, expressão, reunião, associação e circulação pode ser restringida por razões de saúde pública para garantir um equilíbrio entre direitos individuais e coletivos. Isso demonstra que o direito à saúde pode influenciar a regulamentação de outras liberdades fundamentais em um contexto democrático. Nesta Convenção, os direitos individuais clássicos podem ser mitigados em detrimento do direito à saúde, no que a doutrina denomina de ponderação entre direitos fundamentais.[5]

1.1.4 O direito à saúde na Declaração e Programa de Ação de Viena (1993)

A Declaração e Programa de Ação de Viena (1993) destaca a relação entre direitos humanos, desenvolvimento sustentável e direito à saúde. Os Estados têm a responsabilidade de proteger suas populações, especialmente os mais vulneráveis, garantindo acesso adequado a serviços de saúde. No entanto, desafios persistem: milhares de crianças morrem anualmente devido a infecções respiratórias, malária e falta de acesso a água

3. PIOVESAN, Flavia. Proteção dos direitos sociais: desafios do ius commune sul-americano. *Rev. TST*, Brasília, vol. 77, no 4, out/dez 2011. Disponível em: https://juslaboris.tst.jus.br/bitstream/handle/20.500.12178/28340/004_piovesan.pdf.
4. Disponível em: https://agenciadenoticias.ibge.gov.br/agencia-noticias/2012-agencia-de-noticias/noticias/38700-de-2019-para-2022-trabalho-infantil-aumentou-no-pais#:~:text=Em%202022%2C%20o%20Brasil%20tinha,2019%2C%20mas%20cresceu%20em%202022. Acesso em: 17 fev. 2024.
5. Cf. ALVES, Cássio Guilherme e BITENCOURT, Caroline Müller. *O direito fundamental social à saúde na Constituição de 1988*: a garantia da dignidade da pessoa humana entre o poder judiciário e a ponderação de princípios. Disponível em: https://www.mpsp.mp.br/portal/page/portal/documentacao_e_divulgacao/doc_biblioteca/bibli_servicos_produtos/bibli_informativo/bibli_inf_2006/Rev-Cad-PPGD-UFRGS_v.11_n.3.07.pdf.

potável, demonstrando que muitas das garantias formais ainda não foram plenamente efetivadas.[6]

Desta breve síntese, conclui-se que, embora o direito à saúde seja amplamente reconhecido em tratados internacionais, sua implementação enfrenta barreiras significativas. Dados alarmantes sobre exploração infantil, saúde mental e acesso precário a serviços essenciais evidenciam a necessidade de políticas públicas eficazes para garantir esse direito de maneira concreta. Contudo, há um valor inquestionável na positivação do direito à saúde nas declarações estrangeiras porque são fundamentais para a consolidação de um longo e tormentoso processo civilizatório e, em segundo lugar, os países signatários se obrigam a internalizar os direitos nacionais às garantias mínimas de políticas públicas de saúde.

1.2 O direito à saúde nas Constituições estrangeiras

As Constituições são consideradas na quase totalidade dos países seus documentos jurídicos mais relevantes. Nas Constituições, Cartas Magnas, Leis Fundamentais (quanto à denominação é irrelevante a nomenclatura adotada) são estabelecidos os direitos mínimos que os povos devem ter para que vivam com dignidade. Dentre os direitos fundamentais prioritários na Constituição se insere o direito à saúde. Com base em pesquisa realizada entre os continentes, é possível afirmar com segurança que o direito à saúde é uma garantia prioritária dos legisladores e o Estado desempenha um papel principal na sua proteção.

A seguir fazemos um resumo da proteção à saúde nas Constituições nos seis Continentes do mundo.

2. AS CONSTITUIÇÕES DO CONTINENTE AFRICANO COM IDH ALTO

No continente africano foram analisadas as constituições de seis países, três com IDH alto (África do Sul, Egito e Nigéria) e três com IDH baixo (Burundi, Madagáscar e República do Congo), destacando-se disposições sobre saúde.

2.1 Constituição da África do Sul (IDH alto)

Na *Constituição da África do Sul (1996, rev. 2012) é garantido acesso à saúde* que inclui *cuidados reprodutivos e proíbe a recusa de atendimento emergencial.* O país está ranqueado no: IDH: 0,717 (posição 110) com PIB per capita de US$ 6.984 (2022).

---

6. Disponível em: Cf. https://www.oas.org/dil/port/1948%20Declara%C3%A7%C3%A3o%20Universal%20dos%20Direitos%20Humanos.pdf; Cf. https://institutoc.org.br/trabalho-infantil/?gad_source=1&gclid=EAIaIQobChMIxPzZwrfshAMV6gKtBh0MqwHeEAAYASAAEgLGUvD_BwE.

Disponível em: Cf. https://www.pge.sp.gov.br/centrodeestudos/bibliotecavirtual/instrumentos/sanjose.htm; Cf. https://www.pge.sp.gov.br/centrodeestudos/bibliotecavirtual/instrumentos/sanjose.htm.

2.2 Constituição do Egito (IDH alto)

Na *Constituição do Egito* (2014, rev. 2019), o Estado deve destinar pelo menos 3% do PIB à saúde. O país está ranqueado com IDH: 0,728 (posição 105) com PIB per capita de US$ 3.161 (2019).

2.3 Constituição da Nigéria (IDH alto)

Na *Constituição da Nigéria* (1999, rev. 2011), o Estado deve garantir instalações médicas adequadas. O país está ranqueado com IDH de 0,548 (posição 161) de PIB per capita: US$ 2.361 (2019).

3. AS CONSTITUIÇÕES DOS PAÍSES DO CONTINENTE AFRICANO COM IDH BAIXO

3.1 Constituição do Burundi (IDH baixo)

Na *Constituição do Burundi (2018)* há o *direito ao acesso à saúde*. O país está ranqueado com IDH de 0,420 (posição 187) com PIB per capita de US$ 257 (2019).

3.2 Constituição do Burundi de Madagáscar (IDH baixo)

Na *Constituição de Madagáscar* (2010) o Estado deve assegurar *proteção à saúde e atendimento gratuito*. O país está ranqueado com IDH de 0,487 (posição 177) e PIB per capita de US$ 538 (2019).

3.3 Constituição da República do Congo (IDH baixo)

Na *Constituição da República do Congo* (2015) o Estado deve garantir *a saúde pública e autoriza o funcionamento dos estabelecimentos privados na área da saúde*. O país está ranqueado com IDH de 0,481 (posição 180) e PIB per capita não informado. Os dados também mostram evolução na esperança de vida à nascença, que cresceu em todos os países analisados.

No Continente americano foram analisadas as constituições de seis países americanos, três com IDH alto (Uruguai, Chile e Panamá) e três com IDH baixo (Honduras, Colômbia e Equador), focando nas disposições sobre saúde.

4. AS CONSTITUIÇÕES DOS PAÍSES DO CONTINENTE AMERICANO COM IDH ALTO

4.1 Constituição do Uruguai (IDH alto)

Na Constituição do Uruguai (1966, rev. 2004) o Estado deve legislar sobre *saúde pública e fornecer tratamento gratuito a quem necessitar*. O país está ranqueado com IDH de 0,83 (posição 52) e PIB per capita de US$ 17.768 (2019).

4.2 Constituição do Chile (IDH alto)

Na Constituição do Chile (2023) é assegurado o *acesso gratuito, universal e igualitário à saúde em todas as fases da vida*. O país está ranqueado com IDH de 0,86 (posição 44) e PIB per capita de US$ 14.742 (2019).

4.3 Constituição do Panamá (IDH alto)

Na Constituição do Panamá (1972, rev. 2004) o Estado deve *proteger a saúde e integrar ações de prevenção, cura e reabilitação*. O país está ranqueado com IDH de 0,82 (posição 57) e PIB per capita de US$ 15.728 (2019).

5. AS CONSTITUIÇÕES DOS PAÍSES DO CONTINENTE AMERICANO COM IDH BAIXO

5.1 Constituição de Honduras (IDH baixo)

Na Constituição de Honduras (1982, rev. 2013) a *saúde é um direito e o acesso à água e ao saneamento é declarado direito humano*. O país está ranqueado com IDH de 0,624 (posição 138) e PIB per capita de US$ 3.040 (2022).

5.2 Constituição da Colômbia (IDH baixo)

Na Constituição da Colômbia (1991, rev. 2015) a *saúde pública e proteção ambiental são serviços essenciais garantidos pelo Estado*. O país está ranqueado com IDH de 0,758 (posição 91) e PIB per capita de US$ 6.425 (2019).

5.3 Constituição do Equador (IDH baixo)

Na Constituição do Equador (2008, rev. 2021) a *saúde é um direito fundamental* e está interligado a outros direitos como alimentação, educação e trabalho. O país está ranqueado com IDH de 0,765 (posição 82) e PIB per capita de US$ 6.223 (2019). Os dados mostram que a esperança de vida aumentou em todos os países, refletindo melhorias gerais na saúde.

No Continente asiático foram analisadas Constituições de seis países, três com IDH alto (Japão, Coreia do Sul e Bahrein) e três com IDH baixo (Bangladesh, Índia e Camboja), destacando as disposições sobre saúde.

6. AS CONSTITUIÇÕES DOS PAÍSES DO CONTINENTE ASIÁTICO COM IDH ALTO

6.1 Constituição do Japão (IDH alto)

Na *Constituição do Japão* (1946) o Estado deve *promover o bem-estar social e a saúde pública*. O país está ranqueado com IDH de 0,920 (posição 24) e PIB per capita de US$ 40.586 (2019).

6.2 Constituição da Coreia do Sul (IDH alto)

Na Constituição da Coreia do Sul (1948, rev. 1987) o Estado *protege a saúde de todos os cidadãos*. O país está ranqueado com IDH de 0,929 (posição 19) e PIB per capita de US$ 32.147 (2019).

6.3 Constituição do Bahrein (IDH alto)

Na Constituição do Bahrein (2002, rev. 2017) o Estado garante *cuidados de saúde e disponibiliza hospitais e instituições de saúde*. O país está ranqueado com IDH de 0,888 (posição 34) e PIB per capita de US$ 23.443 (2019).

7. AS CONSTITUIÇÕES DOS PAÍSES DO CONTINENTE ASIÁTICO COM IDH BAIXO

7.1 Constituição de Bangladesh (IDH baixo)

Na Constituição de Bangladesh (1972, rev. 2014) o Estado deve *melhorar a nutrição e a saúde pública, além de restringir substâncias prejudiciais à saúde*. O país está ranqueado com IDH de 0,670 (posição 129) com PIB per capita de US$ 1.846 (2019).

7.2 Constituição de Índia (IDH baixo)

Na Constituição da Índia (1949, rev. 2016) o Estado deve *elevar o nível de nutrição e melhorar a saúde pública e restringir o consumo de substâncias nocivas*. O país está ranqueado com IDH de 0,644 (posição 134) e PIB per capita de US$ 2.115 (2019).

7.3 Constituição do Camboja (IDH baixo)

Na Constituição do Camboja (1993, rev. 2008) o Estado deve *garantir saúde pública, fornecer atendimento médico gratuito a pessoas pobres e criar infraestruturas de saúde nas áreas rurais*. O país está ranqueado com IDH 0,600 (posição 148) e PIB per capita de US$ 1.621 (2019). A esperança de vida aumentou em todos os países, com destaque para Bangladesh e Índia, o que reflete avanços na saúde pública.

No Continente europeu foram analisadas Constituições de seis países europeus, três com IDH alto (Islândia, França e Itália) e três com IDH mais baixo (Moldávia, Albânia e Bulgária), destacando as disposições sobre saúde.

8. AS CONSTITUIÇÕES DOS PAÍSES DO CONTINENTE EUROPEU COM IDH ALTO

8.1 Constituição da Islândia (IDH alto)

Na Constituição da Islândia (2011) deve ser garantido o direito a *serviços de saúde acessíveis e adequados*. O país está ranqueado com IDH de 0,959 (posição 3) e PIB per capita de US$ 72.638 (2019).

8.2 Constituição da França (IDH alto)

Na Constituição da França (1958, rev. 2008) deve ser *assegurada a proteção à saúde, especialmente para crianças, mães e idosos.* O país está ranqueado com IDH de 0,910 (posição 28) e PIB per capita de US$ 40.622 (2019).

8.3 Constituição da Itália (IDH alto)

Na Constituição da Itália (1947, rev. 2020) a saúde é um direito fundamental, com assistência gratuita para indigentes. O país está ranqueado com IDH de 0,906 (posição 30) e PIB per capita de US$ 33.518 (2019).

9. AS CONSTITUIÇÕES DOS PAÍSES DO CONTINENTE EUROPEU COM IDH BAIXO

9.1 Constituição da Moldávia (IDH baixo)

Na Constituição da Moldávia (1994, rev. 2016) garante o direito à *proteção da saúde e seguro de saúde gratuito.* O país está ranqueado com IDH de 0,763 (posição 86) e PIB per capita de US$ 4.458 (2019).

9.2 Constituição da Albânia (IDH baixo)

Na Constituição da Albânia (1998, rev. 2016) é garantido o *acesso igualitário aos cuidados de saúde e direito ao seguro de saúde.* O país está ranqueado com IDH de 0,789 (posição 74) e PIB per capita de US$ 5.223 (2019).

9.3 Constituição da Bulgária (IDH baixo)

Na Constituição da Bulgária (1991, rev. 2015) é assegurado *direito a seguro médico e financiamento dos cuidados de saúde* por diversas fontes. O país está ranqueado com IDH de 0,799 (posição 70) e PIB per capita de US$ 9.794 (2019). A esperança de vida aumentou em todos os países, com avanços na saúde pública, mas o crescimento foi mais expressivo nos países com IDH mais baixo.

10. AS CONSTITUIÇÕES DOS PAÍSES DA OCEANIA COM IDH ALTO

No Continente da Oceania, os países com IDH alto, que são Austrália[7] (10 – 0,946) e Nova Zelândia[8] (19-0,939), não positivaram em seus textos o direito à saúde. Assim, foram escolhidas três Constituições que correspondem a países com maiores índices de IDH (Constituições de Palau, Ilhas Marshall e Fiji) e a três Constituições que correspondem a países menores de índices IDH (Micronésia e Papua).

7. Cf. https://www.constituteproject.org/constitution/Australia_1985.
8. Cf. https://www.constituteproject.org/countries/Oceania/New_Zealand.

10.1 Constituição de Palau (IDH alto).

Na Constituição de Palau (1981; rev. 1992) *o governo nacional* tomará medidas positivas para atingir estes objetivos nacionais e implementar estas políticas nacionais: *proteção de pessoas e bens; promoção da saúde e do bem-estar social dos cidadãos através da prestação de cuidados de saúde gratuitos ou subsidiados*; e a oferta de educação pública aos cidadãos, que será gratuita e obrigatória nos termos da lei. O país está ranqueado com (*IDH) de 71 (0,797) em 2023 e PIB per capita de US$ 12.921,83 (2021).*

10.2 Constituição das Ilhas Marshall (IDH alto)

Na Constituição das Ilhas Marshall (1979. rev. 1995. IDH alto) o Governo da República das Ilhas Marshall reconhece o direito das pessoas aos cuidados de saúde, à educação e aos serviços jurídicos e a obrigação de tomar todas as medidas razoáveis e necessárias para fornecer esses serviços. O país está ranqueado com *IDH de 102 (0,797) em 2023 e PIB per capita de US$ 4.065 (2019).*

10.3 Constituição de Fiji (IDH alto)

Na Constituição de *Fiji* (2013) *o Estado deve tomar medidas razoáveis dentro dos seus recursos disponíveis para alcançar a realização progressiva do direito de cada pessoa à saúde*, e às condições e instalações necessárias para uma boa saúde, e aos serviços de saúde, incluindo cuidados de saúde reprodutiva. O país está ranqueado com IDH de 104 (0,729) em 2023 e com PIB per capita: US$ 6.176 (2019).

11. AS CONSTITUIÇÕES DOS PAÍSES DA OCEANIA COM IDH BAIXO

11.1 Constituição de Micronésia (IDH baixo)

Na Constituição de Micronésia (1978. Rev. 1990) o governo nacional dos Estados Federados da Micronésia reconhece o direito do povo à educação, *aos cuidados de saúde* e aos serviços jurídicos e tomará todas as medidas razoáveis e necessárias para fornecer esses serviços. O país está ranqueado com IDH de *135 (0,634) em 2023 e com PIB per capita de US$ 3.629 (2019).*

11.2 Constituição de Papua Nova Guiné (IDH baixo)

Na Constituição de Papua Nova Guiné (1975. Rev. 2016) deve ser garantida *melhoria do nível de nutrição e do padrão de saúde pública* para permitir que o povo alcance a autorrealização. O país está ranqueado com IDH de 154 (0,568) em 2023 e *PIB per capita de* US$ 2.829 (2019).

12. CORRELAÇÃO ENTRE O DIREITO À SAÚDE E O PAPEL DO ESTADO COMO PROVEDOR

Foram pesquisadas 30 Constituições estrangeiras, das quais 22 reconhecem o dever estatal na prestação do direito à saúde. No entanto, a riqueza de um país, medida pelo PIB, não reflete necessariamente o nível de desenvolvimento humano, como demonstra a Índia, que possui um dos maiores PIBs do mundo, mas apresenta um baixo IDH (0,644, posição 134). Ademais, a presença do direito à saúde na Constituição não garante, por si só, acesso efetivo aos serviços de qualidade. A Índia, por exemplo, possui previsão constitucional para a promoção da saúde pública, mas enfrenta um sistema precário, com apenas 0,5 leitos hospitalares por 1000 habitantes, bem abaixo da média global (2,9). Por outro lado, a ausência desse direito na Constituição não significa falta de acesso à saúde de qualidade. A Noruega, mesmo sem positivação explícita, possui um dos melhores sistemas de saúde do mundo e ostenta o segundo maior IDH (0,966).

13. O DIREITO À SAÚDE NA CONSTITUIÇÃO BRASILEIRA

A Constituição de 1988 consolidou o direito à saúde como um direito social fundamental, inserindo-o no artigo 6º, juntamente com outros direitos essenciais. O artigo 7º estabelece que o salário-mínimo deve cobrir necessidades básicas, incluindo saúde, e prevê a redução dos riscos ocupacionais. O artigo 23 determina a atuação conjunta da União, Estados, Distrito Federal e Municípios na promoção da saúde. Além disso, a saúde é inserida no sistema de seguridade social pelo artigo 194.

O artigo 196 define a saúde como direito de todos e dever do Estado, garantindo acesso universal por meio de políticas públicas. O artigo 197 trata da regulamentação e fiscalização estatal, enquanto o artigo 198 estabelece a estrutura do SUS, financiado pela seguridade social. A Constituição de 1988 marca o fim do período do regime militar e fortalece o papel do Estado na formulação e execução de políticas de saúde.

A proteção do direito à saúde exige a implementação de medidas concretas pelos governos. Esse direito tem aplicação imediata, impedindo retrocessos legais. A saúde também se relaciona a outros direitos sociais, como moradia e alimentação. Ingo Wolfgang Sarlet[9] considera o SUS uma "garantia institucional fundamental", argumentando que sua extinção ou enfraquecimento seria inconstitucional. Assim, a Constituição protege a saúde como um direito essencial, promovendo o bem-estar e a qualidade de vida da população.

14. O ATIVISMO JUDICIAL E JUDICIALIZAÇÃO DA POLÍTICA

Em primeiro lugar, é preciso definir o ativismo judicial. A expressão ativismo, segundo o Dicionário Michaelis Moderno Dicionário da Língua Portuguesa é "doutrina de vontade criativa que prega a prática efetiva para transformar a realidade em lugar da atividade puramente especulativa". No sentido político se perfaz na "ação intencional que decorre de uma grande variedade de motivações políticas e pode assumir diversas modalidades de expressão [...]".[10]

9. WOLFGANG, Ingo. *A eficácia dos direitos fundamentais*. Porto Alegre: Livraria do Advogado, 2003, p. 182.
10. Disponível em: https://michaelis.uol.com.br/moderno-portugues/busca/portugues-brasileiro/ativismo/. Acesso em: 02 fev. 2025.

14.1 Ativismo e judicialização da política

As expressões ativismo e judicialização da política são terminologias assemelhadas, porém distintas. Segundo o Ministro Luís Roberto Barroso *o ativismo judicial* significa "uma atitude, a escolha de um modo específico e proativo de interpretar a Constituição, expandindo o seu sentido e alcance. Normalmente ele se instala em situações de retração do Poder Legislativo, de um certo descolamento entre a classe política e a sociedade civil, impedindo que as demandas sociais sejam atendidas de maneira efetiva".[11]

Em artigo dedicado ao tema da separação dos Poderes e a judicialização da política, o primeiro autor deste artigo escreveu que "a *judicialização da política* significa a intervenção decisória do Poder Judiciário capaz de afetar a conjuntura política nas democracias contemporâneas.

A consequência imediata dessa intervenção é a ampliação do poder judicial em matérias que seriam reservadas às competências dos Poderes Executivo e Legislativo com inspiração na teoria do *checks and balances*. A judicialização da política não significa a delegação do Poder Legislativo de sua competência ao Poder Judiciário nos Estados de Direito e nem a usurpação judicial do princípio da separação dos poderes. A judicialização da política é um instrumento democrático de concretização dos direitos fundamentais mediante a atuação ativista do Poder Judiciário sempre de acordo com a Constituição e com os princípios democráticos".[12]

Feitas as distinções conceituais entre ativismo e judicialização da política, passe-se à análise do ativismo judicial em matéria de saúde. O ativismo judicial decorre do enfrentamento, pelo magistrado, de um caso concreto que lhe é submetido para uma decisão. Não é um caso qualquer. É um tema que muitas vezes não foi positivado pelo legislador ou que não encontra uma solução explícita no ordenamento jurídico, a exigir do julgador uma hermenêutica mais expansiva.

Lenio Luiz Streck, Clarissa Tassinari e Adriano Obach Leppe entendem que "o ativismo judicial figura como um problema, carregado de um pragmatismo que torna a interferência judicial, nos moldes de um ativismo judicial à brasileira, perigosa, porque vinculada a um ato de vontade do julgador".[13] Ainda que a crítica dos autores sobre os perigos do ativismo seja procedente, mormente porque pode ser uma forma de "hermenêutica demasiadamente expansionista", o legislador criou mecanismos de controle das decisões judiciais. Referimo-nos à Lei de Introdução às Normas do Direito Brasileiro. Esta legislação dedica 09 (nove) dispositivos direcionados ao magistrado.

---

11. Barroso, Luís Roberto. Judicialização, ativismo judicial e legitimidade. Democrática. *Anuario Iberoamericano de Justicia Constitucional* ISSN 1138-4824, núm. 13, Madrid (2009), p. 17-32. Cf. https://www.oab.org.br/editora/revista/users/revista/1235066670174218181901.pdf. Acesso em: 02 fev. 2025.
12. PEIXINHO, Manoel Messias. O princípio da separação dos poderes, a judicialização da política e direitos fundamentais. *Revista de Direitos e Garantias Fundamentais*, (4), 13-44. 2008. Cf. https://sisbib.emnuvens.com.br/direitosegarantias/article/view/3 Acesso em 08.02.2025.
13. STRECK, Lenio Luiz; Tassinari, Clarissa; Leppe, Adriano Obach. *O problema do ativismo judicial*: uma análise do caso MS3326. Cf. https://www.publicacoesacademicas.uniceub.br/RBPP/article/viewFile/3139/pdf.

Vejamos que, em primeiro lugar, destacam-se as normas que autorizam o ativismo:

> (1). Art. 4º. Quando a lei for omissa, o juiz decidirá o caso de acordo com a analogia, os costumes e os princípios gerais de direito.
>
> (2) Art. 5º. Na aplicação da lei, o juiz atenderá aos fins sociais a que ela se dirige e às exigências do bem comum.

Em sentido, oposto, há normas de contenção do ativismo judicial:

> Art. 21. A decisão que, nas esferas administrativa, controladora ou judicial, decretar a invalidação de ato, contrato, ajuste, processo ou norma administrativa deverá indicar de modo expresso suas consequências jurídicas e administrativas. Parágrafo único. A decisão a que se refere o caput deste artigo deverá, quando for o caso, indicar as condições para que a regularização ocorra de modo proporcional e equânime e sem prejuízo aos interesses gerais, não se podendo impor aos sujeitos atingidos ônus ou perdas que, em função das peculiaridades do caso, sejam anormais ou excessivos.
>
> Art. 22. Na interpretação de normas sobre gestão pública, serão considerados os obstáculos e as dificuldades reais do gestor e as exigências das políticas públicas a seu cargo, sem prejuízo dos direitos dos administrados.
>
> Art. 23. A decisão administrativa, controladora ou judicial que estabelecer interpretação ou orientação nova sobre norma de conteúdo indeterminado, impondo novo dever ou novo condicionamento de direito, deverá prever regime de transição quando indispensável para que o novo dever ou condicionamento de direito seja cumprido de modo proporcional, equânime e eficiente e sem prejuízo aos interesses gerais.

Conforme os dispositivos exemplificativamente expostos, o ativismo judicial é autorizado pelo legislador, bem como a sua contenção o é de forma de inequívoca para que os destinatários das decisões judiciais tenham segurança jurídica. Feitas estas breves observações, vejamos algumas decisões judiciais que são ativistas em matéria de saúde pública e privada.

14.2 Ativismo judicial em matéria de saúde pública e privada

As decisões judiciais em matéria de saúde pública e privada a seguir referidas provêm do Supremo Tribunal Federal – STF, que consideram o direito à saúde indissociável dos direitos fundamentais.

É relevante rememorar que segundo o STF, os direitos civis e políticos compreendem as liberdades clássicas, negativas ou formais e realçam o princípio da liberdade. Já os direitos econômicos, sociais e culturais se identificam com as proteções sociais positivas, reais ou concretas e acentuam os direitos sociais. Há, ainda, os direitos de titularidade coletiva atribuídos genericamente a todas as formações sociais, que consagram o princípio da solidariedade e constituem um momento importante no processo de desenvolvimento, expansão e reconhecimento dos direitos humanos, caracterizados – enquanto valores fundamentais indisponíveis – pela nota de uma essencial inexauribilidade. (MS 22.164, rel. min. Celso de Mello, j. 30.10.1995, P, DJ de 17.11.1995).

14.3 Correlação do direito à saúde como direito fundamental na jurisprudência do Supremo Tribunal Federal

A partir do estudo da jurisprudência do STF, é preciso dizer que a Corte Suprema compreende a saúde por direito fundamental. A fim de comprovar a assertiva, segue a citação de alguns julgados da Corte Suprema do Brasil.

a) Saúde como Direito Fundamental na jurisprudência do STF

Direito fundamental à saúde. Programa Mais Médicos. Conversão da Medida Provisória 621/2013 na Lei 12.871/13. Relevância e urgência configuradas pela carência de profissionais médicos em diversas regiões do país. Parceria acadêmica que atende ao binômio ensino-serviço. (...) *A Constituição obriga o Estado brasileiro a perseguir um modelo de atenção à saúde capaz de oferecer acesso universal ao melhor e mais diversificado elenco de ações e serviços de saúde que possa ser custeado para todos, igualmente, e para cada um, isoladamente, quando circunstâncias extraordinárias assim o exigirem*. A grave carência de assistência médica em várias regiões do país admite a excepcionalidade legal de exigência de revalidação do diploma estrangeiro por ato normativo de mesma hierarquia daquele que a instituiu. A norma vincula a prestação de serviços por médicos estrangeiros ou brasileiros diplomados no exterior à supervisão por médicos brasileiros, no âmbito de parceria acadêmica que atende ao binômio ensino-serviço. *Previsão de limites e supervisão quanto ao exercício da medicina para os participantes do programa. Inocorrência do alegado exercício ilegal da medicina* [ADI 5.035, red. do ac. min. Alexandre de Moraes, j. 30.11.2017, P, DJE de 29.07.2020].

O julgado do STF supracitado destaca aspectos fundamentais da saúde como direito fundamental. (1) Que o fato de existir uma carência de médicos brasileiros para atender todas as demandas de saúde pública no território nacional resulta na desassistência à saúde para um contingente significativo de brasileiros, principalmente aquela parcela da população que precisa ser assistida pelo Sistema Único de Saúde – SUS. (2) Que a exigência formal do diploma de medicina estrangeiro ser revalidado no Brasil não se sobrepõe a obrigação estatal de provar condições mínimas e adequadas de atendimento médico.

A partir do estudo da jurisprudência do STF, é preciso destacar que a Corte Suprema interpreta o direito à saúde correlacionado com outras gerações/dimensões de direitos fundamentais. Para comprovar a assertiva, segue a citação de um julgado da Corte Suprema do Brasil.

b) Saúde como Direito Social Fundamental na jurisprudência do STF

O consenso dos órgãos oficiais de saúde geral e de saúde do trabalhador em torno da natureza altamente cancerígena do amianto crisotila, a existência de materiais alternativos à fibra de amianto e a ausência de revisão da legislação federal revelam a inconstitucionalidade superveniente (sob a óptica material) da Lei Federal 9.055/1995, *por ofensa ao direito à saúde (art. 6º e 196, CF/88), ao dever estatal de redução dos riscos inerentes ao trabalho por meio de normas de saúde, higiene e segurança (art. 7º, inciso XXII, CF/88), e à proteção do meio ambiente (art. 225, CF/88)*. Diante da invalidade da norma geral federal, os estados membros passam a ter competência legislativa plena sobre a matéria, nos termos do art. 24, § 3º, da CF/88. Tendo em vista que a Lei 12.684/2007 do Estado de São Paulo proíbe a utilização do amianto crisotila nas atividades que menciona, em consonância com os preceitos constitucionais (em especial, os arts. 6º, 7º, inciso XXII; 196 e 225 da CF/88) e com os compromissos internacionais

> subscritos pelo Estado brasileiro, não incide ela no mesmo vício de inconstitucionalidade material da legislação federal. [ADI 3.937, red. do ac. min. Dias Toffoli, j. 24.08.2017, P, DJE de 1º.02.2019].

A jurisprudência supracitada interpreta de forma indissociável o direito à saúde com outras gerações de direitos fundamentais, quais sejam: saúde do trabalhador, que integra a segunda geração/dimensão[14] de direitos fundamentais referente aos direitos sociais (CRFB, art. 6º, *caput*); meio ambiente, que integra a terceira geração/dimensão de direitos fundamentais referentes aos direitos difusos (art. 225, CF/88). Assim, o julgado entendeu que a exposição do trabalhador a substâncias cancerígenas (amianto crisotila) no ambiente de trabalho viola os direitos sociais (segunda geração/dimensão de direitos fundamentais) e o meio ambiente (terceira geração/dimensão de direitos fundamentais).

A partir do estudo da jurisprudência do STF, é preciso dizer que a Corte Suprema autoriza a intervenção judicial para criar políticas públicas de saúde. Para comprovar a assertiva, segue a citação de um julgado da Corte Suprema do Brasil.

c) Saúde como serviço essencial na jurisprudência do STF

> *Acha-se consolidada na jurisprudência desta Corte a validade constitucional da intervenção do Poder Judiciário na implementação de políticas públicas*, diante de situações de risco excepcional aos direitos fundamentais dos cidadãos, imputáveis ao comportamento omissivo ou desidioso dos Poderes *Públicos*. Constatada a omissão estatal na prestação de serviços essenciais de saúde e o grave comprometimento do atendimento à população, *legitima-se a intervenção do Poder Judiciário nas políticas públicas de saúde*, devendo a atuação judicial (a) priorizar a fixação de metas a serem observadas e a formulação pela Administração Pública do respectivo plano de ação. [SL 1623 MC-Ref. Rel. min. Ros Weber. Tribunal Pleno. J. 28.08.2023. Dje. 04.09.2023].

A jurisprudência supracitada entendeu que a omissão estatal na prestação do serviço público essencial de saúde dá ensejo a intervenção do Poder Judiciário, que poderá, legitimamente, fixar metas de políticas públicas de saúde, uma vez que a omissão estatal caracteriza uma situação de risco excepcional aos direitos fundamentais.

d) Saúde privada e o direito fundamental à vida na jurisprudência do STF

O fato de o autor possuir plano de saúde privado não exime o Poder Público de garantir a qualquer pessoa que dele necessitar o tratamento médico adequado, a fim de preservar-lhe a vida, a teor do que dispõe o art. 196 da Constituição Federal. A interpretação não restritiva promovida pelo Supremo Tribunal Federal no que tange ao direito à saúde, em termos de responsabilidade do Estado recai, naturalmente, com maior rigor em relação a pessoas carentes, mas isso não exclui a responsabilidade dos entes federados em efetivar o direito universal à saúde, pois a jurisprudência desta Corte confere responsabilidade solidária a todos os entes da Federação para concretizar o direito fundamental à saúde, não restringindo o alcance do direito, tampouco implementando qualquer

14. A utilização da nomenclatura dimensão é empregada no lugar de geração por alguns doutrinadores. Geração pode induzir a um sentido errôneo de superação ou caducidade dos direitos fundamentais. É importante assinalar que há autores que não concordam com a classificação dos direitos fundamentais em geração, a exemplo de Jorge Miranda. Cf. MIRANDA, Jorge. *Manual de Direito Constitucional*. Coimbra, Editora Coimbra, 2000. t. IV, Direitos Fundamentais.

tipo de distinção entre os cidadãos, de modo que toda e qualquer pessoa é detentora do referido direito. (RE 1321137 AgR, Relator Ministro Edson Fachin, Segunda Turma, data de julgamento: 27/9/2021, data de publicação: 04.10.2021).

A jurisprudência supracitada não demonstra diferença substancial entre saúde pública e saúde privada. No caso concreto, o autor beneficiário de plano de saúde privado não pode ter seu direito recusado injustificadamente pelo poder público em fornecer tratamento médico porque segundo o STF, a saúde é um direito fundamental universal.

CONCLUSÃO

A partir do conteúdo exposto, pode ser feita uma síntese dos principais pontos analisados. Assim, organiza-se uma conclusão em tópicos:

(1) O direito à saúde está presente em 22 das 30 Constituições analisadas, destacando a forte correlação entre Estado e proteção à saúde.

(2) A riqueza de um país não se mede apenas pelo PIB, pois o desenvolvimento humano pode ser baixo, como no caso da Índia.

(3) A previsão constitucional do direito à saúde não garante seu efetivo acesso, como ocorre na Índia, cujo sistema de saúde é precário.

(4) A ausência de previsão constitucional não impede a existência de um sistema de saúde eficiente, como demonstra a Noruega.

(5) No Brasil, a saúde está diretamente relacionada a outros direitos sociais fundamentais, como previsto no artigo 6º da Constituição.

(6) A saúde é essencial para o exercício dos direitos civis e políticos, como a liberdade de expressão e o direito ao voto.

(7) O direito à saúde também se insere nos direitos fundamentais de segunda geração, sendo um direito social garantido constitucionalmente.

(8) A preservação ambiental está diretamente ligada à saúde, reforçando sua conexão com os direitos de terceira geração.

(9) O desenvolvimento de um país depende da saúde da população, o que reforça sua inclusão nos direitos de quarta geração.

(10) O STF aplica a doutrina das gerações/dimensões dos direitos fundamentais em suas decisões sobre saúde.

(11) A Suprema Corte reconhece a saúde como um direito fundamental e a protege em sua jurisprudência, por meio de um ativismo que concretiza o direito fundamental à saúde.

(12) O STF permite a intervenção judicial para garantir o direito à saúde quando há omissão do Estado, por meio de um ativismo que materializa o direito fundamental à saúde.

(13) O sistema de saúde no Brasil se baseia no federalismo cooperativo, conforme entendimento do STF.

(14) A relação entre saúde e direitos fundamentais reforça a necessidade de políticas públicas eficazes e equitativas.

(15) A garantia da saúde vai além da legislação e depende da implementação de sistemas acessíveis e eficientes.

REFERÊNCIAS

ALVES, Cássio Guilherme e BITENCOURT, Caroline Müller. *O direito fundamental social à saúde na Constituição de 1988*: a garantia da dignidade da pessoa humana entre o poder judiciário e a ponderação de princípios. Disponível em: https://www.mpsp.mp.br/portal/page/portal/documentacao_e_divulgacao/doc_biblioteca/bibli_servicos_produtos/bibli_informativo/bibli_inf_2006/Rev-Cad-PPGD-UFRGS_v.11_n.3.07.pdf.

BARROSO, Luís Roberto. Judicialização, ativismo judicial e legitimidade. democrática. *Anuario Iberoamericano de Justicia Constitucional* ISSN 1138-4824, núm. 13, Madrid (2009), p. 17-32. Disponível em: https://www.oab.org.br/editora/revista/users/revista/1235066670174218181901.pdf. Acesso em: 02 fev. 2025.

CONSTITUTE: The World's Constitutions to Read, Search, and Compare. Disponível em: https://www.constituteproject.org/

CONVENÇÃO AMERICANA DE DIREITOS HUMANOS (1969). Disponível em: https://www.pge.sp.gov.br/centrodeestudos/bibliotecavirtual/instrumentos/sanjose.htm.

DE 2019 PARA 2022, TRABALHO INFANTIL AUMENTOU NO PAÍS. Disponível em: https://agenciadenoticias.ibge.gov.br/agencia-noticias/2012-agencia-de-noticias/noticias/38700-de-2019-para-2022-trabalho-infantil-aumentou-no-pais#:~:text=Em%202022%2C%20o%20Brasil%20tinha,2019%2C%20mas%20cresceu%20em%202022. Acesso em: 17 fev. 2024.

DECLARAÇÃO UNIVERSAL DOS DIREITOS HUMANOS. Disponível em: https://www.oas.org/dil/port/1948%20Declara%C3%A7%C3%A3o%20Universal%20dos%20Direitos%20Humanos.pdf.

DICIONÁRIO Michaelis. Disponível em: https://michaelis.uol.com.br/moderno-portugues/busca/portugues-brasileiro/ativismo/. Acesso em: 02 fev. 2025.

FACHIN, Luiz Edson e JESUS, Jaqueline Gomes de. Participação política da população LGBTI+ e Poder Judiciário: Entrevista com o Ministro Luiz Edson Fachin. *Revista Brasileira de Estudos de Homocultura*. v. 04, n. 14, maio-ago. 2021. Disponível em: http://periodicoscientificos.ufmt.br/ojs/index.php/rebeh/index.

MIRANDA, Jorge. *Manual de Direito Constitucional*. Direitos Fundamentais. Coimbra: Editora Coimbra, 2000. t. IV.

PEIXINHO, Manoel Messias. O princípio da separação dos poderes, a judicialização da política e direitos fundamentais. *Revista de Direitos e Garantias Fundamentais*, (4), 13-44. Disponível em: https://sisbib.emnuvens.com.br/direitosegarantias/article/view/3. Acesso em: 08 fev. 2025.

PIOVESAN. Flávia. *Direitos humanos, globalização econômica e integração regional*: desafios do direito constitucional internacional. In: PIOVESAN, Flávia. São Paulo: Max Limonad, 2002.

PIOVESAN, Flavia. Proteção dos direitos sociais: desafios do ius commune sul-americano. *Rev. TST*, Brasília, v. 77, n. 4, out./dez. 2011. Disponível em: https://juslaboris.tst.jus.br/bitstream/handle/20.500.12178/28340/004_piovesan.pdf.

SARLET, Ingo Wolfgang. *A eficácia dos direitos fundamentais*. Porto Alegre: Livraria do Advogado, 2003.

STRECK, Lenio Luiz; TASSINARI, Clarissa; LEPPE, Adriano Obach. *O problema do ativismo judicial*: uma análise do caso MS3326. Disponível em: https://www.publicacoesacademicas.uniceub.br/RBPP/article/viewFile/3139/pdf.

TRABALHO INFANTIL: o combate para acabar com esse cenário. Disponível em: https://institutoc.org.br/trabalho-infantil/?gad_source=1&gclid=EAIaIQobChMIxPzZwrfshAMV6gKtBh0MqwHeEAAYASAAEgLGUvD_BwE.

A CONTRIBUIÇÃO DO MINISTRO EDSON FACHIN PARA O REFORÇO DA INTERAMERICANIZAÇÃO DO SUPREMO TRIBUNAL FEDERAL

Manuellita Hermes

Doutora *summa cum laude* em Direito e Tutela pela *Università degli studi di Roma Tor Vergata* (Itália) e em Direito, Estado e Constituição pela UnB, com períodos como pesquisadora visitante no *Max Planck Institute for Comparative Public Law and International Law* (Alemanha) e no *Institut de recherche en droit international et européen de la Sorbonne* (França). Professora da graduação e do programa de pós-graduação do Instituto Brasileiro de Ensino, Desenvolvimento e Pesquisa (IDP). Docente da Escola Superior da AGU. Coordenadora no Centro de Estudos Constitucionais Comparados da Universidade de Brasília (UnB). Integrante da Associação Internacional de Direito Constitucional (IACL/AIDC), da *World Academy of Art ande Science* e da *International Society of Public Law* (ICON-S). Ex-secretária de Altos Estudos, Pesquisas e Gestão da Informação do STF e ex-assessora de ministra no STF. Procuradora Federal. Coordenadora do Grupo de Trabalho sobre Igualdade Étnica e Racial do Comitê de Diversidade e Inclusão da AGU.

INTRODUÇÃO

O presente artigo busca enfocar a contribuição do Ministro Edson Fachin para o reforço da interamericanização do Supremo Tribunal Federal (STF), em um caminho histórico de abertura constitucional aos parâmetros interamericanos em prol do fortalecimento do controle de convencionalidade.

Para tanto, inicialmente será apresentada uma memória do percurso do Brasil no Sistema Interamericano de Direitos Humanos (SIDH) rumo à prática do controle de convencionalidade.

A partir de uma perspectiva dos papéis dialógicos entre Cortes integrantes de um mesmo Sistema e tendo como premissa a abertura constitucional brasileira, indicar-se-á o cenário possível de interação entre o STF e a Corte Interamericana de Direitos Humanos (Corte IDH).

Nessa linha de intelecção, na terceira seção será indicado o Ministro Edson Fachin como grande expoente atual da interamericanização do STF, com base em pesquisa quantitativa e análise qualitativa da condução da arguição de descumprimento de preceito fundamental (ADPF) 635/RJ.

Por fim, conclusões serão tecidas quanto à relevância do instrumento da ADPF como verdadeiro processo interamericano capaz, à luz do quanto evidenciado na ADPF 635, de fortalecer a proteção dos direitos humanos no Brasil.

1. O BRASIL E O SISTEMA INTERAMERICANO DE DIREITOS HUMANOS: MEMÓRIA DE UM PERCURSO RUMO AO CONTROLE DE CONVENCIONALIDADE

O Brasil foi um dos 21 fundadores da Organização dos Estados Americanos, ao assinar a Carta de 1948. A adesão à Convenção Americana sobre Direitos Humanos (CADH), ou Pacto de San José da Costa Rica, ocorreu em 1992. O documento foi incorporado ao ordenamento interno por meio do Decreto Legislativo 27/1992, que aprovou o texto da Convenção, e do Decreto 678, de 6 de novembro de 1992, que efetivou a sua promulgação. Já a jurisdição da Corte Interamericana de Direitos Humanos (Corte IDH) foi aprovada pelo Brasil por meio do Decreto Legislativo 89, de 4 de dezembro de 1998, seis anos após a ratificação da Convenção. A competência foi reconhecida apenas para fatos ocorridos após o reconhecimento, ou seja, a partir de 4 de dezembro de 1998, data da publicação do Decreto. Antes disso, não há falar em possibilidade de julgamento do país no âmbito regional. A promulgação do reconhecimento da competência obrigatória da Corte IDH foi efetuada pelo Decreto 4.463 de 8 de novembro de 2002. Mesmo sendo reconhecida de forma prospectiva, ou seja, *ex nunc,* o período entre os Decretos não ficou sem guarida internacional.

Para garantir a observância do *corpus iuris* interamericano de forma harmônica, foi cunhado o chamado controle de convencionalidade. Trata-se de técnica que surgiu primeiramente no voto do juiz García Ramírez ao julgamento do caso *Myrna Mack Change* vs. *Guatemala*, realizado em 25 de novembro de 2003.[1] Posteriormente, também foi abordado pelo juiz García Ramírez nos votos apartados proferidos em 7 de julho de 2004, no caso *Tibi* vs. *Ecuador*,[2] e em 1º de fevereiro de 2006, no Caso *López Álvarez* vs. *Honduras*.[3] Assim, a partir de votos, paulatinamente ganhou a jurisprudência, com o consequente desenvolvimento e prestígio,[4] porém ainda pendente de consolidação em alguns Estados-Partes, como o Brasil.

Quanto ao ponto, vale mencionar a inovadora Recomendação do Conselho Nacional de Justiça 123, de 07 de janeiro de 2022, que "Recomenda aos órgãos do Poder Judiciário brasileiro a observância dos tratados e convenções internacionais de direitos humanos e o uso da jurisprudência da Corte Interamericana de Direitos Humanos".[5] Trata-se de um necessário passo rumo à incorporação da prática de apreciação do Direito Internacional dos Direitos Humanos nos casos domésticos e, sobretudo, de implementação do controle de convencionalidade, nos termos em

1. CORTE INTERAMERICANA DE DIREITOS HUMANOS. *Caso Myrna Mack Chang vs. Guatemala*, j. 25.11.2003, voto concorrente do juiz Sergio García Ramírez, par. 27.
2. CORTE INTERAMERICANA DE DIREITOS HUMANOS. *Caso Tibi vs. Ecuador*, j. 07.09.2004.
3. CORTE INTERAMERICANA DE DIREITOS HUMANOS. *Caso López Álvarez vs. Honduras*, j. 1°.02.2006.
4. GARCÍA RAMÍREZ, Sergio. Relación entre la Jurisdicción Interamericana y los Estados (Sistemas Nacionales). Algunas cuestiones relevantes. *Anuario Iberoamericano de Justicia Constitucional*, n. 18, p. 259.
5. BRASIL. Conselho Nacional de Justiça. *Recomendação 123, de 07 de janeiro de 2022. Recomenda aos órgãos do Poder Judiciário brasileiro a observância dos tratados e convenções internacionais de direitos humanos e o uso da jurisprudência da Corte Interamericana de Direitos Humanos.* DJe/CNJ 7/2022.

que delineado pela Corte IDH, como revelado nos *consideranda* da mencionada Resolução.

O controle de convencionalidade impõe um processo lógico[6] de verificação da compatibilidade vertical das normas nacionais com o arcabouço normativo e jurisprudencial interamericano. Possui fundamento nos artigos 1.1, 2, 29 e 43 do Pacto de San José da Costa Rica, já que cabe aos Estados-Partes, para além de respeitar todos os direitos e liberdades reconhecidos pelas normas interamericanas, adotar as medidas internas para efetivá-las, e prestar, por conseguinte, informações a respeito do modo pelo qual se dá tal efetivação.[7] Decorre do princípio de adequação normativa, segundo o qual todo Estado-Parte deve realizar adaptações no seu ordenamento para que haja conformidade com a CADH.[8]

Após a inicial menção nos votos apartados do juiz García Ramírez, sua primeira utilização na jurisprudência da Corte IDH ocorreu no Caso *Almonacid Arellano* vs. *Chile*,[9] por meio do qual a Corte regional delimitou os principais elementos da técnica e estabeleceu como parâmetros de controle de convencionalidade a CADH e a interpretação que lhe é conferida pela sua intérprete última, a própria Corte.[10] Posteriormente, desenvolveu-se a jurisprudência interamericana para fixar, como parâmetros do controle de convencionalidade a Convenção, a jurisprudência da Corte,[11] os demais tratados interamericanos[12] e as opiniões consultivas.[13] Delineado está, assim, o bloco de convencionalidade.

A aplicação do controle de convencionalidade ocorre tanto no âmbito internacional quanto no interno, relativo a cada ordenamento estatal. Na seara internacional, é a própria

---

6. GARCÍA RAMÍREZ, Sergio. El control judicial interno de convencionalidad. In: BOGDANDY, Armin von; PIOVESAN, Flávia; MORALES ANTONIAZZI, Mariela (Coord.). *Estudos Avançados de Direitos Humanos. Democracia e Integração Jurídica*: Emergência de um novo Direito Público. Rio de Janeiro: Elsevier, 2013, p. 559.
7. NOGUEIRA ALCALÁ, Humberto. Los desafíos del control de convencionalidad del *corpus iuris* interamericano para los tribunales nacionales. *Revista de Derecho Público*, v. 76, p. 399-403, 2012.
8. BAZÁN, Victor. Control de convencionalidad, puentes jurisdiccionales dialógicos y protección de los derechos humanos. In: BOGDANDY, Armin von; PIOVESAN, Flávia; MORALES ANTONIAZZI, Mariela (Coord.). *Estudos Avançados de Direitos Humanos*. Democracia e Integração Jurídica: Emergência de um novo Direito Público. Rio de Janeiro: Elsevier, 2013, p. 601.
9. CORTE INTERAMERICANA DE DERECHOS HUMANOS. *Caso Almonacid Arellano e outros vs. Chile*, j. 26.09.2006, par. 124.
10. CALDAS, Roberto de Figueiredo. Estructura y funcionamiento del Sistema Interamericano de Derechos Humanos: sus herramientas para un efectivo diálogo judicial. In: ARNAIZ, Alejandro Saiz (Dir.); MULLOR, Joan Solanes; ROA, Jorge Ernesto Roa (Coord.). *Diálogos Judiciales en el Sistema Interamericano de Derechos Humanos*. Valencia: Tirant lo Blanch, 2017, p. 51-52.
11. CORTE INTERAMERICANA DE DERECHOS HUMANOS. *Caso Gelman vs. Uruguay*. Supervisión de Cumplimiento de Sentencia. Resolución de la Corte Interamericana de Derechos Humanos de 20.3.2013, par. 65 a 74; 87-88; 102; CORTE INTERAMERICANA DE DERECHOS HUMANOS. *Caso López Mendoza vs. Venezuela*, j. 1°.9.2011; e Corte IDH, *Caso Fontevecchia y D'amico vs. Argentina*, j. 29.11.2011.
12. CORTE INTERAMERICANA DE DERECHOS HUMANOS. *Caso Gudiel Álvarez y otros ("Diario Militar") vs. Guatemala*, j. 20.11.2012, par. 330.
13. Já há indicação de ampliação do parâmetro de controle também para incluir as opiniões ou pareceres consultivos, que expressam o resultado da competência não contenciosa da Corte. Nesse sentido, CORTE INTERAMERICANA DE DERECHOS HUMANOS. *Parecer Consultivo OC-21/14 de 19.8.2014*, par. 31; CORTE INTERAMERICANA DE DERECHOS HUMANOS. *Opinión Consultiva OC-25/18 de 30.5.2018*, par. 58.

Corte IDH que se encarrega de verificar a compatibilidade de uma determinada norma com a Convenção Americana quando da apreciação de um caso concreto que lhe seja submetido. García Ramírez o denomina controle próprio, original ou externo.[14] No âmbito interno, são os Poderes estatais que devem verificar a compatibilidade de atos normativos nacionais – como decretos, regulamentos, leis e, conforme entendimento da Corte IDH, inclusive a Constituição – com o direito interamericano que compõe o bloco de convencionalidade.

Inicialmente atribuído aos juízes, houve uma evolução do alcance do controle interno e foi estabelecido que outras autoridades vinculadas à administração da justiça também devem realizar o pertinente controle de convencionalidade[15]. A Corte IDH preconiza que todos os agentes do Estado – ou seja, todos os Poderes – devem analisar a consonância, com a Convenção, das normas a serem interpretadas e aplicadas.

O controle de convencionalidade há, então, de ser realizado de ofício, sem a necessidade de provocação ou pedido das partes, tanto no âmbito nacional quanto no internacional, em razão da aplicação do *jura novit curia*. Em apreciação do Caso *Liakat Ali Alibux* vs. *Suriname*, a Corte IDH assentou algumas características do controle, que podem ser assim sintetizadas: (*a*) como um mesmo direito pode ter base em fontes jurídicas nacionais e internacionais, incumbe aos juízes verificar o cumprimento não só da Constituição e das leis, mas também dos tratados; (*b*) a todos os órgãos do Estado, abrangendo todas as esferas ou níveis dos Poderes Executivo, Legislativo e Judiciário, toca exercer, *ex officio*, a interpretação convencional que levará à efetivação do controle de convencionalidade; (*c*) não há um método ou modelo específico e engessado para a realização do controle de convencionalidade – o que importa é a previsão de meios idôneos à sua realização.[16]

No Brasil, apesar de um tímido e limitado início do exercício do controle de convencionalidade, o tema hoje é objeto de aprofundamento doutrinário e avanço jurisprudencial. A imponência materialmente vertical das normas interamericanas depende de cada ordenamento e, aqui, houve uma construção jurisprudencial em torno da sua posição hierárquica no sistema das fontes – *status* supralegal. Passou-se a entender que os tratados internacionais de direitos humanos estão acima da legislação e abaixo da Constituição, como decidido no recurso extraordinário 466.343.[17] Após uma divergência histórica entre correntes, fixou-se tal interpretação, que ainda não conduz a um uso recorrente, obrigatório e procedimentalizado do *corpus iuris* interamericano por cada julgador do STF na formação da jurisprudência constitucional.[18]

14. GARCÍA RAMÍREZ, op. cit., 2013. p. 559.
15. CORTE INTERAMERICANA DE DERECHOS HUMANOS. *Caso García y Montiel vs. México*, j. 26.11.2010, par. 225.
16. CORTE INTERAMERICANA DE DERECHOS HUMANOS. *Caso Liakat Ali Alibux vs. Suriname*, j. 30.01.2014, par. 124-126.
17. BRASIL. Supremo Tribunal Federal (Tribunal Pleno). *RE 466.343-1/SP*. Relator: Min. Cezar Peluso, j. 03.12.2008, Dje 04.06.2009.
18. MAUÉS, Antonio Moreira. Brasil: As Promessas não cumpridas da Supralegalidade. In: MAUÉS, Antonio Moreira; MAGALHÃES, Breno Baía (Org.). *O Controle de Convencionalidade na América Latina*: Experiências Comparadas. Rio de Janeiro: Lumen Juris, 2018. p. 164-168.

Na verdade, a natureza supralegal até o momento adotada não impede a realização do controle de convencionalidade à luz da prevalência dos direitos humanos, nos termos do art. 4º, II, da Constituição Federal, verdadeiro preceito fundamental, como defendemos em artigo já publicado,[19] uma vez que a ausência ou insuficiência da efetivação do controle de convencionalidade na seara doméstica enseja a responsabilização do Estado em decorrência do escrutínio posteriormente exercido pela Corte IDH, que atua de forma subsidiária para garantir a prevalência dos direitos humanos no Brasil.

É nessa linha que propugnamos o exercício do controle de convencionalidade e temos a atuação do Ministro Edson Fachin como paradigmática e inspiradora em tal sentido.

2. ENTRE PONTES DE DEFERÊNCIA E MUROS DE RESISTÊNCIA

Parto da premissa da abertura constitucional brasileira, a pregar a necessidade de reforço da construção jurisprudencial constitucional do discurso comum, inclusive de Direito Comparado, no âmbito regional de pertencimento, a serviço da efetivação da democracia real, que envolve a proteção dos direitos humanos.

Nessa linha, surge a necessidade de implementação de um *processo de interamericanização,* cunhado por Mariela Morales Antoniazzi como "un nuevo entendimiento que tiene como base la apertura del derecho constitucional y que, en el ámbito específico de los derechos humanos, registra un impacto de los estándares interamericanos sobre el Derecho público doméstico – y sus instituciones".[20] A interamericanização, como expressão de uma regionalização, possui um maior potencial de encetar convergências constitucionais[21] e há de ser empreendida com o fito de efetivar a mudança advinda do constitucionalismo transformador na região, para mitigar ou eliminar o quadro predominante de exclusão social mediante a tríade direitos humanos, democracia e Estado de Direito.[22] Ademais, interamericanizar implica a adoção de parâmetros interamericanos

19. HERMES, Manuellita. A arguição de descumprimento de preceito fundamental como instrumento de controle de convencionalidade. *Suprema* – Revista de Estudos Constitucionais, Distrito Federal, Brasil, v. 2, n. 1, p. 445-477, 2022. DOI: 10.53798/suprema.2022.v2.n1.a160. Disponível em: https://suprema.stf.jus.br/index.php/suprema/article/view/160. Acesso em: 2 mar. 2025.
20. MORALES ANTONIAZZI, Mariela. Interamericanización como mecanismo del *Ius Constitutionale Commune* en derechos humanos en América Latina. In: BOGDANDY, Armin von; MORALES ANTONIAZZI, Mariela; FERRER MAC-GREGOR, Eduardo (Coord.). *Ius Constitutionale Commune* en América Latina: Textos básicos para su comprensión. México: Instituto de Estudios Constitucionales del Estado de Querétaro/Max Planck Institute for Comparative Public Law and International Law, 2017. p. 452.
21. CHANG, Wen-Chen; YEH, Jiunn-Rong. Internationalization of Constitutional Law. In: ROSENFELD, Michel; SAJÓ, András (Ed.). *The Oxford Handbook of Comparative Constitutional Law*. Oxford: Oxford University Press, 2012. p. 1173.
22. BOGDANDY, Armin von. *Ius Constitutionale Commune* en América Latina. Aclaración conceptual. In: BOGDANDY, Armin von; MORALES ANTONIAZZI, Mariela; FERRER MAC-GREGOR, Eduardo (Coord.). *Ius Constitutionale Commune* en América Latina: textos básicos para su comprensión. Ciudad de México: Instituto de Estudios Constitucionales del Estado de Querétaro; Max Planck Institute for Comparative Public Law and International Law, 2017. p. 139.

de proteção, de modo a levar a uma reestruturação da normatividade nacional e interamericana, assim como do discurso jurídico-público.

Desse cenário, porém, pode surgir uma crítica no que diz respeito à ausência de uniformidade e de variação de aplicação da chamada margem de apreciação, especialmente quanto à sua faceta substancial. Conclama-se sempre por uma adoção de critérios claros, transparentes e uniformes, que sejam aplicados de modo similar a casos semelhantes, a fim de criar uma atmosfera de segurança jurídica, a rechaçar um o uso discricionário.

Olhando-se o Sistema Europeu de Direitos Humanos (SEDH), onde foi cunhada a margem de apreciação, percebe-se, porém, que, algumas vezes, a disparidade no resultado do manejo de tal técnica em situações aparentemente semelhantes é justificada propriamente em razão do contexto. Ilustrativos são os Casos *Py vs. França*[23] e *Melnychenko vs. Ucrânia*,[24] ambos a versar sobre direitos políticos e a exigibilidade de residência fixa como condição de elegibilidade. Enquanto no primeiro, ambientado na França, a Corte Europeia de Direitos Humanos (Corte EDH) conferiu deferência ao país – que possui a liberdade para regular o direito eleitoral –, no segundo, reputou-se que a exigência de residência habitual e continuada seria uma forma de violar os direitos políticos dos candidatos na Ucrânia, uma vez que o contexto revelava o sofrimento de ameaças e até de homicídios de quem possuía residência fixa no país. À Ucrânia, diferentemente da França, não foi conferida margem de apreciação, portanto. A técnica da margem de apreciação, de todo modo, vem sendo aplicada jurisprudencialmente e é objeto do Protocolo 15, de 2013,[25] que aborda tanto a margem de apreciação quanto o princípio da subsidiariedade.

Quanto à matéria direitos políticos, também a Corte IDH já conferiu margem de apreciação ao Estado, atribuindo-lhe liberdade para realizar a organização do sistema eleitoral de acordo com o contexto da sua sociedade, inclusive com limitações que observem o princípio da proporcionalidade. Trata-se do Caso *Castañeda Gutman vs. México*, no qual houve a alegação de violação do direito de participação política consagrado no art. 23 da CADH, em razão de ter sido vedada a candidatura avulsa do senhor Jorge Castañeda Gutman. A sentença citou os precedentes *Mathieu-Mohin e Clerfayt vs. Bélgica*[26] e *Zdanoka vs. Letônia*[27] da Corte EDH e concluiu pela deferência ao México, concedendo-lhe margem de apreciação.[28]

---

23. Cf. EUROPEAN COURT OF HUMAN RIGHTS (SECOND SECTION). *Case of Py v. France (Application No. 66289/01)*. Judgment 11 January 2005, §§ 46 e 47.
24. EUROPEAN COURT OF HUMAN RIGHTS (SECOND SECTION). *Case of Melnychenko v. Ukraine (Application No. 17707/02)*. Judgment 19 October 2004.
25. CONSEIL DE L'EUROPE. *Protocole 15 portant amendement à la Convention de sauvegarde des Droits de l'Homme et des Libertés fondamentales*. Strasbourg, 24.VI.2013. Disponível em: https://rm.coe.int/CoERMPublicCommonSearchServices/DisplayDCTMContent?documentId=0900001680084843. Acesso em: 2 mar. 2025.
26. EUROPEAN COURT OF HUMAN RIGHTS (PLENARY). *Case of Mathieu-Mohin and Clerfayt v. Belgium (Application 9267/81)*. Judgment 2 March 1987.
27. EUROPEAN COURT OF HUMAN RIGHTS (GRAND CHAMBER). *Case of Ždanoka v. Latvia (Application No. 58278/00)*. Judgment 16 March 2006.
28. CORTE INTERAMERICANA DE DIREITOS HUMANOS. *Caso Castañeda Gutman vs. Estados Unidos Mexicanos*. Sentencça de 6.08.2008. Série C, n. 184, § 165.

Vale ressaltar que o SIDH prevê expressamente o princípio da complementariedade, presente no preâmbulo da CADH. Embora não seja utilizado o vocábulo "subsidiariedade", pode-se conferir à complementariedade o mesmo sentido interpretativo e funcional que a subsidiariedade assume no âmbito europeu: o sistema só é acionado e operante em caso de falha estatal. Apesar disso, percebe-se que a postura da Corte IDH, uma vez ultrapassada a fase de admissibilidade,[29] é de adoção da margem de apreciação[30] com parcimônia, sendo muito mais interventiva nos Estados do que a Corte EDH, inclusive com soluções criativas de imposição de obrigações na condenação do país infrator. Há, certamente, mais ingerência que deferência, sobretudo em razão de seu funcionamento ter iniciado após o período de autoritarismo na região, em uma atmosfera de clara desconfiança dos Estados no tocante à adoção de uma verdadeira e efetiva agenda de direitos humanos.

Por isso, há resistência de alguns países no que concerne à ingerência do SIDH. Assim como no âmbito europeu a mora da ratificação do Protocolo 15 foi um sinal da sensibilidade temática e da apreensão de alguns Estados quanto a seu conteúdo, no continente americano, mormente em razão dos novos contornos políticos que emergiram na região, com governos manifestamente avessos à pauta humanitária, recrudescem as manifestações de resistência. Ilustrativa disso é a Declaração elaborada por Argentina, Brasil, Chile, Colômbia, e Paraguai, entregue ao Secretário Executivo da CIDH, Paulo Abrão, em abril de 2019. Por meio do documento, sob o manto argumentativo de busca do aperfeiçoamento da operatividade, da funcionalidade e da eficácia do SIDH, houve, em verdade, a reivindicação de mais autonomia aos Estados na resolução dos conflitos que envolvam os direitos humanos e, consequentemente, um pleito de contenção e retração da atuação do sistema,[31] com o desiderato de redimensionar sua força por meio de mais deferência aos países, consistente na ampliação de autonomia e de margem de apreciação. De certa forma, o documento busca blindar os Estados declarantes da efetiva atuação do SIDH em situações de violação dos compromissos convencionalmente assumidos.

Considerando a repercussão que a Declaração teve e o dever de transparência que envolve a atuação no Mercosul, o Parlamento do Mercosul (Parlasul) elaborou projeto para solicitar informações aos seus Estados-Partes: Argentina, Brasil e Paraguai.[32]

---

29. Reflexo da complementariedade é o prévio esgotamento dos recursos internos como condição de admissibilidade, conforme dispõe o artigo 46.1.a do Pacto de São José da Costa Rica.
30. A Opinião Consultiva 4 de 1984 analisou uma proposta de emenda constitucional da Costa Rica que, ao regular o processo de naturalização, dava privilégio a estrangeiros que tivessem identidade cultural, histórica ou espiritual com o país. A Corte IDH concluiu em prol do caráter complementar do sistema interamericano e reconheceu margem de apreciação à Costa Rica, desde que os limites e privilégios observassem a proporcionalidade. Cf. CORTE INTERAMERICANA DE DERECHOS HUMANOS. *Opinión Consultiva Oc-4/84 de 19 de enero de 1984.* Propuesta de Modificación a la Constitución Política de Costa Rica relacionada con la naturalización. Solicitada por el Gobierno de Costa Rica. Série A n. 4, §§ 62 e 63.
31. ARGENTINA, BRASIL, CHILE, COLOMBIA Y PARAGUAY. *Declaración sobre el Sistema Interamericano de Derechos Humanos.* Asunción, 23 de abril de 2019. Disponível em: https://www.mre.gov.py/index.php/noticias-de-embajadas-y-consulados/gobiernos-de-argentina-brasil-chile-colombia-y-paraguay-se-manifiestan-sobre-el-sistema-interamericano-de-derechos-humanos. Acesso em: 2 mar. 2025.
32. MERCOSUR. Parlamento Del Mercosur. *Proyecto de pedido de informes del Parlamento del Mercosur a los Presidentes de Argentina, Brasil y Paaraguay acerca de la petición presentada ante la CIDH el 11 de abril de 2019.*

Claro está que as discussões sobre a margem de apreciação e o princípio da subsidiariedade permeiam ambos os sistemas de proteção regional de direitos humanos e revelam um pêndulo constante entre a não interferência (dimensão negativa) e a intervenção (dimensão positiva). O ideal, indubitavelmente, é o equilíbrio.

3. O MINISTRO EDSON FACHIN COMO GRANDE EXPOENTE ATUAL DO REFORÇO INTERAMERICANIZAÇÃO DO SUPREMO TRIBUNAL FEDERAL

Pesquisa realizada durante os meus estudos doutorais[33] quanto à citação de jurisprudência interamericana em decisões monocráticas proferidas no Supremo Tribunal Federal até o ano de 2022 indicou que houve o máximo de citação de 4 (quatro) casos em uma mesma decisão, como exemplificado pelos processos listados abaixo:

Tabela 1 – Quantidade de precedentes do SIDH citados em decisões monocráticas

MONOCRÁTICAS quantidade de casos citados		
4	**3**	**2**
HC 149395	ADPF 395 MC	ADPF 635 MC-TPI
HC 149439	AR 2761 MC	HC 186421
HC 154826	HC 182864	HC 190094
HC 155410		RE 1140047
HC 155723		
HC 157668		
HC 160359		
HC 164577		
HC 169454		
HC 171891		
HC 172691		
HC 176845		
RHC 148895		
RHC 154194		
RHC 154515		

Disponível em: https://www.parlamentomercosur.org/innovaportal/file/16747/1/mep-166-2019.pdf. Acesso em: 2 mar. 2025.

33. HERMES, Manuellita. O argumento comparativo na jurisdição constitucional brasileira: os olhares para a américa e para Europa na jurisprudência do Supremo Tribunal Federal / Manuelita Hermes Rosa Oliveira Filha. – Roma, 2022. 584 fl. Tese de Doutorado em Direito – *Università degli studi di Roma Tor Vergata*, em cotutela com a Universidade de Brasília, Roma, 2022.

RHC 156594		
RHC 161728		
RHC 165210		
RHC 168273		
RHC 168955		
RHC 169978		
RHC 170047		
RHC 170100		
RHC 172480		
RHC 173225		

Fonte: Elaborado pela autora (2022).

O *habeas corpus* 149395/ES versou sobre os crimes de peculato e lavagem de dinheiro, com alegação de nulidades processuais e prescrição. O Relator, Ministro Alexandre de Moraes, ao abordar a possibilidade de execução provisória da pena na sua decisão monocrática, utilizou-se de citação indireta, via doutrina, de quatro precedentes interamericanos.[34] A medida cautelar da arguição de descumprimento de preceito fundamental (ADPF) 395/DF, por sua vez, abordou a condução coercitiva do imputado para interrogatório, à luz da alegada violação do direito a não autoincriminação, a dimanar da dignidade da pessoa humana. O Ministro Gilmar Mendes, Relator, ao tratar das garantias judiciais, fundamenta a decisão no art. 8.2 da CADH e faz citação direta de três precedentes da Corte IDH – além de mencionar a CEDH e um caso regional europeu –, para deferir a medida liminar no sentido de vedar a condução coercitiva de investigados para interrogatório.[35] Finalmente, como exemplo de decisão monocrática que apresenta dois casos interamericanos, a ADPF 635 MC-TPI teve por objeto a não realização de operações policiais em comunidades durante a pandemia da covid-19, salvo em situações excepcionais, a serem justificadas pela autoridade competente. O Min. Edson Fachin, ao fundamentar a sua decisão, registra, por citação direta, a condenação do Brasil no SIDH no bojo do Caso *Favela Nova Brasília vs. Brasil* e a necessidade de observância da garantia de não repetição, à luz do Caso *Chocrón Chocrón vs. Venezuela,* para, então, deferir a medida cautelar, *ad referendum* do Plenário do STF.[36]

Quanto aos julgadores que mais se valeram do recurso aos precedentes da Corte IDH também até 2022, surgem os Ministros Alexandre de Moraes, com 49 (quarenta e nove) decisões, Edson Fachin, com 34 (trinta e quatro), e Celso de Mello, com 33 (trinta e três).

---

34. BRASIL. Supremo Tribunal Federal (decisão monocrática). *Habeas corpus* 149395/ES. Relator: Min. Alexandre de Moraes, j. 03.08.2018, DJe 08.08.2018.
35. BRASIL. Supremo Tribunal Federal (decisão monocrática). Arguição de Descumprimento de Preceito Fundamental 395 MC/DF. Relator: Min. Gilmar Mendes, j. 18.12.2017, DJe 01.02.2018.
36. BRASIL. Supremo Tribunal Federal (decisão monocrática). Arguição de Descumprimento de Preceito Fundamental 635 MC-TPI/ RJ. Relator: Min. Edson Fachin, j. 05.06.2020, DJe 09.06.2020.

Já no que concerne aos acórdãos, a concentração das citações está localizada nos votos que compõem a maioria na formação da tese vencedora a definir o julgamento. As decisões colegiadas revelam votos que posicionam o Ministro Edson Fachin com a maior incidência de citações de casos da Corte IDH, em um total de 28 (vinte e oito) votos.

Dentre os processos nos quais proferidos votos do Ministro Fachin, exsurge a ADPF 635 como emblemática quanto à consolidação do cabimento da arguição de descumprimento de preceito fundamental a fim de proporcionar ao STF, com esteio no art. 4º, II, da Constituição Federal, efetivar o controle de convencionalidade, como juízo interamericano, a fim de, quando já existente uma constatação da Comissão Interamericana de Direitos Humanos ou uma decisão de mérito da Corte IDH, evitar a recalcitrância do país e, para tanto, efetuar um debate profundo dos meandros convencionais de um caso objeto de ADPF, inclusive por meio de diálogos com os demais Poderes e com os órgãos do SIDH, para que se evite a permanência do *descumprimento* de um *preceito fundamental*.

A ADPF 635/RJ representa um grande avanço jurisprudencial no que atine à expressa menção do cabimento da arguição em situações de violação de direitos humanos, bem como quanto à consideração de um precedente interamericano como vinculante, cujo descumprimento é idôneo a configurar a omissão estatal a ser objeto de uma solução complexa a cargo do STF. De relatoria do Ministro Edson Fachin, esse verdadeiro processo interamericano versa sobre lesões a preceitos fundamentais pelo Estado do Rio de Janeiro na implementação da sua política de segurança pública.

Em apreciação de medida cautelar deferida monocraticamente, o STF, em sessão virtual finalizada em 05 de agosto de 2020, referendou a decisão e reconheceu que "a mora no cumprimento de determinação exarada pela Corte Interamericana de Direitos Humanos é fundamento que empresa plausibilidade à tese segundo a qual o Estado do Rio de Janeiro falha em promover políticas públicas de redução da letalidade policial".[37]

Já o acórdão da medida cautelar parcialmente deferida pelo Plenário Virtual em 18 de agosto de 2020 reassenta, em sua ementa, o entendimento exarado na ADPF 347-MC[38] quanto ao cabimento da "arguição de descumprimento de preceito fundamental quando houver (*i*) uma violação generalizada de direitos humanos; (*ii*) uma omissão estrutural dos três poderes; e (*iii*) uma necessidade de solução complexa que exija a participação de todos os poderes".[39] Para a aferição da grave violação de direitos humanos, nos termos do artigo 109, § 5º, da CF/88, aludiu-se à necessidade de exame do "tema à luz da jurisprudência das organizações internacionais de direitos humanos". Na ADPF 635, assentou-se, ainda, que:

---

37. BRASIL. Supremo Tribunal Federal (Tribunal Pleno). ADPF 635 MC-TPI-Ref/RJ. Relator: Min. Edson Fachin, j. 05.08.2020, DJe 09.11.2020.
38. BRASIL. Supremo Tribunal Federal (Tribunal Pleno). ADPF 347 MC/DF. Relator: Min. Marco Aurélio, j. 09.09.2015, Dje 19.02.2016.
39. BRASIL. Supremo Tribunal Federal (Tribunal Pleno). ADPF 635 MC/RJ. Relator: Min. Edson Fachin, j. 18.08.2020, DJe 21.10.2020.

> Há casos, no entanto, em que a violação é mais ampla e envolve as atribuições de outros poderes, seja por reconhecer omissões inconstitucionais, seja pela necessidade de se declarar a inconstitucionalidade de norma já promulgada. Em casos tais, a propositura de uma arguição permite reparar violações que demandam pronunciamento em sede de controle abstrato. Essa interpretação do instituto da arguição não representa um alargamento das atribuições do Supremo Tribunal Federal. Ao contrário, ela permite que se faça justiça à opção do constituinte pela equiparação da proteção interna dos direitos humanos com a internacional.[40]

Ademais, a solução complexa foi associada à decorrência de "decisões proferidas pela Corte Interamericana de Direitos Humanos, especialmente se dela for parte o Estado brasileiro". Também houve expressa alusão à omissão do Estado quanto ao cumprimento da decisão vinculante proferida no caso interamericano *Favela Nova Brasília vs. Brasil*,[41] que reconheceu a omissão do Rio de Janeiro no que concerne à elaboração de um plano para reduzir a letalidade perpetrada pelos seus agentes de segurança. Especificamente quanto à fase de cumprimento, mencionou-se a decisão da Corte IDH que reafirmou a mora brasileira.

Finalmente, vale destacar a menção à *base convencional* da decisão, indicada nos seguintes termos: "base convencional (art. 5º, § 2º, da CRFB): o direito à vida (artigo 4 do Pacto de São José da Costa Rica e artigo 6 do Pacto de Direitos Civis e Políticos), o direito às garantias judicias (artigo 8 do Pacto de São José e artigo 14 do Pacto de Direitos Civis e Políticos)", assim como à *base em precedentes*, assim delimitada: "o Caso Favela Nova Brasília, da Corte Interamericana de Direitos Humanos; o Relatório 141/11, Casos 11.566 e 11.694, da Comissão Interamericana de Direitos Humanos; os Princípios Básicos sobre o Emprego da Força e de Armas de Fogo pelos Funcionários Encarregados de Aplicar a Lei; o Protocolo de Minnesota sobre a investigação de mortes potencialmente ilegais; o caso Yasa v. Turquia, da Corte Europeia de Direitos Humanos; e os Casos Las Palmares, Zambrano Vélez, 'Massacre de Mapiripán', Almonacid Arellano, e Sétimo Garibaldi, da Corte Interamericana de Direitos Humanos".

Também no bojo do processo, o Ministro Relator determinou a coleta de informações sobre o cumprimento da decisão da Corte IDH "relativamente ao estabelecimento de metas e políticas de redução da letalidade e da violência policial, nos termos dos parágrafos 321 e 322 da Sentença de 16 de fevereiro de 2017", com a indicação das razões da mora e dos nomes das autoridades responsáveis pela execução da medida.

Ainda, em 17 de dezembro de 2020, o Min. Edson Fachin convocou audiência pública para discutir estratégias de redução da letalidade policial no Estado do Rio de Janeiro. Na decisão monocrática,[42] afirmou pretender "a abertura de um espaço que promova, por meio de um diálogo aberto e plural, esclarecimentos técnicos, outros olhares e pontos de vista sobre a questão, para que se possam colher mais subsídios para

---

40. BRASIL. Supremo Tribunal Federal, ADPF 635 MC/RJ, Tribunal Pleno, Rel. Min. Edson Fachin, j. 17.8.2020, DJe 18.8.2020.
41. CORTE INTERAMERICANA DE DIREITOS HUMANOS. *Caso Nova Brasília vs. Brasil*. Sentença de 16.02.2017. Série C, n. 333.
42. BRASIL. Supremo Tribunal Federal (Decisão monocrática). ADPF 635. Relator: Min. Edson Fachin, j. 18.12.2020, DJe 07.01.2021.

o deslinde da controvérsia ora posta". Formulou, de pronto, perguntas preambulares a serem respondidas pelos habilitados à participação na audiência, dentre as quais, porém, não se observa nenhum quesito relativo ao precedente interamericano invocado e ao seu respectivo descumprimento.

Em acórdão de 3 de fevereiro de 2022, o STF, ao julgar embargos de declaração acolhidos em parte, reconheceu, seguindo o voto do Relator Ministro Fachin, que "Embora já houvesse ordem da Corte Interamericana para a adoção de um plano de redução da letalidade policial, a mora no cumprimento da decisão foi agravada ante a restrição das operações policiais, já que não dispunha o Estado de parâmetro normatizado de proporcionalidade para a definição de casos de absoluta necessidade, o que justifica a readequação da cautelar apreciada, para determinar a elaboração, com a indispensável participação da sociedade civil, de um plano que contenha medidas objetivas, cronogramas específicos e a previsão dos recursos necessários para a sua implementação".[43] Em seu voto, o Relator expressamente consignou o objetivo da ADPF em comento: "O objetivo desta arguição de descumprimento de preceito fundamental é o de promover o cumprimento da decisão da Corte Interamericana de Direitos Humanos, elaborando um plano para a redução da letalidade policial". E, mais adiante: "A questão específica é que esta ação foi proposta em face do descumprimento pelo Estado do Rio de Janeiro de uma sentença da Corte Interamericana de Direitos Humanos. Portanto, o objetivo é que, em uma arguição de descumprimento de preceito fundamental, haja o cumprimento desse preceito e o cumprimento daquela decisão".

Após complexos e dialógicos trâmite e instrução processual, a envolver, inclusive, audiências técnicas e de conciliação, análise e acompanhamento dos autos pelo Núcleo de Processos Estruturais e Complexos (NUPEC) do STF e, posteriormente, pelo Núcleo de Solução Consensual de Conflitos (NUSOL), o processo foi disponibilizado para inclusão em pauta em 1º de outubro de 2024 e efetivamente incluído no calendário de julgamento pelo Presidente com data prevista para 13 de novembro, exclusivamente para leitura do relatório e realização das sustentações orais, com posterior agendamento de sessão para o início da votação e julgamento.

O julgamento do mérito foi iniciado em 5 de fevereiro de 2025, momento no qual o Ministro Edson Fachin destacou, mais uma vez, ser o objetivo da ADPF 635 promover o cumprimento de decisão da Corte IDH com a elaboração de um plano para a redução da letalidade policial, e frisou seu entendimento segundo o qual a atuação do Poder Judiciário na definição de políticas públicas é excepcional, sendo possível em face de quadro de grave inércia dos órgãos estatais competentes, que comprometa a eficácia de um mínimo sentido de direito fundamental. Frisou, então, a grave violação reconhecida pela sentença proferida pela Corte IDH no Caso *Favela Nova Brasília vs. Brasil*, em 16 de fevereiro de 2017, notadamente no que concerne às medidas de não repetição determinadas em uma decisão vinculante para o Brasil à luz da CADH, e constatou um estado

43. BRASIL. Supremo Tribunal Federal (Tribunal Pleno). ADPF 635 MC-ED. Relator: Min. Edson Fachin, j. 3.2.2022, DJe 3.6.2022.

de coisas ainda inconstitucional na segurança pública do Estado do Rio de Janeiro, a ensejar a homologação parcial do plano de redução da letalidade policial apresentado.

A partir da construção jurisprudencial em andamento no bojo da ADPF 635/RJ, percebe-se o cabimento da arguição de descumprimento de preceito fundamental sanar situações de violação generalizada de direitos humanos e omissões estruturais que demonstrem a exigência de uma solução complexa, como verificado ao longo desse processo dialógico e estrutural, com voto de mérito exarado pelo Ministro Fachin tendo como mote a garantia do cumprimento da sentença da Corte IDH no Caso *Favela Nova Brasília vs. Brasil* e o destaque das violações do seu conteúdo decisório, à luz, também da Convenção Interamericana contra o Racismo, a Discriminação Racial e Formas Correlatas de Intolerância, que tem natureza de emenda constitucional.

CONSIDERAÇÕES FINAIS

Como visto, à luz da liberdade metodológica existente para que cada Estado-Parte realize o controle de convencionalidade interno, a ADPF 635/RJ consiste em uma primorosa resposta à complexidade do problema apresentado, com a construção de um novo e paradigmático modelo jurisprudencial no âmbito do processo constitucional brasileiro que revela *iter* procedimental concretizador do *corpus iuris* interamericano e, por consequência, do controle de convencionalidade, mediante o reconhecimento do descumprimento do Estado no tocante ao comando decisório da Corte IDH.

Confirma-se o exitoso uso do instrumento da ADPF com o objetivo de sanar, de forma eficaz, as inconvencionalidades após pronunciamentos de órgãos do SIDH e, a um só tempo, verifica-se a atuação do Ministro Edson Fachin como verdadeiro magistrado interamericano, de modo a assentar procedimento e entendimentos reveladores de uma inequívoca e necessária aproximação do STF ao SIDH.

A ADPF 635/RJ constitui um marco histórico e processual não somente por ser instrumento integrativo viabilizador de um processo interamericano a efetivar a técnica do controle de convencionalidade pelo STF à luz da complementariedade entre os sistemas nacional e regional, mas também por ter a importância de conferir maior relevância aos direitos humanos de forma alinhada à interamericanização necessária a um horizonte menos centrado no Estado (violador de direitos humanos), de modo a pavimentar um caminho de transformação para a efetivação de um diálogo profícuo, que encete uma mudança de paradigma na Suprema Corte brasileira e, por consequência, na relação do Brasil com o Sistema de pertencimento.

REFERÊNCIAS

DOUTRINA

ARGENTINA, BRASIL, CHILE, COLOMBIA Y PARAGUAY. *Declaración sobre el Sistema Interamericano de Derechos Humanos*. Asunción, 23 de abril de 2019. Disponível em: https://www.mre.gov.py/index.php/noticias-de-embajadas-y-consulados/gobiernos-de-argentina-brasil-chile-colombia-y-paraguay-se-manifiestan-sobre-el-sistema-interamericano-de-derechos-humanos. Acesso em: 2 mar. 2025.

BAZÁN, Victor. Control de convencionalidad, puentes jurisdiccionales dialógicos y protección de los derechos humanos. In: BOGDANDY, Armin von; PIOVESAN, Flávia; MORALES ANTONIAZZI, Mariela (Coord.). *Estudos Avançados de Direitos Humanos. Democracia e Integração Jurídica*: Emergência de um novo Direito Público. Rio de Janeiro: Elsevier, 2013.

BOGDANDY, Armin von. *Ius Constitutionale Commune* en América Latina. Aclaración conceptual. In: BOGDANDY, Armin von; MORALES ANTONIAZZI, Mariela; FERRER MAC-GREGOR, Eduardo (Coord.). *Ius Constitutionale Commune en América Latina:* textos básicos para su comprensión. Ciudad de México: Instituto de Estudios Constitucionales del Estado de Querétaro; Max Planck Institute for Comparative Public Law and International Law, 2017.

CALDAS, Roberto de Figueiredo. Estructura y funcionamiento del Sistema Interamericano de Derechos Humanos: sus herramientas para un efectivo diálogo judicial. In: ARNAIZ, Alejandro Saiz (Dir.); MULLOR, Joan Solanes; ROA, Jorge Ernesto Roa Coord.). *Diálogos Judiciales en el Sistema Interamericano de Derechos Humanos.* Valencia: Tirant lo Blanch, 2017, p. 45-62.

CHANG, Wen-Chen; YEH, Jiunn-Rong. Internationalization of Constitutional Law. In: ROSENFELD, Michel; SAJÓ, András (Ed.). *The Oxford Handbook of Comparative Constitutional Law.* Oxford: Oxford University Press, 2012.

GARCÍA RAMÍREZ, Sergio. El control judicial interno de convencionalidad. In: BOGDANDY, Armin von; PIOVESAN, Flávia; MORALES ANTONIAZZI, Mariela (Coord.). *Estudos Avançados de Direitos Humanos. Democracia e Integração Jurídica*: Emergência de um novo Direito Público. Rio de Janeiro: Elsevier, 2013.

GARCÍA RAMÍREZ, Sergio. Relación entre la Jurisdicción Interamericana y los Estados (Sistemas Nacionales). Algunas cuestiones relevantes. *Anuario Iberoamericano de Justicia Constitucional,* n. 18, p. 231-273, 2014.

HERMES, Manuellita. A arguição de descumprimento de preceito fundamental como instrumento de controle de convencionalidade. *Suprema* – Revista de Estudos Constitucionais, Distrito Federal, Brasil, v. 2, n. 1, p. 445-477, 2022. DOI: 10.53798/suprema.2022.v2.n1.a160. Disponível em: https://suprema.stf.jus.br/index.php/suprema/article/view/160. Acesso em: 2 mar. 2025.

HERMES, Manuellita. O argumento comparativo na jurisdição constitucional brasileira: os olhares para a América e para Europa na jurisprudência do Supremo Tribunal Federal. Roma, 2022. 584 fl. *Tese de Doutorado em Direito* – Università degli studi di Roma Tor Vergata, em cotutela com a Universidade de Brasília, Roma, 2022.

MAUÉS, Antonio Moreira. Brasil: As Promessas não cumpridas da Supralegalidade. In: MAUÉS, Antonio Moreira; MAGALHÃES, Breno Baía (Org.). *O Controle de Convencionalidade na América Latina*: Experiências Comparadas. Rio de Janeiro: Lumen Juris, 2018.

MERCOSUR. Parlamento Del Mercosur. *Proyecto de pedido de informes del Parlamento del Mercosur a los Presidentes de Argentina, Brasil y Paaraguay acerca de la petición presentada ante la CIDH el 11 de abril de 2019.* Disponível em: https://www.parlamentomercosur.org/innovaportal/file/16747/1/mep-166-2019.pdf. Acesso em: 2 mar. 2025.

MORALES ANTONIAZZI, Mariela. Interamericanización como mecanismo del *Ius Constitutionale Commune* en derechos humanos en América Latina. In: BOGDANDY, Armin von; MORALES ANTONIAZZI, Mariela; FERRER MAC-GREGOR, Eduardo (Coord.). *Ius Constitutionale Commune en América Latina:* Textos básicos para su comprensión. México: Instituto de Estudios Constitucionales del Estado de Querétaro/Max Planck Institute for Comparative Public Law and International Law, 2017.

NOGUEIRA ALCALÁ, Humberto. Los desafíos del control de convencionalidad del corpus iuris interamericano para los tribunales nacionales. *Revista de Derecho Público*, v. 76, p. 393-424, 2012.

DOCUMENTOS NORMATIVOS

BRASIL. Conselho Nacional de Justiça. Recomendação 123, de 07 de janeiro de 2022. Recomenda aos órgãos do Poder Judiciário brasileiro a observância dos tratados e convenções internacionais de direitos humanos e o uso da jurisprudência da Corte Interamericana de Direitos Humanos. DJe/CNJ 7/2022.

CONSEIL DE L'EUROPE. Protocole 15 portant amendement à la Convention de sauvegarde des Droits de l'Homme et des Libertés fondamentales. Strasbourg, 24.VI.2013. Disponível em: https://rm.coe.int/CoERMPublicCommonSearchServices/DisplayDCTMContent?documentId=0900001680084843. Acesso em: 2 mar. 2025.

JURISPRUDÊNCIA E PARECERES CONSULTIVOS

BRASIL. Supremo Tribunal Federal (Tribunal Pleno). Recurso Extraordinário 466.343-1/SP. Relator: Min. Cezar Peluso, j. 03.12.2008, DJe 04.06.2009.

BRASIL. Supremo Tribunal Federal (Tribunal Pleno). ADPF 347 MC/DF. Relator: Min. Marco Aurélio, j. 09.09.2015, Dje 19.02.2016.

BRASIL. Supremo Tribunal Federal (decisão monocrática). Arguição de Descumprimento de Preceito Fundamental 395 MC/DF. Relator: Min. Gilmar Mendes, j. 18.12.2017, DJe 1º.02.2018.

BRASIL. Supremo Tribunal Federal (decisão monocrática). *Habeas corpus* 149395/ES. Relator: Min. Alexandre de Moraes, j. 03.08.2018, DJe 08.08.2018.

BRASIL. Supremo Tribunal Federal (Tribunal Pleno). ADPF 635 MC/RJ. Relator: Min. Edson Fachin, j. 18.08.2020, DJe 21.10.2020.

BRASIL. Supremo Tribunal Federal (Tribunal Pleno). ADPF 635 MC-TPI-Ref/RJ. Relator: Min. Edson Fachin, j. 05.08.2020, DJe 09.11.2020.

BRASIL. Supremo Tribunal Federal (Decisão monocrática). ADPF 635. Relator: Min. Edson Fachin, j. 18.12.2020, DJe 07.01.2021.

BRASIL. Supremo Tribunal Federal (Tribunal Pleno). ADPF 635 MC-ED. Relator: Min. Edson Fachin, j. 03.02.2022, DJe 03.06.2022.

CORTE INTERAMERICANA DE DERECHOS HUMANOS. Opinión Consultiva Oc-4/84 de 19 de enero de 1984. Propuesta de Modificación a la Constitución Política de Costa Rica relacionada con la naturalización. Solicitada por el Gobierno de Costa Rica. Série A n. 4.

CORTE INTERAMERICANA DE DIREITOS HUMANOS. Caso Myrna Mack Chang *vs.* Guatemala. Sentença de 25.11.2003, Série C, n. 101.

CORTE INTERAMERICANA DE DIREITOS HUMANOS. Caso Tibi vs. Ecuador. Sentença de 7.9.2004 Série C, n. 114.

CORTE INTERAMERICANA DE DIREITOS HUMANOS. Caso López Álvarez *vs.* Honduras. Sentença de 1º.2.2006, Série C, n. 141.

CORTE INTERAMERICANA DE DIREITOS HUMANOS. Caso Almonacid Arellano e outros *vs.* Chile. Sentença de 26.09.2006, Série C, n. 154.

CORTE INTERAMERICANA DE DIREITOS HUMANOS. Caso Castañeda Gutman vs. Estados Unidos Mexicanos. Sentença de 06.08.2008. Série C, n. 184.

CORTE INTERAMERICANA DE DIREITOS HUMANOS. Caso García y Montiel *vs.* México. Sentença de 26.11.2010. Série C, n. 220.

CORTE INTERAMERICANA DE DIREITOS HUMANOS. Caso López Mendoza *vs.* Venezuela. Sentença de 1º.09.2011, Série C, n. 233.

CORTE INTERAMERICANA DE DIREITOS HUMANOS. Caso Fontevecchia y D'amico *vs*. Argentina. Sentença de 29.11.2011. Série C, n. 238.

CORTE INTERAMERICANA DE DIREITOS HUMANOS. Caso Gudiel Álvarez y otros ("Diario Militar") *vs*. Guatemala. Sentença de 20.11.2012. Serie C, n. 253.

CORTE INTERAMERICANA DE DIREITOS HUMANOS. Caso Gelman *vs*. Uruguay. Supervisión de Cumplimiento de Sentencia. Resolución de la Corte Interamericana de Derechos Humanos de 20.03.2013.

CORTE INTERAMERICANA DE DIREITOS HUMANOS. Caso Liakat Ali Alibux *vs*. Suriname. Sentença de 30.1.2014. Série C, n. 276.

CORTE INTERAMERICANA DE DIREITOS HUMANOS. Caso Nova Brasília vs. Brasil. Sentença de 16.02.2017. Série C, n. 333.

CORTE INTERAMERICANA DE DIREITOS HUMANOS. Opinión Consultiva OC-25/18. La institución del asilo y su reconocimiento como derecho humano en el Sistema Interamericano de Protección (interpretación y alcance de los artículos 5, 22.7 y 22.8, en relación con el artículo 1.1 de la Convención Americana sobre Derechos Humanos). Opinión Consultiva OC-25/18 de 30.5.2018. Serie A, n. 25.

CORTE INTERAMERICANA DE DIREITOS HUMANOS. Parecer Consultivo OC-21/14. Solicitado pela República Argentina, República Federativa do Brasil, República do Paraguai e República Oriental do Uruguai. Direitos e garantias de crianças no contexto da migração e/ou em necessidade de proteção internacional. Parecer Consultivo OC-21/14 de 19.08.2014. Série A, n. 21.

EUROPEAN COURT OF HUMAN RIGHTS (PLENARY). Case of Mathieu-Mohin and Clerfayt v. Belgium (Application n. 9267/81). Judgment 2 March 1987.

EUROPEAN COURT OF HUMAN RIGHTS (SECOND SECTION). Case of Melnychenko v. Ukraine (Application n. 17707/02). Judgment 19 October 2004.

EUROPEAN COURT OF HUMAN RIGHTS (SECOND SECTION). Case of Py v. France (Application n. 66289/01). Judgment 11 January 2005.

EUROPEAN COURT OF HUMAN RIGHTS (GRAND CHAMBER). Case of Ždanoka v. Latvia (Application n. 58278/00). Judgment 16 March 2006.

O JUDICIARISMO CONSTITUCIONAL – A JUDICIALIZAÇÃO DA POLÍTICA – O ATIVISMO JUDICIAL

Carlos Roberto Siqueira Castro

Master of Laws (LL.M) pela University of Michigan. Doutor em Direito Público pela Universidade Federal do Rio de Janeiro. Professor Titular de Direito Constitucional da UERJ. Professor visitante da Université Panthéon Assas – Paris II. Subprocurador-Geral da República, aposentado.

Sumário: 1. O judiciarismo norte-americano – 2. A abertura constitucional centrada no princípio da dignidade da pessoa humana e o intervencionismo judicial – 3. Judicialização da política e ativismo judicial no Brasil – Referências.

O debate acerca da judicialização da política e do assim chamado *ativismo judicial* é amplo, intenso e não raro apaixonado. A discussão empolga os doutrinadores, envolve todas as categorias de operadores do direito, comporta vários ângulos de abordagem, além de suscitar questões de generalidade filosófica, de um lado, e questões tópicas e concretas, de outro lado, a partir da análise crítica acerca de cada julgado dos tribunais em que se questiona excessos no exercício da jurisdição que possam ser considerados invasivos do território de competências próprias do Poder Legislativo e do Executivo. Como a estrutura da separação de poderes desde sempre experimentou evolução e toda sorte de transformações na decomposição orgânico-funcional da soberania do Estado, a depender do modelo de organização política adotado nas diferentes fases ou idades do processo histórico, é natural que não haja um universalismo ou visão linear nesse campo de questões. Tudo vai depender da forma e do sistema de governo, bem como das práticas e costumes do regime político que sejam adotados pelos Estados nacionais no curso de sua evolução, não raro turbulenta e até revolucionária que caracterizou a insurgência da era Moderna e sua trajetória rumo à pós-modernidade. O constitucionalismo liberal, que foi berço da concepção tripartite dos poderes orgânicos da soberania celebrizada por Montesquieu,[1] seguiu na mesma sequência evolutiva vivenciando toda sorte de mudanças, que de resto respondem às transformações por que passou e continua a passar o Estado e a sociedade em nível planetário.[2] Ver-se-á que o fenômeno contemporâneo do *judiciarismo constitucional*, que compreende suas expressões mais agudas – a *judicialização da política* e o *ativismo judicial* –, em que pesem as diferentes

1. Expressa essa ótica do liberalismo iluminista a advertência contida no art. 16 da Declaração Francesa dos Direitos do Homem e do Cidadão, de 1789, ao dispor que "toda sociedade em que não estejam assegurados os direitos individuais e determinada a separação de poderes não possui Constituição".
2. Sobre o tema, notadamente focalizando a evolução do Estado Liberal ao Estado Social, reporto-me à análise história contida no livro de minha autoria *O Congresso e as delegações legislativas*. Rio de Janeiro: Forense, 1986, especialmente às p. 37 e ss.

visões conceituais e doutrinárias que envolvem essas locuções, resultou diretamente da mudança histórica da tipologia de Estado e das Constituições que prevaleceram no limiar da era Moderna e de sua trajetória rumo ao cenário da pós-Modernidade que nos dias atuais remodela a Teoria da Constituição e a grade curricular do Direito Constitucional. Tudo traduz um ciclo dinâmico de transformações institucionais, explícitas e implícitas, que provocaram alterações sensíveis na organização e no papel funcional desempenhado pelos órgãos e instâncias do Poder Judiciário e nas suas relações com os demais poderes orgânicos da soberania – O Legislativo e o Executivo. Para clareza da exposição, demarquei este ensaio em três itens primordiais. O primeiro deles relacionado ao *judiciarismo* norte-americano, a revelar que tal fenômeno esteve presente desde os primórdios da fundação dos Estados Unidos da América, embora tenha se exacerbado em certos períodos históricos; o segundo, relacionado ao fenômeno da abertura constitucional centrada no princípio da dignidade da pessoa humana e o intervencionismo judicial, onde se enquadra a experiência constitucional brasileira nos últimos 30 anos; e, por fim, a análise crítica da *judicialização da política* e do *ativismo judicial* que temos vivenciado no Brasil, notadamente a partir da promulgação da Constituição democrática de 1988, que ampliou de muito o elenco de direitos fundamentais e de políticas públicas constitucionais, com isso expandindo em semelhante proporção o fenômeno do *judiciarismo* e da influência do Poder Judiciário nas relações de governo e na vida social.

1. O JUDICIARISMO NORTE-AMERICANO

Mediante a utilização criativa e em grande escala da cláusula do devido processo legal, como também do abrangente princípio da igualdade (equal protection of the laws), a Corte presidida por Justice Charles Hughes invalidou, na década de 30, nada menos do que 200 textos legislativos da política do New Deal capitaneada pelo governo Roosevelt. Essa intervenção judicial recrudesceu ainda mais ao tempo da presidência do Juiz Warren na Suprema Corte dos Estados Unidos (Warren Court), nos anos 50 e 60, quando aquele tribunal lançou mão do arsenal de argumentos gravitantes em torno dos postulados isonômico e legalista para desempenhar um inovador e decisivo papel na ordem constitucional norte-americana em defesa das minorias étnicas e econômicas.[3] A introdução dessas verdadeiras políticas jurisprudenciais para a proteção de direitos humanos nos mais variados contextos pode ser detectada, por exemplo, na política de integração racial compulsória nas escolas públicas, formulada em 1954 no rumoroso caso Brown v. Board of Education,[4] bem como na regulamentação do procedimento policial para o interrogatório de pessoas indiciadas criminalmente, formalizada em 1966 no julgamento do caso Miranda v. Arizona.[5] Essa acomodação pela via pretoriana da ordem jurídica às realidades e novos valores emergentes do processo social caracteriza o

3. Consulte-se, a propósito, as obras: GUNTHER, Gerald. *Constitutional Law* – cases and materials. 9. ed. Ed. The Foundation Press, 1975, p. 658 e s.; MAcCLOSKEY, Robert G. *The American Supreme Court*, ed. The University of Chicago Press, 1960, p. 136 e s.
4. 347 U.S. 483 (1954).
5. 384 U.S. 436 (1966).

que em certa época se convencionou chamar de a concepção instrumental (instrumental conception) do direito anglo-americano. Por aí se avista que avista o sistema de normas positivas presidido pela Constituição como um sistema vivo e dinâmico (daí a expressão "living Constitution"[6]), capaz de ajustar-se às cambiantes atmosferas sociais, de modo a satisfazer gradualmente, pelo instrumento inesgotável da renovação jurisprudencial, os novos sentimentos e aspirações da comunidade nacional.[7] Já a partir da década de 20 neste século, toma corpo nos Estados Unidos o movimento realista na interpretação do direito (realist movement), que se insurge contra o formalismo positivista e o conceitualismo no discurso jurídico. Busca-se, por esse desafio realista (realist challenge), valorizar a importância dos governos legitimamente eleitos, a fim de que as políticas públicas satisfativas das demandas sociais não sejam solapadas por interpretações judiciais da Constituição presas ao obsoleto classissismo liberal.[8] Essa vertente do pensamento jurídico questiona de frente a linha de decisões da Suprema Corte simbolizada pelo caso Lochner v. New York, julgado no ano de 1905, que por duas décadas foi um leading case para as teses liberais-conservadoras e resistentes à intervenção do Estado na ordem econômica e social. Nesse aresto, o Tribunal Maior da Justiça americana declarou inconsistente com a Constituição a lei daquele Estado-membro da Federação que fixara jornada máxima de trabalho para os empregados de padaria (bakers), reconhecendo, para tanto, que a garantia do devido processo legal assegurava aos empregados e empregadores a faculdade de livremente contratarem a duração do trabalho diário, de conseguinte sem qualquer ingerência do Poder Público ou sub-rogação da autonomia privada do empregado por preceito estatal de ordem pública. Mais precisamente, estava posta em questão a constitucionalidade de uma lei trabalhista do Estado de Nova York que proibira o trabalho de padeiros por mais de 10 horas diárias e além de 60 horas semanais. A sanção cominada para a infringência da jornada laboral era de caráter criminal, tendo ensejado a condenação de um proprietário de padaria (Sr. Lochner) a pena restritiva de

6. A respeito da noção da *living Constitution*, veja-se o artigo de BERNS, Walter. Temos uma Constituição Viva?, constante da coletânea *Cadernos de Direito Constitucional e Ciência Política*, organizada pelo Instituto Brasileiro de Direito Constitucional. Revista dos Tribunais, n. 2, jan.-mar. 1993, p. 123 e ss.

7. O desenvolvimento da concepção instrumental (*instrumental conception*) do direito americano teve lugar no século 19, tendo sido responsável pela maioria das relevantes transformações ocorridas nos Estados Unidos tanto no campo do direito público quanto do direito privado. O tema é analisado em profundidade histórica pelo Professor Horwitz, para quem – "what dramatically distinguished nineteenth century from its eighteenth century counterpart is the extent to which common law judges came to play a central role in directing the course of social change (Cf. HORWITZ, Morton J., na obra *The emergence of an instrumental conception of American Law* – 1780-1820. New York, 1960, p. 287).

8. A preleção de Karl Klare bem esclarece o sentido desse importante movimento no plano das ideias jurídicas, que intenciona desentravar a estrutura legal, tornando-a permeável às transformações sociais: "The realist movement was a part of the general twentieth-century revolt against formalism and conceptualism... Some of the realists confined their attack to the relatively mild suggestion that legal thought should be more in accord with changing times and public sentiment. That meant recognizing the growing importance of government - specially administrative agencies - in an advanced industrial economy. Thus judges should defer to legislators on economic issues, and law students should prepare themselves to be policy makers in the new regulatory state. Meanwhile, in private law, enlightened, progressive judges should be willing to sacrifice rigid adherence to the logic of doctrine for the sake of doing a more common-sense and overtly policy-oriented ' justice" within the particular context of each case" (Cf. KLARE, Karl. Legal Theory and Democratic Reconstruction. 25 *Columbia Law Review* 69 (1991), p. 111.

liberdade. A instância culminante da Justiça estadunidense considerou que a faculdade de contratar as condições de trabalho entre empregado e empregador configura uma liberdade individual protegida pela 14ª Emenda da Constituição Federal, devendo, por isso, manter-se incondicionada a restrições de ordem pública.

2. A ABERTURA CONSTITUCIONAL CENTRADA NO PRINCÍPIO DA DIGNIDADE DA PESSOA HUMANA E O INTERVENCIONISMO JUDICIAL

O fenômeno da abertura constitucional sinaliza a autêntica implosão da temática do envelhecido liberalismo constitucional. Este, bem se sabe, já por mais de dois séculos desde as revoluções liberais da era moderna, impregnou as Declarações universalistas - os famosos Bill of Rights –, e bem assim a escrituração das Constituições peculiares ao modelo liberal de Estado. Assim o fez com a euforia do individualismo e das expressões da personalidade humana, estas predicadas como valores preexistentes à formação da comunidade política e com inexorável vocação de permanência em qualquer tempo e em qualquer lugar onde o homem se apresente como sujeito de direitos imanentes e invioláveis diante da história. Os ordenamentos tipificadores do discurso constitucional do fim do século passado, notadamente os editados a partir da década de 70, caracterizam-se por uma extrema abertura do ponto de vista material. Tal fenômeno retrata a sintonia dos estatutos supremos com a tormentosa complexidade das relações sociais impactadas pelo avanço tecnológico em todas as frentes do conhecimento, pela insurgência de novos valores e direitos que passaram a integrar o receituário axiológico da democracia de massas e pela dinâmica e transformações do processo político permeável às condicionantes de uma nova ordem internacional que, longe de estabilizar o convívio das nações e melhorar a qualidade de vida dos povos do planeta, apresenta novos desafios e angústias para a humanidade.

Desse modo, a evolução e a ampliação do conceito material de Constituição e da temática dos direitos fundamentais historicamente associados ao projeto constitucionalista de organização social e política das comunidades nacionais gerou um protagonismo dos órgãos e instâncias do Poder Judiciário, máxime das Cortes constitucionais, que foram chamadas diuturnamente a declarar direitos, a aclarar ou ressignificar o sentido e alcance de novos direitos constitucionalizados e, enfim, a compor conflitos de interesses envolvendo a aplicação de uma miríade de normas, princípios e valores positivados na Constituição. Nesse sentido, o ofício dos juízes tornou-se uma premissa institucional útil, necessária, quiçá indispensável para o pleno exercício dos direitos irradiados pelo fenômeno da abertura constitucional. Firmou-se, desse modo, uma percepção universal de que a garantia do acesso à Justiça[9] e a intervenção judicial na arena de tantos interesses e direitos em conflito é condição permanente para o bom funcionamento do Estado democrático de direito e da democracia contemporânea. O intervencionismo jurisdicional, que compreende toda sorte de *judiciarismo* e até de *ativismo judicial*, em

9. Nesse sentido, dispõe o art. 5º, inciso XXXV, da Constituição Federal de 1988: "a lei não excluirá da apreciação do Poder Judiciário lesão ou ameaça a direito".

que pesem as variantes conceituais e doutrinárias quanto a essas locuções, reflete ao fim e ao cabo a expansão da atividade funcional – que é própria dos juízes – de afirmação de direitos que acabaram tragados pelo eixo de força centrífuga da Constituição. Seria dizer: a *Constituição aberta* gerou *direitos abertos*, que geraram *juízes abertos*, que geraram *o protagonismo da Justiça* como técnica institucional para o reconhecimento e fruição de direitos acumulados de todas as gerações.

Assim é que os ordenamentos tipificadores do discurso constitucional do fim do século passado, notadamente os editados a partir da década de 70, caracterizam-se por uma extrema abertura do ponto de vista material. Tal fenômeno retrata a assimilação pelos estatutos supremos da tormentosa complexidade das relações sociais neste fim de século. É que o convívio humano foi impactado pelo avanço tecnológico em todas as frentes do conhecimento, pela insurgência de novos valores e direitos que passaram a integrar o receituário axiológico da democracia de massas e, ainda, pelas transformações do processo político permeável às condicionantes de uma nova ordem internacional que, longe de estabilizar o convívio das nações e melhorar a qualidade de vida dos povos do planeta, apresenta novos desafios e angústias para a humanidade. Com isso, dilargou-se enormemente e tornou-se vulnerável a temática do classicismo constitucional, cunhada pelas pautas do iluminismo de raiz liberal e individualista que fez as glórias do século 18. A tônica desse modelo – como se sabe – não ia além da organização do Estado, com os freios e cautelas assecuratórias das liberdades de traçado jusnaturalista, e da enunciação de um elenco de direitos e garantias individuais que consubstanciavam a própria essência de ideário da constituição da era moderna, a teor do artigo 16 da Declaração Universal dos Direitos do Homem e do Cidadão, proclamada pelos revolucionários franceses de 1789.[10] A bem dizer, no que toca aos direitos fundamentais do homem, impende reconhecer que o princípio sumular da *dignidade da pessoa humana* tornou-se o epicentro do extenso catálogo de direitos civis, políticos, econômicos, sociais e culturais, que as constituições e os instrumentos internacionais em vigor em pleno terceiro milênio ofertam solenemente aos indivíduos e às coletividades. O postulado da dignidade humana universalizou-se como um polo de atração para cada vez mais novos e novíssimos direitos refletores do modismo constitucional-democrático. Com isso, abriu-se o receituário dos direitos sublimados na Constituição, que se multiplicam na razão direta dos conflitos insurgentes no meio social e das exigências insaciáveis de positivação jurídica, na esteira do humanismo ultra pluralista, solidarista e internacionalizado destes tempos. Sob o arrastão do princípio da dignidade humana, efetivou-se não apenas a superação da tradicional divisão entre o domínio do Estado e o domínio da sociedade civil, que por sua vez embasara a separação entre o direito público e o direito privado. Sabe-se que essa concepção romanística e dicotômica recebera, no crepúsculo da era liberal e do modelo de produção capitalista, o reforço do dogmatismo individualista que centra no homem atomizado o eixo das relações de poder na sociedade.

10. Nesse sentido, dispõe o artigo 16 da festejada Declaração universalista que serviu de modelo ao constitucionalismo da era liberal: "Toute société dans laquelle la garantie des droits n'est pas assurée, ni la séparation des pouvoirs déterminée, n'a point de constitution".

Em realidade, o humanismo solidarista que conquistou a filosofia política e a teoria do Estado em meados do século XX operou sobretudo o fenômeno da constitucionalização de inúmeras categorias do direito privado, através de sua inserção no culminante e seleto conjunto de normas e princípios constitucionais. A enunciação desses novos direitos supralegais, em razão do papel integrador da ordem jurídica desempenhado pela Constituição, passaram a exercer uma espécie de liderança axiológica em face dos microssistemas normativos associados a comandos constitucionais, a exemplo dos regimes jurídicos aplicáveis à propriedade,[11] à proteção do consumidor,[12] à tutela da infância e da adolescência,[13] à nova configuração da família calcada na igualdade entre os cônjuges e na proteção constitucional da chamada união estável,[14] à salvaguarda do meio ambiente,[15] ao resguardo da imagem e da intimidade individual,[16] dentre outros mais. Essa transformação estrutural do direito civil em *direito civil constitucionalizado*[17] de certo modo acompanhou a carreira das competências estatais que se foram ampliando na trajetória evolutiva do *Estado liberal* ao *Estado social*. Revela-se, aí, de um lado, a insurgência do publicismo nas ordens jurídicas e, de outro lado, o fenômeno que Orlando Gomes designou de a *agonia do Código Civil*, ao enfatizar: "Essa condensação dos valores essenciais do direito privado passou a ser cristalizada no direito público. Ocorreu nos últimos tempos o fenômeno da emigração desses princípios para o Direito Constitucional. A propriedade, a família, o contrato, ingressaram nas Constituições. É

11. Veja-se, como protótipo dessa *constitucionalização* ou, se se preferir, *despatrimonialização* do direito de propriedade, as normas constantes do Título VII da Constituição Federal de 1988, em particular os Capítulos II e III referentes à *Política Urbana* e à *Política Agrícola e Fundiária e* à *Reforma Agrária*, que exteriorizam sob vários ângulos o postulado da função social da propriedade.
12. A tutela do consumidor inseriu-se na ordem constitucional brasileira sob o *status* qualificado de direito fundamental (art. 5º, XXXII) e de *princípio geral da atividade econômica* (art. 170, V), além da referência em outras disposições da Lei Maior, notadamente os arts. 175, parágrafo único, inciso II, e 24, VIII, como ainda o art. 48 do Ato das Disposições Constitucionais Transitórias, que fixou prazo ao Congresso Nacional para a elaboração do Código de Defesa do Consumidor, tarefa concretizada com a edição da Lei no. 8.078, de 11 de setembro de 1990.
13. A proteção constitucional da criança e do adolescente embute-se principalmente nos artigos 227 a 229 da Carta Política de 1988.
14. Sobre a disciplina constitucional da família, que intercedeu com inúmeras disposições do vetusto Código Civil de 1916, veja-se o art. 226 da nova Constituição Federal.
15. A questão ambientalista é tratada em capítulo autônomo (Título VIII, Capítulo VI), correspondente ao art. 225 da Constituição da República.
16. Os direitos à imagem e à intimidade ingressaram na nova Constituição com as credenciais de direito fundamental, nos termos do art. 5º, incisos V e X.
17. Leitura indispensável para a compreensão deste fenômeno é HESSE, Konrad. *Derecho Constitucional y Derecho Privado*. Madrid. Editorial Civitas, 1995. O autor analisa as interrelações entre o público e o privado com fulcro nos direitos fundamentais, demonstrando a importância de sua tutela por parte dos legisladores e do controle da constitucionalidade, e, de sua aplicação pelos juízes civis. Como ressalta com suas próprias palavras: "El cambio de las relaciones entre el Derecho Constitucional y el Derecho Privado expresa un cambio de tareas, la cualidad y las funciones de cada uno de los dos sectores jurídicos, cuyo momento decisivo está señalado por el final de la Primera Guerra Mundial. Este cambio, unido también a una función no modificada del Derecho Privado, ha conducido por necessidad interna desde la originaria yuxtaposición ampliamente incomunicada de ambos ámbitos a una relación de recíproca complementariedad y dependencia".

nas Constituições que se encontram, hoje definidas, as proposições diretoras dos mais importantes institutos do direito privado".[18]

3. JUDICIALIZAÇÃO DA POLÍTICA E ATIVISMO JUDICIAL NO BRASIL

Nas últimas três décadas, o Supremo Tribunal Federal, a pretexto de exercer seu indeclinável papel de guardião da Constituição, como lhe atribui o artigo 102 do diploma constitucional, tem desempenhado um papel político proeminente na condução de muitos temas e questões ultra relevantes da vida nacional. Esse protagonismo de nossa Suprema Corte é ao mesmo tempo enaltecido e criticado por muitos. As críticas positivas percebem nessa atuação um desiderato natural da função que é própria e indeclinável de uma Corte Constitucional, como seja a de interpretar e aplicar as normas, princípios e valores positivados na Constituição, no exercício da jurisdição constitucional no controle difuso e no controle concentrado de constitucionalidade, sem o que o Pretório Excelso estaria faltando ao cumprimento de suas funções no esquema da separação de poderes do Estado. Por outro lado, os ataques a esse papel assumido pelo STF, não raro acerbos e até ameaçadores, acusam o tribunal de extrapolar suas funções, de praticar *ativismo judicial*[19] e incursionar de forma invasiva nas competências próprias e privativas do Congresso Nacional e do Poder Executivo.[20] Essa *hiper judicialização* refletiria um empoderamento (*empowerment*) do Poder Judiciário, com a consequência de acuar e ofuscar o Legislativo e o Executivo e conduzir a uma disfuncionalidade disruptiva do

---

18. GOMES, Orlando. A Agonia do Código Civil. *Revista de Direito Comparado Luso-Brasileiro*. Rio de Janeiro: Forense, 1988, n. 7, p. 5.

19. O termo *ativismo judicial* é atribuído ao jornalista e historiador americano Arthur Schlesinger, numa reportagem sobre a Suprema Corte dos Estados Unidos para a revista *Fortune*, publicada em 1947, sob o título *The Supreme Court*: 1947. Nesse texto, o autor estabelece uma distinção entre os perfis dos nove *Justices* da Suprema Corte, separando os juízes ditos ativistas (*Judicial Activists*) e os juízes denominados *autos-contidos* (chamados *Champions of self restraint*), para identificar os integrantes da Corte que se consideravam no dever de interpretar a Constituição com ampla margem de discricionariedade a fim de garantir direitos fundamentais.

20. A literatura sobre o tema avolumou-se sobremaneira nas últimas décadas. Vale mencionar, de forma apenas exemplificativa, os trabalhos de VIANNA, Luiz Werneck. *A judicialização da política e das relações sociais no Brasil*, na obra coletiva escrita em conjunto com Maria Alice Rezende de Carvalho, Manuel Palacios Cunha Neto e Marcelo Baumann Burgos. Rio de Janeiro: Renan, 199; FARO DE CASTRO, Marcus, O Supremo Tribunal Federal e a Judicialização da Política. *Revista Brasileira de Ciências Sociais*, v. 12, e The Courts, law and democracy in Brazil, no *International Social Science Journal*, Ed. Blackwel Publishers. v. 152. UNESCO, jun. 1997; STRECK, Lênio Luiz. O Rubicão e os quatro ovos do condor: de novo, o que é ativismo? *Revista Conjur*, em 07.01.2016; e *O que é isto, o ativismo judicial em números?* Disponível em http://www.conjur.com.br/2013; GOMES, Luiz Flávio. O STF está assumindo um ativismo judicial sem precedentes? *Jus Navegandi*, Teresina, ano 13, n. 2164, jun. 2009; CARMONA, Geórgia Lage Pereira. A propósito do ativismo judicial: super Poder Judiciário? Artigo publicado em maio de 2012, cf. http://www.jurisway.org.br/v2/ dhall.asp; MIARELLI, Mayra Marinho, LIMA, Rogério Montai. *Ativismo Judicial e a Efetivação de direitos no Supremo Tribunal Federal*. Porto Alegre: Ed. Sergio Antonio Fabris, 2012; VALLE, Vanice Regina Lírio (Org.). *O ativismo jurisprudencial e o Supremo Tribunal Federal*. Laboratório de Análise Jurisprudencial do STF. Curitiba: Juruá, 2009; CAMPOS, Carlos Alexandre de Azevedo. *Dimensões do ativismo judicial do STF*. Rio de Janeiro: Forense, 2014; RAMOS, Elival da Silva. *Ativismo judicial*: parâmetros dogmáticos. São Paulo: Saraiva, 2010; LIMA, Flávia Santiago. *Jurisdição constitucional e política*: ativismo e autocontenção no STF. Curitiba: Juruá, 2014. Veja-se, também a *Revista Brasileira de Políticas Públicas*, editada pelo CEUB, v. 5, número especial, ano 2015, contendo artigos de diversos autores a propósito do ativismo judicial.

sistema de independência e harmonia entre os Poderes do Estado. Sob essa ótica crítica, a atuação do STF estaria tensionando indevidamente o sistema de freios e contrapesos (*checks and balances*), gerando efeitos perturbadores na desejável relação de equilíbrio e interdependência os três poderes orgânicos da soberania. Colhe-se, neste passo, a crítica contundente de Ronald Dworkin ao ativismo judicial: "o ativismo é uma forma virulenta de pragmatismo jurídico. Um juiz ativista ignoraria o texto da Constituição, a história de sua promulgação, as decisões anteriores da Suprema Corte que buscaram interpretá-la e as duradouras tradições de nossa cultura política. O ativista ignoraria tudo isso para impor a outros poderes do Estado seu próprio ponto de vista sobre o que a justiça exige. O direito como integridade condena o ativismo e qualquer prática de jurisdição constitucional que lhe esteja próxima".[21] Por outro lado, tal fenômeno traduz o abandono dos critérios hermenêuticos que informam a interpretação das leis e a motivação das sentenças dentro dos parâmetros da legitimidade institucional e democrática. Lênio Streck, que é crítico do ativismo judicial que hoje se desenvolve no Brasil, bem explica o papel da hermenêutica para o controle dos excessos e desvios judicatórios: "a hermenêutica é um poderoso remédio contra teorias que pretendam reivindicar um protagonismo solipsista do judiciário. Esse fator, entretanto, não pode ser entendido como uma 'proibição de interpretar' ou, tampouco, como uma tentativa de tornar o judiciário um 'poder menor'. Na verdade, se trata exatamente o contrário. É justamento porque o judiciário possui um papel estratégico nas democracias constitucionais contemporâneas – concretizando direitos fundamentais, intervindo, portanto, quase sempre na delicada relação entre direito e política – que é necessário pensar elementos hermenêuticos que possam gerar legitimidade para as decisões judiciais, a partir de um efetivo controle do sentido que nelas é articulado".[22]

De outra parte, pela posição estratégica do Poder Judiciário para a interpretação da Constituição e resolução de conflitos, não é raro na história política das nações as tentativas do Executivo e do próprio Legislativo de capturar, segundo suas conveniências e apetite de poder, o sentido e o alcance das normas constitucionais. Até mesmo para restringir a atuação da Suprema Corte e ampliar o número de seus juízes com o propósito de angariar a maioria dos que exercem a jurisdição constitucional. Fizemos isso no Brasil. O ato institucional 2, editado pelo regime militar em 1965, elevou de 11 para 16 o número de vagas no Supremo Tribunal Federal, na tentativa de realinhar a jurisprudência da Corte e validar os atos de arbítrio praticados pelo regime militar. Nos Estados Unidos, embora em contexto completamente diverso, ao tempo em que a Suprema Corte americana invalidou cerca de 200 textos legislativos que implementavam a regulação da economia na política do *New Deal* do presidente Franklin Roosevelt, este propôs ao Congresso em 1937 o que se chamou de "*Court-curbing Plan*", com o objetivo de ampliar o número de juízes e permitir a formação de uma maioria de julgadores favoráveis às políticas de governo, chamados "*pro-New Deal Justices*". Apenas esses dois exemplos

21. DWORKIN, Ronald. *O Império do Direito*. São Paulo: Martins Fontes, 1999. p. 451-452.
22. STRECK, Lênio Luiz. *Hermenêutica Jurídica e(em) Crise. Uma exploração hermenêutica da construção do Direito.* 10. ed. Porto Alegre: Livraria do Advogado, 2011. p. 296.

mostram que não são de hoje as investidas contra as cortes constitucionais quando estas contrariam as políticas de governo. É certo que o controle de constitucionalidade das leis e das ações do Poder executivo envolve uma atuação *contra majoritária*, uma vez que os parlamentares e o Presidente da República são eleitos em sufrágio universal e representam a maioria dos eleitores, enquanto os juízes das cortes constitucionais são designados por diferentes critérios de investidura, mas sem o beneplácito das urnas. Isto cria, a um primeiro exame, um déficit de legitimidade para aqueles aos quais incumbe garantir a supremacia da constituição. Quando a Suprema Corte declara a inconstitucionalidade de um ato de governo, ela exerce o controle não a favor da maioria política prevalente, mas contra ela. Mas, fossem os juízes constitucionais eleitos pelo povo e sujeitos à disputa política e ao apoiamento partidário, não teriam por certo a isenção mais respeitável e própria dos intérpretes finais da constitucionalidade dos atos do Legislativo e do Executivo em nome da nação. Essa visão é externada por LUÍS ROBERTO BARROSO em artigo doutrinário dedicado ao tema: "*três objeções podem ser opostas à judicialização e, sobretudo, ao ativismo judicial no Brasil. Nenhuma delas infirma a importância da tal atuação, mas todas merecem consideração séria. As críticas se concentram nos riscos para a legitimidade democrática, na politização indevida da justiça e nos limites da capacidade institucional do Judiciário*". Quanto aos riscos para a legitimidade democrática, assinala o Ministro Barroso: "*os membros do Poder Judiciário – juízes, desembargadores e ministros – não são agentes públicos eleitos. Embora não tenham o batismo da vontade popular, magistrados e tribunais desempenham, inegavelmente, um poder político, inclusive o de invalidar atos dos outros dois Poderes. A possibilidade de um órgão não eletivo como o Supremo Tribunal Federal sobrepor-se a uma decisão do Presidente da República – sufragado por mais de 40 milhões de votos – ou do Congresso – cujos 513 membros foram escolhidos pela vontade popular – é identificada na teoria constitucional como 'dificuldade contramajoritária'*".[23] Mas, a Teoria Constitucional é sábia e amadurece no curso da história e dos recorrentes enfrentamentos institucionais no campo da separação de poderes e da experiência prática do sistema de freios e contrapesos *(checks and balaces)*. Como sustenta, em obra clássica do constitucionalismo norte-americano, Alexander Bickel[24] *(The least Dangerous Branch)*, o Judiciário é o menos "*perigoso*" dentre os poderes do Estado. Não possui a espada (poder militar) nem vontade própria, pois só atua mediante provocação dos jurisdicionados. Bem por isso, as vocações tirânicas não aceitam a concorrência da mais alta corte de justiça. Esquecem-se da lição de Rui Barbosa: "a autoridade da Justiça é moral e sustenta-se pela moralidade das suas decisões. O poder não a enfraquece, desatendendo-a; enfraquece-se dobrando-a. A majestade dos tribunais assenta na estima pública; e esta é tanto maior quanto mais atrevida for a insolência oficial, que lhe desobedecer".[25]

---

23. BARROSO, Luís Roberto. *Judicialização, Ativismo Judicial e Legitimidade Democrática*. (Syn) Thesis, Rio de Janeiro, v. 5, n. 1, 2012, p. 23-32.
24. BICKEL, Alexander M. *The least Dangerous Branch*. Indianápolis: Ed. Bobbs Merril Co., 1962.
25. Apud RODRIGUES, Leda Boechat. *História do Supremo Tribunal Federal*. Ed. Civilização Brasileira, v. 1, p. 24.

Enfim, nesse debate acalorado não é fácil dizer quem tem razão, pois em se tratando de interpretação e aplicação da Constituição, é sempre tênue a linha que separa o Direito da Política, como já tive a ocasião de dissertar em sede doutrinária.[26]

Com efeito, a função de declarar o sentido e o alcance das regras jurídicas, ou seja, de dizer *what the law is*, máxime no ofício jurisdicional de tutela da Constituição rígida, traduz uma inescondível função política ou, pelo menos, de inexorável repercussão política. Deixando de lado os excessos de ânimo que no mais das vezes interferem nessa discussão e que turvam sua real latitude, parece-nos, em linha de princípio, que todos os órgãos do Estado exercem ou podem exercer, em maior ou menor grau, e com variantes puramente históricas e culturais, funções de repercussão política, já que a entidade (o Estado) a que estão integrados é, a sua vez, eminentemente política. A rigor, todas as manifestações da autoridade constituída, na medida em que exteriorizem uma participação na estrutura de poder e intercedam com os interesses em conflito na sociedade civil, assumem, ou podem assumir, relevância política. Seria, pois, de todo ingênuo supor que a função judicante pudesse ficar adstrita apenas ao plano da legalidade positiva e abstrata e, assim, destituída de conotação política, entendida está na acepção ampla que lhe empresta Max Weber, como um tipo de liderança independente em ação no meio social, para quem, em consequência, até mesmo o mais modesto funcionário civil ou militar exerce, ou pode exercer, atuação política, inclusive, em certos casos, tão relevante quanto aquelas desempenhada pelas assembleias parlamentares, na medida em que constituem células ativas da burocracia governamental.[27] Afinal, os juízes, e especialmente as Cortes constitucionais, sem prejuízo de sua independência, são agentes políticos e exercem função política na via da jurisdição constitucional, em sua acepção ampla, uma vez proferem decisões que interferem com as relações de poder na organização da representação política e na sociedade em geral. Bem sustenta Mauro Cappelletti, com invocação do filósofo germânico Heinrich von Treitschke, que:

> Todo acto de decir justicia (jurisdicción) es una función política, puesto que no se puede decir el derecho de otra manera que deduciendolo del espíritu de un determinado Estado [...] y esta verdad no choca con la necesidad de que el juez sea independiente de las fuerzas políticas, porque con esta fórmula se quiere indicar en la jurisdicción una actividad, y una fuerza, autónoma frente a las otras fuerzas políticas en el Estado, pero no se quiere negar en absoluto que ella misma sea una fuerza política.[28]

De fato, a sentença, assim, como o ato legislativo e o executivo que expressam a atuação dos Poderes orgânicos da soberania, têm, ou podem ter, ressonância política enquanto, dispondo sobre a ordem jurídica como instrumento de disciplina social, tocam com a estrutura de poder e com os interesses em confronto na sociedade civil. Tal é tanto mais verdadeiro quando está em jogo o controle do exercício de competência

26. CASTRO, Carlos Roberto Siqueira. *O devido processo legal e os princípios da razoabilidade e da proporcionalidade*. 5. ed. Rio de Janeiro: Forense, 2010, cap. VI, sob o título *A proeminência do Poder Judiciário na Declaração do Direito*, p. 225 e ss.
27. WEBER, Max. Burocracia e liderança política numa Alemanha reconstruída. *Os pensadores*. Abril Cultural, 1980. p. 16 e ss.
28. CAPPELLETTI, Mauro. *Proceso, ideologías, sociedad*. cit., p. 385-386.

legislativa e dos atos do Poder Público em face da Constituição, ou seja, o controle de constitucionalidade das leis e dos atos de governo pelos órgãos da Magistratura nos sistemas que adotam o exame jurisdicional da contrariedade constitucional (*judicial review*). O ofício dos magistrados no interpretar e aplicar a Constituição e as leis não escapa, como óbvio, a essa contingência. Aí o sentido da observação sempre atual de Castro Nunes:

> A interpretação constitucional é, como sabeis, eminentemente política. Política nas suas aspirações superiores e na sua repercussão [...] A crítica dos que se espantam diante do alcance político das decisões da Suprema Corte é, pois, superficial. Está pressuposto esse alcance no poder de definir as competências constitucionais, mantendo os poderes federais, entre si ou em face dos poderes locais, dentro das órbitas respectivas. Daí, dessa feição política da atribuição, as locuções tão encontradiças de Supreme Court Government, Judicial Legislation, Judicial Olygarchy etc., revelando, a um tempo, diz Grover Haines, a significação política do poder e a irritação dos seus opositores. Se o texto constitucional é obscuro ou presta-se a mais de um entendimento, a exegese terá de sofrer, inevitavelmente, nesse domínio mais do que em qualquer outro, a influência das ideias gerais do intérprete, das tendências do seu temperamento e da sua educação jurídica. A Constituição, quem a faz são os juízes, disse o atual Chief Justice (Hughes) – e é uma verdade.[29]

O que ocorre, na realidade, é que em toda e qualquer forma de exercício da "*jurisdição constitucional*", seja ela exercida pelo sistema "*difuso*" ou "*concentrado*",[30] haverá sempre, em maior ou menor medida, uma confluência entre o Direito e a Política, de tal sorte que ora o jurídico se "*politiza*", ora o político se "*juridiciza*". Tal se deve porquanto, no dizer de Gerhard Leibhois – "*debaixo de cada litígio constitucional se esconde uma questão política suscetível de converter-se num problema de Poder*".[31] Seria dizer, ainda, com Ferdinand Lassale, na obra clássica do constitucionalismo sociológico, que "*os*

29. NUNES, Castro. Teoria e prática do poder judiciário. *Revista Forense*. p. 597, 1943.
30. Com ressalva das variantes histórico-culturais que prevalecem em cada ordenamento constitucional, pode-se afirmar, resumidamente, que o primeiro desses sistemas ("*difuso*") experimenta a difusão ou desconcentração do controle judicial da constitucionalidade das leis (*judicial review*), de tal sorte que a todo e qualquer juiz ou tribunal é permitido declarar uma lei ou ato normativo incompatível com a Constituição e, em consequência, deixar de aplicá-lo nos processos judiciais trazidos à sua cognição e julgamento. Aí, o órgão julgador, seja o monocrático ou o colegiado, exerce o *juízo de preponderância*, segundo a expressão celebrizada por Rui Barbosa, eis que, na aplicação do direito aos fatos da causa, faz preponderar a norma constitucional sobre as regras de hierarquia inferior. O protótipo de tal sistema é o vigorante nos Estados Unidos da América desde a célebre decisão do *Chief Justice* John Marshall no caso Marbury *v.* Madison, julgado pela Suprema Corte norte-americana no ano de 1803, que formalizou a competência do Poder Judiciário para controlar a validade das leis menores em face da Constituição. Já no sistema dito concentrado, que predomina nos países europeus, a tutela da supremacia da Lei Maior acha-se circunscrita a um órgão especial do Poder Judiciário, conforme ocorre na Áustria, Itália e Alemanha, ou a um órgão político singularizado, como se dá com o *Conseil Constitutionnel* em França, mas em qualquer caso dotado de atribuição para proferir julgamentos constitucionais, ou seja, decisões acerca da validade das regras de direito objetivo em face da Constituição. Sobre o tema vale ler, num enfoque comparativo, a obra de VERGOTTINI, Giuseppe de. *Derecho constitucional comparado*. Madri: Espasa – Cape, 1985, p. 196-197, e, no vernáculo, o estudo crítico de SILVA, José Afonso da. Tribunais constitucionais e jurisdição constitucional. *Revista Brasileira do Estudos Políticos*, Minas Gerais: Universidade Federal de Minas Gerais, n. 60-61, p. 515-517, jan./jul. 1985, bem como, de minha autoria, CASTRO, Carlos Roberto Siqueira, a proposta apresentada à Assembleia Nacional Constituinte, depois transformada em monografia sob o título "*Pela criação do Tribunal Constitucional*", publicada na *Revista Contextos*, n. 2, edição do Mestrado em Ciências Jurídicas da PUC-RJ. p. 79-96.
31. LEIBHOLS, Gerhard. *Problemas fundamentales de la democracia moderna*. Madrid, 1971. p. 148.

problemas constitucionais não são problemas (apenas) de direito, mas de Poder".[32] Atento a essa inafastável constatação, já assentira Charles Eisemmann acerca da carga política inerente à jurisdição constitucional, em 1928: "*par la nature même des choses, la justice constitutionnelle est comme un miroir où se reflète – fragmentaire sans doute mais fidèle – l'image des luttes politiques suprêmes d'un pays qu'elle a précisément pour effet de transformer, en dernière analyse, en litiges de droit*".[33] No mesmo diapasão sustenta o Mestre de Florença, Mauro Cappelletti, considerado um dos maiores estudiosos do tema no direito comparado: "o controle judicial de constitucionalidade das leis sempre é destinado, por sua própria natureza, a ter também uma coloração política mais ou menos evidente, mais ou menos acentuada, vale dizer, a comportar uma ativa e criativa intervenção das Cortes investidas daquela função de controle, na dialética das forças políticas do Estado".[34] Entre nós, essa visão realista do que seja a função de natureza política e excludente do "*apoliticismo*" ou do "*neutralismo político*" absoluto e ingênuo quanto ao exercício da função judicante é retratado com maestria por Seabra Fagundes, que fulmina as pretensões de "*neutralismo político*" em face da atividade jurisdicional do Estado. Eis o irrespondível comentário do jurisconsulto brasileiro a propósito do papel histórico do nosso Supremo Tribunal Federal:

> Quando se diz que o STF exerce função política, fala-se o que é o óbvio. Porque funções políticas exercem todos os órgãos de cúpula do Poder Público [...]. Com relação ao STF, o exercício de função política não se dá na rotina das suas atividades, senão quando chamado ele, na aplicação da Constituição da República, a manifestar-se sobre a validade das leis e atos executivos em face de princípios constitucionais basilares, como os que dizem com a significação do regime federativo, com a independência e harmonia dos poderes do Estado, com a definição e a proteção dos direitos individuais (ou, em expressão mais abrangedora, dos direitos públicos subjetivos do indivíduo), com as conceituações da segurança nacional e da ordem econômica etc. Ao manifestar-se em qualquer dessas matérias, como árbitro que é da Constituição, o seu desempenho é político. Porque a Lei Maior será aquilo, no conteúdo e na extensão, que os seus arestos declararem que é.[35]

Tanto é assim que, no Brasil, o controle de constitucionalidade pela via concentrada pode ser deflagrado por órgãos e autoridades do primeiro escalão da República, conforme o disposto no art. 103 da Constituição. Assim, estão legitimados a propor a ação direta de inconstitucionalidade e a ação declaratória de constitucionalidade, dentre outros, o Presidente da República, a Mesa do Senado Federal, a Mesa da Câmara dos Deputados, a Mesa de Assembleia Legislativa ou da Câmara Legislativa do Distrito Federal, o Governador de Estado ou do Distrito Federal; o Procurador Geral da República e partido político com representação no Congresso Nacional. A notória investidura política desses órgãos e autoridades da República e da Federação evidencia

32. LASSALE, Ferdinand. *Que é uma Constituição*. Porto Alegre: Villa Martha, 1980. p. 73.
33. Apud FAVOREU, Louis, na obra coletiva coordenada por este sob o título *Cours constitutionnelles, européennes et droits fondamentaux*, dedicada à Justice Constitutionnelle. Econômica, 1982. p. 29-30.
34. CAPPELLETTI, Mauro. *O controle judicial de constitucionalidade das leis no direito comparado*. Porto Alegre: Sergio Fabris, 1984. p. 114.
35. FAGUNDES, Miguel Seabra. A função política do Supremo Tribunal Federal. *Revista de Direito Público*. São Paulo, n. 49-50, p. 8, jan./jun. 1979.

o caráter político da jurisdição constitucional, a descaracterizar qualquer perspectiva de "*neutralismo político*" nesse tipo de disputa. Bem por isso, dizer que o *judiciarismo constitucional* ou que o *ativismo judicial* encerra desempenho político por parte de juízes e tribunais é reconhecer o óbvio e a natureza das coisas. Independência da magistratura não quer dizer *apoliticismo* da função de julgar. Nada obstante, desserve ao regime de interlocução democrática entre os Poderes da República a trivialização da *judicial review* e do controle de constitucionalidade a cargo dos juízes e cortes constitucionais. As lições clássicas do constitucionalismo norte-americano, como expressas nas festejadas obras de Cooley[36] e Black,[37] indicam e recomendam a auto contenção judicial (*self restraint*) a fim de que a declaração de inconstitucionalidade só se perpetre quando acima de toda dúvida razoável (*beyond all reasonable doubt*) e – quando a lei comportar duas ou mais interpretações – seja aplicada a compreensão exegética mais compatível com o texto da Constituição e que salve e torne subsistente o ato legislativo, em um primeiro exame, increpado de inconstitucional. A interpretação das leis conforme a Constituição é o caminho natural para se moldar o sistema normativo ao documento constitucional que o preside e se evitar, a toda hora, desautorar a expressão primária da soberania legislativa a cargo do Parlamento. Prevalece, em caso de dúvida, o princípio da presunção de validade do ato legislativo, na consideração de que o Poder Legislativo, nos debates e análises técnicas que cercaram a elaboração da lei, adotou, responsavelmente, as cautelas próprias e adequadas para garantir a sua constitucionalidade. Nesse sentido, sobreleva, dentre nós, a advertência de Lúcio Bittencourt em seu precioso livro: "As leis do Congresso e os atos de igual força, ainda que emanados do Poder Executivo, são, quando arguidos de inconstitucionais, presumidamente válidos [...]. Em consequência, toda presunção é pela constitucionalidade da lei e qualquer dúvida razoável deve-se resolver em seu favor e não contra ela – 'every reasonable doubt must be resolved in favor of the statute, not against it'. E os tribunais não julgarão inválido o ato, a menos que a violação das normas constitucionais seja, em seu julgamento, clara, completa e inequívoca – 'clear, complete and unmistakable'".[38] Desse modo, é saudável evitar-se a "*hiperjudicialização*" no espaço tanto público quanto privado, sob pena de se criar uma onipotente curadoria judicial da vida humana e do convívio social. A *hiperjudicialização* decorre de outro excesso epistemológico: a *hiper-constitucionalização da vida*, a que alude Oscar Vilhena em seu sugestivo artigo *Supremocracia*, onde lê-se: "Neste momento recorre-se ao judiciário como guardião último dos ideais democráticos. O que gera, evidentemente, uma situação paradoxal, pois, ao buscar suprir as lacunas deixadas pelo sistema representativo, o judiciário apenas contribui para a ampliação da própria crise de autoridade da democracia [...]. A hiper-constitucionalização da vida contemporânea, no entanto, é consequência da desconfiança na democracia e não a sua causa. Porém, uma vez realizada a opção institucional de ampliação do escopo das constituições e de reforço do papel do judici-

36. COOLEY, Thomas M. *A Treatise on the Constitutional Limitations*. Nova York, 1927.
37. BLACK, Henry Campbell. *Handbook of American Constitutional Law*. St. Paul, West Publishing Co., Minnesota, 1910.
38. BITTENCOURT, C. A. Lúcio. *O controle jurisdicional da constitucionalidade das leis*. 2. ed. Brasília: Ministério da Justiça, 1997. Série Arquivos do Ministério da Justiça.

ário, como guardião dos compromissos constitucionais, isto evidentemente contribuirá para o amesquinhamento do sistema representativo".[39] É dizer: salvo quando violadas de forma clara e insofismável a partilha de competências entre os entes na Federação, entre os órgãos de Poder e entre as instituições constitucionais, ou quando violados direitos e garantias fundamentais, além do conjunto de princípios e valores plasmados na Constituição, impõe-se prestigiar e dar aplicação às deliberações políticas do Congresso Nacional e às alternativas de políticas públicas (*policies*) votadas pela maioria, simples ou qualificada, conforme o caso, dos parlamentares que compõem a Câmara dos Deputados e o Senado Federal. Eis aí tema instigante e sujeito a interminável debate, cujo aprofundamento não se comporta nos estreitos limites deste artigo.[40]

Mas, para avançar na análise da questão impende colacionar alguns casos emblemáticos da jurisprudência da nossa Suprema Corte nas situações limites, ou seja, em que o julgamento constitucional poderia ou deveria ter sido objeto de decisão de outro Poder associado da soberania, notadamente o Poder Legislativo. Nessas circunstâncias de fronteira pode ocorrer situação de sub-rogação de função cujo exercício se apresente mais apropriado a outro Poder da República. Nesses casos, é patente e quiçá inevitável a fricção entre os Poderes ou o estremecimento institucional no seio da receita de separação de poderes e do sistema de freios e contrapesos, engendrados pela Constituição democrática em regime de desejável equilíbrio e harmonia. É o que pretendo empreender a seguir, mediante a análise de precedentes judiciais que, em alguma medida, exteriorizam tal fenômeno.

Assim é que, em 29 de novembro de 2016, no julgamento do Habeas Corpus 124306, a 1ª Turma do Supremo Tribunal Federal, por maioria, decidiu descriminalizar a prática do aborto realizado no primeiro trimestre da gravidez. Seguindo o voto do Ministro Luís Roberto Barroso, o colegiado considerou que são inconstitucionais os artigos do Código Penal que, de forma indiscriminada, tipificam criminalmente o aborto, inclusive alcançando a interrupção da gravidez perpetrada no primeiro trimestre da gestação. Em síntese, o acórdão do STF entendeu que o tipo incriminante constante dos artigos 124 e 126 do Código Penal brasileiro viola os direitos sexuais e reprodutivos, a autonomia, a integridade psíquica e física e a saúde da mulher, com reflexos sobre a igualdade de gênero e impacto desproporcional sobre as mulheres mais pobres. Para tanto, emprestou interpretação conforme a Constituição a esses dispositivos do estatuto punitivo, a fim

---

39. VILHENA, Oscar. Supremocracia. In: SARMENTO, Daniel. *Filosofia e teoria constitucional contemporânea*. Rio de Janeiro: Lumen Juris, 2009.

40. Sem querer aprofundar o tema, vale apenas mencionar que essa discussão se reporta ao trabalho acadêmico de John Hart Ely e sua crítica às duas escolas do *interpretacionismo* constitucional, de um lado o "*interpretativism*", mais reverente à letra da Constituição, e, de outro lado, o "*noninterpretativism*", sem maior fidelidade ao texto constitucional, visto como um manancial vigoroso quiçá inesgotável para a geração de novos e novíssimos direitos fundamentais. Para esse festejado autor, em síntese, não deve a Suprema Corte impor seus valores substantivos às cláusulas constitucionais de dicção aberta, mas sim atuar com a finalidade de aperfeiçoar o processo de tomada de decisões democráticas, sobretudo quando direitos inerentes à participação política estiverem em risco, como a liberdade de expressão, de reunião, de associação partidária, direito de voto, igualdade procedimental e paridade de armas no processo político. Cf. ELY, John Hart. *Democracy and distrust*: A theory of judicial review. Cambridge and London, Harvard University Press, 1980.

de excluir a criminalidade com relação ao aborto praticado nos três primeiros meses da gravidez. Essa decisão é inteiramente calcada no célebre julgado da Suprema Corte dos Estados Unidos no caso *Roe v. Wade*, do ano de 1973, que declarou inconstitucional toda a legislação de vários Estados da Federação norte-americana, a partir da legislação do Texas, que punia criminalmente as práticas abortivas, exceto quando realizada sob supervisão médica e para fins de salvar a vida da gestante.[41] Com isso, assegurou o direito insubtraível da mulher de decidir sobre ter ou não ter filho, reconhecendo que o direito à privacidade irradiado implicitamente das "*sombras*" da 1ª, 4ª, 5ª, 9ª e 14ª Emendas da Constituição dos Estados Unidos, designado "*penumbral rights*", era suficientemente amplo para abrigar a decisão da mulher acerca de encerrar, ou não, a gravidez.[42] Com efeito, seguindo o mesmo paradigma jurisprudencial norte-americano, a decisão do STF manifestou o entendimento de que – "*a interrupção voluntária da gestação não deve ser criminalizada, pelo menos, durante o primeiro trimestre da gestação. Durante esse período, o córtex cerebral – que permite que o feto desenvolva sentimentos e racionalidade – ainda não foi formado, nem há qualquer potencialidade de vida fora do útero materno*". Assim sendo, a partir do primeiro trimestre a interrupção voluntária da gravidez pode ser criminalizada nos termos do Código Penal. O caso tratava da prisão de pessoas detidas em uma operação da polícia do Rio de Janeiro em uma clínica clandestina, entre elas médicos e funcionários. Com esse julgamento, ficou afastada a prisão preventiva dos denunciados pelo Ministério Público pela suposta prática abortiva com o consentimento da gestante.

Essa linha de decisões gera toda sorte de controvérsias, não raro sendo interpretadas como uma indevida criação de direito pelo Poder Judiciário e à revelia do Poder Legislativo, que seria a instância de representação popular própria para tipificar crimes e definir exceções à ilicitude penal. É certo que em alguns países, a descriminalização do aborto sobreveio por decisão soberana do Poder Legislativo e não por via de sentença judicial. Assim, por exemplo, na França, a despenalização do aborto foi determinada pela nominada Lei *VEIL*, aprovada pela Assembleia Nacional francesa no ano de 1975, em homenagem à SIMONE VEIL, então Ministra da Saúde, que pronunciou um discurso histórico em 26 de novembro de 1974 defendendo a aprovação do projeto de lei de sua autoria sobre a "*interruption volontaire de grossesse* (IVG). Para tanto, nesse país, segunda a legislação de regência, é preciso que a interrupção voluntária da gravidez seja realizada antes da décima semana de gestação com o consentimento da mulher, por um médico credenciado, em estabelecimento público ou privado que satisfaça as condições do código de saúde pública. Desde a sua adoção, esse ato legislativo sofreu aperfeiçoamentos significativos, a exemplo da alteração pela lei do ano de 1982 que garantiu que o procedimento médico fosse reembolsado pelo sistema público de saúde, o que ante-

---

41. Sobre o assunto, reporto-me aos comentários lançados no livro de minha autoria, SIQUEIRA CASTRO, Carlos Roberto, *O princípio da isonomia e a igualdade da mulher no Direito Constitucional*. Ed. Forense, 1983, p. 200 e 274.
42. Nesse sentido, o voto de *Justice* Blackmun, considerou que – "the right of privacy...is broad enough to encompass a woman's decision wether or not to terminate her pregnancy. Cf. *Roe v. Wade*, 410 U.S. 113 (1973).

riormente só era permitido nos casos em que o aborto fosse realizado para salvar a vida da gestante ou quando o feto sofresse de doença grave e incurável. Posteriormente, por força da Lei 2001-588, no ano de 2001, o prazo legal para a interrupção da gravidez, foi ampliado de 10 para 12 semanas e deixou de exigir a autorização dos pais para mulheres menores de idade. Nada obstante, e em que pese a experiência francesa na esfera legislativa, não vejo, na reportada decisão do nosso Supremo Tribunal Federal, uma usurpação de poder legislativo. Tudo se passou com observância dos ritos e instâncias recursais do Poder Judiciário. Os réus haviam sido presos preventivamente em 2013, mas soltos pelo juízo da 4ª Vara Criminal da Comarca de Duque de Caxias, no Rio de Janeiro. Um ano depois, foram detidos novamente após provimento de recurso manejado pelo Ministério Público estadual perante a 4ª Câmara Criminal do Tribunal de Justiça dessa unidade da Federação. A reforma da decisão desafiou recurso ao Superior Tribunal de Justiça, que não conheceu do pedido de liberdade dos acusados. Em sede de habeas corpus, a matéria finalmente chegou ao Supremo Tribunal Federal. O julgamento se deu em processo de habeas corpus de acordo com a competência originária atribuída ao STF pelo art. 102, I, alínea "i", da Constituição, tendo sido as prisões anuladas de ofício uma vez que o HC foi visto como substitutivo do recurso ordinário constitucional. Tudo de forma semelhante ao que se passou no julgamento do caso *Roe v. Wade*, em grau de recurso de apelação perante a Suprema Corte dos Estados Unidos. Em síntese, é próprio das Cortes com jurisdição constitucional interpretar as leis conforme a Constituição, inclusive, como nesses casos, para ajustar o rigor e excessos dos tipos penais que contrariem direitos fundamentais sublimados na Constituição, ainda que implicitamente.

Outro caso rumoroso deu-se no julgamento da Arguição de Descumprimento de Preceito Fundamental – ADPF 54, ajuizada no ano de 2012 pela Confederação Nacional dos Trabalhadores na Saúde, em que o STF, por maioria de 8 a 2, sob a relatoria do Ministro Marco Aurélio, excluiu a criminalidade e autorizou que as mulheres grávidas de feto anencefálico poderão optar por interromper a gravidez com assistência médica. Nessa assentada, sob ruidosa vigílias e manifestações de grupos religiosos e de defesa da vida, a Suprema Corte apreciou a questão da morbidade da anencefalia, consistente na má formação embrionária do cérebro, caracterizada pela ausência total do encéfalo e da caixa craniana do feto, em face do crime de aborto tipificado nos arts. 124 a 126 do Código Penal brasileiro. Com efeito, o Código Penal criminaliza o aborto, com exceção aos casos de estupro e de risco à vida da mãe, mas não menciona a interrupção da gravidez de feto anencéfalo. Aliado ao sofrimento da gestante, o principal argumento para permitir a interrupção voluntária da gravidez nesses casos foi a impossibilidade de sobrevida do feto fora do útero materno. Nessa situação, decidiu o Ministro Marco Aurélio, acompanhado pela maioria de seus pares: "Aborto é crime contra a vida. Tutela-se a vida em potencial. No caso do anencéfalo, não existe vida possível. O feto anencéfalo é biologicamente vivo, por ser formado por células vivas, e juridicamente morto, não gozando de proteção estatal [...]. O anencéfalo jamais se tornará uma pessoa. Em síntese, não se cuida de vida em potencial, mas de morte segura. Anencefalia é incompatível com a vida". O voto da Ministra Carmen Lúcia deixou claro que não se está decidindo quanto à obrigação de abortar, mas simplesmente de uma faculdade concedida à mãe de interromper a gravidez sem se submeter às sanções pela prática do crime de aborto. Em textual: "Faço questão de frisar que este Supremo Tribunal Federal não está decidindo permitir o aborto [...]. Não se cuida aqui de obrigar. Estamos deliberando sobre a possibilidade jurídica de um médico ajudar uma pessoa que esteja grávida de feto anencéfalo de ter a liberdade de seguir o que achar o melhor caminho". Esse julgado discrepa da função de *legislador negativo* que é peculiar ao juiz constitucional ao declarar a inconstitucionalidade das leis, expungindo do sistema normativo a regra de direito positivo increpada de inconstitucional. A bem dizer, ao instituir ex novo mais uma excludente de criminalidade ao cometimento da prática abortiva, desta vez não prevista pelo legislador penal, a rigor o STF está atuando como *legislador positivo* e inovando o marco legal penalista do aborto. Vale lembrar, neste passo, que a função de criar normas, gerais e abstratas, a serem aplicadas a todas as situações recorrentes é de incumbência do *legislador positivo* com assento eletivo no Congresso Nacional. Daí a advertência sempre lúcida do Ministro Celso de Mello, decano do Supremo Tribunal Federal: "[...] a ação direta de inconstitucionalidade não pode ser utilizada com o objetivo de transformar o STF, indevidamente, em legislador positivo, eis que o poder de inovar o sistema normativo constitui função típica da instituição parlamentar".[43] Com efeito, trata-se de uma modulação integrativa da norma de exclusão da criminalidade para fins de determinar nova hipótese de não incidência do tipo penal em referência. Contudo, essa intromissão de índole legislativa, para suprimento de exclusão de ilicitude penal até então inexistente, pode ser vista como uma jurisprudência afirmativa de direitos fundamentais, notadamente o direito de livre escolha e de autodeterminação da mulher gestante, em face de uma perspectiva realista e inexorável, de acordo com as estatísticas médicas, para fins de proteção jurídica do alívio do sofrimento materno e da capitulação diante da impossibilidade da vida extra uterina do feto anencéfalo. A dificuldade maior está na circunstância de que tudo se passou em sede de mecanismo de controle concentrado de constitucionalidade, no caso a ADPF, que, como tal, não se destina a proteger direito subjetivo de pessoas denunciadas por infração da lei penal, mas sim, estabelecer em abstrato, em processo marcadamente objetivo, uma nova espécie de exclusão do crime de aborto. Em tal contexto, não se pode deixar de reconhecer que a decisão judicial poderia (ou deveria) ser adotada primariamente pelo Poder Legislativo, até mesmo em reverência ao princípio da legalidade estrita que rege a tipificação criminal e, *a fortiori*, a exclusão dos delitos e das penas, como ditado pelo art. 5º, inciso XXXIX, da Constituição Federal. Talvez esse tenha sido, no âmbito do STF, o caso mais extremo de proatividade judicante ou mesmo de ativismo judicial, como preferem dizer alguns doutrinadores.

---

43. Essa afirmação consta do voto do Ministro Celso de Mello, na qualidade de relator da ADI 1.063/MC, julgada pelo Plenário do STF em 18.05.1994. Nessa ação direta, o STF apreciou a constitucionalidade de disposições da Lei 8.713/93, que disciplinou o processo eleitoral no ano de 1994, cuja ementa enuncia, dentre outras assertivas: "...O STF como legislador negativo: ... Não se revela lícito pretender, em sede de controle normativo abstrato, que o Supremo Tribunal Federal, a partir da supressão seletiva de fragmentos do discurso normativo inscrito no ato estatal impugnado, proceda à virtual criação de outra regra legal, substancialmente divorciada do conteúdo material que lhe deu o próprio legislador".

Outro caso que repousa na fronteira entre os territórios do reconhecimento de direito pela via judicial e a deliberação de caráter legislativo ocorreu no julgamento unânime e conjunto pelo Supremo Tribunal Federal da ADI 4277/DF e da ADPF 132/RJ, no ano de 2011, sob a relatoria do Ministro Ayres Britto, para fins de dar interpretação conforme a Constituição ao artigo 1.723 do Código Civil[44] e, com isso, considerar como união estável com efeito de casamento a relação de pessoas do mesmo sexo, designada relação homoafetiva. Essa importante decisão do Supremo Tribunal Federal, em realidade, acabou por reconhecer a quarta espécie do gênero "*família*" no direito brasileiro, ao lado da família decorrente do casamento civil ou do casamento religioso com efeitos civis, da família formada pela união estável e da entidade familiar monoparental, quando apenas um dos cônjuges mantiver a guarda dos filhos. Ao julgar procedentes ambas as ações, o STF decidiu, com grande inspiração civilizatória e humanitária, que a união homoafetiva deve ser considerada como uma autêntica família, com todos os seus efeitos jurídicos. Segundo o Ministro relator Ayres Britto, a união homoafetiva e não heterossexual só poderia ser vedada se a Constituição fosse expressa nesse sentido – "*o que seria obscurantista e inútil*". Para a unanimidade dos Ministros do STF, a família é o núcleo doméstico, tanto faz seja ela integrada por um casal heterossexual ou homossexual. Os Ministros destacaram que é importante que o Congresso Nacional deixe de ser omisso em relação ao tema e regule as relações que surgirão a partir desse julgado. Nesse sentido, o então Presidente do STF, Ministro Cesar Peluso, concluiu a votação com grave exortação ao Congresso Nacional: "O Poder Legislativo, a partir de hoje, tem que se expor e regulamentar as situações em que a aplicação da decisão da Corte seja justificada. Há, portanto, uma convocação que a decisão da Corte implica em relação ao Poder Legislativo para que assuma essa tarefa para a qual parece que até agora não se sentiu muito propenso a exercer".

Esse acórdão do Supremo Tribunal Federal bem traduz o protagonismo da nossa Corte Constitucional em interpretar e moldar as normas jurídicas de forma ampliativa e em consonância com os direitos fundamentais elencados na Constituição. É uma forma de atuação ao estilo da "*judicial review*" praticada nos Estados Unidos pela Suprema Corte que, com grande influência na evolução histórica dos *civil rights*, desempenhou o papel de forja de novos e novíssimos direitos a partir do manancial de formulações jurídicas consubstanciado no texto da Constituição e de suas emendas. Em França, como já antes comentado, percebe-se o protagonismo da Assembleia Nacional, na esteira do *jacobinismo* parlamentar proeminente naquele país desde a eclosão da Revolução Francesa em 1789. Assim é que o casamento entre parceiros homossexuais foi reconhecido nessa nação europeia mediante a Lei 2013-404, de 17 de maio de 2013, que introduziu

44. O artigo 1.723 do Código Civil preceitua o seguinte: "É reconhecida como entidade familiar a união estável entre o homem e a mulher, configurada na convivência pública, contínua e duradoura e estabelecida com o objetivo de constituição de família". De acordo com o artigo 1.726 do mesmo estatuto civilista – "A união estável poderá converter-se em casamento, mediante pedido dos companheiros ao juiz e assento no Registro Civil". Assinale-se que essas disposições visam dar efetividade à norma do art. 226, § 3º, da Constituição, que dispõe: "Para efeito da proteção do Estado, é reconhecida a união estável entre homem e mulher como entidade familiar, devendo a lei facilitar sua conversão em casamento".

no direito francês o chamado "*marriage pour tous*". A França foi o 9º país europeu e o 14º no mundo a autorizar o casamento entre pessoas do mesmo sexo. A reportada lei francesa abriu novos direitos no regime legal do casamento, da adoção e da sucessão em respeito aos princípios maiores e supralegais da igualdade e da liberdade. A então Ministra da Justiça no governo de François Holande, Cristiane Taubira, foi a grande responsável pela aprovação desse ato legislativo, que contou com a aprovação de 331 votos a favor e 225 votos contrários dentre 566 deputados votantes. O projeto de lei aprovado pela Assembleia Nacional e sancionado pelo Presidente da República alterou o artigo 143 do Código Civil francês para fins de dispor que – "*o casamento é contraído por duas pessoas de sexo diferente ou do mesmo sexo*" ("*le mariage est contracté par deux personnes de sexe différent ou de même sexe*"). Essa visão de direito comparado põe em evidência as diferenças culturais e institucionais que existem entre os países de forte tradição judiciarista, como Estados Unidos e Brasil, e países onde historicamente prevaleceu a proeminência da representação popular, ao estilo do absolutismo da vontade geral ("*volonté générale*") cunhado por Rousseau, como a França.

Outro julgamento de relevo nesse campo de questões, a demonstrar a proatividade da Corte guardiã da Constituição em nosso país, se expressa no acordão do STF proferido em 13 de junho de 2019 na Ação Direta de Inconstitucionalidade por Omissão (ADO) 26 e no Mandado de Injunção (MI) 4733, da relatoria do Ministro Celso de Mello, que, pela maioria de oito votos a favor e três contrários, reconheceu a mora do Congresso Nacional em incriminar atos atentatórios a direitos fundamentais dos integrantes da comunidade LGBTI+ e determinou a aplicação das penalidades constantes da Lei do Racismo (Lei 7.716/89) para coibir tais condutas, isto até que o Congresso Nacional edite lei específica na matéria. Esse emblemático julgado acatou a tese proposta pelo eminente decano da nossa Suprema Corte, que se desdobra em 3 (três) vetores principais. O primeiro deles, prevê que, até que o Congresso Nacional edite lei específica, as condutas homofóbicas e transfóbicas, reais ou supostas, se enquadram nos crimes previstos na citada Lei do Racismo e, no caso de homicídio doloso, constitui circunstância que o qualifica, por configurar motivo torpe. No segundo tópico, a tese prevê que a repressão penal à prática da homotransfobia não alcança nem restringe o exercício de liberdade religiosa, desde que tais manifestações não configurem discurso de ódio. Por fim, a tese estabelece que o conceito de racismo ultrapassa aspectos estritamente biológicos ou fenotípicos e alcança a negação da dignidade e da humanidade de grupos vulneráveis. Esse caso deixa claro que o STF está suprindo a inércia e a omissão congressual, editando uma aplicação analógica da lei punitiva do racismo, para, ainda que temporariamente e até que sobrevenha legislação específica na matéria, incluir no tipo penal existente e relacionado à prática de racismo a discriminação e o preconceito sexual. Trata-se de decisão também emblemática e de cunho altamente civilizatório e humanitário, que visa dar uma resposta judicial às estatísticas monstruosas de violência física e moral praticada contra a comunidade LGBTI+ por motivação de odioso preconceito homofóbico.

Nesse terreno de estremação teórica entre os territórios dos Poderes orgânicos da soberania sempre haverá divergências e visões subjetivistas acerca do papel a ser desempenhado, legitimamente, pelo Legislativo, pelo Executivo e pelo Judiciário. Sempre haverá também, em maior ou menor escala, algum tipo de transpasse competencial, uma vez que as fronteiras das competências entre os Três Poderes não são nítidas tampouco estanques, sujeitando-se a um incerto regime de aproximação e de identidades relativas. Mas, como excessos e usurpações de função podem efetivamente ocorrer, a depender do grau de maturidade histórica e política dos arranjos constitucionais, haverá de existir ou haverá de se construir um arcabouço de soluções racionais para correção das situações teratológicas ou que traduzam ousadias inaceitáveis. Enfim, ponderar, transigir e conciliar, num feixe de sinergias construtivas e de preservação do modelo constitucional democrático, é sempre o melhor caminho. Nesse cenário, parece conveniente que, num sistema equilibrado de separação de poderes, alguém, além do editor normativo, tenha autoridade para apreciar acerca da constitucionalidade (aí incluídos os parâmetros da *razoabilidade* e da *proporcionalidade*) das normas jurídicas, sob pena de permitir-se, pelo menos em tese, eventual arbítrio do legislador. Aí se insere a autoridade da Justiça e das cortes com jurisdição constitucional. Mas, também essas podem errar e abusar, até mesmo periclitando a independência e a harmonia entre os Poderes e o sistema de freios e contrapesos. Aliás, não é demais lembrar, de acordo com o artigo 2º da Constituição do Brasil que – "*São Poderes da União, independentes e harmônicos entre si, o Legislativo, o Executivo e o Judiciário*". Para remediar tais abusos e salvaguardar o sistema edificado na Constituição do Estado Democrático de Direito, e como medida para contrabalançar eventual excesso da magistratura no desempenho da sua missão de controle de constitucionalidade, resta sempre a solução política final, de insuspeita índole democrática, qual seja a possibilidade de o Congresso Nacional, no exercício do poder constituinte revisional, emendar o texto da Constituição, seja para lhe conferir interpretação pretensamente autêntica e corretiva da que lhe dera o órgão jurisdicional, seja para suprir lacuna indevidamente suprida pela interpretação pretoriana. Assim é que, nos Estados Unidos da América, em quatro históricas oportunidades, o Congresso americano exercitou tal prerrogativa para afastar, mediante a promulgação de emendas constitucionais, decisões da Suprema Corte acerca do sentido e do alcance da Constituição, o que se deu com a edição da 11ª Emenda, com relação ao julgado no caso *Chisholm v. Georgia*; com a frase inicial da 14ª Emenda, relativamente à decisão *Dred Scott v. Sandford*; com a 16ª Emenda, tendo por objeto o caso *Pollock v. Farmers Loan and Trust Co.*; e, por fim, mediante a 26ª Emenda, com referência ao caso *Oregon v. Mitchell*. Cuida-se, em suma, de mecanismo político engenhoso e legítimo para corrigir, ao fim e ao cabo, a prática do ativismo judicial considerado inaceitável pela consciência democrática e pelo órgão de Poder legislativo e titular da representação política.

REFERÊNCIAS

BARROSO, Luís Roberto. *Judicialização, Ativismo Judicial e Legitimidade Democrática*. (Syn) Thesis, Rio de Janeiro, v. 5, n. 1, p. 23-32. 2012.

BERNS, Walter. Temos uma Constituição Viva? *Cadernos de Direito Constitucional e Ciência Política*. Instituto Brasileiro de Direito Constitucional. *Revista dos Tribunais*, n. 2, p. 123 e ss., jan./mar. 1993.

BICKEL, Alexander M. *The least Dangerous Branch*. Indianápolis: Ed. Bobbs Merril Co., 1962.

BITTENCOURT, C. A. Lúcio. *O controle jurisdicional da constitucionalidade das leis*. 2. ed. Brasília: Ministério da Justiça, 1997. Série Arquivos do Ministério da Justiça.

BLACK, Henry Campbell. *Handbook of American Constitutional Law*. St. Paul, West Publishing Co., Minnesota, 1910.

CAMPOS, Carlos Alexandre de Azevedo. *Dimensões do ativismo judicial do STF*. Rio de Janeiro: Forense, 2014.

CAPPELLETTI, Mauro. *O controle judicial de constitucionalidade das leis no direito comparado*. Porto Alegre: Sergio Fabris, 1984.

CARMONA, Geórgia Lage Pereira. A propósito do ativismo judicial: super Poder Judiciário? Disponível em: http://www.jurisway.org.br/v2/ dhall.asp.

CASTRO, Carlos Alberto Siqueira. *O Congresso e as delegações legislativas*. Rio de Janeiro: Forense, 1986.

CASTRO, Carlos Roberto Siqueira. *O devido processo legal e os princípios da razoabilidade e da proporcionalidade*. 5. ed. Rio de Janeiro: Forense, 2010.

CASTRO, Carlos Roberto Siqueira. Pela criação do Tribunal Constitucional. *Revista Contextos*, n. 2, p. 79-96, 1987. Edição do Mestrado em Ciências Jurídicas da PUC-RJ.

COOLEY, Thomas M. *A Treatise on the Constitutional Limitations*. Nova York, 1927.

DWORKIN, Ronald. *O Império do Direito*. São Paulo: Martins Fontes, 1999.

ELY, John Hart. *Democracy and distrust*: A theory of judicial review. Cambridge and London, Harvard University Press, 1980.

FAGUNDES, Miguel Seabra. A função política do Supremo Tribunal Federal. *Revista de Direito Público*. São Paulo, n. 49-50, p. 8, jan./jun. 1979.

FARO DE CASTRO, Marcus. O Supremo Tribunal Federal e a Judicialização da Política. *Revista Brasileira de Ciências Sociais*, São Paulo, v. 12, n. 34, 147-156, jun. 1997.

FARO DE CASTRO, Marcus. The Courts, law and democracy in Brazil. *International Social Science Journal*. Ed. Blackwel Publishers. v. 152. UNESCO, jun. 1997.

FAVOREU, Louis (Coord.). *Cours constitutionnelles, européennes et droits fondamentaux*. Dedicada à Justice Constitutionnelle. Econômica, 1982.

GOMES, Luiz Flávio. O STF está assumindo um ativismo judicial sem precedentes? *Jus Navegandi*, Teresina, ano 13, n. 2164, jun. 2009.

GOMES, Orlando. A Agonia do Código Civil. *Revista de Direito Comparado Luso-Brasileiro*. Rio de Janeiro: Forense, n. 7, p. 5. 1988.

GUNTHER, Gerald. *Constitutional Law* – cases and materials. 9. ed. Ed. The Foundation Press, 1975.

HESSE, Konrad. *Derecho Constitucional y Derecho Privado*. Madrid. Editorial Civitas, 1995.

HORWITZ, Morton J. *The emergence of an instrumental conception of American Law* – 1780-1820. New York, 1960.

KLARE, Karl. Legal Theory and Democratic Reconstruction. 25 *Columbia Law Review* 69. 1991.

LASSALE, Ferdinand. *Que é uma Constituição*. Porto Alegre: Villa Martha, 1980.

LEIBHOLS, Gerhard. *Problemas fundamentales de la democracia moderna*. Madrid, 1971.

LIMA, Fávia Santiago. *Jurisdição constitucional e política*: ativismo e autocontenção no STF. Curitiba: Juruá, 2014.

MAcCLOSKEY, Robert G. *The American Supreme Court*. The University of Chicago Press, 1960.

MIARELLI, Mayra Marinho, LIMA, Rogério Montai. *Ativismo Judicial e a Efetivação de direitos no Supremo Tribunal Federal.* Porto Alegre: Ed. Sergio Antonio Fabris, 2012.

NUNES, Castro. Teoria e prática do poder judiciário. *Revista Forense.* p. 597, 1943.

RAMOS, Elival da Silva. *Ativismo judicial*: parâmetros dogmáticos. São Paulo: Saraiva, 2010.

RODRIGUES, Leda Boechat. *História do Supremo Tribunal Federal.* Ed. Civilização Brasileira, 1991. v. 1.

SCHLESINGER, Arthur. The Supreme Court: 1947. *Revista Fortune*, 1947.

SILVA, José Afonso da. Tribunais constitucionais e jurisdição constitucional. *Revista Brasileira do Estudos Políticos*, Minas Gerais: Universidade Federal de Minas Gerais, n. 60-61, p. 515-517, jan./jul. 1985.

SIQUEIRA CASTRO, Carlos Roberto, *O princípio da isonomia e a igualdade da mulher no Direito Constitucional.* Rio de Janeiro: Forense, 1983.

STRECK, Lênio Luiz. *O que é isto, o ativismo judicial em números?* Disponível em: http://www.conjur.com.br/2013.

STRECK, Lênio Luiz. O Rubicão e os quatro ovos do condor: de novo, o que é ativismo? *Revista Conjur*, em 07.01.2016.

VALLE, Vanice Regina Lírio (Org.). *O ativismo jurisprudencial e o Supremo Tribunal Federal.* Laboratório de Análise Jurisprudencial do STF. Curitiba: Juruá, 2009.

VERGOTTINI, Giuseppe de. *Derecho constitucional comparado.* Madri: Espasa - Cape, 1985.

VIANNA, Luiz Werneck. A judicialização da política e das relações sociais no Brasil. In: CARVALHO, Maria Alice Rezende de; CUNHA NETO, Manuel Palacios; BURGOS, Marcelo Baumann. Rio de Janeiro: Renan, 1999.

VILHENA, Oscar. Supremocracia. In: SARMENTO, Daniel. *Filosofia e teoria constitucional contemporânea.* Rio de Janeiro: Lumen Juris, 2009.

WEBER, Max. Burocracia e liderança política numa Alemanha reconstruída. *Os pensadores.* Abril Cultural, 1980.

CAMINHOS DA AUTOCONTENÇÃO: ENTRE A SOMBRA DO ATIVISMO E A LUZ DA LEGALIDADE

Flávio Pansieri

Pós-Doutor em Direito pela Universidade de São Paulo (USP). Doutor em Direito pela Universidade Federal de Santa Catarina (UFSC). Mestre em Direito pela Universidade de São Paulo (USP). Professor do PPGD da Pontifícia Universidade Católica do Paraná (PUC-PR). Advogado e Sócio Fundador da Pansieri Advogados. Líder do Publius (CNPq). E-mail: pansieri@pansieriadvogados.com.br. Lattes: http://lattes.cnpq.br/0746109917958819; ORCID: https://orcid.org/0000-0003-4025-4534; vinculação: Paraná (PUC-PR).

Sumário: Introdução – 1. Desenvolvimento; 1.1 O que é ativismo?; 1.2 O judiciário e seus limites; 1.3 Nem tudo que reluz é ativismo; 1.4 O mito do ativismo responsável; 1.5 Ulisses e a ideia de autocontenção – Conclusão – Referências.

INTRODUÇÃO

A análise do ativismo judicial no âmbito do Supremo Tribunal Federal (STF) tem suscitado, em tempos recentes, debates acalorados na academia jurídica e na esfera pública, notadamente pela intensificação da judicialização de temas relevantes ao Estado Democrático de Direito. Se, por um lado, existe uma compreensão de que a jurisdição constitucional, especialmente após a Constituição Federal de 1988, deve atuar para concretizar direitos e assegurar a supremacia do texto constitucional,[1] por outro lado, questiona-se a legitimidade de o STF assumir posturas tidas como "criativas" ou "inovadoras", chegando, em certos casos, a estabelecer novas restrições sem lei formal.

A tensão que se forma a partir dessa conjuntura se enraíza na distinção entre judicialização da política e ativismo judicial. Um tema tratado por muitos debatedores e que, dentre tantos, o Ministro Luís Roberto Barroso[2] e Lenio Luiz Streck[3] se destacam. De maneira geral, a judicialização da política é um fenômeno inevitável no arranjo constitucional brasileiro: à medida que a Constituição de 1988 concentrou um catálogo abrangente de direitos fundamentais e delineou competências amplas ao STF (tanto

1. PANSIERI, Flávio; SAMPAR, Rene. Uma breve história do constitucionalismo democrático. Constituição, Economia e Desenvolvimento: *Revista Eletrônica da Academia Brasileira de Direito Constitucional, [S. l.]*, v. 15, n. 19, p. 97-116, 2024. Disponível em: https://abdconstojs.com.br/index.php/revista/article/view/574. Acesso em: 21 fev. 2025.
2. Nesse sentido, *cf.* BARROSO, Luís Roberto. A Lenda do Ativismo Judicial do Supremo Tribunal Federal. In: SIMONETTI, José Alberto; COÊLHO, Marcus Vinicius Furtado (Org.). *Defesa da democracia e das liberdades*. Brasília: OAB Editora, 2023. p. 29-32.
3. Nesse sentido, *cf.* (i) QUARELLI, Vinicius. *O que é isto* – a crítica hermenêutica do direito de Lenio Streck? São Paulo: JusPodvim, 2024.; e (ii) STRECK, Lenio Luiz. Entre o ativismo e a judicialização da política: a difícil concretização do direito fundamental a uma decisão judicial constitucionalmente adequada. *Espaço Jurídico Journal of Law*, [S. l.], v. 17, n. 3, p. 721-732, 2016.

no controle abstrato quanto no difuso), inúmeras questões de relevo político acabam sendo submetidas à apreciação judicial. Por sua vez, ativismo judicial é expressão que designa uma postura voluntária do Judiciário, pela qual o tribunal ultrapassa o que se extrai do texto legal ou constitucional, impondo soluções inéditas não previstas na lei.

O problema central que orienta a presente investigação concerne à capacidade de se identificar o ponto em que o exercício contramajoritário do STF, legítimo para assegurar direitos e corrigir omissões, adentra o terreno da inovação restritiva – criando limitações a direitos ou obrigações que não constam em lei. Se a judicialização da política não costuma ser censurada – pois é reflexo do Estado Constitucional que confere ao Judiciário um papel de garante das promessas constitucionais –, o mesmo não se pode dizer do ativismo. Ao fim, resta indagar: em que medida o Judiciário, sob o pretexto de concretizar a Constituição, não atropela a esfera de autonomia do Poder Legislativo, relativizando o princípio democrático e a legalidade?

A justificativa para esse estudo reside na proeminência do STF nos cenários político e institucional, decidindo matérias de alta repercussão social e, com frequência, recebendo aplausos de uns e críticas de outros. A sociedade, ao mesmo tempo em que demanda uma jurisdição constitucional ativa na efetivação de direitos, manifesta preocupação diante de eventuais "superpoderes" judiciais, pois, caso a Corte se permita legislar no lugar do Parlamento, corre-se o risco de abalar o arranjo entre legalidade (art. 5º, II) e reserva parlamentar. A fim de ilustrar tais fenômenos, cita-se, a título de exemplo, julgamentos emblemáticos como a ADPF 378 (que estabeleceu o rito de impeachment), o MS 34131 (com postura cautelosa do STF na fase senatorial do processo) e a ADPF 635 (conhecida como "ADPF das Favelas"), sobre a qual emergem críticas quanto à imposição de diretrizes de segurança pública sem lei formal.

A hipótese aqui sustentada é que ativismo e judicialização não se confundem. Enquanto a judicialização deriva do modelo constitucional (em que amplos direitos e competências recairiam sobre o STF), o ativismo é resultado de uma opção metodológica do intérprete, que escolhe criar, suprimir ou alterar conteúdos normativos sem que a lei ou o texto constitucional delimitem tal permissão. Em outras palavras, o Supremo Tribunal Federal estaria desempenhando função típica de "legislador positivo" quando impõe deveres não constantes do ordenamento ou cria restrições a direitos fora das hipóteses previstas. Por conseguinte, defende-se que tal proceder revela uma afronta ao princípio democrático que, no Brasil, estabelece a competência do Poder Legislativo para inovar em matéria de restrições fundamentais (art. 5º, II, CF).

No que tange ao método, procede-se a uma abordagem bibliográfica e de análise de precedentes paradigmáticos do STF, notadamente ADPF 378 e MS 34131, situados no contexto do impeachment de 2016, e ADPF 635, conhecida como "ADPF das Favelas", cuja repercussão enseja reflexões sobre eventuais excessos do Judiciário ao estabelecer condicionantes não contempladas no ordenamento. Esse recorte permite contrastar cenários em que o Supremo não extrapolou (ou extrapolou minimamente) e outros em que, sob a justificativa de proteger direitos, teria avançado na competência parlamentar.

As argumentações são balizadas por referências doutrinárias clássicas, bem como pelas ideias de Peter Häberle acerca da "sociedade aberta dos intérpretes da Constituição" e pelos estudos sobre constitucionalismo contemporâneo.

Ainda, insere-se neste trabalho a crítica à concepção de um "ativismo responsável" que alguns defendem indiretamente.[4] Com efeito, retoma-se a provocação de que "não existe ativismo responsável" quando o Judiciário cria limitações sem lei, pois, independentemente de haver boas intenções, esse proceder resvala na ruptura do pacto fundante de que cabe ao Parlamento representar a vontade popular e legislar em matéria de restrição a direitos. Defende-se que a autocontenção surge como ferramenta necessária para evitar que o STF ultrapasse as fronteiras constitucionais e legais, mesmo quando confrontado com clamor social ou omissões legislativas.

Estruturalmente, este texto compõe-se de quatro seções principais, além desta introdução. No segundo capítulo (Desenvolvimento), subdividido em cinco partes, exploro a conceituação de ativismo; discuto a teoria dos limites do Judiciário, incluindo a noção de "sociedade aberta dos intérpretes da Constituição" e a função contramajoritária; analiso circunstâncias em que, embora intensa, a atuação do Supremo não se traduz em ativismo; abordo a provocação referente ao "ativismo responsável" no contexto da ADPF das Favelas; e, ao final, retomo a narrativa homérica de Ulisses para sublinhar a importância de resistir à tentação de legislar. Em seguida, na conclusão, sintetizo as razões pelas quais a jurisdição constitucional, embora crucial para a proteção de direitos, não deve converter-se em fonte primária de proibições alheias ao processo legislativo.

Este artigo é escrito para a obra em homenagem ao Professor Doutor e Ministro Edson Fachin, que foi fundamental para a constitucionalização do direito privado brasileiro. Ao defender o diálogo entre linhas de pensamento, Ministro Fachin contribuiu para a abertura de espaços de debate sobre o papel do Poder Judiciário no cenário jurídico. Nesse sentido, o presente estudo se propõe a examinar a atuação do Supremo Tribunal Federal, especialmente no que se refere à judicialização das questões constitucionais e à definição dos limites do ativismo judicial, integrando o exame dos precedentes com a consideração das críticas no debate jurídico. Assim, a homenagem ao Professor Fachin se insere num contexto que retoma as bases do debate sobre a função do Judiciário e propõe a identificação de divergências no tratamento dos temas abordados, promovendo a reflexão sobre os métodos de interpretação e a delimitação da intervenção judicial.

---

4. Durante palestra proferida no dia 6 de novembro de 2015, no Instituto dos Advogados Brasileiros (IAB), no Rio de Janeiro, o ministro Fachin afirmou que o STF não poderia ser "cegamente omisso nem irresponsavelmente ativista". Ao ressalvar esse último aspecto, ele acabou admitindo a hipótese de um "ativismo responsável" ou, ao menos, sugerindo que haveria margem para uma atuação judicial mais expansiva, desde que "criteriosa". Embora a preocupação em não deixar a Constituição sem guarda seja digna de reconhecimento, o risco é que a ideia de "ativismo equilibrado" se converta em justificativa para a criação de deveres ou vedações que escapam ao domínio judiciário. Por mais que o Judiciário deva reagir a omissões flagrantes, uma postura que "preencha lacunas" pode inadvertidamente funcionar como substituto do parlamento, solapando a legitimidade que só a lei, aprovada por representantes eleitos, pode conferir a restrições de direitos. Nesse sentido, *cf.* SOUZA, Giselle. Edson Fachin defende equilíbrio na atuação do Supremo. *Revista Eletrônica Consultor Jurídico*, São Paulo, 6 de novembro de 2015. Disponível em: https://www.conjur.com.br/2015-nov-06/edson-fachin-defende-equilibrio-atuacao-supremo/. Acesso em: 21 fev. 2025.

1. DESENVOLVIMENTO

1.1 O que é ativismo?

O conceito de ativismo judicial, embora recorrente no debate jurídico, frequentemente é empregado de modo indistinto para qualquer atuação enérgica do Judiciário em temas políticos ou sociais. Para evitar equívocos, é indispensável delimitar com clareza o que se compreende por ativismo e como ele se distingue de uma judicialização que decorre do próprio desenho constitucional. Essa reflexão se faz ainda mais importante em um Estado Democrático de Direito, no qual o Judiciário, especialmente a jurisdição constitucional, exerce papel de garante dos Direitos Fundamentais, mas não deveria, em princípio, usurpar a competência legiferante do Parlamento.

A partir de uma perspectiva histórica,[5] o termo ativismo judicial ganhou relevo em países de tradição anglo-saxã, onde foi utilizado para caracterizar cortes que, em certas circunstâncias, não apenas aplicavam a lei, mas também pareciam criar entendimentos jurídicos com força de lei. Em algumas situações, esse impulso interpretativo era interpretado como algo positivo, destinado a suprir lacunas ou proteger grupos vulneráveis. Entretanto, em outras ocasiões, soava como ingerência indevida na esfera legislativa, subvertendo o pacto democrático que reserva ao parlamento a tarefa de formular leis.

No contexto brasileiro, após 1988, a intensidade do controle de constitucionalidade e a amplitude do catálogo de direitos fundamentais fomentaram a judicialização de inúmeros temas sociais e políticos, desde questões eleitorais até políticas públicas ligadas à saúde, educação e segurança. Em razão dessa circunstância, o STF passou a ser chamado a solucionar conflitos de grande repercussão, frequentemente colocando-se em evidência perante a opinião pública. Nesse cenário, sempre que o Tribunal assumia uma posição de protagonismo — por vezes anulando atos do Executivo ou do Legislativo, ou até impondo determinadas condutas – a opinião pública, e mesmo a comunidade jurídica, se indagava: trata-se de mero exercício de jurisdição constitucional (judicialização) ou de algo que extrapola esse escopo e se materializa como ativismo?

É crucial, então, compreender que a judicialização, enquanto fenômeno, descreve o deslocamento de várias questões políticas para o Judiciário, decorrente do desenho constitucional que confere ao STF prerrogativas amplas de revisão judicial. A título de exemplo, em se tratando de leis que podem colidir com direitos fundamentais, nada mais natural que cidadãos ou entidades ingressem com ações para que a Corte avalie a constitucionalidade dessas disposições. A própria Constituição de 1988, ao prever instrumentos como ações diretas de inconstitucionalidade, ações declaratórias de constitucionalidade e arguições de descumprimento de preceito fundamental, incentiva esse canal de acesso ao Judiciário.

---

5. Nesse sentido, *cf.* TASSINARI, Clarissa. *Jurisdição e ativismo judicial*: limites da atuação do Judiciário. Porto Alegre: Liv. Advogado, 2013.

O ativismo judicial, por sua vez, exige outro ingrediente: uma postura deliberada, por parte do Judiciário, de ultrapassar as fronteiras hermenêuticas do texto constitucional e legal, inovando de modo a criar obrigações, sanções ou deveres não estabelecidos em lei. Em outras palavras, enquanto a judicialização se satisfaz em aplicar ou concretizar direitos existentes, o ativismo instaura normas que não se extraem do ordenamento. É por isso que se costuma dizer que o ativismo judicial implica uma espécie de "legislação pelo Judiciário". A essência do ativismo não se resume ao fato de o tribunal invalidar normas ou julgar inconstitucionais determinados atos, mas no ato de gerar uma disciplina normativa autônoma no sentido de degenerar o texto constitucional.

Para melhor apreender a diferença, é útil um exemplo hipotético: caso se discuta, no STF, a validade de uma lei que proíba determinado comportamento, e a Corte conclua que tal proibição é inconstitucional, essa decisão se enquadra em algo esperado da judicialização, qual seja, reprimir atos que desrespeitem a Constituição. Contudo, se, ao contrário, não houver lei alguma sobre aquele comportamento e o STF resolver "preencher o vazio" com uma proibição que o Parlamento jamais aprovou, emergiria o ativismo, pois o Tribunal assumiria o papel de legislador, impondo restrições não constantes do ordenamento.

Nesse debate, é preciso ainda evocar o pano de fundo democrático. O Estado brasileiro, fundado em um regime representativo, confia ao parlamento o dever de legislar sobre matérias restritivas de direitos, tendo em vista a necessidade de legitimidade popular para limitar liberdades individuais[6] ou criar obrigações. O Judiciário, por não dispor dessa mesma legitimação eleitoral, nem ser foro de deliberação política plural, encontra-se restrito ao exercício de controle e aplicação das leis, embora com possibilidade de interpretar extensivamente dispositivos constitucionais. Portanto, a acusação de ativismo judicial aparece com maior vigor quando o Tribunal "inventa" proibições ou obrigações sem lei, pois isso indica uma substituição do processo legislativo.

Há quem argumente que, em determinadas conjunturas de omissão legislativa ou de urgência social, o ativismo judicial seria bem-vindo para corrigir lacunas graves e proteger direitos fundamentais negligenciados. Essa visão, entretanto, encontra a objeção de que nem mesmo a mais nobre intenção pode legitimar a criação de normas não aprovadas democraticamente. Em termos práticos, ainda que a jurisprudência possa e deva corrigir certos abusos, não se permite – em tese – que a Corte reescreva o direito criando, por exemplo, novos crimes ou tipos de sanções que jamais foram deliberadas no espaço legislativo.

Outro fator que contribui para a confusão entre judicialização e ativismo é o destaque midiático que as decisões do STF recebem. Quando o Tribunal invalida leis, intervém em políticas públicas ou determina providências a outros Poderes, o grande público tende a considerar essa postura como "ativista". Porém, é preciso cautela para distinguir a interferência que se baseia em comando normativo prévio (como a Constituição ou leis

6. Falar de liberdade é um tema inesgotável. Contudo, recomendo a leitura de toda uma coleção em que este escriba apresenta nuances e como o tema se relaciona com o Direito Contemporâneo: PANSIERI, Flávio. *A Liberdade no pensamento Ocidental*. Belo Horizonte: Fórum, 2018.

existentes) daquela em que o Judiciário verdadeiramente extrapola o mandato e passa a legislar. A mera proeminência política do STF não basta para caracterizar o ativismo; o ponto nevrálgico é a criação de obrigações e restrições sem respaldo legal.

Também faz parte da conceituação o debate em torno da evolução histórica do conceito de ativismo judicial, remontando a experiências de outros ordenamentos constitucionais. No âmbito da Suprema Corte dos Estados Unidos, por exemplo, esse termo surge em referência a julgamentos nos quais o tribunal estendeu a interpretação constitucional para abranger direitos não textualizados, ou reformulou políticas públicas. Alguns consideraram essas expansões essenciais para realizar a ideia de justiça, enquanto outros viram uma supressão do espaço de decisão do Legislativo. Adaptado ao Brasil, o termo ganhou força conforme o STF assumia decisões interpretativas mais expansivas, ancoradas em princípios como dignidade da pessoa humana, mas sem que houvesse lei específica.

Também não se pode ignorar que o ativismo judicial, em alguns estudos, é vinculado a uma postura de judicialização "forte", que inclui a fixação de prazos para o Executivo cumprir determinações, a exigência de políticas públicas específicas e até a imposição de multas ou sanções a autoridades administrativas. Contudo, mesmo essas determinações, por si sós, não caracterizariam ativismo se se basearem em regras já postas em lei ou na Constituição. A dificuldade surge quando nenhuma lei autoriza a sanção ou a exigência criada e, mesmo assim, o Judiciário a institui.

Dessa ampla discussão, extrai-se que a essência do ativismo judicial não está na simples presença do STF na arena pública ou no fato de julgar causas politicamente relevantes, mas na extrapolação metodológica que gera "regras novas" sem lei prévia. Essa diferenciação orienta o estudo dos precedentes do Tribunal, a fim de verificar se se está diante de uma aplicação mais ou menos flexível de normas vigentes, ou se há um genuíno salto que culmina em legislar judicialmente. Por isso, é habitual que se use a expressão "*activism is in the eye of the beholder*", lembrando que o grau de intervenção pode ser visto de forma positiva ou negativa, dependendo de como se define a fronteira entre interpretação e criação normativa.

Com base nesse panorama, já é possível distinguir que, em muitos casos, o STF tão somente exerce a judicialização esperada: atua em face de leis suspeitas de inconstitucionalidade, ou no cumprimento de preceitos constitucionais que clamam por concretização judicial. A judicialização, nesse sentido, é consequência natural do arranjo constitucional. Por outro lado, falar em ativismo requer evidenciar que o tribunal impôs restrições não localizadas no arcabouço jurídico ou sancionou condutas nunca reprovadas em lei. Essa relação íntima com o aspecto da legalidade faz com que o art. 5º, II, da CF, que prega que ninguém será obrigado a fazer ou deixar de fazer senão em virtude de lei, seja a baliza maior nesse debate. A corte não deveria contrariar esse princípio para impor obrigações que o legislador não dispôs.

O ativismo judicial, portanto, conecta-se de modo inevitável ao princípio democrático: a Câmara dos Deputados e o Senado Federal, eleitos pelo povo, são os foros de discussão e aprovação de restrições a direitos, bem como de criação de novos deveres.

Quando o Judiciário toma para si essa competência, sob justificativas teóricas como "efetivar valores constitucionais" ou "corrigir omissões legislativas crônicas", a crítica surge com maior intensidade, acusando-o de romper o pacto fundamental. Nesses casos, não se questiona tanto a boa intenção, mas sim o método. Se a moral ou a conveniência social podem autorizar qualquer inovação, a Constituição deixaria de operar como um parâmetro de segurança jurídica, e o legislativo seria esvaziado do seu papel. Esse é o cerne de porque se enfatiza tanto a demarcação entre judicialização e ativismo.

Em consonância com o panorama delineado por autores como Cademartori, Carvalho, Appelt e Souza,[7] é possível afirmar que o ativismo judicial surge quando o Judiciário, deixando de se limitar ao controle de constitucionalidade (função inerente ao equilíbrio institucional), acaba por desvirtuar as fronteiras da separação de poderes. Tal postura, ao abandonar o foco em critérios jurídicos mínimos e em procedimentos previamente estabelecidos, compromete a segurança jurídica que deveria sustentar o Estado Democrático de Direito. Com efeito, em vez de atuar como instância de legitimação do pacto democrático, o Judiciário passa a comportar-se como "legislador de ocasião", rompendo a lógica das funções típicas do Legislativo e do Executivo – as quais, embora por vezes omissas ou inoperantes, não podem simplesmente ser substituídas pela vontade judicial sem maiores cautelas. Nesse contexto, a ação ativista, longe de ser mera resposta a demandas sociais legítimas, converte-se em cenário de incertezas, pois a jurisprudência deixa de ser previsível e a força normativa da lei se dilui, corroendo, na essência, o princípio da segurança jurídica que seus autores tanto evidenciam. A título de alternativa, Marco Aurélio Marrafon se destaca com um daqueles teóricos do Direito que procuram superar estes problemas. Em sua obra,[8] Marrafon argumenta o compromisso ético não pode ser dissociado da responsabilidade normativo-discursiva do julgador, o qual deve equilibrar a rigidez necessária à segurança jurídica com a flexibilidade imprescindível para a efetivação dos valores democráticos.

Não obstante, a jurisprudência do STF oferece exemplos de intensidade de atuação variadas.[9] Há decisões em que o Tribunal parece meramente esclarecer interpretações possíveis, sem criar nada de novo; há outras em que expande regras existentes; e há as que, segundo alegam alguns críticos, podem ter imposto soluções não encontradas em qualquer lugar do

7. CADEMARTORI, Luiz Henrique Urquhart; CARVALHO, Camila Fernandes; APPELT, Paulo Vinícios; SOUZA, Pedro Serpa de. Ativismo e controle judicial: uma distinção à luz da segurança jurídica. *Revista Estudos Políticos*, v. 14, n. 28, p. 153-176, 6 fev. 2024.

8. MARRAFON, Marco Aurélio. *O caráter complexo da decisão em matéria constitucional*: discursos sobre a verdade, radicalização hermenêutica e fundação ética na práxis jurisdicional. Rio de Janeiro: Lumen Juris, 2010.

9. Entre as estratégias adotadas por esse constitucionalismo transformador, destacam-se o ativismo judicial, a supraestatalidade e o pluralismo dialógico. Estudos recentes evidenciam que o engajamento argumentativo do STF – especialmente na utilização de precedentes da Corte Interamericana de Direitos Humanos – procura atribuir a esses elementos uma carga informacional relevante, o que, contudo, nem sempre se reflete integralmente no conteúdo das decisões. Essa tensão suscita um debate sobre os limites da judicialização, ressaltando a necessidade de que a proteção de direitos fundamentais não ultrapasse o papel reservado ao Poder Legislativo para a criação de obrigações. Nesse sentido, cf. FRANK, Felipe; BUGALSKI, Lucas Miguel. Ius constitutionale commune e direito de família: uma análise hermenêutica da jurisprudência da Corte Interamericana de Direitos Humanos e do Supremo Tribunal Federal na matéria. *Revista Brasileira de Políticas Públicas*, Brasília, v. 11, n. 2. p. 498-517, 2021. p. 513.

ordenamento. A análise contextual das razões de decidir, da base normativa e da consistência com o princípio democrático é que permite distinguir se o STF atuou em legítima judicialização ou se sucumbiu ao ativismo. Essa distinção teórica não é apenas um preciosismo acadêmico, mas define até onde o Tribunal pode ir sem violar a reserva parlamentar ou a necessidade de legitimidade democrática para criar proibições ou obrigações.

Reafirmar o que seja ou não ativismo judicial, por conseguinte, é essencial para o debate sobre o papel do STF no Estado de Direito. Não se propõe aqui "amordaçar" o Judiciário ou impedi-lo de cumprir sua missão contramajoritária, mas sim balizar a atuação, assegurando que novas limitações a direitos provenham de lei, e não simplesmente da vontade do julgador. Essa discussão se mostra ainda mais candente ao se observar que o STF, por vezes, é levado a suprimir omissões que afetam direitos fundamentais, gerando uma forte tentação de "fazer o bem" pela via judicial. Entretanto, a escolha metodológica de criar obrigações sem lei, embora bem-intencionada, pode solapar o arcabouço institucional e, paradoxalmente, fragilizar o regime constitucional. Eis a razão de se defender, como premissa, que o ativismo judicial precisa ser contido quando significa legislar, pois a legitimação do STF advém da Constituição, não de uma delegação popular para inovar normativamente.

Portanto, a conceituação de ativismo judicial que se adota ao longo deste trabalho é aquela em que o Judiciário, sobretudo o STF, "legisla de facto", criando restrições ou deveres que não encontram fundamento na lei, afastando-se assim do próprio conceito de judicialização, que se limita a aplicar ou concretizar normas vigentes. Esse delineamento permitirá, no que segue, a análise de julgados emblemáticos e a compreensão do porquê nem toda intervenção judicial enérgica deva ser rotulada como ativismo, bem como a crítica dirigida a situações em que, efetivamente, houve uma extrapolação.

1.2 O Judiciário e seus limites

A compreensão dos limites do Judiciário no Estado Democrático de Direito requer uma análise de diversos fatores,[10] entre eles a ideia de sociedade aberta dos intérpretes da Constituição, o papel contramajoritário do Supremo Tribunal Federal e a necessidade de manter a legalidade no cerne da elaboração de restrições a direitos. É nessa intersecção que se percebe o perigo do ativismo judicial quando o tribunal avança para criar obrigações ou sanções que não se lastreiam na lei, corroendo a legitimidade democrática e desviando-se de sua função primordial de aplicar o direito.

A noção de sociedade aberta dos intérpretes da Constituição, cunhada por Peter Häberle,[11] destaca o fato de que a interpretação constitucional não pode ser monopólio

---

10. Ao leitor mais iniciante, recomendo compreender a história do Constitucionalismo a partir de Canotilho. Trata-se de um clássico da contemporaneidade: CANOTILHO, José Joaquim Gomes. *Direito Constitucional e Teoria da Constituição*. 7. ed. Coimbra: Almedina, 2003.

11. HÄBERLE, Peter. Hermenêutica Constitucional. *A Sociedade Aberta dos Intérpretes da Constituição*: contribuição para a Interpretação Pluralista e "Procedimental" da Constituição. Trad. Gilmar Ferreira Mendes. Porto Alegre: Sergio Antonio Fabris, 1997.

de um órgão ou de um grupo. Diversos atores – parlamento, governantes, academia, cidadãos e entidades civis – participam do processo de dar sentido ao texto constitucional. Essa concepção pluralista reforça o princípio de que a Constituição não deve ser lida unicamente pelo Judiciário, o que implica a necessidade de autocontenção quando se trata de inovações restritivas. A sociedade aberta não endossa que o Judiciário, sozinho, crie mandamentos jurídicos sem qualquer participação democrática.

O papel contramajoritário do STF, por sua vez, encontra justificação na tarefa de proteger minorias e salvaguardar direitos constitucionais contra eventuais abusos das maiorias. Isso significa que a Corte está autorizada a vetar leis inconstitucionais ou corrigir omissões que ofendam diretamente preceitos fundamentais. Entretanto, esse poder de veto não se confunde com a prerrogativa de legislar ativamente em lugar do Parlamento. O contramajoritarismo serve para frear violações constitucionais, mas não legitima o Judiciário a expandir o rol de proibições e sanções quando o legislador não o fez. Se a essência do contramajoritarismo é impedir retrocessos, ela não pode ser usada como subterfúgio para criar limitações inéditas a direitos ou estabelecer deveres que jamais passaram pelo crivo eleitoral e deliberativo.

A reserva parlamentar – intimamente ligada ao art. 5º, inciso II, da CF – sublinha que se exige lei para obrigar alguém a fazer ou deixar de fazer alguma coisa. Esse princípio, herdado de uma tradição liberal que valoriza a proteção das liberdades individuais, assegura que qualquer restrição seja emanada de um procedimento legislativo legítimo. O STF, enquanto guardião da Constituição, pode anular leis ou disposições que extrapolam limites constitucionais, mas não pode assumir a competência de editar novas regras que restrinjam direitos. A separação de Poderes, em suma, atribui a cada qual uma esfera de atuação: ao Legislativo, a produção normativa; ao Judiciário, o controle e a interpretação. O desequilíbrio ocorre quando o Judiciário usurpa a produção de leis, mesmo que o faça em nome de valores constitucionais.

No contexto brasileiro, há uma série de mecanismos que conferem amplitude ao poder do STF, tais como a possibilidade de controle abstrato de constitucionalidade, a repercussão geral em recursos extraordinários e a demanda social para que o Judiciário intervenha em omissões políticas que comprometem a fruição de direitos fundamentais. Essa conjuntura impulsiona a judicialização, mas não necessariamente o ativismo. A judicialização é uma consequência lógica de um constitucionalismo robusto, em que quase tudo pode ser filtrado pela Constituição. Não fosse assim, muitos direitos ficariam apenas no papel. Porém, essa mesma estrutura não legitima o Judiciário a criar vedações onde o Legislativo se manteve silente.

Na prática, casos de suposto ativismo se materializam quando, por exemplo, o STF, constatando a inexistência de lei específica para regulamentar certo direito ou proibir determinada conduta, decide elaborar um regime jurídico autônomo que objetive vincular pessoas e instituições. A origem do problema surge da passagem do papel contramajoritário para o exercício de uma espécie de vontade legiferante, sob o argumento de que seria intolerável a omissão do legislador. Esse tipo de raciocínio já foi vislumbrado em diferentes decisões, especialmente quando a Corte, deparando-se com problemas graves como falhas na prestação de saúde pública ou segurança, passa a fixar obrigações pormenorizadas aos Poderes Executivos, sem que tais mandamentos encontrem equivalência na legislação.

A sociedade aberta dos intérpretes da Constituição, a rigor, não recusa a participação do Judiciário na definição de políticas constitucionais, mas reclama que a última palavra, em matéria de inovação restritiva, seja do Parlamento. Caso contrário, o STF substituiria o debate público, algo que contraria a lógica do regime representativo. Vale ressaltar que essa ressalva não impede o tribunal de, em alguns casos, impor obrigações de fazer ao Executivo quando já há norma que assegure determinado direito fundamental subfinanciado ou negligenciado. Porém, a linha é extrapolada se o Tribunal simplesmente "inventa" sanções ou condições sem lastro nas leis.

Existe ainda uma tensão entre o chamado realismo judicial e a teoria: alguns defendem que, na prática, o STF, pela força de suas decisões, acaba legislando sempre que interpreta um princípio de forma inovadora ou supre lacunas. De certo modo, toda interpretação tem um componente criativo. Entretanto, o que se critica como ativismo é a criação de deveres ou proibições que ninguém poderia antever no texto legislado, transformando uma lacuna em uma nova norma não debatida. Nesse caso, a criatividade interpretativa não se confunde com hermenêutica, mas com legislação substitutiva.

A relevância desse debate não é apenas acadêmica. Quando o STF elabora obrigações não chanceladas pelo Legislativo, surgem problemas de legitimidade política e insegurança jurídica. A sociedade aberta dos intérpretes e o próprio parlamento podem questionar: por que não tivemos espaço para deliberar sobre esse tema antes de o tribunal impor essa obrigação? Onde fica a *accountability* do STF, se os ministros não são eleitos nem podem ser removidos por discordância político-legislativa? E como fica a coerência do princípio democrático que exige lei formal para restringir direitos ou criar sanções?

Do prisma histórico-constitucional, o Brasil herdou uma cultura de intervenção do Judiciário em omissões do legislador, especialmente após períodos autoritários que deixaram uma demanda por maior tutela de direitos. Esse movimento, entretanto, deve ser compatibilizado com a separação de Poderes. Se a Corte detecta que uma lei é inconstitucional ou que sua ausência fere a Constituição, há instrumentos para chamar o legislador à ação ou até aplicar a regra constitucional de forma supridora, mas sem inaugurar sanções e deveres que violam o texto. Esse equilíbrio resguarda a função contramajoritária legítima e evita que se converta em ativismo disfuncional.

A título de exemplo, se se discute a inércia legislativa em regulamentar um artigo da Constituição que prevê, digamos, determinada política de proteção ambiental, o STF pode, em alguns casos, declarar a mora inconstitucional e determinar que o legislador edite a lei dentro de certo prazo. Essa prática existe no direito comparado e serve para pressionar o parlamento a agir. Porém, é diferente de o tribunal criar normas ambientais que estabeleçam multas e sanções sem lei alguma, pois isso seria como usurpar a esfera de atuação parlamentar. Assim, embora haja meios de forçar ou instigar o legislador a atuar, isso não autoriza o Judiciário a substituí-lo por completo.

Portanto, ao examinar o Judiciário e seus limites, percebe-se que a sociedade aberta dos intérpretes da Constituição exige uma atuação dialógica, enquanto o papel contramajoritário do STF legitima-o a vetar inconstitucionalidades flagrantes, não a legislar. A reserva parlamentar, consubstanciada no art. 5º, II, e no princípio democrático, indica que deveres e proibições dependem de lei aprovada pelo Legislativo. Esse tripé – sociedade aberta, contramajoritariedade e reserva parlamentar – compõe os fundamentos que bloqueiam o ativismo quando interpretado como criação de obrigações à revelia do parlamento. Assim, se a judicialização é consequência inevitável de um constitucionalismo forte, o ativismo é uma disfunção quando ultrapassa a fronteira da mera aplicação ou concretização para se metamorfosear em poder legiferante.

Em suma, o Judiciário no Brasil tem amplas atribuições, mas não detém a prerrogativa de estabelecer restrições que a lei não criou. O contramajoritarismo não se equipara a um salvo-conduto para inovar, e a sociedade aberta dos intérpretes não outorga monopólio ao STF para definir as novas balizas da convivência social sem o crivo legislativo. Esse arcabouço, no conjunto, reforça porque a legalidade permanece como pedra de toque. Se o Judiciário extrapola, gera crise de legitimidade, pois substitui o debate político-eleitoral. O ativismo passa a representar, então, uma patologia institucional, não a expressão de um Judiciário forte e independente. Assim, compreender a importância desses limites é fundamental para avaliar o posicionamento do STF em casos concretos, distinguindo a natural judicialização de pautas constitucionais do indesejável ativismo criador de obrigações e proibições à margem do processo democrático.

1.3 Nem tudo que reluz é ativismo

Em se tratando de STF, não é incomum que qualquer intervenção judicial em matéria política ou de grande repercussão social seja denominada "ativismo". Entretanto, não é correta tal generalização, pois, muitas vezes, a Corte apenas interpreta a Constituição para resolver impasses político-jurídicos sem criar normas novas, limitando-se a aplicar princípios e regras já existentes. Dois precedentes ilustram isso com nitidez: a ADPF 378, que tratou do rito do impeachment, e o MS 34131, voltado à fase senatorial desse mesmo processo histórico. A experiência vivenciada em 2016 foi marcada por intenso debate público sobre a deposição (ou não) da Presidente da República. Como havia poucas normas específicas para delimitar os passos do impeachment (as referências principais eram a Lei 1.079/50 e dispositivos constitucionais genéricos), surgiram impugnações ao STF, pedindo que disciplinasse aspectos do procedimento. Esse contexto fomentou acusações de que a Corte estaria "legislando" ou, no mínimo, interferindo no processo político.

A ADPF 378 foi ajuizada para que o STF estabelecesse o modo correto de conduzir a votação para formação da comissão especial na Câmara dos Deputados, bem como a viabilidade de candidaturas avulsas (dissidentes das indicações partidárias) e a exigência de voto aberto ou secreto na eleição dos membros. Criticou-se a suposta omissão legislativa e a eventual colisão entre prerrogativas do Legislativo e princípios constitucionais como publicidade e segurança jurídica. A Lei 1.079/50, publicada antes da Constituição de 1988, trazia regras gerais sobre crimes de responsabilidade, mas não chegava a detalhar todas as etapas de formação da comissão especial em impeachment presidencial, tampouco disciplinava o modo de votação de cada etapa. A isso se somava o Regimento Interno da Câmara, que tinha regras pontuais, porém não específicas para o caso. Abriu-se margem para divergências: poderia haver chapa alternativa ou candidaturas avulsas sem a chancela do líder partidário? O voto para eleger a comissão deveria ser aberto ou secreto?

Diante dessas dúvidas, a ADPF 378 chegou ao STF, cujo pedido era que a Corte sinalizasse o "rito" a ser seguido, fixando balizas para que o processo não padecesse de nulidade. Observando esse cenário, alguns apontaram que o Supremo estaria próximo de "legislar", pois clarificaria aspectos não previstos na lei ou a interpretaria de forma extensiva. No julgamento, o Tribunal considerou que a organização interna do Legislativo poderia permitir a adoção de certos procedimentos, mas que princípios como publicidade eram fundamentais. A votação para a comissão, por exemplo, foi determinada como voto aberto, afastando a interpretação de votação secreta que alguns deputados defendiam com base em normas regimentais. Também entendeu que a indicação dos membros obedeceria à proporcionalidade partidária, impedindo candidaturas avulsas, sob pena de desvirtuar o critério de representatividade.

Críticos argumentaram que o STF estava "criando regra" ao definir o voto aberto em lugar do secreto, pois tal especificidade não constava de forma expressa na Lei 1.079/50. Já defensores da decisão sustentaram que a Corte não estava legislando, mas apenas harmonizando disposições constitucionais (publicidade, segurança jurídica e *due process*) com as normas pré-existentes. Nesse sentido, o STF não teria inovado a ponto de impor obrigações inéditas, mas somente realizado uma vedação de interpretações que inviabilizassem a lisura e a transparência do impeachment. Não há dúvida de que a ADPF 378 envolveu, em alguma medida, um processo de "construção interpretativa", pois a lei de 1950 não previa detalhadamente todos os passos do impeachment sob a ótica da CF/88. Entretanto, o STF não criou um dever autônomo de conduta não lastreado em norma alguma. Ao fixar o voto aberto, a Corte se ancorou na regra geral de que as votações devem ser públicas, salvo exceções claras, e considerou a relevância democrática de o povo saber como cada deputado se posicionava.

Se, porventura, o Supremo tivesse inventado, por exemplo, a obrigatoriedade de um quórum diferenciado para eleger a comissão, algo que inexistisse no texto legal, aí sim estaríamos diante de um exemplo clássico de ativismo criador de obrigações não previstas. Mas, no caso em apreço, o Tribunal, ainda que com papel decisivo, apresentou sua decisão como desdobramento do que já constava implicitamente na Constituição e no regimento, afastando interpretações contrárias. O grande impacto político do julgamento pode conduzir à impressão de ativismo. Afinal, muitos enxergaram no STF a instância que formataria o "jogo" do impeachment, influenciando o desfecho. Todavia, a análise revela que a Corte apenas delimitou o espaço possível de ação da Câmara, sem criar penalidades, obrigações novas ou vedações que extrapolassem a moldura legal. Em suma, ainda que a atuação tenha sido "forte", não configurou, em sentido estrito, um ativismo legislativo.

Também no transcurso do impeachment de 2016, quando o processo chegou ao Senado, diversas controvérsias surgiram, levando alguns parlamentares e partidos a questionar eventuais nulidades ou violações do devido processo legislativo-constitucional. O Mandado de Segurança (MS) 34131 tornou-se emblemático ao desafiar a condução adotada na Casa. Os autores sustentavam que o Senado estaria atropelando garantias constitucionais, inclusive direito de defesa e contraditório, ao acelerar votações ou suprimir etapas formais. Requereram que o STF interviesse para impor ao Senado um rito diverso, ou mesmo suspender o julgamento. Era um cenário em que se temia que a Corte assumisse, de modo incisivo, a gestão política do impeachment.

Relatado pelo ministro Luiz Edson Fachin, o MS 34131 foi apreciado pelo Plenário, que acabou negando a maior parte dos pedidos de ingerência no procedimento do Senado. Em linhas gerais, o STF rechaçou a pretensão de "paralisar" a marcha do impeachment ou de impor um roteiro alternativo, entendendo que a Casa Legislativa tinha autonomia política para conduzir o julgamento, salvo se houvesse afrontas explícitas ao texto constitucional. O Tribunal concluiu que não competia ao Judiciário substituir o juízo político do Senado sobre a culpa ou a inocência da Presidente. A Corte, portanto, adotou uma atitude de cautela, intervindo somente para assegurar que não se violassem formalmente as garantias constitucionais mínimas. Em outras palavras, não se arrogou o poder de reescrever o processo, mas apenas de vigiar possíveis inconstitucionalidades gritantes.

Essa postura denota exatamente o que se poderia chamar de autocontenção judicial: o STF reconheceu sua tarefa de guardião de regras constitucionais, mas não se colocou na posição de reordenar a dinâmica política interna do Senado. Assim, diferentemente de um ativismo que "legisla" ou cria etapas, a Corte limitou-se a verificar a compatibilidade do rito existente com a Constituição, abstendo-se de impor soluções extralegais. Dessa forma, ainda que o STF tenha influenciado o cenário (pois indeferiu suspensões e assegurou a continuidade), não houve a criação de deveres autônomos que inexistissem na lei. Apenas se consolidou a tese de que a CF/88 e a Lei 1.079/50, combinadas com o regimento do Senado, já ofereciam parâmetros suficientes para a condução do impeachment, não se justificando a intrusão judicial.

Naturalmente, parte da opinião pública criticou a Corte por "omissão" ou "conivência" com supostas irregularidades do Senado; outros elogiaram a prudência do STF, que evitou transformar-se em protagonista político. De todo modo, fica claro que, no MS 34131, a Corte poderia ter incorrido em ativismo se, por exemplo, decretasse um rito minucioso inédito, sob o argumento de "defender a Constituição". Ao não o fazer, manteve-se fiel ao papel de aplicar a legislação e não de criá-la. A fim de aprofundar a discussão sobre a ausência de ativismo judicial nesses casos, é instrutivo contrastar esses episódios com cenários em que o STF de fato extrapola sua função interpretativa.

Nos episódios ligados ao impeachment, a Corte não criou sanções penais ou políticas inexistentes, pois em nenhum momento estabeleceu pena adicional contra a Presidente ou parlamentares; não criou obrigações de conduta sem base legal, pois na ADPF 378 a orientação sobre voto aberto embasou-se em princípios constitucionais e na interpretação de normas regimentais, enquanto no MS 34131 não impôs ao Senado um roteiro alternativo fora do arcabouço normativo; não inviabilizou o debate legislativo nem substituiu o Legislativo em definir o conteúdo do impeachment; respeitou o princípio majoritário e não desvirtuou a reserva parlamentar. Embora a ADPF 378 tenha sido acusada de "legislar" no tocante à votação para eleger a comissão, a decisão do STF se apoiou no sistema constitucional de transparência e nos próprios princípios do Regimento Interno da Câmara, afastando interpretações que admitissem candidaturas avulsas sem chancela partidária ou voto secreto.

Toda essa intervenção, ainda que vigorosa, enquadra-se na concretização de normas e princípios constitucionais que já balizavam o impeachment, diferentemente de um ato de criação *ex nihilo* de obrigações ou proibições. O simples fato de o STF ter moldado o cenário político – o que se tornou inevitável, dada a importância do processo de impedimento – não o converte em ativista. A influência política não se confunde com inovação normativa, pois a lógica do controle de constitucionalidade pressupõe que o tribunal exerça um impacto na organização do poder, mas tal fato não caracteriza, por si, a criação de normas inéditas.

Alguns críticos afirmam que o STF se envolveu excessivamente, correndo o risco de politização exacerbada. Por outro lado, há quem argumente que, sem a atuação do Judiciário, o impeachment poderia ter sido conduzido de forma caótica ou inconstitucional. A doutrina majoritária, em geral, entende que houve forte judicialização, mas não ativismo legislativo, já que o Tribunal não impôs deveres ou proibições jamais aprovados pelo Parlamento. Exemplos adicionais demonstram que muitos votos proferidos na ADPF 378 e no MS 34131 se ancoraram nos dispositivos da própria Lei 1.079/50 e em artigos constitucionais correlatos.

Desse modo, as dimensões histórica, procedimental, legal e constitucional envolvidas no processo de impeachment confirmam que o STF, ainda que atuante, não criou dispositivos inexistentes. E se toda a fundamentação se embasou na CF e no Regimento das Casas Legislativas, não houve a extrapolação que caracterizaria o ativismo. Convém, pois, ressaltar que a ADPF 378 e o MS 34131 funcionam como demonstrativos de judicialização política sem ativismo: a Corte ingressou no debate político, mas sem legislar. Isso contrasta com hipóteses onde o Judiciário, ao invés de apenas interpretar a Constituição, "legisla" e entrega soluções integralmente originais, desconhecidas do texto legal.

A influência política não se confunde com a inovação normativa. Mesmo sem produzir novas leis, a intervenção do STF nesses episódios de impeachment teve enormes repercussões. Contudo, esse impacto é intrínseco ao controle constitucional. Quando se exige que uma Casa Legislativa ou o presidente da República observem direitos ou ritos específicos, a moldagem do processo político é inevitável, mas não deixa de ser, ainda assim, aplicação do ordenamento, desde que não crie sanções nem obrigações jamais previstas.

A relevância desse estudo é realçada por casos posteriores em que o Tribunal foi taxado de ativista ao impor medidas em políticas públicas. Comparando esses cenários com a postura no impeachment, vê-se que, na ADPF 378 e no MS 34131, prevaleceu a vontade de manter a Constituição e a lei como bússola, e não de inovar *ad hoc*. Em síntese, esses dois precedentes ilustram de forma cristalina a distinção fundamental: uma coisa é a judicialização intensa, que decorre do Estado Constitucional robusto; outra é o ativismo, que substitui o parlamento na criação de obrigações. Portanto, ADPF 378 e MS 34131 não configuram ativismo judicial em sentido estrito.

1.4 O mito do ativismo responsável

A ideia de que possa existir um "ativismo responsável" é por vezes defendida como forma de legitimar a atuação judicial diante de omissões legislativas crônicas ou emergências sociais. Contudo, a crítica de que não há ativismo responsável repousa no argumento de que, na ausência de uma norma expressa, não cabe ao Judiciário criar restrições. Essa problemática torna-se especialmente relevante quando se analisa o caso paradigmático da ADPF 635, popularmente conhecida como "ADPF das Favelas", em que se discute se o STF estaria ultrapassando a mera correção de omissões para impor obrigações inéditas ao Poder Executivo, mesmo sem respaldo legal.

Atualmente em curso, a ADPF 635 busca, entre outros objetivos, reduzir a letalidade e os abusos em operações policiais realizadas em comunidades do Rio de Janeiro, discutindo a adoção de critérios de proporcionalidade e justificativa para essas operações. É inegável a importância de salvaguardar a vida e a integridade física, sobretudo em áreas historicamente marcadas pela violência; porém, críticos apontam que, ao determinar requisitos operacionais detalhados – como a necessidade de avisos prévios, relatórios circunstanciados e outras condicionantes – o STF arrisca assumir uma função legiferante. Tal procedimento ocorreria sem que exista uma norma legal específica que respalde todos esses pormenores, o que, em última análise, questiona se a ausência de uma lei não deveria, de fato, impedir a criação de regramentos completos, ainda que para um fim louvável.

Defensores do posicionamento atualmente predominante na ADPF sustentam que o Tribunal está apenas completando lacunas para proteger direitos fundamentais, extraindo obrigações dos próprios princípios constitucionais. A crítica, entretanto, ressalta que princípios de caráter amplo não deveriam se transformar, sem mediação parlamentar, em protocolos detalhados que impõem restrições significativas à atuação do Executivo na implementação de políticas públicas. Não se nega a obrigação do Estado de promover segurança de forma compatível com a dignidade humana; o ponto de tensão reside na forma de fixação desses deveres, que tradicionalmente deve ser realizada por meio de lei ou regulamento administrativo, e não por decisão judicial.

A tensão entre a boa intenção (reduzir mortes em operações policiais) e o método (criar obrigações sem respaldo legal) leva à conclusão de que não existe ativismo responsável quando os limites constitucionais são ultrapassados. Embora a proteção da vida seja moralmente defensável, a imposição de regras detalhadas pelo Judiciário pode comprometer o arcabouço institucional, ao retirar do Parlamento a prerrogativa de legislar sobre políticas públicas. Esse risco se manifesta em qualquer decisão judicial que disponha de forma minuciosa sobre condutas estatais, sem uma base normativa previamente estabelecida.

Nesse sentido, o caso da ADPF das Favelas, ainda em julgamento, ilustra uma situação em que o STF, ao buscar proteger a vida, estaria avançando no campo do ativismo. Esse exemplo contrasta com situações como o impeachment, em que havia uma moldura legal – como a Lei 1.079/50 e dispositivos constitucionais – de modo que o Tribunal não precisou criar obrigações inexistentes. Na ADPF 635, a percepção é de que a Corte tem delineado minúcias de conduta policial que não se encontram previstas em nenhuma lei, o que reabre o debate: mesmo causas nobres justificariam um "ativismo responsável" ou essa prática desvirtua a noção de reserva de lei?

A crítica apresentada não nega a necessidade de resguardar direitos; ela apenas aponta que há um método democrático para se criar restrições à ação do Executivo em matéria de segurança pública. Caso o legislativo desejasse impor tais protocolos, poderia fazê-lo por meio de uma lei formal, deliberando publicamente sobre prazos, relatórios e condições operacionais. Em contraste, a intervenção judicial assume a feição de um "estatuto emergencial da segurança pública", sem a devida tramitação democrática representativa, o que pode gerar insegurança jurídica e questionamentos de legitimidade.

Assim, a provocação de que "não existe ativismo responsável" encontra respaldo no fato de que, mesmo que os fins sejam positivos, a forma de legislar sem lei é inerentemente problemática. Isso não significa que o STF não deva condenar abusos policiais ou assegurar indenizações a vítimas, mas sim que, ao impor obrigações prescritivas com elevado nível de detalhamento, corre-se o risco de substituir o Parlamento na criação de regras. Na lógica constitucional, a única garantia de legitimidade para restringir liberdades ou impor novas condutas é a lei aprovada por representantes eleitos – o compromisso democrático fundamental estabelecido pela Constituição.

Em conclusão, a ADPF das Favelas, ainda em curso, suscita importantes reflexões sobre como a jurisdição constitucional, ao socorrer grupos vulneráveis, pode adentrar o campo da criação normativa. Embora o Tribunal tenha fundamentos constitucionais para proteger a vida, o debate gira em torno da elaboração de regras operacionais: a dificuldade em manter o equilíbrio entre a proteção de direitos e a preservação da reserva de lei reativa o alerta quanto à ausência de uma "justificativa moral" que legitime o ativismo que cria obrigações *ex nihilo*.

1.5 Ulisses e a ideia de autocontenção

A narrativa homérica de Ulisses amarrado ao mastro para resistir ao canto das sereias tem inspirado reflexões sobre a fragilidade humana diante de tentações e a busca por um compromisso prévio que impeça atos impensados. Jon Elster,[12] ao analisar

12. ELSTER, Jon. *Ulysses and the Sirens*: studies in rationality and irrationality. Cambridge: Cambridge University, 1998.

essa passagem, comparou o ato de Ulisses de atar-se como uma forma de autolimitação para não ceder a impulsos imediatos. Em analogia ao Direito, costuma-se dizer que a Constituição age como um compromisso primordial que a sociedade assume para não se deixar seduzir por soluções arbitrárias em momentos de crise ou conveniência.

Essa metáfora pode ser utilizada para ilustrar a posição do Judiciário. Assim como Ulisses se prendeu ao mastro para não sucumbir ao canto sedutor das sereias, o STF deveria manter-se atado ao sentido dos textos legais e constitucionais para não ceder à tentação de legislar. Quando se fala em ativismo judicial como algo que extrapola, seria a imagem de Ulisses, porém sem as cordas, pronto para atender aos apelos imediatistas de corrigir todas as falhas políticas, criando regras não escritas em lei.

A tentação (in)constitucional surge em contextos em que há forte clamor social para que a Corte aja. O Judiciário, então, sente-se compelido a dar respostas a violações de direitos, especialmente quando o Legislativo se mostra inerte. Esse apelo, que tem algo de legítimo, pode, contudo, desvirtuar o processo democrático se o tribunal, movido por boa intenção, se solta do "mastro" da legalidade, inventando restrições normativas. Sob a ótica de Elster, esse seria o momento em que se descobriria que a Constituição deveria ser capaz de manter o Judiciário contido, mas, se o Tribunal encontra meios de reinterpretar seus próprios limites, corre-se o risco de dissolver o pré-compromisso.

Da mesma forma, a ideia de "compromisso" da Constituição com a sociedade pode ter fissuras quando não há um ente externo que imponha a observância. No caso de Ulisses, os companheiros de nau apertam as cordas, mesmo que ele suplique. Mas, para o STF, não haveria um poder superior que o constranja a não inovar. Assim, ou a própria Corte se autolimita, ou a sedução do "vamos resolver o problema social agora" pode levar ao ativismo. Esse dilema revela a importância da consciência metodológica e do debate público sobre os limites jurisdicionais.

Quando se remete a essa metáfora para explicar o papel do Judiciário no Estado Democrático de Direito, salienta-se que a Constituição, antes de ser um simples texto, é um arcabouço que estabelece competências e processos de mudança de normas. A amarra de Ulisses representa o respeito às cláusulas do art. 5º, II, e à reserva de lei, de modo que o Judiciário não crie deveres sem passar pelo rito legislativo. Se o STF se desatasse, no sentido figurado, poderia ouvir o canto das "sereias do moralismo" ou do "eficientismo jurídico" e, ao ceder, acabaria impondo proibições inexistentes, suplantando a vontade popular organizada no Parlamento.

Esse exemplo de Ulisses libera uma simbologia poderosa para compreender a autocontenção judicial. Não significa que a Corte esteja inerte, mas que se mantém fiel à Constituição mesmo diante de apelos para além do texto. Se, por um lado, a Corte deve defender direitos, por outro não pode, ela própria, deixar-se seduzir pela possibilidade de resolver tudo via sentença, assumindo a prerrogativa do legislador. Os laços que a prendem ao arcabouço formal são a garantia de equilíbrio institucional. Sem esses laços, a harmonia que legitima o Judiciário como guardião da Constituição pode se perder, pois a tentação de "fazer justiça" a qualquer custo pode atropelar o modo como a justiça deve ser feita, isto é, com lei aprovada democraticamente.

Portanto, a lição final que se extrai da metáfora contida em Odisseia e na obra de Jon Elster é que, no Estado Democrático de Direito, as instituições devem se precaver contra tentações eventuais. A jurisdição constitucional, no desejo de proteger direitos e corrigir injustiças, pode escorregar para um campo em que legisla. A fidelidade aos compromissos constitucionais não se basta em princípios vagos de moral ou ponderações abstratas, mas na legalidade e na reserva de lei para criar restrições. Esse é o cerne da autocontenção. E a supremacia da Constituição, nesse sentido, desempenha o papel do "mastro" que impede o STF de se desviar, mesmo quando o canto sedutor do ativismo, fazendo promessas de solução rápida, se apresenta. Não há ativismo responsável se isso implica substituir o Parlamento e criar proibições onde o legislador silenciou. Essa advertência, por mais desconfortável que seja, previne que se rompa a tessitura democrática.

CONCLUSÃO

O exame do fenômeno do ativismo judicial, considerando as distinções entre simples judicialização da política e efetiva extrapolação das competências do Legislativo, demonstra que não se pode igualar quaisquer intervenções políticas do Supremo Tribunal Federal a um ativismo inconstitucional. A atividade contramajoritária é, em larga medida, inerente à Constituição de 1988, que outorgou ao Judiciário um papel de guardião de direitos e árbitro em disputas de relevo público. Nesse sentido, não há dúvida de que cabe ao STF intervir quando há flagrantes incompatibilidades com o texto supremo ou omissões legislativas que inviabilizem o gozo de direitos.

Entretanto, a pesquisa revelou que o ativismo judicial, na acepção mais crítica, se dá quando a Corte ultrapassa a moldura normativa ao criar restrições, deveres ou proibições não previstas em lei. Nessa hipótese, o Judiciário age como legislador, solapando a separação de Poderes e invertendo a lógica do art. 5º, inciso II, que estipula que ninguém será obrigado a fazer ou deixar de fazer algo senão em virtude de lei. Tal prática suscita o debate sobre a possibilidade (ou não) de se considerar um "ativismo responsável". Por um lado, existe a ambição legítima de combater injustiças e proteger grupos vulneráveis. Por outro, sem lei que respalde eventuais restrições, à atuação judicial contorna o processo democrático.

Ao longo da análise dos precedentes, constatou-se que a ADPF 378 e o MS 34131, mesmo envolvendo questões politicamente sensíveis (como o rito do impeachment de 2016), não resultaram em imposição de obrigações autônomas à margem da lei. A Corte, nesses casos, apenas interpretou dispositivos constitucionais e legais, sem legislar em sentido estrito. Em contrapartida, a ADPF 635, voltada à regulamentação de incursões policiais em favelas, pode suscitar dúvidas quanto a uma postura potencialmente mais inovadora, em que o STF estaria delineado regras operacionais não contempladas expressamente na legislação. Esse confronto de situações reforça a tese de que não é toda intervenção vigorosa que caracteriza o ativismo, mas sim aquela que substitui o legislativo na criação de deveres não previstos.

Surge, portanto, a conclusão de que a jurisdição constitucional pode e deve desempenhar um papel emancipatório, garantindo direitos fundamentais, sobretudo quando há inércia ou omissão legislativa. Todavia, esse mandato não legitima a criação de restrições sem lei, pois, do contrário, o próprio princípio democrático seria desfigurado. A competência para inovar em matéria de sanções ou obrigações cabe ao Parlamento, que representa a vontade popular. O STF, no exercício da função contramajoritária, limita-se a reprimir leis inconstitucionais ou a suprir omissões no que se refere à realização de direitos já escritos na Constituição. Se, no entanto, o Tribunal opta por suprir uma ausência legislativa impondo proibições ou deveres que o legislador não aprovou, incide naquilo que se chama de ativismo judicial.

Esse panorama culmina na importância de uma autocontenção inspirada pela imagem de Ulisses, que, atado ao mastro, evitou a sedução das sereias. O STF, atado à legalidade, impede que a tentação de resolver problemas sociais de maneira imediata o leve a solapar a reserva de lei. Nem mesmo o mais virtuoso objetivo justifica substituir o Legislativo, pois isso precarizaria a legitimidade das decisões e abriria caminho para um "iluminismo judicial" pouco compatível com a pluralidade democrática. Em suma, não há ativismo responsável se este significar criar obrigações sem lei. A prudência metodológica e o respeito aos compromissos constitucionais devem guiar o Judiciário, que, embora influente na política, não pode abandonar os grilhões que o prendem à Constituição.

REFERÊNCIAS

BARROSO, Luís Roberto. A Lenda do Ativismo Judicial do Supremo Tribunal Federal. In: SIMONETTI, José Alberto; COÊLHO, Marcus Vinicius Furtado (Org.). *Defesa da democracia e das liberdades*. Brasília: OAB Editora, 2023.

CADEMARTORI, Luiz Henrique Urquhart; CARVALHO, Camila Fernandes; APPELT, Paulo Vinícios; SOUZA, Pedro Serpa de. Ativismo e controle judicial: uma distinção à luz da segurança jurídica. *Revista Estudos Políticos*, v. 14, n. 28, p. 153-176, 6 fev. 2024.

CANOTILHO, José Joaquim Gomes. *Direito Constitucional e Teoria da Constituição*. 7. ed. Coimbra: Almedina, 2003.

ELSTER, Jon. *Ulysses and the Sirens*: studies in rationality and irrationality. Cambridge: Cambridge University, 1998.

FRANK, Felipe; BUGALSKI, Lucas Miguel. Ius constitutionale commune e direito de família: uma análise hermenêutica da jurisprudência da Corte Interamericana de Direitos Humanos e do Supremo Tribunal Federal na matéria. *Revista Brasileira de Políticas Públicas*, Brasília, v. 11, n. 2. p. 498-517, 2021.

HÄBERLE, Peter. *Hermenêutica Constitucional*. A Sociedade Aberta dos Intérpretes da Constituição: contribuição para a Interpretação Pluralista e "Procedimental" da Constituição. Trad. Gilmar Ferreira Mendes. Porto Alegre: Sergio Antonio Fabris, 1997.

MARRAFON, Marco Aurélio. *O caráter complexo da decisão em matéria constitucional*: discursos sobre a verdade, radicalização hermenêutica e fundação ética na práxis jurisdicional. Rio de Janeiro: Lumen Juris, 2010.

PANSIERI, Flávio. *A Liberdade no pensamento Ocidental*. Belo Horizonte: Fórum, 2018.

PANSIERI, Flávio; SAMPAR, Rene. Uma breve história do constitucionalismo democrático. Constituição, Economia e Desenvolvimento: *Revista Eletrônica da Academia Brasileira de Direito Constitucional*, [S. l.], v. 15, n. 19, p. 97–116, 2024. Disponível em: https://abdconstojs.com.br/index.php/revista/article/view/574. Acesso em: 21 fev. 2025.

QUARELLI, Vinicius. *O que é isto* – a crítica hermenêutica do direito de Lenio Streck? São Paulo: JusPodvim, 2024.

SOUZA, Giselle. Edson Fachin defende equilíbrio na atuação do Supremo. *Revista Eletrônica Consultor Jurídico*, São Paulo, 6 de novembro de 2015. Disponível em: https://www.conjur.com.br/2015-nov-06/edson-fachin-defende-equilibrio-atuacao-supremo/. Acesso em: 21 fev. 2025.

STRECK, Lenio Luiz. Entre o ativismo e a judicialização da política: a difícil concretização do direito fundamental a uma decisão judicial constitucionalmente adequada. *Espaço Jurídico Journal of Law*, [S. l.], v. 17, n. 3, p. 721–732, 2016.

TASSINARI, Clarissa. *Jurisdição e ativismo judicial*: limites da atuação do Judiciário. Porto Alegre: Liv. Advogado, 2013.

A INTERAMERICANIZAÇÃO DO DIREITO DE PROPRIEDADE NO STF: DIÁLOGOS PARA A PROTEÇÃO DOS DIREITOS HUMANOS TERRITORIAIS

Melina Girardi Fachin

Possui estágio Pós-doutoral realizado na Universidade de Coimbra no Instituto de Direitos Humanos e Democracia (2019/2020). Doutora em Direito Constitucional, com ênfase em direitos humanos, pela Pontifícia Universidade Católica de São Paulo (PUC/SP.) Visiting researcher da Harvard Law School (2011). Mestre em Direitos Humanos pela (PUC/SP). Bacharel em Direito pela Universidade Federal do Paraná (UFPR). Diretora da Faculdade de Direito da Universidade Federal do Paraná (UFPR), 2024-2028. Atualmente Diretora da Faculdade de Direito, Professora Associada do Curso de Graduação em Direito e docente permanente do Curso de Pós-Graduação Stricto Sensu em Direito – Mestrado e Doutorado da Universidade Federal do Paraná (UFPR). Com área de atuação no Direito Constitucional e Direitos Humanos. Advogada sócia de Fachin Advogados.

"A Constituição não é apenas um documento jurídico, mas um pacto contínuo entre passado, presente e futuro, constantemente renovado para preservar a dignidade humana."

– Jürgen Habermas

1. INTRODUÇÃO: A PROTEÇÃO PROPRIEDADE EM DIÁLOGO

O direito constitucional contemporâneo não se limita às fronteiras estatais. Cada vez mais, as constituições nacionais estabelecem diálogos com outros sistemas jurídicos, sobretudo no que concerne à proteção dos direitos humanos. Esse fenômeno se desdobra em dois eixos principais: um diálogo horizontal, que se dá no âmbito do direito comparado, e um diálogo vertical, relacionado ao controle de convencionalidade, ambos orientados pelo *princípio pro persona*,[1] que impõe a interpretação mais favorável à pessoa humana.

Essa interação reflete um movimento mais amplo no qual se aproximam as noções de direitos fundamentais e direitos humanos e se entrelaçam os campos do direito

1. AGUILAR CAVALLO, Gonzalo; NOGUEIRA ALCALÁ, Humberto. O princípio pro persona no direito internacional e no direito interno como regra de interpretação e de preferência normativa. *Revista de Direito Público*, n. 84, p. 13-43, 2016.

constitucional e do direito internacional. Ocorre, assim, um processo de ressignificação recíproca, no qual ambos os ramos se transformam dentro de um discurso transnacional voltado para a mitigação do sofrimento humano. Essa concepção rompe com a visão tradicionalmente *estatocêntrica* do constitucionalismo, abrindo caminho para a construção de um espaço jurídico que ultrapassa a estrutura normativa de um único Estado.[2]

Não há, assim, mais – se é que um dia houve – um único lócus constitucional. O que se observa é um sistema de deferência e cortesias recíprocas entre diferentes ordens jurídicas, articuladas em torno de objetivos compartilhados pelo dever de cooperação e solidariedade. A coexistência complementar dos sistemas de direitos humanos, que interagem sempre em benefício dos sujeitos protegidos, reforça o caráter multinível do constitucionalismo contemporâneo.[3]

Esse processo resulta na abertura do direito constitucional ao direito internacional dos direitos humanos, promovendo um diálogo dinâmico e contínuo com as normativas e a jurisprudência internacional sobre a matéria. Trata-se de um modelo jurídico que expande a Constituição para além de seus limites formais, projetando-a para um novo espaço normativo, que pode ser compreendido como "uma rede complexa e diversamente integrada por instituições e sistemas jurídicos, articulada em distintos níveis normativos".[4]

Importa esclarecer o sentido emancipador desse diálogo: afastar-se das críticas ao eurocentrismo dos sistemas internacionais e reforçar que essa interação não se reduz à mera limitação do poder constituinte estatal pelos princípios internacionais. Afinal, uma imposição unilateral não configura diálogo, mas subordinação. O que se propõe é uma via de mão dupla, na qual os ordenamentos jurídicos nacionais e internacionais estabelecem uma troca genuína e mutuamente enriquecedora.

Dialogar, portanto, não significa reproduzir projetos neocolonialistas. Ao contrário, busca-se garantir voz e vez aos constitucionalismos locais e periféricos, permitindo que articulem suas próprias demandas de maneira autônoma e emancipada. Não se trata de uma colonização do direito interno pelo direito internacional, como frequentemente alegam setores que buscam enfraquecer a proteção internacional dos direitos humanos. Pelo contrário, essa interação fortalece os sistemas jurídicos nacionais ao ampliar as possibilidades de interpretação e proteção dos direitos fundamentais.

O Sistema Interamericano de Direitos Humanos é um exemplo paradigmático dessa dinâmica. Embora tenha surgido sob influência do modelo europeu, desenvolveu contornos próprios e consolidou uma identidade independente, tornando-se um

2. PIOVESAN, Flávia. *Direitos Humanos e o Direito Constitucional Internacional*. 19. ed. São Paulo: Saraiva, 2021.
3. FACHIN, Melina Girardi. Constitucionalismo multinível: diálogos e(m) direitos humanos. (2021). *Revista Ibérica Do Direito*, *1*(1), 53-68. Disponível em: https://www.revistaibericadodireito.pt/index.php/capa/article/view/26.
4. CENCI, Elve Miguel; MUNIZ, Tânia Lobo. *Esplendor e crise do constitucionalismo global* (*Splendor and crisis of global constitutionalism*). Sequência (Florianópolis), n. 84, p. 89-108, abr. 2020. Disponível em: https://doi.org/10.5007/2177-7055.2020v43n84p89.

instrumento essencial para a promoção do constitucionalismo transformador latino-americano. Seu papel na consolidação dos direitos humanos na região demonstra que a interamericanização do direito não apenas fortalece os ordenamentos jurídicos nacionais, mas também possibilita a construção de soluções jurídicas inovadoras para os desafios estruturais da América Latina.

No contexto global, o diálogo das fontes permite a convergência entre diferentes regimes jurídicos – nacionais, regionais e internacionais –, viabilizando uma abordagem harmônica na interpretação e aplicação do direito. A ressignificação dessa teoria no direito internacional não apenas fortalece a coerência normativa, mas também assegura que a proteção da pessoa humana permaneça no centro das discussões jurídicas. Essa coerência não se dá de maneira abstrata, mas sim na articulação entre diferentes sistemas jurídicos que compartilham um mesmo objetivo fundamental: a salvaguarda da dignidade humana.[5]

No âmbito interno, a aplicação dessa teoria contribui para a efetivação dos direitos humanos ao permitir uma leitura integrada entre normas nacionais e padrões internacionais de direitos humanos.[6] A proteção do direito de propriedade, por exemplo, deve ser interpretada à luz de compromissos assumidos pelo Estado nos tratados internacionais, garantindo que políticas públicas e decisões judiciais adotem um enfoque que promova a segurança jurídica e a justiça social. Essa abordagem reforça o papel do Estado na implementação de políticas que combatam a concentração fundiária, assegurem a regularização fundiária e protejam comunidades tradicionais, ampliando a garantia de direitos para grupos historicamente marginalizados.

A responsabilidade primária pela proteção da pessoa humana recai sobre os Estados, e para que isso ocorra, é necessário um convívio harmonioso entre os sistemas regionais (Interamericano, Africano e Europeu) e o sistema universal (Organização das Nações Unidas), juntamente com os sistemas internos de proteção. Dessa forma, o uso de precedentes e normas internacionais ocorre com o objetivo de fortalecer a tutela de direitos por meio de uma interpretação voltada para a segurança jurídica e para a garantia do exercício pleno da propriedade.

A Convenção Americana sobre Direitos Humanos (CADH) e demais instrumentos internacionais de direitos humanos interagem no reconhecimento e fortalecimento do direito de propriedade. O artigo 21 da CADH reconhece expressamente o direito à propriedade privada, estabelecendo que toda pessoa tem direito ao uso e gozo de seus bens, podendo ser privada de sua propriedade apenas por razões de utilidade pública ou interesse social, nos casos e condições estabelecidos em lei. A jurisprudência da Corte Interamericana de Direitos Humanos consolidou o entendimento de que a expropria-

---

5. FACHIN, Melina Girardi; GONÇALVES, Marcos Alberto Rocha. De fora, de cima e de baixo – todos os sentidos da dignidade no discurso dos direitos. *Revista Brasileira de Direitos Fundamentais*. v. 2, n. 2 (2016). Disponível em: http://www.indexlaw.org/index.php/garantiasfundamentais/article/view/1629.
6. BOGDANDY, Armin von; PIOVESAN, Flávia; ANTONIAZZI, Mariela Morales (Coord.). *Estudos avançados em direitos humanos*: democracia e integração jurídica: emergência de um novo direito público. São Paulo: Campus, 2012.

ção somente pode ocorrer em conformidade com garantias processuais adequadas, assegurando que a intervenção estatal na propriedade seja legítima, proporcional e devidamente compensada.[7]

Nesse contexto, a Convenção 169 da Organização Internacional do Trabalho (OIT) tem especial atenção à posição dos povos indígenas e tradicionais na proteção da propriedade comunal e territorial, estabelecendo salvaguardas contra a expropriação arbitrária de terras ancestrais. A jurisprudência interamericana reforça a importância do reconhecimento da propriedade coletiva dos povos indígenas, garantindo seu direito à posse e ao uso tradicional dos seus territórios.

As normas interamericanas compreendem que os Estados, ao atuarem na proteção do direito de propriedade, devem adotar medidas positivas, incluindo a garantia de títulos de propriedade, a prevenção de despejos forçados arbitrários e a promoção do acesso equitativo à propriedade, especialmente para grupos vulneráveis. A ausência de segurança jurídica na propriedade representa uma ameaça grave ao desenvolvimento social e econômico. No plano internacional, instrumentos como a Declaração Universal dos Direitos Humanos e o Pacto Internacional sobre Direitos Econômicos, Sociais e Culturais reconhecem a importância do direito à propriedade como elemento-chave para a estabilidade individual e coletiva.

Na América Latina, marcada por desigualdades estruturais históricas, a população vulnerável (incluindo povos indígenas e tradicionais, pessoas racializadas no campo e na cidade, mulheres etc.) sofre diretamente os efeitos da falta de acesso equitativo à propriedade,[8] embora esses grupos tenham desempenhado papéis fundamentais no desenvolvimento dos territórios que habitam. Assim, adota-se uma perspectiva centrada no protagonismo desses grupos, para que os Estados considerem suas análises e experiências na formulação de instrumentos eficazes para a proteção do direito de propriedade, especialmente em um contexto de insegurança jurídica e desigualdade no acesso à terra e à moradia.

O direito de propriedade não pode ser visto de maneira isolada, pois se vincula diretamente a outros direitos humanos, como o direito à moradia, ao trabalho e à dignidade humana. O exercício seguro da propriedade promove estabilidade social e econômica, ao mesmo tempo em que possibilita o acesso a crédito, incentiva o investimento e fortalece a cidadania. A propriedade é um elemento essencial para a realização de direitos sociais e para a garantia da liberdade individual e coletiva. A falta de regulamentação e de políticas públicas adequadas para assegurar o direito à propriedade pode gerar exclusão social e aprofundar desigualdades estruturais, tornando imperativo que os Estados implementem mecanismos para garantir a justa distribuição e proteção desse direito dentro de uma perspectiva de justiça social.

7. TRINDADE, Antônio Augusto Cançado. Dilemas e desafios da proteção internacional dos direitos humanos no limiar do século XXI. *Revista Brasileira de Política Internacional, Brasília*, v. 40, n. 1, jan./jun. 1997. Disponível em: http://www.scielo.br/scielo.php?script=sci_arttext&pid =S003432911997000100007.
8. SÁNCHEZ RUBIO, David. *Encantos e Desencantos dos Direitos Humanos*: de emancipações, libertações e dominações. Porto Alegre: Livraria do Advogado, 2014.

Dessa forma, o direito de propriedade deve ser concebido como um direito dinâmico, que interage com outras garantias fundamentais e se insere no contexto mais amplo da dignidade da pessoa humana, da justiça social e do desenvolvimento sustentável.

2. O SISTEMA INTERAMERICANO E A TUTELA DOS DIREITOS TERRITORIAIS

O Sistema Interamericano de Direitos Humanos é composto pela Comissão Interamericana de Direitos Humanos e pela Corte Interamericana de Direitos Humanos (Corte IDH), órgãos responsáveis pela promoção e proteção dos direitos humanos no continente americano. A Corte IDH, em particular, tem desempenhado um papel fundamental na interpretação e aplicação da Convenção Americana sobre Direitos Humanos (CADH), consolidando jurisprudência em temas essenciais para a proteção dos direitos humanos.

A atuação da Corte IDH no direito à propriedade tem sido especialmente relevante para a proteção de comunidades tradicionais, povos indígenas e grupos vulneráveis. Em casos emblemáticos como o da Comunidade Indígena Yakye Axa vs. Paraguai[9] e o caso do Povo Indígena Kichwa de Sarayaku vs. Equador,[10] a Corte estabeleceu precedentes importantes que relacionam o direito à propriedade com a proteção dos meios de subsistência e identidade cultural. No caso Comunidade Mayagna (Sumo) Awas Tingni vs. Nicarágua,[11] a Corte ampliou a interpretação do artigo 21 da CADH para incluir o direito à propriedade comunal, reconhecendo que a posse da terra para povos indígenas vai além do conceito clássico de propriedade individual.

No Brasil, a influência da Corte IDH tem sido cada vez mais evidente na interpretação dos direitos humanos pelo Supremo Tribunal Federal (STF). Em casos como o do Povo Indígena Xucuru e seus membros vs. Brasil,[12] a Corte reafirmou que a propriedade comunal dos povos indígenas é protegida pelo artigo 21 da CADH da mesma forma que a propriedade individual, sendo essencial para a garantia de outros direitos humanos dessas comunidades. Esse entendimento reforça a importância do diálogo entre sistemas normativos e da incorporação dos padrões internacionais na jurisprudência brasileira.

A teoria do diálogo das fontes,[13] parte da premissa de que as normas jurídicas não devem ser vistas de forma isolada ou excludente devido à sua vinculação a diferentes ra-

9. CORTE INTERAMERICANA DE DIREITOS HUMANOS. Caso Comunidade Indígena Yakye Axa vs. Paraguai. Sentença de 17 de junho de 2005. Série C, n. 125. Disponível em: https://www.corteidh.or.cr/docs/casos/articulos/seriec_125_por.pdf.
10. CORTE INTERAMERICANA DE DIREITOS HUMANOS. Caso Povo Indígena Kichwa de Sarayaku vs. Equador. Sentença de 27 de junho de 2012. Série C, n. 245. Disponível em: https://www.corteidh.or.cr/docs/casos/articulos/seriec_245_por.pdf.
11. CORTE INTERAMERICANA DE DIREITOS HUMANOS. Caso Comunidade Mayagna (Sumo) Awas Tingni vs. Nicarágua. Sentença de 31 de agosto de 2001. Série C, n. 79. Disponível em: https://www.corteidh.or.cr/docs/casos/articulos/seriec_79_por.pdf.
12. CORTE INTERAMERICANA DE DIREITOS HUMANOS. Caso Comunidade Indígena Xucuru e seus membros vs. Brasil. Sentença de 5 de fevereiro de 2018. Série C, n. 346. Disponível em: https://www.corteidh.or.cr/docs/casos/articulos/seriec_346_por.pdf.
13. MAZUZUOLI, Valério de Oliveira. *O controle jurisdicional da convencionalidade das leis*. 3. ed. São Paulo: RT, 2013.

mos do direito. Em vez disso, elas se complementam e interagem, promovendo uma visão unitária e integrada do ordenamento jurídico. Esse princípio adquire especial relevância no direito internacional contemporâneo, onde a interconexão entre sistemas normativos se torna imprescindível para assegurar a proteção efetiva dos direitos humanos.

No contexto global, o diálogo das fontes permite a convergência entre diferentes regimes jurídicos – nacionais, regionais e internacionais –, viabilizando uma abordagem harmônica na interpretação e aplicação do direito. A ressignificação dessa teoria no direito internacional não apenas fortalece a coerência normativa, mas também assegura que a proteção da pessoa humana permaneça no centro das discussões jurídicas. Como destaca Jayme, "é uma condição necessária para a ordem e a justiça do direito internacional ao enfatizar a coerência das normas que o integram". Essa coerência não se dá de maneira abstrata, mas sim na articulação entre diferentes sistemas jurídicos que compartilham um mesmo objetivo fundamental: a salvaguarda da dignidade humana.

No âmbito interno, a aplicação dessa teoria contribui para a efetivação dos direitos humanos ao permitir uma leitura integrada entre normas nacionais e padrões internacionais de direitos humanos. A proteção do direito de propriedade, por exemplo, deve ser interpretada à luz de compromissos assumidos pelo Estado nos tratados internacionais, garantindo que políticas públicas e decisões judiciais adotem um enfoque que promova a segurança jurídica e a justiça social. Essa abordagem reforça o papel do Estado na implementação de políticas que combatam a concentração fundiária, assegurem a regularização fundiária e protejam comunidades tradicionais, ampliando a garantia de direitos para grupos historicamente marginalizados.

Nesse sentido, o direito à propriedade ocupa um papel central na estrutura de proteção dos direitos humanos. Sua importância transcende a mera dimensão patrimonial, abrangendo aspectos essenciais como segurança jurídica, desenvolvimento econômico e inclusão social. A posse e o uso da propriedade estão diretamente ligados ao acesso a recursos, à moradia digna e ao direito ao trabalho, constituindo-se como um instrumento fundamental para a promoção da justiça social e a redução das desigualdades estruturais. Portanto, a garantia da propriedade não pode ser dissociada de outros direitos humanos, devendo ser interpretada de forma dinâmica e integrada, à luz dos princípios democráticos e da dignidade da pessoa humana.

A proteção efetiva do direito de propriedade requer a implementação de mecanismos normativos que assegurem sua segurança e acessibilidade, especialmente para grupos em situação de vulnerabilidade. No âmbito interamericano, a Corte Interamericana de Direitos Humanos tem desempenhado um papel essencial na consolidação da propriedade como direito fundamental, promovendo uma interpretação ampla que engloba não apenas a propriedade privada individual, mas também a propriedade coletiva, em especial a de povos indígenas e comunidades tradicionais. Esse entendimento reforça a necessidade de um diálogo constante entre ordenamentos jurídicos distintos para garantir que a propriedade cumpra sua função social e contribua para a construção de sociedades mais justas e equitativas.

3. A INTERPRETAÇÃO DO STF E A ATUAÇÃO INTERAMERICANA DO MINISTRO EDSON FACHIN

O Brasil possui uma das constituições mais avançadas em matéria de proteção da propriedade, consagrando-a como um direito fundamental no artigo 5º, que estabelece, entre outros dispositivos, a inviolabilidade do direito de propriedade (inciso XXII) e a sua função social (inciso XXIII). O conceito de função social da propriedade permeia todo o texto constitucional, sendo reafirmado no artigo 170, que orienta a ordem econômica a garantir uma existência digna, e no artigo 186, que detalha seus requisitos para as propriedades rurais, exigindo aproveitamento racional e sustentável, respeito ao meio ambiente e promoção do bem-estar dos trabalhadores e da comunidade. Assim, a propriedade não pode ser entendida meramente como um direito individual absoluto, mas sim como um instituto que deve atender a interesses coletivos e contribuir para a justiça social.

A Constituição também protege a posse de maneira autônoma, reconhecendo-a como um direito passível de tutela independentemente do domínio formal da propriedade. O Código Civil, em seus artigos 1.196 e seguintes, garante a proteção possessória, permitindo que o possuidor busque meios judiciais para impedir turbação ou esbulho de sua posse, o que tem especial relevância para comunidades tradicionais, agricultores familiares e grupos vulneráveis que, historicamente, enfrentam dificuldades no acesso à titulação formal da terra. A posse, assim, é protegida não apenas sob a ótica patrimonial, mas também sob a perspectiva dos direitos humanos, garantindo estabilidade social e econômica.

Diante desse contexto, o Supremo Tribunal Federal (STF) tem progressivamente incorporado princípios do Sistema Interamericano de Direitos Humanos em sua jurisprudência, ampliando a proteção do direito de propriedade e sua função social. Dois casos emblemáticos demonstram essa tendência de interamericanização do direito brasileiro: a ADPF 742[14] e o Recurso Extraordinário 1.017.365/SC,[15] ambos sob relatoria do Ministro Luiz Edson Fachin, cuja atuação tem sido essencial na aproximação entre a jurisprudência brasileira e os padrões interamericanos de proteção aos direitos humanos.

A ADPF 742 tratou da ameaça representada pela expansão do programa espacial brasileiro sobre as terras das comunidades quilombolas de Alcântara. Essas comunidades possuem uma relação ancestral com suas terras, essenciais para sua identidade, cultura e subsistência. O caso colocou em confronto o desenvolvimento tecnológico e os direitos territoriais das comunidades tradicionais, destacando o papel do STF na conciliação entre crescimento econômico e a proteção de direitos humanos.

---

14. BRASIL. Supremo Tribunal Federal. Arguição de Descumprimento de Preceito Fundamental (ADPF) 742. Expansão do programa espacial brasileiro e impactos nas comunidades quilombolas de Alcântara. Relator: Min. Edson Fachin.
15. BRASIL. Supremo Tribunal Federal. Recurso Extraordinário (RE) 1.017.365/SC. Discussão sobre a tese do marco temporal na demarcação de terras indígenas. Relator: Min. Edson Fachin.

A decisão do STF reafirmou que as terras das comunidades quilombolas possuem um valor que transcende o aspecto econômico, sendo essenciais para a preservação de seu modo de vida, cultura e tradições. O tribunal enfatizou que a terra deve ser compreendida não apenas como um ativo patrimonial, mas como um bem coletivo essencial para a garantia dos direitos culturais e da dignidade das comunidades tradicionais.

Na fundamentação, o relator citou o Caso Pueblo Indígena Kichwa de Sarayaku vs. Equador, da Corte Interamericana de Direitos Humanos, no qual se estabeleceu que projetos de desenvolvimento em territórios indígenas devem ser precedidos de um processo genuíno de consulta e consentimento das comunidades afetadas. Esse direito à consulta livre, prévia e informada foi um dos fundamentos da decisão do STF, que reconheceu que o desenvolvimento econômico não pode se sobrepor à proteção dos direitos territoriais e culturais das comunidades quilombolas.

Eis trecho do acórdão que exemplifica o argumento: "A consulta prévia, livre e informada das comunidades impactadas por projetos de grande porte é um elemento fundamental da proteção dos direitos territoriais dos povos tradicionais, conforme consagrado pela Corte Interamericana de Direitos Humanos no Caso Pueblo Indígena Kichwa de Sarayaku vs. Equador" (STF, ADPF 742, Rel. Min. Edson Fachin).

Outro caso recente e fundamental para a interamericanização da jurisprudência do STF foi o Recurso Extraordinário 1.017.365/SC, que tratou da tese do marco temporal na demarcação de terras indígenas. Em setembro de 2023, o plenário do STF rejeitou a aplicação dessa tese, consolidando um entendimento protetivo em favor dos povos indígenas. Sob relatoria do Ministro Fachin, a decisão reforçou dois pontos fundamentais: (i) a tradicionalidade da relação entre um povo indígena e seu território não deve estar vinculada a uma data fixa, mas pode ser comprovada por meio de relatórios antropológicos; e (ii) os povos indígenas desempenham um papel crucial na preservação da posse coletiva e devem ter sua propriedade reconhecida e protegida.

A decisão citou diversos precedentes interamericanos, incluindo o Caso Comunidade Indígena Xucuru vs. Brasil, no qual a Corte IDH determinou que os Estados têm o dever de garantir que processos administrativos e judiciais respeitem os direitos territoriais dos povos indígenas. O STF, ao fundamentar sua decisão, destacou a obrigação do Brasil em cumprir com seus compromissos internacionais e reforçou a interpretação do direito à terra como um direito humano fundamental.

Cite-se trecho do acórdão que marca este diálogo: "A interpretação do direito à propriedade dos povos indígenas deve ser orientada pelos padrões interamericanos de proteção, garantindo que a demarcação de suas terras respeite sua relação tradicional com o território, conforme reconhecido pela Corte Interamericana de Direitos Humanos no Caso Comunidade Indígena Xucuru vs. Brasil" (STF, RE 1.017.365/SC, Rel. Min. Edson Fachin).

A atuação do Ministro Fachin tem sido fundamental para a interamericanização do direito brasileiro, utilizando precedentes da Corte IDH para maximizar a proteção dos direitos humanos, especialmente dos povos mais vulneráveis. Essa abordagem reforça que o STF não apenas reconhece os tratados internacionais de direitos humanos ratificados pelo Brasil, mas também se vale das decisões da Corte IDH como parâmetro interpretativo para garantir uma proteção mais ampla e efetiva. A incorporação da jurisprudência interamericana pelo STF representa um avanço na proteção dos direitos humanos no Brasil.

No entanto, desafios permanecem. A efetividade dessas decisões depende não apenas do reconhecimento dos direitos no âmbito judicial, mas também da implementação concreta de políticas públicas que garantam a segurança territorial e cultural dos povos indígenas e quilombolas. O fortalecimento do diálogo entre tribunais nacionais e mecanismos internacionais de direitos humanos é essencial para garantir que os avanços jurisprudenciais se traduzam em mudanças reais e duradouras na proteção desses direitos humanos.

4. DESAFIOS PARA A IMPLEMENTAÇÃO DAS DECISÕES E O PAPEL DO ESTADO

Mesmo após a rejeição do marco temporal pelo STF, propostas legislativas que buscam restringir os direitos territoriais indígenas continuam em tramitação, como os Projetos de Lei 490/2007 e 2.903/2023, que ameaçam diretamente as terras indígenas e quilombolas. Essas propostas, que refletem pressões do agronegócio e de setores econômicos interessados na exploração desses territórios, evidenciam a necessidade de uma constante vigilância para garantir a proteção dos direitos dessas comunidades.

A dificuldade para implementar decisões judiciais que protegem os direitos territoriais e de propriedade de comunidades vulneráveis no Brasil não se limita ao caso de Alcântara, mas representa um desafio constante em temas como a tese do marco temporal. As pressões econômicas e políticas, provenientes de setores como o agronegócio, a mineração e o desenvolvimento industrial, buscam influenciar políticas públicas e decisões judiciais para promover a exploração de recursos naturais e a expansão econômica, mesmo quando isso implica riscos claros para a preservação dos territórios tradicionais e da segurança jurídica das comunidades que os ocupam. Essa situação evidencia a fragilidade dos direitos territoriais de povos indígenas, quilombolas e outros grupos vulneráveis, que frequentemente enfrentam ameaças diante dos interesses econômicos predominantes.

O caso da tese do marco temporal ilustra bem essa realidade: embora o STF tenha rejeitado a tese que condiciona os direitos indígenas sobre suas terras a uma data específica de ocupação, a ausência de políticas estruturais de apoio para garantir sua implementação limita a efetividade dessa decisão. No Congresso Nacional, ainda persistem propostas legislativas que buscam reinstaurar o marco temporal, refletindo as pressões do agronegócio e de outros setores que desejam expandir o uso de terras indígenas. Essa fragilidade estrutural revela a necessidade de um sistema de políticas públicas e marcos normativos sólidos que sustentem, de forma prática e duradoura, as proteções jurídicas que o STF consolidou em suas decisões. Esse sistema deve posicionar a proteção territorial como uma prioridade estatal, reconhecendo sua função social e cultural na estrutura jurídica brasileira.

Essa fragilidade estrutural revela a necessidade de um sistema de políticas públicas e marcos normativos sólidos que sustentem, de forma prática e duradoura, as proteções jurídicas que o STF consolidou em suas decisões. Sem mecanismos institucionais eficazes para a implementação dessas garantias, a decisão judicial corre o risco de se tornar apenas simbólica, deixando as comunidades indígenas vulneráveis a novas investidas legislativas e administrativas que buscam reverter seus direitos.

A persistência de propostas legislativas que tentam reinstaurar o marco temporal demonstra como a disputa pelo território indígena não se esgota no campo jurídico, mas se estende a uma arena política em que interesses econômicos frequentemente se sobrepõem aos direitos humanos. Esse cenário se torna ainda mais preocupante quando o próprio STF, ao invés de assegurar a efetividade de sua decisão, opta por estratégias de conciliação que relativizam a sua autoridade constitucional. A Mesa de Conciliação realizada em agosto passado, por exemplo, ao propor um meio-termo entre beneficiados e prejudicados pela Lei 14.701/2023, acabou por legitimar um debate já superado pelo próprio Tribunal ao reconhecer a inconstitucionalidade do marco temporal. Essa tentativa de negociação cria um perigoso precedente de fragilização do papel jurisdicional, transformando a garantia de direitos humanos em matéria de transação política.

A efetivação dos direitos territoriais indígenas exige, portanto, não apenas a reafirmação jurisprudencial do STF, mas também a construção de um arcabouço estatal que garanta segurança jurídica e institucional para sua aplicação. Isso passa pela destinação de recursos adequados para a demarcação de terras, pelo fortalecimento da Funai e de órgãos de fiscalização, além do comprometimento político para impedir que novos instrumentos legislativos enfraqueçam o alcance da decisão. Sem um compromisso claro das instituições com a implementação efetiva das proteções constitucionais, o risco de retrocesso permanece latente, enfraquecendo não apenas os direitos indígenas, mas a própria autoridade das decisões da Suprema Corte.

Faz-se mister o desenvolvimento de políticas públicas sustentáveis que fortaleçam a segurança jurídica das terras indígenas e quilombolas, garantindo que a sustentabilidade seja um critério essencial em qualquer projeto de desenvolvimento. Sem um compromisso sólido para assegurar que os direitos territoriais sejam tratados como um eixo central nas políticas de desenvolvimento, essas decisões judiciais correm o risco de serem anuladas ou reinterpretadas conforme interesses setoriais.

A criação de mecanismos de monitoramento e avaliação é fundamental para garantir a implementação efetiva dessas decisões, permitindo a participação ativa das comunidades afetadas e da sociedade civil. Esses mecanismos possibilitam uma supervisão contínua do cumprimento dos direitos, oferecendo às comunidades impactadas um espaço legítimo para expressar suas necessidades e reivindicações e garantindo que suas vozes sejam levadas em conta na prática. Paralelamente, a capacitação e sensibilização de agentes estatais e do setor privado sobre a importância dos direitos humanos e territoriais são essenciais para fomentar uma cultura que respeite e harmonize o desenvolvimento econômico com a proteção dos direitos humanos das comunidades vulneráveis.

A jurisprudência da Corte Interamericana de Direitos Humanos torna-se um referencial essencial nesse contexto, ao enfatizar a importância dos direitos territoriais e da consulta prévia. Em casos como Sarayaku vs. Equador e Povos Kaliña e Lokono vs. Suriname, a Corte IDH determinou que os Estados têm a obrigação de garantir uma consulta prévia, livre e informada às comunidades indígenas antes de iniciar projetos que impactem seus territórios, assegurando um processo genuíno de diálogo no qual se respeite a autonomia e os direitos culturais das comunidades, garantindo que suas decisões sejam reconhecidas e respeitadas.

No Brasil, essa jurisprudência é particularmente relevante em casos como a ADPF 742, onde o STF reafirmou a necessidade da consulta prévia às comunidades quilombolas de Alcântara. Ainda assim, a implementação dessa decisão enfrenta desafios estruturais significativos, demonstrando que a falta de um compromisso estatal contínuo pode enfraquecer a proteção dos direitos territoriais. Sem processos institucionais bem estabelecidos, a efetividade das decisões judiciais fica comprometida.

A proteção dos direitos territoriais e de propriedade no Brasil, portanto, não depende apenas de decisões judiciais, mas da construção de processos estruturais robustos que incluam políticas públicas consistentes e mecanismos de monitoramento eficientes. Sem esse respaldo institucional, mesmo as decisões mais progressistas do STF podem perder impacto diante de pressões econômicas e políticas que priorizam o crescimento a qualquer custo. O Estado brasileiro deve comprometer-se a integrar essas decisões ao desenvolvimento de políticas públicas que reconheçam os direitos territoriais como elementos essenciais da justiça social e do crescimento sustentável, promovendo uma visão inclusiva e respeitosa da diversidade cultural e territorial do país. O alinhamento com a jurisprudência da Corte IDH fortalece esse arcabouço normativo, assegurando que os direitos humanos e territoriais sejam protegidos em sua totalidade.

5. CONCLUSÃO: O STF, A PROTEÇÃO DA PROPRIEDADE E O FORTALECIMENTO DOS DIREITOS HUMANOS

A influência da jurisprudência interamericana no Supremo Tribunal Federal tem se consolidado como um elemento fundamental para a proteção dos direitos territoriais e da propriedade no Brasil. O diálogo entre as instâncias nacionais e o Sistema Interamericano de Direitos Humanos não apenas fortalece a coerência e a efetividade das decisões judiciais, mas também amplia a capacidade do ordenamento jurídico brasileiro de responder a desafios estruturais históricos relacionados ao acesso à terra e à segurança jurídica de povos indígenas, quilombolas e outras comunidades tradicionais.

A atuação do Ministro Luiz Edson Fachin tem sido essencial nesse processo, pois sua relatoria em casos emblemáticos como a ADPF 742 e o Recurso Extraordinário 1.017.365/SC demonstra um compromisso firme com a incorporação dos padrões interamericanos na jurisprudência brasileira. Sua interpretação progressista do direito de propriedade, ancorada na função social e na dignidade da pessoa humana, reforça a necessidade de que a proteção territorial seja garantida não apenas como um direito individual, mas também como um instrumento de justiça social e preservação cultural.

A interamericanização do direito brasileiro, ao trazer referências como os precedentes da Corte IDH nos casos Pueblo Indígena Kichwa de Sarayaku vs. Equador e Comunidade Indígena Xucuru vs. Brasil, evidencia que os direitos territoriais não podem ser tratados de forma estática ou reduzida à lógica da propriedade privada tradicional. Ao contrário, devem ser compreendidos dentro de uma perspectiva ampliada, que reconheça a posse coletiva e a interdependência entre território, identidade cultural e direitos humanos.

Entretanto, como discutido ao longo do texto, a efetividade dessas decisões depende da implementação concreta de políticas públicas estruturadas, que assegurem que os direitos reconhecidos no STF sejam incorporados nas práticas governamentais e protegidos contra retrocessos legislativos. O avanço das teses defendidas pelo STF pode ser minado por pressões econômicas e políticas que insistem em restringir a segurança jurídica das comunidades tradicionais. Por isso, torna-se essencial que o Brasil reforce mecanismos de monitoramento, participação social e consulta prévia, garantindo que as decisões do STF tenham impacto prático e consolidem uma cultura de respeito aos direitos humanos e territoriais.

O diálogo entre o STF e o Sistema Interamericano de Direitos Humanos não apenas fortalece a proteção dos direitos humanos no Brasil, mas também projeta o país como um ator relevante no cenário global da defesa dos direitos humanos. A experiência brasileira, marcada por desafios estruturais e conflitos históricos sobre o direito à terra, pode se beneficiar enormemente do intercâmbio de jurisprudências e da incorporação de princípios internacionais que resguardam a dignidade dos povos vulneráveis.

Dessa forma, o reconhecimento da função social da propriedade, a incorporação dos precedentes interamericanos e a atuação do STF sob a liderança do Ministro Fachin representam avanços significativos no compromisso do Brasil com os direitos humanos territoriais dos povos indígenas e comunidades vulneráveis. O caminho, contudo, ainda exige vigilância e engajamento, para que essas conquistas se traduzam em garantias reais para aqueles que, historicamente, mais necessitam da proteção do Estado.

Dessa forma, a interamericanização do direito de propriedade no STF revela um esforço contínuo de adaptação e diálogo entre sistemas jurídicos, reafirmando a Constituição como um instrumento dinâmico e comprometido com a justiça social. Como destaca Habermas, a Constituição é um pacto em constante renovação, e sua legitimidade depende da capacidade de integrar novos desafios sem perder de vista sua essência: a proteção da dignidade humana. O diálogo entre o direito nacional e internacional, portanto, não representa uma ameaça à soberania, mas uma ampliação de possibilidades, permitindo que a experiência brasileira se fortaleça ao mesmo tempo em que contribui para a construção de um constitucionalismo global mais inclusivo e transformador.

REFERÊNCIAS

AGUILAR CAVALLO, Gonzalo; NOGUEIRA ALCALÁ, Humberto. O princípio pro persona no direito internacional e no direito interno como regra de interpretação e de preferência normativa. *Revista de Direito Público*, n. 84, p. 13-43, 2016.

BOGDANDY, Armin von; PIOVESAN, Flávia; ANTONIAZZI, Mariela Morales (Coord.). *Estudos avançados em direitos humanos*: democracia e integração jurídica: emergência de um novo direito público. São Paulo: Campus, 2012.

BRASIL. Supremo Tribunal Federal. Arguição de Descumprimento de Preceito Fundamental (ADPF) 742. Expansão do programa espacial brasileiro e impactos nas comunidades quilombolas de Alcântara. Relator: Min. Edson Fachin.

BRASIL. Supremo Tribunal Federal. Recurso Extraordinário (RE) 1.017.365/SC. Discussão sobre a tese do marco temporal na demarcação de terras indígenas. Relator: Min. Edson Fachin.

CENCI, Elve Miguel; MUNIZ, Tânia Lobo. *Esplendor e crise do constitucionalismo global* (*Splendor and crisis of global constitutionalism*). Sequência (Florianópolis), n. 84, p. 89-108, abr. 2020. Disponível em: https://doi.org/10.5007/2177-7055.2020v43n84p89.

CORTE INTERAMERICANA DE DIREITOS HUMANOS. Caso Comunidade Indígena Yakye Axa vs. Paraguai. Sentença de 17 de junho de 2005. Série C, n. 125. Disponível em: https://www.corteidh.or.cr/docs/casos/articulos/seriec_125_por.pdf.

CORTE INTERAMERICANA DE DIREITOS HUMANOS. Caso Comunidade Indígena Xucuru e seus membros vs. Brasil. Sentença de 5 de fevereiro de 2018. Série C, n. 346. Disponível em: https://www.corteidh.or.cr/docs/casos/articulos/seriec_346_por.pdf.

CORTE INTERAMERICANA DE DIREITOS HUMANOS. Caso Comunidade Mayagna (Sumo) Awas Tingni vs. Nicarágua. Sentença de 31 de agosto de 2001. Série C, n. 79. Disponível em: https://www.corteidh.or.cr/docs/casos/articulos/seriec_79_por.pdf.

CORTE INTERAMERICANA DE DIREITOS HUMANOS. Caso Povo Indígena Kichwa de Sarayaku vs. Equador. Sentença de 27 de junho de 2012. Série C, n. 245. Disponível em: https://www.corteidh.or.cr/docs/casos/articulos/seriec_245_por.pdf.

FACHIN, Melina Girardi. Constitucionalismo multinível: diálogos e(m) direitos humanos. (2021). *Revista Ibérica Do Direito*, *1*(1), 53-68. Disponível em: https://www.revistaibericadodireito.pt/index.php/capa/article/view/26.

FACHIN, Melina Girardi; GONÇALVES, Marcos Alberto Rocha. De fora, de cima e de baixo - todos os sentidos da dignidade no discurso dos direitos. *Revista Brasileira de Direitos Fundamentais*. v. 2, n. 2 (2016). Disponível em: http://www.indexlaw.org/index.php/garantiasfundamentais/article/view/1629.

MAZUZUOLI, Valério de Oliveira. *O controle jurisdicional da convencionalidade das leis*. 3. ed. São Paulo: RT, 2013.

PIOVESAN, Flávia. *Direitos Humanos e o Direito Constitucional Internacional*. 19. ed. São Paulo: Saraiva, 2021.

SÁNCHEZ RUBIO, David. *Encantos e Desencantos dos Direitos Humanos*: de emancipações, libertações e dominações. Porto Alegre: Livraria do Advogado, 2014.

TRINDADE, Antônio Augusto Cançado. Dilemas e desafios da proteção internacional dos direitos humanos no limiar do século XXI. *Revista Brasileira de Política Internacional, Brasília*, v. 40, n. 1, jan./jun. 1997. Disponível em: http://www.scielo.br/scielo.php?script=sci_arttext&pid =S00343291997000100007.

FIDELIDADE E ATIVISMO CONSTITUCIONAIS: CAMINHOS E PERCALÇOS DO CONSTITUCIONALISMO BRASILEIRO DE 1988

Christine Oliveira Peter da Silva

Doutora e Mestre em Direito, Estado e Constituição pela UnB. Professora Associada do Mestrado e Doutorado em Direito das Relações Internacionais do Centro Universitário de Brasília (UniCeub); Pesquisadora e vice-líder do Centro Brasileiro de Estudos Constitucionais ICPD/UniCeub; Assessora de Ministro do Supremo Tribunal Federal.

1. SENTIMENTO CONSTITUCIONAL: PROLEGÔMENOS NECESSÁRIOS

Em tempos de "Pacto pela Linguagem Simples" começar com 'prolegômenos' não passaria despercebido no plenário do Supremo Tribunal Federal. Mas, como o presente trabalho destina-se a um público seleto e especializado, creio não seja um problema grave começar o texto em linguagem jurídica 'criptografada'.

Para falar sobre o sentimento constitucional é preciso assumir a premissa de articulação entre o dinamismo constitucional e o sentir jurídico, tendo por base uma premissa bastante utilizada por importantes juristas do século XIX, como Rudolf von Jhering[1] e Gustav Radbruch:[2] o direito integra-se à realidade socio-política-econômica-histórica-cultural circundante.

Por sentimento jurídico, os autores do século passado que trataram desse tema, tentavam chamar a atenção para a importância da dimensão humana na interpretação jurídica, em oposição a certa exacerbação da racionalidade ligada ao formalismo neutro não humano.[3] Era o passado tentando ler o que reservaria o futuro.

Pablo Lucas Verdú defendia, em sua conhecida obra sobre o tema,[4] que a normatividade era aceita não apenas por um sentimento jurídico propriamente dito, mas pela comunhão de sentimentos que, no seio social, fazia com que os cidadãos e cidadãs aceitassem a norma jurídica porque conveniente e boa para a integração social.[5]

1. IHERING, Rudolf von. *O espírito do direito romano*. Rio de Janeiro: Alba, 1943.
2. RADBRUCH, Gustav. *Filosofia do Direito*. Coimbra: Antonio Amado, 1979.
3. VERDU, Pablo Lucas. *O sentimento constitucional*. Rio de Janeiro: Editora Forense, 2006.
4. VERDU, Pablo Lucas. *O sentimento constitucional*. Rio de Janeiro: Editora Forense, 2006.
5. Segundo Pablo Lucas Verdú há três maneiras diferentes de manifestação do sentimento jurídico, que se apresentam de forma não isolada, mas entrelaçada: a) no sentir sobre o que é o Direito – dimensão relacionada

Este trabalho, cujo objeto é uma análise do ativismo judicial pelas lentes dos conceitos de fidelidade constitucional e de ativismo constitucional, rende homenagens ao Ministro Edson Fachin e seu intimorato sentimento constitucional.

Ao lado do Ministro Fachin é sempre o tempo de viver, sentir e pelear – sim, ele é gaúcho – pela Constituição. Sua conhecida e reconhecida trajetória como professor e como magistrado constitucional deve ser celebrada com todas as homenagens, pois o Brasil tem muita sorte de contar com sua inteligência incomum e sua ética irreprochável, em todos os âmbitos de sua atuação como homem público.

O objetivo geral do presente artigo é refletir sobre os limites e possibilidades do ativismo judicial, por meio de uma filtragem teórica que levará em consideração os conceitos de fidelidade constitucional[6] e de ativismo constitucional,[7] com muitas aproximações da teoria do sentimento constitucional de Pablo Lucas Verdú.

Tem-se como objetivos específicos deslocar as críticas epistemológicas e teóricas do ativismo judicial para a hermenêutica e concretização de direitos fundamentais, no contexto do Estado Constitucional de Direito.

Em diálogo com conceitos clássicos de Pablo Lucas Verdú,[8] Rudolf von Jhering[9] e Gustav Radbruch,[10] o trabalho renova a construção teórica que venho fazendo há mais de duas décadas no sentido de que, no Estado de Direitos Fundamentais, o protagonismo dos membros das três funções de poder, especialmente de suas cúpulas, é um dever constitucional.

A temática do ativismo judicial, ganha novo olhar no paradigma do Estado de direitos fundamentais,[11] pois, nesse modelo, diz-se que a tarefa de concretizar a Constituição busca um sentido substancial das normas constitucionais jusfundamentais, o que implica assumir que a mediação concretizadora da Constituição necessariamente há que ser uma tarefa compartilhada entre todos os órgãos de poder (funções executiva, legislativa e judiciária) e também entre estes e a sociedade civil organizada.

Assim, os deslocamentos ideológico, teórico e metodológico, propostos neste trabalho, na tentação-tentativa de construção de uma nova possibilidade semântica para o

---

à capacidade de captar intuitivamente e aplicar de forma justa o direito vigente com o tato jurídico; b) no sentir sobre o que deve ser o Direito existente, em referência ao "ideal jurídico"; c) e, ainda, no sentir acerca da atitude a respeito do Direito vigente, ou seja, no sentimento a respeito do ordenamento jurídico. VERDU, Pablo Lucas. *O sentimento constitucional*. Rio de Janeiro: Forense, 2006.

6. Sobre minha compreensão acerca de fidelidade constitucional vide: SILVA, Christine Oliveira Peter da Silva; FACHIN, Luiz Edson. O dever hermenêutico de fidelidade constitucional. In: Claudio Lamachia; Marcus Vinicius Furtado Coêlho. (Org.). *Constituição da República: um projeto de nação*. Brasília: CFOAB – Conselho Federal da OAB, 2018, v. 1, p. 157-167.
7. Sobre o que seja ativismo constitucional vide: SILVA, Christine Oliveira Peter da Silva. Do ativismo judicial ao ativismo constitucional no Estado de Direitos Fundamentais. *Revista Brasileira de Políticas Públicas*, v. 05, número especial, 2015, p. 62-87.
8. VERDU, Pablo Lucas. *O sentimento constitucional*. Rio de Janeiro: Editora Forense, 2006.
9. IHERING, Rudolf von. *O espírito do direito romano*. Rio de Janeiro: Alba, 1943.
10. RADBRUCH, Gustav. *Filosofia do Direito*, Coimbra: Antonio Amado, 1979.
11. SILVA, Christine Oliveira Peter. Estado de direitos fundamentais. *Revista Jus Navigandi*, ISSN 1518-4862, Teresina, ano 20, n. 4438, 26 ago. 2015. Disponível em: https://jus.com.br/artigos/42128. Acesso em: 21 fev. 2025.

ativismo judicial, supõem que as interações, cooperativas ou conflituais, entre as funções de poder do Estado e também entre aquelas e as da sociedade civil organizada devem ser avaliadas e controladas reciprocamente, o que implica assumir que o melhor e mais adequado termo não é ativismo judicial, mas, sim, ativismo constitucional. É sobre isso que se vai falar no presente trabalho.

Convido a todas e todas, com a autorização poética da expressão literal emprestada do homenageado: "Em frente!"

2. FIDELIDADE CONSTITUCIONAL

Todos pretendem-se fiéis à Constituição, mas não há uma razoável concordância sobre qual a Constituição, objeto em si, a que se destina essa fidelidade. E talvez seja possível afirmar que a Constituição, fruto de consensos políticos datados e localizados geograficamente, seja mesmo, por essência, uma norma dinâmica, ou seja, um texto permanentemente em construção.

Entretanto, independentemente das escolhas que estão disponíveis para o intérprete constitucional, especialmente aquele vinculado, por ofício, à jurisdição constitucional, é possível exigir-se integridade e transparência como premissas metodológicas comuns para o exercício dessa importante tarefa.

Por integridade entenda-se o respeito e consideração à linha histórica da atuação jurisdicional em determinado tema. A preocupação com as decisões já proferidas, a jurisprudência consolidada e a história constitucional de determinado tema são elementos vivificadores da experiência de integridade. A condução da argumentação pelas sendas da segurança jurídica também indica clara predileção pelas práticas que materializam a integridade, nos termos do que aqui se propõe.

O compromisso com a Constituição perpassa uma reflexão constante sobre os diversos modos e olhares que o texto constitucional induz. Não obstante, é preciso não permitir que a pluralidade hermenêutica enfraqueça ou esgace o tecido constitucional, considerando que fora trançado por muitas mãos, no propósito de sustentar a democracia brasileira por muitas décadas.

Em tempos de divergências constitucionais, a fidelidade constitucional parece perder sua força e vitalidade. Aparência inconsistente, pois o confronto hermenêutico de ideias e argumentos, na concretização constitucional, é indicativo de que há movimento e dinâmica a conduzir a Constituição pelo seu caminho de perenidade.

A disputa doutrinária entre aqueles que sustentam a manutenção das vontades e intenções dos constituintes originários como metodologia adequada para extrair o sentido das normas constitucionais e aqueles que defendem uma atuação atualizadora por parte dos magistrados da jurisdição constitucional e demais intérpretes é viva e tem consequências importantes a serem consideradas.

A Constituição de 1988 representa uma mudança diante dos padrões institucionais que prevaleciam no Brasil até a sua promulgação, projetando para o futuro constitucional de nossa nação mudanças políticas, sociais e econômicas diretamente derivadas das lutas travadas pelas classes sociais mais atuantes. Registra José Rodrigo Rodriguez:

> A pressão política nascida da sociedade civil, muitas vezes mediada por grupos dissidentes no interior das elites e protagonizada por atores políticos específicos, forçou diversas articulações entre os donos do poder. O reconhecimento legal da possibilidade de que novos personagens entrassem em cena no sistema político brasileiro na condição de pessoas capazes de reivindicar direitos tem sido elemento central para enfraquecer o padrão de mudança social "de cima para baixo", resultado de acordos negociados entre as elites e impostos ao restante da sociedade.[12]

Ao defender-se as opções constituintes, tal qual delineadas pelos agentes políticos que originariamente se manifestaram para a composição do texto constitucional de 1988, sente-se integral vínculo com os debates constituintes originários, utilizando-se do elemento histórico e, consequentemente, da vontade do legislador como guias para a declaração dos sentidos constitucionais perquiridos.

Não é simplesmente ser originalista ou interpretativista, mas, sim, ser comprometido com o projeto de Constituição efetivamente constituído por um povo livre e soberano. A fidelidade constitucional nos impele a preservar os sentidos que melhor resguardam o pacto social esperado, sonhado e plasmado no Texto Constitucional de 1988.

3. ATIVISMO CONSTITUCIONAL

O deslocamento do conceito de ativismo judicial para o ativismo constitucional é uma tarefa que exige assumir o pressuposto de que a clássica separação de funções de poder, apresenta-se para muito além da divisão pedestre que os auditórios contemporâneos insistem em manter: os defensores e opositores dessa ideia.

As práticas decorrentes do ativismo judicial[13] costumam inflamar os discursos e não faltam vozes a defender que o legislativo já perdeu seu lugar histórico nas democracias contemporâneas – especialmente em virtude do esgotamento ético de suas práticas políticas nefastas –, como também outros que bradam não ser o poder judiciário democraticamente legitimado para a tarefa de ditar regras de convívio social (pela falta do processo de eleições de seus membros).[14]

E a estes dois argumentos mais comuns se somam tantos outros, os quais tentam encontrar soluções estáticas, de preferência únicas e definitivas, para o problema da regulação, necessariamente dinâmica, da vida em sociedade.

Se a questão central do constitucionalismo do final do século XVIII e início do século XIX era legitimar o povo-nação para esta tarefa, podemos dizer que nada mudou desde

12. RODRIGUEZ, José Rodrigo. *Como decidem as Cortes?* Para uma crítica do Direito (Brasileiro). Rio de Janeiro: Editora FGV, 2013, p. 54.
13. Dentre elas destaco: as decisões de caráter aditivo, a interpretação conforme a Constituição, as decisões de procedência no caso de omissões inconstitucionais, a edição de súmulas vinculantes, as decisões vinculativas em casos com repercussão geral reconhecida, dentre outras.
14. Pela corrente dos detratores do ativismo judicial vide o consistente trabalho de Jorge Lavocat Galvão: GALVÃO, Jorge Octávio Lavocat. *O neoconstitucionalismo e o fim do Estado de Direito*. São Paulo: Saraiva, 2014.

então. A diferença importante está no fato de que, naquele momento histórico, a aposta no poder legislativo como a função de poder mais hábil e legitimada para representar o povo-nação e desincumbir-se de tal missão não convence mais, ou, pelo menos, não convence a todos mais.

Estamos todos, pois, em uma encruzilhada, buscando compreender e defender, cada um a seu modo, quais seriam os caminhos mais viáveis para as democracias contemporâneas. De certo, não é nos discursos apodíticos e inflamados que se encontram as melhores opções, pois as alternativas para uma análise crítica satisfatória sobre o tema do ativismo judicial – contemplando suas vantagens e desvantagens – deve ocorrer de forma equilibrada e dialética, pois todos os pontos de vista merecem igual respeito e consideração.

Para homenagear o Professor e Ministro do Supremo Tribunal Federal Luiz Edson Fachin, por ocasião dos 10 anos de nossa ilocucionária parceria, gostaria de propor um deslocamento da questão do ativismo judicial para o ativismo constitucional.

Mas, é preciso pontuar, uma vez mais,[15] o que isso significa? Significa enfrentar todos os problemas advindos das práticas judiciais invasoras ou positivas – registrando aqui oposição às práticas judiciais autocontidas e negativas – pelo olhar ideológico intransigentemente comprometido com a dogmática dos direitos fundamentais; pelo olhar metodológico de práticas concretizadoras comprometidas com a máxima eficácia das normas constitucionais jusfundamentais; e, finalmente, pelo olhar teórico de um constitucionalismo forte que se apresenta como alternativa teórica ao positivismo jurídico clássico (final do século XIX e primeira metade do século XX).[16]

3.1 Ativismo constitucional ideológico

Para consideramos o ativismo constitucional sob a perspectiva ideológica é preciso ter em mente que existe um fundamento racional para consideramos a constituição como uma ordem objetiva de valores. Isso também implica assumir que não se trata de uma ordem de valores qualquer, mas de uma ordem de valores jusfundamentais.

Em primeiro lugar, vale lembrar que a doutrina constitucional já não é recente quanto a apontar, no quadro das possíveis teorias dos direitos fundamentais,[17] a teoria da ordem de valores como aquela que pressupõe a vinculação de todo o ordenamento jurídico aos direitos fundamentais.

---

15. Devo aqui uma inconfidência, já escrevi outro texto homenageando um grande amigo, também dileto Professor e, igualmente, Ministro do Supremo Tribunal Federal, hoje já aposentado, com essa mesma provocação. Mas ambos estão no centro produtor do que aqui está sendo dito, construído e vivido. Como faz sentir – e muito para mim – faz todo sentido.
16. Sobre a visão tripartite de neoconstitucionalismo vide: COMANDUCCI, Paolo. Formas de (Neo) Constitucionalismo: un analisis metateórico. Trad. Miguel Carbonell, *Revista Isonomia*, n. 16, abril 2002, p. 89-112. Disponível em: http://www.upf.edu/filosofiadeldret/_pdf/comanducci-formas.pdf. Acesso em: 21 fev. 2025.
17. Para uma visão mais ampla, no bojo da teoria geral dos direitos fundamentais, acerca das teorias dos direitos fundamentais vide meu: *Hermenêutica de direitos fundamentais*. Brasília: Brasília Jurídica, 2005.

Assim, os direitos fundamentais, vistos a partir dessa teoria, apresentam-se como valores de caráter objetivo a irradiar seus efeitos para todos os campos do saber e do fazer jurídicos, deixando a sua condição clássica de direitos subjetivo ou de meras pretensões subjetivas.

Num segundo momento, também é preciso notar que concebidos os direitos fundamentais como ordem de valores objetiva, dotada de unidade material e na qual se insere o próprio sistema de pretensões subjetivas, deduz-se que o indivíduo deixa de ser a medida dos seus direitos, pois que os direitos fundamentais reconduzem-se a princípios objetivos através da realização dos quais se alcança uma eficácia ótima dos direitos, sejam eles subjetivos ou não, e se confere um estatuto de proteção aos cidadãos.[18]

Dessa forma, a principal virtude da concepção objetiva dos direitos fundamentais reside no fato de reconhecer às constituições – e as suas normas jusfundamentais – força normativa irradiante para todos os problemas jurídicos, comprometendo tanto a dogmática (no plano analítico, empírico ou hermenêutico[19]) quanto à filosofia constitucionais com a teoria geral dos direitos fundamentais.

No plano ideológico, portanto, o ativismo constitucional seria aquele inevitavelmente comprometido com a concretização dos direitos fundamentais em todos os âmbitos da vida jurídica, exigindo dos ativistas constitucionais (sejam juízes, legisladores, administradores, órgãos auxiliares da Justiça, ativistas da sociedade civil organizada etc.) um discurso justificador de suas ações e decisões estritamente vinculado à tarefa de tornar efetivos esses direitos.

Uma das críticas mais consistentes dirigidas contra a teoria da ordem de valores é a de que a ordem de valores pode transformar os direitos fundamentais num sistema fechado, separado do resto da Constituição.[20] Seria o reconhecimento de hierarquia entre normas constitucionais originárias, e de uma preferência hierárquica pelos direitos fundamentais em relação às demais normas constitucionais.[21]

Aqui a reflexão merece atenção e a crítica de Canotilho no sentido de que "a ordem de valores abre o caminho para a interpretação dos direitos fundamentais desembocar

18. CANOTILHO, J. J Gomes. *Direito Constitucional e Teoria da Constituição*. 3. ed. Coimbra : Almedina, 1999, p. 1303.

19. Sobre o que significa a dogmática constitucional vide meu: Dogmática Constitucional: perspectivas da técnica jurídica para estudos e pesquisa em Direito Constitucional do século XXI, *Revista Direito Público*, Brasília, jul./set. 2007, p. 85-112.

20. CANOTILHO, J. J Gomes. *Direito Constitucional e Teoria da Constituição*. 3. ed. Coimbra : Almedina, 1999, p.1303.

21. Aqui poderia abrir uma vetusta discussão sobre a hierarquia entre normas constitucionais originárias. Não há espaço teórico nem editorial para tal controvérsia no presente artigo, de modo que vou me limitar a afirmar que no Brasil a tese da hierarquia não foi acolhida pela jurisprudência do Supremo Tribunal Federal. Assim, não há que se falar em hierarquia, mas em alguma diferenciação funcional, ou seja, compreensões que diferenciam as normas-regras constitucionais das normas-princípios constitucionais. Acho, particularmente, que todas as diferenciações e classificações nesse contexto não contribuem para o debate constitucional. Prefiro assumir a controversa premissa de que todas as normas constitucionais são jusfundamentais.

numa intuição espiritual, conducente a uma tirania de valores, estática e decisionista".[22] É a vetusta crítica ao decisionismo e a todas as suas consequências indubitavelmente nefastas.

Por fim, há também a crítica apontando para uma possível relativização desses direitos, considerando que, por esta visão, tais direitos estão perenemente submetidos a controle interpretativo por meio de uma pauta de valores que pode ser arbitrariamente conformada.[23]

A discussão sobre o enfraquecimento dos direitos fundamentais pela possibilidade de sua relativização nos casos concretos já é bastante conhecida e de muitas maneiras enfrentadas. A construção dialética e cooperativa desses direitos pelos mais diversos atores sociais é a única forma que enfrentar o problema da relativização, pois somente o efetivo controle recíproco será capaz de minimizar os efeitos negativos da relativização.

Todas as críticas apontadas são riscos reais do processo de concretização irradiante dos direitos fundamentais, inerentes à percepção de que não há como divorciar o processo de realização desses direitos do elemento volitivo a ele subjacente. A concretização dos direitos fundamentais, bem como o compromisso com esta concretização, depende da vontade de realização constitucional, bem próximo daquilo que Konrad Hesse chama de 'vontade de constituição'.[24]

Isso quer dizer que o ativismo constitucional implica, sim, em uma decisão ideológica dos intérpretes constitucionais no sentido de firmar compromisso intransigente com os valores constitucionalizados pelo legislador constituinte originário e derivado. E também que a pauta de valores constitucionais jusfundamentais passa a ser, sim, o parâmetro de interpretação de todas as normas do ordenamento jurídico-constitucional, incluindo as próprias normas de direitos fundamentais e, para aqueles que as distinguem, as demais normas constitucionais.

Assim sendo, ao invés de negar a relevância das críticas formuladas ou de tentar refutá-las uma a uma, o ativismo constitucional enfrenta as suas dificuldades assumindo-as como parte do próprio processo de realização das normas jusfundamentais, ou seja, o risco de hierarquização dos direitos fundamentais no plano normativo constitucional; o risco de arbitrariedades e tiranias dos valores no processo de interpretação constitucional; e o risco de relativização insustentável dos direitos fundamentais diante das peculiaridades e pressões do caso concreto, dentre outros, são os limites reflexivos da prática constitucional ativista, no seu sentido ideológico.

O ativismo constitucional no plano ideológico, portanto, assume como premissa inafastável a razão jusfundamental, passando a ser a justificativa racional de uma atitude

22. CANOTILHO, J. J Gomes. *Direito Constitucional e Teoria da Constituição*. 3. ed. Coimbra : Almedina, 1999, p. 1303.
23. CANOTILHO, J. J Gomes. *Direito Constitucional e Teoria da Constituição*. 3. ed. Coimbra : Almedina, 1999, p. 1303.
24. Vide HESSE, Konrad. *A força normativa da Constituição*. Trad. Gilmar Ferreira Mendes. Porto Alegre: Sérgio Fabris Editor, 1998.

ativista (ativismo constitucional metodológico) e também de uma postura ativista (ativismo constitucional teórico). É sobre estas atitude e postura ativistas constitucionais que tratam os tópicos subsequentes.

3.2 Ativismo constitucional metodológico

O ativismo constitucional no plano metodológico implica uma atitude ativista cujas ações e procedimentos metódicos conduzam à concretização dos direitos fundamentais. É a hermenêutica específica dos direitos fundamentais a qual pressupõe um raciocínio metódico de proporcionalidade ou razoabilidade.

Toda concretização de direitos fundamentais implica em restrição, concorrência ou colisão desses direitos. A afirmação de que não há direitos fundamentais absolutos decorre exatamente da dinâmica de sua concretização, uma vez que no amplo universo desses direitos apresenta-se inevitável o confronto dos âmbitos de proteção de diversos direitos, sejam de um mesmo titular (concorrência), sejam de titulares diferentes (colisão).

A concorrência de direitos fundamentais ocorre quando um comportamento de um mesmo sujeito de direitos fundamentais preenche os pressupostos de fato de vários direitos fundamentais. Existem várias formas de concorrência. A primeira delas ocorre quando se configura um cruzamento de direitos fundamentais, ou seja, o mesmo comportamento de um titular é incluído no âmbito de proteção de vários direitos fundamentais.

Outra forma de concorrência verifica-se com a acumulação de direitos: aqui não é um comportamento que pode ser subsumido no âmbito de vários direitos que se entrecruzam entre si, mas, sim, um determinado bem jurídico a qual leva à acumulação, na mesma pessoa, de vários direitos fundamentais.[25] Canotilho afirma que "o problema da concorrência de direitos oferece dificuldades quando os vários direitos concorrentes estão sujeitos a limites divergentes, devendo determinar-se qual, dentre os vários direitos, assume relevo decisivo".[26]

Há uma colisão autêntica de direitos fundamentais quando o exercício de um direito fundamental por parte de seu titular colide com o exercício do direito fundamental por parte de outro titular. Por outro lado, há uma colisão imprópria de direitos fundamentais quando o exercício de um direito fundamental colide com outros bens constitucionalmente protegidos.

O professor José Carlos Vieira de Andrade, tratando das colisões ou conflitos de direitos, ensina que haverá colisão sempre que se deva entender que a Constituição protege simultaneamente dois valores ou bens em contradição concreta, ou seja, sempre que a esfera de proteção de um determinado direito for constitucionalmente protegida de modo a intersectar a esfera de outro direito igualmente fundamental e constitucional.[27]

---

25. Canotilho, J.J. Gomes. *Direito constitucional e teoria da Constituição*, op. cit., p. 1189.
26. Canotilho, J.J. Gomes. *Direito constitucional e teoria da Constituição*, op. cit., p. 1190.
27. ANDRADE, José Carlos Vieira de. *Os direitos fundamentais na Constituição portuguesa de 1976*. Coimbra : Almedina, 1987, p. 220.

Dentre as formas de solução para as colisões de direitos fundamentais está o estabelecimento de uma hierarquia interna entre as normas de direitos fundamentais; e a segunda, mais aceita e adequada pela observância do princípio da unidade da Constituição, informa a necessidade de um juízo de ponderação de valores para eventualmente restringir-se um direito fundamental em favor do outro.

Esse é o plano da metodologia.

3.3 Ativismo Constitucional teórico

Talvez o aspecto mais significativo do ativismo constitucional seja o teórico. A postura ativista tem conduzido a muitas reflexões, constituindo-se como uma primeira tentativa, com consistência acadêmica realmente relevantes de superação da dicotomia teórica juspositivismo e jusnaturalismo.

Muitos autores brasileiros e estrangeiros, desde os últimos anos do século XX, mas principalmente nestes primeiros anos do século XXI, têm dedicado suas reflexões acadêmicas ao chamado neoconstitucionalismo.[28]

Nesse contexto, o ser humano passa a ser o eixo de todas as discussões, o que no Direito é evidenciado pelo próprio tratamento que se deu aos direitos civis, aos direitos fundamentais e aos direitos humanos, a partir da segunda guerra mundial, ou seja, a partir da segunda metade do Século XX.

Um desdobramento importante dessa reflexão teórica sobre o ativismo judicial é saber qual a relação entre dignidade da pessoa humana e ativismo constitucional fundado na razão jusfundamental?

A dignidade humana apela a uma referência cultural e social múltipla e plural, recolhida pragmaticamente de sugestões filosóficas e doutrinárias de diferentes esferas, com diferentes causas e consequências.[29] Não pode ser desconsiderada, como métrica hermenêutica do intérprete e concretizador de direitos fundamentais, a premissa constitucional dogmática e jusfundamentadora da dignidade humana.

Diante dessa lógica, o direito constitucional ganha nova centralidade normativa, abandonando o paradigma constitucional liberal consolidado, para reconhecer-se como um direito constitucional focado e voltado para os direitos fundamentais. E mesmo aqueles que assumem a posição de reconhecer ao direito constitucional uma qualidade destacada de direito individualizador dos princípios estruturantes e conformadores da ordem jurídica, tem o ônus colocar-se em diálogo com as pressões da teoria crítica contra o normativismo constitucional fundamentador.[30]

---

28. Como uma obra que retrata de forma séria e fiel o referido embate recomendo leitura: GALVÃO, Jorge Octávio Lavocat. *O neoconstitucionalismo e o fim do Estado de Direito*. São Paulo: Saraiva, 2014.
29. CANOTILHO, J. J. Gomes. *Brancosos e interconstitucionalidade*: itinerários dos discursos sobre a historicidade constitucional. 2. ed. Coimbra: Almedina, 2008. p. 180-181.
30. Essa minha reflexão é bem mais antiga. Vide: PETER, Christine Oliveira. Do ativismo judicial ao ativismo constitucional no Estado de direitos fundamentais. *Revista Brasileira de Políticas Públicas*, Brasília, v. 5, Número Especial, 2015 p. 62-87.

Entretanto, ainda restam intactos e incandescentes os problemas constitucionais mais típicos relacionados à concretização, sempre tensa e complexa, dos direitos fundamentais, de modo que sempre haverá algum espaço para a teoria e a pragmática dos direitos fundamentais nessa seara.

Talvez seja por estarem atentos, ainda que sob um outro viés, a essa realidade é que já se apresenta há mais de três décadas, como um lugar-comum na Alemanha, que autores como Peter Häberle[31] e Martin Kriele[32] prefiram a expressão Estado constitucional a Estado de direito, assim como na Itália, Grã-Bretanha e Espanha, também se busque compreender o novo significado da expressão 'Estado constitucional' democrático,[33] como aquele que tem compromisso evidente com a concretização dos direitos fundamentais.

Não se pretende desconstruir o paradigma oitocentista de direito constitucional por meio da invocação do princípio da dignidade da pessoa humana, mas chamar a atenção para a vinculação inafastável e os efeitos indeléveis que a presença deste princípio provoca no Estado constitucional comprometido com os direitos fundamentais, o qual tenho chamado de Estado de direitos fundamentais.

Muito embora conheça a ampla e respeitável crítica que se faz ao uso (e abuso) da invocação do princípio da dignidade humana como fundamento jurídico-constitucional normogenético para reconhecer os mais diversos direitos fundamentais, isso não pode significar a negação de sua existência e importância nos ordenamentos jurídico-constitucionais hodiernos.

O que tem assombrado os constitucionalistas e críticos do princípio da dignidade humana pode ter mais vinculação com o receio quanto aos riscos do ativismo judicial – e consequentemente o poder que se acabou por conceder ao poder judiciário de reconhecer e até de criar direitos fundamentais – do que com a concretização do princípio em si. Ao propor um giro na reflexão sobre ativismo judicial para uma reflexão sobre ativismo constitucional, pretende-se evitar os excessos da maléfica concentração de poder na figura dos juízes.

Acredito que as práticas constitucionais influenciadas pelos efeitos irradiantes, dirigente e horizontal do princípio da dignidade da pessoa humana não são contestadas em virtude do princípio em si, ou da má qualidade das normas dele derivadas – sejam elas de direitos fundamentais ou não – mas da insegurança e complexidade de um sistema de direitos que se reproduz desordenadamente. E o pior, que se reproduz em sentenças

31. HÄBERLE, Peter. *El estado constitucional*, trad. Hector Fix-Fierro. México: Universidad Nacional Autônoma de México, 2003.
32. KRIELE, Martin. *Introducción a la teoria del Estado*: fundamentos históricos de la legitimidad del Estado constitucional democrático. Trad.: Eugenio Bulygin. Buenos Aires: Depalma, 1980.
33. Na oportunidade, Pérez Luño alude aos autores italianos Antonio Baldassare, Stéfano Rodotà e Gustavo Zagrebelsky, os espanhóis Aguiar de Luque, De Agapito, Nieto e Sánchez Ferriz e os colombianos García Pascual, Pena Freire, Rubio Llorente e Manuel García Pelayo, que se atêm ao debate do novo significado da expressão "Estado constitucional". Vide também: PÉREZ LUÑO, Antonio Enrique. *La universalidade de los derechos humanos y el Estado constitucional*. Bogotá: Universidad Externado de Colombia, 2002. p. 58-59.

de juízes que não são aprioristicamente legitimados para tal tarefa, nem se preocupam com a legitimação discursiva da empreitada que estão assumindo.

Porém, o ativismo constitucional, no plano teórico, dá suporte ao antídoto para esse problema, pois diferentemente das correntes realistas, o neoconstitucionalismo, não supera o aspecto normativo do positivismo, porque com ele compartilha a premissa de que direito é norma (premissa básica do raciocínio de Hans Kelsen). Nem o juiz, nem o administrador, nem mesmo o legislador pode afastar-se dos comandos normativos básicos (e aqui, por óbvio, estamos a falar da Constituição como norma suprema) sem o crivo do devido processo legal substantivo.

Assim, o ativismo constitucional teórico, fundado nesse pressuposto humanista, propõe alternativas para algumas dificuldades enfrentadas pelo positivismo, mas sem negar-lhe o pressuposto básico do devido processo legal: i) direito é norma, porém não mais apenas a norma fechada cuja aplicação ocorre na metodologia do tudo ou nada (teoria das regras), mas também a norma aberta, ou seja, aquela que admite metodologias de ponderação e escolhas (teoria dos princípios); ii) direito é norma que se fundamenta na dignidade da pessoa humana, de modo que o devido processo legal, sustentáculo de todo o edifício juspositivista, ganha preeminência na sua versão substantiva, ou seja, toda aplicação da norma passa pelo crivo metodológico da proporcionalidade/razoabilidade; iii) por fim, direito é norma, mas tal norma não é somente aquela que provém do processo legislativo típico (de autoria exclusiva do legislador), mas normas que também são provenientes de outras decisões de poder, tais como do Judiciário e do Executivo.

Assim, não há como negar o fato de que há mudanças substanciais em curso e em consolidação. Entretanto, é preciso discordar dos argumentos alarmistas de que as rupturas são tão radicais quanto inconciliáveis com a premissa central juspositivista, qual seja, a de que o objeto do direito é a norma jurídica. O que tem ocorrido, e nisso reside toda a diferença, é que ao ressignificar a própria concepção de norma jurídica, bem como a sua metodologia de aplicação, revelam-se as novidades mais evidentes.

Neoconstitucionalismo, a partir das considerações até aqui feitas, sim, pode ser apresentado como um novo paradigma para o jurista, dando sustentação ao ativismo constitucional no plano teórico. Porém, é preciso deixar claro que a novidade não reside no rompimento com a teoria normativa do direito e da Constituição, mas no deslocamento da teoria da norma como regra para a teoria da norma como princípio.[34]

Esse é o ponto central e mais importante da novidade teórica. Como reflexos mais específicos dessa novidade para a seara do direito constitucional, podem ser enunciados: i) o deslocamento da teoria dos direitos fundamentais como direitos subjetivos para a da teoria dos direitos fundamentais como ordem objetiva de valores constitucionais; e ii) o deslocamento da centralidade normativa exclusiva da figura do legislador para

---

34. BARROSO, Luís Roberto. O começo da história: a nova interpretação constitucional e o papel dos princípios no direito brasileiro. In: RÚBIO, David S.; FLORES, Joaquín H.; CARVALHO, Salo de (Org.). *Direitos humanos e globalização*: fundamentos e possibilidades desde a teoria crítica. Rio de Janeiro: Lúmen Júris, 2004.

uma descentralização da produção normativa também para os demais órgãos que exercem função de poder (como o Judiciário e o Executivo) e até por atores não estatais ou quase estatais com influência política em seus âmbitos (como entidades e organizações nacionais e internacionais).

Assim, a postura ativista constitucional, no plano teórico, pode ser equiparada à postura que tem sido chamada de neoconstitucionalista, muito embora seja preciso reconhecer que ainda há uma grande confusão semântica no vocábulo neoconstitucionalista, o que, em certa medida, enfraquece a própria equiparação aqui sugerida.

De todo modo, em resumo, diga-se do ativismo constitucional teórico que é aquela postura do jurista comprometido com a teoria normativa dos princípios, por ser a mais adequada para a concretização dos direitos fundamentais; com a perspectiva irradiante, dirigente e horizontal das normas constitucionais jusfundamentais, reconhecendo que além de direitos subjetivos os direitos fundamentais também compõem uma ordem objetiva de valores; e, por fim, com a dinâmica e interdependente função concretizadora das normas constitucionais, o que importa reconhecer que nenhuma das funções de poder é intérprete solipsista dos direitos fundamentais, devendo todos eles atuarem, em suas respectivas competências constitucionais, para a máxima efetividade da Constituição.

Esse é o plano da teoria.

4. CAMINHOS E PERCALÇOS DO ATIVISMO CONSTITUCIONAL NO BRASIL PÓS-1988

O Brasil não é para amadores!!! Será??? O que essa assertiva quer nos contar sobre caminhos e percalços do ativismo constitucional brasileiro dos últimos 35 anos?

Em primeiro lugar é preciso dizer que o projeto constitucional de 1988 é realmente muito robusto, complexo e, sem exageros, brilhante! Talvez por isso tenha razão quem afirme que não é para pessoas que não estejam preparadas para ele!

A permeabilidade constituinte ao Brasil brasileiro, às dores e lutas de muitos grupos, organizados ou não, nos embates estruturais mais candentes do nosso processo constituinte, é o sinal inequívoco de que o texto aprovado em 05 de outubro de 1988 nunca foi e, provavelmente, nunca será uma norma simples de interpretar, aplicar e concretizar no seio da sociedade brasileira.

Por isso, somos um país de sentimentos constitucionais ambíguos, cheio de dúvidas, contradições e paradoxos, mas também um país com uma resiliência constitucional invejável, especialmente para os tempos mais difíceis de sustentação do Estado Democrático de Direito, como o que vivemos atualmente.

Os sentidos constitucionais são disputados por pessoas e instituições muito preparadas para resistir ao improvável, para lutar pelo inalcançável e para sustentar aquilo que nenhuma outra experiência comparada imagina possível. Sim, assim é o constitucionalismo brasileiro: forte, porém delicado; complexo, porém binário; não linear, porém previsível.

Falar sobre ativismo constitucional é falar sobre funções de poder que se entrelaçam em teias de decisões, reuniões, encontros, agendas e tensões. Nem sempre tudo acaba bem, mas os momentos de ruptura não abalam, ou até aqui não abalaram, as estruturas institucionais democráticas.

Por tudo dito, e muito mais não dito, é preciso registrar que a fidelidade ao projeto constitucional de 1988 tem que passar pelo sentimento constitucional que integra texto normativo e realidade, numa conjuntura institucional de ousadia, resiliência democrática e coragem para enfrentar, com todos os percalços e desafios do ativismo constitucional, as ameaças ao modelo, claro que imperfeito, mas de longe o melhor que já existiu para a convivência social pacífica: o Estado Democrático e Constitucional de Direito.

REFERÊNCIAS

BARROSO, Luís Roberto. O começo da história: a nova interpretação constitucional e o papel dos princípios no direito brasileiro. In: RÚBIO, David S.; FLORES, Joaquín H.; CARVALHO, Salo de (Org.). *Direitos humanos e globalização: fundamentos e possibilidades desde a teoria crítica*. Rio de Janeiro: Lúmen Júris, 2004.

CANOTILHO, J. J Gomes. *Direito Constitucional e Teoria da Constituição*. 3. ed. Coimbra: Almedina, 1999.

CANOTILHO, J. J Gomes. *Brancosos e interconstitucionalidade: itinerários dos discursos sobre a historicidade constitucional*. 2. ed. Coimbra: Almedina, 2008.

COMANDUCCI, Paolo. *Formas de (Neo)Constitucionalismo*: un analisis metateórico. Trad. Miguel Carbonell, in *Revista Isonomia*, n. 16, abril 2002, p. 89-112. Disponível em: http://www.upf.edu/filosofiadeldret/_pdf/comanducci-formas.pdf. Acessado em: 21 fev. 2025.

GALVÃO, Jorge Octávio Lavocat. *O neoconstitucionalismo e o fim do Estado de Direito*. São Paulo: Saraiva, 2014.

HÄBERLE, Peter. *El estado constitucional*, trad. Hector Fix-Fierro. México: Universidad Nacional Autônoma de México, 2003.

HESSE, Konrad. *A força normativa da Constituição*. Trad. Gilmar Ferreira Mendes. Porto Alegre: Sérgio Fabris Editor, 1998.

IHERING, Rudolf von. *O espírito do direito romano*. Rio de Janeiro: Alba, 1943.

KRIELE, Martin. *Introducción a la teoria del Estado*: fundamentos históricos de la legitimidad del Estado constitucional democrático. Trad. Eugenio Bulygin. Buenos Aires: Depalma, 1980.

PÉREZ LUÑO, Antonio Enrique. *La universalidade de los derechos humanos y el Estado constitucional*. Bogotá: Universidad Externado de Colombia, 2002.

RADBRUCH, Gustav. *Filosofia do Direito*, Coimbra: Antonio Amado, 1979.

RODRIGUEZ, José Rodrigo. *Como decidem as Cortes?* Para uma crítica do Direito (Brasileiro). Rio de Janeiro: Editora FGV, 2013.

SILVA, Christine Oliveira Peter da. Do ativismo judicial ao ativismo constitucional no Estado de Direitos Fundamentais. *Revista Brasileira de Políticas Públicas*, v. 05, número especial, 2015, p. 62-87.

SILVA, Christine Oliveira Peter da. *Hermenêutica de direitos fundamentais*. Brasília: Brasília Jurídica, 2005.

SILVA, Christine Oliveira Peter da; FACHIN, Luiz Edson. O dever hermenêutico de fidelidade constitucional. In: LAMACHIA, Claudio; COÊLHO, Marcus Vinicius Furtado (Org.). *Constituição da República*: um projeto de nação. Brasília: CFOAB – Conselho Federal da OAB, 2018, v. 1, p. 157-167.

SILVA, Christine Oliveira Peter da. Dogmática Constitucional: perspectivas da técnica jurídica para estudos e pesquisa em Direito Constitucional do século XXI, *Revista Direito Público*, Brasília, p. 85-112, jul./set. 2007.

SILVA, Christine Oliveira Peter da. Estado de direitos fundamentais. *Revista Jus Navigandi*, ISSN 1518-4862, Teresina, ano 20, n. 4438, 26 ago. 2015. Disponível em: https://jus.com.br/artigos/42128. Acesso em: 21 fev. 2025.

VERDU, Pablo Lucas. *O sentimento constitucional*. Rio de Janeiro: Forense, 2006.

INTERPRETAÇÃO CONSTITUCIONAL E O PAPEL DO STF NA CONCRETIZAÇÃO DE DIREITOS FUNDAMENTAIS: CONTRIBUIÇÕES DO MINISTRO EDSON FACHIN

Marcos Delli Ribeiro Rodrigues

Doutorando em Direito pela Universidade de Marília. Mestre em Direito pela UNIMAR. Sócio do escritório MDR Advocacia. Advogado.

Rodrigo Cavalcanti

Doutorando em Direito pela Universidade de Marília. Mestre em Direito pela UFRN. Professor Universitário. Sócio do escritório MDR Advocacia. Advogado.

Diego Alves Bezerra

Mestre em Direito pela UFRN. Especialista em Direito Penal, Processo Penal e Penal Econômico pela PUC, Minas Gerais. Professor Universitário. Advogado.

INTRODUÇÃO

O Poder Judiciário desempenha um papel essencial não apenas na resolução de conflitos jurídicos, mas também na efetivação dos direitos fundamentais previstos na Constituição Federal. No âmbito do controle concentrado de constitucionalidade, essa função é exercida pelo Supremo Tribunal Federal, responsável pelo julgamento da Ação Direta de Inconstitucionalidade, incluindo a modalidade por omissão, da Ação Declaratória de Constitucionalidade e da Ação de Descumprimento de Preceitos Fundamentais, esta última consolidando-se como um instrumento de acionamento da Suprema Corte para questões que, muitas vezes, envolvem políticas públicas.

Diante desse cenário, este trabalho propõe uma análise do conceito de direitos fundamentais e de sua aplicação em casos submetidos ao controle concentrado de constitucionalidade, investigando os fundamentos hermenêuticos utilizados pelo STF na interpretação das normas, dentro dos limites de sua competência constitucional.

No entanto, nem sempre a atuação do STF nesse contexto se limita à análise da constitucionalidade das normas. Em diversas ocasiões, a Corte é chamada a se manifestar sobre questões que envolvem a distribuição de competências entre os Poderes da República, seja ao criar novos entendimentos normativos, reinterpretar dispositivos já existentes ou interferir em políticas públicas. Nessas situações, o Tribunal pode acabar decidindo sobre a alocação de recursos ou impondo a implementação de determinadas políticas, o que pode gerar tensões entre os Poderes e suscitar debates sobre os limites de sua atuação.

Dimoulis e Martins (2020) trazem em sua obra o necessário entendimento do que vêm a ser os direitos fundamentais, partindo da historicidade do Estado democrático de Direito, a luta social e política de suas conquistas e acima de tudo a imprescindibilidade de sua concretização através da aplicação ao caso concreto, cabível ao Poder Judiciário.

Para tanto, é imprescindível analisar no presente trabalho não só a conceituação dos direitos fundamentais, assim como de que forma tais direitos podem ser concretizados nas decisões judiciais, especialmente aquelas que modificam, acrescem ou suprimem texto legal, assim como as que decidem acerca da alocação de recursos e políticas públicas positivas dentro do que seria o escopo do Supremo Tribunal Federal de resguardar o texto Constitucional, lhe dar efetividade e garantir direitos.

Este trabalho busca, sem a pretensão de esgotar o tema, examinar preceitos de hermenêutica e filosofia que ofereçam ao julgador os instrumentos necessários para aplicar a norma jurídica ao caso concreto. Para isso, adota como fundamento a força normativa da Constituição, conforme defendido por Konrad Hesse, evitando tanto o decisionismo quanto o subjetivismo característicos da filosofia da consciência. Além disso, distingue-se da visão positivista de Kelsen, na qual a decisão judicial seria meramente um ato de vontade. Por fim, ressalta-se a importância de preservar os princípios e a harmonia da separação dos poderes na República.

Para isso, faz-se necessária uma análise objetiva e pontual das principais teorias do Direito aplicáveis à decisão judicial, destacando suas diferenças pragmáticas. Em especial, examinam-se o positivismo de Kelsen e a hermenêutica do neoconstitucionalismo desenvolvida por Dworkin (2002) e Alexy (2007), a fim de identificar métodos para aplicar o texto normativo da Constituição na concretização dos direitos fundamentais. Com base nessa premissa, busca-se avaliar se as decisões analisadas neste estudo possuem fundamentação hermenêutica sólida, minimizando subjetivismo, decisionismo e ativismo, bem como reduzindo influências externas ao sistema jurídico, como fatores econômicos, políticos e religiosos, tomando como referência os conceitos da teoria dos sistemas de Niklas Luhmann.

No contexto dessa comparação, este trabalho realiza uma análise teórica e bibliográfica, partindo da filosofia clássica e da filosofia da consciência, passando pelo positivismo jurídico e pelo neoconstitucionalismo. Seu objetivo é proporcionar ao leitor uma reflexão sobre as decisões judiciais no controle concentrado de constitucionalidade, destacando a importância de uma interpretação que esteja em conformidade com o poder normativo da Constituição.

Dessa forma, busca-se contribuir para que o leitor, ao examinar os conceitos e a aplicação dos direitos fundamentais em seu contexto histórico e social, compreenda as teorias hermenêuticas aplicáveis à norma constitucional, visando à efetivação desses direitos dentro dos parâmetros estabelecidos pelo ordenamento jurídico.

1. DO ESTADO ABSOLUTO AO SOCIAL: DIREITOS FUNDAMENTAIS, CATEGORIAS E CONCRETIZAÇÃO

A saída do Estado absoluto se dá através não só da luta, mas do movimento filosófico, em uma contribuição científica de formação alicerçada e financiada por pensamento liberal, denotando o surgimento do Estado constitucional como limitador do poder do Estado, inclusive e principalmente o poder e a forma de punir, trazendo a discussão – ou pelo menos fazendo-a surgir – acerca da existência de direitos que seriam inerentes ao ser humano e que o Estado deveria observar e concretizar, claro, ainda não de forma plena ou social, pois ainda nesse início se tratavam de direitos individuais como a liberdade.

Os direitos fundamentais mantêm uma grande proximidade com a Política. Não se pode ignorar que foram impostos politicamente no meio de ferozes lutas, de revoluções, de guerras civis e de outros acontecimentos "de ruptura". A lista de pessoas que lutavam reivindicando direitos é muito extensa e a historiografia de qualquer país relata inúmeras mortes em nome da liberdade e da igualdade (Dimoulis; Martins, 2020, p. 15).

O pensamento iluminista acabou influenciando as constituições liberais, especialmente dos Estados que advogam o bem-estar social como parâmetro, porém mais preocupado com os direitos e garantias individuais e não com uma questão finalística da sociedade ou do fim social do Estado.

Na transição dos Estados liberais para Estados sociais, em grande parte devido à revolução industrial e à nova concepção da relação do Estado com sua população, passou-se a determinar metas predefinidas ao Estado advindas das necessidades da coletividade.

Essa evolução se dá a partir da Revolução Industrial, mas tem seu ápice com os horrores das duas grandes guerras, acúmulo de riquezas nas mãos de poucos e uma crescente miséria da maioria da população, cujos anseios sociais não mais pairam nas necessidades de garantias individuais, mas num bem-estar social coletivo, entre eles a saúde, educação, o trabalho etc.

Dimoulis e Martins (2020) asseveram de maneira precisa a evolução das categorias ou espécies dos direitos fundamentais, fazendo a cabível diferenciação entre a ocorrida no constitucionalismo continental europeu e no norte americano, os quais, apesar do avanço na caracterização dos direitos fundamentais, ainda tinham diferenças com relação ao enfoque, mas que se permitiam ter semelhanças, especialmente no poder limitador estatal junto aos poderes Executivo e Legislativo, consubstanciando o que viria a ser chamado de "supremacia" ou "prevalência dos direitos fundamentais".

A Declaração dos Direitos do Homem e do Cidadão de 1948, consubstanciada no segundo pós-guerra e advinda de cicatrizes marcantes em diversos ferimentos aos direitos fundamentais, possibilitou – ou até forçou – a adesão de muitos países aos esforços para implantação de um Estado Social, os quais se comprometeram a criar e instalar meios em prol de sua concretização.

Com esta nova concepção de finalidade do Estado, a separação de poderes passa a ter nova finalidade que não mais apenas o de limitar o Estado e evitar o absolutismo ou totalitarismo, mas também, e, além disso, atingir a consolidação e concretização de direitos e garantias fundamentais, saindo de uma conduta negativa e passiva do Estado para uma proativa e positiva.

Percebe-se então que os direitos fundamentais, no âmbito constitucional, não mais existem ou aparecem como mera demonstração de um sentimento, mas sim de efetiva normatividade, passando então a ser tratados como "direito público subjetivo de pessoas (físicas ou jurídicas), contidos em dispositivos constitucionais e, portanto, que encerram caráter normativo supremo dentro do Estado, tendo como finalidade limitar o exercício do poder estatal em face da liberdade individual" (Dimoulis; Martins, 2020, p. 56).

Assim advém a premissa de um controle da constitucionalidade pelo Poder Judiciário como meio de interpretação e concretização desses direitos fundamentais, caso o Estado, através de seus outros poderes, não o fizesse.

Essa evolução de controle se dá inicialmente nos EUA com o juiz Marshall, que em 1803 decide que as questões constitucionais de aplicação da norma recaem sobre o Judiciário, tendo ainda a Suprema Corte dos EUA em 1849 decidido, em outro caso, que as questões meramente políticas caberiam ao Congresso e não ao Judiciário.

A judicialização da política e o ativismo judicial continuam sendo temas centrais de debate no meio jurídico, especialmente no que se refere à sua constitucionalidade. O ativismo judicial ocorre quando o Poder Judiciário, no exercício de sua função constitucional, intervém para garantir a concretização dos direitos fundamentais diante de omissões ou distorções provocadas pelos demais poderes. Um exemplo emblemático seria a determinação judicial para a realocação de verbas originalmente destinadas à publicidade para suprir a carência de merenda escolar em determinada instituição de ensino.

No ativismo judicial, o Poder Judiciário assume um papel proativo, intervindo no âmbito dos demais poderes e, em certos casos, substituindo suas funções. Essa atuação ocorre quando o Judiciário modifica o sentido do texto constitucional ou lhe confere uma interpretação distinta daquela originalmente atribuída pelo constituinte, com o objetivo de oferecer uma solução que considere mais justa para a situação concreta.

Desta forma, não se pode misturar o ativismo judicial com a judicialização da política. No ativismo há a substituição dos Juízos institucionalmente (e democraticamente) estabelecidos – através de um ordenamento jurídico construído sob a égide de uma Constituição democrática, ou seja, numa ordem em que há filtragem hermenêutico-constitucional das leis – pelos juízos dos próprios magistrados. Em outras palavras, larga-se mão da ordem constitucional e legal democraticamente construída, passando-se à consciência (o subjetivismo) do julgador.

A judicialização, por outro lado, é um fato que decorre do próprio aumento do caráter hermenêutico do Direito a partir do segundo pós-guerra. Na medida em que os direitos sociais passam a fazer parte dos direitos fundamentais e, por outro lado, o Estado não os cumpriu sequer de forma mínima, a jurisdição aparece como lugar último ao cidadão para garantia de tais direitos (Luiz, 2013, p. 43).

O controle de constitucionalidade para concretização de direitos fundamentais não constitui, evidentemente, ato de imposição da vontade de órgãos jurisdicionais sobre as demais formas de expressão do poder estatal, em clara observância ao positivismo kelseniano e à discricionariedade da decisão como ato de vontade. Trata-se de dever constitucional explicitamente conferido ao Poder Judiciário por ocasião da instituição do próprio Estado, a ser feito de forma que conceda à Constituição sua normatividade plena.

Assim, os juízes tornam-se titulares do poder do Estado, pois o Judiciário passando a ter esta função de órgão político no controle da constitucionalidade, personifica na pessoa do magistrado o exercício do poder estatal, e a partir dele se possibilita a decisão, que deve, em todo caso, preservando a limitação dos poderes, concretizar a norma constitucional.

Não se trata de judicialização da política e das relações sociais, mas do cumprimento dos preceitos e princípios ínsitos aos direitos fundamentais sociais e ao núcleo político do Estado social previsto na Constituição de 1988 (Luiz, 2013).

Verifica-se, portanto, nessa envergadura teórica, que no campo dos direitos sociais, Edson Fachin teve papel decisivo na consolidação do entendimento de que a reserva do possível não pode ser utilizada como argumento absoluto para negar direitos essenciais. Esse posicionamento ficou evidente no RE 855.178 de Sergipe, no qual se discutiu a obrigatoriedade do Estado em fornecer medicamentos de alto custo para indivíduos que não possuem condições financeiras de adquiri-los, mesmo quando não contemplados em políticas públicas preestabelecidas. Fachin destacou que a reserva do possível deve ser ponderada à luz do mínimo existencial, conceito que impõe ao Estado a obrigação de garantir condições básicas para uma existência digna, sobretudo no que se refere ao direito à saúde.

Portanto, a principal finalidade dos direitos fundamentais é conferir aos indivíduos uma posição jurídica de direito subjetivo, em sua maioria de natureza material, mas às vezes de natureza processual e, consequentemente, limitar a liberdade de atuação dos órgãos do Estado, vinculando-o (Dimoulis; Martins, 2020).

Desta forma, vê-se que a percepção dos direitos fundamentais perpassa por uma relação entre o indivíduo e o Estado, ora limitando-o, ora autorizando-o, ora o determinando que atue, neste movimento para concretização daqueles direitos, tendo Jellinek (1892) dividido os direitos fundamentais em 3 categorias ou espécies: 1) Direitos de *status* negativos ou pretensão de resistência à intervenção estatal; 2) Direitos de *status* positivo ou sociais ou a prestações; e 3) Direitos de *status activus* ou políticos ou de participação (Dimoulis; Martins, 2020, p. 66-69).

Tal divisão, apesar de antiga, ainda é muito receptiva na doutrina hodierna por justamente demonstrar as espécies de direitos fundamentais existentes e o papel do Estado em relação ao indivíduo, tendo recebido algumas críticas para uma melhor adequação, tal como a "teoria unitária", que destaca a identificação e semelhança dos direitos fundamentais e a rejeição de uma classificação hierárquica ente eles, e a "teoria dualista ou binária", dividindo os direitos fundamentais em direitos de resistência (liberdade negativa) e direitos prestacionais (liberdade positiva).

Normativamente falando, há de se pensar que os limites à atuação do indivíduo são, predominantemente, negativos, enquanto os limites impostos à atuação do Estado são tanto negativos como positivos (por exemplo: atividade vinculada da administração pública). Isso se torna mais claro nos diferentes significados do princípio da legalidade para o particular (art. 5º, II da CF) e para a Administração (art. 37, *caput*, CF) (Dimoulis; Martins, 2020, p. 20).

Assim, resta então analisar e asseverar quem seriam os titulares desses direitos e garantias fundamentais, à vista de que o Estado, dentro de sua limitação e do dever de concretizar tais direitos, não poderia se omitir ou permitir tratamento desconforme a norma constitucional, sob pena de o Poder Judiciário ter de fazê-lo enquanto órgão garantidor.

Assim, ao interpretar as normas, o Poder Judiciário se vê na obrigação de captar o intuito constitucional e concretizá-lo.

Adiante analisaremos, na perspectiva hermenêutica, as possibilidades de interpretação para a decisão judicial, de forma a buscar a decisão justa dentro da normatividade constitucional e não do ato de vontade do juiz, de sua consciência moral.

2. A HERMENÊUTICA CONSTITUCIONAL E A CONCRETIZAÇÃO DOS DIREITOS FUNDAMENTAIS: ENTRE A SUBJETIVIDADE JUDICIAL E A BUSCA PELA INTEGRAÇÃO NORMATIVA

A Constituição de 1988 estabeleceu como requisito essencial de validade das decisões judiciais a necessidade de fundamentação (art. 93, IX), entendimento já consolidado pelo Supremo Tribunal Federal (STF), que considera a fundamentação como uma atividade que vai além da mera menção à lei ou à simples subsunção do caso à norma jurídica aplicável.

No campo da Teoria Pura do Direito, de Hans Kelsen, a decisão judicial é concebida como um ato de aplicação do Direito dentro dos limites do ordenamento jurídico vigente, cabendo ao magistrado adotar uma das interpretações possíveis do sistema normativo.

Esse entendimento reflete a ideia de que o julgador não se limita a uma atividade meramente exegética, mas sim a um processo interpretativo que permite diferentes leituras conforme os parâmetros do próprio sistema jurídico.

Luiz (2013) destaca que, segundo a teoria kelseniana, a sentença não representa uma única resposta possível ao caso concreto, mas sim uma das interpretações compatíveis com a estrutura normativa vigente. Esse modelo rompe com a tradição do positivismo exegético, que concebia a interpretação jurídica como um ato puramente técnico e objetivo, demonstrando que a aplicação do Direito envolve escolhas dentro dos limites estabelecidos pelo ordenamento jurídico.

Aos olhos kelsenianos, o magistrado está longe de ser escravo da lei, ou seja, em nada se assemelha ao juiz *la bouche de la loi*; pelo contrário, ele decide por ato de vontade, porque não há um critério – ou mesmo um meta critério – para distinguir, entre as possibilidades possíveis de interpretação, aquela que deva ser aplicada ao caso... Assim, a sentença – e genericamente qualquer ato de aplicação – é um puro ato voluntarista do juiz, que, de forma subjetiva, escolhe, entre várias possibilidades, aquela que lhe aprouver. O juiz, portanto, é um criador de Direito e também ele é, nesta função, relativamente livre (Luiz, 2013, p. 49).

Ressalte-se que a teoria de Kelsen, apesar de hodiernamente muito criticada, possui muitos adeptos, conscientes ou não, entre os juízes brasileiros e até mesmo em nossa Corte Suprema como se verificou quando, por exemplo, o Ministro Marco Aurélio, no julgamento do Agravo de Instrumento 218668 AgR/MG, asseverou explicitamente que "toda e qualquer interpretação consubstancia ato de vontade, devendo o intérprete considerar o objetivo da norma" (Brasil, 1998).

Sendo assim, vários fatores poderiam de forma determinante influenciar na decisão do julgador, como o fator psicológico, formação religiosa, experiência e historicidade pessoais, contaminando a decisão com sua própria percepção de mundo e confundindo senso de justiça pessoal com a normatividade constitucional que deveria ser geral e abstrata.

Deixar a decisão a cargo de um sujeito é enfraquecer a integridade do Direito e isto se torna um verdadeiro caos hermenêutico de decisões espaçadas, casuísticas, que confundem sistemas e aplicam decisões políticas, econômicas ou mesmo morais e religiosas em questões que o Direito e o ordenamento pátrio, dentro de seu sistema (importando a teoria dos sistemas de Luhmann), deveria responder. Diante disso é que a legislação impõe um modelo de deliberação, predominantemente no Brasil como o *seriatim*, fazendo vigorar de forma cada vez mais contundente a colegialidade.

Ultrapassada a questão, vê-se a necessidade de estabelecer e perceber os paradigmas hermenêuticos atuais de interpretação e aplicação da norma constitucional, que não passa ao largo do neoconstitucionalismo, especialmente após o segundo pós-guerra, no qual se viu, além da força normativa da Constituição defendida por Hesse e ratificada na teoria estruturante de Friedrich Müller, que a referida atividade interpretativa da norma deveria alcançar os direitos sociais, garantir e concretizar os direitos fundamentais e para tanto deveriam ser observados não só o texto da Constituição, mas também seus princípios, de modo tal que fosse possível a resolução de casos difíceis fugindo da filosofia da consciência.

Abarcando tal pensamento emergem filósofos atuais como Ronald Dworkin e Robert Alexy, que de maneiras distintas asseveram e buscam aproximar a hermenêutica constitucional para concretização de direitos fundamentais, utilizando-se dos princípios e regras e debatendo sobre o método e sobre a decisão justa.

Em qualquer decisão, e principalmente nos chamados casos difíceis, o juiz deve se utilizar de métodos interpretativos das normas jurídicas postas, incluindo-se aí, dentro de uma visão pós-positivista ou neoconstitucionalista, não só as normas escritas, mas também a utilização dos princípios.

Dworkin tem em sua filosofia um modelo que tenta a superação do modelo positivista, além de defender o Direito na forma liberal, nas palavras do próprio autor: "Os diferentes capítulos desse livro definem e defendem uma teoria liberal do Direito" (Dworkin, 2002, p. 07).

Explana Dworkin que o Direito como integridade exige que os julgadores admitam que o Direito esteja estruturado no conjunto destas práticas sociais, que seja um todo coerente de princípios sobre a justiça e equidade e que tais princípios sejam usados em decisões futuras.

Para isso o sistema jurídico deve ser compreendido como um ordenamento exauriente de regras e princípios, e que os "casos difíceis" (*hard cases*) sejam resolvidos dentro desses parâmetros estabelecidos por quem possui autoridade e competência para tal fim, combatendo uma pretensa discricionariedade judicial própria do positivismo e da filosofia da consciência expostos em Kelsen.

Ao tratar sobre o tema, no texto "Casos Difíceis" o autor diz-nos que:

Quando uma ação judicial específica não pode ser submetida a uma regra de Direito clara, estabelecida de antemão por alguma instituição, o juiz tem, segundo tal teoria, o 'poder discricionário' para decidir o caso de uma maneira ou de outra. Sua opinião é redigida em uma linguagem que parece supor que uma ou outra das partes tinha direito preexistente de ganhar a causa, mas tal ideia não passa de uma ficção. Na verdade, ele legisla novos direitos jurídicos e em seguida os aplica retroativamente ao caso em questão (Dworkin, 2002, p. 62).

Dworkin argumenta que, ao decidir um caso difícil, o juiz não deve agir com discricionariedade irrestrita, mas sim preencher eventuais lacunas normativas com princípios jurídicos, garantindo a coerência e a integridade do sistema jurídico. Para ele, não há ausência de norma jurídica, pois todo caso deve ser solucionado com base no ordenamento vigente.

Nesse contexto, Dworkin introduz a figura do "juiz Hércules" como uma metáfora para ilustrar o esforço interpretativo necessário para alcançar a decisão juridicamente mais adequada, levando em consideração não apenas a norma escrita, mas também os princípios constitucionais e a coerência do Direito como um todo.

Essa perspectiva gerou debates na teoria jurídica, pois alguns argumentam que diferentes decisões podem ser fundamentadas a partir de distintos critérios interpretativos, o que levaria à possibilidade de múltiplas respostas igualmente válidas. Nessas situações, pode ocorrer a necessidade de ponderação entre princípios em eventual colisão, exigindo uma análise detalhada do caso concreto. Essas reflexões influenciaram discussões posteriores, como as desenvolvidas por Robert Alexy, que aprofunda o estudo da ponderação na hermenêutica constitucional.

Dworkin assim se manifestou acerca da possível aporia na decisão judicial:

Pode ser que a suposição de que uma das partes pode estar certa e a outra, errada, esteja cimentada em nossos hábitos de pensamento em um nível tão profundo que não podemos, de modo coerente, negar tal suposição, por mais céticos e intransigentes que pretendamos ser nessas questões. Isto explicaria nossa dificuldade em formular coerentemente o argumento teórico. O "mito" de que num caso difícil só existe uma resposta correta é obstinado quanto também bem-sucedido. Sua obstinação e seu êxito valem como argumentos de que não se trata de um mito (Dworkin, 2002, p. 446).

No trabalho de Alexy (2007), que concebe a perspectiva de um sistema jurídico complexo, que necessita recorrer aos princípios e regras para solução dos casos difíceis, sobreveio a discussão da técnica hermenêutica para se superar a indecisão do juiz no caso de colisão entre regras e/ou princípios.

Em seu livro sobre o discurso e a interpretação constitucional, Alexy (2007) ressalta a importância e imprescindibilidade dos Direitos Fundamentais que estariam ligados primeiramente na autorização normativa do Estado, na dação das leis, jurisdição e organização do Estado e em segundo, centrados na limitação do poder estatal onde se encontram os direitos fundamentais.

Essa forma de construção das normas nas democracias constitucionais parece estar universalizada, estabelecendo duas formas de construção das normas, sendo uma mais rigorosa e estrita às regras e a outra mais ligada à busca da aplicação e construção dos princípios.

No caso da construção mais rigorosa e estreita, as normas que concedem direitos fundamentais não se distinguem, essencialmente, das outras normas do sistema jurídico. Elas têm, naturalmente, como normas constitucionais seu lugar no grau extremo do sistema jurídico e seus objetos são direitos, extremamente abstratos, de maior importância (Alexy, 2007, p. 106).

Portanto, as normas construídas de maneira mais aberta e genérica não se esgotam na proteção do cidadão contra o Estado, inserindo os direitos fundamentais em um contexto mais amplo e interpretativo do caso concreto, sendo necessária a interpretação como meio de concretizá-los a cada caso, especialmente onde se apresentam as colisões.

Para Steinmetz (2001), tem-se assim a figura da colisão entre direitos fundamentais no caso concreto quando o exercício de um direito fundamental por um titular obstaculiza, afeta ou restringe o exercício de um direito fundamental de um outro titular.

Então, para Alexy, o juiz deve utilizar o método da ponderação sobre a aplicação das normas, quando houver colisão entre princípios, aduzindo o autor que este seria, então, o meio mais eficaz de reconhecimento e concretização de direitos fundamentais, mais do que a subsunção da norma.

Habermas (1997), em sua crítica a Alexy, corroborada por Lênio Streck (Streck apud Luiz, 2013), assevera que a teoria carece de critérios objetivos e pragmáticos e diz que inexistem critérios para se ponderar, abrindo mais uma vez espaço ao decisionismo e subjetivismo, pois então caberia ao julgador, com critérios ligados à sua consciência, estabelecer naquela colisão, qual princípio seria preponderante.

Dimoulis e Martins (2020) entendem que "as principais ferramentas para decidir sobre casos de conflito são duas. Primeiro a 'interpretação sistemática da Constituição', isto é, sua interpretação como conjunto que permite levar em consideração todas as disposições relacionadas com o caso concreto e entender quais são os parâmetros que o constituinte mesmo estabeleceu. Segundo, o critério da proporcionalidade".

Por evidente que tal critério da proporcionalidade não seria o de entregar à consciência ou discricionariedade do julgador a decisão sobre a proporção de cada direito fundamental, mas necessariamente havendo critérios puramente jurídicos de sua aferição, o que gerou muita discussão, inclusive no Tribunal Constitucional Alemão.

Então como deve ser a estrutura da ponderação? No Direito alemão, defende-se que a ponderação deve partir de um princípio mais amplo, que é o da proporcionalidade, composto de três princípios parciais: idoneidade, necessidade e proporcionalidade em sentido estrito.

Os direitos fundamentais seriam então normas de otimização onde o juiz, ao analisar e decidir sobre o caso concreto, deva determinar onde as normas e princípios devem intervir, para que tudo tenha como objetivo o alcance da realização e concretização desses direitos fundamentais, mesmo que em dado momento tenha de ceder um pouco com relação a um princípio para que outro seja observado. "Quanto mais alto é o grau de não cumprimento ou prejuízo de um princípio, tanto maior deve ser a importância do cumprimento do outro" (Alexy, 2007, p. 111).

Assim, para o juiz decidir utilizando-se de ponderação, deve existir colisão entre princípios, direitos e garantias fundamentais do indivíduo e não haver dentro do ordenamento um procedimento hermenêutico que defina a forma de se chegar em uma decisão conforme a Constituição e que melhor se adeque à sistemática da concretização de direitos fundamentais.

3. O PAPEL DO SUPREMO TRIBUNAL FEDERAL NA INTERPRETAÇÃO CONSTITUCIONAL: CONTRIBUIÇÕES DO MINISTRO EDSON FACHIN

A atual conjuntura política e social brasileira evidencia a importância da atuação dos órgãos representativos na promoção da paz e do bem-estar social, especialmente diante da polarização política e das desigualdades sociais e econômicas.

Nesse cenário, os conflitos jurídicos e políticos surgem como expressão das diferentes visões e interpretações sobre direitos fundamentais, como a liberdade de manifestação do pensamento, devendo a atuação dos poderes constituídos estar em conformidade com os princípios e normas da Constituição.

A Constituição Federal de 1988 assegura a proteção e a concretização dos direitos fundamentais, ao mesmo tempo em que estabelece limites para evitar abusos e garantir o equilíbrio institucional.

O Supremo Tribunal Federal, em seu papel de guardião da Constituição, exerce função essencial no controle de constitucionalidade, tanto na análise da validade de normas quanto na interpretação das omissões legislativas e na resolução de questões de grande repercussão social e jurídica.

Lado outro, importante ainda mencionar que o Supremo Tribunal Federal instaurou o Inquérito 4781 com o objetivo de investigar a disseminação de notícias fraudulentas (*fake news*), denúncias caluniosas e ameaças contra a Corte, seus ministros e seus familiares. A iniciativa se deu com base no artigo 43 do Regimento Interno do STF, conforme estabelecido pela Portaria 69/2019.

A legalidade do inquérito foi analisada na Arguição de Descumprimento de Preceito Fundamental (ADPF) 572, ajuizada pelo partido político Rede Sustentabilidade, sob a alegação de que haveria necessidade de uma definição clara sobre sua conformidade com a Constituição. O julgamento da ADPF pelo Plenário do STF resultou na declaração da constitucionalidade do inquérito, fundamentando-se na necessidade de proteção das instituições democráticas contra eventuais ameaças que possam comprometer sua integridade e funcionamento, com relevantíssimo voto do Ministro Edson Fachin.

Dessa forma, a decisão do STF reafirmou a importância do equilíbrio entre a liberdade de expressão e a necessidade de proteção do Estado Democrático de Direito. A análise dos fatos investigados levou em consideração a distinção entre manifestações legítimas e aquelas que possam configurar atos ilícitos ou que atentem contra a ordem constitucional.

Noutra baila, visando agora a manutenção dos direitos e garantias fundamentais de minoriais, o Plenário do Supremo Tribunal Federal decidiu que a ausência de legislação específica para criminalizar atos de homofobia e transfobia configurava omissão inconstitucional por parte do Congresso Nacional. Esse entendimento foi consolidado no julgamento da Ação Direta de Inconstitucionalidade por Omissão (ADO) 26 e do Mandado de Injunção (MI) 4733, também com relevante participação do Ministro Edson Fachin.

Diante da necessidade de assegurar a proteção da dignidade da pessoa humana e dos direitos fundamentais de grupos vulneráveis, o STF interpretou a legislação vigente de maneira a garantir tutela jurídica às vítimas de discriminação por orientação sexual e identidade de gênero. Assim, determinou a aplicação da Lei 7.716/1989 (Lei do Racismo) a esses casos, até que o Congresso Nacional edite legislação específica sobre o tema.

A decisão representou um avanço na proteção de direitos fundamentais, alinhando-se a compromissos internacionais assumidos pelo Brasil no combate à discriminação e à promoção da igualdade.

Oportuno ainda explanar que, o Supremo Tribunal Federal analisou, no julgamento das Arguições de Descumprimento de Preceito Fundamental (ADPFs 964, 965, 966 e 967), a constitucionalidade do indulto concedido ao ex-deputado Daniel Silveira, condenado pela Corte por crimes relacionados à ameaça ao Estado Democrático de Direito.

A decisão do STF estabeleceu parâmetros para a interpretação do artigo 84 da Constituição Federal, que trata da competência do Presidente da República para conceder indultos. O entendimento consolidado no julgamento reforçou a necessidade de compatibilização dessa prerrogativa com os princípios constitucionais que regem o Estado Democrático de Direito.

A análise da constitucionalidade do decreto presidencial visou garantir que o instituto do indulto seja aplicado em consonância com os valores democráticos e com a harmonia entre os poderes da República.

Em outro fator, o julgamento do Tema 698/STF – Limites do Poder Judiciário para determinar obrigações de fazer ao Estado, consistentes na realização de concursos públicos, contratação de servidores e execução de obras que atendam o direito social da saúde, sob a relatoria do Min. Ricardo Lewandowski., teve a tese de repercussão geral fixada para discutir

> 1. A intervenção do Poder Judiciário em políticas públicas voltadas à realização de direitos fundamentais, em caso de ausência ou deficiência grave do serviço, não viola o princípio da separação dos poderes.
>
> 2. A decisão judicial, como regra, em lugar de determinar medidas pontuais, deve apontar as finalidades a serem alcançadas e determinar à Administração Pública que apresente um plano e/ou os meios adequados para alcançar o resultado;
>
> 3. No caso de serviços de saúde, o déficit de profissionais pode ser suprido por concurso público ou, por exemplo, pelo remanejamento de recursos humanos e pela contratação de organizações sociais (OS) e organizações da sociedade civil de interesse público (OSCIP).

A discussão tem como base o julgamento do RE 684.612, que analisou a aplicação dos artigos 2º e 196 da Constituição Federal e buscou definir a possibilidade de o Poder Judiciário determinar a implementação de políticas públicas urgentes para assegurar o direito à saúde. O debate envolve a relação entre a atuação judicial e a discricionariedade do Poder Executivo na formulação e execução de políticas públicas, considerando também a necessidade de compatibilização com as receitas orçamentárias disponíveis.

No referido julgamento, o Supremo Tribunal Federal estabeleceu parâmetros para orientar decisões judiciais relacionadas a políticas públicas voltadas à efetivação de direitos fundamentais. A Corte ressaltou que tais decisões devem indicar as finalidades a serem alcançadas, cabendo à Administração Pública a apresentação de um plano ou dos meios adequados para atingir esse objetivo, dentro de prazos definidos.

A decisão reforça o compromisso com a concretização dos direitos fundamentais, ao mesmo tempo em que busca preservar a harmonia entre os poderes e garantir que as determinações judiciais sejam implementadas de forma eficiente e compatível com a organização administrativa e a alocação dos recursos públicos.

O Supremo Tribunal Federal tem reafirmado seu compromisso com a garantia dos direitos fundamentais em recentes decisões, consolidando sua atuação na proteção dos preceitos constitucionais e na efetivação de direitos essenciais. Por meio da Ação de Descumprimento de Preceito Fundamental – ADPF –, a Corte tem analisado questões relevantes para a sociedade, contribuindo para a implementação de medidas que assegurem a dignidade humana e a concretização de políticas públicas.

No julgamento da ADPF 347, foi reconhecida a situação do sistema prisional brasileiro e a necessidade de medidas para garantir condições dignas às pessoas privadas de liberdade. A decisão destacou a importância da adoção de políticas públicas voltadas à melhoria do sistema carcerário e estabeleceu diretrizes para sua implementação, com o objetivo de assegurar o respeito aos direitos fundamentais dos detentos.

De maneira semelhante, na ADPF 976, que tratou das políticas públicas relacionadas à população em situação de rua, a Corte se posicionou sobre a necessidade de garantir a dignidade dessas pessoas. Inicialmente voltada à análise da retirada compulsória de moradores de rua de determinados locais, a decisão também abordou aspectos como a vedação da arquitetura hostil e a promoção de medidas de acolhimento e assistência social, em consonância com os princípios constitucionais da dignidade da pessoa humana e da inclusão social.

Essas decisões refletem a relevância do Supremo Tribunal Federal na interpretação da Constituição e na proteção dos direitos fundamentais, sempre em diálogo com os demais poderes e considerando os desafios inerentes à efetivação das políticas públicas no contexto da administração pública.

Com base em tudo quanto fora exposto, torna-se patente a contribuição do Ministro Edson Fachin na evolução da jurisprudência e na efetivação dos direitos e garantias fundamentais, pois de quase todos os julgados acima referenciados, o Ministro teve participação ativa.

Veja-se que, em diversos julgados mencionados, que tiveram impacto significativo no desenvolvimento do país e na proteção das garantias individuais e coletivas, Fachin proferiu votos que reforçaram a necessidade de uma interpretação constitucional voltada à promoção da dignidade humana, da justiça social e da preservação do Estado Democrático de Direito.

No julgamento da ADPF 347, que reconheceu o estado inconstitucional do sistema prisional brasileiro, Fachin se posicionou de maneira firme em defesa da implementação de medidas que assegurem condições dignas para os detentos, destacando a importância de políticas públicas eficazes para superar as deficiências estruturais do sistema carcerário.

Da mesma forma, na ADPF 976, que tratou dos direitos das pessoas em situação de rua, o ministro Fachin contribuiu com um voto relevante, enfatizando a necessidade de garantir a inclusão social e a proteção dessa população vulnerável. Sua visão alinhada aos preceitos constitucionais foi essencial para a construção de um entendimento que buscou equilibrar a proteção dos direitos fundamentais com a responsabilidade dos entes federativos na formulação de políticas públicas.

Além disso, Fachin teve participação importante no julgamento sobre a criminalização da homofobia e da transfobia, quando o STF, ao analisar a ADO 26 e o MI 4733, reconheceu a omissão legislativa e determinou a aplicação da Lei do Racismo para proteger a comunidade LGBTQIA+. Seu voto demonstrou um compromisso inabalável com a igualdade e a não discriminação, princípios fundamentais do ordenamento jurídico brasileiro.

Esses e outros julgamentos nos quais Fachin teve papel central evidenciam sua dedicação à interpretação constitucional pautada na defesa dos direitos fundamentais e na promoção da justiça social. Sua atuação no STF tem contribuído significativamente para o desenvolvimento jurídico do país e para a consolidação da Constituição como um instrumento de transformação social.

CONSIDERAÇÕES FINAIS

O presente estudo buscou analisar a interpretação constitucional e a concretização dos direitos fundamentais no âmbito do Supremo Tribunal Federal, destacando a evolução jurisprudencial da Corte e a importância do equilíbrio entre os poderes na garantia dos preceitos fundamentais da Constituição Federal de 1988.

Diante da crescente demanda por judicialização de políticas públicas e do avanço do neoconstitucionalismo, verificou-se que a atuação do STF tem desempenhado um papel essencial na promoção da dignidade da pessoa humana, na proteção dos grupos vulneráveis e na defesa da democracia. Através da análise de julgamentos emblemáticos, observou-se que a Suprema Corte tem adotado critérios hermenêuticos que visam assegurar a efetividade dos direitos fundamentais, sem desconsiderar a necessidade de diálogo com os demais poderes da República.

A atuação do ministro Edson Fachin, conforme destacado, teve papel significativo em diversas decisões que impactaram o cenário jurídico e social brasileiro. Seu compromisso com a proteção dos direitos fundamentais e com a aplicação de uma hermenêutica constitucional voltada à justiça social reforça a importância do STF como guardião da Constituição.

Por fim, a pesquisa evidenciou que a interpretação das normas constitucionais deve ser conduzida com rigor metodológico, de forma a evitar subjetivismos e garantir a previsibilidade e segurança jurídica das decisões judiciais. O desafio do Judiciário, especialmente do STF, permanece na busca pelo equilíbrio entre a concretização dos direitos fundamentais e o respeito à separação de poderes, garantindo, assim, a estabilidade democrática e a efetividade da Constituição como instrumento de justiça e cidadania.

REFERÊNCIAS

ALEXY, Robert. *Constitucionalismo Discursivo*. Porto Alegre: Livraria do Advogado, 2007.

BARROSO, Luís Roberto. *O Novo Direito Constitucional Brasileiro*: Contribuições para a Construção Teórica e Prática da Jurisdição Constitucional no Brasil. Belo Horizonte: Fórum, 2012.

BRASIL. Supremo Tribunal Federal. ADPF 347: 0003027-77.2015.1.00.0000/DF. Relator: Ministro Marco Aurélio. 2015. Disponível em: http://portal.stf.jus.br/processos/detalhe.asp?incidente=4783560 Acesso em: 11 abr. 2020.

BRASIL. Supremo Tribunal Federal. Agravo de Instrumento 218668 AgR/MG. Relator: Ministro Marco Aurélio. 1998. Disponível em: http://stf.jus.br/portal/jurisprudencia/listarJurisprudencia.asp?s1=%28AI+218668%29&base=baseAcordaos&url=http://tinyurl.com/rsetr6r Acesso em 10 abr. 2020.

BRASIL. Supremo Tribunal Federal. Habeas Corpus 105950/SP. Relator: Ministro Luiz Fux. 2011. Disponível em: http://stf.jus.br/portal/jurisprudencia/listarJurisprudencia.asp?s1=%28HABEAS+CORPUS+105950%2FSP%29&base=baseAcordaos&url=http://tinyurl.com/ryf2qtq Acesso em: 10 abr. 2020.

DIMOULIS, Dimitri; MARTINS, Leonardo. *Teoria Geral dos Direitos Fundamentais*. 7. ed. São Paulo: RT, 2020.

DWORKIN, Ronald. *Levando os direitos a sério*. São Paulo: Martins Fontes, 2002.

DWORKIN, Ronald. *O império do direito*. 2. ed. São Paulo: Martins Fontes, 2007.

DWORKIN, Ronald. *Uma questão de princípios*. 1. ed. 2. reimp. São Paulo: Martins Fontes, 2001.

GRAU, Eros Roberto. *Ensaio e Discurso sobre a Interpretação/Aplicação do Direito*. São Paulo: Malheiros, 2011.

HABERMAS, Jürgen. *Direito e democracia: entre facticidade e validade*. Rio de Janeiro: Tempo Brasileiro, 1997. v. 2.

LUIZ, Fernando Vieira. *Teoria da decisão* judicial: Dos paradigmas de Ricardo Lorenzetti à resposta adequada à Constituição de Lênio Streck. Porto Alegre: Livraria do Advogado, 2013.

MENDES, Gilmar Ferreira; COELHO, Inocêncio Mártires; BRANCO, Paulo Gustavo Gonet. *Curso de Direito Constitucional*. São Paulo: Saraiva, 2022.

OLIVEIRA, Emerson Ademir Borges de; DIAS, Jefferson Aparecido. *Jurisdição Civil, Ativismo e Ordem Econômica*. Rio de Janeiro: Lumen Juris, 2017.

OLIVEIRA, Emerson Ademir Borges de. *Ativismo judicial e controle de constitucionalidade*: impactos e efeitos na evolução da democracia. Curitiba: Juruá, 2015.

STEINMETZ, Wilson. *Colisão dos Direitos fundamentais e princípio da proporcionalidade*. Porto Alegre: Livraria do Advogado, 2001.

STRECK, Lênio. *Verdade e Consenso*: Constituição, Hermenêutica e Teorias Discursivas. São Paulo: Saraiva, 2017.

VIERIA, Oscar Vilhena. Supremocracia. *Revista Direito GV* [online]. 2008, v. 4, n. 2, p. 441-463. Acesso em: 31 out. 2023.

O ATIVISMO JUDICIAL E O DIREITO À SAÚDE

Maiana Guimarães e Silva

Mestra em Direito Público pela Universidade Federal da Bahia. Professora de Direito Constitucional, escritora de Livros e obras jurídicas. Membro da Comissão Nacional de Pessoas com deficiência da OAB. Advogada especializada em Direito Público, com ênfase em Direito das pessoas com Autismo e direito à saúde. Sócia fundadora do escritório MGS Advocacia e Consultoria.

INTRODUÇÃO

O ativismo judicial se tornou tema central dos debates jurídicos contemporâneos, especialmente no Brasil, onde o Poder Judiciário tem precisado intervir para garantir a efetividade de direitos fundamentais, sobretudo os sociais.

O direito fundamental à saúde, previsto na Constituição Federal de 1988, tem sido um dos principais objetos de atuação ativista do Poder Judiciário, diante da inércia do Poder Legislativo e da deficiência das políticas públicas implementadas pelo Executivo.

A relação entre ativismo judicial e a teoria dos precedentes é um dos aspectos essenciais para compreender a evolução da jurisprudência brasileira na garantia de direitos sociais. O reconhecimento de precedentes vinculantes e a aplicação do controle de constitucionalidade têm fortalecido o protagonismo do Supremo Tribunal Federal (STF) na definição de diretrizes normativas que impactam diretamente as políticas públicas de saúde.

O presente artigo, portanto, abordará a evolução do ativismo judicial no Brasil, destacando sua relação com a teoria dos precedentes e seus reflexos no direito à saúde. Ademais, analisar-se-á, ainda, algumas decisões do STF, evidenciando os desafios e os limites da atuação judiciária na concretização e efetividade dos direitos sociais.

1. ATIVISMO JUDICIAL

1.1 Escorço histórico

A expressão "ativismo judicial", embora cada vez mais disseminada e conhecida, não possui uma definição específica. A expressão já integrava o vocabulário político nos Estados Unidos da América, desde o início do século XX.[1]

1. TEIXEIRA, Anderson Vichinkeski. Ativismo judicial: nos limites entre racionalidade jurídica e decisão política. *Revista Direito GV* (online), 2012, v. 8, n. 1, p. 38. Disponível em: https://doi.org/10.1590/S1808-24322012000100002. Acesso em: 3 set. 2021.

Explica o autor que o termo "*judicial activism*" teve origem em uma matéria da revista Fortune de autoria do historiador Arthur Schlesinger Jr., intitulada "The Supreme Court: 1947", oportunidade na qual o termo foi utilizado para indicar a capacidade do juiz de exercer um papel afirmativo na promoção do bem-estar social.[2]

Além disso, a ideia do ativismo começa a despontar no julgamento de alguns casos da Suprema Corte Americana, por exemplo, no caso Marbury v. Madison (1803),[3] responsável pelo estabelecimento da doutrina do judicial review, ou seja, instaurando o controle do Poder Judiciário sobre os atos normativos dos poderes legislativo e executivo.

Faz-se, ainda, referência ao caso Lochner v. New York como um dos primeiros casos de flagrante ativismo judicial exercido pela Suprema Corte, quando se entendeu que o princípio da Liberdade contratual estaria implícito no devido processo legal, julgando inconstitucional lei que limitava a jornada de trabalho semanal dos Padeiros à 60 horas.[4]

Ademais, após a Segunda Guerra Mundial, maior cuidado passou a ser destinado à Pessoa Humana e, consequentemente, à sua dignidade. Essa preocupação começou a ser retratada nas Constituições contemporâneas.

A Constituição Brasileira de 1988, por exemplo, expressa novo pacto institucional da democracia, evidenciando o compromisso com a construção e manutenção de uma democracia sustentável que assegura, além do regime de governo democrático, com maior participação política, os direitos fundamentais, destacando-se os sociais, na tentativa de reduzir a desigualdade de renda e oportunidades.

Nesse contexto, percebe-se que ao lado do movimento de preservação dos Direitos Fundamentais, uma postura mais prestacionista do Estado passa a ser valorizada, de modo que assegurar essas modificações se torna papel dos poderes Legislativo, Executivo, mas também e, inclusive, do Judiciário.

Nesse contexto, novos fenômenos como o Ativismo Judicial e a Judicialização começam a surgir de forma significativa, refletindo diretamente no processo de redefinição do papel do juiz na sociedade contemporânea.

Assim é que, o ativismo judicial no Brasil tem suas raízes na necessidade de suprir a omissão dos demais poderes na implementação de direitos sociais. A partir da redemocratização, o STF passou a atuar de forma mais proativa, garantindo a aplicabilidade imediata de direitos previstos na Constituição e determinando a execução de políticas públicas essenciais.[5]

---

2. Ibidem, p. 39.
3. Marbury v. Madison, 5 U.S. 137 (1803).
4. TEIXEIRA, Anderson Vichinkeski. Ativismo judicial: nos limites entre racionalidade jurídica e decisão política. *Revista Direito GV* (online), 2012, v. 8, n. 1, p. 38. Disponível em: https://doi.org/10.1590/S1808-24322012000100002. Acesso em: 3 set. 2021.
5. MENDES, Gilmar Ferreira; COELHO, Inocêncio Mártires; BRANCO, Paulo Gustavo Gonet. *Curso de Direito Constitucional.* 6. ed. São Paulo: Saraiva, 2021.

1.2 Judicialização x ativismo judicial

O ativismo judicial é a ação do Judiciário em prol da realização e concretização das demandas sociais.[6] o Ativismo é a conduta dos juízes que objetivam garantir os princípios Constitucionais. O referido instituto é – ou deveria ser – a aplicação da Constituição, pelos juízes, às situações que, expressamente, não estão contempladas por ela.[7]

Trata-se, pois, de o fenômeno que se relaciona com a participação efetiva dos magistrados no controle da constitucionalidade, por ação quanto por omissão, diante da necessidade de imunização da sociedade contra "a possível ação danosa do processo político majoritário".

Longe de ser uma "ditadura de togas", o ativismo judicial é uma atitude, um modo proativo e expansivo de interpretar a Constituição, permitindo uma atuação mais ampla do Judiciário, ocupando espaços que foram deixados vagos ou que foram ocupados de maneira deficiente pelos demais Poderes.[8]

A referida expansão é percebida diante do elevado número de ações diretas promovidas perante o Supremo Tribunal Federal, bem como pelas tantas decisões declaratórias de inconstitucionalidade de leis editadas pela União Federal e pelos Estados, o que evidencia a falta de qualidade do que vem sendo produzido pelo Legislativo, cuja consequência esbarra na ruptura do necessário equilíbrio entre os Poderes e compromete os direitos e garantias fundamentais dos cidadãos.

Merece destaque o fato de que o ativismo não se limita a realizar um controle negativo de constitucionalidade, retirando do ordenamento jurídico as normas que são incompatíveis com o espírito da Constituição Federal. O ativismo judicial também realiza uma espécie de controle de constitucionalidade positivo, quando cria norma jurídica e exige a sua obediência pelos demais Poderes e pelos particulares, nas hipóteses em que o Legislativo e o Executivo se mantem omissos.[9]

Assim, é proporcional a relação entre a demanda e a ação do Judiciário, uma vez que conforme aumenta a busca da sociedade pela decisão judicial referente a uma esfera cada vez mais ampla de assuntos, aumenta também a interferência desse poder em questões que, a priori, caberiam ao Legislativo e ao Executivo.

Não se pode, entretanto, confundir, os conceitos de ativismo e judicialização, porque, embora similares, possuem origens distintas. Enquanto a judicialização é um fato, decorrente do modelo constitucional adotado no Brasil, o ativismo judicial é a escolha de um modo específico e proativo de interpretar a Constituição, expandindo o seu sen-

6. CUNHA JR., Dirley da. *Ativismo Judicial e concretização dos dir. fundamentais,* p. 31.
7. SEMIONATO, Soldati Brasil Manoelle. *Poder Judiciário*: o protagonista em destaque, p. 04. Disponível em: http://www.esmesc.com.br/upload/arquivos/8-1259587874.PDF Acesso em: 28 jul. 2024
8. BARROSO, Luís Roberto. *Judicialização, ativismo judicial e legitimidade democrática*. Disponível em 2009. Acesso em: 11 jun. 2024.
9. MORAES, Giovani Silva de Moraes e PIRES, Nara Suzana Stainr. *O ativismo judicial como forma de assegurar os direitos fundamentais face à crise da separação dos poderes*. Disponível em: publicadireito.com.br/artigos/?cod=a598e7d200bf0255. Acesso em: 18 fev. 2025.

tido e alcance, e que se operacionaliza quando o poder Legislativo se omite, gerando um distanciamento entre a classe política e as demandas da sociedade civil, inviabilizando o atendimento efetivo das demandas sociais.

Nesse sentido, esclarece Luís Roberto Barroso:

> A ideia de ativismo judicial está associada a uma participação mais ampla e intensa do Judiciário na concretização dos valores e fins constitucionais, com maior interferência no espaço de atuação dos outros dois Poderes. A postura ativista se manifesta por meio de diferentes condutas, que incluem: (i) a aplicação direta da Constituição a situações não expressamente contempladas em seu texto e independentemente de manifestação do legislador ordinário; (ii) a declaração de inconstitucionalidade de atos normativos emanados do legislador, com base em critérios menos rígidos que os de patente e ostensiva violação da Constituição; (iii) a imposição de condutas ou de abstenções ao Poder Público, notadamente em matéria de políticas públicas.[10]

Observa-se, então, que a teoria dos princípios passa a ganhar maior relevância, a partir do momento que passam a ser tratados como norma de maior valor constitucional, devendo nortear, inclusive, outros ramos do Direito, o que se solidifica, no Brasil, com a Constituição de 1988.

Nesse sentido destaca-se, a título exemplificativo, o princípio constitucional da moralidade, previsto no artigo 37 da Constituição Federal, o qual foi base para a regra de vedação ao nepotismo, impedindo a nomeação de parentes para os cargos públicos em todos os Poderes.[11]

Reitera-se, portanto, que, embora se trate de uma escolha no modo de agir dos juízes, o ativismo é uma forma de atender aos desejos e necessidades de uma sociedade que, insatisfeita com a realidade que a cerca, recorre ao Judiciário na tentativa de ter os seus direitos garantidos e preservados.

Já a judicialização é o caminho de acesso à Justiça e da busca por uma prestação judicial favorável.[12] Fala-se também em judicialização quando algumas questões de grande repercussão política ou social são decididas por órgãos do poder judiciário e não pelo Congresso Nacional e por órgãos do poder Executivo, que seriam as instâncias tradicionais.[13]

Nesse sentido, Luís Roberto Barroso aponta três causas que justificam o fenômeno da Judicialização.[14] A primeira delas refere-se ao processo de redemocratização do país que é evidenciado através da promulgação da Constituição de 1988, quando passou a ser competência de o Poder Judiciário fazer valer a Constituição e as suas Leis, ainda que em confronto com outros poderes.

---

10. BARROSO, Luís Roberto. *Judicialização, Ativismo e Legitimidade democrática*. Disponível em: http://www.oab.org.br/editora/revista/users/revista/1235066670174218181901.pdf. Acesso em: 25 jul. 2024.
11. MORAES, Giovani Silva de Moraes e PIRES, Nara Suzana Stainr. *O ativismo judicial como forma de assegurar os direitos fundamentais face à crise da separação dos poderes*. Disponível em: publicadireito.com.br/artigos/?cod=a598e7d200bf0255. Acesso em: 18 fev. 2025.
12. CUNHA JÚNIOR, Dirley da. *Ativismo Judicial e concretização dos dir. fundamentais*, p. 24.
13. BARROSO, Luís Roberto. *Judicialização, Ativismo e Legitimidade democrática*. Disponível em: http://www.oab.org.br/editora/revista/users/revista/1235066670174218181901.pdf. Acesso em: 25 jul. 2012.
14. Ibidem.

A segunda causa apontada por Barroso foi a constitucionalização abrangente que foi responsável por transformar inúmeras matérias, que antes caberiam ao processo político e à legislação ordinária, em textos constitucionais, ampliando a necessidade de concretizá-las e de assegurar a essas normas máximas efetividade.

A terceira, por fim, refere-se ao sistema de Controle de Constitucionalidade adotado no Brasil, que sofre influências dos modelos americano e europeu e que, em alguns momentos, é denominado concreto-difuso, quando é de competência de todos os juízes e tribunais brasileiros e exercitável pela via de exceção ou de defesa e outras é denominado de controle abstrato-concentrado, quando é de competência exclusiva do STF e dos Tribunais de Justiça pela via direta de exceção ou de defesa.[15]

É interessante ressaltar que o direito de propositura de ação não é tão restrito, uma vez que diversos órgãos e entidades públicas e privadas referidas no art. 103 da CF podem entrar com ação direta.[16] Desse modo, percebe-se que, sem maiores esforços ou obstáculos, qualquer questão política ou qualquer questão de teor considerado relevante pode chegar ao STF e, portanto, ao judiciário.[17]

Diante disso, percebe-se que a ação do judiciário ampliou-se e que esse é um processo crescente, uma vez que é cada vez maior a solicitação e participação do judiciário na esfera de controle de constitucionalidade através das Ações declaratórias de Constitucionalidade, Ação direta de inconstitucionalidades, Arguição de descumprimento de Preceito Fundamental e, até, de Mandados de injunção, como ocorreu no caso em que se determinou que seria utilizado o mesmo regime usado em setores privados, para as greves havidas no serviço Público.[18]

Faz-se necessário ressaltar, entretanto, que a judicialização existente não fere, em nenhuma hipótese, a Constituição Federal, nem ultrapassa os limites impostos ao Poder Judiciário, uma vez que não se trata de uma escolha da Corte, mas de condutas previstas na Própria Lei Maior em prol da preservação e segurança da realização dos princípios, direitos e garantias constitucionais.

1.3 Ativismo judicial inovador x revelador

O ativismo judicial pode ser classificado como inovador ou revelador.

O ativismo inovador se apresenta quando há uma sensível intromissão do Judiciário na função Legislativa, quando o juiz cria uma norma não contemplada pelo ordenamento jurídico do país.[19]

15. SILVA NETO, Manoel Jorge e; SILVA, Maiana Guimarães. *Curso de direito constitucional*: atualizado até a EC 132, de 20 de dezembro de 2023 (reforma Tributária) e Súmula Vinculante 59. 11. ed. Rio de Janeiro: Lumen Juris, 2024, p. 263-265.
16. BARROSO, Luís Roberto. *Judicialização e legitimidade democrática*, p. 07.
17. Ibidem.
18. CUNHA JR., Dirley da. *Ativismo Judicial e concretização dos direitos fundamentais*, p. 31.
19. SEMIONATO, Soldati Brasil Manoelle. *Poder Judiciário*: o protagonista em destaque, p. 04. Disponível em: http://www.esmesc.com.br/upload/arquivos/8-1259587874.PDF Acesso em: 18 fev. 2025.

O ativismo inovador, então, ocorre quando o Judiciário cria novas interpretações normativas, expandindo direitos de forma inédita, como na decisão do STF que equiparou a homofobia ao crime de racismo (ADO 26 e MI 4733).

Por sua vez, o ativismo revelador surge quando se cria normas ou regras que são pautadas em valores constitucionais, buscando complementar o entendimento ou a aplicação de princípios ou regra lacunosa.[20]

Consiste, pois, na aplicação de normas já existentes que estavam sendo ignoradas pelos demais poderes, como no caso da ADPF 347, em que o STF reconheceu o estado de coisas inconstitucional do sistema penitenciário brasileiro.

Tratando sobre essa diferenciação, indica-se como exemplo de ativismo revelador a imposição da fidelidade partidária pelo STF, pois foi pautada no princípio Democrático, ao passo que, no caso da demarcação indígena (Raposa do sol), já se encontra traços do inovador.[21]

Percebe-se, nesse sentido, que se tratará de ativismo revelador quando a ação do juiz estiver baseada na própria constituição e tratar-se-á de ativismo inovador quando normas forem criadas para atender à questões não expressas na constituição, mas que sejam frutos de uma demanda social.[22]

Ambas as formas de ativismo possuem impactos significativos na ordem jurídica e na efetivação de direitos fundamentais.

O que importa, nesse contexto, é encontrar um equilíbrio entre a necessidade de intervenção do Judiciário e o respeito à separação dos poderes, evitando a criação de um modelo de governo em que o Judiciário se sobreponha às atribuições dos demais poderes.

2. ATIVISMO JUDICIAL E A TRIPARTIÇÃO DOS PODERES

O fenômeno do ativismo judicial tem se intensificado nas democracias contemporâneas, especialmente no Brasil, onde o Poder Judiciário vem assumindo um papel cada vez mais central na proteção dos direitos fundamentais e na implementação de políticas públicas. Essa atuação ampliada gera debates quanto aos limites da intervenção judicial e à preservação da tripartição dos poderes.

Nesse cenário, observa-se que o protagonismo do Judiciário – especialmente através do Supremo Tribunal Federal (STF), que é – ou deveria ser – o guardião da Constituição e dos direitos fundamentais – promove uma ressignificação dos papéis tradicionais dos demais poderes.[23]

---

20. GOMES, Luíz Flavio. *O STF está assumindo um ativismo Judicial sem precedentes?* Disponível em: http://jus.com.br/revista/texto/12921/o-stf-esta-assumindo-um-ativismo-judicial-sem-precedentes. Acesso em: 17 fev. 2025.
21. Ibidem, idem.
22. SILVA, Farias Eduardo. *O pós-positivismo e o ativismo Judicial.* Disponível em: http://www.conteudojuridico.com.br/artigo,o-pos-positivismo-e-o-ativismo-judicial,29307.html. Acesso em: 1º fev. 2025.
23. SILVA, J. Judicialização dos Direitos Fundamentais. *Revista de Direito Público*, 25(3), 45-68. 2010.

Para alguns juristas, essa postura é uma resposta necessária às omissões e à inércia do Executivo e do Legislativo, sendo fundamental para a efetivação dos direitos sociais e individuais em situações de vulnerabilidade.[24]

Por outro lado, críticos alertam para o risco de uma hipertrofia do Judiciário, que pode ultrapassar os limites de sua competência e comprometer a harmonia institucional, abalando a governança democrática.[25]

Diversos estudos apontam que a expansão do ativismo judicial tem efeitos ambíguos: enquanto fortalece a proteção dos direitos constitucionais, a sua interferência na formulação de políticas públicas pode ocasionar conflitos entre os poderes e desafios para a manutenção do equilíbrio institucional.[26]

Assim, a atuação do STF, ao intervir em questões que envolvem a implementação de medidas essenciais para a coletividade, ilustra essa dualidade, suscitando questionamentos sobre a legitimidade de sua interferência nas funções típicas dos outros poderes.[27]

Em síntese, o debate sobre o ativismo judicial e a tripartição dos poderes permanece central na discussão acerca da consolidação da democracia brasileira, exigindo uma análise cuidadosa dos impactos dessa dinâmica para que se preserve o equilíbrio institucional sem prejuízo à proteção dos direitos fundamentais.

2.1 Sobre a tripartição dos poderes: construção e desconstrução conceituais

Antes de iniciar qualquer discussão acerca da tripartição dos poderes, faz-se necessário apontar algumas características essenciais do poder: a) a unicidade e b) a indivisibilidade.[28]

Entende-se por unicidade o conjunto daquilo que é uno, inteiro e que se representa por si só; por indivisibilidade compreende-se impossibilidade de sofrer divisão, fracionamento.

Desse modo, compreende-se que o poder é um só e que, em sua estrutura, não cabem divisões. Assim, ao fazer qualquer referência à tripartição do poder, não se pretende compreendê-lo de forma fracionária, mas entender que a existência de funções distintas visa assegurar ao Estado o alcance, de forma mais rápida e eficaz, das suas finalidades.[29]

Dito isso, passa-se às construções e desconstrução conceituais da tripartição.

---

24. COSTA, A. *Ativismo Judicial*: Entre a Proteção dos Direitos e a Separação dos Poderes. UFRJ Editora. 2015.
25. SOUZA, M. *Direitos Fundamentais e a Efetividade das Políticas Públicas*. Editora Jurídica. 2008.
26. LIMA, E. O Perigo da Hipertrofia do Judiciário na Governança Democrática. *Revista de Administração Pública*, 2014.
27. PEREIRA, R. O Papel do Supremo Tribunal Federal na Concretização dos Direitos Constitucionais. *Revista de Políticas Públicas*. 2012.
28. BASTOS, Celso Ribeiro. *Curso de Teoria Geral do Estado e Ciência Política*, p. 151.
29. SILVA NETO, Manoel Jorge e; SILVA, Maiana Guimarães. *Curso de direito constitucional*: atualizado até a EC 132, de 20 de dezembro de 2023 (reforma Tributária) e Súmula Vinculante 59. 11. ed. Rio de Janeiro: Lumen Juris, 2024, p. 276.

A origem da divisão do poder está na Antiguidade Clássica, enraizada nas ideias do filósofo grego Aristóteles, para quem todo Estado possui três funções principais.[30]

Embora a importância dessa teoria seja notória e influenciadora do atual Estado Democrático de Direito, o mesmo não ocorreu durante o milênio que sucedeu a sua criação e a justificativa para isso é muito simples: por muito tempo as três funções estiveram sob os cuidados de uma única pessoa ou de um grupo restrito de pessoas. Desse modo, o resultado não poderia se afastar de governos tirânicos, despóticos que foram evidenciados durante todo o período de absolutismo monárquico, findado na segunda metade do século XIX.[31]

Ainda no século XVIII, em 1789, com toda a influência social e política da Revolução Francesa que tinha como objetivo assegurar a Liberdade, a Igualdade e a Fraternidade aos indivíduos através do Liberalismo, a teoria da Tripartição do poder ganha evidência e passa a interferir, diretamente, na vida da sociedade e na estrutura dos governos. Isso ocorre devido à fundamental contribuição do Barão de Montesquieu que trouxe um complemento às ideias aristotélicas. Montesquieu entendia que as divisões funcionais deveriam ser acompanhadas por divisões orgânicas e, assim, órgãos distintos desempenhariam funções também distintas.[32]

Estando pautado nos ideais revolucionários racionalistas e liberais do período, Montesquieu pretendia indicar, através da divisão orgânica, uma forma de defesa da liberdade dos indivíduos, limitando as funções do Estado.[33] Na obra O espírito das Leis, a qual, mesmo antes da Revolução Francesa, já trazia a divisão orgânica dos poderes, Montesquieu explicita que tais funções não se chocariam e não sofreriam interferências recíprocas, de forma que o cumprimento estrito das funções designadas para cada órgão seria o suficiente para inibir o abuso do poder.[34]

Foi o enfraquecimento do poder do Estado somado à função limitadora exercida pela Constituição que fez da separação de poder um dogma do Estado Moderno e o reflexo disso foi explicitado na Declaração de direitos da Virginia, de 1776 e na Declaração de Direitos do Homem e do Cidadão, de 1789, que apresentaram esse sistema como caractere.[35]

O sistema tripartite, referido em diversas Constituições do mundo, foi associado ao Estado Democrático e introduziu a teoria de "freios e contrapesos" na doutrina.[36] Para essa teoria, caberia ao Legislativo atuar de forma geral através da emissão de regras gerais e abstratas, ao Executivo agir de maneira especial, tornando concretos os atos do

30. BASTOS, Celso Ribeiro. *Curso de Teoria Geral do Estado e Ciência Política*, p. 151.
31. SILVA NETO, Manoel Jorge e. SILVA, Maiana Guimarães. *Curso de direito constitucional*: atualizado até a EC 132, de 20 de dezembro de 2023 (reforma Tributária) e Súmula Vinculante 59. 11. ed. Rio de Janeiro: Lumen Juris, 2024, p. 477.
32. MONTESQUIEU, Montesquieu, Charles. *O Espírito das Leis*. São Paulo: Martins Fontes, 2019. p. 173-74.
33. Ibidem.
34. Ibidem.
35. DALLARI, Abreu de Dalmo, *Teoria geral do Estado*, p. 222.
36. Ibidem.

legislativo e ao Judiciário caberia, através da fiscalização, evitar que cada poder saísse das suas respectivas esferas de competências.[37]

Reitera-se, portanto, a ideia de que as próprias funções de cada órgão limitariam as ações dos demais, sem interferências recíprocas entre eles,[38] já que, aquele que faz as leis, não as executa, nem julga; aquele que julga, não faz as leis, nem as executa e aquele que executa, não faz as leis, nem julga. Essa é a afirmação- ou reafirmação- da Tripartição do exercício do poder.[39]

Como dito anteriormente, entretanto, críticas são direcionadas ao sistema de separação e, para Dalmo de Abreu Dallari, a primeira delas tem a ver com o caráter meramente formalista desse sistema, pois defende que sempre houve interferências entre os poderes e que os próprios fatores extralegais faziam com que um dos poderes predominasse sobre os demais.[40]

Outra crítica também indicada é a de que esse sistema jamais assegurou a liberdade dos indivíduos ou o caráter democrático do Estado. O fato é que diante de ideais liberalistas as injustiças e desigualdades se ampliaram e, apenas, uma pequena camada da população passou a ser privilegiada. Há, nesse contexto, a preservação da separação do poder, mas não há qualquer sinal de isonomia e expressão significativa de democracia.

É, exatamente, diante da omissão estatal e do crescimento desenfreado da desigualdade que surge o constitucionalismo social, prezando a prestação do Estado em prol da educação, saúde, alimentação, trabalho, moradia e previdência social, na tentativa de amenizar as disparidades oriundas do Constitucionalismo Burguês que defendia a divisão orgânica-funcional e a proteção dos direitos individuais.[41]

É através do Constitucionalismo Contemporâneo, entretanto, que se percebe o quão era equivocado o pensamento de que cada poder exercia uma função específica de forma independente dos demais. Essa percepção se justifica pelo surgimento do neoconstitucionalismo – movimento destinado a valorizando ao máximo a constituição, impor suas normas públicas.

Através desse movimento, os princípios foram introduzidos na Constituição, como mandamentos de otimização que devem receber máxima efetividade, de acordo com as situações fáticas e jurídicas.[42]

Nesse contexto, passa a ser competência do Legislativo, Executivo e Judiciário a preservação das normas e princípios constitucionais, bem como dos direitos fundamentais, dentre os quais, destaca-se o da dignidade da pessoa humana. Aqui, já não cabe uma

37. DALLARI, Abreu de Dalmo, *Teoria geral do Estado*, p. 222.
38. TAVARES, Ramos André, *Curso de Direito Constitucional* p. 816.
39. MELLO, Celso Antônio. *Curso de Direito Administrativo*, p. 49.
40. Op. cit., p. 222.
41. SILVA NETO, Manoel Jorge e; SILVA, Maiana Guimarães. *Curso de direito constitucional*: atualizado até a EC 132, de 20 de dezembro de 2023 (reforma Tributária) e Súmula Vinculante 59. 11. ed. Rio de Janeiro: Lumen Juris, 2024, p. 96-97.
42. ALEXY, Robert. *Teoria dos Direitos Fundamentais*: dos valores à norma. 2. ed. São Paulo: RT, 2002.

relação distante entre as funções do Estado, mas uma relação harmônica que preze pelo bem estar social e pelo Estado solidário, assegurados pela Constituição Federal de 1988 e, acima de tudo, como observa André Ramos Tavares, que assegure o pluralismo dos centros de poder, pelo qual uns sirvam de controle aos demais,[43] uma vez que o essencial é conciliar a necessidade de eficiência com os princípios democráticos.[44]

Em pleno século XXI, é possível encontrar reflexos diretos da interferência e harmonização das funções estatais. Essa constatação se dá através das obrigações típicas e atípicas de cada órgão e, também, da necessidade de concretização dos princípios e manutenção das garantias individuais consagradas no decorrer do desenvolvimento humano.[45]

A Constituição brasileira de 1988, no artigo 2°, aduz nos seguintes termos: "são poderes da União, independentes e harmônicos entre si, o Legislativo, o Executivo e o Judiciário". Dessa forma, haverá sempre um número mínimo e um número máximo de independência de cada órgão para que não se desfigure a separação.[46] Do mesmo modo, haverá instrumentos que, de forma mínima e máxima, facilitem o exercício harmônico dos poderes, evitando que a falta de limites venha a gerar a sobreposição de um poder sobre o outro.[47]

A interferência recíproca se apresenta quando, por exemplo, percebe-se a existência de funções típicas e atípicas entre os poderes, já que não há uma correspondência exata entre um determinado conjunto orgânico e uma certa função.

Há, apenas, em cada qual, uma predominância acentuada da atividade que lhes é típica.[48] Assim, o legislativo, tipicamente, cria e edita leis,[49] mas, atipicamente, julga crimes de responsabilidade praticados por chefes do executivo e cuida da sua administração interna; o Executivo tem como atributo principal a realização de atos de governo, mas, também, legisla através das Medidas Provisórias e julga quando há litígio administrativo; e, ainda, o Judiciário, tipicamente, exerce a função jurisdicional e funções atípicas de ordem administrativa e normativa.[50]

Percebe-se, pois, que já não é cabível a conclusão de independência total entre os poderes, mas sim a harmonização entre eles em busca de um liame entre a Constituição e a realidade social.

2.2 Notas sobre a crise de funcionalidade do Poder Legislativo

A crise de funcionalidade do Poder Legislativo é um dos principais fatores que impulsionam o ativismo judicial. A ineficiência legislativa, manifestada pela demora na criação de normas essenciais e pela omissão em temas sensíveis, tem levado o Judiciário a preencher esse vácuo normativo.

---

43. TAVARES, Ramos André, *Curso de Direito Constitucional*, p. 861.
44. DALLARI, Abreu de Dalmo, *Teoria geral do Estado*, p. 222.
45. Op. cit., p. 863.
46. FERRAZ, Candido da Cunha Anna, *Conflito entre poderes*, p. 14.
47. FERRAZ, Candido da Cunha Anna, *Conflito entre poderes*, p. 14.
48. MELLO, Bandeira de Celso Antônio. *Curso de Direito Administrativo*, p. 56.
49. TAVARES, Ramos André. *Curso de Direito Constitucional*, p. 865
50. Ibidem.

No Brasil, essa crise se manifesta em diferentes aspectos. A fragmentação partidária e a instabilidade política dificultam a construção de consensos legislativos, resultando em uma produção normativa insuficiente para atender às demandas sociais.[51]

Como consequência, o Judiciário tem sido acionado com frequência para garantir a efetivação de direitos fundamentais, como o direito à saúde.

2.3 Ativismo judicial e a tripartição clássica (limite ou ameaça?)

O ativismo judicial pode ser visto tanto como um limite à inércia dos demais poderes quanto como uma ameaça à separação clássica dos poderes. De um lado, a atuação judicial é essencial para garantir a efetivação dos direitos fundamentais e evitar retrocessos institucionais. De outro, a expansão excessiva do Judiciário pode gerar uma concentração de poder incompatível com a democracia representativa.[52]

A principal crítica ao ativismo judicial reside na falta de controle democrático sobre as decisões judiciais. Enquanto o Legislativo e o Executivo são compostos por representantes eleitos, o Judiciário atua de maneira independente, sem prestação de contas ao eleitorado. Esse descompasso pode comprometer a legitimidade das decisões judiciais e gerar um cenário de insegurança jurídica.[53]

No entanto, há argumentos que justificam essa expansão do Judiciário. A demora na atuação dos demais poderes, aliada à necessidade de concretização dos direitos sociais, torna a intervenção judicial inevitável. O STF, por exemplo, tem assumido um papel de protagonista na definição de questões essenciais, como a interpretação da Constituição e a defesa dos direitos humanos.[54]

Diante desse cenário, a busca por um equilíbrio entre ativismo judicial e respeito à separação dos poderes é um desafio constante. O Judiciário deve atuar de forma criteriosa, respeitando os princípios da razoabilidade e da proporcionalidade, de modo a evitar interferências indevidas nas funções dos demais poderes.

3. O ATIVISMO DO DIREITO À SAÚDE

3.1 Direito social à saúde

Entende-se por direitos sociais aqueles fundamentais dirigidos contra o estado para determinar a exigibilidade das prestações, no que concerne à educação, saúde, trabalho, lazer, segurança e previdência social.[55]

51. FARIAS, Edilson. *Direito Constitucional*: teoria e prática. São Paulo: Atlas, 2014.
52. DWORKIN, Ronald. *Levando os Direitos a Sério*. São Paulo: WMF Martins Fontes, 2010.
53. MENDES, Gilmar. *Curso de Direito Constitucional*. São Paulo: Saraiva, 2020.
54. Supremo Tribunal Federal. Arguição de Descumprimento de Preceito Fundamental 347. Brasília, 2015.
55. SILVA NETO, Manoel Jorge e; SILVA, Maiana Guimarães. *Curso de direito constitucional*: atualizado até a EC 132, de 20 de dezembro de 2023 (reforma Tributária) e Súmula Vinculante 59. 11. ed. Rio de Janeiro: Lumen Juris, 2024, p. 953.

Não se confundem com os direitos individuais ou de primeira geração, porquanto os sociais exigem uma postura comissiva do Estado, enquanto os individuais exigem comportamento omissivo do Estado para a sua efetivação.[56]

O direito social à saúde, por sua vez, constitui um dos pilares dos direitos sociais no Brasil e está consagrado na Constituição Federal de 1988. O artigo 196 da Constituição federal estabelece que a saúde é direito de todos e dever do Estado, impondo ao poder público a obrigação de garantir o acesso universal e igualitário às ações e serviços de saúde, bem como a implementação de políticas públicas que promovam a integralidade do atendimento à população.

Essa norma reflete uma evolução histórica na compreensão da saúde, passando de uma abordagem assistencialista para um paradigma que enfatiza a prevenção, a promoção e a reabilitação, ampliando o papel do Estado para além do mero tratamento curativo.

Nesse contexto, o Sistema Único de Saúde (SUS) emerge como a materialização prática desse direito, buscando oferecer serviços que atendam de forma equânime as necessidades de toda a sociedade.

Contudo, a efetivação do direito à saúde enfrenta desafios significativos, como a limitação de recursos, as dificuldades na gestão dos serviços públicos e a crescente judicialização das demandas, que frequentemente evidencia a incapacidade do poder público de atender plenamente às expectativas sociais.[57] Para superar esses obstáculos, é imprescindível a articulação entre os diversos níveis de governo e a participação ativa da sociedade civil na definição e fiscalização das políticas de saúde.

Dessa maneira, a promoção do direito social à saúde não se restringe a uma garantia individual, mas se configura como um instrumento de justiça social e cidadania, contribuindo para a construção de uma sociedade mais igualitária, saudável e sustentável.[58]

3.2 O ativismo do direito à saúde

O ativismo judicial no campo do direito à saúde tem crescido significativamente, especialmente com a promulgação da Constituição Federal de 1988, que assegurou o direito à saúde como um direito fundamental, impondo ao Estado a responsabilidade de garantir acesso universal e igualitário ao Sistema Único de Saúde (SUS).

O Poder Judiciário, por sua vez, tem assumido cada vez mais o papel de intermediário na formulação de políticas públicas, principalmente quando as medidas adotadas pelo Executivo são insuficientes ou ineficazes.

---

56. SILVA NETO, Manoel Jorge e; SILVA, Maiana Guimarães. *Curso de direito constitucional*: atualizado até a EC 132, de 20 de dezembro de 2023 (reforma Tributária) e Súmula Vinculante 59. 11. ed. Rio de Janeiro: Lumen Juris, 2024, p. 953.
57. SOUZA, M. *Direitos Sociais e Políticas Públicas de Saúde*. São Paulo: Editora ABC, 2008.
58. PIM, J. Desafios na Implementação do SUS: Gestão e Judicialização. *Revista de Saúde Pública*, v. 49, n. 3, p. 456-470, 2015.

A judicialização da saúde ocorre quando os cidadãos buscam o Judiciário para garantir o acesso a tratamentos e medicamentos que não são disponibilizados pelo sistema público, o que leva à quebra de fronteiras entre a jurisdição e a política pública.[59]

A Constituição Federal de 1988, em seu artigo 196, enfatiza a importância de garantir à saúde a qualidade e a equidade necessárias para promover a dignidade da pessoa humana. Apesar disso, quando o Poder Judiciário atua de forma expansiva, forçando o financiamento de tratamentos e medicamentos, num contexto de escassez de recursos, surgem questões acerca da sustentabilidade financeira do SUS e das implicações dessa prática no equilíbrio entre os Poderes.

O ponto de partida para a atuação judicial é frequentemente fundamentado na omissão do Executivo, que não tem cumprido com as suas obrigações constitucionais. As hipóteses de fornecimento de medicamentos de alto custo ou tratamentos especializados, mesmo com a previsão orçamentária limitada, exemplificam essa intervenção, uma vez que a negativa afronta princípios fundamentais como o direito à vida e a dignidade da pessoa humana.

No entanto, a influência do Judiciário pode sobrecarregar o sistema, afastando-se das questões práticas de execução e gestão da saúde pública.[60] Dessa forma, o acionamento do Judiciário para assegurar direitos essenciais desperta questionamentos sobre a separação dos poderes e as limitações do Judiciário em áreas de complexidade técnica e operacional.[61]

O ponto principal debatido é o limite dessa atuação do Poder Judiciário na esfera administrativa do Executivo, para que não haja descompasso entre políticas públicas planejadas e decisões judiciais individuais.

Além disso, uma das consequências do ativismo judicial no direito à saúde é o aumento da pressão sobre a sustentabilidade econômica do SUS. Isso porque as decisões que impõem obrigações financeiras ao Estado sem corresponder às limitações orçamentárias podem resultar em cortes ou na restrição de outros serviços essenciais.

Outro aspecto relevante é o impacto político e social do ativismo judicial. Embora as intervenções muitas vezes fortaleçam a proteção de direitos individuais, elas podem criar expectativas irreais, deslocando o foco das políticas públicas do coletivo para o atendimento de demandas individuais específicas, uma vez que as decisões judiciais não levam em consideração a coerência global de políticas e programas para a saúde coletiva.

Esta tendência de judicialização em excesso pode corroer a credibilidade do sistema e prejudicar a construção de um modelo de saúde pública sustentável e equânime.[62] O desafio do ativismo judicial do direito à saúde, portanto, é encontrar um equilíbrio en-

59. FIGUEIREDO, Lúcia Valle. Judicialização da Saúde: o acesso à saúde e a quebra das fronteiras entre jurisdição e política pública, São Paulo: Editora XYZ, 2009.
60. HILL, P.D.H.K. *Direitos Fundamentais e Justiça Social.* Porto Alegre: Editora Jurídica Brasileira, 2013.
61. Ibidem.
62. COMPARATO, Fábio Konder. *Judicialização e Democracia*: Impactos da Atuação Judicial nas Políticas Públicas. Rio de Janeiro: Editora Forense, 2019.

tre a proteção dos direitos fundamentais e a gestão racional dos recursos públicos, sem comprometer a eficácia do SUS e evitando a distorção no desenho de políticas públicas.

Da mesma forma, é fundamental promover um processo de colaboração mais eficiente entre os Poderes Legislativo, Executivo e Judiciário, para garantir que as decisões judiciais não interfiram de maneira excessiva na formulação de políticas públicas, mas ao mesmo tempo garantam os direitos dos cidadãos.

CONSIDERAÇÕES FINAIS

O ativismo judicial tem sido um instrumento fundamental na concretização dos direitos fundamentais, especialmente na garantia do direito à saúde. A atuação do Judiciário tem permitido a implementação de direitos que, de outra forma, ficariam apenas no plano formal, sem eficácia prática. O Supremo Tribunal Federal tem desempenhado um papel essencial nesse contexto, interpretando a Constituição de maneira a assegurar o respeito aos direitos sociais.

Entretanto, o ativismo judicial também apresenta desafios, uma vez que pode comprometer a separação dos poderes e gerar impactos no orçamento público. A crescente judicialização da saúde impõe ao Estado obrigações que muitas vezes não foram previstas em planejamento orçamentário, criando dificuldades na gestão de políticas públicas. Esse fenômeno exige um equilíbrio entre a atuação proativa do Judiciário e o respeito às prerrogativas dos demais poderes.

Dessa forma, é essencial que o ativismo judicial seja exercido com responsabilidade e moderação, garantindo que o Judiciário atue como garantidor dos direitos fundamentais, sem, no entanto, ultrapassar seus limites institucionais. A busca por um sistema jurídico equilibrado deve passar pela cooperação entre os poderes e pelo fortalecimento das políticas públicas, para que o acesso à saúde seja assegurado de forma eficiente e sustentável.

REFERÊNCIAS

ALEXY, Robert. *Teoria dos direitos fundamentais*: dos valores à norma. 2. ed. São Paulo: RT, 2002.

BRASIL. *Constituição da República Federativa do Brasil de 1988.*

COSTA, A. *Ativismo Judicial*: entre a proteção dos direitos e a separação dos poderes. UFRJ Editora. 2015.

COSTA, A. *O Papel do Judiciário na Garantia dos Direitos Sociais.* UFRJ Editora, 2015.

FERNANDES, P. *Diálogo entre os Poderes*: o ativismo judicial e a sustentabilidade do SUS. Editora Nova, 2016.

FIGUEIREDO, Lúcia Valle. *A Judicialização da Saúde no Brasil*: limites e possibilidades. 3. ed. São Paulo: Saraiva, 2012.

LIMA, E. O Perigo da Hipertrofia do Judiciário na Governança Democrática. *Revista de Administração Pública*, 2014.

LIMA, E. Política Pública e Judicialização: Desafios e Perspectivas. *Revista de Administração Pública*, 2014.

MARQUES, F. Judicialização e Políticas Públicas: Uma Análise do Papel do Judiciário. *Revista Direito e Sociedade*, 2009.

MONTESQUIEU, C. *O Espírito das Leis*, 1748.

OLIVEIRA, L. Impactos da Judicialização na Gestão do SUS. *Revista Saúde e Sociedade*. 2013.

PEREIRA, R. Direito à Saúde e Intervenção Judicial. *Revista de Políticas Públicas*. 2012.

PEREIRA, R. O Papel do Supremo Tribunal Federal na Concretização dos Direitos Constitucionais. *Revista de Políticas Públicas*, 2012.

PIM, J. "Desafios na Implementação do SUS: Gestão e Judicialização". *Revista de Saúde Pública*, v. 49, n. 3, p. 456-470, 2015.

SANTOS, D. *Custos e Benefícios da Judicialização da Saúde*, Editora Acadêmica. 2011.

SILVA, J. Judicialização da Saúde: Desafios e Perspectivas. *Revista de Direito Público*. 2010.

SILVA NETO, Manoel Jorge e; SILVA, Maiana Guimarães. *Curso de direito constitucional*: atualizado até a EC 132, de 20 de dezembro de 2023 (reforma Tributária) e Súmula Vinculante 59. 11. ed. Rio de Janeiro: Lumen Juris, 2024.

SOUZA, M. *Ativismo Judicial e Sustentabilidade do SUS*. Editora Jurídica, 2008.

SOUZA, M. *Direitos Fundamentais e a Efetividade das Políticas Públicas*, Editora Jurídica, 2008.

SOUZA, M. *Direitos Sociais e Políticas Públicas de Saúde*. São Paulo: Editora ABC, 2008.

O TEMA 1238 DO SUPREMO TRIBUNAL FEDERAL E O PRINCÍPIO CONSTITUCIONAL DA PROIBIÇÃO DA PROVA ILÍCITA

Elias Marques de Medeiros Neto

Pós-Doutorados em Direito Processual Civil pelas Universidades de Lisboa, Coimbra-IGC e Salamanca. *Visiting Scholar* no Instituto Max Planck. Doutor e Mestre em Direito Processual Civil pela PUCSP. Advogado e Professor. Presidente da Comissão de Processo Civil da OABSP e da Comissão de Processo Empresarial do IASP.

O Supremo Tribunal Federal, com o Tema de Repercussão Geral 1238, revisitou o importantíssimo ponto da proibição da prova ilícita, conforme ementa do ARE 1316369 RG: "Repercussão geral em recurso extraordinário com agravo. Constitucional. Administrativo. Processo administrativo. Condenação imposta pelo Conselho Administrativo de Defesa Econômica – CADE, em face de empresa do ramo de gases industriais e medicinais, por suposta formação de cartel. 2. Com fundamento no art. 323-A do RISTF, é possível conferir maior alcance para a decisão a ser tomada no Plenário Virtual, evitando-se o estreitamento da deliberação a um aspecto preliminar, relativo ao reconhecimento da existência de repercussão geral da matéria. 3. A experiência desta Suprema Corte permite que se avance nas discussões, para reafirmar a jurisprudência consolidada sobre o tema, no sentido da inadmissibilidade, em qualquer âmbito ou instância decisória, de provas declaradas ilícitas pelo Poder Judiciário. 4. Não é dado a nenhuma autoridade pública valer-se de provas ilícitas em prejuízo do cidadão, seja no âmbito de judicial, seja na esfera administrativa, independentemente da natureza das pretensões deduzidas pelas partes. 5. Impossibilidade de valoração e aproveitamento, em desfavor do cidadão, de provas declaradas nulas em processos judiciais. Precedentes. 6. Jurisprudência do Tribunal no sentido da admissibilidade, em processos administrativos, de prova emprestada do processo penal, desde que produzida de forma legítima e regular, com observância das regras inerentes ao devido processo legal 7. Repercussão geral reconhecida. 8. Flagrante ilicitude das provas utilizadas no julgamento realizado pelo CADE. Acórdão recorrido reconhece que a condenação imposta no âmbito administrativo baseou-se em provas que tiveram origem, direta ou indiretamente, em interceptações telefônicas declaradas ilícitas pelo Superior Tribunal de Justiça. 9. Não há espaço para acolher as teses defendidas pela autarquia, as quais conduziriam a um indevido aproveitamento de provas ilícitas em processo de fiscalização inaugurado para apuração de suposta formação de cartel. Acolher semelhante raciocínio corresponderia a um grave atentado contra a literalidade do art. 5º, inciso LVI, da Constituição da República, que preconiza a inadmissibilidade, no processo, de provas obtidas com violação a normas constitucionais ou legais. Além disso, ensejaria uma afronta ao entendimento sedimentado nesta Corte, que estabelece limites rígidos para o uso de prova emprestada em processos administrativos. 10. Reafirmação da jurisprudência consolidada do Tribunal. Não provimento ao recurso extraordinário. 11. Fixação da tese: "São inadmissíveis, em processos administrativos de qualquer espécie, provas consideradas ilícitas pelo Poder Judiciário".

Este acórdão se relaciona com o conceito de efetividade processual, o qual não pode se confundir com a mera obtenção de celeridade, na medida em que um processo que seja rápido, mas que não respeite o *due process of law*, não estará em conformidade com o espírito do moderno processo civil, o qual também almeja garantir o respeito às garantias constitucionais.

Nessa esteira, oportuna é a lição de José Roberto dos Santos Bedaque,[1] para quem o processo efetivo é aquele que resume o adequado equilíbrio entre a celeridade e a segurança.

Respeitar o devido processo legal, portanto, é elemento essencial em toda a sistemática do moderno processo civil.

A Magna Carta, em seu art. 5º, LIV, prescreve que: "ninguém será privado da liberdade ou de seus bens sem o devido processo legal". E certamente o devido processo legal é princípio base para todo o sistema processual, encerrando em seu conceito o dever de respeitar as garantias processuais que são conferidas pela Constituição Federal e pelas regras ordinárias às partes, entre elas o direito ao contraditório e à ampla defesa, conferindo-se, ainda, tratamento igualitário aos litigantes.

A correta aplicação do *due process of law* permite a obtenção de um processo efetivo, pautado pelo respeito à segurança, mas também voltado à celeridade. O devido processo legal encerra em seu conceito a diretriz de que ninguém será privado de sua liberdade e/ou de seus bens sem a observância de procedimento previamente previsto em lei, bem como sem a garantia da ampla defesa, do contraditório, da motivação das decisões judiciais, do direito à prova e do devido tratamento igualitário entre as partes do processo.

Para Cássio Scarpinella Bueno,[2] o conceito de devido processo legal tem profunda relação com a noção de devida participação das partes no processo, devendo-se assegurar às mesmas a possibilidade de defesa e contraditório.

O direito de provar o quanto se alega também é expressão do devido processo legal e é garantia do adequado acesso à justiça (art. 5º, XXXV e LIV, da Magna Carta).

Para João Batista Lopes,[3] as alegações de fato são objeto de prova: "À demonstração dos fatos (ou melhor, das alegações dos fatos) é que se dá o nome de prova... o vocábulo

1. BEDAQUE, José Roberto dos Santos. *Efetividade do processo e técnica processual*. São Paulo: Malheiros. 2007. p. 49.
2. BUENO, Cássio Scarpinella. *Curso sistematizado de direito processual civil*. São Paulo: Saraiva, 2007. v. 1, p. 104 e 105.
3. LOPES, João Batista. *A prova no direito processual civil*. 3. ed. São Paulo: RT, 2006. p. 25.

prova provém do latim *probatio*, com o significado de verificação, exame, inspeção. De acordo com os dicionaristas, quer dizer 'aquilo que mostra a verdade de uma proposição ou realidade de um fato'. Na linguagem jurídica, o termo é empregado como sinônimo de demonstração (dos fatos alegados no processo). É a chamada prova judiciária."

Como lembram Giovanni Arieta, Francesco de Santis e Luigi Montesano:[4] "la prova può definirsi come uno strumento di rappresentazione ed accertamento di determinati fatti che si assumono dalle parti come storicamente accaduti, in grado di fondare, e comunque di influire sul convincimento del giudice, quale organo estraneo ed imparziale rispetto al conflitto che oppone le parti".

João Batista Lopes,[5] acerca do tema, assevera que o direito à prova no processo civil é consequência lógica do devido processo legal e da garantia de acesso à justiça, além de ter profunda relação com a necessidade de o magistrado motivar suas decisões judiciais.

João Batista Lopes relaciona o direito à prova com o contraditório, sendo aquele um importante componente para o respeito a este último princípio.[6]

Osvaldo A. Gozaini,[7] em obra sobre os princípios fundamentais do processo civil argentino, destaca que o direito à prova faz parte da essência do devido processo legal:

> por un lado, existe el debido proceso constitucional, que está instalado como una garantia anterior al conflicto y que asegura el derecho a ser oído por un juez independiente e imparcial, en el menor tiempo posible, ofreciendo un proceso con todas las demas garantias del procedimiento. Por outro, surge el debido proceso formal, el cual atiende el desarrollo interno y las coberturas mínimas inalienables que deben aparecer suficientemente cumplidas en el tramite; por ejemplo, la igualdad entre las partes, la bilateralidad permanente, el derecho a la contradicción, a ofrecer y producir prueba.

Mas o direito à produção da prova não pode ser absoluto, devendo ser limitado pela proibição ao uso da prova ilícita (art. 5º, LVI, da Magna Carta). E isso como respeito ao próprio devido processo legal e em nome da adequada efetividade do processo.

Mauro Cappelletti,[8] em brilhante estudo sobre o tema, na mesma vertente, já ministrou que: "Também uma moderna concepção probatória, segundo a qual todos os elementos de prova relevantes para a decisão deveriam poder ser submetidos à valoração crítica do juiz, admite, no entanto, hipóteses em que o direito à prova pode ceder frente a outros valores, em especial se estão garantidos constitucionalmente".

---

4. ARIETA, Giovanni; DE SANTIS, Francesco; MONTESANO; Luigi. *Corso Base di Diritto Processuale Civile*. Roma: Cedam, 2016. p. 325.
5. LOPES, João Batista. *A prova no direito processual civil*. 3. ed. São Paulo: RT, 2006. p. 166 a 168.
6. LOPES, João Batista. Contraditório e abuso do direito de defesa na execução. In: FUX, Luiz; NERY JR., Nelson; e WAMBIER, Teresa Arruda Alvim (Coord.). *Processo e Constituição. Estudos em Homenagem ao Professor José Carlos Barbosa Moreira*. São Paulo: RT, 2006. p. 346.
7. GOZAINI, Osvaldo A. *Garantias, principios y reglas del proceso civil*. Buenos Aires: Eudeba, 2015. p. 92.
8. CAPPELLETTI, Mauro. *Processo, ideologia e sociedade*. Buenos Aires: Ediciones Jurídicas Europa, 1974. p. 560.

Hernando Devis Echandia,[9] na mesma linha, enfatiza a necessidade de o direito à prova sofrer limitações diante da proibição ao uso da prova ilícita.

Atualmente, a proibição da prova ilícita está refletida no art. 5º, LVI, da Magna Carta, e no art. 369 do Código de Processo Civil; regras estas que estampam importante restrição ao livre exercício do direito à prova no processo civil brasileiro.

O sistema probatório brasileiro adota a liberdade dos meios de prova, de tal sorte que todo e qualquer instrumento de prova pode ser admitido no processo (arts. 155 do Código de Processo Penal e 369 do Código de Processo Civil – CPC). Mas o próprio art. 369 do CPC apresenta um grande limitador a essa liberdade probatória, o qual é justamente o da proibição ao uso da prova ilícita.

Paulo Osternack do Amaral,[10] acerca do tema, bem ministra que "o ordenamento jurídico brasileiro veda o aproveitamento no processo de provas obtidas por meios ilícitos (CF/1988, art. 5º, LVI). Trata-se da imposição pela constituição de um limite moral ao direito à prova, que norteia a conduta das partes e a atividade do juiz no processo. O código de processo civil contemplou em sede infraconstitucional a proibição de provas ilícitas a *contrario sensu*, ao admitir a produção de provas atípicas desde que sejam legais e moralmente legítimas".

Mas o que é prova ilícita?

Luiz Guilherme Marinoni[11] define prova ilícita como: "A prova é ilícita quando viola uma norma, seja de direito material, seja de direito processual".

João Batista Lopes assevera que a expressão "provas ilícitas" pode ser entendida em sentido lato, quando forem tais provas contrárias à Constituição, à legislação e aos bons costumes; e em sentido estrito, quando tais provas violem disposições legais, inclusive a Constituição. O mestre ainda aponta a existência de uma terceira corrente, que vincula as provas ilícitas à violação de direitos constitucionais essenciais.[12]

Ainda seguindo os ensinamentos de João Batista Lopes, a doutrina também aponta divergência entre os termos "provas ilícitas" e "provas ilegítimas".

Muito calcada no magistério do Professor da Universidade de Milão Pietro Nuvolone, a doutrina desenvolve os conceitos de prova vedada ou ilegal, como gênero, sendo a prova ilícita e a prova ilegítima subespécies.

A teoria de Pietro Nuvolone poderia assim ser resumida: prova ilícita é aquela que ofende um direito material. Prova ilegítima é aquela que ofende um direito processual: "Em sede doutrinária, há que extremar, também, as provas ilícitas das provas ilegítimas.

9. ECHANDIA, Hernando Devis. *Pruebas ilícitas*. Revista de Processo 32. Ano VIII. 1983. p. 83.
10. AMARAL, Paulo Osternack. *Provas*. São Paulo: RT, 2015. p. 190.
11. MARINONI, Luiz Guilherme; ARENHART, Sérgio Cruz. *Manual do processo de conhecimento*. 3. ed. São Paulo: RT, 2006. p. 325.
12. LOPES, João Batista. Op. cit., p. 96.

Para Nuvolone, consideram-se ilícitas as provas que vulnerem normas de direito material e ilegítimas as que ofendam disposições de caráter processual".[13]

Nas próprias palavras do mestre italiano:[14]

> Prova vietata significa prova che, in senso assoluto, o in senso relativo, è contraria a una specifica norma di legge o a un principio del diritto positivo. La prova è vietata in senso assoluto, quando il diritto proibisce in ogni caso, qualunque ne sia il modo di assunzione, l'acquisizione di uma certa prova da un punto di vista generale o limitatamente a un determinato oggetto; tale è, per il diritto italiano il caso delle cosiddette perizie psicologiche (art. 314 cod. proc. pen.).
>
> La prova è vietata in senso relativo, quando l'ordinamento giuridico, pur ammettendo un certo mezzo di prova (ad esempio, l' interrogatorio dell' imputato), ne condiziona la legittimità all'osservanza di determinate forme. (...).
>
> Anzitutto, ricordiamo la distinzione da noi prospettata tra divieti di prova do natura processuale e divieti di prova di natura sostanziale.
>
> La distinzione ha importanza, ma non con riferimento alla collocazione della norma, bensi com riferimento alla sua intima natura.
>
> Un divietto ha natura esclusivamente processuale, quando è posto in funzione di interessi attinenti unicamente alla logica e alle finalità del processo; un divieto ha natura sostanziale, allorché, pur servendo mediatamente anche interessi processuali, è posto essenzialmente in funzione dei diritti che l'ordinamento riconosce ai singoli, indipendentemente dal processo.
>
> La violazione del divieto costituisce in entrambi i casi un'illegalità; ma mentre, nel primo caso, sarà solo un atto illegittimo, nel secondo caso sara anche un atto illecito.

Debruçando-se sobre o tema, Nelson Nery Jr.[15] também descreve a divergência existente sobre a adequada terminologia referente à expressão "prova ilícita": "O que é prova ilícita? Conceituar prova obtida ilicitamente é tarefa da doutrina. Há alguma confusão reinando na literatura a respeito do tema, quando se verifica o tratamento impreciso que se dá aos termos prova ilegítima, prova ilícita, prova ilegitimamente admitida, prova obtida ilegalmente. Utilizando-se, entretanto, a terminologia de prova vedada, sugerida por Nuvolone, tem-se que há prova vedada em sentido absoluto (quando o sistema jurídico proíbe sua produção em qualquer hipótese) e em sentido relativo (há autorização do ordenamento, que prescreve, entretanto, alguns requisitos para a validade da prova). Resumindo a classificação de Nuvolone, verifica-se que a prova será ilegal sempre que houver violação do ordenamento como um todo (leis e princípios gerais), quer sejam de natureza material ou meramente processual. Ao contrário, será ilícita a prova quando sua proibição for de natureza material, vale dizer, quando for obtida ilicitamente. Em outra classificação, a prova pode ser ilícita em sentido material e em sentido formal. A ilicitude material ocorre quando a prova deriva 'a) de um ato contrário ao direito e pelo qual se consegue um dado probatório (invasão domiciliar, violação do sigilo epistolar, quebra de segredo profissional, subtração de

---

13. LOPES, João Batista. Op. cit. p. 96.
14. NUVOLONE, Pietro. Le prove vietate nel processo penale nei paesi di diritto latino. *Rivista Di Diritto Processuale*. anno xxi. n. 3. Padova. p. 442-475
15. NERY JR., Nelson. *Princípios do Processo Civil na Constituição Federal*. 8. ed. São Paulo: RT, p. 199 e 200.

documentos, escuta clandestina, constrangimento físico ou moral na obtenção de confissões ou depoimentos testemunhais etc.)'. Há ilicitude formal quando a prova 'decorre de forma ilegítima pela qual ela se produz, muito embora seja lícita a sua origem. A ilicitude material diz respeito ao momento formativo da prova: a ilicitude formal, ao momento introdutório da mesma'".

Nelson Nery Jr. aborda a diferença entre a ilicitude material e a formal da prova; sendo a primeira viciada porque contrariou algum dispositivo da legislação referente a um direito material, e sendo a segunda viciada porque, ainda que legítima quanto à sua obtenção, foi contrária a algum dispositivo processual na forma como utilizada nos autos.

O art. 157 do Código de Processo Penal nos apresenta uma definição de prova ilícita, a qual seria aquela que viola disposições legais e/ou constitucionais.

E acerca da proibição constitucional da prova ilícita, Julio Fabbrini Mirabete[16] leciona que: "Cortando cerce qualquer discussão a respeito da admissibilidade ou não de provas ilícitas em juízo, a Constituição Federal de 1988 expressamente dispõe que são inadmissíveis, no processo, as provas obtidas por meios ilícitos. Deu o legislador razão à corrente doutrinária que sustentava não ser possível ao juiz colocar como fundamento da sentença prova obtida ilicitamente. A partir da vigência da nova carta magna, pode-se afirmar que são totalmente inadmissíveis no processo civil e penal, tanto as provas ilegítimas, proibidas pelas normas de direito processual, quanto às provas ilícitas, obtidas com violação das normas de direito material. Estão assim proibidas as provas obtidas com violação de correspondência, de transmissão telegráfica e de dados, e com captação não autorizada judicialmente das conversas telefônicas (artigo 5, XII); com violação do domicílio, exceto nas hipóteses de flagrante delito, desastre, para prestar socorro ou determinação judicial (artigo 5, XI); com violação da intimidade, como as fonográficas, de fitas gravadas de contatos em caráter privado e sigiloso (art. 5, X); com abuso de poder, como a tortura, p.ex., com a prática de outros ilícitos penais, como furto, apropriação indébita, violação de sigilo profissional etc...".

Sobre o mandamento constitucional do art. 5º, LVI, Nelson Nery Jr. observa que sua aplicabilidade atinge o processo civil, penal e administrativo;[17] sendo certo que sua inobservância gera nulidade processual.[18]

Nesse contexto, fundamental é o Tema de Repercussão Geral 1238, no qual o STF proclamou a tese de que são inadmissíveis, em processos administrativos de qualquer espécie, provas consideradas ilícitas pelo Poder Judiciário.

E essa tese se relaciona, também, com o artigo 372 do CPC, o qual prevê a possibilidade do empréstimo da prova, desde que respeitado o princípio do contraditório.

---

16. MIRABETE, Julio Fabbrini. *Processo penal*. 8. ed. São Paulo: Atlas, 1997. p. 260 e 261.
17. NERY JR., Nelson. Op. cit. p. 196. No mesmo sentido: MEDINA, José Miguel Garcia. *Novo Código de Processo Civil comentado*. São Paulo: RT, 2016. p. 644.
18. WAMBIER, Teresa Arruda Alvim. *Nulidades do processo e da sentença*. São Paulo: RT, 2007.

Há muito se debate sobre a validade do uso da prova emprestada no processo civil, de modo que a positivação de tal instituto ratifica posição já sinalizada na doutrina e na jurisprudência.

Por prova emprestada se entende aquela que foi produzida em outro processo, cujos efeitos a parte pretende que sejam apreciados e considerados válidos por magistrado que preside um processo diverso.

Para Nelson Nery Jr,[19] a questão mais importante para a admissão da prova emprestada é a observância do contraditório em relação aos litigantes. Na mesma direção segue Luiz Guilherme Marinoni,[20] para quem a observância do contraditório na produção da prova é fundamental para que esta possa emprestar os seus efeitos a outros autos.

Lição semelhante se extrai da obra de Eduardo J. Couture:[21] "As provas produzidas em outro juízo podem ser válidas, se nele a parte teve a oportunidade de empregar contra elas todos os meios de controle e de impugnação que a lei lhe conferia no juízo em que foram produzidas (...). Da mesma maneira, as provas do juízo penal podem ser válidas no juízo cível, se no processo criminal a parte teve a oportunidade de exercer contra elas todas as formas de impugnação facultadas pelo processo penal".

No Superior Tribunal de Justiça, em julgamento ocorrido em 25.03.2014, a 2ª. Turma, com a relatoria do Ministro Herman Benjamin, no julgamento do Agravo Regimental no Agravo em Recurso Especial 2013/0047650-6, validou o uso da prova emprestada produzida a luz do contraditório e do devido processo legal:

> 2. Quanto à violação dos artigos 330 e 332, ambos do CPC, o entendimento do STJ é no sentido de que não há cerceamento de defesa pela utilização de prova emprestada se esta tiver sido produzida com a observância do contraditório e do devido processo legal.

No Supremo Tribunal Federal, em famoso julgamento da relatoria do Ministro Luiz Fux, referente à Reclamação 11.243, julgada em 08.06.2011, a importância do contraditório para o uso da prova emprestada foi fortemente realçada:

> 2. A prova emprestada utilizada sem o devido contraditório, encartada nos acórdãos que deram origem à condenação do extraditando na Itália, no afã de agravar a sua situação jurídica, é vedada pelo art. 5º, LV e LVI, da Constituição, na medida em que, além de estar a matéria abrangida pela preclusão, isto importaria verdadeira utilização de prova emprestada sem a observância do Contraditório, traduzindo-se em prova ilícita.

A questão do uso da prova emprestada tem fundamental importância quando se estuda a problemática das provas ilícitas no processo civil, razão pela qual o Tema de Repercussão Geral 1238, apreciado pelo STF, tem extrema relevância.

---

19. NERY JR., Nelson. Op. cit., p. 191.
20. MARINONI, Luiz Guilherme; ARENHART, Sérgio Cruz. *Manual do processo de conhecimento*. 3. ed. São Paulo: RT, 2006. p. 323.
21. COUTURE, Eduardo J. *Fundamentos do direito processual civil*. Trad. Henrique de Carvalho. Florianópolis: Conceito Editorial. 2008. p. 125.

Ricardo Raboneze[22] leciona que apenas as provas licitamente obtidas poderiam ser utilizadas como prova emprestada para fins do processo civil.

É bem de se ver que a aplicação do artigo 372 do CPC não deve prescindir de uma profunda análise do caso concreto, não só observando se a prova nos autos originais foi constituída e produzida à luz do devido processo legal, mas também se verificando, em especial, se a mesma atendeu ao quanto disposto nos artigos 369 do Código de Processo Civil e 5, LVI, da Magna Carta.

Havendo ilicitude detectada, tal qual definido pelo STF no julgamento do ARE 1316369 RG, não é possível se permitir o empréstimo de prova.

Proteger o due process of law – e os princípios a ele inerentes – é elemento de efetividade processual, sendo certo que "a celeridade não pode atropelar ou comprometer o processo giusto de que nos fala Comoglio, ou seja, o reconhecimento e a garantia dos direitos, a fundamental exigência de efetividade técnica e qualitativa, o contraditório, o juiz natural etc. Sobre preocupar-se com a celeridade, deverá o magistrado indagar, em cada caso, qual deva ser a duração razoável do processo. Em outras palavras, o processo deve durar o tempo necessário e suficiente para cumprir seus escopos, nem mais, nem menos".[23]

REFERÊNCIAS

AMARAL, Paulo Osternack. *Provas*. São Paulo: RT, 2015.

ARAÚJO Cintra, Antônio Carlos de; Grinover, Ada Pelegrini; Dinamarco, Cândido Rangel. *Teoria geral do processo*. 23. ed. São Paulo: Malheiros, 2007.

ARIETA. Giovanni; DE SANTIS, Francesco; MONTESANO; Luigi. *Corso Base di Diritto Processuale Civile*. Roma: Cedam, 2016.

AVOLIO, Luis Francisco Torquato. *Provas ilícitas, interceptações telefônicas e gravações clandestinas*. São Paulo: RT, 2015.

BARBOSA MOREIRA, José Carlos. *A constituição e as provas ilicitamente obtidas*. Temas de Direito Processual. Sexta Série. São Paulo: Saraiva, 1997.

BASTOS, Celso Ribeiro; MARTINS, Ives Gandra. *Comentários à constituição do Brasil*. São Paulo: Saraiva, 1989. v. II.

BEDAQUE, José Roberto dos Santos. *Efetividade do processo e técnica processual*. São Paulo: Malheiros, 2007.

BEDAQUE, José Roberto dos Santos. *Poderes Instrutórios do Juiz*. 5. ed. São Paulo: RT, 2011.

BUENO, Cássio Scarpinella. *Curso sistematizado de direito processual civil*. São Paulo: Saraiva, 2007. v. I.

CALAMANDREI, Piero. Estudos de direito processual na Itália. Trad. Ricardo Rodrigues Gama. Campinas: LZN Editora, 2003.

CAPPELLETTI, Mauro. *Acesso à Justiça*. Trad. Ellen Gracie Northfleet. Porto Alegre: Fabris, 1988.

CAPPELLETTI, Mauro. *Processo, ideologia e sociedade*. Buenos Aires: Ediciones Jurídicas Europa, 1974.

22. RABONEZE, Ricardo. *Provas obtidas por meios ilícitos*. 3. ed. São Paulo: Síntese, 2000. p. 44.
23. LOPES, João Batista; CASTRO LOPES, Maria Elizabeth. Novo Código de Processo Civil e efetividade da jurisdição. *Revista de Processo* 188. São Paulo: RT, 2010. p. 173-174.

CAPEZ, Fernando. *Curso de processo penal*. São Paulo: Saraiva, 1999.

CARNELUTTI, Francesco. A Prova civil. Trad. Almicare Carletti. São Paulo: Livraria e Ed. Universitária de Direito. 2002.

CASTRO LOPES, Maria Elizabeth de. *O juiz e o princípio dispositivo*. São Paulo: RT, 2006.

CASTRO LOPES, Maria Elizabeth de; LOPES, João Batista. Princípio da efetividade. In: OLIVEIRA NETO, Olavo de; CASTRO LOPES, Maria Elizabeth de (Coord.). *Princípios processuais civis na Constituição*. São Paulo: Ed. Campos Jurídico, 2008.

CORREIA, Marcus Orione Gonçalves. *Direito processual constitucional*. São Paulo: Saraiva. 2007.

COUTURE, Eduardo J. *Fundamentos do direito processual civil*. Trad. Henrique de Carvalho. Florianópolis: Conceito Editorial. 2008.

DIAS, Jefferson Aparecido. Princípio do devido processo legal. In: OLIVEIRA NETO, Olavo de; e CASTRO LOPES, Maria Elizabeth de (Coord.). *Princípios processuais civis na Constituição*. São Paulo: Ed. Campos Jurídico, 2008.

DINAMARCO, Cândido Rangel. *A instrumentalidade do processo*. São Paulo: Malheiros, 2008.

ECHANDIA, Hernando Devis. Pruebas ilícitas. *Revista de Processo* 32. ano VIII. 1983.

GÓES, Gisele Santos Fernandes. *Princípio da proporcionalidade no processo civil*. São Paulo: Saraiva, 2004.

GÓES, Gisele Santos Fernandes. Cotejo entre o direito à prova e a proibição das provas obtidas por meios ilícitos. In: FUX, Luiz; NERY JR., Nelson; WAMBIER, Teresa Arruda Alvim (Coord.). *Processo e constituição*. Estudos em Homenagem ao Professor José Carlos Barbosa Moreira. São Paulo: RT, 2006.

GOZAINI, Osvaldo A. *Garantias, principios y reglas del proceso civil*. Buenos Aires: Eudeba, 2015.

GRECO FILHO, Vicente. *Direito processual civil brasileiro*. 13. ed. São Paulo: Saraiva, 1999. V. 2.

GRINOVER, Ada Pellegrini; FERNANDES, Antonio Scarance; GOMES FILHO, Antonio Magalhães. *As nulidades no processo penal*. 3. ed. São Paulo: Malheiros, 1993.

LOPES, João Batista. *A prova no direito processual civil*. 3. ed. São Paulo: RT, 2006.

LOPES, João Batista. Contraditório e abuso do direito de defesa na execução. In: Fux, Luiz; NERY JR., Nelson; e WAMBIER, Teresa Arruda Alvim (Coord.). *Processo e Constituição*. Estudos em Homenagem ao Professor José Carlos Barbosa Moreira. São Paulo: RT, 2006.

LOPES, João Batista. Princípio da proporcionalidade e efetividade do processo civil. In: Marinoni, Luiz Guilherme (Coord.). *Estudos de direito processual civil*. Homenagem ao Professor Egas Dirceu Moniz de Aragão. São Paulo: RT, 2006.

LOPES, João Batista; CASTRO LOPES, Maria Elizabeth. Novo Código de Processo Civil e efetividade da jurisdição. *Revista de Processo* 188. São Paulo: RT, 2010.

MARINONI, Luiz Guilherme; ARENHART, Sérgio Cruz. *Manual do processo de conhecimento*. 3. ed. São Paulo: RT, 2006.

MEDEIROS NETO, Elias Marques de. *Proibição da prova ilícita no processo civil brasileiro*. São Paulo: Fiuza. 2010.

MEDINA, José Miguel Garcia. *Novo Código de Processo Civil comentado*. São Paulo: RT, 2016.

MELLO, Rodrigo Pereira de. *Provas ilícitas e sua interpretação constitucional*. Porto Alegre: Sérgio Antonio Fabris Editor, 2000.

MIRABETE, Julio Fabbrini. *Processo penal*. 8. ed. São Paulo: Atlas, 1997.

MONTORO, André Franco. *Introdução à ciência do direito*. 22. ed. São Paulo: RT, 1994.

MORAES, Alexandre de. *Direito constitucional*. 17. ed. São Paulo: Atlas, 2005.

NERY JR., Nelson. *Princípios de processo civil na Constituição Federal*. 8. ed. São Paulo: RT, 2004.

NERY JR., Nelson; NERY, Rosa Maria de Andrade. *Constituição Federal comentada*. São Paulo: RT, 2006.

NUVOLONE, Pietro. Le prove vietate nel processo penale nei paesi di diritto latino. *Rivista Di Diritto Processuale*. anno xxi. n. 3. Padova.

OLIVEIRA NETO, Olavo de. Princípio da fundamentação das decisões judiciais. In: OLIVEIRA NETO, Olavo de; CASTRO LOPES, Maria Elizabeth de (Coord.). *Princípios processuais civis na Constituição*. São Paulo: Ed. Campos Jurídico, 2008.

RABONEZE, Ricardo. *Provas obtidas por meios ilícitos*. 3. ed. São Paulo: Síntese, 2000.

RAMIRES, Luciano Henrique Diniz. *As provas como instrumento de efetividade no processo civil*. São Paulo: Ed. Juarez de Oliveira, 2002.

ROQUE, Maria José de Oliveira Lima. *Sigilo bancário e direito à intimidade*. Curitiba: Juruá, 2001.

SANTOS, Ernane Fidélis do. *Manual de direito processual civil*. 11. ed. São Paulo: Saraiva, 2006. v. 1.

SANTOS, Moacyr Amaral. *Prova judiciária no cível e comercial*. 4. ed. São Paulo: Max Limonad, 1970.

SILVA, José Afonso. *Curso de direito constitucional positivo*. São Paulo: Malheiros, 1997.

SHIMURA, Sérgio. Princípio da proibição da prova ilícita. In: OLIVEIRA NETO, Olavo de; CASTRO LOPES, Maria Elizabeth de (Coord.). *Princípios processuais civis na Constituição*. São Paulo: Ed. Campos Jurídico, 2008.

THEODORO JR., Humberto. *Curso de direito processual civil*. Rio de Janeiro: Forense, 2007. V. I.

WAMBIER, Teresa Arruda Alvim. *Nulidades do processo e da sentença*. São Paulo: RT, 2007.

WAMBIER, Teresa Arruda Alvim; CONCEIÇÃO, Maria Lucia Lins; RIBEIRO; Leonardo Ferres da Silva; MELLO, Rogério Licastro Torres de. *Primeiros Comentários ao Novo Código de Processo Civil*. São Paulo: RT, 2016.

ATIVISMO JUDICIAL: O SUPREMO TRIBUNAL FEDERAL E A CONSTITUIÇÃO

Caius Marcellus Lacerda

Advogado.

No dia 05.10.1988, o Brasil ganhou uma nova Constituição Federal, a carta política nacional que iria reger os desígnios da nação a partir do recente regime democrático estabelecido no país, cujo diploma foi de logo batizado pelo Deputado Federal Ulysses Guimarães, presidente da Câmara dos Deputados à época, como "*Constituição Cidadã*", tão largo e abrangente era o seu espectro, sobretudo no tocante aos direitos políticos e sociais.

Logo em seu art. 2º, a Carta Magna estabeleceu a separação dos Poderes, dispondo ser "(...) Poderes da União, independentes e harmônicos entre si, o Legislativo, o Executivo e o Judiciário", sendo este um princípio fundamental do Estado Democrático do Direito, inspirado na teoria clássica de Montesquieu, objetivando garantir autonomia aos entes federados, e prevenir abusos entre si, mediante um sistema de freios e contrapesos, para que cada um pudesse exercer o seu papel.

Relativamente ao Supremo Tribunal Federal (STF), ficou definido que a Corte seria a mais alta instância do Poder Judiciário no Brasil, tendo como principal função garantir a supremacia da Constituição Federal, a quem foi entregue a sua guarda, com a incumbência de assegurar que as leis e os atos dos demais Poderes estejam conforme o texto constitucional.

Dentre as diversas atribuições conferidas à Suprema Corte, elencadas no art. 102 da *Magna Lex*, podemos destacar:

(i) O Controle de Constitucionalidade, que lhe autoriza julgar Ações Diretas de Inconstitucionalidade (ADI), Ações Declaratórias de Constitucionalidade (ADC), e Ações Diretas de Inconstitucionalidade por Omissão (ADO), podendo declarar nulas leis ou atos normativos que contrariem a Constituição;

(ii) Julgamento de Recursos Extraordinários, que são cabíveis quando uma decisão judicial envolve questões constitucionais, garantindo a uniformidade da interpretação da Constituição;

(iii) A Garantia dos Direitos Fundamentais, em relação a qual atua nos casos de Habeas Corpus, Mandado de Segurança, Habeas Data e Mandado de Injunção, protegendo direitos fundamentais dos cidadãos;

(iv) No Julgamento de Autoridades, decidindo sobre crimes comuns praticados pelo Presidente da República, membros do Congresso Nacional, Ministros de Estado e outras autoridades, e,

(v) Na Arbitragem em Conflitos Entre Poderes e Entes Federativos, situação na qual resolve conflitos entre a União, Estados, Municípios e Distrito Federal, garantindo o equilíbrio federativo.

Apesar de sua ampla competência, o STF não possui poder ilimitado, sendo-lhe imposto atuar dentro dos seguintes limites constitucionais:

(i) Respeito à Separação dos Poderes: não podendo legislar ou governar, uma vez que tais atribuições pertencem ao Legislativo e ao Executivo, sendo o seu *munus* interpretar e aplicar a Constituição;

(ii) Vinculação à Constituição: devendo as suas decisões estar fundamentadas na Constituição, não podendo inovar além do que está previsto no texto constitucional;

(iii) Restrições em Matéria Penal: significando dizer que, embora julgue autoridades, não poderá criar crimes ou penas, sendo sua função apenas interpretar e aplicar a legislação vigente;

(iv) Sujeição ao Devido Processo Legal: onde suas decisões devem respeitar o contraditório, a ampla defesa e o devido processo legal;

(v) Possibilidade de Revisão de Decisões: o STF poderá rever suas próprias decisões por meio de embargos de declaração, ações rescisórias e revisões constitucionais;

(vi) Limites na Interpretação Constitucional: ainda que interprete a Constituição, o STF não pode modificar seu texto, o que é competência exclusiva do Poder Legislativo mediante o processo de emenda constitucional.

Vê-se, assim, que a Corte Suprema exerce um papel essencial na manutenção do Estado Democrático de Direito, garantindo a aplicação da Constituição Federal e limitando excessos da própria Corte e dos demais Poderes, com observância aos limites impostos pelo instrumento normativo cuja guarda lhe é confiada.

Nesse contexto, o questionamento sobre ativismo e autocontenção judicial ganha relevo, para aferir se a atuação da cúpula do judiciário está dentro das balizas constitucionais, fundamentais para a preservação da democracia brasileira.

Quando o STF toma decisões que impactam políticas públicas, ou que decorrem de interpretações de normas dúbias ou que não possuem base legislativa clara, sofre acusações de estar invadindo a esfera de outro Poder, através do ativismo judicial.

Conceitua-se ativismo judicial como a conduta ativa ou proativa do judiciário, configurada quando do seu afastamento das funções específicas de julgar, passando a adotar postura que seria própria e da competência do legislador, através de decisões sujeitas a críticas por se pautarem em interpretações subjetivas sem fundamento legal sólido, envolvendo criação ou reinterpretação extensiva de normas que promovem mudanças sociais, políticas ou econômicas.

Algumas decisões tomadas pelo STF fomentam a acusação que lhe é imputada, como nos casos do reconhecimento da união estável entre pessoas do mesmo sexo, reconhecida pela Corte antes da existência de uma lei sobre o tema, a descriminalização do aborto em caso de microcefalia, ainda que a matéria não tivesse sido amplamente debatida no legislativo, a proibição do uso de algemas em presos durante julgamentos no tribunal, estabelecendo diretrizes que influenciaram toda a prática policial, e, também, quando, interferindo em questões relacionadas a moralidade e a ética pública, tratou de temas como aborto, drogas e direitos das minorias.

Tais decisões e posicionamentos revelam que o STF assumiu um papel de protagonista na concretização de direitos e na resolução de conflitos sociais, rompendo a fronteira da separação de Poderes, um dos pilares do Estado Democrático de Direito.

Em outras situações que frequentemente ocorrem, a Suprema Corte tem revertido decisões do Poder Legislativo ao ser provocado por parlamentares ou partidos políticos que sofrem derrotas ao ficarem vencidos em votações no Congresso, subvertendo o resultado oriundo da vontade da maioria dos representantes populares.

Em circunstâncias de tal natureza, a harmonia entre os Poderes fica fragilizada e comprometida, por incentivar reações retaliativas, como propostas de emendas constitucionais visando a restrição dos poderes dos integrantes da Corte, ou a criação de mecanismos de sujeição das decisões judiciais ao referendo do Poder Legislativo.

O ativismo judicial sofre críticas e possui defensores.

Para Luís Roberto Barroso, "(...) a ideia de ativismo judicial está associada a uma participação mais ampla e intensa do Judiciário na concretização dos valores e fins constitucionais, com maior interferência no espaço de atuação dos outros dois Poderes" e que o ativismo "procura extrair o máximo das potencialidades do texto constitucional, sem contudo invadir o campo da livre criação do Direito",[1] assumindo claro posicionamento defensivo em relação ao aludido fenômeno jurídico.

Cumpre destacar que o ativismo judicial não é um fator isolado, circunscrito a determinado país, como o Brasil, sendo, também, debatido e questionado em outras nações, como, por exemplo, nos Estados Unidos, onde a Suprema Corte americana é acusada da prática por progressistas e conservadores, permeando debates de cunho ideológico.

Aliás, a expressão "ativismo judicial" surgiu na doutrina norte-americana, consagrada no trabalho de Arthur Shlesinger Jr.,[2] classificando os juízes da Suprema Corte em: juízes ativistas com ênfase na defesa dos direitos das minorias e das classes mais pobres; juízes ativistas com ênfase nos direitos de liberdade; juízes campeões da autorrestrição, e juízes representantes do equilíbrio de forças, colocando o ativismo exatamente como oposto da autorrestrição judicial, em atenção à visão que os julgadores têm a respeito da função judicial.[3]

Os críticos do ativismo judicial argumentam que a Corte Suprema do país não deve legislar a partir do tribunal, e que mudanças sociais devem ocorrer por meio do Congresso Nacional ou das legislaturas estaduais e municipais, ao passo que os defensores afirmam que a Constituição é um instrumento vivo e que a Corte tem um papel essencial na garantia de direitos fundamentais, especialmente quando as maiorias políticas falham em proteger as minorias.

O ativismo judicial, portanto, não é inerente a uma ideologia específica, uma vez que tanto liberais quanto conservadores têm usado o fenômeno para justificar os seus posicionamentos sobre as visões que possuem acerca da Constituição e dos direitos sociais.

---

1. *Curso de direito constitucional contemporâneo*: os conceitos fundamentais e a construção do novo modelo. 6. ed. São Paulo: Saraiva, 2017, p. 321 e 323.
2. SCHLESINGER JUNIOR, Arthur. The Supreme Court: 1947. *Fortune*, v. 35, n. 1, p. 73, 1947.
3. CAMPOS, Carlos Alexandre de Azevedo. *Dimensões do ativismo judicial do STF*. Rio de Janeiro: Forense, 2014.

Porém, como justificado por Ruy Nestor Bastos Mello, Procurador da República, em artigo publicado pela Escola Judiciária Eleitoral da Bahia sob o título "O ativismo judicial do STF em face do legislativo: identificação de limites da jurisdição constitucional e análise crítica de decisões sobre a reforma política" (https:///eje.tre-ba.jus.br – p. 174-175):

> (...), não há o ativismo bom e o ruim. Tal fenômeno deve ser compreendido sempre numa conotação negativa porque acarreta a "desnaturação da atividade típica do Poder Judiciário, em detrimento dos demais Poderes" (citando Elival da Silva Ramos. *Ativismo judicial*: parâmetros dogmáticos, 2. ed. São Paulo: Saraiva, 2015, p. 131), notadamente do Legislativo, em especial quando do controle de constitucionalidade de suas normas ou através de decisões que inovam no ordenamento jurídico ou, ainda, daquelas fundamentadas em critérios impróprios de interpretação dos preceitos constitucionais. Importante, portanto, ao estabelecer os limites do ativismo judicial, apartá-lo da legítima e nobre atuação do Poder Judiciário.

Há, por outro lado, críticas e reclamações contra a autocontenção judicial, que, ao contrário do ativismo, é a ideia de que os juízes devem evitar interferir nas decisões dos outros Poderes, a menos que haja uma clara violação constitucional.

Dimitri Dimoulis e Soraya Gasparetto, em artigo intitulado "Ativismo e autocontenção judicial no controle de constitucionalidade", explicam que:

> Exige-se que os juízes evitem intromissões intensas e frequentes na esfera de liberdade do legislador. Trata-se da doutrina da autocontenção (*self-restraint*) do Judiciário, fortemente presente nos Estados Unidos. Critério básico é o requisito de inconstitucionalidade clara-evidente, aplicando-se a "regra do caso duvidoso". Na dúvida, prevalece a opção do legislador, devendo o julgador abster-se de declarar a inconstitucionalidade: *in dubio pro legislatore* (Dimoulis; Gasparetto, 2011, p. 468).

Do conceito supra, se evidencia o extremo oposto de ativismo judicial, e é nesse sentido que surgem as polêmicas acerca das atividades judiciais, afinal, o sujeito, seja do ativismo, seja da autocontenção é o mesmo: o juiz, que, diante de uma decisão, deve se valer de uma dessas condutas. Mas, qualquer escolha que fizesse seria passível de críticas.

Para evitá-las, sugerem Dimoulis e Gasparetto:

> Na substância, a proposta de autolimitação do Judiciário apresenta um argumento quantitativo (...). Segundo a visão da autolimitação quantitativa, o Judiciário não pode permanecer sem reação perante claras violações da Constituição pelos legisladores. Essa seria uma postura passivista que faria o juiz abdicar de seu papel. Por outro lado, o juiz tampouco deve ser ativista, intervindo demasiadamente em problemas políticos julgados pelo legislador. O juiz que afasta ou até reformula as leis com base em seus entendimentos pessoais em casos controvertidos, ultrapassa o limite de suas competências e fere a separação de poderes. Evitando tanto o passivismo como o ativismo o juiz deve encontrar uma espécie de equilíbrio indicado pela tese da autolimitação (Dimoulis; Gasparetto, 2011, p. 468).

A autocontenção se lastreia nos princípios do respeito à separação dos Poderes, sob a perspectiva de que os tribunais não devem assumir funções legislativas ou executivas; da presunção de constitucionalidade, que ocorre quando, sendo uma lei contestada, os juízes devem dar preferência à interpretação que a mantenha válida, a menos que seja claramente inconstitucional; e da decisão baseada em precedente (*stare decisis*), onde os juízes devem seguir decisões anteriores para garantir a estabilidade no direito, assim como a segurança jurídica.

As queixas partem da noção de que, em alguns casos, a autocontenção poderá perpetuar injustiças ou impedir avanços necessários à proteção de direitos fundamentais, sendo recomendável, por consequência, se encontrar um equilíbrio entre o ativismo e a autocontenção judicial.

Estudiosos chegaram à conclusão de que tanto o excesso de ativismo quanto de autocontenção pode ser prejudicial, uma vez que o primeiro provocará o protagonismo judicial e a insegurança jurídica, e o segundo pode resultar na omissão do tribunal em momentos críticos para a defesa da Constituição e dos direitos fundamentais.

Esse equilíbrio é desafiador e varia conforme a composição do tribunal, o contexto político e as demandas sociais do momento.

Diante de tal cenário, deveria o Judiciário restringir sua atuação em prol dos órgãos tipicamente políticos, o que, porém, pode ser comprometido pelo crescente ativismo judicial oriundo, principalmente, do sistema de controle de constitucionalidade.

Não há dúvida de que, o recomendável seria evitar os excessos, onde o STF, abstendo-se de decidir certas questões e interpretando as normas de forma mais restritiva, se preocupasse em reafirmar a necessidade de respeito à separação dos Poderes, deixando de prolatar decisões sobre temas e matérias que devem ser resolvidas pelo Congresso Nacional ou pelo Executivo, e, também, restringisse sua própria atuação para não influenciar disputas políticas diretamente, além de manter a segurança jurídica, evitando mudanças bruscas na interpretação das leis.

Essa postura é vista como essencial para a estabilidade do sistema democrático, pois impede que o STF se torne um "superpoder", decidindo conforme a pressão da opinião pública ou de grupos políticos, mas também não se omitindo diante de violações constitucionais ou de injustiças sociais.

REFERÊNCIAS

BARROSO, Luís Roberto. *Curso de direito constitucional contemporâneo*: os conceitos fundamentais e a construção do novo modelo. 6. ed. São Paulo: Saraiva, 2017.

CAMPOS, Carlos Alexandre de Azevedo. *Dimensões do ativismo judicial do STF*. Rio de Janeiro: Forense, 2014.

DIMOULIS, Dimitri; GASPARETTO, Soraya. Ativismo e autocontenção judicial no controle de constitucionalidade. In: FELLET, André Luiz Fernandes; PAULA, Daniel Grotti de; NOVELINO, Marcelo. *As Novas Faces do Ativismo Judicial*. São Paulo: JusPodivm, 2011.

MELLO, Ruy Nestor Bastos. O ativismo judicial do STF em face do legislativo: identificação de limites da jurisdição constitucional e análise crítica de decisões sobre a reforma política. Escola Judiciária Eleitoral da Bahia. Disponível em: https://eje.tre-ba.jus.br.

RAMOS, Elival da Silva. *Ativismo judicial*: parâmetros dogmáticos. 2. ed. São Paulo: Saraiva, 2015.

SCHLESINGER JUNIOR, Arthur. The Supreme Court: 1947. *Fortune*, v. 35, n. 1, p. 73, 1947.

DUAS FACES DO ATIVISMO JUDICIAL

Ana Tereza Basilio

Presidente da OAB-RJ.

Rafael Borges

Secretário-geral da OAB-RJ.

A Constituição da República de 88, inegável marco civilizatório na construção de um país menos desigual e mais democrático, embora extensa e analítica, não pode ser lida ou interpretada como mera carta de intenções. Os comandos normativos inseridos naquele texto, no ocaso definitivo do inverno autoritário imposto aos brasileiros pela ditadura militar, o foram sob a justa expectativa de conformar uma nova realidade. O Brasil experimentava, àquele tempo, indicadores socioeconômicos que relegavam à pobreza mais de 40% da população total,[1] parte considerável destes em situação de extrema pobreza.[2] Estávamos desafiados, enquanto sociedade civil organizada e poderes legitimamente constituídos, a promover uma aproximação radical entre o projeto idealizado pelos constituintes e a vida do nosso povo.

Sobre o Poder Judiciário e os operadores do sistema de justiça, em escala cada vez mais intensa e progressiva, passaram a recair cobranças de realização concreta do plano constitucional, na esperança de que decisões judiciais pudessem ocupar vazios de políticas públicas ou garantir direitos sociais. Ações civis públicas, ações populares, mandados de injunção e ações de controle concentrado com ampla legitimação ativa são exemplos de instrumentos jurídicos colocados à disposição da cidadania brasileira para requerer a intervenção do Poder Judiciário em situações nas quais a atuação dos Poderes Executivo e Legislativo, pelo menos em tese, deixaram de atender expectativas dos jurisdicionados. Demandas reprimidas por conjunturas históricas bastante conhecidas, a multiplicidade de mecanismos e ferramentas e as inúmeras decisões judiciais produzidas neste contexto atribuíram certo protagonismo aos Tribunais da República, cujos magistrados e magistradas passaram a intervir ativamente na realidade brasileira.

---

1. Exatos 43,57% da população, considerando-se como pobreza aqueles que possuíam renda da magnitude do dobro da extrema pobreza conforme dados da Pesquisa Nacional por Amostra de Domicílio (PNAD). IPEA. *Pobreza – taxa de pobreza*. Disponível em: http://www.ipeadata.gov.br/exibeserie.aspx?serid=37814&module=m. Acesso em: 15 fev. 2025.
2. Com base nos dados do PNAD, o Banco Mundial considerou a extrema pobreza em 13% e a pobreza em 29% em 1988. BANCO MUNDIAL. *Brazil Poverty and equity assessment*: looking ahead of two crises. 2022. Disponível em: https://openknowledge.worldbank.org/server/api/core/bitstreams/19298bfa-067d-504c-8e34-00b20e3139d2/content, p. 23. Acesso em: 15 fev. 2025.

O ativismo judicial, colocado a serviço da proibição do retrocesso,[3] da ampliação dos direitos sociais, políticos e das garantias fundamentais, como a liberdade, eleva o Poder Judiciário à condição de garante do texto constitucional. Um ativismo de orientação pragmaticista ou consequencialista, reverente apenas às consequências práticas da decisão e pouco aderido ao direito posto, subverte o ordenamento e as bases da própria democracia, notadamente quando utilizado para restringir direitos ou garantias. Em artigo científico instigante sobre o tema, o Professor Georges Abboud sistematizou, a partir de análise profunda de acórdãos, "alguns traços essenciais que a jurisprudência consequencialista do STF costuma apresentar: (i) remissão frequente ao que chamamos anteriormente de 'régua única', como se um determinado fator pudesse medir o custo benefício consequencial (essa régua geralmente aparece sob o nome de 'clamor popular'); (ii) efetiva substituição do direito vigente; e (iii) pouco ou nenhum lastro em dados empíricos que sirvam de supedâneo às consequências antevistas".[4] Fundamentar decisões judiciais em dados ou fatos meta-normativos, para além de esvaziá-las de legitimidade constitucional e democrática, confere ao Poder Judiciário contornos imperiais, dificultando sobremaneira o debate jurídico amplo sobre a matéria. Nem todo ativismo é de base consequencialista e o desafio proposto pelos novos tempos parece estar justamente na produção de intervenções ativas, submetidas à legalidade e vocacionadas à ampliação da força normativa do texto constitucional, qualificando e atribuindo concretude ao rol de direitos e garantias.

O conceito de ativismo judicial, intrinsecamente ligado ao fenômeno da judicialização (que, em linhas gerais pode ser entendido como o fato de a sociedade, cada vez mais, buscar no Judiciário a satisfação dos seus direitos, incluindo-se os sociais), é de certa maneira, controverso. Para o Ministro Luís Roberto Barroso, o ativismo judicial:

---

3. Considera-se vedação ao retrocesso uma construção doutrinária que vem se tornado frequente nas Cortes Constitucionais, segundo a qual é vedada a extinção de direitos sociais já implementados (MENDES, Gilmar e; BRANCO, Paulo Gustavo Gonet. *Curso de direito constitucional*. 16. ed. São Paulo: Saraiva Educação, 2021, p. 1404). No plano prático, o que a proibição do retrocesso recomenda ao Judiciário é reconhecer, por inconstitucionalidade, a invalidade da revogação de normas infraconstitucionais que permitam ou ampliem a aplicação ou fruição dos direitos fundamentais, se tal revogação ensejar um vácuo normativo, isto é, estiver desacompanhada de normas substitutivas (BARCELOS, Ana Paula. *Curso de direito constitucional*. Rio de Janeiro: Forense, 2018, p. 73).

   Nas palavras precisas do eminente Min. Celso de Mello, "O princípio da proibição do retrocesso impede, em tema de direitos fundamentais de caráter social, que sejam desconstituídas as conquistas já alcançadas pelo cidadão ou pela formação social em que ele vive.

   A cláusula que proíbe o retrocesso em matéria social traduz, no processo de sua concretização, verdadeira dimensão negativa pertinente aos direitos sociais de natureza prestacional (como o direito à educação e à saúde, p. ex.), impedindo, em consequência, que os níveis de concretização dessas prerrogativas, uma vez atingidos, venham a ser ulteriormente reduzidos ou suprimidos pelo Estado, exceto na hipótese – de todo inocorrente na espécie – em que políticas compensatórias venham a ser implementadas pelas instâncias governamentais.

   Em consequência desse princípio, o Estado, após haver reconhecido os direitos prestacionais, assume o dever não só de torná-los efetivos, mas, também, se obriga, sob pena de transgressão ao texto constitucional, a preservá-los, abstendo-se de frustrar – mediante supressão total ou parcial – os direitos sociais já concretizados" (STF – 2ª Turma, ARE 639337 AgR. Rel.: Min. Celso de Mello. 23.08.2011).

4. ABBOUD, Georges. Consequencialismo jurídico: o lugar da análise de consequências em direito e os perigos do ativismo judicial consequencialista. *Revista dos Tribunais* [Recurso Eletrônico], São Paulo, n. 1009, nov. 2019.

é uma atitude, a escolha de um modo específico e proativo de interpretar a Constituição, expandindo o seu sentido e alcance. Normalmente ele se instala em situações de retração do Poder Legislativo, de um certo descolamento entre a classe política e a sociedade civil, impedindo que as demandas sociais sejam atendidas de maneira efetiva.[5]

Cerrando fileiras em posição crítica à prática, o eminente Professor Lenio Streck afirma:

O ativismo judicial, por outro lado, liga-se à resposta que o judiciário oferece à questão objeto de judicialização. No caso específico da judicialização da política, o ativismo representa um tipo de decisão na qual a vontade do julgador substitui o debate político (seja para realizar um pretenso "avanço" seja para manter o status quo). Assim, de uma questão que sofreu judicialização pode-se ter como consequência uma resposta ativista, o que é absolutamente ruim e censurável numa perspectiva de democracia normativa. Todavia, é possível afirmar que existem casos de judicialização nos quais a resposta oferecida pelo judiciário é adequada à Constituição, concretizadora de direitos fundamentais e/ou procedimentos guarnecedores da regra democrática e que, portanto, não pode ser epitetada de ativista. Afinal, como diz Marcelo Cattoni, em seu Devido Processo Legislativo (Editora Forum, 3. ed.), há situações em que a jurisdição constitucional deve ser agressiva no sentido da garantia dos direitos fundamentais.[6]

De acordo com o Tesauro, vocabulário jurídico do Supremo Tribunal Federal, ativismo judicial é a "*atitude do magistrado na maneira de interpretação das normas constitucionais, expandindo seu sentido e alcance, e normalmente associado à inércia dos poderes públicos*".[7] A definição é mesmo simples, mas talvez esteja abarcando as características mais essenciais do fenômeno: i) o ativismo é uma espécie de método hermenêutico e, como tal, não exime o julgador de orientar-se pelo princípio da legalidade, assumindo como base de seu processo decisório o texto da norma constitucional; ii) a expansão do alcance e do sentido da norma não importa, evidentemente, na deturpação da própria norma, senão que na extração de seu conteúdo mais importante e iii) não é dado ao Poder Judiciário invadir a esfera de competência dos outros poderes, restringindo as interpretações expansivas àquelas hipóteses de vácuo de atuação regular. Não há, na definição "oficial" do verbete, qualquer referência sugestiva a cálculos consequencialistas, tampouco autorização, explícita ou implícita, para inovações decisórias afastadas do texto constitucional.

Refletir e sopesar os efeitos práticos de seus comandos são tarefas indelegáveis, sem as quais as decisões do Poder Judiciário seriam perigosamente opacas. Elevar, todavia, tais consequências, ao patamar de variável mais importante do processo decisório ou condicionante exclusiva da própria decisão, é uma inversão completa de papéis, a permitir que magistrados e magistradas assumam, mesmo que por vias transversas, a gestão da Administração Pública. Óbvio que o exercício da função jurisdicional está repleto de legitimidade democrática, mesmo que os membros do Poder Judiciário não se

---

5. BARROSO, Luís Roberto. Judicialização, ativismo e legitimidade democrática. [*Syn]Thesis*, Rio de Janeiro, v. 5, n. 1, 2012, p. 23-32.
6. STRECK, Lenio. O Rubicão e os quatro ovos do condor: de novo, o que é ativismo? *Conjur.* 07 jan. 2016. Disponível em: https://www.conjur.com.br/2016-jan-07/senso-incomum-rubicao-quatro-ovos-condor-ativismo/. Acesso em: 15 fev. 2025.
7. STF. Supremo Tribunal Federal. Vocabulário Jurídico (Tesauro). Ativismo judicial. Acesso em: 15 fev. 2025. Disponível em: https://portal.stf.jus.br/jurisprudencia/tesauro/pesquisa.as.

submetam a processos eleitorais. Concursos públicos com bancas plurais e qualificadas, o quinto constitucional e mesmo a nomeação direta pelo Presidente da República, este o mandatário mais importante da nação, são mecanismos de acesso consentâneos com o texto constitucional e absolutamente sintonizados com as demandas de participação popular, ainda que de forma indireta. Esta legitimidade democrática, todavia, embora inquestionável, não é uma autorização para a apropriação indevida de competências ou atribuições relativas aos outros Poderes. Reflexões com vieses consequencialistas, acaso afastem o julgador do núcleo mais sensível da norma, utilizem réguas difusas e retóricas e ignorem os dados concretos da realidade sobre a qual desejam intervir, serão potencialmente antidemocráticas.

Em qualquer área do direito, o consequencialismo extremado pode impor desafios argumentativos insuperáveis à parte prejudicada pelo conteúdo da decisão, daí porque potencialmente antidemocrática. Decorrência evidente da ampla defesa e do contraditório,[8] do princípio do duplo grau de jurisdição e da recorribilidade das decisões judiciais, os comandos do Poder Judiciário devem conter fundamentos sólidos, porém passíveis de confrontação. Evocação à subjetivismos[9] ou ideologias,[10] geralmente apresentados

8. O contraditório, princípio que integra o próprio conceito de processo – procedimento em contraditório – mais do que a mera participação das partes antes das decisões judiciais, tem sido entendido em sua acepção material, ou seja, o direito à efetiva participação *com influência na formação do resultado do processo.* Mais do que um direito de se manifestar, trata-se de um direito de ser ouvido por um julgador disposto a ponderar os argumentos aduzidos pelas partes em conflito antes de exarar a decisão (CÂMARA, Alexandre Freitas. *Manual de direito processual civil.* 2. ed. Barueri/SP: Atlas, 2023, p. 140-142). Deste conceito de contraditório, se percebe a intrínseca ligação com o dever de motivar destinado ao juiz, mesmo porque, somente através de uma motivação bem fundamentada será possível à parte ter conhecimento de que seus argumentos foram ponderados. Para além disso, só será possível à parte confrontar as decisões que lhe forem desfavoráveis se tiver conhecimento do raciocínio empreendido pelo julgador, para poder contradita-lo. Daí porque se impõe o dever de fundamentação, exigência de um Estado Democrático de Direito, que "tem por função permitir a verificação da legitimidade, validade e justiça da decisão judicial" (CÂMARA, idem, p. 148).
9. A exemplo deste voto vencedor do Min. Celso de Mello que manteve uma prisão cautelar decretada após o acórdão condenatório, mas antes do trânsito em julgado de um réu:
"Vê-se, portanto, que a impossibilidade constitucional de execução provisória da pena não impede que o Judiciário, com apoio em seu poder geral de cautela, venha a decretar, contra o investigado ou o réu, a prisão cautelar, qualquer que seja a sua modalidade (prisão temporária, prisão preventiva, prisão decorrente de decisão de pronúncia ou prisão motivada por sentença condenatória recorrível), sem se falar na ocorrência de eventual prisão em flagrante, que independe de ordem judicial (CF, art. 5º, inciso LXI; CPP, art. 301), a significar, desse modo, que o impossibilidade constitucional de execução provisória da pena não impede que o Judiciário, com apoio em seu poder geral de cautela, venha a decretar, contra o investigado ou o réu, a prisão cautelar, qualquer que seja a sua modalidade (prisão temporária, prisão preventiva, prisão decorrente de decisão de pronúncia ou prisão motivada por sentença condenatória recorrível), sem se falar na ocorrência de eventual prisão em flagrante, que independe de ordem judicial (CF, art. 5º, inciso LXI; CPP, art. 301), a significar, desse modo, que o ordenamento positivo, *ao instituir em favor do Estado instrumentos de tutela cautelar penal, torna admissível a utilização, pelo Poder Público e por seus agentes, de importantes meios de defesa social, cuja eficácia terá o condão de neutralizar condutas delinquenciais lesivas ao interesse da coletividade, que não ficará exposta, assim, a práticas criminosas que se registrem em seu âmbito*" (STF – AgR ARE: 1226891 SP – São Paulo 0009369-81.2014.8.26.0566, Relator: Min. Celso de Mello, data de julgamento: 04.05.2020, Segunda Turma, data de publicação: DJe-123 19.05.2020).
10. A exemplo da seguinte decisão:
"Denúncia – Recebimento – Formalidades. O exame da denúncia submete-se ao disposto nos artigos 41 e 395 do Código Penal, perquirindo-se se o contexto viabiliza a defesa do acusado. (...) Denúncia – Recebimento. A regra é o recebimento da denúncia, para *viabilizar a atuação do Ministério Público em defesa da sociedade,* consubstanciando exceção ato a obstar a sequência das investigações.

em linha com as consequências da decisão, nesses exemplos utilizados para subordinar os próprios fundamentos, é algo que pode flertar com o autoritarismo. O Brasil é um país continental, de governança complexa e desafiadora. Para além dos conflitos interindividuais, frequentemente submetidos à análise do Poder Judiciário, existe um universo enorme de atribuições pertinentes à atuação de magistrados e magistradas. As oportunidades de intervenção ativa, inseridas ou não nas lides mais comuns e frequentes, devem lançar olhar atento sobre o contexto social, preservando-se a integridade do texto constitucional.

Juízes gozam de inamovibilidade, garantia que abrange a possibilidade de recusar promoção na carreira; vitaliciedade, de tal forma que, passados dois anos desde a posse, perdem o cargo apenas em decorrência de sentença judicial transitada em julgado; e irredutibilidade de subsídios, não importa a envergadura da crise econômica que assole o país em determinada quadra histórica. Em regra, são alçados à condição de membros do Poder Judiciário, como já se afirmou, através de concursos públicos de provas e títulos. Esse conjunto robusto de garantias não constituem privilégios ou distinção de classe, senão que a superestrutura formatada pelo regime democrático com a finalidade de viabilizar decisões contramajoritárias – sempre aderentes ao corpo normativo vigente, ainda que colidentes com os clamores populares e sentimentos públicos de momento, por mais respeitável que sejam. Proferir decisões com força cogente independentemente da submissão a processos eleitorais para a escolha de seus membros não é algo capaz de diminuir a densidade democrática dos comandos emitidos pelo Poder Judiciário. Essa nota distintiva, inclusive, acaba endereçando aos magistrados e às magistradas deveres bastante específicos, como o de motivação (art. 93, inc. IX da Constituição e art. 11 do CPC), de decidir nos estreitos limites da lide (arts. 141 e 492, ambos do CPC) e de obediência à lei (princípio da legalidade, art. 5º, incs. II e XXXIX, ambos da Constituição, art. 8º do CPC e art. 1º do CPP), sem qualquer inversão de valores e sem o primado absoluto da consequência.

O consequencialismo extremado mira na produção de resultados, geralmente alcançados sob uma ótica eficienticista, que não raro converte o Poder Judiciário numa agência de promoção de políticas públicas. Instrumentalizar o provimento jurisdicional para o declarado atingimento de finalidades estranhas à boa aplicação da lei é medida igualmente estranha ao estado de direito. Não é relevante se o salto interpretativo possui a questionável pretensão de "pacificar a sociedade", "produzir consensos" ou atender a clamores legítimos.[11]

Decisão

O Tribunal, por unanimidade e nos termos do voto do Relator, recebeu a denúncia. Votou o Presidente, Ministro Joaquim Barbosa. Ausentes, justificadamente, os Ministros Celso de Mello, Cármen Lúcia e Luiz Fux. Falaram, pelo Ministério Público Federal, o Dr. Rodrigo Janot Monteiro de Barros, Procurador-Geral da República, e, pelo investigado, o Dr. Bruno César Gonçalves da Silva. Plenário, 17.10.2013" (STF – Inq: 3276 MG, Rel.: Min. Marco Aurélio, Data de Julgamento: 17.10.2013, Tribunal Pleno, Data de Publicação: Acórdão eletrônico DJe-221 Divulg 07.11.2013 Public 08.11.2013, grifo nosso).

11. A exemplo do acórdão no HC 126.292, ocasião em que o STF mudou a orientação que havia até 2016, para permitir a prisão após o julgamento em segunda instância. Destaca-se a referência a abstratas demandas da sociedade em

O Supremo Tribunal Federal é uma Corte mundialmente reconhecida por sua capacidade técnica e domínio doutrinário. Esse vanguardismo vem produzindo decisões que ora evocam os melhores modelos de ativismo judicial e ora se aproximam de extremos preocupantes, atribuindo ao Poder Judiciário protagonismos alérgicos ao desenho constitucional da República.

A decisão sobre prisão após a sentença condenatória oriunda do Tribunal do Júri foi proferida em novembro em 2024, nos autos do recurso extraordinário 1235340/SC, destacado como tema de repercussão geral 1068. A discussão jurídica versava sobre a constitucionalidade do art. 492, I, 'e' do CPP, que permitia o início da execução provisória da pena para aqueles condenados a penas superiores a 15 anos no procedimento do Júri. O Supremo Tribunal Federal, ao passo que afirmou a constitucionalidade da execução provisória, também suprimiu, *contra legem*, o limite mínimo da reprimenda.

> Ementa: Direito constitucional penal. Recurso extraordinário. Feminicídio e Posse ilegal de arma de fogo. Condenação pelo Tribunal do Júri. Soberania dos veredictos. *Constitucionalidade da Execução imediata da pena.* Recurso extraordinário conhecido e provido. (...) Questões em discussão 3. Saber se é possível a imediata execução da pena imposta pelo Tribunal do Júri, tendo em vista a soberania dos veredictos. 4. Saber se é constitucional o art. 492, I, "e", do CPP, que impõe ao magistrado sentenciante, "se presentes os requisitos da prisão preventiva, ou, no caso de condenação a uma pena igual ou superior a 15 (quinze) anos de reclusão, [...] a execução provisória das penas, com expedição do mandado de prisão, se for o caso, sem prejuízo do conhecimento de recursos que vierem a ser interpostos". III. Razões de decidir 5. O direito à vida é expressão do valor intrínseco da pessoa humana, constituindo bem jurídico merecedor de proteção expressa na Constituição e na legislação penal (CF, art. 5º, caput, e CP, art. 121). 6. A Constituição prevê a competência do Tribunal do Júri para o julgamento de crimes dolosos contra a vida (CF, art. 5º, XXXVIII, "d"). Prevê, ademais, a soberania do Tribunal do Júri, a significar que sua decisão não pode ser substituída por pronunciamento de qualquer outro tribunal. 7. É certo que o Tribunal de Justiça – ou mesmo um tribunal superior – pode anular a decisão em certos casos, seja ela condenatória ou absolutória, determinando a realização de um novo júri. Todavia, é estatisticamente irrelevante o número de condenações pelo Tribunal do Júri que vêm a ser invalidadas. 8. Não viola o princípio da presunção de inocência ou da não culpabilidade a execução imediata da condenação pelo Tribunal do Júri, independentemente do julgamento da apelação ou de qualquer outro recurso. É que, diferentemente do que se passa em relação aos demais crimes, nenhum tribunal tem o poder de substituir a decisão do júri. 9. *Viola sentimentos mínimos de justiça, bem como a própria credibilidade do Poder Judiciário, que o homicida condenado saia livre após o julgamento, lado a lado com a família da vítima.* Essa situação se agrava pela indefinida procrastinação do trânsito em julgado, mediante recursos sucessivos, fazendo com que a pena prescreva ou seja cumprida muitos anos após o fato criminoso. (...) É incompatível com a Constituição Federal legislação que condiciona a execução imediata da pena imposta pelo Tribunal do Júri ao patamar mínimo de 15 anos de reclusão. Necessidade de interpretação conforme à Constituição, com redução de texto, para excluir a limitação de quinze anos de reclusão contida nos seguintes dispositivos do art. 492 do CPP, na redação da Lei 13.964/2019: (i) alínea "e" do inciso I; (ii) parte final do § 4º; (iii) parte final do inciso II do § 5º. 12. (...) IV. Dispositivo e tese 13. Recurso extraordinário conhecido e provido para negar provimento ao recurso ordinário

---

trecho final do voto do Min. Barroso: "Desse modo, em linha com as *legítimas demandas da sociedade por um direito penal sério* (ainda que moderado), deve-se buscar privilegiar a interpretação que confira maior – e não menor – efetividade ao sistema processual penal" (STF – HC: 126292 SP – São Paulo 8620448-89.2015.1.00.0000, Rel.: Min. Teori Zavascki, Data de Julgamento: 17.02.2016, Tribunal Pleno, Data de Publicação: DJe-100 17-05-2016, p. 27, grifo nosso).

em habeas corpus. 14. Tese de julgamento: "*A soberania dos veredictos do Tribunal do Júri autoriza a imediata execução de condenação imposta pelo corpo de jurados, independentemente do total da pena aplicada*" (STF – RE: 1235340 SC, Relator: Min. Luís Roberto Barroso, Data de Julgamento: 12.09.2024, Tribunal Pleno, Data de Publicação: Processo eletrônico repercussão geral – Mérito DJe-s/n Divulg 12.11.2024 Public 13.11.2024, grifos nossos).

"Sentimentos mínimos de justiça" e "credibilidade do Poder Judiciário" integram aquele campo de subjetivismos imprecisos e de dificílima confrontação argumentativa. As críticas ao voto condutor do julgamento foram sintetizadas em artigo de Bruno Souza da Cruz, que enxergou naquela manifestação um *engodo hermenêutico* pautado no paradigma da defesa social:[12]

> Dentro dessa perspectiva, alguns pontos do voto merecem destaque, tendo o Ministro Luís Roberto Barroso: a) afirmado ser o direito penal um 'mecanismo de pacificação social'; b) realizado um apelo social, inclusive, com tópico denominado 'O déficit de proteção da vida humana à proteção do bem jurídico vida'; c) relativizado as decisões do Tribunal do Júri reformadas pelas instâncias superiores, transformando pessoas em números, afinal 'apenas 1,97% dos casos houve a intervenção do Tribunal de segundo grau para, a pedido do réu, devolver a matéria para a análise do Júri'; d) que a resposta penal nos crimes de competência do Júri tem que ser célere para dar satisfação social; promover segurança jurídica e prevenir crimes.[13]

O autor destaca ainda que a orientação do Supremo Tribunal Federal neste julgado é incoerente se comparada com aquela exarada nas ADCs 43, 44 e 54. Isto porque, em sede de controle concentrado de constitucionalidade, quando chamada a decidir sobre a validade do art. 283 do CPP (expresso em vedar a prisão antes de sentença condenatória transitada em julgado), a Corte, baseada no princípio da presunção da inocência (art. 5º, LVII da Constituição), entendeu que o status de inocente de qualquer cidadão só se perde com o trânsito em julgado da sentença.[14] Por esta razão, naquela oportunidade, a Corte manifestou-se pela inconstitucionalidade da prisão após condenação de segunda instância. Neste sentido, afastar a presunção de inocência para condenações advindas do Tribunal do Júri, escorando-se em conceitos abstratos, pautados no paradigma da defesa social, revela certo desprezo pelos limites semânticos do art. 5º, LVII da Constituição e incoerência com tese fixada pela própria Corte.[15] Este traço é mais acentuado se considerado que a mitigação do princípio da presunção de inocência teve como argumento a oposição de dois direitos fundamentais que, absolutamente, não colidem, eis que são duas garantias dos acusados: a presunção da inocência e a soberania do veredito do Júri.[16] Usar a soberania do veredito do Júri para mitigar o princípio da presunção da

12. CRUZ, Bruno Souza da. A inversão ideológica da presunção de inocência e da garantia da soberania dos veredictos promovida pelo Supremo Tribunal Federal. In: FERRAZ, Hamilton Gonçalves et al (Org.). *Autoritarismo, Direitos Humanos e Direito Penal Constitucional*: reflexões críticas a partir da margem. Rio de Janeiro, Lumen Juris, 2024, p. 51.
13. CRUZ, idem, p. 52.
14. CRUZ, idem, p. 55.
15. CRUZ, idem, p. 58-64.
16. CRUZ, idem, p. 64.

inocência, em nome de uma pretensa defesa da sociedade, é um criticável exemplo do ativismo judicial praticado pelo Supremo Tribunal Federal.

Numa esteira ativista semelhante, a equiparação da prática de homofobia ao crime de racismo foi decidida pelo Supremo Tribunal Federal em 2020, no curso de uma ação de inconstitucionalidade por omissão (ADO 26) movida pelo Partido Popular Socialista (atual Cidadania), em que era questionada a mora do legislador em oferecer efetiva proteção aos integrantes da comunidade LGBTQIA+, frustrando a apreciação de proposições legislativas com intuito de criminalização da homofobia e transfobia. A Corte entendeu pelo reconhecimento da inércia do legislador e conferiu interpretação conforme a Constituição para enquadrar homofobia e transfobia nos tipos penais da Lei 7716/89:

> Ementa: (...) Ação Direta de inconstitucionalidade por Omissão conhecida, em parte, e, nessa extensão, julgada procedente, com eficácia geral e efeito vinculante – Aprovação, pelo plenário do Supremo Tribunal Federal, das teses propostas pelo relator, Ministro Celso de Mello. Práticas homofóbicas e transfóbicas configuram atos delituosos passíveis de repressão penal, por efeito de mandados constitucionais de criminalização (CF, art. 5º, incisos XLI e XLII), por traduzirem expressões de racismo em sua dimensão social – Até que sobrevenha lei emanada do Congresso Nacional destinada a implementar os mandados de criminalização definidos nos incisos XLI e XLII do art. 5º da Constituição da República, as condutas homofóbicas e transfóbicas, reais ou supostas, que envolvem aversão odiosa à orientação sexual ou à identidade de gênero de alguém, por traduzirem expressões de racismo, compreendido este em sua dimensão social, ajustam-se, por identidade de razão e mediante adequação típica, aos preceitos primários de incriminação definidos na Lei 7.716, de 08/01/1989, constituindo, também, na hipótese de homicídio doloso, circunstância que o qualifica, por configurar motivo torpe (Código Penal, art. 121, § 2º, I, "in fine").
>
> (...)
>
> Vistos, relatados e discutidos estes autos, acordam os Ministros do Supremo Tribunal Federal, em Sessão Plenária, sob a Presidência do Ministro Dias Toffoli, na conformidade da ata de julgamentos e das notas taquigráficas, por unanimidade de votos, em conhecer parcialmente da ação direta de inconstitucionalidade por omissão. Por maioria e nessa extensão, julgá-la procedente, com eficácia geral e efeito vinculante, para: a) reconhecer o estado de mora inconstitucional do Congresso Nacional na implementação da prestação legislativa destinada a cumprir o mandado de incriminação a que se referem os incisos XLI e XLII do art. 5º da Constituição, para efeito de proteção penal aos integrantes do grupo LGBTI+; b) declarar, em consequência, a existência de omissão normativa inconstitucional do Poder Legislativo da União; c) cientificar o Congresso Nacional, para os fins e efeitos a que se refere o art. 103, § 2º, da Constituição c/c o art. 12-H, "caput", da Lei 9.868/99; d) dar interpretação conforme à estado de mora inconstitucional do Congresso Nacional na implementação da prestação legislativa destinada a cumprir o mandado de incriminação a que se referem os incisos XLI e XLII do art. 5º da Constituição, para efeito de proteção penal aos integrantes do grupo LGBTI+ (...) (STF – ADO: 26 DF 9996923-64.2013.1.00.0000, Relator.: Celso de Mello, Data de Julgamento: 13.06.2019, Tribunal Pleno, Data de Publicação: 06.10.2020).

A criminalização de práticas homofóbicas através do Congresso Nacional, única agência de poder constitucionalmente habilitada à tipificação penal de condutas (art. 22, inc. I, CR) não feriria o princípio da reserva legal. Construir preceitos primários, recorrendo-se à analogia, na perspectiva de suprir supostas lacunas legislativas, é atividade completamente alérgica às funções constitucionais do Poder Judiciário, mesmo que através de seu órgão de cúpula; atinge a legalidade e a esfera de competências privativas do Poder Legislativo federal. Intervenções na esfera da liberdade de indivíduos, anunciadas genericamente como se fossem comandos normativos, não podem emanar de juízes ou Tribunais, tampouco vocacionados à solução de problemas estruturais, como a discriminação que recai sobre grupos minorizados. O reconhecimento da identidade de gênero das pessoas LGBTQIA+, decorrência inequívoca do texto constitucional, prescindia da criação judicial de um crime novo.[17]

Mas a prática do ativismo judicial expõe também exemplos positivos, em que a postura do Supremo Tribunal Federal avançou em pautas importantes para a garantia do exercício e fruição de direitos intencionados pelo Constituinte de 1988.

Decisão corajosa e de destaque nesse sentido foi aquela que descriminalizou o aborto de fetos anencéfalos. Nos autos da Ação de Descumprimento de Preceito Fundamental, o Supremo Tribunal Federal entendeu por descriminalizar a conduta prevista nos arts. 124, 126 e 128, incs. I e II, todos do CP, quando a gravidez interrompida for a de feto anencéfalo. Vejamos:

> Estado – Laicidade. O Brasil é uma república laica, surgindo absolutamente neutro quanto às religiões. Considerações. feto Anencéfalo – Interrupção da gravidez – Mulher – Liberdade sexual e reprodutiva – saúde – Dignidade – Autodeterminação – Direitos fundamentais – Crime – Inexistência. Mostra-se inconstitucional interpretação de a interrupção da gravidez de feto anencéfalo ser conduta tipificada nos artigos 124, 126 e 128, incisos I e II, do Código Penal.
>
> Acórdão
>
> Vistos, relatados e discutidos estes autos, acordam os Ministros do Supremo Tribunal Federal em julgar procedente a ação para declarar a inconstitucionalidade da interpretação segundo a qual a interrupção da gravidez de feto anencéfalo é conduta tipificada nos artigos 124, 126 e 128, incisos I e II, do Código Penal, nos termos do voto do relator e por maioria, em sessão presidida pelo Ministro Cezar Peluso, na conformidade da ata do julgamento e das respectivas notas taquigráficas (STF – ADPF: 54 DF, Relator.: Marco Aurélio, Data de Julgamento: 12.04.2012, Tribunal Pleno, Data de Publicação: 30.04.2013).

No relatório e em diversos votos que integram o julgamento, encontram-se referências ao conceito jurídico de cessação da vida, tal e qual exposto na Lei 9.434/97, que regulamenta a doação de órgãos no Brasil. O conceito de cessação da vida, segundo aquele texto legal, assim previsto no seu artigo 3º, é o da interrupção definitiva da atividade cerebral: apenas a comprovação da morte encefálica autoriza a retirada de órgãos ou tecidos para doação. Neste sentido, a criminalização do aborto de fetos anencéfalos, além de ampliar a dor psicológica e emocional por que passam gestantes sabedoras do diagnóstico de anencefalia, estaria referida a um bem jurídico (vida) inexistente no caso concreto.

A ADPF 132, ao reconhecer o direito à união homoafetiva, exemplifica outra atividade judicial garantidora de direitos:

17. BATISTA, Nilo e; BORGES, Rafael. *Crimes contra o estado democrático de direito*. Rio de Janeiro: Revan, 2023, p. 105.

Ementa: 1º *Arguição de Descumprimento de Preceito Fundamental (ADPF).* perda parcial de objeto. recebimento, na parte remanescente, como ação direta de inconstitucionalidade. união homoafetiva e seu reconhecimento como instituto jurídico. convergência de objetos entre ações de natureza abstrata. julgamento conjunto. Encampação dos fundamentos da ADPF 132-RJ pela ADI 4.277-DF, com a finalidade de conferir "interpretação conforme à Constituição" ao art. 1.723 do Código Civil. Atendimento das condições da ação. 2. Proibição de discriminação das pessoas em razão do sexo, seja no plano da dicotomia homem/mulher (gênero), seja no plano da orientação sexual de cada qual deles. a proibição do preconceito como capítulo do constitucionalismo fraternal. homenagem ao pluralismo como valor sócio-político-cultural. liberdade para dispor da própria sexualidade, inserida na categoria dos direitos fundamentais do indivíduo, expressão que é da autonomia de vontade. direito à intimidade e à vida privada. cláusula pétrea. O sexo das pessoas, salvo disposição constitucional expressa ou implícita em sentido contrário, não se presta como fator de desigualação jurídica. Proibição de preconceito, à luz do inciso IV do art. 3º da Constituição Federal, por colidir frontalmente com o objetivo constitucional de "promover o bem de todos". Silêncio normativo da Carta Magna a respeito do concreto uso do sexo dos indivíduos como saque da kelseniana "norma geral negativa", segundo a qual "o que não estiver juridicamente proibido, ou obrigado, está juridicamente permitido". Reconhecimento do direito à preferência sexual como direta emanação do princípio da "dignidade da pessoa humana": direito à autoestima no mais elevado ponto da consciência do indivíduo. Direito à busca da felicidade. Salto normativo da proibição do preconceito para a proclamação do direito à liberdade sexual. O concreto uso da sexualidade faz parte da autonomia da vontade das pessoas naturais. Empírico uso da sexualidade nos planos da intimidade e da privacidade constitucionalmente tuteladas. Autonomia da vontade. Cláusula pétrea.

(...) A Constituição não interdita a formação de família por pessoas do mesmo sexo. Consagração do juízo de que não se proíbe nada a ninguém senão em face de um direito ou de proteção de um legítimo interesse de outrem, ou de toda a sociedade, o que não se dá na hipótese *sub judice*. Inexistência do direito dos indivíduos heteroafetivos à sua não-equiparação jurídica com os indivíduos homoafetivos. Aplicabilidade do § 2º do art. 5º da Constituição Federal, a evidenciar que outros direitos e garantias, não expressamente listados na Constituição, emergem "do regime e dos princípios por ela adotados", verbis: "Os direitos e garantias expressos nesta Constituição não excluem outros decorrentes do regime e dos princípios por ela adotados, ou dos tratados internacionais em que a República Federativa do Brasil seja parte".

(...) 6. Interpretação do art. 1.723 do Código Civil em conformidade com a constituição federal (técnica da "interpretação conforme"). Reconhecimento da união homoafetiva como família. Procedência das ações. Ante a possibilidade de interpretação em sentido preconceituoso ou discriminatório do art. 1.723 do Código Civil, não resolúvel à luz dele próprio, faz-se necessária a utilização da técnica de "interpretação conforme à Constituição". Isso para excluir do dispositivo em causa qualquer significado que impeça o reconhecimento da união contínua, pública e duradoura entre pessoas do mesmo sexo como família. Reconhecimento que é de ser feito segundo as mesmas regras e com as mesmas consequências da união estável heteroafetiva (STF – ADPF: 132 RJ, Relator: Min. Ayres Britto, Data de Julgamento: 05.05.2011, Tribunal Pleno, Data de Publicação: DJe-198 Divulg 13.10.2011 Public 14.10.2011 Ement vol-02607-01 PP-00001).

As duas últimas decisões destacadas revelam uma Corte que sabe operar com muita clareza os limites do ativismo judicial, intervindo pontualmente em matérias cujo trato constitucional já demandava releituras radicais pelo menos desde a década de 1990. Haver descriminalizado o aborto de fetos anencéfalos e autorizado a união homoafetiva foram passos firmes na direção de uma sociedade menos violenta e desigual. Entretanto, as decisões que, em detrimento da liberdade, bem jurídico de elevadíssima estatura, reduziu o âmbito de incidência da presunção de inocência (art. 5º, LVII da

Constituição) e criou figura penalmente típica em sobreposição à competência privativa do Congresso Nacional brasileiro (art. 22, I e parágrafo único da Constituição) constituem inovações transbordantes do texto constitucional. Indicia o ativismo extremado, o que se registra com enorme respeito à Corte, a circunstância desse transbordo não produzir o adensamento de direitos e garantias. Tampouco parecem decisões atentas aos contornos objetivos da realidade concreta em que pretendem incidir: a primeira desconheceu os indicadores medievais do sistema carcerário brasileiro, muito bem delineados e denunciados pela própria Corte nos autos da ADPF 347;[18] a segunda apostou na criação de um tipo penal como mecanismo de superação da homofobia institucional e estrutural, na contramão de críticas de setores ativistas da causa LGBTQIA+ vindas desde as discussões relacionados ao PLC 122/06.

O ativismo judicial pode ser ferramenta útil na concretização dos direitos e das garantias fundamentais, notadamente daqueles voltados à proteção de grupos politicamente minorizados, quase sempre subrepresentados nos espaços de poder constituídos pelo jogo eleitoral. Por sua capacidade de se impor e prevalecer frente ao senso comum, distante das disputas do Executivo e do Legislativo, as decisões judiciais da Corte precisam reafirmar valores de base constitucional, sem que as legítimas aspirações populares sejam o elemento mais importante na motivação de seus pronunciamentos.

REFERÊNCIAS

ABBOUD, Georges. Consequencialismo jurídico: o lugar da análise de consequências em direito e os perigos do ativismo judicial consequencialista. *Revista dos Tribunais* [Recurso Eletrônico]. São Paulo, n. 1009, nov. 2019.

BANCO MUNDIAL. *Brazil Poverty and equity assessment: looking ahead of two crises.* 2022. Disponível em: https://openknowledge.worldbank.org/server/api/core/bitstreams/19298bfa-067d-504c-8e34-00b20e3139d2/content. Acesso em: 15 fev. 2025.

BARCELOS, Ana Paula. *Curso de direito constitucional.* Rio de Janeiro: Forense, 2018.

BARROSO, Luís Roberto. Judicialização, ativismo e legitimidade democrática. *[Syn]Thesis*. Rio de Janeiro, v. 5, n. 1, p. 23-32, 2012.

BATISTA, Nilo; BORGES, Rafael. *Crimes contra o estado democrático de direito*. Rio de Janeiro: Revan, 2023.

CÂMARA, Alexandre Freitas. *Manual de direito processual civil.* 2. ed. Barueri/SP: Atlas, 2023.

CRUZ, Bruno Souza da. A inversão ideológica da presunção de inocência e da garantia da soberania dos vereditos promovida pelo Supremo Tribunal Federal. In: FERRAZ, Hamilton Gonçalves et. al (Org.). *Autoritarismo, Direitos Humanos e Direito Penal Constitucional*: reflexões críticas a partir da margem. Rio de Janeiro: Lumen Juris, 2024.

---

18. A ADPF 347, julgada em 2023, em apartada síntese, considerou que as recorrentes violações aos direitos fundamentais dos apenados, que se materializam por meio de superlotação, indiscriminação entre aqueles condenados por delitos simples e os privados da liberdade por delitos mais graves, além da permanência na prisão em período superior ao previsto na condenação ou em regime mais gravoso do que o cominado, caracterizam um *estado de coisas inconstitucional*. Com esta decisão, houve determinações voltadas ao desencarceramento tanto para juízes (que devem dar preferência a cautelares diversas da prisão) quando para a administração pública, instada a criar um plano nacional para superação do estado de coisas institucional, que veio a ensejar o plano Pena Justa.

IPEA. *Pobreza* – taxa de pobreza. Disponível em: http://www.ipeadata.gov.br/exibeserie.aspx?serid=37814&module=m. Acesso em: 15 fev. 2025.

MENDES, Gilmar e; BRANCO, Paulo Gustavo Gonet. *Curso de direito constitucional.* 16. ed. São Paulo: Saraiva Educação, 2021.

STRECK, Lenio. *O* Rubicão e os quatro ovos do condor: de novo, o que é ativismo? *Conjur.* 07 jan. 2016. Disponível em: https://www.conjur.com.br/2016-jan-07/senso-incomum-rubicao-quatro-ovos-condor-ativismo/ Acesso em: 15 fev. 2025.

BRASIL-ÁFRICA DO SUL À LUZ DA JURISPRUDÊNCIA DE EDSON FACHIN

Saul Tourinho Leal

Pós-Doutor em Direito Constitucional pela Universidade Humboldt de Berlim. Assessorou a Corte Constitucional da África do Sul e a vice-presidência da Suprema Corte de Israel. Sócio da banca Tourinho Leal Drummond de Andrade Advocacia.

INTRODUÇÃO

O presente artigo integra esta louvável coletânea em homenagem ao ministro Edson Fachin, cujo legado no Supremo Tribunal Federal se caracteriza pela defesa intransigente dos direitos fundamentais, pela valorização do federalismo cooperativo e pelo compromisso com a justiça social. Sua atuação tem sido marcada pela sensibilidade às complexidades do pluralismo jurídico e pela busca de soluções inovadoras para desafios estruturais do Estado brasileiro.[1]

A proposta deste estudo é estabelecer um paralelo entre o pensamento jurídico do ministro Fachin e a experiência constitucional da África do Sul, país que, após superar um regime segregacionista (*apartheid*), adotou mecanismos institucionais voltados para a inclusão, a diversidade e a cooperação entre os entes federativos. A inspiração sul-africana, sobretudo no conceito de governo cooperativo, encontra ecos na visão do ministro Edson Fachin ao densificar, no plano hermenêutico, a necessidade de um modelo federativo brasileiro mais equitativo, no qual Estados e Municípios tenham maior protagonismo na formulação de políticas públicas.

Além disso, o artigo examina como o Supremo Tribunal Federal, sob a liderança interpretativa do ministro Edson Fachin, tem ampliado o uso da mediação e da conciliação como ferramentas de pacificação de conflitos, aproximando-se de práticas adotadas pela Corte Constitucional sul-africana. O conceito de "engajamento significativo", desenvolvido na África do Sul, se apresenta como uma referência relevante para a construção de um modelo de justiça que prioriza o diálogo e a solução pacífica das controvérsias.

Por meio dessa análise comparada, o estudo busca não apenas evidenciar as contribuições do ministro Edson Fachin para o direito brasileiro, mas também refletir sobre

1. Agradeço à colega Martha Leonardi, que contribuiu sobremodo com o refinamento teórico do texto.

como experiências internacionais podem oferecer caminhos para o fortalecimento da democracia e da segurança jurídica no Brasil.

1. AS EXPERIÊNCIAS DO FEDERALISMO COOPERATIVO NO SUPREMO E NA CORTE CONSTITUCIONAL SUL-AFRICANA

Quem já visitou a Cidade do Cabo sabe da força dos ventos que lá sopram. Mesmo assim, é tradição escalar as montanhas verdejantes que contornam essa cidade singular. Quando um sul-africano faz o convite para escalá-las e, no percurso, é perguntado sobre quando se alcançará o pico, ele responde: "Caminhe e sinta. O ápice já está acontecendo".

As compreensões reveladas pelo ministro Edson Fachin acerca do federalismo brasileiro trazem novos ventos que renovam as nossas esperanças quanto ao povo que podemos ser e a nação que sonhamos em construir. São reflexões que nos convidam a uma transformação. Como sabemos, transformações exigem um compromisso sério com a mudança, mas mudar não é fácil. Todavia, a abertura ao novo impulsiona a aspiração por um amanhã melhor. E essa já é a própria transformação acontecendo.

É nesse sentido que o ministro Edson Fachin tem sido um dos principais defensores de uma nova interpretação do federalismo brasileiro, pautada na ideia de federalismo cooperativo. Em sua visão, a Constituição de 1988 deve ser compreendida à luz da necessidade de maior equilíbrio entre União, Estados e Municípios, garantindo uma descentralização efetiva e promovendo maior autonomia dos entes subnacionais.

No julgamento da ADI 3.165, por exemplo, proposta pelo Governador do Estado de São Paulo contra a Lei 10.849/2001, que estabelecia punições contra empresas que exigiam teste de gravidez e apresentação de atestado de laqueadura como condição para contratar mulheres aos seus postos de trabalho, sob o fundamento de que a competência seria exclusiva da União para legislar sobre direito do trabalho, o voto-vista do ministro ganhou destaque.

Defendeu que não se estaria "diante de uma legislação regulamentadora de direito do trabalho, mas de uma legislação protetiva contra a discriminação de gênero, proibitiva de restrição de acesso a postos de trabalho em razão do sexo feminino". E enfatizou: "é tempo de sintonia com a concretização do direito a não discriminação da mulher no acesso ao mercado de trabalho (art. 3º, IV; art. 5º, I; e art. 7º, XXX, da CF)".

Nesse ponto, o ministro chamou a atenção para o conteúdo da norma: trata-se de concretização de direito fundamental que demanda a releitura da repartição de competências federativas. E concluiu:

> Resta nítido, portanto, como primeira premissa aqui posta, que não se trata de legislação típica regulamentadora de direito do trabalho, porquanto mesmo diante de uma análise menos verticalizada, em termos de compreensão hermenêutica, já é possível chegar à conclusão de que se consubstancia em norma concretizadora do direito fundamental a não discriminação da mulher no mercado de trabalho, a exigir releitura da tradicional repartição de competências constitucionais no contexto da doutrina e jurisprudência brasileiras.

A efetivação dos direitos fundamentais é uma responsabilidade de todos os entes federativos. Apesar de ter sido voto vencido no julgamento, o posicionamento divergente do ministro inaugura uma nova interpretação do federalismo, que vem se desenvolvendo e sendo aprofundada em diversas decisões e votos.

Isso porque a configuração histórica do federalismo brasileiro revela uma tendência à centralização do poder na União, especialmente quanto à competência legislativa e à capacidade arrecadatória. Essa estrutura, embora justificada por razões históricas e políticas, tem gerado um cenário de assimetria federativa, no qual Estados e Municípios frequentemente se veem limitados em sua atuação.

O ministro Fachin propõe uma leitura que mitigue essas distorções, assegurando maior protagonismo aos entes subnacionais na formulação e na execução de políticas públicas. Há muitos "Brasis" no Brasil e a exegese implementada pelo ministro Edson Fachin impulsiona o reconhecimento dessas distinções.

A literatura ajuda a entender qual plural somos nós. Em "Vidas Secas", pela inspiração absoluta de Graciliano Ramos, a realidade do sertão nordestino é apresentada de forma contundente, evidenciando as dificuldades de um povo imerso em condições de extrema pobreza e escassez.

"Lembrou-se dos filhos, da mulher e da cachorra, que estavam lá em cima, debaixo de um juazeiro, com sede. Lembrou-se do preá morto. Encheu a cuia, ergueu-se, afastou-se, lento, para não derramar a água salobra". É o retrato de um Brasil que também já fomos. Esse contexto expõe a fragilidade de um sistema centralizado que, ao não considerar as especificidades locais, falha em atender às necessidades mais urgentes de suas populações.

Esse cenário literário, retratado na década de 1930, ilustra a importância da cooperação e do diálogo entre os entes do Estado. O texto, apesar de ter sido escrito há quase um século, elucida questão contemporânea e lança luz às necessidades do povo brasileiro. Estados e Municípios devem possuir voz tão significativa quanto a União nas decisões políticas e na formulação de políticas públicas. Isso é democracia.

Em sua atuação no Supremo Tribunal Federal, o ministro Edson Fachin tem se posicionado em favor da ampliação da autonomia dos Estados e Municípios, especialmente em matérias que impactam diretamente a realidade local. Suas decisões refletem um compromisso com a construção de um federalismo em que os entes subnacionais sejam agentes ativos do experimentalismo político e não meros executores de diretrizes centralizadas.

Inclusive, o ministro Edson Fachin, ao proferir seu voto no julgamento da ADI 6.341 – quando o STF reconheceu a competência concorrente de estados, Distrito Federal, municípios e União no combate à COVID-19 – destacou que a materialização do federalismo democrático ocorre por meio da observância rigorosa das normas constitucionais, com ênfase na proteção dos direitos e das garantias fundamentais.

O convite do ministro Fachin à releitura do federalismo brasileiro, portanto, transcende uma reflexão meramente teórica, configurando-se como um projeto normativo voltado ao fortalecimento da democracia e à ampliação dos mecanismos de participação social. O federalismo cooperativo, tal como concebido pelo ministro, emerge como um instrumento de aperfeiçoamento do pacto federativo, viabilizando uma maior descentralização na formulação de políticas públicas e consolidando um Estado que respeita a diversidade e a autonomia de seus entes constitutivos.

A proposta do ministro Edson Fachin dialoga com experiências internacionais, notadamente o modelo adotado pela África do Sul, cuja Constituição incorporou o princípio do governo cooperativo como elemento estruturante da organização estatal. O arrebatador preâmbulo da Constituição sul-africana diz: "Nós, o povo, (...) acreditamos que a África do Sul pertence a todos os que nela vivem, unidos em nossa diversidade".

A África do Sul adotou um modelo federativo inovador, fortemente baseado no princípio do governo cooperativo, como resposta aos desafios históricos de fragmentação e desigualdade herdados do regime do *apartheid*. Esse modelo, consagrado na Constituição sul-africana de 1996, estabelece que todas as esferas governamentais – nacional, provincial e local – devem atuar de maneira distinta, interdependente e inter-relacionada, fomentando a colaboração entre os entes estatais em prol do interesse público.

Diferente de um federalismo tradicional, no qual as competências são rigidamente delimitadas, o governo cooperativo sul-africano preconiza um sistema de tomada de decisões pautado na confiança mútua, no diálogo interinstitucional e na busca de soluções compartilhadas. O artigo 41 da Constituição sul-africana estabelece seus princípios: todas as esferas do governo e todos os órgãos do estado em suas esferas têm de: cooperar um com o outro em confiança mútua e boa-fé; fomentar relações amigáveis; auxiliar e dar suporte um ao outro; informar um ao outro de, e consultar um ao outro sobre, matérias de interesse comum; coordenar suas ações e legislação um com o outro; aderir aos procedimentos acordados; e evitar demandas judiciais uns contra os outros.

Essa abordagem tem reflexos importantes na governança e na formulação de políticas públicas. Ao invés de disputas jurisdicionais e sobreposição de competências, a ênfase na cooperação estimula mecanismos de mediação e de conciliação institucional.

O Brasil pode extrair lições relevantes desse modelo, especialmente no que tange à promoção de um federalismo mais funcional e voltado à resolução colaborativa de conflitos. A experiência sul-africana demonstra que a cooperação federativa pode ser um instrumento para reduzir desigualdades regionais, fortalecer a governabilidade e garantir maior eficiência na implementação de direitos fundamentais.

Nesse sentido, a maximização dos direitos fundamentais e o respeito ao pluralismo são pilares estruturantes tanto do ordenamento constitucional brasileiro quanto do sul-africano. No Brasil, a Constituição de 1988 consolidou um Estado Democrático de Direito baseado na proteção ampla dos direitos fundamentais, no reconhecimento da diversidade e na promoção da igualdade material. Da mesma forma, a Constituição sul-africana de 1996 foi elaborada com o propósito de superar um passado de segregação e construir uma sociedade pluralista, democrática e inclusiva, garantindo o reconhecimento e a valorização da diversidade étnica, cultural e linguística.

Inspirado por esse ideal, o ministro Edson Fachin é defensor e protagonista da busca por um federalismo que amplie a efetividade dos direitos fundamentais, permitindo que Estados e Municípios tenham maior protagonismo na formulação de políticas públicas voltadas à proteção de grupos vulneráveis.

Assim, a defesa do pluralismo e da efetividade dos direitos fundamentais não deve ser vista apenas como um princípio abstrato, mas como um compromisso que exige a adoção de instrumentos jurídicos e políticos que promovam a igualdade substancial e a inclusão social. O federalismo cooperativo e a governança participativa, tal como defendidos pelo ministro Edson Fachin e exemplificados na experiência sul-africana, representam estratégias fundamentais para a construção de uma sociedade mais justa e democrática.

2. UM CAMINHO PARA A CONCRETIZAÇÃO DO FEDERALISMO COOPERATIVO: MEDIAÇÃO, CONCILIAÇÃO E ENGAJAMENTO SIGNIFICATIVO

O Preâmbulo da Constituição Federal reconhece o nosso país como sendo formado por uma "sociedade fraterna, pluralista e sem preconceitos, fundada na harmonia social e comprometida, na ordem interna e internacional, com a solução pacífica das controvérsias". Somos da paz, não da guerra. Na ordem interna, e na internacional, primamos por soluções pacíficas. Essa é uma exortação política que ganhou forma jurídica na própria Constituição.

Exemplo na ordem internacional consta do inciso VII do art. 4º, que diz que a nossa República Federativa se rege nas suas relações internacionais pelo princípio da "solução pacífica dos conflitos". E não apenas isso. O CPC evidencia como princípio estruturante a busca, sempre que possível, por uma solução conciliatória e dialógica às demandas que envolvam direitos os quais admitam autocomposição, conforme se depreende do §3º do artigo 3º do diploma:

> Art. 3º Não se excluirá da apreciação jurisdicional ameaça ou lesão a direito. § 1º É permitida a arbitragem, na forma da lei.
>
> § 2º O Estado promoverá, sempre que possível, a solução consensual dos conflitos.
>
> § 3º A conciliação, a mediação e outros métodos de solução consensual de conflitos deverão ser estimulados por juízes, advogados, defensores públicos e membros do Ministério Público, inclusive no curso do processo judicial.

É nesse contexto que a mediação e a conciliação têm assumido um papel cada vez mais relevante no âmbito da jurisdição constitucional, tanto no Supremo Tribunal Federal quanto na Corte Constitucional da África do Sul. Esses mecanismos representam uma evolução na forma de resolução de conflitos, priorizando o diálogo e a construção de soluções consensuais em vez da imposição de decisões judiciais unilaterais.

A ideia de ter tribunais elevados buscando, no exercício do seu poder, a conciliação entre as partes também não é uma novidade, sequer teoricamente. Hans Kelsen anteviu a possibilidade e discorreu a respeito. Ao pregar a paz pelo direito, Kelsen anotou que "a jurisdição compulsória de um tribunal internacional não exclui um procedimento de conciliação".

A interseção entre as experiências da África do Sul e do Brasil revela a importância de mecanismos que vão além do Judiciário na resolução de conflitos estruturais. Essa abordagem não apenas fortalece a estabilidade institucional, mas também promove uma justiça mais inclusiva e acessível. Esse é o caminho.

O STF tem, na altiva sabedoria da sua prática, deixado de lado as espadas para fazer florescer uma expertise valiosa para o constitucionalismo global do nosso tempo: a arte de conciliar cidadãos constitucionais que, pelas mais variadas razões, se veem em disputas cuja solução passa pela interpretação da Constituição.

No Brasil, a introdução de mecanismos alternativos de solução de controvérsias no Supremo Tribunal Federal foi institucionalizada com a criação do Centro de Mediação e Conciliação (CMC), por meio da Resolução STF 697/2020. Essa iniciativa, consolidada sob a presidência do ministro Dias Toffoli, tem como objetivo principal a busca por soluções consensuais em disputas jurídicas de competência da Corte, especialmente em litígios de natureza federativa e constitucional.

O CMC reflete uma mudança significativa na cultura judicial brasileira, afastando-se da concepção tradicional do STF como um tribunal exclusivamente voltado à interpretação final da Constituição. A mediação e a conciliação no âmbito da Suprema Corte permitem que os entes federativos, Órgãos Públicos e demais partes envolvidas em litígios possam constituir soluções antes da judicialização definitiva do conflito.

Essa iniciativa também se insere no contexto do diálogo institucional, no qual o Supremo atua não apenas como árbitro de disputas, mas como um facilitador de consensos entre os diferentes atores do sistema jurídico e político. A adoção de audiências de mediação e conciliação permite que os conflitos sejam resolvidos de forma mais célere e eficiente, promovendo a pacificação social e a redução da litigiosidade.

Na África do Sul, a mediação e a conciliação também desempenham um papel central na atuação da Corte Constitucional. Inspirada na tradição do Ubuntu, filosofia africana baseada na interconexão e na solidariedade entre os indivíduos, a jurisdição constitucional sul-africana incorporou o conceito de "engajamento significativo", que consiste na exigência de que as partes envolvidas em litígios institucionais ou de interesse público busquem, antes de uma decisão judicial, soluções que contemplem os diferentes interesses em jogo.

Esse modelo se consolidou, especialmente, nos casos de direitos sociais. A Corte Constitucional concedeu esse remédio pela primeira vez no caso 51 Olivia Road, Berea Township e 197 Main Street Joanesburgo *vs.* Cidade de Joanesburgo e outros, ao declarar inconstitucional que um município expulse ocupantes ilegais sem primeiro se envolver com eles, individual e coletivamente, de forma significativa.

O conceito de engajamento significativo vai além da mediação tradicional, pois estabelece um dever constitucional de diálogo, impondo ao Estado a obrigação de considerar as demandas sociais e buscar soluções que respeitem os direitos fundamentais dos envolvidos. Essa abordagem tem sido essencial para a construção de um modelo jurídico mais inclusivo, no qual a Corte não apenas decide litígios, mas também estimula a construção de soluções negociadas que reflitam um maior grau de justiça social.

Se a África do Sul tem o engajamento significativo como inerente ao seu jeito de resolver conflitos, o Brasil tem a máxima cristalizada em cada um de nós: "é conversando que a gente se entende". O país e seu povo não devem se envergonhar de serem assim e, altivos e orgulhosos, trazerem para a jurisdição constitucional esse jeito de ser.

A adoção de práticas de mediação e conciliação no STF e na Corte Constitucional sul-africana demonstra um esforço conjunto para fortalecer a cooperação federativa e evitar disputas que comprometam a governabilidade e a estabilidade institucional. No Brasil, o federalismo cooperativo, como defendido pelo ministro Edson Fachin, encontra nas audiências de conciliação um meio de equilibrar as relações entre União, Estados e Municípios, viabilizando a resolução de conflitos sem judicialização extrema.

No contexto do Recurso Extraordinário 1.017.365, que trata da posse da Terra Indígena Ibirama-La Klãnõ, o ministro Edson Fachin, relator do caso, trouxe à baila a experiência da África do Sul quanto ao engajamento significativo – por ele chamado de "compromisso significativo". Na oportunidade, o relator pontuou:

> O genuíno sentido de tal noção requer o engajamento efetivo do Poder Público, das partes, dos legítimos interessados e da própria sociedade constitucional para a resolução de um dado problema. Esse exercício, quando possível e diante de direitos fundamentais e de situações passíveis de autocomposição, levado a efeito no direito constitucional comparado, diz respeito a casos que envolveram o direito à moradia e a discussão sobre despejos numa sociedade ainda marcada pelas múltiplas violências do regime brutal de segregação racial e espacial conhecido como *apartheid*.

No caso da posse da Terra Indígena Ibirama-La Klãnõ, a resistência da Comunidade Indígena Xokleng à conciliação ressalta os limites da mediação em contextos que envolvem direitos indisponíveis; mas não esvazia o núcleo da premissa defendida: construir uma sociedade pluralista, democrática e inclusiva, garantindo o reconhecimento e a valorização da diversidade étnica, cultural e linguística.

Na África do Sul, o governo cooperativo se traduz na exigência de que os entes federativos atuem de maneira interdependente e harmoniosa, priorizando a negociação e a consulta mútua na formulação de políticas públicas e na resolução de disputas. Esse modelo assegura que a Corte Constitucional atue como um mediador institucional, garantindo que os diferentes níveis de governo respeitem os princípios da cooperação e da boa-fé na implementação das normas constitucionais.

Assim, tanto no Brasil quanto na África do Sul, a mediação e a conciliação têm se consolidado como instrumentos fundamentais para a construção de um modelo de justiça mais dialógico, eficiente e democrático. Esses mecanismos representam não apenas uma alternativa ao contencioso tradicional, mas uma estratégia para fortalecer a legitimidade das decisões judiciais e promover uma governança mais inclusiva e participativa.

CONSIDERAÇÕES FINAIS

O estudo comparado entre Brasil e África do Sul, a partir das reflexões do ministro Edson Fachin, revela que ambos os países enfrentam desafios estruturais significativos na consolidação de um Estado Democrático de Direito que equilibre o deslinde do federalismo cooperativo e a efetivação dos direitos fundamentais.

A análise da experiência sul-africana, muito destacada nos votos e nas decisões do ministro Edson Fachin, demonstra que a cooperação entre os entes governamentais e o fortalecimento de mecanismos de mediação e conciliação podem ser estratégias valiosas para aprimorar o modelo federativo brasileiro, conforme vem propondo o ministro em sua releitura do federalismo nacional.

A adoção de mecanismos como o governo cooperativo na África do Sul e o Centro de Mediação e Conciliação no STF demonstra uma mudança de paradigma na forma como os tribunais constitucionais lidam com os conflitos institucionais. Esses instrumentos possibilitam não apenas uma maior eficiência na resolução de disputas, mas também contribuem para a construção de um modelo de governança jurídica que prioriza o diálogo e a busca por soluções consensuais.

Além disso, a relação entre segurança jurídica e direitos humanos exige um equilíbrio entre a previsibilidade das normas e a necessidade de adaptação do direito às novas demandas sociais. A experiência da Corte Constitucional sul-africana ilustra como um sistema jurídico pode garantir a estabilidade institucional sem abrir mão da transformação social, garantindo que a proteção dos direitos fundamentais ocorra de maneira progressiva e inclusiva. O STF, sob a liderança hermenêutica do ministro Edson Fachin, tem buscado consolidar esse equilíbrio, reforçando o papel do Supremo Tribunal Federal como guardião da Constituição e promotor da justiça social.

A homenagem ao ministro Edson Fachin se justifica não apenas por sua contribuição teórica ao direito constitucional, mas sobretudo por sua atuação em prol de um modelo de Justiça que valoriza a cooperação federativa, a maximização dos direitos fundamentais e a consolidação da segurança jurídica.

Dessa forma, o presente estudo reforça a relevância do legado do ministro Fachin no direito constitucional contemporâneo, apontando caminhos para um futuro em que o federalismo brasileiro possa se inspirar em práticas que favorecem a colaboração entre os entes federativos, a valorização da pluralidade e a promoção de um Judiciário comprometido com a justiça e a igualdade. Ao reconhecermos tais contribuições, reafirmamos a importância de um debate contínuo sobre o aprimoramento do modelo constitucional brasileiro e sua relação com experiências internacionais que possam contribuir para o avanço da democracia e dos direitos humanos.

Para finalizar, vale uma lembrança derradeira. Guimarães Rosa certa feita anotou: "correr da vida embrulha tudo, a vida é assim: esquenta e esfria, aperta e afrouxa, sossega e depois desinquieta. O que ela quer da gente é coragem". A jornada constitucional do ministro Edson Fachin é forjada por uma alquimia que mistura a vida e o direito. Se, como disse Guimarães Rosa, a vida requer da gente coragem, não seria diferente quanto ao elevado propósito de construir uma justiça mais democrática e inclusiva. Nesse mister, há muitas décadas, o ministro Edson Fachin vem cumprindo a sua missão.

REFERÊNCIAS

BRAND, Danie. *South African Constitutional Law in Context*. Pierre De Vos (Ed.). Oxford University Press. 2014.

DJU, A. O.; MURARO, D. N. *Ubuntu como modo de vida*: contribuição da filosofia africana para pensar a democracia. Disponível em: https://doi.org/10.1590/0101-3173.2022.v45esp.13.p239. Acesso em: 09 mar. 2025.

GODOY, Miguel Gualano de. *Constitucionalismo e democracia*: uma leitura a partir de Carlos Santiago Nino e Roberto Gargarella. São Paulo: Saraiva, 2012.

GUIMARÃES ROSA, J. *Grande sertão*: veredas. Rio de Janeiro: Nova Fronteira, 1986.

KELSEN, Hans. *A paz pelo direito*. Trad. Lenita Ananias do Nascimento. São Paulo: Editora WMF Martins Fontes, 2011.

RAMOS, Graciliano. *Vidas Secas*. Livraria José, Olympio Editora, 1938.

ATIVISMO JUDICIAL E O SUPREMO TRIBUNAL FEDERAL: LIMITES E DESAFIOS DA INTERPRETAÇÃO CONSTITUCIONAL

Ceres Rabelo

Mestre e Doutoranda em Direito Público. Advogada.

INTRODUÇÃO

O Supremo Tribunal Federal (STF) ocupa uma posição central na estrutura política e jurídica brasileira. Com a ampliação de suas funções no controle de constitucionalidade, muitas vezes o tribunal se vê diante da necessidade de decidir questões que ultrapassam a estrita interpretação do texto constitucional, adentrando o campo da criação normativa. Este fenômeno, conhecido como ativismo judicial, gera intensos debates acerca dos limites do poder judiciário e sua relação com os demais poderes da República. Este artigo tem por objetivo examinar o conceito de ativismo judicial, suas manifestações no STF e os desafios que essa postura impõe à separação de poderes e à democracia.

A discussão sobre ativismo judicial no Brasil ganhou força especialmente a partir da Constituição de 1988, que ampliou significativamente o papel do Judiciário na fiscalização dos demais poderes. A implementação de mecanismos como a Arguição de Descumprimento de Preceito Fundamental (ADPF) e a ampliação da legitimidade para propositura de Ação Direta de Inconstitucionalidade (ADI) são exemplos de instrumentos que consolidaram essa tendência.[1] Esse fenômeno também é observado em outros países, como nos Estados Unidos, onde a Suprema Corte desempenha papel determinante na regulação de direitos fundamentais.[2]

O ativismo judicial pode ser entendido como um instrumento necessário para garantir direitos fundamentais, sobretudo em contextos de inércia legislativa. No entanto, seu uso excessivo pode gerar instabilidade institucional, corroendo a confiança na separação dos poderes. O debate se intensifica quando o Judiciário decide sobre temas altamente sensíveis, como os direitos das minorias, a tributação de grandes empresas e

1. CAMPOS, Carlos Alexandre de Azevedo. *Dimensões do ativismo judicial no Supremo Tribunal Federal*. UERJ, 2012.
2. SCHLESINGER Jr., Arthur. *The Supreme Court*: The Politics of Judicial Interpretation. The Atlantic, 1947.

a regulação de políticas públicas.[3] A interpretação judicial da Constituição, nesse contexto, não apenas influencia a formulação de políticas, mas pode alterar diretamente o equilíbrio entre os poderes da República.[4]

Outro aspecto a ser considerado é o papel da opinião pública na legitimidade do ativismo judicial. Em muitos casos, decisões do STF refletem uma pressão social e política crescente sobre determinados temas, levando a Corte a adotar uma postura mais ativa.[5] Esse fenômeno ocorre quando o Legislativo se mostra incapaz ou indisposto a enfrentar determinadas questões, delegando ao Judiciário a responsabilidade de resolver impasses que impactam diretamente a sociedade.[6] Contudo, essa postura também abre margem para críticas de que o STF estaria legislando em lugar do Congresso Nacional, uma função que, teoricamente, não lhe compete.[7]

O ativismo judicial deve ser analisado à luz do princípio democrático e da legitimidade das decisões judiciais. A grande questão não é apenas a extensão da atuação do STF, mas se essa intervenção ocorre de maneira coerente com os princípios do Estado Democrático de Direito. A previsibilidade das decisões e a fundamentação teórica consistente são fatores essenciais para garantir que o ativismo judicial não se torne um instrumento de desequilíbrio institucional. Assim, compreender os limites e possibilidades dessa prática é fundamental para avaliar seu impacto sobre a estabilidade do sistema jurídico e político brasileiro.

1. O CONCEITO DE ATIVISMO JUDICIAL

O ativismo judicial é um fenômeno jurídico e político que tem sido amplamente debatido nas últimas décadas, especialmente no contexto brasileiro. Em termos gerais, o conceito refere-se à postura do Poder Judiciário ao interpretar normas constitucionais de maneira expansiva, muitas vezes preenchendo lacunas deixadas pelo Legislativo e Executivo. Essa prática se destaca quando o Judiciário vai além da aplicação estrita da norma e assume um papel de agente de transformação social, tomando decisões que podem reformular políticas públicas e ampliar direitos fundamentais.[8]

A origem do termo "ativismo judicial" remonta aos Estados Unidos, onde foi utilizado por Arthur Schlesinger Jr. em 1947 para descrever a postura da Suprema Corte americana. Naquele contexto, Schlesinger diferenciava os juízes entre aqueles que exer-

3. CITTADINO, Gisele. Poder Judiciário, Ativismo Judicial e Democracia. *Revista da Faculdade de Direito de Campos*, 2001.
4. BARROSO, Luís Roberto. O Novo Constitucionalismo e o Papel dos Tribunais. *Revista de Direito Constitucional*, 2010.
5. MENDES, Conrado Hübner. *Direitos Fundamentais, Separação de Poderes e Deliberação*. São Paulo. Saraiva, 2011.
6. FACHIN, Edson. *Discurso no Tribunal de Justiça da Bahia*. 18 nov. 2023.
7. SILVA, Virgílio Afonso da. Interpretação Conforme a Constituição: entre a trivialidade e a centralização judicial. *Revista Direito GV*, São Paulo, v. 3, p. 191-210, 2006.
8. ___________. (Resenha de livro) Um Novo Clássico: O Curso de Direito Constitucional Contemporâneo de Luís Roberto Barroso. *Revista de Direito do Estado*, Rio de Janeiro, v. 12, p. 395-410, 2008.

ciam uma atuação mais restritiva e os que adotavam uma interpretação constitucional expansiva, influenciados por princípios e valores subjacentes ao ordenamento jurídico. No Brasil, o conceito ganhou notoriedade após a Constituição de 1988, que ampliou significativamente as competências do Supremo Tribunal Federal e deu espaço para uma atuação mais ativa no controle de constitucionalidade.[9]

Uma das principais características do ativismo judicial é a capacidade do Judiciário de intervir em temas sensíveis que não são resolvidos pelos demais poderes. Questões como reconhecimento de uniões homoafetivas, cotas raciais em universidades e direito ao esquecimento são exemplos de decisões judiciais que impactam diretamente a sociedade e frequentemente dividem opiniões.[10] A ausência de atuação eficaz do Legislativo sobre esses temas reforça a necessidade de uma postura mais proativa do STF, mas também levanta questionamentos sobre a legitimidade dessas decisões e seu alinhamento com os princípios democráticos.

Outro aspecto essencial do ativismo judicial é sua distinção da judicialização da política. Enquanto a judicialização refere-se à simples presença de temas políticos nos tribunais, o ativismo judicial se dá quando há um engajamento ativo dos magistrados na formulação de políticas e na definição de diretrizes para a administração pública. Essa distinção é crucial para compreender os impactos dessa prática no equilíbrio entre os poderes e na estabilidade do ordenamento jurídico. O ativismo judicial pode ser visto tanto como uma necessidade institucional em determinados contextos quanto como um fator de instabilidade quando aplicado de forma excessiva ou desproporcional.

Além disso, o ativismo judicial não se manifesta apenas por meio de decisões de mérito, mas também no uso de mecanismos processuais inovadores. O uso de mandados de injunção, reclamações constitucionais e audiências públicas no STF são formas de ampliação do papel do Judiciário na regulação de direitos fundamentais e no direcionamento de políticas públicas. Essas ferramentas conferem ao STF um caráter deliberativo e reforçam seu papel na interpretação constitucional, mas também podem gerar um deslocamento de competências que, em tese, pertencem ao Legislativo e Executivo.[11]

Outro ponto relevante na análise do ativismo judicial é o seu impacto na previsibilidade do ordenamento jurídico. Decisões baseadas em interpretações expansivas podem gerar incerteza para agentes econômicos e políticos, uma vez que a jurisprudência pode sofrer mudanças abruptas conforme a composição do tribunal se altera ao longo do tempo. Essa insegurança jurídica pode, em determinados contextos, afetar a estabilidade institucional e a credibilidade do Judiciário, levando a questionamentos sobre sua neutralidade e imparcialidade.[12]

---

9. CITTADINO, Gisele. Poder Judiciário, Ativismo Judicial e Democracia. *Revista da Faculdade de Direito de Campos*, 2001.
10. MENDES, Conrado Hübner. *Judicialização da Política e Controle Democrático no Brasil*. Saraiva, 2011.
11. SILVA, Virgílio Afonso da. Interpretação Constitucional e Separação de Poderes. *Revista Brasileira de Direito Constitucional*, 2005.
12. PEREIRA, Luiz Guilherme Arcaro. Direitos Fundamentais e Ativismo Judicial no Brasil Contemporâneo. *Revista Brasileira de Direito Público*, 2016.

Além disso, o ativismo judicial também pode ser impulsionado pela atuação da sociedade civil e pelo engajamento de organizações não governamentais que buscam levar ao STF temas que não encontram respaldo no Legislativo. Esse fenômeno tem se tornado cada vez mais comum no Brasil, onde decisões da Suprema Corte são frequentemente influenciadas por demandas sociais e mobilizações populares. Se, por um lado, essa participação pode fortalecer a democracia ao permitir que direitos fundamentais sejam reconhecidos e ampliados, por outro, também pode reforçar o argumento de que o Judiciário estaria assumindo um protagonismo político incompatível com sua função original.[13]

Por fim, a compreensão do ativismo judicial exige uma análise crítica sobre seus limites e sobre os mecanismos de controle dessa atuação. Diversos especialistas defendem que a própria Constituição impõe balizas para evitar que o Judiciário ultrapasse suas prerrogativas e interfira excessivamente em matérias políticas. Entre os mecanismos sugeridos, destacam-se a necessidade de maior diálogo entre os poderes, a adoção de critérios mais rígidos para a interpretação constitucional e a valorização de precedentes que garantam maior estabilidade e coerência às decisões judiciais.

2. A EXPANSÃO DO PAPEL DO STF NA DEMOCRACIA BRASILEIRA

O Supremo Tribunal Federal (STF) tem se consolidado como um dos principais atores institucionais no Brasil, desempenhando um papel crucial na interpretação da Constituição e na definição de questões centrais para a vida pública do país. A ampliação de sua influência se deve não apenas às competências expressamente atribuídas pela Constituição de 1988, mas também à crescente demanda social e política por respostas a temas complexos e de alta relevância.[14] Dessa forma, a Corte passou a intervir cada vez mais em debates que, tradicionalmente, estariam sob a alçada do Poder Legislativo ou Executivo.

Uma das principais razões para essa expansão é a necessidade de suprir lacunas legislativas. Quando o Congresso Nacional se omite em tratar de determinados temas, o STF é frequentemente acionado para garantir a proteção de direitos fundamentais e solucionar impasses normativos. Isso ocorreu, por exemplo, nos casos de união homoafetiva e na legalização da pesquisa com células-tronco embrionárias. Nessas ocasiões, a Corte assumiu um protagonismo que, embora necessário do ponto de vista da proteção de direitos, gerou controvérsias sobre o equilíbrio entre os poderes da República.[15]

Além da questão legislativa, a crescente judicialização de temas políticos também tem contribuído para a expansão da influência do STF. O tribunal tem sido chamado a decidir sobre conflitos entre os demais poderes, como ocorreu em

---

13. CARVALHO, José Murilo. *Cidadania no Brasil*: O longo caminho. São Paulo: Companhia das Letras, 2015.
14. CAMPOS, Carlos Alexandre de Azevedo. *Dimensões do ativismo judicial no Supremo Tribunal Federal*. UERJ, 2012.
15. AMARAL JÚNIOR, José Levi Mello do. *Estado de Direito e Ativismo Judicial*. São Paulo: Quartier Latin, 2010.

processos de impeachment, investigações criminais envolvendo altas autoridades e na interpretação de regras eleitorais. Essas decisões moldam não apenas a estrutura de poder no país, mas também os limites da atuação do Judiciário e sua relação com os demais entes estatais.

Outro fator que impulsiona a expansão do papel do STF é a adoção de mecanismos como a repercussão geral e o controle concentrado de constitucionalidade. Essas ferramentas conferem maior efetividade às decisões da Corte, garantindo que suas interpretações sejam aplicadas uniformemente pelo Judiciário. No entanto, críticos argumentam que essa ampliação pode levar à substituição de decisões políticas por entendimentos jurídicos, o que pode comprometer a legitimidade democrática das decisões tomadas pelo tribunal.[16]

A globalização do direito e a influência de tratados internacionais também reforçam a atuação do STF.[17] Nos últimos anos, a Corte tem dialogado cada vez mais com jurisprudências de tribunais internacionais, adotando parâmetros globais na interpretação de direitos fundamentais. Essa tendência fortalece a proteção de direitos no Brasil, mas também levanta debates sobre a adequação dessas influências externas ao contexto jurídico e político nacional.

O crescimento do protagonismo do STF também impacta diretamente a dinâmica política nacional. Decisões da Corte frequentemente geram reações no Congresso Nacional e no Executivo, que, em diversas ocasiões, tentam conter ou reverter interpretações que consideram excessivamente ativistas. Esse cenário alimenta uma constante tensão institucional, na qual o Judiciário, muitas vezes, se vê pressionado a justificar a extensão de sua atuação frente às críticas dos demais poderes.[18]

Por fim, o ativismo judicial e a consequente ampliação do poder do STF provocam reflexões sobre a necessidade de maior controle e transparência nas decisões da Corte. A previsibilidade das interpretações constitucionais, o respeito a precedentes e o fortalecimento de mecanismos de accountability são fatores essenciais para garantir que a expansão do STF ocorra dentro dos limites democráticos e institucionais.

3. DIMENSÕES DO ATIVISMO JUDICIAL

O ativismo judicial pode ser analisado sob diferentes perspectivas, considerando sua extensão e impacto no ordenamento jurídico e nas relações institucionais. Esse fenômeno se manifesta de diversas formas, desde a interpretação extensiva da Constituição até a imposição de obrigações ao Legislativo e ao Executivo. No Brasil, ganhou destaque

16. AVRITZER, Leonardo. *Democracia e Representação no Brasil*: Trajetórias e Diagnósticos. São Paulo: Editora UNESP, 2019.
17. CANÇADO TRINDADE, Antônio Augusto. *Direito Internacional dos Direitos Humanos e o Papel dos Tribunais Supremos*. São Paulo: Saraiva, 2017.
18. SILVA, Virgílio Afonso da. Interpretação Constitucional e Separação de Poderes. *Revista Brasileira de Direito Constitucional*, 2005.

devido à necessidade de proteção de direitos fundamentais em um contexto de inércia ou omissão dos demais poderes.[19]

Uma das principais dimensões do ativismo judicial está na concretização de direitos fundamentais. Por meio de decisões estratégicas, o Poder Judiciário tem sido um agente essencial na efetivação de direitos sociais, garantindo princípios constitucionais que, de outra forma, poderiam ser negligenciados pelos demais poderes.[20] Casos emblemáticos incluem deliberações sobre políticas de saúde, educação e ações afirmativas, como a implementação de cotas raciais em universidades públicas.

Outro aspecto relevante dessa atuação judicial reside na interpretação constitucional progressista. O Supremo tem adotado uma postura expansiva na aplicação dos direitos individuais, reinterpretando a Constituição à luz de novas demandas sociais e de parâmetros internacionais no campo dos direitos humanos. Essa abordagem é perceptível em decisões sobre temas sensíveis, como o reconhecimento da união homoafetiva, a legalização do aborto em casos específicos e o direito ao esquecimento.[21]

Além disso, o ativismo judicial se manifesta na imposição de obrigações ao Estado para a implementação de políticas públicas. Em diversas ocasiões, magistrados determinaram que governos adotassem medidas concretas para garantir o acesso a serviços essenciais, como fornecimento de medicamentos de alto custo e atendimento médico especializado. Embora justificada sob a ótica da proteção de direitos fundamentais, essa atuação levanta questionamentos sobre a separação de poderes e os limites do Judiciário.

O controle de constitucionalidade é outra dimensão essencial desse fenômeno. Ao exercer sua função de guardião da Constituição, o Judiciário frequentemente invalida leis e atos normativos considerados incompatíveis com os princípios constitucionais. Esse mecanismo é crucial para a garantia da coerência normativa, mas também gera tensões com o Legislativo, que pode ver suas prerrogativas legislativas relativizadas.

A antecipação de cenários de conflitos normativos por meio do ativismo judicial preventivo também merece destaque. Há casos em que a Corte estabelece diretrizes para políticas públicas antes mesmo que uma crise se instaure, garantindo previsibilidade e segurança jurídica. No entanto, essa antecipação pode provocar críticas, especialmente no que tange aos limites dessa atuação.

O ativismo judicial estrutural, por sua vez, busca reconfigurar instituições e práticas administrativas para garantir a efetivação de direitos. Demandas como a obrigatoriedade da implementação de planos de educação inclusiva e a fiscalização de políticas ambientais refletem esse tipo de intervenção. Apesar de contribuir para a melhoria da governança

---

19. CAMPOS, Carlos Alexandre de Azevedo. *Dimensões do ativismo judicial no Supremo Tribunal Federal*. UERJ, 2012.
20. AMARAL JÚNIOR, José Levi Mello do. *Estado de Direito e Ativismo Judicial*. São Paulo: Quartier Latin, 2010.
21. AMARAL JÚNIOR, José Levi Mello do. *Estado de Direito e Ativismo Judicial*. São Paulo: Quartier Latin, 2010.

pública, essa modalidade enfrenta resistência dos demais poderes, que percebem uma redução de sua autonomia decisória.[22]

Outro fator que merece análise é o impacto da atuação judicial na opinião pública. Em uma era de comunicação digital e transparência institucional, as decisões do Judiciário são amplamente divulgadas e debatidas. Esse cenário amplia a visibilidade da Corte e influencia a percepção social sobre sua legitimidade, mas também gera o risco de politização excessiva de suas interpretações.

A internacionalização do ativismo judicial também representa um avanço significativo. O diálogo entre tribunais nacionais e estrangeiros tem se intensificado, promovendo a incorporação de jurisprudências internacionais e tratados de direitos humanos na fundamentação das decisões. Esse intercâmbio jurídico fortalece a proteção de direitos, mas levanta debates sobre a adequação dessas influências ao contexto normativo brasileiro.[23]

A evolução do ativismo judicial no Brasil sugere um processo contínuo de transformação da relação entre os poderes. A ampliação do escopo de atuação do Judiciário impõe desafios constantes quanto à sua legitimidade democrática. O equilíbrio entre a proteção de direitos fundamentais e o respeito à separação de poderes continuará sendo um dos dilemas centrais do constitucionalismo brasileiro.

5. OS LIMITES DA ATUAÇÃO DO STF E A SEPARAÇÃO DE PODERES

A atuação do Supremo Tribunal Federal dentro do sistema democrático brasileiro deve ser pautada por um equilíbrio delicado entre a necessidade de garantir direitos fundamentais e a obrigação de respeitar os limites impostos pela Constituição. A separação de poderes, princípio fundamental do constitucionalismo moderno, estabelece que o Legislativo, o Executivo e o Judiciário devem atuar de forma harmônica, mas sem sobreposição de funções. No entanto, a ampliação do protagonismo judicial tem gerado intensos debates sobre os riscos de um ativismo que possa comprometer essa harmonia.

Um dos principais desafios nesse contexto é definir até que ponto o STF pode intervir em matérias que, originalmente, seriam de competência do Legislativo. Em diversas decisões, o tribunal tem suprido lacunas deixadas pelo Congresso Nacional, regulando direitos e impondo obrigações ao Executivo. Esse fenômeno ocorre, por exemplo, quando há omissão legislativa sobre temas polêmicos e urgentes, como direitos das minorias, políticas ambientais e reformas estruturais.[24] Embora essa atuação possa ser vista como necessária para a garantia de direitos fundamentais, há o risco de que o Judiciário assuma um papel de legislador positivo, desconsiderando a representatividade democrática do Parlamento.

---

22. CONTINETINO, Marcelo Casseb. Ativismo judicial: considerações críticas em torno do conceito no contexto brasileiro. *Revista de Direito do Estado*, 2017.
23. CONTINETINO, Marcelo Casseb. Ativismo judicial: considerações críticas em torno do conceito no contexto brasileiro. *Revista de Direito do Estado*, 2017.
24. VIANNA, Luiz Werneck. *A Judicialização da Política no Brasil*: Tendências e Desafios. Rio de Janeiro: FGV, 2018

Outro aspecto fundamental é o impacto das decisões judiciais na formulação de políticas públicas. O STF, em muitos casos, determinou a implementação de medidas administrativas que demandam significativos recursos orçamentários e estruturais. A judicialização de políticas públicas pode levar ao enfraquecimento da governabilidade, pois retira do Executivo a flexibilidade para definir prioridades e alocar recursos conforme a realidade econômica e social do país.[25]

Além das tensões com os demais poderes, há também o risco da politização excessiva das decisões judiciais. À medida que a Suprema Corte decide sobre temas de grande repercussão nacional, suas deliberações se tornam alvo de intenso debate político e midiático. Isso pode comprometer a imparcialidade da instituição, especialmente quando decisões judiciais são interpretadas como alinhadas a determinados interesses ideológicos ou partidários. A crescente exposição pública dos ministros do STF reforça essa percepção e gera questionamentos sobre a independência da Corte frente às pressões políticas e sociais.[26]

Outro limite fundamental do ativismo judicial se refere à previsibilidade e à segurança jurídica. A estabilidade do ordenamento jurídico depende de decisões consistentes e previsíveis, que respeitem precedentes e garantam um ambiente de segurança para cidadãos e instituições. Quando o Judiciário amplia sua atuação de forma abrupta ou contraditória, gera incerteza sobre a aplicação do direito e pode comprometer a confiança dos cidadãos nas instituições democráticas.

A relação entre o STF e o sistema de freios e contrapesos também deve ser considerada. Embora o Judiciário tenha autonomia para interpretar a Constituição, sua atuação não pode comprometer o equilíbrio entre os poderes. O controle legislativo e os mecanismos de revisão constitucional são ferramentas fundamentais para evitar que decisões judiciais se tornem inquestionáveis e imutáveis, garantindo que a democracia permaneça dinâmica e responsiva.

Outro ponto relevante é a relação entre ativismo judicial e opinião pública. Em um contexto de crescente polarização política, decisões do STF frequentemente são recebidas com forte oposição ou apoio por setores da sociedade. Essa sensibilidade à opinião pública pode influenciar a atuação da Corte, o que levanta questionamentos sobre a necessidade de blindar a instituição contrapressões externas que possam comprometer sua imparcialidade e autonomia.[27]

Por fim, a construção de uma jurisprudência sólida e coerente é essencial para garantir a previsibilidade das decisões do STF. A observância rigorosa de precedentes e a manutenção de um diálogo institucional equilibrado são estratégias que reforçam a segurança jurídica e consolidam o papel do Judiciário dentro de um Estado democrático de direito.

---

25. ARANTES, Rogério Bastos. *Judiciário*: entre a Justiça e a Política. São Paulo: Unesp, 2007
26. ARANTES, Rogério Bastos. *Judiciário*: entre a Justiça e a Política. São Paulo: Unesp, 2007.
27. CANÇADO TRINDADE, Antônio Augusto. *Direito Internacional dos Direitos Humanos e o Papel dos Tribunais Supremos*. São Paulo: Saraiva, 2017.

6. CONSIDERAÇÕES FINAIS

O ativismo judicial no Supremo Tribunal Federal tem se consolidado como uma característica marcante do sistema jurídico brasileiro. Sua atuação tem sido essencial na proteção de direitos fundamentais, na interpretação constitucional e na resolução de conflitos políticos e institucionais. No entanto, a expansão desse papel tem gerado debates sobre os limites da Corte, especialmente no que se refere à separação de poderes e à segurança jurídica.

Ao longo deste estudo, discutimos como o STF se tornou um protagonista na democracia brasileira, frequentemente suprindo lacunas deixadas pelo Legislativo e pelo Executivo. Essa atuação tem sido fundamental para a concretização de direitos fundamentais, garantindo avanços em áreas como igualdade racial, direitos das minorias e políticas públicas essenciais. Por outro lado, a judicialização excessiva de temas políticos pode comprometer a governabilidade e enfraquecer a legitimidade das decisões parlamentares, desafiando os princípios democráticos que fundamentam o Estado de Direito.

Outro ponto central abordado foi a diversidade das dimensões do ativismo judicial, que vai desde a interpretação progressista da Constituição até a imposição de obrigações ao Estado para implementação de políticas públicas. Embora essa atuação seja, em muitos casos, necessária para a efetivação dos direitos previstos na Constituição, há riscos significativos relacionados à previsibilidade das decisões judiciais e ao equilíbrio entre os poderes. A crescente influência do STF sobre temas políticos e sociais reforça a necessidade de mecanismos que garantam sua imparcialidade e que evitem a politização excessiva de suas decisões.

O estudo também evidenciou os desafios enfrentados pelo STF no tocante à relação com os outros poderes e com a sociedade. A transparência das decisões e a previsibilidade jurídica são fatores essenciais para manter a confiança da população na Suprema Corte. A adoção de uma postura de autocontenção e o respeito às decisões políticas sempre que possível podem contribuir para fortalecer o papel institucional do STF sem comprometer sua credibilidade ou gerar instabilidade no cenário jurídico e político do país.

Olhando para o futuro, a discussão sobre os limites do ativismo judicial continuará a ser um tema essencial no debate jurídico e político brasileiro. É fundamental que o STF atue dentro dos parâmetros democráticos estabelecidos pela Constituição, garantindo a proteção dos direitos fundamentais sem comprometer a harmonia entre os poderes. A busca por um equilíbrio entre ativismo e autocontenção será um dos maiores desafios para a Suprema Corte nos próximos anos, especialmente em um contexto de crescente polarização política e social.

Assim, reforça-se a necessidade de aperfeiçoamento dos mecanismos de controle do Judiciário, bem como a valorização do diálogo entre os poderes e a sociedade civil. O fortalecimento da democracia depende de um Judiciário independente, mas que atue com responsabilidade e dentro dos limites constitucionais. Dessa forma, será possível garantir que o ativismo judicial continue a ser um instrumento legítimo para a defesa da Constituição, sem que se torne um fator de instabilidade institucional.

REFERÊNCIAS

AMARAL JÚNIOR, José Levi Mello do. *Estado de Direito e Ativismo Judicial*. São Paulo: Quartier Latin, 2010.

ARANTES, Rogério Bastos. *Judiciário*: entre a Justiça e a Política. São Paulo: Unesp, 2007.

AVRITZER, Leonardo. *Democracia e Representação no Brasil*: Trajetórias e Diagnósticos. São Paulo: Editora UNESP, 2019.

BARROSO, Luís Roberto. O Novo Constitucionalismo e o Papel dos Tribunais. *Revista de Direito Constitucional*, 2010.

CAMPOS, Carlos Alexandre de Azevedo. *Dimensões do ativismo judicial no Supremo Tribunal Federal*. UERJ, 2012.

CANÇADO TRINDADE, Antônio Augusto. *Direito Internacional dos Direitos Humanos e o Papel dos Tribunais Supremos*. São Paulo: Saraiva, 2017.

CARVALHO, José Murilo. *Cidadania no* Brasil: O longo caminho. São Paulo: Companhia das Letras, 2015.

CITTADINO, Gisele. Poder Judiciário, Ativismo Judicial e Democracia. *Revista da Faculdade de Direito de Campos*, 2001.

CONTINETINO, Marcelo Casseb. Ativismo judicial: considerações críticas em torno do conceito no contexto brasileiro. *Revista de Direito do Estado*, 2010.

FACHIN, Edson. *Discurso no Tribunal de Justiça da Bahia*. 18 nov. 2023.

MENDES, Conrado Hübner. *Direitos Fundamentais, Separação de Poderes e Deliberação*. São Paulo: Saraiva, 2011.

MENDES, Conrado Hübner. *Judicialização da Política e Controle Democrático no Brasil*. Saraiva, 2011.

PEREIRA, Luiz Guilherme Arcaro. *Direitos Fundamentais e Ativismo Judicial no Brasil Contemporâneo*. Revista Brasileira de Direito Público, 2016.

SCHLESINGER Jr., Arthur. *The Supreme Court: The Politics of Judicial Interpretation*. The Atlantic, 1947.

SILVA, Virgílio Afonso da. *Interpretação Constitucional e Separação de Poderes*. Revista Brasileira de Direito Constitucional, 2005.

SILVA, Virgílio Afonso da. *Interpretação Conforme a Constituição: entre a trivialidade e a centralização judicial*. Revista Direito GV, São Paulo, v. 3, p. 191-210, 2006.

VIANNA, Luiz Werneck. *A Judicialização da Política no Brasil: Tendências e Desafios*. Rio de Janeiro: FGV, 2018.

O ATIVISMO JUDICIAL NO SUPREMO TRIBUNAL FEDERAL: ENTRE PROCEDIMENTALISMO E SUBSTANCIALISMO NA INTERPRETAÇÃO CONSTITUCIONAL BRASILEIRA

Liliane Aparecida Sobreira Ferreira Fonseca

Especialista em Direito Constitucional. Especialista em Direito da Família com ênfase nos Direitos da Mulher e Alienação Parental da Universidade de Coimbra/Portugal.

Presidente da Comissão Especial de Direito Constitucional e Coordenadora de Apoio Cultural da OAB/SP, 101ª Subseção.

NOTAS INTRODUTÓRIAS

O papel do Supremo Tribunal Federal (STF) como guardião da Constituição brasileira tem gerado intensos debates sobre os limites de sua atuação e a relação entre o Judiciário, o Legislativo e o Executivo, como visto nos últimos anos com a sua ascensão judicial e a adoção de uma abordagem substancialista na interpretação constitucional. Que estiveram em evidência em relação às tensões relacionadas à efetivação dos direitos fundamentais e a preservação da separação de poderes. Este fenômeno, muitas vezes impulsionado por omissões legislativas e demandas sociais urgentes, desafia os contornos tradicionais do Estado Democrático de Direito.[1]

Ante o exposto, observa-se que a justificativa deste estudo reside na necessidade de compreender até que ponto o STF deve atuar como agente de transformação social, especialmente em contextos de inércia dos demais poderes. Neste sentido, a pergunta de pesquisa que orienta este trabalho, visa entender em que medida o ativismo judicial do STF contribui para a efetivação dos direitos fundamentais sem comprometer a separação de poderes e a legitimidade democrática das instituições brasileiras?

Visando responder-se essa questão, a pesquisa visa avaliar se essa atuação ativista fortalece ou enfraquece a legitimidade democrática, considerando os riscos de interferência excessiva no processo legislativo e os benefícios advindos da concretização dos

1. RUDOLFO, Rafael Nunes Pires. *Ativismo judicial e o princípio da reserva legal*. Editora Dialética, 2023.

direitos fundamentais. Contudo, para que isso ocorra de forma íntegra e que aborde a todos os aspectos, foram delineados objetivos geral e específicos que nortearão o seu desenvolvimento.

Sendo assim, o objetivo principal deste trabalho é analisar as implicações do ativismo judicial no contexto brasileiro, destacando a tensão entre as abordagens procedimentalista e substancialista na interpretação constitucional. Como objetivos específicos, pretende-se: (i) identificar os fundamentos teóricos que sustentam ambas as correntes interpretativas, além de examinar casos emblemáticos de atuação ativista do STF e discutir os limites da intervenção judicial em um Estado Democrático de Direito.

A hipótese central é a de que, embora o ativismo judicial seja essencial para garantir a efetivação dos direitos fundamentais em situações de omissão legislativa, sua aplicação irrestrita pode comprometer o equilíbrio entre os poderes, gerando riscos à legitimidade democrática do Judiciário.

A metodologia adotada compreende uma análise documental e uma revisão de literatura, fundamentada nos pressupostos da análise de conteúdo proposta por Laurence Bardin. Serão examinados documentos jurídicos, decisões judiciais e obras teóricas de autores consagrados, como Dworkin,[2] Ferrajoli[3] e Alexy,[4] permitindo através da sua análise a compreensão aprofundada das práticas e dos desafios que permeiam o ativismo judicial no Brasil, fornecendo subsídios para a reflexão sobre o papel do STF na contemporaneidade.

1. PROCEDIMENTALISTAS VS. SUBSTANCIALISTAS: A DISPUTA NA INTERPRETAÇÃO CONSTITUCIONAL E O ATIVISMO JUDICIAL NO BRASIL

A tensão entre as abordagens procedimentalistas e substancialistas da Constituição reflete uma divergência profunda sobre o papel do Judiciário na democracia, pois, os procedimentalistas defendem uma interpretação restritiva da Constituição, voltada para a garantia do devido processo legal e da separação de poderes. Já os substancialistas sustentam que a Constituição deve ser um instrumento ativo na concretização de valores e direitos fundamentais, considerando o Judiciário como um agente essencial para a promoção da justiça social.[5]

Essa disputa teórica se reflete diretamente na atuação do Supremo Tribunal Federal (STF), especialmente em decisões relacionadas a direitos políticos, sociais e a intervenção do Judiciário em políticas públicas, sendo uma questão de fundamental importância para o entendimento do papel do Judiciário no Estado Democrático de Direito.

2. DWORKIN, Ronald. *Levando os Direitos a Sério*. Trad. Nelson Boeira. São Paulo: WMF Martins Fontes, 2006.
3. FERRAJOLI, Luigi. *Direito e Razão*: Teoria do Garantismo Penal. São Paulo: RT, 2001.
4. ALEXY, Robert. *Teoria dos Direitos Fundamentais*. São Paulo: Malheiros, 2011.
5. BUSTAMANTE, Thomas; BUSTAMANTE. *Revista Direito e Práxis*, v. 7, n. 13, p. 346-388, 2016.

O procedimentalismo, defendido por autores como Ely (1980)[6] e Habermas (1998),[7] enfatiza que o papel da Constituição é garantir regras do jogo claras e imparciais para o funcionamento da democracia. Segundo essa corrente, o Judiciário deve resguardar a estrutura processual da democracia, sem extrapolar suas funções para estabelecer juízos substantivos sobre o conteúdo das normas.

Isso significa que o STF não deve substituir as escolhas políticas feitas pelos representantes eleitos, mas garantir que os processos democráticos ocorram dentro de um quadro de normas claras, que sob essa ótica vê-se que as decisões que ampliam a atuação do Judiciário para além da eliminação de normas inconstitucionais são vistas como um desvio institucional, o que gera um debate sobre os limites da atuação judicial.

Em contrapartida, os substancialistas, como Dworkin (2006)[8] e Ferrajoli (2001),[9] argumentam que a Constituição não se limita a garantir procedimentos, mas também carrega valores fundamentais que devem ser concretizados, tais como direitos à saúde, educação e igualdade. Para essa corrente, esses direitos não podem ser tratados apenas como declarações simbólicas, mas exigem uma ação concreta do Judiciário, especialmente em contextos onde há omissão ou inércia do Legislativo ou Executivo.

Dessa forma, os substancialistas veem o STF como um agente ativo que deve proteger os direitos fundamentais e promover a justiça social, mesmo que isso implique em uma intervenção nas escolhas políticas dos outros poderes, um ponto que gera intenso debate sobre a legítima atuação do Judiciário.[10]

A disputa entre essas duas abordagens se reflete claramente no fenômeno do ativismo judicial, que se manifesta em diversas decisões do STF, pois, há casos que ilustram essa tensão, como a decisão que obrigou a fidelidade partidária (STF, ADI 3685), definindo as regras do jogo eleitoral sem uma previsão legal explícita. Da mesma forma, a imposição da instalação de Comissões Parlamentares de Inquérito (CPI) sempre que os requisitos constitucionais forem preenchidos foi vista como uma incursão do STF na esfera legislativa, caracterizando um exemplo de ativismo judicial que se aproxima das ideias substancialistas.[11]

Esses exemplos demonstram como o ativismo judicial é frequentemente defendido pelos substancialistas como uma forma de garantir a implementação efetiva dos direitos fundamentais, ao mesmo tempo que é criticado pelos procedimentalistas como uma violação da separação de poderes.

---

6. ELY, John Hart. *Democracy and Distrust*: A Theory of Judicial Review. Press, 1980.
7. HABERMAS, Jürgen. *Direito e Democracia*: Entre Facticidade e Validade. Rio de Janeiro: Tempo Brasileiro, 1998.
8. DWORKIN, Ronald. *Levando os Direitos a Sério*. Trad. Nelson Boeira. São Paulo: WMF Martins Fontes, 2006.
9. FERRAJOLI, Luigi. *Direito e Razão*: Teoria do Garantismo Penal. São Paulo: RT, 2001.
10. BUSTAMANTE, Thomas; BUSTAMANTE. *Revista Direito e Práxis*, v. 7, n. 13, p. 346-388, 2016.
11. DIAS, Matheus Henrique. *Revista de Iniciação Científica e Extensão da Faculdade de Direito de Franca*, v. 3, n. 1, 2018.

Outro exemplo significativo do ativismo judicial substancialista é a judicialização do direito à saúde, em que o STF, com base no princípio da dignidade humana e na eficácia dos direitos fundamentais, determinou que o Estado fornecesse medicamentos e tratamentos médicos a cidadãos, independentemente da previsão orçamentária ou da definição de políticas públicas pelo Executivo.[12]

Bustamenta e Bustamente (2016),[13] ressaltam que para os procedimentalistas, essa postura representa uma subversão da separação de poderes, pois o Judiciário estaria tomando decisões que afetam a alocação de recursos públicos e a governança democrática. No entanto, através da análise do contexto, vê-se que a crítica procedimentalista sugere que o Judiciário, ao adentrar em questões que envolvem a gestão dos recursos públicos, ultrapassa os limites da sua função constitucional, comprometendo a autonomia dos outros poderes e colocando em risco o equilíbrio democrático.

Por fim, o embate entre as abordagens procedimentalista e substancialista também se manifesta na interpretação de cláusulas abertas da Constituição. Pois, enquanto os procedimentalistas veem essas cláusulas como princípios organizadores que devem ser concretizados pelo Legislativo, os substancialistas consideram que essas cláusulas impõem mandamentos diretos ao Judiciário, permitindo que o STF atue ativamente na criação de normas e diretrizes.[14]

O autor supracitado ressalta ainda que este debate é evidenciado no caso da verticalização das coligações partidárias, quando o STF, sob uma interpretação substancialista, alterou as regras do processo eleitoral sem uma lei específica sobre o tema, alegando que tal medida era necessária para garantir coerência ao sistema representativo. Considera-se assim que essa disputa mostra a complexidade do constitucionalismo contemporâneo, onde a concretização de direitos fundamentais entra em choque com a preservação da autonomia dos poderes políticos e a delimitação da atuação do Judiciário.

1.1 Neoconstitucionalismo e as objeções teóricas

A ascensão do neoconstitucionalismo no final do século XX e início do XXI transformou significativamente a dinâmica do Direito Constitucional, conferindo maior protagonismo ao ativismo judicial. Além de consolidar a concepção de que a Constituição não se limita a um conjunto de regras formais destinadas à organização do Estado, mas se constitui em um instrumento fundamental para a concretização de valores essenciais.[15]

12. DIAS, Matheus Henrique. *Revista de Iniciação Científica e Extensão da Faculdade de Direito de Franca*, v. 3, n. 1, 2018.
13. BUSTAMANTE, Thomas; BUSTAMANTE. *Revista Direito e Práxis*, v. 7, n. 13, p. 346-388, 2016.
14. VARGAS, Thigo Oliveira. *A modulação dos efeitos temporais das decisões proferidas em matéria tributária pelo STF*: Entre o substancialismo, o procedimentalíssimo e o pragmatismo. 2017.
15. BARROSO, Luís Roberto. *O Supremo Tribunal Federal ainda no olho do furacão*, 2011.

Tal perspectiva elevou a atuação do Poder Judiciário na garantia de direitos fundamentais, onde autores como Dworkin (2006)[16] e Ferrajoli (2001)[17] influenciaram esse paradigma ao defenderem a força normativa dos princípios constitucionais como guias essenciais para a hermenêutica jurídica.

Nesse contexto, o Supremo Tribunal Federal (STF) passou a exercer um papel mais ativo na formulação de políticas públicas e na efetivação de direitos fundamentais, expandindo seu campo interpretativo. Tendo como mudança manifestada a ampliação do controle da constitucionalidade e na atuação do tribunal como um agente da justiça distributiva. Tal fenômeno no Brasil, foi acompanhado por debates acirrados acerca da legitimidade democrática do Judiciário e dos limites de sua interferência nas esferas dos demais poderes (Streck, 2017).

O neoconstitucionalismo rompe com a tradição do positivismo jurídico clássico ao atribuir aos juízes um papel que transcende a mera aplicação da norma e nesse modelo, o s magistrados atuam como verdadeiros intérpretes da Constituição, recorrendo a princípios como dignidade da pessoa humana, igualdade e proporcionalidade para fundamentar suas decisões. Esse deslocamento hermenêutico permite uma atuação mais criativa dos tribunais, aproximando a função judicial da atividade legislativa (Mendes, 2012).

Um dos aspectos centrais do neoconstitucionalismo é a técnica da ponderação de princípios, defendida por Robert Alexy,[18] que postula que o juiz deve balancear interesses conflitantes, privilegiando aquele que melhor concretiza os valores constitucionais. Contudo, essa metodologia também gera desafios, pois amplifica a subjetividade das decisões judiciais, possibilitando um ativismo sem restrições, no qual a vontade do magistrado pode se sobrepor ao texto normativo.

No Brasil, os efeitos do ativismo judicial oriundo do neoconstitucionalismo são evidentes em decisões paradigmáticas do STF, tais como o reconhecimento da união estável homoafetiva, a liberação do uso de células-tronco embrionárias para pesquisas científicas e a imposição de obrigações ao Estado para garantir o direito à saúde. Nessas situações, o tribunal extrapolou seu papel tradicional de intérprete da Constituição, assumindo uma função ativa na formulação de políticas públicas.[19]

A expansão do neoconstitucionalismo e do ativismo judicial, no entanto, gera desafios para a separação dos poderes e para a própria estabilidade democrática. O STF, ao adotar uma interpretação expansiva da Constituição, frequentemente adentra a esfera de competência do Legislativo e do Executivo, resultando na criação de normas que não passaram pelo processo legislativo formal. Tal prática suscita questionamentos

16. DWORKIN, Ronald. *Levando os Direitos a Sério*. Trad. Nelson Boeira. São Paulo: WMF Martins Fontes, 2006.
17. FERRAJOLI, Luigi. *Direito e Razão*: Teoria do Garantismo Penal. São Paulo: RT, 2001.
18. ALEXY, Robert. Teoria dos Direitos Fundamentais. São Paulo: Malheiros. *Revista de Direito Administrativo*, v. 247, p. 17-51, 2011.
19. STRECK, Lenio Luiz. *Jurisdição constitucional e hermenêutica*: uma nova crítica do direito. Livraria do Advogado Editora, 2017.

acerca da legitimidade democrática do Judiciário, cujos membros não são eleitos pelo voto popular e possuem mandatos vitalícios.[20]

Por outro lado, há defensores da expansão da atuação judicial, argumentando que ela é essencial para garantir a efetividade dos direitos fundamentais, especialmente em contextos de omissão ou atuação contrária à Constituição por parte do Legislativo. Sob essa perspectiva, o Supremo exerce uma função contramajoritária, protegendo grupos vulneráveis e assegurando a concretização dos valores constitucionais.[21]

A tensão entre neoconstitucionalismo e ativismo judicial transcende o debate teórico e reflete dilemas estruturais sobre os limites da jurisdição constitucional. Pois, no cenário brasileiro, essa problemática se agrava diante da politização crescente do STF, cujos ministros frequentemente se envolvem em embates políticos e proferem decisões que influenciam diretamente o funcionamento das instituições democráticas. O Judiciário, que deveria ser um órgão técnico e imparcial, assume, assim, um papel de mediador das disputas políticas, comprometendo sua neutralidade institucional.[22]

Diante desse cenário, embora o neoconstitucionalismo tenha contribuído para a ampliação da proteção dos direitos fundamentais e fortalecido a Constituição como eixo central do ordenamento jurídico, sua aplicação irrestrita pode gerar excessos que ameaçam o equilíbrio institucional.[23]

O ativismo judicial, quando ultrapassa certos limites, confere ao STF um status de poder absoluto, colocando em risco a legitimidade do sistema constitucional. Isso, é considerado por diversos autores como o grande desafio para o futuro do Direito Constitucional brasileiro. O que não apenas reside na contenção do ativismo judicial, mas na busca de um ponto de equilíbrio entre a necessária efetivação dos direitos fundamentais e o respeito ao princípio democrático da separação dos poderes.

1.2 Uma microfísica do ativismo judicial no Supremo Tribunal Federal

O ativismo judicial no Supremo Tribunal Federal (STF) é um fenômeno que desafia as fronteiras tradicionais entre os poderes da República, gerando debates intensos sobre sua legitimidade e impacto na democracia brasileira. Enquanto alguns veem essa postura como essencial para a garantia de direitos fundamentais e a correção de omissões legislativas, outros a consideram uma ameaça ao equilíbrio institucional e à soberania popular.[24]

---

20. VIEIRA, Oscar Vilhena. Supremo Tribunal Federal: entre a deferência e o ativismo. *Revista Direito GV*, v. 4, n. 1, p. 61-84, 2008.
21. DWORKIN, Ronald. *Levando os Direitos a Sério*. Trad. Nelson Boeira. São Paulo: WMF Martins Fontes, 2006.
22. MENDES, Gilmar Ferreira. *Jurisdição Constitucional e Supremacia da Constituição*. 5. ed. São Paulo: Saraiva, 2012.
23. BARROSO, Luís Roberto. *O Supremo Tribunal Federal ainda no olho do furacão*, 2011.
24. VIEIRA, Oscar Vilhena. Supremo Tribunal Federal: entre a deferência e o ativismo. *Revista Direito GV*, v. 4, n. 1, p. 61-84, 2008.

Em relação a sua definição, trata-se de uma postura em que a judicatura transcende a função de mero intérprete da lei, assumindo a responsabilidade de moldar o ordenamento jurídico e promover transformações sociais. Contudo ao falar-se do Supremo Tribunal Federal (STF), vê-se que essa prática ganhou relevância, sobretudo diante de sua centralidade na mediação de tensões entre Estado e sociedade.[25]

As características do ativismo judicial podem ser observadas sob diferentes perspectivas. De um lado, ele emerge como resposta às omissões legislativas e à incapacidade dos demais poderes em assegurar direitos fundamentais, onde o STF atua como uma espécie de "último recurso", preenchendo lacunas e enfrentando questões sensíveis que demandam pronta resolução. É o caso, por exemplo, da criminalização da homofobia, onde o tribunal, interpretando normas constitucionais, avançou em direção à tutela de direitos fundamentais, mesmo sem a existência de legislação específica.[26]

Por outro lado, o ativismo judicial também é alvo de críticas ferozes, sendo acusado de desrespeitar os princípios da separação dos poderes e da soberania popular. Deste modo, as decisões que possam interferir de forma direta nas políticas públicas ou que contestem as leis regularmente aprovadas pelo Legislativo são interpretadas na maioria das vezes, como manifestações de um tribunal que se coloca acima das regras do jogo democrático. Essa percepção é reforçada pela utilização crescente de decisões monocráticas e pela tendência de alguns ministros em agir como "vozes isoladas" de uma jurisdição ativista[27] (Quintiere, 2021).

No caso brasileiro, o ativismo judicial assume peculiaridades que o distinguem de outras tradições jurídicas. Enquanto em sistemas como o norte-americano o ativismo é frequentemente associado ao avanço de direitos civis, no Brasil a sua manifestação se dá tanto na expansão de direitos quanto no controle de políticas públicas, onde por muitas vezes é impulsionado pela falta de articulação entre os poderes Executivo e Legislativo. Rudolfo (2023).[28] Essa dinâmica peculiar faz do STF não apenas um árbitro, mas também um protagonista no cenário político, contribuindo para sua constante exposição à opinião pública e à crítica social.

Ao mesmo tempo, é necessário reconhecer que o ativismo judicial não é um fenômeno uniforme e que pode variar de acordo com a ideologia dos ministros, os condicionamentos institucionais e os contextos políticos em que se inserem as decisões. Sobre essa questão, Solberg e Lindquist (2006)[29] sugerem que tanto juízes conservadores quanto progressistas podem adotar posturas ativistas, dependendo de suas preferências ideológicas e das questões em pauta.

---

25. RUDOLFO, Rafael Nunes Pires. *Ativismo judicial e o princípio da reserva legal.* Editora Dialética, 2023.
26. PORTILHO, G.; GONÇALVES, M.; CALDAS, P. O ativismo judicial do Supremo Tribunal Federal na criminalização da homofobia e transfobia (ADO 26/DF). *Revista*, 11, 04-15, 2020.
27. QUINTIERE, V. Purely. *Annals of Bioethics & Clinical Applications*, 2021.
28. RUDOLFO, Rafael Nunes Pires. *Ativismo judicial e o princípio da reserva legal.* Editora Dialética, 2023.
29. SOLBERG, R.; LINDQUIST, S.. *Journal of Empirical Legal Studies*, 3, 237-261, 2006.

Esse entendimento demonstra sob a perspectiva dos autores supracitados que o ativismo judicial é menos uma questão de orientação ideológica e mais um reflexo da interação complexa entre valores pessoais, pressões externas e o arcabouço normativo disponível. Assim, o ativismo judicial do STF transcende a simples aplicação da lei para assumir um papel interpretativo, adaptativo e, em muitos casos, transformador, colocando-se no centro de debates sobre a legitimidade e os limites da atuação judicial em democracias contemporâneas.

Essa visão vai de encontro ao que Tassinarí (2018)[30] ressalta em seus estudos, pois, considera que tal fenômeno, não é apenas uma questão jurídica, mas também política, social e cultural, refletindo as tensões e contradições de uma sociedade que exige respostas de suas instituições em tempos de crises e transformações.

No Brasil, o ativismo judicial encontra um terreno fértil em virtude de um arcabouço constitucional que, ao mesmo tempo em que garante direitos amplos e detalhados, delega ao Supremo Tribunal Federal (STF) o papel de intérprete supremo desses preceitos. Essa configuração institucional tem permitido que o tribunal adote posturas que vão além da estrita aplicação da lei, assumindo a responsabilidade de tratar questões que outros poderes do Estado, por razões políticas ou inércia legislativa, negligenciam. Nesse cenário, a criminalização da homofobia e da transfobia emerge como um exemplo emblemático da atuação ativista do STF, um caso que ilustra as tensões e os limites desse fenômeno.[31]

A decisão do STF, tomada no julgamento da Ação Direta de Inconstitucionalidade por Omissão (ADO) 26 e do Mandado de Injunção (MI) 4733, destacou a omissão do Congresso Nacional em regulamentar os direitos fundamentais da população LGBTQIA+. Baseando-se na interpretação do artigo 5º da Constituição Federal, os ministros determinaram que os atos de homofobia e transfobia fossem enquadrados nos dispositivos da Lei de Racismo (Lei 7.716/1989). Essa decisão, embora celebrada como um marco histórico na proteção dos direitos humanos, também gerou críticas intensas de setores conservadores e de alguns juristas que enxergaram na postura do STF uma extrapolação de suas competências.[32]

Por um lado, a decisão reafirmou o papel do tribunal como defensor de direitos fundamentais em uma sociedade marcada por desigualdades e violência estrutural. Dados alarmantes sobre a violência contra pessoas LGBTQIA+ no Brasil, frequentemente apontado como um dos países mais perigosos do mundo para essa população, conferem uma dimensão de urgência à atuação do STF. A inércia do Legislativo em

30. TASSINARI, Clarissa. *Revista Brasileira de Direito*, v. 14, n. 2, p. 95-112, 2018.
31. RUDOLFO, Rafael Nunes Pires. *Ativismo judicial e o princípio da reserva legal*. Editora Dialética, 2023.
32. SILVA, Gabriel Lucas Barbosa. *Ativismo judicial*: Um estudo com base na decisão do STF quando do juramento da ADO 26 e do MI 4733 relativos à homofobia e transfobia. Trabalho de Conclusão de Curso. Faculdade Evangélica de Rubitaba, 2021.

tratar a questão apenas reforça a percepção de que o tribunal age como último recurso em defesa de grupos vulneráveis.[33]

Por outro lado, críticos acusam o STF de ultrapassar os limites de sua função constitucional, entrando em um campo que deveria ser prerrogativa do Legislativo. Essa crítica ganha força em um contexto político polarizado, onde decisões judiciais são frequentemente interpretadas como interferências diretas na soberania popular. Quintiere (2021)[34] argumenta que decisões desse tipo, especialmente quando tomadas de forma monocrática ou em contextos de alta visibilidade política, podem enfraquecer a confiança pública nas instituições e gerar percepções de que o tribunal está agindo com parcialidade ou ideologia.

Essa controvérsia reflete as tensões inerentes ao papel do STF em uma democracia constitucional, onde ao mesmo tempo que suas decisões representam avanços concretos para a garantia de direitos, elas também suscitam debates sobre os limites da jurisdição constitucional e a necessidade de equilíbrio entre os poderes.[35]

Relacionado à essa questão, Silva (2021)[36] demonstra em seu estudo que a criminalização da homofobia e da transfobia é, portanto, mais do que um caso emblemático de ativismo judicial; é uma janela para compreender as complexidades, contradições e impactos dessa prática no contexto brasileiro contemporâneo.

Relacionado à essa questão, Fernandes (2020),[37] observa que a psicologia comportamental, especialmente em sua vertente behaviorista, emerge no início do século XX como uma resposta à introspecção subjetiva que até então dominava os estudos psicológicos.

Fundada por John B. Watson, essa abordagem desloca o foco da mente para o comportamento observável, propondo que o estudo científico da psicologia deve se limitar às relações entre estímulos e respostas. Essa perspectiva não apenas revolucionou o campo da psicologia, mas também influenciou outras áreas, como a sociologia, a educação e, de maneira menos óbvia, o direito.[38]

O princípio fundamental do behaviorismo é a noção de que todo comportamento é uma resposta a estímulos externos, mediada por processos de condicionamento.

33. PORTILHO, G.; GONÇALVES, M.; CALDAS, P. O ativismo judicial do Supremo Tribunal Federal na criminalização da homofobia e transfobia (ADO 26/DF). *Revista*, 11, 04-15, 2020.
34. QUINTIERE, V. Purely Consequentialist Legal Activism in the Brazilian Criminal Constitutional Jurisdiction based on Case Studies in the Jurisprudence of the Supreme Federal Court. *Annals of Bioethics & Clinical Applications*, 2021.
35. RUDOLFO, Rafael Nunes Pires. *Ativismo judicial e o princípio da reserva legal*. Editora Dialética, 2023.
36. SILVA, Gabriel Lucas Barbosa. *Ativismo judicial*: Um estudo com base na decisão do STF quando do juramento da ADO 26 e do MI 4733 relativos à homofobia e transfobia. Trabalho de Conclusão de Curso. Faculdade Evangélica de Rubitaba, 2021
37. FERNANDES, Diego Mansano. *Cultura, economia, educação, governo e política*: Um estudo de caso em Psicologia Social. 2020.
38. Marques; Paiva, 2020.

Tverski e Kahneman (1973)[39] argumentavam que, assim como um organismo responde mecanicamente a estímulos em contextos laboratoriais, o comportamento humano em situações complexas poderia ser analisado sob a mesma lógica. Posteriormente, B.F. Skinner aprofundou essas ideias com o conceito de condicionamento operante, no qual comportamentos são moldados por reforços positivos ou negativos que aumentam ou diminuem a probabilidade de sua repetição.[40]

Aplicar esses conceitos às decisões judiciais pode parecer, à primeira vista, uma extrapolação ousada. No entanto, a ideia de que juízes, incluindo os ministros do STF, respondem a estímulos externos e internos é um ponto de partida provocador. Estímulos podem incluir pressões políticas, demandas sociais, expectativas públicas e até mesmo as interações entre os próprios membros do tribunal. As respostas, por sua vez, manifestam-se nas decisões proferidas, que podem ser interpretadas como comportamentos moldados por contingências institucionais e sociais.

A ideia de que o comportamento judicial não é totalmente autônomo, mas condicionado, desafia a imagem idealizada do juiz como um agente puramente racional e imparcial. Schubert (1962)[41] introduziu a análise psicológica do comportamento judicial ao propor que as decisões da Suprema Corte dos EUA poderiam ser entendidas a partir de modelos psicométricos, analisando padrões de votos como respostas a princípios ideológicos ou contextuais sendo expandidos por Kort (1977),[42] ao argumentar que o comportamento judicial está inserido em um campo multidimensional de estímulos, incluindo fatores políticos, culturais e institucionais.

No caso do STF, os conceitos behavioristas podem iluminar como os ministros respondem a estímulos gerados por demandas sociais intensas, como no julgamento da ADO 26. A pressão da opinião pública, os discursos de movimentos sociais e a expectativa de garantir direitos fundamentais podem atuar como reforçadores que condicionam decisões ativistas.[43]

Na visão de Sá (2016),[44] os estímulos, embora externos ao campo jurídico stricto sensu, influenciam profundamente o comportamento judicial, destacando a complexidade do processo decisório, relacionado à perspectiva supracitada a qual oferece uma visão crítica e contraintuitiva do comportamento judicial.

O autor ainda ressalta que ao invés de atribuir decisões a princípios abstratos ou ao puro exercício da lógica jurídica, o behaviorismo faz um convite à reflexão sobre as forças concretas e contingentes que moldam o comportamento humano, mesmo em um

39. TVERSKY, Amos; KAHNEMAN, Daniel. Availability: A heuristic for judging frequency and probability. *Cognitive psychology*, v. 5, n. 2, p. 207-232, 1973.
40. BAUM, William M. *Compreender o Behaviorismo*: Comportamento, Cultura e Evolução. Artmed Editora, 2018.
41. Schubert (1962).
42. KORT, F. The Judicial Mind Revisited: Psychometric Analysis of Supreme Court Ideology. *American Political Science Review*, 71, 664-665, 1977.
43. BAUM, William M. *Compreender o Behaviorismo*: Comportamento, Cultura e Evolução. Artmed Editora, 2018.
44. SÁ, Celso Pereira. JG Holland. *Revista Brasileira de Terapia Comportamental e Cognitiva*, v. 18, n. esp., p. 52-60, 2016.

tribunal de alta relevância como o STF. No entanto, essa abordagem, ainda que limitada em sua capacidade explicativa total, permite um olhar mais profundo e desmistificado sobre o ativismo judicial e seus condicionantes.

2. O SUPREMO NA CONTEMPORANEIDADE: DA ESCOLA SUBSTANCIALISTA AOS ESTUDOS JURISPRUDENCIAIS DE CASOS CONCRETOS

2.1 O substancialismo na interpretação constitucional

O Supremo Tribunal Federal, nos últimos anos, tem se consolidado como protagonista na efetivação dos direitos fundamentais, adotando uma postura substancialista na interpretação constitucional. Essa abordagem, distinta da escola procedimentalista que prioriza a contenção judicial e o respeito às decisões políticas do Legislativo e Executivo.[45]

Partindo do pressuposto que a Constituição impõe comandos normativos vinculantes que exigem concretização direta pelo Judiciário. vê se que a Corte tem avançado em temas de grande impacto social, muitas vezes ocupando espaços deixados pelo Parlamento, o que levanta intensos debates sobre os limites do ativismo judicial.[46]

A proteção e promoção dos direitos fundamentais têm sido uma constante na atuação do STF, refletindo sua postura substancialista. Desde o reconhecimento da união estável homoafetiva até a imposição de obrigações estatais no campo da saúde e da educação, a Corte tem reafirmado que a Constituição não pode ser reduzida a um mero programa político, mas deve ser aplicada de forma concreta e eficaz.[47]

O direito à vida, à dignidade e à igualdade foram interpretados como fundamentos normativos que orientam a tomada de decisões judiciais em diversas áreas, especialmente quando o Legislativo se mostra omisso.[48]

Esse entendimento, embora baseado no texto constitucional, gerou preocupações sobre a chamada "judicialização da saúde", pois desloca decisões orçamentárias para o Judiciário, que não tem expertise técnica na alocação de recursos públicos (Ferrajoli, 2001).[49] A tensão entre o princípio da separação dos poderes e a necessidade de garantir o mínimo existencial tornou-se um dilema central na jurisprudência constitucional brasileira.[50]

---

45. DWORKIN, Ronald. *Levando os Direitos a Sério*. Trad. Nelson Boeira. São Paulo: WMF Martins Fontes, 2006; Luís Roberto. O Supremo Tribunal Federal, 2022.
46. STRECK, Lenio Luiz. *Jurisdição constitucional e hermenêutica*: uma nova crítica do direito. Livraria do Advogado Editora, 2017.
47. VIEIRA, Oscar Vilhena. Supremo Tribunal Federal: entre a deferência e o ativismo. *Revista Direito GV*, v. 4, n. 1, p. 61-84, 2008.
48. ALEXY, Robert. Teoria dos Direitos Fundamentais. São Paulo: Malheiros. *Revista de Direito Administrativo*, v. 247, p. 17-51, 2011.
49. FERRAJOLI, Luigi. *Direito e Razão*: Teoria do Garantismo Penal. São Paulo: RT, 2001.
50. MENDES, Gilmar Ferreira. *Jurisdição Constitucional e Supremacia da Constituição*. 5. ed. São Paulo: Saraiva, 2012.

O direito à educação, especialmente no que concerne ao acesso à creche e ao ensino infantil, também tem sido objeto de decisões substancialistas do STF e é reconhecido pela Corte, como uma obrigatoriedade do poder público, relacionado à garantia das vagas para crianças na rede pública de ensino, mesmo que isso implique em medidas extraordinárias como a destinação de verbas ou a expansão da rede escolar.[51]

E nessa questão, o argumento central é que a educação infantil é um direito fundamental da criança e um dever do Estado, sendo inaceitável que questões administrativas e financeiras sejam utilizadas como justificativa para a inércia estatal.[52]

2.2 Estudos jurisprudenciais e a construção de precedentes

A construção de precedentes pelo Supremo Tribunal Federal (STF) no Brasil tem se mostrado uma estratégia de grande relevância na consolidação dos direitos fundamentais no ordenamento jurídico nacional, pois muitos casos possuem um destaque quanto ao posicionamento substancialista, ou seja, com uma visão de justiça que busca concretizar os direitos em sua dimensão mais ampla, atendendo às necessidades da realidade social.[53]

Um exemplo emblemático desse movimento jurisprudencial foi o julgamento envolvendo o município de Luís Eduardo Magalhães, na Bahia, onde a Corte enfrentou a complexidade do conflito entre o direito à moradia e a regularização fundiária, elementos centrais para o desenvolvimento urbano e a garantia de uma vida digna para os cidadãos.[54]

Nesse cenário, a decisão do STF, refletiu a aplicação do princípio da proporcionalidade, de forma que o direito dos ocupantes de áreas urbanas é ponderado em relação à necessidade de garantir a ordem urbanística e a função social da propriedade, como defendido por Alexy (2011),[55] que relata que os direitos humanos devem ser equilibrados de modo a garantir a justiça sem comprometer a harmonia social e a eficácia das normas constitucionais. Ao realizar tal ponderação, observou-se que o Tribunal, reafirmou sua tendência substancialista de buscar soluções que atendam não apenas à letra da lei, mas à efetivação de direitos sociais essenciais.

A construção jurisprudencial do STF, especialmente em temas como a moradia e a regularização fundiária, tem se caracterizado pela busca de um direito substancial

---

51. STRECK, Lenio Luiz. *Jurisdição constitucional e hermenêutica*: uma nova crítica do direito. Livraria do Advogado Editora, 2017.
    VIEIRA, Oscar Vilhena. Supremo Tribunal Federal: entre a deferência e o ativismo. *Revista Direito GV*, v. 4, n. 1, p. 61-84.
52. VIEIRA, Oscar Vilhena. Supremo Tribunal Federal: entre a deferência e o ativismo. *Revista Direito GV*, v. 4, n. 1, p. 61-84, 2008.
53. FERNANDES, Diego Mansano. *Cultura, economia, educação, governo e política*: Um estudo de caso em Psicologia Social. 2020.
54. SOUZA, Fernando Mendes; CIGOLINI, Adilar Antonio. Criação de municípios e conflitos institucionais no Brasil. *Terr@ Plural*, v. 13, n. 3, p. 42-54, 2019.
55. ALEXY, Robert. Teoria dos Direitos Fundamentais. São Paulo: Malheiros. *Revista de Direito Administrativo*, v. 247, p. 17-51, 2011.

que seja capaz de atender às necessidades concretas da população. Sobre essa temática, Ferrajoli (2001)[56] observa que a tendência substancialista da Corte reflete uma preocupação com a realização efetiva dos direitos fundamentais, não se limitando a uma interpretação formalista da Constituição.

Em concomitância com tal ação, vê-se que o Judiciário, ao adotar esse entendimento, busca garantir que os direitos previstos na Carta Magna tenham uma aplicação que se adeque às condições reais e urgentes da sociedade, especialmente nas questões que envolvem desigualdades estruturais, como a moradia.

Ainda, ao falar-se sobre a postura substancialista do STF, é destacado por Santos et al. (2018),[57] que o julgamento que envolveu o direito de greve dos servidores públicos, em face da omissão do Legislativo em regulamentar esse direito, é uma outra jurisprudência relacionada ao tema, pois, o STF, de maneira pragmática, determinou a aplicação subsidiária da Lei de Greve do setor privado.

Essa decisão, mostra de forma abrangente o pragmatismo jurídico da Corte, exemplificando a capacidade do Supremo de suprir lacunas legislativas, garantindo a eficácia dos direitos constitucionais, mesmo quando o Legislativo se mostra omisso. Ante o exposto, considera-se que a análise de Dworkin (2006)[58] aceca da interpretação expansiva da Constituição, pode ser aplicada neste caso, onde o STF buscou assegurar a efetividade de direitos mesmo diante da ausência de legislação infraconstitucional específica.

Este movimento jurisprudencial também aponta para a crescente responsabilidade do STF em ocupar um espaço de regulamentação que tradicionalmente caberia ao Poder Legislativo. A atuação da Corte, nesse contexto, caracteriza-se como um "ativismo judicial", no qual o Supremo, ao interpretar a Constituição de maneira expansiva, busca preencher lacunas que poderiam gerar insegurança jurídica ou a não efetivação de direitos.[59]

Diante de tal definição, Streck (2017)[60] critica essa forma de atuação, apontando que esta pode levar o Judiciário a exercer um papel legislativo, o que geraria um distúrbio na separação dos poderes. No entanto, é inegável que, muitas vezes, essa intervenção tem sido necessária para garantir os direitos dos cidadãos, especialmente quando o Legislativo falha em agir.

Segundo Trindade e Oliveira (2016),[61] a construção de precedentes pelo STF tem, portanto, uma dupla face: de um lado, busca garantir a efetividade dos direitos funda-

56. FERRAJOLI, Luigi. *Direito e Razão*: Teoria do Garantismo Penal. São Paulo: RT, 2001.
57. SANTOS, Rosilene dos et al. *Limitações ao direito de greve do servidor público*: uma análise a partir da teoria dos direitos fundamentais. 2018.
58. DWORKIN, Ronald. *Levando os Direitos a Sério*. Trad. Nelson Boeira. São Paulo: WMF Martins Fontes, 2006.
59. VIEIRA, Oscar Vilhena. Supremo Tribunal Federal: entre a deferência e o ativismo. *Revista Direito GV*, v. 4, n. 1, p. 61-84.
60. STRECK, Lenio Luiz. *Jurisdição constitucional e hermenêutica*: uma nova crítica do direito. Livraria do Advogado Editora, 2017.
61. TRINDADE, André Karam; DE OLIVEIRA, Rafael Tomaz. O ativismo judicial na débâcle do sistema político: sobre uma hermenêutica da crise. *Revista Eletrônica do curso de direito da UFSM*, v. 11, n. 2, p. 751-772, 2016.

mentais, mesmo quando o Legislativo não cumpre seu papel; do outro, levanta questões sobre o alcance da atuação do Judiciário. O desafio, nesse sentido, reside em encontrar um equilíbrio entre a necessidade de concretizar os direitos sociais e a preservação da separação dos poderes, como preconizado pela Constituição Federal.

Outra questão ressaltada pelos autores é a jurisprudência do STF, que, ao tomar decisões expansivas, tem moldado a interpretação dos direitos fundamentais de maneira que os interesses sociais sejam amplamente atendidos, mas também coloca em discussão os limites do poder judicial.

O debate sobre os limites da atuação do STF na construção de precedentes tem gerado importantes reflexões sobre a compatibilidade entre o ativismo judicial e a democracia, pois, o risco de o Judiciário se tornar um legislador paralelo é uma preocupação legítima, pois a atuação judicial em temas controversos pode afastar o processo legislativo da sua função[62] (Brandão, Bacelar; Oliveira, 2020).

Desta forma, convêm ressaltar que a legitimidade das decisões do STF, assim, depende não apenas da sua conformidade com a Constituição, mas também da sua capacidade de refletir os anseios da sociedade de maneira equilibrada, sem desconsiderar o papel fundamental do Legislativo e do Executivo na construção das políticas públicas.

Pois, em na contemporaneidade, a atuação do STF, tem se mostrado essencial para a efetivação dos direitos fundamentais, mas também tem gerado um debate constante sobre os limites da jurisdição constitucional.

Junto a isso, vê-se que a postura substancialista do Supremo tem se mostrado crucial para garantir direitos em face de omissões legislativas, mas o desafio está em definir os contornos dessa atuação, para que a Corte não ultrapasse os limites impostos pela Constituição e não se transforme em um poder legislativo paralelo.[63]

Conclui-se que a construção de precedentes, ao ser aplicada de maneira prudente e equilibrada, pode ser uma ferramenta valiosa para a construção de um ordenamento jurídico mais justo e eficaz.

CONSIDERAÇÕES FINAIS

O estudo sobre o ativismo judicial no Supremo Tribunal Federal revela um fenômeno complexo, que envolve a constante tensão entre a promoção dos direitos fundamentais e o respeito à separação dos poderes no Estado Democrático de Direito. A análise das decisões do STF mostra que a Corte, ao adotar uma postura substancialista, busca preencher lacunas legislativas e garantir a efetivação dos direitos sociais, especialmente em contextos de omissão ou inércia do Legislativo e do Executivo.

---

62. BRANDÃO, Caio Rogério da Costa; BACELAR, Jeferson Antonio Fernandes; DE OLIVEIRA, Frederico Antonio Lima. Novos Direitos e o Ativismo Judicial no Brasil: uma reflexão a partir do olhar crítico de enrique Dussel. *Revista Brasileira de Direitos e Garantias Fundamentais*, v. 6, n. 1, p. 20-35, 2020.
63. Idem.

Por outro lado, o ativismo judicial, quando levado a extremos, pode ultrapassar os limites constitucionais e comprometer o equilíbrio institucional entre os poderes, pois, observou-se que a adoção de uma postura interpretativa expansiva pelo STF gera questionamentos sobre a legitimidade democrática de suas decisões, visto que seus membros não são eleitos pelo voto popular e não possuem um mandato temporário. Essa situação evidencia a necessidade de um maior controle e responsabilidade no exercício dessa função.

A pesquisa também destaca que o ativismo judicial não é uniforme e depende de diversos fatores, como o contexto político, a ideologia dos ministros e as pressões externas e, relacionado a isso, reconhece-se que os casos emblemáticos, como a criminalização da homofobia, ilustram a importância dessa atuação para a proteção de grupos vulneráveis e a efetivação dos direitos humanos, reforçando o papel contramajoritário do Judiciário em uma sociedade democrática.

Apesar das críticas ao ativismo judicial, é inegável que, em muitos casos, ele se mostra essencial para suprir as omissões dos outros poderes e garantir a efetividade das normas constitucionais, sendo necessário estabelecer limites claros para essa atuação, a fim de evitar um desequilíbrio institucional que possa comprometer a legitimidade do STF e a estabilidade democrática do país.

Dessa forma, é reconhecido que o Tribunal Federal deve buscar um equilíbrio entre o respeito às prerrogativas dos outros poderes e a necessidade de assegurar a efetivação dos direitos fundamentais, bem como a atuação judicial deve ser orientada por princípios constitucionais sólidos e pela responsabilidade institucional, de modo a preservar a harmonia entre os poderes e garantir a proteção dos direitos humanos no Brasil.

REFERÊNCIAS

ALEXY, Robert. *Teoria dos Direitos Fundamentais*. São Paulo: Malheiros, 2011.

BARROSO, Luís Roberto. Neoconstitucionalismo e constitucionalização do Direito: o triunfo tardio do Direito Constitucional no Brasil. *Revista de Direito Administrativo*, v. 247, p. 17-51, 2011.

BARROSO, Luís Roberto. O *Supremo Tribunal Federal ainda no olho do furacão* [em linha]. Disponível em: https://www.stf.jus.br/arquivo/biblioteca/PastasMinistros/RobertoBarroso/ArtigosJorna s/1184263.pdf. Acesso em: 18 jan. 2025.

BAUM, William M. *Compreender o Behaviorismo: Comportamento, Cultura e Evolução*. Artmed Editora, 2018.

BRANDÃO, Caio Rogério da Costa; BACELAR, Jeferson Antonio Fernandes; DE OLIVEIRA, Frederico Antonio Lima. Novos Direitos e o Ativismo Judicial no Brasil: uma reflexão a partir do olhar crítico de enrique Dussel. *Revista Brasileira de Direitos e Garantias Fundamentais*, v. 6, n. 1, p. 20-35, 2020. Disponível em: https://pdfs.semanticscholar.org/d93f/7257a9cf7e2ba13eae96d4cdff9778955d52.pdf. Acesso em: 08 jan. 2025.

BUSTAMANTE, Thomas; BUSTAMANTE, Evanilda de Godoi. Jurisdição constitucional na era Cunha: entre o passivismo procedimental e o ativismo substancialista do STF. *Revista Direito e Práxis*, v. 7, n. 13, p. 346-388, 2016. Disponível em: https://www.redalyc.org/pdf/3509/350944882013.pdf. Acesso em: 30 jan. 2025.

DIAS, Matheus Henrique. O ativismo judicial do supremo tribunal federal e a interferência no princípio constitucional da separação dos poderes. *Revista de Iniciação Científica e Extensão da Faculdade de*

Direito de Franca, v. 3, n. 1, 2018. Disponível em: http://www.revista.direitofranca.br/index.php/icfdf/article/view/801. Acesso em: 15 jan. 2025.

DWORKIN, Ronald. *Levando os Direitos a Sério.* Trad. Nelson Boeira. São Paulo: WMF Martins Fontes, 2006.

ELY, John Hart. *Democracy and Distrust: A Theory of Judicial Review.* Cambridge: Harvard University Press, 1980.

FERNANDES, Diego Mansano. *Cultura, economia, educação, governo e política*: Um estudo de caso em Psicologia Social. 2020. Trabalho de Conclusão de Curso. UNESP, 2020. Disponível em: https://repositorio.unesp.br/items/ed4bf756-3e83-412a-81f3-eee65fd9a314. Acesso em: 12 jan. 2025.

FERRAJOLI, Luigi. *Direito e Razão*: Teoria do Garantismo Penal. São Paulo: RT, 2001.

HABERMAS, Jürgen. *Direito e Democracia*: Entre Facticidade e Validade. Rio de Janeiro: Tempo Brasileiro, 1998.

KORT, F. The Judicial Mind Revisited: Psychometric Analysis of Supreme Court Ideology. *American Political Science Review*, 71, 664-665, 1977. Disponível em: https://doi.org/10.2307/1978386. Acesso em: 14 jan. 2025.

MENDES, Gilmar Ferreira. *Jurisdição Constitucional e Supremacia da Constituição.* 5. ed. São Paulo: Saraiva, 2012.

PORTILHO, G.; GONÇALVES, M.; CALDAS, P. O ativismo judicial do Supremo Tribunal Federal na criminalização da homofobia e transfobia (ADO 26/DF). *Revista*, 11, 04-15, 2020. Disponível em: https://doaj.org/article/ade2a576027343c3b73db727f221769e. Acesso em: 14 jan. 2025.

QUINTIERE, V. Purely Consequentialist Legal Activism in the Brazilian Criminal Constitutional Jurisdiction based on Case Studies in the Jurisprudence of the Supreme Federal Court. *Annals of Bioethics & Clinical Applications*, 2021. Disponível em: https://doi.org/10.23880/abca-16000195. Acesso em: 14 jan. 2025.

RUDOLFO, Rafael Nunes Pires. *Ativismo judicial e o princípio da reserva legal.* Editora Dialética, 2023.

SÁ, Celso Pereira. JG Holland, contracontrole social e socialização do behaviorismo radical. *Revista Brasileira de Terapia Comportamental e Cognitiva*, v. 18, n. esp., p. 52-60, 2016. Disponível em: https://rbtcc.com.br/RBTCC/article/view/844. Acesso em: 14 jan. 2025.

SANTOS, Rosilene dos et al. *Limitações ao direito de greve do servidor público*: uma análise a partir da teoria dos direitos fundamentais. 2018. Trabalho de Conclusão de Curso. Disponível em: http://dev.siteworks.com.br:8080/jspui/bitstream/123456789/824/1/SANTOS%2C%20Rosilene%20dos.pdf. Acesso em: 30 jan. 2025.

SILVA, Gabriel Lucas Barbosa. *Ativismo judicial*: Um estudo com base na decisão do STF quando do juramento da ADO 26 e do MI 4733 relativos à homofobia e transfobia. 2021. Trabalho de Conclusão de Curso. Faculdade Evangélica de Rubitaba, 2021. Disponível em: http://repositorio.aee.edu.br/jspui/handle/aee/18673. Acesso em: 28 jan. 2025.

SOLBERG, R.; LINDQUIST, **S.** Activism, Ideology, and Federalism: Judicial Behavior in Constitutional Challenges Before the Rehnquist Court, 1986-2000. *Journal of Empirical Legal Studies*, 3, 237-261, 2006. Disponível em: https://doi.org/10.1111/j.1740-1461.2006.00069.x. Acesso em: 14 jan. 2025.

SOUZA, Fernando Mendes; CIGOLINI, Adilar Antonio. Criação de municípios e conflitos institucionais no Brasil. *Terr@ Plural*, v. 13, n. 3, p. 42-54, 2019. Disponível em: https://revistas.uepg.br/index.php/tp/article/view/12746. Acesso em: 14 jan. 2025.

STRECK, Lenio Luiz. *Jurisdição constitucional e hermenêutica*: uma nova crítica do direito. Livraria do Advogado Editora, 2017.

SUPREMO TRIBUNAL FEDERAL. *Ação Direta de Inconstitucionalidade 3685*. Relator: Min. Marco Aurélio. Julgado em 04/10/2006.

TASSINARI, Clarissa. A autoridade simbólica do Supremo Tribunal Federal: elementos para compreender a supremacia judicial no Brasil. *Revista Brasileira de Direito*, v. 14, n. 2, p. 95-112, 2018. Disponível em: https://dialnet.unirioja.es/servlet/articulo?codigo=6786100. Acesso em: 17 jan. 2025.

TRINDADE, André Karam; DE OLIVEIRA, Rafael Tomaz. O ativismo judicial na débâcle do sistema político: sobre uma hermenêutica da crise. *Revista Eletrônica do curso de direito da UFSM*, v. 11, n. 2, p. 751-772, 2016. Disponível em: https://periodicos.ufsm.br/revistadireito/article/view/22912. Acesso em: 17 jan. 2025.

TVERSKY, Amos; KAHNEMAN, Daniel. Availability: A heuristic for judging frequency and probability. *Cognitive psychology*, v. 5, n. 2, p. 207-232, 1973. Disponível em: https://www.sciencedirect.com/science/article/pii/0010028573900339. Acesso em: 18 jan. 2025.

VARGAS, Thigo Oliveira. *A modulação dos efeitos temporais das decisões proferidas em matéria tributária pelo STF*: Entre o substancialismo, o procedimentalíssimo e o pragmatismo. 2017. Trabalho de Conclusão de Curso. Disponível em: https://www.univali.br/Lists/TrabalhosMestrado/Attachments/2221/Disserta%C3%A7%C3%A3o_Mestrado_UNIVALI_2015.2_(Tiago%20Vargas).pdf . Acesso em: 29 jan. 2025.

VIEIRA, Oscar Vilhena. Supremo Tribunal Federal: entre a deferência e o ativismo. *Revista Direito GV*, v. 4, n. 1, p. 61-84, 2008.

O PODER JUDICIÁRIO E SUA ATUAÇÃO CONTEMPORÂNEA

Firly Nascimento Filho

Doutor em Direito (PUC-RIO). Professor da PUC-RIO. Coordenador do Curso de Especialização em Direito Processual Civil da PUC-RIO. Membro honorário do Instituto dos Advogados do Brasil (IAB). Coordenador Adjunto da Comissão de Direito Internacional da EMARF-TRF-2. Palestrante na EMARF-TRF-2. Desembargador Federal no Rio de Janeiro (TRF-2). Ex-Diretor Adjunto da Escola Nacional da Magistratura (ENM) da Associação dos Magistrados Brasileiros (AMB).

O presente texto homenageia o Ministro do Supremo Tribunal Federal Edson Fachin. Ao ilustre magistrado nossa admiração, rogando que as luzes de Deus abençoem seu caminho.

Sumário:

1. CARACTERÍSTICAS GERAIS

A organização do Poder Judiciário nacional sofreu modificações a partir da mudança do modelo de Estado estabelecido pelas diversas estruturas de poder que foram instituídas, de início, pelo poder colonizador e permanecendo com a Independência, tendo como padrão o texto constitucional de 1824, o que prosseguiu com a República, nas Constituições de 1891, 1934, 1937, 1946, 1967 e 1988.

O estado português foi regido, sucessivamente, pelas ordenações. A primeira, denominada de Afonsina, em homenagem ao Rei Afonso V, concluída no seu reinado, quando ainda menor, em 1446. A segunda, a partir de 1521, foi intitulada de Manoelina, por força de ter sido instituída sob o reinado de D. Manoel, dito o Venturoso. Em 1603, surgiram as Ordenações Filipinas, editadas sob o reinado de Filipe, de Espanha, e que seriam aplicadas, no Brasil, até 1917, quando entrou em vigor o Código Civil, também conhecido como Código Bevilacqua, em homenagem a Clóvis, o seu organizador.

O Estado colonial permitiu a descentralização do Poder Judiciário com a criação de tribunais nacionais, sob controle do poder central. Assim, surgiram as relações, os desembargadores do paço, os juízes de primeira instância.

Resta evidente que, nessa época, havia um elitismo nas profissões jurídicas. Hespanha indica que uma lei de 1539, em Portugal, ratificando uma prática bem anterior, instituiu a obrigatoriedade dos cursos universitários de direito para o exercício das mais importantes profissões jurídicas, como a de juízes dos tribunais (Desembargadores da Casa da Suplicação ou da Casa do Cível), sendo exigíveis, para estes, doze anos de estudo em Coimbra ou oito anos de estudo e quatro de atividades como juízes letrados (juiz de fora, ouvidores, corregedores) ou, ainda, como advogados na Casa da Suplicação.[1]

Por seu turno, para os procuradores perante a Casa da Suplicação, eram exigíveis oito anos de estudo. A lei preservou, no entanto, a situação dos que já exerciam as referidas atividades, bem como chancelou estudos realizados em universidades estrangeiras.

Nesse período, houve rigor no acesso aos cargos letrados, mediante exames de alto nível de exigência, denominados de leituras (leituras de bacharéis) perante a Mesa do Desembargo do Paço,[2] mas que poderiam sofrer exceção, com autorização real, o que ocorria, como indica Hespanha, com filhos de desembargadores, por indicação desses, tendo os mesmos cumprido o requisito dos estudos em Coimbra, exceções que se estendiam também a Professores das Faculdades de Leis e Cânones, os denominados Lentes e a ministros do Santo Ofício.[3]

A tendência verificada nesse período da história portuguesa foi a de incentivar os estudos jurídicos em período maior do que o comum (cinco anos), embora ainda não fosse o estabelecido no reino de Castela (dez anos). Do mesmo modo, houve a fixação do número de procuradores para as Casas da Suplicação e a Casa do Cível, a serem selecionados mediante exame. Posteriormente, o exame, como regra de acesso caiu em desuso.[4]

É dessa época também o conflito entre os membros da Academia e os integrantes dos Tribunais. A formação era monopólio da Universidade, mas a seleção para carreira das letras e para a advocacia foi apropriada pelos tribunais.[5]

Surge, nesse período, o fenômeno do excesso de bacharéis, que são considerados vagantes porque não exercem cargo algum, não são submetidos a exames, o que gerava tensões para o aumento do número de procuradores nas Casas da Suplicação e do Cível.

Por outro lado, inicia-se um procedimento de acolher os melhores bacharéis para a função de letrados, em detrimento da origem nobiliárquica, gerando outro ponto de conflito com a tradição dos mais antigos e não dos mais preparados.[6]

---

1. HESPANHA, Antonio. *Justiça e Litigiosidade*: História e Prospectiva. Lisboa: Fundação Calouste Gulbenkian, 1993, p. 414-415.
2. HESPANHA, Antonio. *Justiça e Litigiosidade*: História e Prospectiva. Lisboa: Fundação Calouste Gulbenkian, 1993, p. 415.
3. HESPANHA, Antonio. *Justiça e Litigiosidade*: História e Prospectiva. Lisboa: Fundação Calouste Gulbenkian, 1993, p. 417. Lentes eram professores catedráticos. No Brasil, corresponderiam aos atuais professores titulares das universidades federais e algumas estaduais, cargos que estão no ápice da carreira universitária.
4. HESPANHA, Antonio. *Justiça e Litigiosidade*: História e Prospectiva. Lisboa: Fundação Calouste Gulbenkian, 1993, p. 418.
5. HESPANHA, Antonio. *Justiça e Litigiosidade*: História e Prospectiva. Lisboa: Fundação Calouste Gulbenkian, 1993, p. 419.
6. HESPANHA, Antonio. *Justiça e Litigiosidade*: História e Prospectiva. Lisboa: Fundação Calouste Gulbenkian, 1993, p. 420.

Outro ponto de conflito surge com a possibilidade da advocacia de província poder ser realizada por não bacharéis, mas também por pessoas aptas, assim as consideradas mediante exames realizados pela Mesa do Desembargo do Paço. Aduz Hespanha que tais profissionais eram sucessores dos vozeiros medievais, especializados nos processos do direito tradicional e hábeis nas técnicas de mediação.[7]

No Brasil, no mesmo período, indica Rodolfo Garcia que existiam juízes ordinários eleitos, anualmente, pelo povo e pelas Câmaras, normalmente em número de dois, por local, aplicando o direito costumeiro. Tais magistrados eram nomeados por triênio e presidiam as Câmaras das vilas e cidades para onde eram designados.[8] Anota Vitor Nunes Leal que tal prática tinha por fundamento o título 67, do Livro I das Ordenações Filipinas.[9] Da eleição somente participavam os homens bons, não sendo o sufrágio universal. O controle do eleitorado era realizado através de cadernos, com a identificação e qualificação dos eleitores, não tendo acesso à votação os integrantes da classe dos peões.[10] Esse era também o sistema em Portugal, consoante ensina Antonio M. Hespanha.[11]

As ordenações indicavam duas fases na eleição. A primeira, com eleitores de primeiro grau indicando, em segredo, ao juiz, os nomes de seis pessoas capazes de atuar como eleitores de segundo grau. Os seis mais votados eram separados em três grupos de dois. Cada grupo, separadamente, indicava uma lista com seis nomes para juízes, nove para vereadores, três para escrivães etc. As relações eram entregues ao juiz mais antigo que realizava juramento público de manter segredo quanto ao resultado da votação e lavrava a pauta com os escolhidos, que seriam os mais votados.[12]

Os juízes deveriam ser confirmados pelos Corregedores das Comarcas ou pelos Desembargadores do Paço, através de cartas de usança (ou confirmação).[13]

Os magistrados portavam uma vara, como insígnia da jurisdição. Vara branca para os letrados, vermelha para os leigos.[14]

Os Reis, para enfraquecer tal espécie de magistratura, passaram a designar juízes de fora, estes, letrados e cultos no Direito Romano. Eram autênticos delegados da Coroa e sua presença excluía os juízes ordinários.[15]

---

7. HESPANHA, Antonio. *Justiça e Litigiosidade*: História e Prospectiva. Lisboa: Fundação Calouste Gulbenkian, 1993, p. 421.
8. GARCIA, Rodolfo. *Ensaio sobre a Historia Política e Administrativa do Brasil*. Rio de Janeiro: Jose Olympio, 1956, p. 77/78.
9. LEAL, Victor Nunes. *Coronelismo, Enxada e Voto*. Rio de Janeiro: Alfa-Omega, 1975, p. 105.
10. LEAL, Victor Nunes. *Coronelismo, Enxada e Voto*. Rio de Janeiro: Alfa-Omega, 1975, p. 106. Na classe dos peões eram incluídos os mecânicos, operários, degredados, judeus e outros.
11. HESPANHA, Antonio. *As Vésperas do Leviathan. Instituições e Poder Político. Portugal* – Séc. XVII. Coimbra: Almedina, 1994, p. 196-197.
12. LEAL, Victor Nunes. *Coronelismo, Enxada e Voto*. Rio de Janeiro: Alfa-Omega, 1975, p. 106-107.
13. LEAL, Victor Nunes. *Coronelismo, Enxada e Voto*. Rio de Janeiro: Alfa-Omega, 1975, p. 108.
14. GARCIA, Rodolfo. *Ensaio sobre a Historia Política e Administrativa do Brasil*. Rio de Janeiro: 1956, p. 78. O autor também refere os Juízes de Vintena ou Pedaneos, responsáveis por pequenas causas e presidiam processos orais. Suas causas eram relacionadas às multas (coimas) por invasão de terras e outros pequenos eventos. Existiam, ainda, os Juízes de Órfãos, designados pelo Rei, ou pelas Câmaras ou por algum Senhor de terras.
15. LEAL, Victor Nunes. *Coronelismo, Enxada e Voto*. Rio de Janeiro: Alfa-Omega, 1975, p. 108.

Além dos juízes de fora, o Rei também lançava mão, com frequência, da intervenção dos corregedores que, ao lado dos provedores e dos juízes de fora compunham um sistema de controle e de filtragem dos poderes locais.[16] Apesar disso, o número diminuto de juízes de fora é indicado como um fator que diminui sua importância nesse modelo de controle dos poderes locais.

O Corregedor exerce uma função estipulada em carta régia de delegação, tendo origem no século XIV. Constituem um corpo de magistrados ordinários nomeados pelo Rei para exercer por três anos essa função.[17]

As atribuições dos corregedores são imensas. Poderiam inquirir os juízes locais, mas não os de fora. Deveriam defender a jurisdição real e a ordem pública. Inspecionariam prisões. Conheceriam de ações novas ou avocariam processo antigos caso ficasse caracterizada a coação das partes. Deveriam julgar dos agravos das decisões interlocutórias. E ainda cabia aos corregedores fiscalizar as eleições dos conselhos, dos juízes e dos oficiais, bem como sua autoridade financeira e propor a alteração de posturas.[18]

A par disso, possuíam os corregedores poderes de polícia em relação às profissões médicas e de obras públicas, promovendo o plantio de árvores, inspecionando castelos e reprimindo o contrabando de ouro e prata.[19]

A atuação dos corregedores era realizada com vínculo direto ao Desembargo do Paço, sendo conhecidos como "primeiros magistrados das comarcas".[20]

O primeiro tribunal a ser criado, no Brasil, foi o da Relação, da Bahia, em 1587, composto de um chanceler, de desembargadores do agravo, ouvidor geral, juiz dos feitos, provedor dos órfãos e resíduos (aqui relacionados às obras pias), provedor dos feitos, promotor da justiça e desembargadores extravagantes. Apesar de previsto, por falta de integrantes para tomar posse, a instalação da Relação não se tornou efetiva, vindo a ser recriada em 1609 e extinta em 1626, por força da invasão holandesa na Bahia.[21]

O pouco sucesso desse Tribunal deve-se, segundo Rodolfo Garcia, aos acordos realizados entre os litigantes, normalmente parentes entre si, bem como ao interesse de outras capitanias de desembargar perante a Corte, pelo pagamento em gêneros e não em dinheiro e com a possibilidade de representação.[22]

---

16. HESPANHA, Antonio Manuel. *Às vésperas do Leviathan. Instituições e Poder Político. Portugal* – Séc. XVII, p. 198-199.
17. HESPANHA, Antonio Manuel. *Às vésperas do Leviathan. Instituições e Poder Político. Portugal* – Séc. XVII, p. 200-201.
18. HESPANHA, Antonio Manuel. *Às vésperas do Leviathan. Instituições e Poder Político. Portugal* – Séc. XVII, p. 200-201.
19. HESPANHA, Antonio Manuel. *Às vésperas do Leviathan. Instituições e Poder Político. Portugal* – Séc. XVII, p. 200-201.
20. HESPANHA, Antonio Manuel. *Às vésperas do Leviathan. Instituições e Poder Político. Portugal* – Séc. XVII, p. 201.
21. GARCIA, Rodolfo. *Ensaio sobre a História Política e Administrativa do Brasil.* Rio de Janeiro: Jose Olympio, 1956, p. 83-84.
22. GARCIA, Rodolfo. *Ensaio sobre a História Política e Administrativa do Brasil.* Rio de Janeiro: Jose Olympio, 1956, p. 84-85.

A Relação da Bahia irá ressurgir em 1652. Somente em 1751 é que surge a Relação do Rio de Janeiro. A partir desse momento, a jurisdição é dividida entre os dois tribunais. Cabe à Relação da Bahia as capitanias da Bahia, Sergipe, Pernambuco, Paraíba, Rio Grande do Norte, Ceará, Piauí, Maranhão, Pará e Rio Negro. Ao Rio de Janeiro coube os territórios do Rio de Janeiro, São Paulo, Ouro Preto, Rio das Mortes, Sabará, Rio das Velhas, Serro Frio, Cuiabá, Goiás, Paranaguá, Espírito Santo, Goitacazes, ilha de Santa Catarina.

Indica Rodolfo Garcia que as leis da metrópole tenderam a garantir a independência do Poder Judiciário.[23] No entanto, a partir do governo do Marquês de Pombal, os magistrados passaram a ficar sujeitos ao poder dos governadores.

Não se pode esquecer que, nesse período, ainda vigorava a escravidão e a justiça atuava segundo critérios étnicos, como salienta Oliveira Viana, aduzindo que, nos tribunais dirigidos pelo governador, este teria voto decisivo nos processos criminais envolvendo mulatos, negros e índios.[24]

É a partir da Constituição do Império, que o Brasil estrutura seus tribunais, sem a intervenção formal do colonizador. Formal porque o art. 163, da Constituição de 1824, cria o Supremo Tribunal de Justiça, mas Lei de 18 de setembro de 1828 determinou que sua composição, com dezessete membros, seria formada por magistrados oriundos das Relações, escolhidos por antiguidade. Tal Tribunal veio a substituir a Casa da Suplicação do Brasil.[25]

Vários dos magistrados nomeados já exerciam a atividade na extinta Casa da Suplicação e, dentre eles, cinco haviam nascido em Portugal e um, curiosamente, nascido em Luanda, capital de Angola, então colônia portuguesa; daí afirmar-se que um africano já havia ocupado o cargo de juiz na Suprema Corte. O mesmo fenômeno ocorreu na passagem do Império para a República, com o aproveitamento de vários juízes ocupantes de cargos no Supremo Tribunal de Justiça, para o recém-criado Supremo Tribunal Federal.[26]

Com o advento da primeira Constituição republicana, cria-se o Supremo Tribunal Federal, com a presença de quinze juízes, número menor, pois, que o do Supremo Tribunal imperial. No entanto, foram aproveitados dez juízes do Tribunal anterior, sendo cinco novos juízes indicados pelo novel presidente. O número de juízes iria ser diminuído para onze em 1931, ocorrendo a aposentadoria compulsória de seis.[27]

A partir da República é que o Poder Judiciário toma os contornos que se aproximam dos atuais. Criam-se as Justiças da União (ou federal) e dos Estados. E, durante o Governo de Getúlio Vargas, a Justiça do Trabalho, nascida com organização que busca privilegiar a participação popular, através dos sindicatos, com a indicação dos vogais.

---

23. GARCIA, Rodolfo. *Ensaio sobre a História Política e Administrativa do Brasil.* Rio de Janeiro: Jose Olympio, 1956, p. 87.
24. VIANA, Francisco José de Oliveira. *Evolução do Povo Brasileiro*. Rio de Janeiro: José Olympio, 1956, p. 230.
25. REIS, Daniel Aarão. *O Supremo Tribunal do Brasil (Notas e Recordações).* Rio de Janeiro: Mabri, 1968, p. 10.
26. REIS, Daniel Aarão. *O Supremo Tribunal do Brasil (Notas e Recordações).* Rio de Janeiro: Mabri, 1968, p. 10.
27. REIS, Daniel Aarão. *O Supremo Tribunal do Brasil (Notas e Recordações).* Rio de Janeiro: Mabri, 1968, p. 14-15.

A Justiça do Trabalho foi criada pela Constituição de 1934, mas só foi instalada em 1º de maio de 1941.

Originariamente, a Justiça do Trabalho esteve vinculada ao Ministério do Trabalho, órgão do Poder Executivo. O Decreto-Lei 9.797, de 9 de setembro de 1946, e a Constituição promulgada em 18 de setembro do mesmo ano determinaram sua transferência para o Poder Judiciário.

Assim, de 1941 a 1946, funcionou como justiça administrativa e sua estrutura comportava Conselhos Regionais do Trabalho e Juntas de Conciliação e Julgamento. Estas últimas eram presididas por um juiz de direito ou bacharel nomeado pelo presidente da República e compostas por vogais indicados por sindicatos, representantes dos interesses dos empregados e empregadores, todos com mandato de dois anos.

Foi somente a partir de 1946 que a Justiça do Trabalho passou a ter como órgãos o Tribunal Superior do Trabalho, os Tribunais Regionais do Trabalho (sucedendo aos antigos Conselhos Regionais) e as Juntas de Conciliação e Julgamento.

Coube, por outro turno, ao mesmo Governo getulista, a extinção da Justiça Federal, ocorrida em 1937 e somente retomada pelo Governo Militar, instaurado em 1964, através do Ato Institucional 2, de 27 de outubro de 1965, sendo os seus membros iniciais nomeados, livremente, pelo Presidente da República, dentre cinco cidadãos indicados pelo STF.

O Ato Institucional 2 modificou o art. 94, da Constituição de 1946, passando a prever juízes federais de primeiro grau ("Art. 94 – O Poder Judiciário é exercido pelos seguintes órgãos: I – Supremo Tribunal Federal; II – Tribunal Federal de Recursos e Juízes Federais; III – Tribunais e Juízes Militares; IV – Tribunais e Juízes Eleitorais; V – Tribunais e Juízes do Trabalho").

Em considerandos que justificam a edição do ato, afirmam os próceres do governo militar que a revolução continuaria com seu processo de pacificação e de rejeição aos movimentos de esquerda, mencionando a atuação crescente de "agitadores".

O mesmo diploma legislativo implantou a eleição indireta para Presidente da República e extinguiu os partidos políticos, bem como majorou o número de ministros do STF. Também estabeleceu a suspensão das garantias de vitaliciedade e inamovibilidade dos juízes. A partir desse ato, os juízes poderiam ser demitidos, removidos, postos em disponibilidade ou aposentados, se demonstrassem incompatibilidade com os objetivos da Revolução (art. 14, parágrafo único).

A competência da Justiça Federal foi definida em razão da pessoa – União ou entidade autárquica; em razão da matéria – Direito marítimo, de navegação aérea, direito de greve e os crimes contra a organização do trabalho; ou da natureza da causa – os mandados de segurança e *habeas corpus* contra autoridades federais.

A Justiça Militar alternou, no curso desse movimento, aumento e diminuição de sua competência, sendo o período de maior alargamento aquele em que vigoraram os atos institucionais e a Lei de Segurança Nacional. Hoje, restringe-se ao julgamento de crimes militares e é o ramo do Judiciário menos congestionado, por força mesmo dessa restrição jurídica.

No processo de redemocratização do Brasil surgiu o projeto de reforma do Poder Judiciário, de autoria do Deputado Helio Bicudo (PT-SP), apresentado em 1992 (PEC 96-C), buscando maior democratização na estrutura do Poder Judiciário. Suas propostas também buscavam resoluções para problemas concretos como o da duração do processo, o efeito vinculante das decisões do STF, alterações no Conselho Nacional de Justiça; criação de órgãos de conciliação, de arbitragem, graciosos, para julgamento de conflitos individuais trabalhistas.[28]

Como regra geral, aplica-se, no Brasil, como forma de seleção dos magistrados de carreira, o concurso público de provas e títulos. Constituem exceção a tal regra, a nomeação para a Suprema Corte e para os ingressos pelo quinto (tribunais ordinários) e terço constitucional (STJ), das classes dos advogados e do Ministério Público. Na mesma linha, a indicação provisória nos tribunais eleitorais. O Superior Tribunal Militar possui ordenamento próprio, pois a maior parte dos magistrados advém da carreira militar. No primeiro grau de Jurisdição há concurso para o cargo de Juiz togado, denominado auditor militar.

O Conselho Nacional de Justiça buscou uniformizar as regras de ingresso na magistratura através da Resolução 75, de 12 de maio de 2009. O edital do concurso passou a preservar um percentual de vagas para pessoas com deficiência física. Há discussão sobre se pessoa cega pode exercer a magistratura. Em 2009, assumiu, pelo quinto constitucional, cargo na magistratura do trabalho, o primeiro juiz cego, egresso do Ministério Público do Trabalho, onde exercia suas funções desde 1991. O magistrado Ricardo Tadeu Marques da Fonseca foi nomeado pelo Presidente da República para exercer o cargo de juiz do Tribunal Regional do Trabalho da 9ª Região (PR). Para demonstrar o seu apoio o Presidente Luis Inácio Lula da Silva compareceu à cerimônia de posse, ato raro, vez que se tratava de posse em tribunal ordinário quando o comum é que o Presidente somente compareça a posses nos Tribunais Superiores e no Supremo Tribunal Federal.

Após sucessivas emendas constitucionais a estrutura do Poder Judiciário passou a ser assim considerada pela Constituição de 1988, seguindo a norma do art. 92: I – o Supremo Tribunal Federal; I-A o Conselho Nacional de Justiça; (Incluído pela Emenda Constitucional 45, de 2004) II – o Superior Tribunal de Justiça; II-A – o Tribunal Superior do Trabalho; (Incluído pela Emenda Constitucional 92, de 2016) III – os Tribunais Regionais Federais e Juízes Federais; IV – os Tribunais e Juízes do Trabalho; V – os Tribunais e Juízes Eleitorais; VI – os Tribunais e Juízes Militares; VII – os Tribunais e Juízes dos Estados e do Distrito Federal e Territórios.

28. CASTRO JR, Osvaldo Agripino de. *Teoria e Prática do Direito Comparado e Desenvolvimento*. Florianópolis: Fundação Boiteux, Unigranrio, IBRAD, 2002, p. 336-337.

2. O SUPREMO TRIBUNAL FEDERAL – STF

No Brasil, algumas instituições fundamentais para a estrutura jurídica foram criadas em datas próximas: os cursos jurídicos, criados aos 11 de agosto de 1827 e o Supremo Tribunal de Justiça, atual STF, aos 18 de setembro de 1828.

Assim, aproximadamente quatro anos após sua previsão constitucional (CF de 1824, Art. 163), foi sancionada a lei que instituiu o STJ.[29]

Sobre o Tribunal Supremo do Império, Pimenta Bueno, comentador da Constituição de 1824, afirmava ser o mesmo tão sublime, quanto desconhecido.[30]

Tal situação, de absoluto desconhecimento quanto às atividades de nossa Corte suprema, iria perdurar até nossos dias, motivando, inclusive, a redação de conhecida obra a respeito do tema, da lavra de Aliomar Baleeiro.[31]

Parece, entretanto, que o desenvolvimento dos meios de comunicação brasileiros, aliado à edição de texto constitucional recente, acarretou a divulgação do trabalho de nosso Tribunal Maior, até da carga de competência a ele atribuída, para resolução de problemas vitais do cidadão. Esse acesso ao universo midiático também pode ser creditado à profissionalização dos órgãos de comunicação dos tribunais que possuem jornalistas com ampla experiência e extensa rede de contatos. A isso se acresce a divulgação dos julgamentos do plenário do Supremo Tribunal Federal pela televisão (TV Justiça).

A instalação do Supremo Tribunal Federal ocorreu aos 28.02.1891, em substituição ao Supremo Tribunal de Justiça, este órgão máximo no regime monarquista, institucionalizando o órgão supremo do Poder Judiciário Republicano.[32]

Inegavelmente, a criação da mais alta Corte de Justiça brasileira obedeceu ao modelo americano, por obra e graça da admiração de Ruy Barbosa pelas instituições políticas daquele país.[33]

O Supremo Tribunal Federal foi criado com quinze integrantes (Art. 55, da CF de 1891), muitos originários do Supremo Tribunal de Justiça monárquico, sendo seu primeiro Presidente o baiano Freitas Henrique.[34]

Os requisitos para nomeação dos seus membros eram "notável saber e reputação, e elegíveis para o Senado", vale dizer possuírem os candidatos idade mínima de 35 anos.[35]

---

29. FLORES, Carlos Thompson. *O Legislativo e a Organização do Supremo Tribunal no Brasil* – Apresentação de Homero Senna. Rio de Janeiro: Edição Fundação Casa de Ruy Barbosa e Câmara dos Deputados, 1978.
30. FLORES, Carlos Thompson. *O Legislativo e A Organização do Supremo Tribunal No Brasil* – Apresentação de Homero Senna. Rio de Janeiro: Edição Fundação Casa de Ruy Barbosa e Câmara dos Deputados, 1978. Introdução – p. XXIII.
31. BALEEIRO, Aliomar. *O Supremo Tribunal Federal, Esse outro desconhecido.* Rio de Janeiro: Forense, 1968.
32. RODRIGUES, Leda Boechat, *História do STF.* São Paulo: Ed. Civilização Brasileira, 1968, t. I – 1871-1893, p. 7.
33. RODRIGUES, Leda Boechat, *História do STF.* São Paulo: Ed. Civilização Brasileira, 1968, t. I – 1871-1892, p. 7.
34. BALEEIRO, Aliomar. *O Supremo Tribunal Federal, Esse outro desconhecido.* Rio de Janeiro: Forense, 1968, p. 19.
35. BALEEIRO, Aliomar. *O Supremo Tribunal Federal, Esse outro desconhecido.* Rio de Janeiro: Forense, 1968, p. 22.

Utilizando-se da abertura da norma constitucional, o Presidente Floriano Peixoto indicou, para o cargo, os Generais Inocêncio Galvão de Queiroz e Ewerton Quadros, além do médico Barata Ribeiro e dos cidadãos Antonio Sève Navarro e Demosthenes da Silveira Lobo, todos aceitando a nomeação, que foi posteriormente recusada pelo Senado. Apesar disso, Barata Ribeiro atuou por cerca de um ano, já que a recusa, nessa época, era *a posteriori*.[36]

A história moderna demonstra, sempre, a existência de conflitos entre as diversas funções integrantes do Estado, sendo certo que o Supremo Tribunal Federal, como seu congênere americano, enfrentou, nos seus primórdios, diversas crises com o Poder Executivo Federal.

É interessante relembrar que o período histórico da criação do STF coincide com o da Primeira República, marcada por sucessivos governos militares e revoltas estaduais, fatos esses que, através do recurso de *habeas corpus*, foram levados à apreciação da Excelsa Corte.

Embora moldado à feição da Suprema Corte Americana, o STF, no seu início, não pôde assumir, em plenitude, as altas funções que lhe foram deferidas, porque vários de seus integrantes eram originários da Suprema Corte de Justiça monárquica, consoante informa, entre outros, Aliomar Baleeiro.[37]

Os primeiros sete anos de atuação da mais alta Corte de Justiça republicana mereceram, de historiadora daquele período, acendrados elogios, ressaltada a defesa das liberdades civis empreendida pela Corte Suprema.[38]

Sem dúvida, não foi somente nesse período histórico que a Excelsa Corte conheceu de crises, provocadas muitas vezes, pela existência ou coexistência com governos autoritários.

Felizmente para nossa história, nem os piores ditadores brasileiros ousavam sequer tentar eliminar fisicamente os magistrados denodados da Corte, ao contrário do ocorrido na história recente de nosso continente.

Os primeiros julgamentos do STF não tiveram repercussão, sequer tendo sido publicados em volume.[39]

A partir de 1892, com a crise política surgida da luta pelo poder entre Deodoro e Floriano Peixoto, a Suprema Corte foi continuamente chamada a defender as liberdades dos cidadãos.

---

36. REIS, Daniel Aarão. *O Supremo Tribunal do Brasil (Notas e Recordações)*. Rio de Janeiro: Mabri, 1968, p. 16.
37. BALEEIRO, Aliomar. *O Supremo Tribunal Federal, Esse outro desconhecido*. Rio de Janeiro: Forense, 1968, pp. 22/23.
38. RODRIGUES, Leda Boechat. *História do STF*. São Paulo: Ed. Civilização Brasileira., 1968, t. I – 1871-1892, p. 6.
39. RODRIGUES, Leda Boechat. *História do STF*. São Paulo: Ed. Civilização Brasileira, 1968, t. I – 1871-1892, p. 16.

Considerando tratar-se de questões afetas à jurisdição estadual, a Corte negou provimento a diversos *habeas corpus*, deferindo outros, fundados em razões idênticas mas nos quais o inquinado cerceamento partira da autoridade federal.[40]

Insere-se nesse período o julgamento da constitucionalidade dos atos de força da reforma de militares graduados e da aposentadoria de professores catedráticos, cujo advogado dos requerentes era ninguém menos que Ruy Barbosa.[41]

Na mesma linha, o *habeas corpus* impetrado por Ruy Barbosa em favor de Eduardo Wandenkolk e outros, cuja petição inicial foi até reproduzida em periódicos jurídicos no exterior, mas que, apesar do brilho com que foi defendido perante o Excelso Pretório, foi negado por 10 votos a 1,[42] ficando célebre o beijo dado por Ruy Barbosa na mão do Ministro Pisa Almeida, prolator do único voto vencido da ocasião.

O fundamento dessa decisão da Colenda Corte foi a impossibilidade, visualizada por seus ministros, de o Judiciário julgar questões políticas originárias do Executivo, em época caracterizada pela decretação do estado de sítio.

Citada decisão do STF foi dura e asperamente criticada por Epitácio Pessoa, Senador da República, que, por curiosidade, ocuparia, mais adiante, o cargo de Ministro da Excelsa Corte.

Com o advento da Constituição de 1934, muda-se o nome do STF para Corte Suprema consoante norma do art. 63, a), o que irá prevalecer até a Constituição de 1937, quando volta a denominar-se Supremo Tribunal Federal, nos termos do art. 90, a). A Constituição democrática de 1946 manteve a nomenclatura no art. 94.

Estabelecidas as linhas mestras da atuação de nosso tribunal constitucional, faremos referência à sua atual estrutura e competência expressos no texto da Constituição da República.

2.1 O Supremo Tribunal Federal e a Constituição de 1988

O Supremo Tribunal Federal é composto de onze Ministros, escolhidos dentre brasileiros natos com mais de trinta e cinco anos e menos de sessenta e cinco anos de idade, portadores de notável saber jurídico e de reputação ilibada.[43]

A nomeação é livremente efetuada pelo Presidente da República que a submete ao Senado Federal. Não há conhecimento de recusas por parte daquele órgão legislativo, embora os pretendentes ao cargo vitalício sejam comumente sabatinados com rigor.

40. RODRIGUES, Leda Boechat, *História do STF*. São Paulo: Ed. Civilização Brasileira., 1968, t. I – 1871-1892, p. 16.
41. RODRIGUES, Leda Boechat, *História do STF*. São Paulo: Ed. Civilização Brasileira., 1968, t. I – 1871-1892, p. 17.
42. BALEEIRO, Aliomar. *O Supremo Tribunal Federal, Esse outro desconhecido*. Rio de Janeiro: Forense, 1968, p. 19.
43. A necessidade de ser brasileiro nato e não naturalizado consta do art. 12, parágrafo terceiro, do texto constitucional.

A corrente de constituintes que defendia a transformação do Supremo Tribunal Federal em Corte Constitucional perdeu sua luta nesse sentido, embora tenha havido a transferência de algumas de suas competências anteriores em favor do Superior Tribunal de Justiça criado pela Constituição Federal. Com a revisão constitucional, o debate retomou a cena, motivando acesas discussões e trabalhos produtivos, como o do Ministro aposentado do Supremo Tribunal Federal, Carlos Mario Velloso.[44]

Assim, o Art. 102 indica o amplo espectro de atuação de nossa Suprema Corte. A reforma empreendida pela Emenda Constitucional 45 retirou da esfera de competência do STF a homologação para cumprimento de sentença estrangeira, além de permitir a regulamentação da súmula vinculante, bem como da repercussão geral, como critério limitador do recurso extraordinário. Por outro turno, com a criação do Conselho Nacional de Justiça (CNJ) e do Conselho Nacional do Ministério Público (CNMP), criou competências de controle em relação a esses órgãos, o que tem ampliado a sua atuação, através de inúmeras ações de impugnação, principalmente mandados de segurança.[45]

Verifica-se, com clareza, que, apesar da criação de outro tribunal federal superior, a nossa Suprema Corte permaneceu com extenso rol de competências, fato esse que explica a ausência da necessária presteza no julgamento das causas a ele afetas.

Além disso, no que se refere à ação direta de inconstitucionalidade, houve ampliação das pessoas com legitimidade ativa *ad causam*, consoante a regra insculpida no artigo 103 da Carta Federal.

Sobre a questão, o Ministro Luiz Octavio Gallotti, à época Presidente do Supremo Tribunal Federal, informou que, desde a Constituição de 1988 até o dia 07.08.91, ingressaram naquela Corte 560 ações diretas de inconstitucionalidade, sendo 193 propostas por Governadores de Estado, 135 por Confederações ou entidades de classe, 128 pelo Procurador-Geral da República, 75 por partidos políticos, 16 pelo Conselho Federal da OAB, 07 por Mesas de Assembleias e 5 por pessoas não qualificadas.[46]

É evidente, e o próprio articulista ressalta tal fato, que inúmeras dessas ações tiveram por escopo atingir normas constantes nas Constituições Estaduais editadas em 1989.[47]

A par disso, também são inesgotáveis os recursos e os sucedâneos recursais permitidos pelo sistema positivo brasileiro, extremamente permissivo, admitindo, inclusive, a repetição de um mesmo recurso e criando situações surrealistas, como, por exemplo, o seguinte caso concreto, retirado da jurisprudência do STF: "AI 375960 Agr-ED-ED/RJ

44. CORRÊA, Oscar Dias. O Supremo Tribunal Federal,Corte Constitucional. *Revista de Direito Administrativo*. v. 192, abr./jun. 1993. Rio de Janeiro: Renovar, p. 1-28.
45. A competência do Supremo Tribunal Federal (STF) para processar e julgar ações que questionam atos do Conselho Nacional de Justiça (CNJ) e do Conselho Nacional do Ministério Público (CNMP) limita-se às ações tipicamente constitucionais: mandados de segurança, mandados de injunção, habeas corpus e habeas data. O Plenário do STF reafirmou esse entendimento no julgamento conjunto da questão de ordem na Ação Originária (AO) 1814 e no agravo regimental na Ação Cível (ACO) 1680, ambas ajuizadas na Corte contra atos do CNJ e que, por unanimidade, foram baixadas à primeira instância da Justiça Federal.
46. GALOTTI, Luiz Octavio. *Revista de Direito Administrativo*. jan./mar. 1991, p. 1-8.
47. GALOTTI, Luiz Octavio. *Revista de Direito Administrativo* jan./mar. 1991, p. 1-8.

– AI-AgR-ED-ED 07 Emb. Decl. nos Emb. Decl. no Ag. Reg. no Agravo de Instrumento, Relatora: Min. Ellen Gracie, Julgamento: 20.10.2009, Segunda Turma". Tal precedente, infelizmente, não é solitário, encontrando-se na jurisprudência de todos os tribunais, milhares de situações como essas.

Aqui vai um breve parêntese, para que seja melhor compreendida a hipótese indicada. Nosso sistema é bastante amplo no que concerne à possibilidade de impugnações às decisões judiciais. Para isso, no campo civil, prevê uma série de recursos, previstos no art. Art. 994, do Código de Processo Civil de 2015. São eles: I – apelação; II – agravo de instrumento; III – agravo interno; IV – embargos de declaração; V – recurso ordinário; VI – recurso especial; VII – recurso extraordinário; VIII – agravo em recurso especial ou extraordinário; IX – embargos de divergência.

Em regra, o recurso somente pode ser utilizado uma única vez para impugnar a decisão judicial. No caso referido, o que verificamos é uma repetição de recursos (embargos de declaração e agravos), que se sucedem, sem que o tribunal tenha praticado qualquer ato de repúdio a tal situação.

Ressalve-se que a legislação extravagante pode, ainda, prever espécies recursais aplicáveis às situações nela versadas ou, ainda, restringir o cabimento de alguns recursos. A título de exemplo, a legislação que regula as chamadas pequenas causas, tanto no âmbito estadual (Lei 9.099/95), como no âmbito federal (Lei 10.259/2001) tem regulações diversas quanto ao tema recursos. Na legislação aplicável às Justiças estaduais, os embargos de declaração possuíam prazo diverso, bem como efeitos diversos (arts. 48-50),[48] essa situação foi modificada somente com o advento do Código de Processo Civil de 2015 que uniformizou diversos itens (arts. 1.062/1.066),[49] bem como cabe recurso inominado contra a sentença proferida, dirigida a Turma Recursal, órgão que não é tribunal, pertence ao mesmo grau de Jurisdição dos Juizados Especiais, mas constitui instância revisora.[50] Na esfera federal, cabe recurso contra decisão que

48. Art. 48. Caberão embargos de declaração quando, na sentença ou acórdão, houver obscuridade, contradição, omissão ou dúvida. Parágrafo único. Os erros materiais podem ser corrigidos de ofício.
Art. 49. Os embargos de declaração serão interpostos por escrito ou oralmente, no prazo de cinco dias, contados da ciência da decisão.
Art. 50. Quando interpostos contra sentença, os embargos de declaração suspenderão o prazo para recurso.

49. Art. 1.062. O incidente de desconsideração da personalidade jurídica aplica-se ao processo de competência dos juizados especiais. Art. 1.063. Até a edição de lei específica, os juizados especiais cíveis previstos na Lei 9.099, de 26 de setembro de 1995, continuam competentes para o processamento e julgamento das causas previstas no art. 275, inciso II, da Lei 5.869, de 11 de janeiro de 1973. Art. 1.064. O caput do art. 48 da Lei 9.099, de 26 de setembro de 1995, passa a vigorar com a seguinte redação: "Art. 48. Caberão embargos de declaração contra sentença ou acórdão nos casos previstos no Código de Processo Civil. Art. 1.065. O art. 50 da Lei 9.099, de 26 de setembro de 1995, passa a vigorar com a seguinte redação: Art. 50. Os embargos de declaração interrompem o prazo para a interposição de recurso." Art. 1.066. O art. 83 da Lei 9.099, de 26 de setembro de 1995, passam a vigorar com a seguinte redação: "Art. 83. Cabem embargos de declaração quando, em sentença ou acórdão, houver obscuridade, contradição ou omissão.§ 2º Os embargos de declaração interrompem o prazo para a interposição de recurso.

50. Art. 41. Da sentença, excetuada a homologatória de conciliação ou laudo arbitral, caberá recurso para o próprio Juizado. § 1º O recurso será julgado por uma turma composta por três Juízes togados, em exercício no primeiro

analisa medida liminar.[51] Por outro lado, a legislação federal criou um complexo sistema de uniformização de jurisprudência, com turmas regionais e uma turma nacional.[52]

Além disso, no precedente invocado como exemplo do abuso das partes na utilização das impugnações aos atos judiciais, também se interpõe agravo regimental, que não é um recurso, tecnicamente falando, mas um sucedâneo recursal, ao lado da suspensão de liminar ou de segurança,[53] da reclamação, do mandado de segurança etc.

3. O SUPERIOR TRIBUNAL DE JUSTIÇA – STJ

A Constituição Federal de 1988 instituiu, como tribunal responsável pela interpretação da lei federal, com intuito uniformizador, o Superior Tribunal de Justiça (STJ) composto de, no mínimo, 33 membros, originários dos tribunais estaduais, federais e das classes dos advogados e do Ministério Público.

Sucedeu ao extinto Tribunal Federal de Recursos (TFR) sendo composto, originariamente, por juízes egressos daquele tribunal, consoante autorização inserta no art. Art. 27, do ADCT, da Constituição Federal de 1988.[54]

---

grau de jurisdição, reunidos na sede do Juizado. § 2º No recurso, as partes serão obrigatoriamente representadas por advogado.

Art. 42. O recurso será interposto no prazo de dez dias, contados da ciência da sentença, por petição escrita, da qual constarão as razões e o pedido do recorrente. § 1º O preparo será feito, independentemente de intimação, nas quarenta e oito horas seguintes à interposição, sob pena de deserção. § 2º Após o preparo, a Secretaria intimará o recorrido para oferecer resposta escrita no prazo de dez dias.

Art. 43. O recurso terá somente efeito devolutivo, podendo o Juiz dar-lhe efeito suspensivo, para evitar dano irreparável para a parte.

51. Art. 4º O Juiz poderá, de ofício ou a requerimento das partes, deferir medidas cautelares no curso do processo, para evitar dano de difícil reparação.

    Art. 5º Exceto nos casos do art. 4º, somente será admitido recurso de sentença definitiva.

52. Art. 14. Caberá pedido de uniformização de interpretação de lei federal quando houver divergência entre decisões sobre questões de direito material proferidas por Turmas Recursais na interpretação da lei. § 1º O pedido fundado em divergência entre Turmas da mesma Região será julgado em reunião conjunta das Turmas em conflito, sob a presidência do Juiz Coordenador. § 2º O pedido fundado em divergência entre decisões de turmas de diferentes regiões ou da proferida em contrariedade a súmula ou jurisprudência dominante do STJ será julgado por Turma de Uniformização, integrada por juízes de Turmas Recursais, sob a presidência do Coordenador da Justiça Federal.

53. Lei 12.016/2009. Tal norma, reguladora do Mandado de Segurança incorporou a suspensão da segurança e estabeleceu os recursos cabíveis, excluindo os embargos infringentes.

54. Art. 27. O Superior Tribunal de Justiça será instalado sob a Presidência do Supremo Tribunal Federal. § 1º Até que se instale o Superior Tribunal de Justiça, o Supremo Tribunal Federal exercerá as atribuições e competências definidas na ordem constitucional precedente. § 2º A composição inicial do Superior Tribunal de Justiça far-se-á: I – pelo aproveitamento dos Ministros do Tribunal Federal de Recursos; II – pela nomeação dos Ministros que sejam necessários para completar o número estabelecido na Constituição. § 3º Para os efeitos do disposto na Constituição, os atuais Ministros do Tribunal Federal de Recursos serão considerados pertencentes à classe de que provieram, quando de sua nomeação. § 4º Instalado o Tribunal, os Ministros aposentados do Tribunal Federal de Recursos tornar-se-ão, automaticamente, Ministros aposentados do Superior Tribunal de Justiça. § 5º Os Ministros a que se refere o § 2º, II, serão indicados em lista tríplice pelo Tribunal Federal de Recursos, observado o disposto no art. 104, parágrafo único, da Constituição.

O tribunal tem uma extensa competência, sendo na seara criminal processos relacionados a autoridades sujeitas ao foro por prerrogativa de função (art. 105, I, a), da CF).[55]

No campo das garantias individuais é competente para as ameaças de prisão ou prisão ilegítima praticadas por autoridades sujeitas ao seu controle (CF, art. 105, I, c).[56]

No âmbito cível, é de sua competência originária o julgamento de mandados de segurança e *habeas data* contra atos praticados por ministros de estado (CF, art. 105, I, b).[57]

Sua atuação em conflitos de competência também tem sido bastante expressiva (CF, art. 105, I, d).[58]

Além disso, cabe ao tribunal julgar revisões criminais e ações rescisórias dos seus próprios julgados (CF, art. 105, I, e).[59]

A reclamação constitucional tem sido bastante utilizada pelas partes (CF, art. 105, I, f).[60]

Já os conflitos de atribuição (art. 105, I, g) e os mandados de injunção (art. 105, I, h) são raramente utilizados no âmbito do tribunal.[61]

A competência relacionada à homologação de sentença estrangeira e autorização de *exequatur* (art. 105, I, i) tem gerado muitos julgamentos.

O tribunal também é órgão revisor e, por força dessa característica, é competente para julgamento de variada gama de recursos (art. 105, II e III). Nessa trilha, são julgados, "em recurso ordinário: a) os "habeas corpus" decididos em única ou última instância pelos Tribunais Regionais Federais ou pelos tribunais dos Estados, do Distrito Federal e Territórios, quando a decisão for denegatória; b) os mandados de segurança decididos em única instância pelos Tribunais Regionais Federais ou pelos Tribunais dos Estados, do Distrito Federal e Territórios, quando denegatória a decisão; c) as causas em que

---

55. Art. 105. Compete ao Superior Tribunal de Justiça: I – processar e julgar, originariamente: a) nos crimes comuns, os Governadores dos Estados e do Distrito Federal, e, nestes e nos de responsabilidade, os desembargadores dos Tribunais de Justiça dos Estados e do Distrito Federal, os membros dos Tribunais de Contas dos Estados e do Distrito Federal, os dos Tribunais Regionais Federais, dos Tribunais Regionais Eleitorais e do Trabalho, os membros dos Conselhos ou Tribunais de Contas dos Municípios e os do Ministério Público da União que oficiem perante tribunais...
56. Art. 105, I, c) os *habeas corpus*, quando o coator ou paciente for qualquer das pessoas mencionadas na alínea "a", ou quando o coator for tribunal sujeito à sua jurisdição, Ministro de Estado ou Comandante da Marinha, do Exército ou da Aeronáutica, ressalvada a competência da Justiça Eleitoral...
57. Art. 105, I, b) os mandados de segurança e os *habeas data* contra ato de Ministro de Estado, dos Comandantes da Marinha, do Exército e da Aeronáutica ou do próprio Tribunal.
58. Art. 105, I, d) os conflitos de competência entre quaisquer tribunais, ressalvado o disposto no art. 102, I, "o", bem como entre tribunal e juízes a ele não vinculados e entre juízes vinculados a tribunais diversos...
59. Art. 105, I, e) as revisões criminais e as ações rescisórias de seus julgados...
60. Art. 105, I, f) a reclamação para a preservação de sua competência e garantia da autoridade de suas decisões.
61. Art. 105, I, g) g) os conflitos de atribuições entre autoridades administrativas e judiciárias da União, ou entre autoridades judiciárias de um Estado e administrativas de outro ou do Distrito Federal, ou entre as deste e da União; h) o mandado de injunção, quando a elaboração da norma regulamentadora for atribuição de órgão, entidade ou autoridade federal, da administração direta ou indireta, excetuados os casos de competência do Supremo Tribunal Federal e dos órgãos da Justiça Militar, da Justiça Eleitoral, da Justiça do Trabalho e da Justiça Federal...

forem partes Estado estrangeiro ou organismo internacional, de um lado, e, do outro, Município ou pessoa residente ou domiciliada no País..."

E, em recurso especial: "as causas decididas, em única ou última instância, pelos Tribunais Regionais Federais ou pelos Tribunais dos Estados, do Distrito Federal e Territórios, quando a decisão recorrida: a) contrariar tratado ou lei federal, ou negar-lhes vigência; b) julgar válido ato de governo local contestado em face de lei federal; (Redação dada pela Emenda Constitucional 45, de 2004); c) der à lei federal interpretação divergente da que lhe haja atribuído outro tribunal". Os recursos especiais já ultrapassaram a casa do milhão.

O Superior Tribunal de Justiça, com essa ampla competência, é o desaguadouro natural das inconformidades com decisões originárias dos Tribunais de Justiça e dos Tribunais Regionais Federais.

Sua organização interna é composta de três seções e seis turmas, divididas, segundo seu regimento interno, por especializações (Direito Público, Direito Privado, Direito Penal e legislação extravagante).

Também possui uma Corte Especial que funciona como tribunal pleno, em questões jurisdicionais. O pleno somente atua na eleição dos seus dirigentes (arts. 3º e 10, do Regimento Interno do STJ).

O Superior Tribunal de Justiça, com o fito de melhorar sua eficiência e diminuir o número de recursos, apresentou projeto de lei para julgamento de recursos repetitivos, que foi aprovado e transformou-se na Lei 11.672/2008. Tal instrumento normativo segue a tendência de privilegiar os precedentes judiciais, o que também gerou o nascimento da súmula vinculante (CF, art. 103-A e Lei 11.417/06).[62]

O Código de Processo Civil de 2015 também incorporou essa organização que privilegia a busca pela uniformidade das decisoes judiciais através da construção de precedentes.

4. O TRIBUNAL SUPERIOR DO TRABALHO – TST

A Justiça do Trabalho está estruturada em três graus de jurisdição; no ápice está o Tribunal Superior do Trabalho.

62. Art. 103-A. O Supremo Tribunal Federal poderá, de ofício ou por provocação, mediante decisão de dois terços dos seus membros, após reiteradas decisões sobre matéria constitucional, aprovar súmula que, a partir de sua publicação na imprensa oficial, terá efeito vinculante em relação aos demais órgãos do Poder Judiciário e à administração pública direta e indireta, nas esferas federal, estadual e municipal, bem como proceder à sua revisão ou cancelamento, na forma estabelecida em lei. (Incluído pela Emenda Constitucional 45, de 2004) (Vide Lei 11.417, de 2006). § 1º A súmula terá por objetivo a validade, a interpretação e a eficácia de normas determinadas, acerca das quais haja controvérsia atual entre órgãos judiciários ou entre esses e a administração pública que acarrete grave insegurança jurídica e relevante multiplicação de processos sobre questão idêntica. § 2º Sem prejuízo do que vier a ser estabelecido em lei, a aprovação, revisão ou cancelamento de súmula poderá ser provocada por aqueles que podem propor a ação direta de inconstitucionalidade. § 3º Do ato administrativo ou decisão judicial que contrariar a súmula aplicável ou que indevidamente a aplicar, caberá reclamação ao Supremo Tribunal Federal que, julgando-a procedente, anulará o ato administrativo ou cassará a decisão judicial reclamada, e determinará que outra seja proferida com ou sem a aplicação da súmula, conforme o caso.

As Varas do Trabalho compõem a primeira instância, sucedendo às vetustas Juntas de Conciliação de Julgamento, que eram órgãos colegiados com a presença de representantes dos empregadores e dos empregados. A modificação surgiu com a Emenda Constitucional 24/99.

Os órgãos de primeiro grau julgam apenas dissídios individuais, que são controvérsias surgidas nas relações de trabalho entre o empregador (pessoa física ou jurídica) e o empregado (este sempre como indivíduo, pessoa física).

A ação trabalhista tem a forma de reclamação trabalhista. A Vara tem competência local, abrangendo geralmente um ou alguns municípios. Sua competência é determinada pela localidade onde o empregado, reclamante ou reclamado, prestar serviços ao empregador, ainda que tenha sido contratado em outro local ou no exterior. A Vara compõe-se de um juiz do trabalho titular e um juiz do trabalho substituto. Em comarcas onde não exista Vara do Trabalho, a lei pode atribuir a competência trabalhista ao juiz de direito vinculado à Justiça Estadual.

Existiam, até o ano de 2009, 1.327 Varas do Trabalho no país. A Lei 10.770/2003 criou mais 269 Varas do Trabalho nas diversas regiões da Justiça do Trabalho.[63] Em 2009, novas vagas surgiram. Assim, a Lei 12.001, de 29 de julho de 2009 majorou os cargos vinculados ao Tribunal Regional do Trabalho da *15ª* Região, com sede em Campinas, Estado de São Paulo, com sua composição aumentada para 55 (cinquenta e cinco) juízes. Também no Tribunal Regional do Trabalho da 7ª Região foram criados 6 (seis) cargos de Juiz do Trabalho de 2º grau no Tribunal Regional do Trabalho da 7ª Região (Lei 11.999, de 29 de julho de 2009).

Segundo o último relatório do Conselho Nacional de Justiça o número total de varas trabalhistas em 2016 monta a 1.572.[64]

A segunda instância é composta por Tribunais Regionais do Trabalho que julgam recursos ordinários contra decisões de Varas do Trabalho, ações originárias (dissídios coletivos de categorias de sua área de jurisdição – sindicatos patronais ou de trabalhadores organizados em nível regional), ações rescisórias de decisões suas ou das Varas e os mandados de segurança contra atos de seus juízes.

A Justiça do Trabalho conta com 24 TRTs compostos, segundo o art. 670 da CLT: a) 1ª Região (Rio de Janeiro) 54 juízes; b) 2ª Região (São Paulo) 64 juízes; c) 3ª Região (Minas Gerais) 36 juízes; d) 4ª Região (Rio Grande do Sul) 36 juízes; e) 5ª Região (Bahia) 29 juízes; f) 6ª Região (Pernambuco) 18 juízes; g) 7ª Região (Ceará) 8 juízes; h) 8ª Região (Pará) 23 juízes; i) 9ª Região (Paraná) 28 juízes; j) 10ª Região (Distrito Federal) 17 juízes; k) 11ª Região (Amazonas) 8 juízes; l) 12ª Região (Santa Catarina) 18 juízes; m) 13ª Região (Paraíba) 8 juízes; n) 14ª Região (Rondônia) 8 juízes; o) 15ª Região (Campinas/SP), 36 juízes; p) 16ª Região (Maranhão) 8 juízes; q) 17ª Região (Espírito Santo) 8 juízes;r) 18ª Região (Goiás) 8 juízes; s) 19ª Região (Alagoas) 8 juízes; t) 20ª Região (Sergipe) 8 juízes; u) 21ª Região (Rio Grande do Norte) 8 juízes; v) 22ª Região (Piauí) 8 juízes; y) 23ª Região (Mato Grosso) 8 juízes; x) 24ª Região (Mato Grosso do Sul) 8 juízes.

63. Disponível em: www.tst.gov.br. Acesso em: 07 ago. 2009.
64. Disponível em: www.cnj.jus.br. Acesso em: 07 set. 2017.

O Tribunal Superior do Trabalho (TST) é considerado integrando instância extraordinária, com sede em Brasília-DF e jurisdição em todo o território nacional, tem por principal função uniformizar a jurisprudência trabalhista. De acordo com o artigo 111-A, da Constituição Federal: "O Tribunal Superior do Trabalho compor-se-á de vinte e sete Ministros, escolhidos dentre brasileiros com mais de trinta e cinco e menos de sessenta e cinco anos, nomeados pelo Presidente da República após aprovação pela maioria absoluta do Senado Federal".

A competência do TST envolve o julgamento de recursos de revista, recursos ordinários e agravos de instrumento contra decisões de TRTs e dissídios coletivos de categorias organizadas em nível nacional, além de mandados de segurança, embargos opostos a suas decisões e ações rescisórias.

5. O SUPERIOR TRIBUNAL MILITAR – STM

O Superior Tribunal Militar, por extensão, a Justiça Militar da União, foi criado em 1º de abril de 1808, pelo Príncipe-Regente D. João VI, com a denominação de Conselho Supremo Militar e de Justiça. Com o advento da República, passou a chamar-se Supremo Tribunal Militar e, mais tarde, a Constituição de 1946 consagrou o nome atual: Superior Tribunal Militar.

Em 18 de julho de 1893, a presidência, passou a ser exercida por membros da própria Corte, eleitos por seus pares. Com o advento da República, passou a chamar-se Supremo Tribunal Militar, foram mantidos todos os componentes do antigo Conselho Supremo Militar e de Justiça, despojados dos seus títulos nobiliárquicos e denominados, genericamente Ministros. A Constituição de 1946 consagrou o nome atual: Superior Tribunal Militar.[65]

O STM é composto, atualmente, de quinze Ministros vitalícios, nomeados pelo Presidente da República, depois de aprovada a indicação pelo Senado Federal. São três Ministros escolhidos dentre oficiais-generais da Marinha, quatro dentre oficiais-generais do Exército, três dentre oficiais-generais da Aeronáutica e cinco Ministros civis.

A Justiça Militar da União é justiça especializada na aplicação da lei a uma categoria especial, a dos militares federais – Marinha, Exército e Aeronáutica, julgando apenas e tão somente os crimes militares definidos em lei.

Atualmente sua regulamentação encontra-se nos arts. 122 a 124 da Constituição Federal, bem como na Lei de Organização Judiciária Militar (Lei 8.457, de 04.09.92).

6. O TRIBUNAL SUPERIOR ELEITORAL – TSE

O Tribunal Superior Eleitoral (TSE) foi criado pelo Decreto 21.076, de 24 de fevereiro de 1932 – com o nome de Tribunal Superior de Justiça Eleitoral – e instalado em 20 de maio do mesmo ano, em um prédio na Avenida Rio Branco, centro do Rio de Janeiro.

65. Disponível em: www.stm.jus.br. Acesso em: 07 ago. 2009.

Cinco anos depois, a Constituição do Estado Novo, outorgada por Getúlio Vargas, extinguiu a Justiça Eleitoral e atribuiu à União, privativamente, a competência para legislar sobre matéria eleitoral.

O Tribunal Superior Eleitoral foi restabelecido em 28 de maio de 1945, pelo Decreto-Lei 7.586/45. No dia 1º de junho do mesmo ano, o TSE foi instalado no Palácio Monroe, no Rio de Janeiro, sob a presidência do Ministro José Linhares.

Em 1946, a sede do Tribunal foi transferida para a Rua 1º de Março, ainda no Rio de Janeiro.

A Justiça Eleitoral é formada pelo Tribunal Superior Eleitoral; por um Tribunal Regional em cada estado, no Distrito Federal e nos territórios; pelos juízes e pelas juntas eleitorais. Esses órgãos têm sua composição e competência estabelecidas pelo Código Eleitoral.

As Juntas Eleitorais São órgãos colegiados de caráter temporário do primeiro grau da Justiça Eleitoral, constituídos apenas no período de realização de eleições (60 dias antes do pleito até a diplomação dos eleitos) e suas principais atribuições são de apuração dos votos e expedição dos diplomas aos eleitos.

O TSE está sediado na capital da República e os TREs nas capitais dos estados, no DF e territórios. Composto por sete ministros, o TSE já funcionou em quatro sedes, além da atual. Em sua primeira fase (1932-1937), funcionou na avenida Rio Branco, no Rio de Janeiro. O Palácio Monroe (hoje demolido) foi sua primeira sede na chamada segunda fase da Justiça Eleitoral (1945-1946), até que o órgão foi transferido para a rua 1º de Março, também no Rio de Janeiro.

Em 22 de abril de 1960, o TSE instalou-se na Esplanada dos Ministérios, em Brasília, onde funcionou até 1971, quando passou a ocupar sede própria na mesma cidade, na Praça dos Tribunais Superiores, onde permanece até hoje.

Conforme determina o art. 119 da Constituição Federal de 1988, a Corte do Tribunal Superior Eleitoral é composta de sete Magistrados, escolhidos da seguinte maneira: três ministros são eleitos entre os membros do Supremo Tribunal Federal (STF); dois ministros são eleitos entre os membros do Superior Tribunal de Justiça (STJ); dois ministros são nomeados pelo presidente da República, escolhidos entre seis advogados de notável saber jurídico e idoneidade moral, indicados pelo STF.

O TSE elege seu presidente e vice-presidente entre os ministros do STF; e o corregedor eleitoral, entre os ministros do STJ (CF/88, art. 119, parágrafo único).

Para cada ministro efetivo, é eleito um substituto, escolhido pelo mesmo processo (CF/88, art. 121, § 2º, in fine).

Cada ministro é eleito para um biênio, sendo proibida a recondução após dois biênios consecutivos (CF/88, art. 121, 1ª parte).

A rotatividade dos juízes no âmbito da Justiça Eleitoral visa a manter o caráter apolítico dos tribunais eleitorais, de modo a garantir a isonomia nos processos eleitorais. Atua perante a Corte, ainda, o Procurador-Geral Eleitoral.

7. DA JUSTIÇA FEDERAL

A Constituição Republicana de 1891 criou o Supremo Tribunal Federal e também Juízes Federais e Tribunais Regionais. Como afirma Alexandre Vidigal de Oliveira, a Justiça Federal era composta pelo Supremo Tribunal Federal, Juízes Seccionais, Substitutos e Suplentes, e Tribunais do Júri Federal.[66]

Nessa primeira fase da Justiça Federal no Brasil, sua organização era composta de 21 seções judiciárias, correspondentes então aos vinte estados e o Distrito Federal, tendo como sede sempre a capital de cada Estado. Somente existiam dois juízes: um Juiz de Seção e outro, substituto. Este último era temporário, exercendo mandato de seis anos. O requisito para ingresso era possuir experiência anterior, como advogado ou magistrado, durante quatro anos, sem limite de idade.[67]

A Lei 221, de 1894, criou a figura do Juiz Suplente do Substituto do Juiz Seccional, em número de três, por indicação do Juiz Seccional para mandato de quatro anos. Reduziu-se, também, o tempo de prática forense para o exercício do cargo de Juiz Seccional para dois anos.[68]

O Decreto 3.084, de 05/11/1898, regulamentador da Lei 221, de 1894, não faz qualquer menção aos tribunais federais previstos na Constituição de 1891, inexistindo prova de que eles tenham sido efetivamente criados, pelo menos até 1946. coube ao STF, nesse período, a função de órgão revisor da Justiça Federal.

A nomeação dos juízes federais, em 1891, era do Presidente da República, por indicação da Corte Suprema (Art. 80. Os Juízes federais serão nomeados dentre brasileiros natos de reconhecido saber jurídico e reputação ilibada, alistados eleitores, e que não tenham menos de 30, nem mais de 60 anos de idade, dispensado este limite aos que forem magistrados. Parágrafo único. A nomeação será feita pelo Presidente da República dentre cinco cidadãos com os requisitos acima exigidos, e indicados, na forma da lei, e por escrutínio secreto pela Corte Suprema).

A Constituição de 1934 manteve a Justiça Federal (arts. 78-81) com competências que foram repisadas, quase na totalidade, na atual Constituição de 1988. Não mais lhe reservou competência para os crimes políticos ou, ainda, crimes contra a ordem social.

A Constituição de 1937 não previu a Justiça Federal, cometendo à Justiça dos Estados a competência para o julgamento das causas de interesse da União (Art. 109 – Das sentenças proferidas pelos Juízes de primeira instância nas causas em que a União for interessada como autora ou ré, assistente ou oponente, haverá recurso diretamente para o Supremo Tribunal Federal. Parágrafo único. A lei regulará a competência e os recursos

66. OLIVEIRA, Alexandre Vidigal de. Justiça Federal. Evolução Histórico-Legislativa. *Revista do Tribunal Regional Federal* 1ª Região, Brasília, v. 8, n. 4, out./dez. 1996.
67. OLIVEIRA, Alexandre Vidigal de. Justiça Federal. Evolução Histórico-Legislativa. *Revista do Tribunal Regional Federal 1ª Região*, Brasília, v. 8, n. 4, out./dez. 1996.
68. OLIVEIRA, Alexandre Vidigal de. Justiça Federal. Evolução Histórico-Legislativa. *Revista do Tribunal Regional Federal 1ª Região*, Brasília, v. 8, n. 4, out./dez. 1996.

nas ações para a cobrança da dívida ativa da União, podendo cometer ao Ministério Público dos Estados a função de representar em Juízo a Fazenda Federal).

De outro lado, delegou ao Chefe do Executivo a normatização decorrente da extinção da Justiça Federal (Art. 185. O julgamento das causas em curso na extinta Justiça Federal e no atual Supremo Tribunal Federal será regulado por decreto especial que prescreverá, do modo mais conveniente ao rápido andamento dos processos, o regime transitório entre a antiga e a nova organização judiciária estabelecida nesta Constituição).

Com a Constituição Federal de 1946, foi instalado na cidade do Rio de Janeiro o Tribunal Federal de Recursos, passando a nova Corte de Justiça a exercer a função de órgão de revisão da Justiça com competência federal de primeiro grau. Nessa época, as causas de interesse da União eram julgadas pelos Juízes Estaduais,[69] visto que os Juízes Federais haviam sido colocados em disponibilidade ou aposentados após o ano de 1937.

Em outubro de 1965, foi restaurada a Justiça Federal de 1ª Instância, estabelecendo-se que ficaria a cargo do Tribunal Federal de Recursos julgar, em grau de recurso, as causas decididas pelos Juízes Federais.

Em 1966, tem-se a edição da Lei 5.010, que trata exclusivamente da Justiça Federal, e define cada Estado, Território e o Distrito Federal como sendo uma Seção Judiciária, seguindo-se a tradição.

É também da mesma data e regulada pelo referido estatuto normativo, o surgimento do Conselho da Justiça Federal, integrado pelo Presidente, Vice-Presidente e mais três Ministros do Tribunal Federal de Recursos.

É na referida lei, ainda em vigor, até hoje, que consta a delegação de competência à Justiça Estadual para o julgamento dos executivos fiscais, das vistorias, justificações, e das matérias de natureza previdenciária, quando nas comarcas do interior não funcionar Vara Federal.

Já constava na lei de 1966 autorização para que fossem instaladas Varas Federais no interior, mas nenhum ato foi editado sobre o tema sob a égide da Constituição de 1946 ou na de 1967.

Foram criados cargos de Juiz Federal Substituto, com acesso mediante concurso público, por bacharéis em Direito com idade entre 28 e 50 anos, e com quatro anos de prática forense.

No que concerne aos Juízes Federais, a sua nomeação decorria da escolha dentre candidatos indicados, em lista quíntupla, pelo Supremo Tribunal Federal, dela cons-

69. CF/46, Art. 201. As causas em que a União, for autora serão aforadas na capital do estado ou território em que tiver domicílio a outra parte, as intentadas contra a União poderão ser aforadas na capital do estado ou território em que for domiciliado o autor; na capital do estado em que se verificou o ato ou fato originador da demanda ou esteja situada a coisa; ou ainda no Distrito Federal. § 1º As causas propostas perante outros Juízes, se a União, nelas intervier como assistente ou opoente, passarão a ser da competência de um dos Juízos da Capital. § 2º A lei poderá permitir que a ação seja proposta noutro foro, cometendo ao Ministério Público Estadual a representação judicial da União.

tando 3 nomes de Juiz Federal Substituto escolhidos pelo Tribunal Federal de Recursos e 2, dentre bacharéis em Direito com, no mínimo, 8 anos de exercício da advocacia, Ministério Público, magistratura ou magistério superior.[70]

O Tribunal Federal de Recursos foi extinto a partir da Constituição de 1988, passando a estrutura da Justiça Federal a contar com cinco Tribunais Regionais, sediados em: Brasília (TRF-1), Rio de Janeiro (TRF-2), São Paulo (TRF-3), Porto Alegre (TRF-4) e Recife (TRF-5). O número de tribunais constou do art. 27 § 6º, do ADCT ("Ficam criados cinco Tribunais Regionais Federais, a serem instalados no prazo de seis meses a contar da promulgação da Constituição, com a jurisdição e sede que lhes fixar o Tribunal Federal de Recursos, tendo em conta o número de processos e sua localização geográfica") A jurisdição e sede destes tribunais foi prevista na Resolução n. 1, de 06/10/88, do Tribunal Federal de Recursos.

O magistrado Alexandre Vidigal dá o seu testemunho do crescimento da Justiça Federal:

> Na sequência, observa-se uma significativa ampliação da Justiça Federal. São criadas, pela Lei 8.146/90, duas Varas Federais no Rio Grande do Sul. Com a Lei 8.235/91 são criados 186 cargos de Juiz Federal Substituto em toda a Justiça Federal. Pela Lei 8.251/91, são criadas 16 Varas Federais na la Região, e, também, as Seções Judiciárias de Tocantins, Amapá e Roraima. Em 1992, pela Lei 8.418, dá-se a primeira reestruturação do TRF, o da 3ª Região, passando a ser composto por 27 Juízes. São criadas, pela Lei 8.424/92, 31 Varas Federais na 4ª Região. A Lei 8.495/92, cria 3 Varas Federais na 5ª Região. A Lei 8.535/92 cria 35 Varas Federais na Seção Judiciária do Rio de Janeiro.
>
> Atualmente, a Justiça Federal conta com 358 Varas Federais criadas, sendo 82, na 1ª Região, 75 na 2ª Região, 96 na 3ª Região, 71 na 4ª Região e 34 na 5ª Região, e dispondo de 238 Juízes Federais e 188 Juízes Federais Substitutos. Nos TRF's a atual composição é de 18 Juízes na 1ª Região, 23 na 2ª, 27 na 3ª, 24 na 4ª e 10 na 5", totalizando 101 Juízes.[71]

A partir de 1996, o processo de crescimento da Justiça Federal comum da União acompanhou a sua interiorização, ampliando o acesso à Justiça notadamente aos segurados do INSS e estendo-lhe a jurisdição aos executivos fiscais da União, assuntos delegados, antes, à competência da justiça estadual, pela Lei 5.010/66. a criação de cargos de magistrados e de varas teve uma paralisação em 1999. No ano de 2009, a Justiça Federal comum possuía 1103 cargos de magistrados.

Em 2009, foi editada a Lei 12.011/2009, que criou 230 novas Varas da Justiça Federal, que deverão ser instaladas em quatro exercícios, a começar por 2010. A lei é originária do PL 5.829/04, que foi modificado pois previa a criação de 400 novas Varas, em todo o Brasil, ocorrendo sua redução para 230. Com isso, foram criados mais 460 cargos de magistrado, metade de juízes titulares de Vara e a outra de Juízes Substitutos.

---

70. OLIVEIRA, Alexandre Vidigal de. Justiça Federal. Evolução Histórico-Legislativa. *Revista do Tribunal Regional Federal* 1ª Região, Brasília, v. 8, n. 4, out./dez. 1996.
71. OLIVEIRA, Alexandre Vidigal de. Justiça Federal. Evolução Histórico-Legislativa. *Revista do Tribunal Regional Federal* 1ª Região, Brasília, v. 8, n. 4, out./dez. 1996.

Essa é uma peculiaridade da organização interna da Justiça Federal, vez que cada Vara possui dois cargos de juiz.

Após tramitação no Congresso, o Projeto de Emenda Constitucional 544/2002, criando os Tribunais Regionais Federais da 6ª, 7ª, 8ª e 9ª Regiões, respectivamente nos estados do Paraná, Minas Gerais, Bahia e Amazonas redundou na edição da Emenda Constitucional (EC) 73/2013. Por força de decisão proferida na ADI 5017, ajuizada pela Associação Nacional dos Procuradores Federais (Anpaf) foi deferida liminar suspendendo os seus efeitos, o que ocorreu aos 18.07.2013.

Cada Tribunal Federal é dirigido por um Presidente, um Vice-Presidente e um Corregedor. Todos são eleitos para exercer mandato durante um biênio, normalmente ocorrendo obediência ao critério de antiguidade. Tal regra tem sido quebrada em alguns momentos. No Tribunal Regional Federal da Segunda Região, o desembargador Chalu Barbosa, mais antigo, não foi eleito, e, no seu lugar, exerceu mandato o segundo em antiguidade, desembargador Valmir Peçanha. No biênio seguinte foi eleito o desembargador Castro Aguiar que, também, não figurava como o mais antigo do tribunal. O seu sucessor, no entanto, desembargador Paulo César Espírito Santo era considerado o mais antigo na linha de sucessão.

Também o Tribunal Regional Federal da Terceira Região tem indicado dirigentes em descompasso com o critério de antiguidade e, em determinada eleição houve impugnação, que foi apresentada judicialmente para julgamento no Supremo Tribunal Federal.

Foi proposta Reclamação (RCL 8025) pela desembargadora federal do TRF-3 Suzana de Camargo Gomes, aduzindo que o magistrado Paulo Octávio Baptista Pereira seria inelegível para o cargo, uma vez que foi corregedor do TRF entre 2003 e 2005. Fundamentou o seu pedido na Lei Orgânica da Magistratura (LC 35/79), que normatiza as eleições nos tribunais prevendo que devem eleger para seus cargos diretivos os magistrados mais antigos, excluindo-se os que tiverem exercido quaisquer cargos de direção nos últimos quatro anos.

O relator da Reclamação fundamentou sua decisão monocrática no precedente que considerou inconstitucional criar critério de elegibilidade para os tribunais em confronto com o estabelecido na LOMAN. Nesse sentido:

> Magistratura. Tribunal. Membros dos órgãos diretivos. Presidente, Vice-Presidente e Corregedor--Geral. Eleição. Universo dos magistrados elegíveis. Previsão regimental de elegibilidade de todos os integrantes do Órgão Especial. Inadmissibilidade. Temática institucional. Matéria de competência legislativa reservada à Lei Orgânica da Magistratura e ao Estatuto da Magistratura. Ofensa ao art. 93, caput, da Constituição Federal. Inteligência do art. 96, inc. I, letra a, da Constituição Federal. Recepção e vigência do art. 102 da Lei Complementar federal 35, de 14 de março de 1979 – LOMAN. Ação direta de inconstitucionalidade julgada, por unanimidade, prejudicada quanto ao § 1º, e, improcedente quanto ao caput, ambos do art. 4º da Lei 7.727/89. Ação julgada procedente, contra o voto do Relator sorteado, quanto aos arts. 3º, *caput*, e 11, inc. I, letra a, do Regimento Interno do Tribunal Regional Federal da 3ª Região. São inconstitucionais as normas de Regimento Interno de tribunal que disponham sobre o universo dos magistrados elegíveis para seus órgãos de direção (ADI 3566/

DF, Relator: Min. Joaquim Barbosa, Relator p/ Acórdão: Min. Cezar Peluso, Julgamento: 15.02.2007, Tribunal Pleno, maioria, vencido o relator).

Na sessão do dia 09 de dezembro de 2009, o STF, julgou procedente a reclamação, em parte, para determinar a realização de nova eleição, concorrendo os candidatos mais antigos, sem impedimento. É o excerto da decisão:

> Decisão: Preliminarmente, o Tribunal afirmou a ilegitimidade da representação judicial do advogado constituído pelo Presidente do Tribunal Regional Federal da 3ª Região, que deveria ser feita pela Advocacia Geral da União, desconsiderando a sustentação oral realizada, vencidos os Senhores Ministros Cármen Lúcia, Ricardo Lewandowski e Carlos Britto, que permitiam a sustentação oral do advogado do reclamante e posteriormente a do advogado constituído pelo Presidente do TRF da 3ª Região. Em seguida, o Tribunal rejeitou questão de ordem no sentido de intimar a AGU para que, querendo, se manifeste nos autos, vencidos os Senhores Ministros Ricardo Lewandowski, que a suscitou, e Carlos Britto. No mérito, o Tribunal, por maioria, julgou procedente a reclamação, para anular a eleição de Presidente e determinar que outra se realize, nos termos do voto do Relator, vencidos os Senhores Ministros Ricardo Lewandowski e Marco Aurélio, que a julgavam improcedente. Votou o Presidente, Ministro Gilmar Mendes. Ausentes, licenciado, o Senhor Ministro Joaquim Barbosa e, neste julgamento, a Senhora Ministra Ellen Gracie e o Senhor Ministro Dias Toffoli, que declarou suspeição. Falou, pelo reclamante, o Professor Sérgio Ferraz. Plenário, 09.12.2009.

Aliás, em tema de magistratura, o Supremo Tribunal Federal tem interpretado que a Lei Orgânica da Magistratura Nacional, editada em 1979, em pleno governo do General Ernesto Geisel, fruto da Emenda Constitucional 07, de 13 de abril de 1977, quando o Congresso Nacional havia sido posto em recesso, foi recepcionada pela Constituição quanto aos artigos que não colidissem com as novas normas constitucionais que tratam da organização dos tribunais e dos direitos e deveres dos Juízes. O STF está organizando projeto de lei orgânica para ser remetido ao Congresso Nacional.

Após intenso esforço político foi editada a Lei 14.226/2021 que criou o Tribunal Regional Federal da Sexta Região, com sede em Belo Horizonte. A sua instalação ocorreu aos 19 de agosto de 2022.

A composição do tribunal consta com dezoito magistrados.

Atualmente os tribunais têm o seguinte número de juízes: TRF-1: 24; TRF-2: 27; TRF-3: 39; TRF-4: 26; TRF-5: 15; TRF-6: 18.

8. DA JUSTIÇA ESTADUAL

Apesar de constituir um poder nacional, a organização interna do Poder Judiciário assegura, como aos próprios Estados federados, a autonomia aos magistrados vinculados ao Poder Judiciário que lhes é simetricamente próprio que, atualmente, são selecionados e nomeados pelos dirigentes desse ramo do Judiciário, seguindo a regra geral do concurso público de provas e títulos.

Ao contrário dos Estados Unidos, onde, nos Estados federados, o cargo de juiz é provido mediante eleições especificas, não existe tal precedente no Brasil.

São órgãos do Judiciário dos Estados, o Tribunal de Justiça, e os Juízes de Direito (CF, art. 92, VII).[72] Os Tribunais de Alçada, anteriormente existentes, foram extintos pela da Emenda Constitucional no. 45. Os magistrados integrantes desses tribunais foram incorporados como Desembargadores aos Tribunais de Justiça.

Nos Estados existem diferenciações: por exemplo, na estrutura do Poder Judiciário houve inclusão dos Juizados Especiais Cíveis e Criminais e das Turmas Recursais, consoante disposição da Constituição estadual (art. 151).[73]

A Constituição do Estado do Acre, a seu turno, assim dispõe: "Art. 91. 0 Poder Judiciário é exercido, pelos seguintes órgãos: I – Tribunal de Justiça; II – Juízos de Direito; III – Tribunais do Júri; IV – outros juízos instituídos por Lei; V – Auditoria e Conselhos de Justiça Militar".

Já a Constituição do Estado de Alagoas estabelece outra organização: "Art. 121. São órgãos do Poder Judiciário: I – o Tribunal de Justiça; II – o Tribunal do Júri; III – Juízes de Direito e os Juízes Substitutos; IV – o Conselho da Justiça Militar; V – outros Juízes instituídos por lei".

Na Constituição do Estado do Amapá, há previsão de Juízes Auxiliares: "Art. 124. São órgãos do Poder Judiciário do Estado: I – o Tribunal de Justiça; II – os Juízes de Direito; III – os Juízes de Direito Auxiliares; IV – os Juízes de Direito Substitutos; V – os Tribunais do Júri; VI – a Justiça Militar; VII – outros Tribunais e Juízos instituídos por lei".

No Estado do Amazonas: "Art. 63. O Poder Judiciário do Estado é exercido pelos seguintes Órgãos: I – o Tribunal de Justiça; II – os Tribunais do Júri; III – os Juízes de Direito; IV – o Conselho de Justiça Militar; V – os Juizados Especiais e a Justiça de Paz".

No Estado da Bahia, assim consta a organização do Poder Judiciário: "Art. 110. São órgãos do Poder Judiciário: I – o Tribunal de Justiça; II – o Tribunal de Alçada(*); III – os Tribunais do Júri; IV – os juízes de Direito; V – o Conselho de Justiça Militar; VI – os Juizados Especiais; VII – os Juizados de Pequenas Causas; VIII – os Juizados de Paz.

No Estado do Ceará existe acentuada diferenciação: "Art. 94. São órgãos do Poder Judiciário Estadual: I – Tribunal de Justiça; II – Conselho de Justiça Estadual;[74] III – Tribunais de Alçada; IV – Tribunais do Júri; V – Juízes de Direito; VI – Juízes Substitutos; VII – Auditoria Militar; VIII – Juizados Especiais; IX – Juizados de Pequenas Causas; X – Juizados de Paz; XI – Outros órgãos criados por lei".

A Lei Orgânica do Distrito Federal somente refere a existência de dois poderes: Legislativo e Executivo (art. 53). A jurisdição do Tribunal de Justiça do Distrito Federal abrange os territórios. A Justiça do Distrito Federal é organizada pela Lei 8.185/91, cujo Art. 2º enumera os respectivos órgãos integrantes: "Art. 2º Compõem a Justiça do Distrito

---

72. Art. 92. São órgãos do Poder Judiciário: ...VII – os Tribunais e Juízes dos Estados e do Distrito Federal e Territórios.
73. Art. 151 – São Órgãos do Poder Judiciário: I – o Tribunal de Justiça; II – os Juízes de Direito; III – o Tribunal do Júri; IV – os Conselhos da Justiça Militar; V – os Juizados Especiais e suas Turmas Recursais.
74. Arguida a inconstitucionalidade na ADIn 136-1. A referida ação foi extinta sem exame de mérito por decisão do Ministro Teori Zavascki aos 06.08.2013.

Federal e dos Territórios: I – O Tribunal de Justiça; II – O Conselho da Magistratura; III – os Tribunais do Júri; IV – os Juízes de Direito do Distrito Federal; V – os Juízes de Direito Substitutos do Distrito Federal; VI – os Juízes de Direito dos Territórios; VII – os Juízes de Paz do Distrito Federal; VIII – os Juízes de Paz dos Territórios". É de se destacar que, apesar de a Constituição Federal estar coalhada de normas acerca de territórios, no momento, eles não existem no mundo fático. Todos os antigos territórios foram transformados em estados federados.

No Estado do Espírito Santo, assim dispõe a Constituição: "Art. 101. São órgãos do Poder Judiciário:I – o Tribunal de Justiça; II – os Juízes de Direito; III – os Tribunais do Júri; IV – os Tribunais ou Juízes;V – os Juizados Especiais; VI – o Conselho de Justiça Militar". Salvo melhor juízo, parece existir uma superposição de órgãos tendo em vista que o inciso IV repete órgãos já indicados no texto, pois não existem outros tribunais na estrutura do Judiciário local.

A Constituição do Estado de Goiás mantém referência a Tribunais inferiores, que não mais existem após a Emenda Constitucional 45. Assim dispõe a norma: "Art. 41. São órgãos do Poder Judiciário Estadual: I – o Tribunal de Justiça; II – os Juízes de Direito; III – o Tribunal de Justiça Militar; IV – os Conselhos de Justiça Militar; V – os Juizados Especiais; VI – a Justiça de Paz; VII – os tribunais inferiores".

No Maranhão, a criação de Tribunal de Alçada por norma inserida na Constituição estadual foi julgada inconstitucional pelo STF.[75] A decisão é anterior à Emenda Constitucional 45. No mais, assim, dispõe a Constituição estadual: "Art. 71. São Órgãos do Poder Judiciário: I. o Tribunal de Justiça; II. o Tribunal de Alçada (norma declarada inconstitucional); III. o Conselho de Justiça Militar; IV. os Tribunais do Júri; V.os Juízes de Direito; VI. os Juizados Especiais; VII.os Juízes de Paz".

O texto da Constituição do Estado do Mato Grosso é dos mais detalhados: "Art. 91. São órgãos do Poder Judiciário Estadual: I – o Tribunal de Justiça; II – o Tribunal do Júri; III – os Juízes de Direito; IV – os Conselhos de Justiça Militar Estadual; V – os Juizados Especiais; VI – as Turmas Recursais, VII – os Juizados de Menores; VIII – a Justiça de Paz; IX – as Varas Distritais; X – as Varas Itinerantes; XI – outros órgãos instituídos em lei".

No Estado do Mato Grosso do Sul já é seguido um padrão nacional de organização: "Art. 97. O Poder Judiciário do Estado é exercido pelos seguintes órgãos: I Tribunal de Justiça; II Tribunal do Júri; III os Juízes de Direito; IV os Juízes Substitutos; V os Juizados Especiais das Causas Cíveis de Menor Complexidade e de Infrações Penais de Menor Potencial Ofensivo; VI a Auditoria Militar; VII os Juizados de Paz".

A redação da Constituição do Estado de Minas Gerais é bem sucinta: "Art. 96. São órgãos do Poder Judiciário: I – o Tribunal de Justiça; II – (Revogado pelo art. 5º da

75. Aumento do número de cargos de Desembargadores e criação de Tribunal de Alçada. Medidas dependentes de proposta do Tribunal de Justiça (art. 96, II, b, e c da Carta Federal), sendo, assim, inconstitucionais quando editadas independentemente daquela iniciativa, pela Constituição estadual. Precedentes: Ações Diretas 274, de Pernambuco, 157, do Amazonas e 142, de Rondônia (ADI 366/MA, Relator: Min. Octavio Gallotti, julgamento: 24.10.1996, Pleno, v.u.).

Emenda à Constituição 63, de 19/7/2004);[76] III – o Tribunal e os Conselhos de Justiça Militar; IV – os Tribunais do Júri; V – os Juízes de Direito; VI – os Juizados Especiais".

No Estado do Pará, segue-se, também, o padrão geral: "Art. 147. São órgãos do Poder Judiciário: I – o Tribunal de Justiça; II – os Tribunais do Júri: III – os Juízes de Direito; IV – os Conselhos de Justiça Militar; V – os Juizados Especiais; VI – a Justiça de Paz".

Também a Constituição do Estado do Paraná segue o mesmo diapasão: "Art. 93. São órgãos do Poder Judiciário no Estado: I – o Tribunal de Justiça; II – Revogado pela Emenda Constitucional 16/2005.[77] III – os Tribunais do Júri; IV – os Juízes de Direito; V – os Juízes Substitutos; VI – os Juizados Especiais; VII – os Juízes de Paz".

Na Paraíba, assim dispõe a Constituição estadual: "Art. 91. São órgãos do Poder Judiciário do Estado: I – o Tribunal de Justiça; II – o Tribunal do Júri; III – os Juízes de Direito; IV – os Juízes Substitutos; V – o Juiz Auditor Militar Estadual; VI – outros juízes instituídos por lei".

Em Pernambuco o texto constitucional é singelo: "Art. 44. São órgãos do Poder Judiciário do Estado: I – o Tribunal de Justiça do Estado; II – os Tribunais do Júri; III – O Conselho de Justiça Militar; IV – os Juízes de Direito; V – outros Juízos e Tribunais instituídos por Lei.

Já no Estado do Piauí, além dos órgãos encontrados em outros entes federados, foi criado o Conselho de Magistratura: "Art. 112. São órgãos do Poder Judiciário do Estado: I – o Tribunal de Justiça; II – os Juízes de Direito; III – o Tribunal do Júri; IV – os Juizados Especiais; V – a Auditoria e os Conselhos de Justiça Militar. § 1º O Conselho da Magistratura, sem função jurisdicional, é órgão de controle da atividade administrativa e do desempenho dos deveres funcionais do Poder Judiciário, do Ministério Público e da Defensoria Pública".

No Rio Grande do Norte a Constituição estadual estabelece o número de integrantes do Tribunal de Justiça: "Art. 70. São órgãos do Poder Judiciário do Estado: I – O Tribunal de Justiça do Estado do Rio Grande do Norte, composto de quinze (15) Desembargadores;[78] II – Tribunais de Júri; III – Juízes de Direito e Conselho de Justiça Militar; IV – Juizados Especiais formados por Juízes de Direito e Colegiados Regionais de Recursos".[79]

A Constituição do Estado do Rio Grande do Sul já incorporou a extinção do Tribunal de Alçada: "Art. 91. São órgãos do Poder Judiciário do Estado: I – o Tribunal de Justiça; II – o Tribunal Militar do Estado; III – os Juízes de Direito; IV – os Tribunais do Júri; V – os Conselhos de Justiça Militar; VI – os Juizados Especiais e de Pequenas Causas; VII – os Juízes Togados com Jurisdição limitada".

Em Rondônia não existem mudanças na estrutura do Poder Judiciário local: "art. 74. São órgãos do Poder Judiciário: I – Tribunal de Justiça; II – Juízes de Direito e Juízes

76. Dispositivo revogado: "II – os Tribunais de Alçada".
77. Redação Anterior: "II – o Tribunal de Alçada".
78. Redação dada pela EC estadual 2, de 21.10.1997.
79. ADIn 170-1 suspendeu a eficácia da previsão "e Colegiados Regionais de Recursos". V – Juízes de Paz".

Substitutos; III – Tribunal do Júri; IV – Justiça Militar; V – Outros Tribunais e Juízos instituídos por lei".

No Estado de Roraima, existe um rol de órgãos mais extenso: "Art. 68. São órgãos do Poder Judiciário: I – o Tribunal de Justiça; II – os Tribunais do Júri; III – os Juízes de Direito e Juízes Substitutos; IV – a Justiça Militar; V – os Juizados Especiais; VI – os Juizados de Pequenas Causas; e VII – os Juizados de Paz".

No mesmo diapasão a Constituição do Estado de Santa Catarina: "Art. 77. São órgãos do Poder Judiciário do Estado: I – o Tribunal de Justiça; II – os Tribunais do Júri; III – os Juízes de Direito e os Juízes Substitutos; IV – a Justiça Militar; V – os Juizados Especiais e as Turmas de Recursos; Inciso com nova redação dada pela Emenda Constitucional n. 42 VI – os Juízes de Paz; VII – outros órgãos instituídos em lei".

Em São Paulo, a distribuição de órgãos do Poder Judiciário também é extensa: "Artigo 54. São órgãos do Poder Judiciário do Estado: I – o Tribunal de Justiça; II – o Tribunal de Justiça Militar; III – os Tribunais do Júri; IV – as Turmas de Recursos; V – os Juízes de Direito; VI – as Auditorias Militares; VII – os Juizados Especiais; VIII – os Juizados de Pequenas Causas". Aqui há uma aparente superposição entre os Juizados Especiais e os Juizados de Pequenas Causas, sendo o único texto constitucional a realizar tal diferenciação.

O Estado de Sergipe mantém regras tradicionais, na organização do Poder Judiciário: "Art. 93. O Poder Judiciário é exercido pelos seguintes órgãos: I – Tribunal de Justiça; II – Juízes de Direito; III – Tribunais do Júri; IV – Conselho da Justiça Militar; V – Tribunais ou Juízes instituídos por lei".

E, finalmente, o Estado do Tocantins, o de criação mais recente, na federação brasileira, mantém a estrutura do Poder Judiciário, nos seguintes termos: "Art. 43. São órgãos do Poder Judiciário: I – Tribunal de Justiça; II – Justiça Militar;[80] III – Juízes de Direito e Juízes Substitutos; IV – Juizados Especiais; V – Justiça de Paz".

Os juízes leigos, existentes na estrutura dos Juizados Especiais, não são considerados integrantes do quadro efetivo de magistrados, exercendo funções temporárias, com baixa ou nenhuma remuneração, atuando, normalmente, com vinculo às escolas da magistratura, existentes em cada estado da federação.

9. CONSELHO NACIONAL DE JUSTIÇA – CNJ

O moderno Estado Democrático busca soluções para equilibrar as naturais funções internas do Estado, instituídas como modelo clássico sob influxos das revoluções burguesa e proletária dos séculos XIX e XX. Nessa trilha, entrando em crise as relações entre as clássicas funções estatais surgem novos modelos, que buscam melhor inter-relacionamento, bem como maior eficiência na atuação estatal.

80. Inciso II com redação determinada pela Emenda Constitucional 07, de 15/12/1998.

Aferindo o processo constituinte, que redundou na atual Constituição, de 1988, pode-se verificar que a preocupação central foi a de estabelecer um tribunal constitucional, como extraído do anteprojeto da Subcomissão do Poder Judiciário e do Ministério Público.[81]

Essa tese não vingou na Comissão de Organização dos Poderes e Sistemas de Governo, que retornou à tradição republicana, mantendo o Supremo Tribunal Federal.[82] Tal texto foi aprovado em primeiro e segundo turnos pela assembleia constituinte, que rejeitou somente a criação dos Tribunais e Juízes Agrários, inovação que vinha sendo mantida nas instâncias anteriores.

Por outro lado, a OAB, na sua XI Conferência Nacional, que precedeu à atual Constituição, apresentou diversas manifestações criticando a ausência de democracia interna no Poder Judiciário.[83] No entanto, não avançou na questão do controle externo, limitando-se a sugerir a especialização em algumas questões, como a agrária, a família, bem como conduzir os critérios para seleção dos juízes.

Assim, o surgimento do CNJ decorre, dentre outros fatores, da necessidade de controlar os tribunais, cuja autonomia, de matriz constitucional, gerou órgãos sem qualquer comunicação interna, com procedimentos administrativos diversos, culturas diversas e eficiência também díspar.

Releve-se que o princípio da eficiência passou a guardar assento constitucional (CF, art. 37, *caput*, incluído pela Emenda Constitucional no. 19/98) sendo seguido pela novel redação do art. 5º, LXXVIII, que assegura uma razoável duração do processo, bem como os meios que garantam a celeridade de sua tramitação.[84]

A solução aventada pela Emenda Constitucional 45, de 2004, buscou uniformizar critérios de atuação do Poder Judiciário nacional, tentando conciliar interesses locais (municipais e estaduais), tendo, como dado complicador, a circunstância de adotarmos a Federação, como forma de organizar o Estado.

Durante longo período travou-se no Congresso Nacional e fora dele um intenso debate sobre como resolver os problemas que afligiam e ainda afligem os serviços prestados pelo Poder Judiciário, notadamente a sua notória morosidade.

Com base em tal perspectiva, foi editada a Emenda Constitucional no. 45, de 2004, que, dentre outras inovações, instituiu o Conselho Nacional de Justiça.

---

81. Artigo 1 – O Poder Judiciário é exercido pelos seguintes órgãos: I – Tribunal Constitucional; II – Superior Tribunal de Justiça; III – Tribunais e Juízes Federais; IV – Tribunais e Juízes Eleitorais; V – Tribunais e Juízes do Trabalho; VI – Tribunais e Juízes Agrários; VII – Tribunais e Juízes dos Estados, do Distrito Federal e Territórios.
82. Artigo 88 – São órgãos do Poder Judiciário: I – Supremo Tribunal Federal; II – Superior Tribunal de Justiça; III – Tribunais Regionais Federais e Juízes Federais; IV – Tribunais e Juízes Eleitorais; V – Tribunais e Juízes do Trabalho; VI – Tribunais e Juízes Militares; VII – Tribunais e Juízes dos Estados, do Distrito Federal e Territórios; VIII – Tribunais e Juízes Agrários.
83. SURGIK, Aloísio. *O Judiciário e o Povo in* Anais da XI Conferencia Nacional da OAB. Belém/PA, p. 299-315.
84. Inserido no Código de Processo Civil de 2015 (Art. 8º Ao aplicar o ordenamento jurídico, o juiz atenderá aos fins sociais e às exigências do bem comum, resguardando e promovendo a dignidade da pessoa humana e observando a proporcionalidade, a razoabilidade, a legalidade, a publicidade e a eficiência).

É certo que outro ponto do debate se revelou de suma importância: a criação de um controle externo ao Poder Judiciário.

A tese original, no entanto, foi visivelmente modificada pela institucionalização de mais um órgão no sistema do Poder Judiciário, com funções administrativas, financeiras e correicionais, cuja atuação tem sido criticada principalmente pela quebra do princípio federativo.

A atuação do Conselho Nacional de Justiça, no entanto, até o presente momento,tem sido respaldada pelo Supremo Tribunal Federal, sendo paradigmática a decisão concernente à Resolução que proibiu o nepotismo nos tribunais, o que atingiu notadamente os órgãos estaduais porque na esfera federal já havia lei regulando o assunto.

Interessante notar que a decisão do Supremo Tribunal ocorreu no julgamento de Ação Direta de Constitucionalidade proposta pela Associação dos Magistrados Brasileiros (AMB), tendo contado com expressiva maioria dos juízes da excelsa Corte.[85]

9.1 O Conselho Nacional de Justiça. Composição. Organização

Criado pela EC 45/2004, que incluiu no texto constitucional o artigo 103-B os contornos respectivos, foi instalado aos 14 de junho de 2005.

A inclusão, na sua estrutura, de pessoas estranhas ao Poder Judiciário teve o propósito de tentar democratizar o poder interno, fornecendo-lhe novos afluxos da sociedade civil, representada por pessoas indicadas pelo Parlamento, pelo Ministério Público e pelo Conselho Federal da Ordem dos Advogados do Brasil.

Do ponto de vista interno, na mesma linha, a composição de 15 membros foi estabelecida para permitir a indicação dos conselheiros por diversos órgãos do Poder Judiciário, procurando criar um equilíbrio entre os vários segmentos do Poder Judiciário.

Como seria natural, a presidência do órgão permaneceu vinculada a membro do Supremo Tribunal Federal indicado para exercê-la. Tradicionalmente a indicação tem recaído sobre o Presidente da Suprema Corte.[86] A tradição foi ratificada pelo advento da Emenda Constitucional 61/2009 que estabeleceu que a presidência do CNJ passasse a ser ocupada pelo Presidente do STF.

---

85. ADC 12, Relator: Ministro Carlos Ayres de Britto, julgada aos 16.02.2006. O único voto vencido, do Ministro Marco Aurélio de Mello defendia a necessidade de lei formal e não de Resolução do CNJ.

86. O primeiro Presidente do CNJ foi o Ministro Nelson Jobim, sucedido pela Ministra Ellen Gracie. O atual ocupante do cargo é o Ministro Luis Roberto Barroso. A Emenda Constitucional 61, de 11.11.2009 estabeleceu que a presidência do CNJ deve ser ocupada pelo Presidente do STF (Art. 1º O art. 103-B da Constituição Federal passou a vigorar com a seguinte redação: ("Art. 103-B. O Conselho Nacional de Justiça compõe-se de 15 (quinze) membros com mandato de 2 (dois) anos, admitida 1 (uma) recondução, sendo: I – o Presidente do Supremo Tribunal Federal ... § 1º O Conselho será presidido pelo Presidente do Supremo Tribunal Federal e, nas suas ausências e impedimentos, pelo Vice-Presidente do Supremo Tribunal Federal.§ 2º Os demais membros do Conselho serão nomeados pelo Presidente da República, depois de aprovada a escolha pela maioria absoluta do Senado Federal").

Não houve problema na indicação e votação dos membros do Conselho exceto em uma única oportunidade quando, em virtude do acirramento do conflito político entre os maiores partidos com assento no Parlamento, houve a rejeição inicial do candidato Alexandre de Moraes, Professor universitário e membro do Ministério Público paulista, em virtude de sua participação no Governo do PSDB, como Secretário de Estado.[87] Posteriormente, houve acordo entre os partidos e o seu nome foi reapresentado e aprovado tendo sido conselheiro do órgão, mas não reconduzido.

Segundo Flávio Dino de Castro e Costa, um dos que primeiro comentou a Emenda Constitucional no. 45/2004, um dos focos do Conselho Nacional de Justiça seria o de implementar a responsabilidade social dos magistrados, manifestando o seu posicionamento contra a ampliação da responsabilidade política, atualmente restrita aos membros da Corte Suprema pátria.[88]

Por outro lado, o citado autor também manifesta sua preocupação com as intervenções internas no ato de julgar do magistrado, defendendo a tese de que o CNJ seria um instrumento de democratização interna do Judiciário.[89]

Em 2006 houve renovação quase completa da estrutura do CNJ. O mesmo ocorreu em 2008, quando de sua atual composição.

9.2 Composição

A primeira composição do Conselho Nacional contou com a participação dos Conselheiros, Nelson Jobim, sucedido por Ellen Gracie, Antonio de Pádua Ribeiro, Marcus Faver, Vantuil Abdalla, Jirair Megueriam, Douglas Rodrigues, Cláudio Godoy, Germana Moraes, Paulo Scmidt, Eduardo Lorenzoni, Ruth Carvalho, Oscar Argollo, Paulo Lobo, Joaquim Falcão e Alexandre de Moraes.

A segunda, com a presença dos Conselheiros Gilmar Mendes, Gilson Dipp, João Dalazen, Rui Stoco, Mairan Maia, Altino Pedroso, Andréa Pachá, Jorge Maurique, Antonio Umberto, José Adonis, Felipe Locke, Técio Lins e Silva, Paulo Lobo, Marcelo Nobre e Joaquim Falcão.

A terceira foi presidida pelo Conselheiro Gilmar Mendes, tendo na Corregedoria o Conselheiro Gilson Dipp. Foram indicados os Conselheiros Ivens Gandra, Milton Nobre, Leomar Barros, Nelson Tomas Braga, Paulo Tamburini, Walter Nunes, Morgana Richa, Felipe Locke, José Adonis, Jefferson Kravchychyn, Jorge Helio, Marcelo Nobre e Marcelo Neves.

Em 2025 o Conselho Nacional de Justiça é presidido pelo Ministro Luis Roberto Barroso, Presidente do STF.

87. O Conselheiro tornou-se Ministro do Supremo Tribunal Federal em nomeação do Presidente da República Michel Temer em vaga que surgiu com o passamento do Ministro Teori Zavascki ocorrido em trágico acidente aéreo localizado no município de Angra dos Reis/RJ.
88. CASTRO, Flavio Dino de. *Reforma do Judiciário*. Niterói: Editora Impetus, 2005, p. 98-99.
89. CASTRO, Flavio Dino de. *Reforma do Judiciário*. Niterói: Editora Impetus, 2005, p. 102.

9.3 Organização interna

O órgão máximo de julgamento é constituído pelo Plenário. Além dele, os Conselheiros podem proferir decisões monocráticas, em situações que reputem urgentes.

Nele atua, também, a Corregedoria Nacional de Justiça, que dispõe de magistrados requisitados para auxiliá-la.

Existem sete comissões permanentes, vinculadas à presidência do CNJ: de acompanhamento legislativo; de prerrogativas da carreira da magistratura; de reforma do regimento interno; de estatística e gestão estratégica; de fundos e reaparelhamento do Poder Judiciário; de informatização, modernização e projetos especiais; e de acesso à Justiça, Juizados Especiais e Conciliação. Tendo em vista problemas urgentes detectados no sistema carcerário, foi instituída a Comissão provisória de acompanhamento do sistema prisional, instituída pela Portaria no. 326, de 29.07.2008, sendo extinta pela Portaria no. 470, de 10.02.2009.

Vinculados à Presidência, atuam um Gabinete e uma Secretaria-Geral, que conta com um corpo de Juízes Auxiliares.

Na base estrutural do CNJ atuam uma Secretaria Processual, uma Secretaria de Administração e uma Comissão Permanente de Licitação.

Há também um Departamento de Pesquisas Judiciárias, normatizado pela Lei 11.364/2006, que possui sete linhas de pesquisa: a) estrutura. Insumos, dotações e graus de utilização; b) Litigiosidade. Perfis, tipos e quantidades de processo; c) Jurídico-institucional. Reforma do Poder Judiciário: modelo institucional eficiente; d) administração judiciária. Avaliação de políticas públicas, modelos implantados em gestão judiciária, gestão documental e gestão ambiental; e) acesso à Justiça. Meios de acesso e sistemas alternativos; f) modelo ético-filosófico. Programas adotados no aperfeiçoamento de magistrados e servidores; g) direitos fundamentais e liberdades públicas. Sistema de Justiça Criminal.

9.4 A atuação do Conselho Nacional de Justiça

A teor do art. 103-B, § 4º da Constituição Federal (*Compete ao Conselho o controle da atuação administrativa e financeira do Poder Judiciário e do cumprimento dos deveres funcionais dos juízes, cabendo-lhe, além de outras atribuições que lhe forem conferidas pelo Estatuto da Magistratura*) a atuação do CNJ se espraia por três áreas: administrativa, financeira e disciplinar de todos os órgãos do Poder Judiciário, exceto o STF, único órgão que não se sujeita à sua fiscalização porque tem a responsabilidade de controlar os atos por ele expedidos, bem como a atividade dos Conselheiros.

Nessa trilha, tem empreendido diversas inspeções, como se pode consultar no sítio constante da internet. Tais inspeções ocorreram nos serviços notariais do Pará, no Tribunal de Justiça da Paraíba, no Tribunal de Justiça do Piauí, na Justiça Federal de Minas Gerais, no Tribunal de Justiça de Alagoas, no Tribunal de Justiça do Amazonas, no Tribunal de Justiça do Maranhão, no Tribunal de Justiça da Bahia, na Justiça Militar do Estado do Rio Grande do Sul, no Tribunal de Justiça do Pará.

Buscando uniformizar os procedimentos adotados pelos Tribunais foram editadas, até a presente data, 87 resoluções administrativas.

No âmbito disciplinar, inúmeros magistrados, inclusive desembargadores, foram afastados do serviço, até conclusão do processo administrativo instaurado perante o Conselho, sendo determinado que os tribunais não acolhessem requerimentos de aposentadoria, antes de ultimado o referido processo.

Duas decisões do CNJ tiveram repercussão: a primeira pela instituição dos Juizados Especiais Cíveis, Federais e Estaduais, nos aeroportos, para fazer face à denominada crise aérea, visando conciliar passageiros prejudicados e empresas aéreas; a segunda, ao intervir no pagamento de diferenças de correção monetária na remuneração da magistratura gaúcha, com reflexos no orçamento do Poder Judiciário daquele Estado, o que foi glosado pelo Poder Executivo.

Durante o período de 2005 a 2006, o CNJ definiu limites para a atuação de magistrados fora da atividade jurisdicional como, por exemplo, proibindo a sua participação em Tribunais de Justiça Desportiva, além da já referida decisão que proibiu o nepotismo em todos os tribunais, ressalvadas as situações que definiu em sua Resolução.

Ressalte-se que existem pendentes de julgamento no CNJ diversos pleitos quanto à aplicação da referida Resolução pertinente ao nepotismo.

Por outro turno, estabeleceu critérios para a efetividade da Emenda Constitucional 45 ao, por exemplo, regulamentar os critérios de promoção por merecimento, reforçando a atuação das Escolas de Magistratura como formadoras de juízes (Resolução 06, de 13.09.2005).

Além disso, estabeleceu limites para a remuneração da carreira, seguindo a fixação do denominado teto constitucional.

Definiu, também, o critério de eleição para as vagas dos Órgãos Especiais dos tribunais que, como fruto da Emenda Constitucional 45, estabeleceu-se como tendo basea a metade dos membros eleitos pelos seus pares.

Em sucessivas decisões, também tem realizado fiscalização em concursos públicos realizados pelos Tribunais,[90] bem como definindo o conceito de atividade jurídica para inscrição em concurso público para a magistratura nacional (Resolução no. 11, de 31.01.2006).

Mais recentemente, tem se pronunciado sobre projetos de lei que modificam a estrutura do Poder Judiciário da União sob o aspecto orçamentário, com o fito de manter

90. Procedimento de Controle Administrativo 07/2005 sendo requerido o Tribunal de Justiça do Estado da Bahia, sendo Relator o Conslheiro Paulo Schmidt, julgado aos 31.01.2006.

os níveis de gasto nos limites da Lei de Responsabilidade Fiscal e da Lei de Diretrizes Orçamentárias.[91]

Em ato recente, com vínculo direto com o objeto desta tese, o CNJ instaurou procedimento de controle disciplinar contra magistrado mineiro, da Comarca de Sete Lagoas, para aferir a idoneidade dos fundamentos invocados pelo magistrado, ao decidir determinados processos, declarando, incidentalmente, a inconstitucionalidade da lei que regulamenta as punições contra a violência doméstica, conhecida como lei "Maria da Penha".

Ressalte-se que o procedimento foi iniciado pela Conselheira Andréa Pachá e a abertura foi acatada pela unanimidade dos votos dos membros do CNJ.

O procedimento houvera sido arquivado pela Corregedoria do TJ/MG, sob o argumento de que as decisões do juiz devem ser atacadas por recursos, não podendo ser revistas pela via administrativa. Ou seja, o livre convencimento do juiz é a base de sua independência, que esteia a separação entre os poderes.

A livre fundamentação do magistrado dos seus atos decisórios já possui um limitador na Lei Orgânica da Magistratura Nacional (LC 35/79, art. 41 - Salvo os casos de impropriedade ou excesso de linguagem, o magistrado não pode ser punido ou prejudicado pelas opiniões que manifestar ou pelo teor das decisões que proferir), que prescreve sanção por eventuais excessos de linguagem ou termos inapropriados. Tal norma ainda não passou pelo crivo de constitucionalidade do Supremo Tribunal Federal, que ainda não se pronunciou sobre sua recepção pelo sistema da Carta de 1988.

Caso próximo a esse, que está no âmbito da Corregedoria do TJ/SP diz respeito ao jogador de futebol do São Paulo, Richarlisson, acusado de homossexual, tendo a sentença proferida realizado diversos juízos de valor sobre a conduta dos atletas nos gramados.

10. CONSELHO NACIONAL DO MINISTÉRIO PÚBLICO – CNMP

Embora não seja vinculado ao Poder Judiciário, foi também criado pela EC 45/2004 o CNMP que tem tido ampla atuação, rivalizando com o Conselho Nacional de Justiça.

Nasceu com atribuição de controle da atuação administrativa e financeira do Ministério Público e do cumprimento dos deveres funcionais de seus membros. O CNMP foi instalado em junho de 2005, tem sede em Brasília e funciona atualmente no edifício da Procuradoria-Geral da República.

O CNMP é composto por quatorze membros, incluindo-se o Procurador-Geral da República, que o preside, quatro membros do Ministério Público da União, três membros do Ministério Público dos Estados, dois juízes, indicados um pelo Supremo Tribunal Federal e outro pelo Superior Tribunal de Justiça, dois advogados, indicados pelo Conselho Federal da Ordem dos Advogados do Brasil e dois cidadãos de notável

91. Pedido de Providências 111, 113, 114, 115 de 2005, com vários Relatores.

saber jurídico e reputação ilibada, indicados um pela Câmara dos Deputados e outro pelo Senado Federal.

Dentre as competências do CNMP, conforme artigo 130-A, § 2º, da Constituição Federal, estão:

- zelar pela autonomia funcional e administrativa do Ministério Público, podendo expedir atos regulamentares, no âmbito de sua competência, ou recomendar providências;

- zelar pela observância do art. 37 da Constituição Federal e apreciar a legalidade dos atos administrativos praticados por membros ou órgãos do Ministério Público da União e dos Estados;

- receber reclamações contra membros ou órgãos do Ministério Público da União ou dos Estados, inclusive contra seus serviços auxiliares, sem prejuízo da competência disciplinar e correicional da instituição, podendo avocar processos disciplinares em curso, determinar a remoção, a disponibilidade ou a aposentadoria com subsídios ou proventos proporcionais ao tempo de serviço e aplicar outras sanções administrativas, assegurada ampla defesa;

- rever os processos disciplinares de membros do Ministério Público da União ou dos Estados julgados há menos de um ano;

- elaborar relatório anual, propondo as providências que julgar necessárias sobre a situação do Ministério Público no País e as atividades do Conselho.

Qualquer cidadão ou entidade pode se dirigir ao Conselho Nacional do Ministério Público para fazer reclamações contra membros ou órgãos do Ministério Público, inclusive contra seus serviços auxiliares.

A primeira composição contou como integrantes membros das seguintes origens do *Parquet:* a) Presidente: PGR; b) Corregedor: MPM; MPT; MPF; MP/DF; MP/RS; MP/MA; MP/SC; JF(2); 2 ADV; 1 Senado.

A Câmara dos Deputados demorou a votar aquele a quem cabia indicar.

Duas Resoluções foram consideradas extremamente relevantes nessa primeira fase do Conselho: a de n. 1, de 07 de novembro de 2005 que disciplina o exercício de cargos, empregos e funções por parentes, cônjuges e companheiros de membros do Ministério Público e dá outras providências, e a de n. 23, de 17 de setembro de 2007, que regulamenta os artigos 6º, inciso VII, e 7º, inciso I, da Lei Complementar 75/93 e os artigos 25, inciso IV, e 26, inciso I, da Lei 8.625/93, disciplinando, no âmbito do Ministério Público, a instauração e tramitação do inquérito civil.

11. MAGISTRADOS E ASSOCIAÇÕES

A diversidade de organização institucional do Poder Judiciário tem, por reflexo, na vida associativa, o fracionamento das associações corporativas. Tradicionalmente, aquela que se revela de maior amplitude é a AMB (Associação dos Magistrados Brasileiros), fundada em 1949 e que congrega magistrados federais, estaduais e do trabalho, integrantes de todos os graus de Jurisdição. Segundo dados atualizados, a organização congrega mais de treze mil magistrados.[92]

Além da AMB, têm se revelado combativas as associações de Juízes Federais e do Trabalho, respectivamente, AJUFE (Associação dos Juízes Federais do Brasil) e ANAMATRA (Associação Nacional dos Magistrados da Justiça do Trabalho), ambas organizadas nacionalmente. No curso dos anos surgiram, também, associações regionais e estaduais no âmbito das justiças especializadas. Como dissidência, também foram criadas associações dos juízes estaduais (ANAMAGES – Associação Nacional dos Magistrados Estaduais) e dos desembargadores (ANDES – Associação Nacional de Desembargadores). Tais associações foram criadas tendo em vista o aumento da influência dos magistrados de primeiro grau nas associações tradicionais, gerando conflito de interesses com reflexo nos pleitos associativos. Duas questões geraram polêmicas acerbas: a) o nepotismo nos tribunais; b) o aumento da idade para aposentadoria compulsória. Neste caso, foi apresentado projeto de emenda constitucional majorando, para setenta e cinco anos, a idade máxima de permanência na atividade, quando o limite originário seria de setenta anos (PEC 457).[93] Após muitas negociações houve a aprovação da emenda constitucional no. 88, de 07 de maio de 2015 com aplicação imediata aos Ministros do Supremo Tribunal Federal, dos Tribunais Superiores e do Tribunal de Contas da União.

As associações têm atuado nos Tribunais Superiores e ordinários, em sessões administrativas e judiciais, bem como perante órgãos do Congresso Nacional, estadual e, em menor nível, municipal, na defesa dos interesses dos associados.

Resta evidente que existem interesses comuns aos diversos ramos da magistratura, como a majoração do subsidio e o retorno do adicional por tempo de serviço, bem como a defesa das prerrogativas institucionais, a ser regulada por futura Lei Orgânica da Magistratura, em tramitação no Supremo Tribunal Federal. Por outro turno, surgem interesses colidentes, sendo um deles a discussão sobre a modificação de competência para julgamento de determinadas questões. As associações de Juízes do Trabalho têm pugnado pela ampliação da competência da justiça obreira para abranger, dentre outras questões, as criminais, as pertinentes a servidores públicos estatutários, as consumeristas.

Buscam as associações também atuar, com voz, nos diversos conselhos existentes na estrutura da magistratura (CJF, CNJ etc.), como nos conselhos administrativos que existem no âmbito dos tribunais, tendo voz, mas sem direito a voto.

Além das associações de classe já citadas, atua a denominada Associação dos Juízes para a Democracia, fundada em 13 de maio de 1991, em São Paulo, é entidade civil sem fins lucrativos e sem viés corporativista. A Associação possui representantes em diversos Estados e age mediante publicações e realização de eventos temáticos, pugnando pelo incremento da adoção de métodos mais participativos *interna corporis* no Poder Judi-

---

92. Disponível em: www.amb.com.br. Acesso em: 29 out. 2009.
93. Tal projeto de Emenda Constitucional foi, pejorativamente, denominada de "PEC da Bengala".

ciário, com o acesso dos magistrados de primeiro grau aos níveis de decisão dos tribunais. Várias das bandeiras levantadas pela AJD já foram incorporados aos movimentos associativistas da magistratura, dentre os quais a luta contra o nepotismo.[94]

Também possuiu uma atuação peculiar a AJURIS (Associação de Juízes do Rio Grande do Sul)[95] que capitaneou o movimento dos juízes alternativos.[96] O movimento defende que ao juiz não é dado pautar-se pela neutralidade e que a aplicação da lei deve ocorrer segundo uma contextualização histórica e social. O magistrado, ao contrario de apenas receber os influxos da sociedade, deve intervir na realidade social, buscando a interpretação da lei que mais se adeque a tal perspectiva ideológica. A lei, por isso, não pode ser um limitador à atividade judicial.

Aproxima-se a escola do Direito alternativo da denominada escola de livre interpretação e, até mesmo, do bom juiz Magnaud, que defendia a aplicação da lei em prol dos menos favorecidos que, em sua época, seriam os idosos, as crianças, as mulheres.[97]

CONCLUSÕES

O Poder Judiciário construiu a sua atuação no modelo clássico de separação de poderes que ainda persiste na maior parte dos países ocidentais, utilizando as garantias que lhe são conferidas para a sua independência como um verdadeiro guardião da democracia e da realização dos direitos fundamentais conforme assentou Antoine Garapon.[98]

Essa atuação, em várias situações, tem sido legitimada por decisões proferidas pelo Supremo Tribunal Federal, como naquelas proferidas no fornecimento de medicamentos e tratamentos médicos tanto na esfera pública como na privada, garantindo o direito fundamental à saúde.[99]

Nessa linha, o denominado ativismo judicial segue um novo paradigma transformando o Judiciário em agente de extrema relevância no universo político desmitificando a propalada neutralidade que seguiria a sua atuação, por pretensa ausência de legitimidade democrática tendo em vista que seus integrantes, no Brasil, não seriam eleitos diretamente pelo povo.

A legitimidade dos magistrados deflui da sua própria inserção constitucional que, seguindo o constituinte originário, fez a opção por esse modelo técnico de seleção de magistrados que é temperado pelo critério político, que surge na escolha dos integrantes

94. Disponível em: www.ajd.org.br. Acesso em: 22 out. 2009.
95. Associação dos Juízes do Rio Grande do Sul foi fundada em 11 de agosto de 1944, congregando magistrados de todos os ramos do Poder Judiciário – Justiças Estadual, Federal, Trabalhista e Militar.
96. CASTRO JR. José Agripino de. *Teoria e Pratica do Direito Comparado e Desenvolvimento.* Florianópolis: Fundação Boiteux, Unigranrio, Ibrade, 2002, p. 336.
97. MAXIMILIANO, Carlos. *Hermenêutica e Aplicação do Direito*, Rio de Janeiro: Forense, p. 83.
98. Garapon, Antoine. *Le Gardien des Promesses. Justice et Democratie.* Paris: Ed. Odile Jacob, 1996, p. 246 e ss.
99. RE 271.286-AgR, Rel. Min. Celso de Mello, julgamento em 12.09.2000, Segunda Turma, Plenário, DJ de 24.11.2000. No mesmo sentido: RE 368.564, Rel. p/ o ac. Min. Marco Aurélio, julgamento em 13.04.2011, Primeira Turma, DJE de 10.08.2011; STA 175-AgR, Rel. Min. Presidente Gilmar Mendes, julgamento em 17.03.2010, Plenário, *DJE* de 30.04.2010.

dos tribunais superiores, notadamente dos egressos das carreiras essenciais à realização da Justiça, como advogados experientes e membros do Ministério Público com intensa atuação,[100] não se devendo olvidar da livre escolha que ocorre na Suprema Corte pátria, seguindo o modelo norte-americano.[101]

E a racionalidade das decisões, como paradigma para a realização do ato judicial pode ser controlada segundo o modelo democrático vigente. Tal racionalidade traduz o que o que M. Taruffo, baseado em doutrina germânica, denomina as boas razões que devem fundar a decisão judicial.[102]

O Supremo Tribunal Federal indica que ocorre diversidade nos critérios interpretativos e, sendo o magistrado independente, a segurança no sistema jurídico somente surgirá com a aplicação do sistema dos precedentes que foi inaugurado pela súmula vinculante do Supremo Tribunal Federal[103] e foi ampliada pela lei dos casos repetitivos no âmbito do Superior Tribunal de Justiça[104] e que foi refletida no Código de Processo Civil de 2015.[105]

A complexidade das relações sociais determina que os magistrados encontrem soluções para as situações difíceis, notadamente quando os julgamentos ocorrem perante o Supremo Tribunal Federal.

Dentre os casos que podem ser enquadrados nesse contexto encontra-se o pertinente ao marco temporal para definir as ocupações dos povos tradicionais tendo o Ministro Fachin proferido voto onde a preocupação com o direito de existência dos povos que ocuparam o Brasil desde o seu primórdio.

O referido julgamento partiu do exame de um litigio vinculado ao direito privado (disputa de posse de imóvel) para ser alçado ao nível constitucional com amplo debate sobre direitos e garantias individuais e coletivas.[106]

---

100. CRFB, art. 94 (Art. 94. Um quinto dos lugares dos Tribunais Regionais Federais, dos Tribunais dos Estados, e do Distrito Federal e Territórios será composto de membros, do Ministério Público, com mais de dez anos de carreira, e de advogados de notório saber jurídico e de reputação ilibada, com mais de dez anos de efetiva atividade profissional, indicados em lista sêxtupla pelos órgãos de representação das respectivas classes).
101. CRFB, art. 101 (Art. 101. O Supremo Tribunal Federal compõe-se de onze Ministros, escolhidos dentre cidadãos com mais de trinta e cinco e menos de sessenta e cinco anos de idade, de notável saber jurídico e reputação ilibada. Parágrafo único. Os Ministros do Supremo Tribunal Federal serão nomeados pelo Presidente da República, depois de aprovada a escolha pela maioria absoluta do Senado Federal.
102. Taruffo, Michele. *El Control de Racionalid de la decision entre logica retorica y dialectica in Paginas sobre justicia civil.* Madrid: Marcial Pons, 2009, p. 406-407. Taruffo cita J.Habermas como autor da expressão boas razoes.
103. CRFB, art. 103-A (Art. 103-A. O Supremo Tribunal Federal poderá, de ofício ou por provocação, mediante decisão de dois terços dos seus membros, após reiteradas decisões sobre matéria constitucional, aprovar súmula que, a partir de sua publicação na imprensa oficial, terá efeito vinculante em relação aos demais órgãos do Poder Judiciário e à administração pública direta e indireta, nas esferas federal, estadual e municipal, bem como proceder à sua revisão ou cancelamento, na forma estabelecida em lei (Incluído pela Emenda Constitucional 45, de 2004).
104. Lei 11.672-2008 que alterou o art. 543-C do CPC, de 1973.
105. Art. 976. É cabível a instauração do incidente de resolução de demandas repetitivas quando houver, simultaneamente: I – efetiva repetição de processos que contenham controvérsia sobre a mesma questão unicamente de direito; II – risco de ofensa à isonomia e à segurança jurídica.
106. Recurso Extraordinário (RE) 1017365.

PROTOCOLO DE JULGAMENTO NA PERSPECTIVA DE GÊNERO

Maria Berenice Dias

Vice-Presidente Nacional do IBDFAM. Advogada.

Uma justa e merecida homenagem ao Ministro Luiz Edson Fachin, que trouxe para o Supremo Tribunal toda a sua sensibilidade e profundo conhecimento no âmbito do Direito das Famílias. Tive o privilégio de dividir com ele a Diretoria Nacional do Instituto Brasileiro de Direito de Família (IBDFAM) desde o seu nascedouro, sendo ele um dos artífices das mudanças e avanços que provocaram a maior revolução no que diz com as relações de conjugalidade e parentalidade.

Este seu perfil é que me motivou a abordar o mais importante marco para eliminação da perversa invisibilidade a que sempre foram condenadas as mulheres. O Protocolo para Julgamento na Perspectiva de Gênero, editado pelo Conselho Nacional de Justiça (CNJ), cuja observância é obrigatória, contou com o entusiasmo do Min. Fachin. Já vem se notabilizando como um guardião para que a Justiça faça justiça às mulheres e que sempre as excluíram da merecida proteção do Poder Judiciário.

Já no *caput* do artigo que trata dos direitos e garantias fundamentais, a Constituição da República proclama que todos são iguais perante a lei.[1] Logo em seguida repete: homens e mulheres são iguais em direitos e obrigações.[2] Ao tratar da família, insiste em afirmar a igualdade de direitos e deveres referentes à sociedade conjugal.[3]

Sem contar as normatizações internacionais que o Brasil é signatário, os quais impõem respeito à igualdade, como garantia dos direitos humanos. Entre elas cabe citar a Convenção sobre a Eliminação de Todas as Formas de Discriminação contra a Mulher (CEDAW) da Organização das Nações Unidas (ONU)[4] e a Convenção Interamericana para Prevenir, Punir e Erradicar a Violência contra a Mulher (Convenção de Belém do Pará),[5] bem como a Agenda 2030 da ONU,[6] cujo Objetivo de Desenvolvimento Sustentável – ODS-5 busca alcançar a igualdade de gênero e empoderar mulheres e menina.

Diante deste panorama tão protetivo, talvez se pudesse questionar a necessidade de o Conselho Nacional de Justiça (CNJ) criar o Protocolo para Julgamento com Perspectiva de Gênero[7] e impor a obrigatoriedade da adoção de suas diretrizes.[8]

A resposta é sim! Infelizmente, sim!

---

1. CR, art. 5º Todos são iguais perante a lei, sem distinção de qualquer natureza, garantindo-se aos brasileiros e aos estrangeiros residentes no País a inviolabilidade do direito à vida, à liberdade, à igualdade, à segurança e à propriedade, nos termos seguintes.
2. CR, art. 5º, I – homens e mulheres são iguais em direitos e obrigações, nos termos desta Constituição.
3. CR, art. 226, § 5º Os direitos e deveres referentes à sociedade conjugal são exercidos igualmente pelo homem e pela mulher.
4. Dec. 4.377/2002.
5. Dec. 1.973/1996.
6. Firmada pelo Brasil em 25.09.2015.
7. CNJ – Recomendação 128/2022.
8. CNJ – Resolução 492/2023.

Até porque, como disse Lacan, a mulher não existe.

Nunca teve nem voz nem vez. Historicamente sempre foi relegada à absoluta invisibilidade. A começar pela assertiva bíblica de que nasceu de uma costela do homem, desqualificação que contrasta com a própria natureza, uma vez que é a mulher que dá vida ao homem.

Também durante muito tempo, a crença de que a mulher não tinha alma, a transformou em um mero objeto, alvo de apropriação que concedia a seu proprietário direito de vida ou morte sobre ela.

O poder do homem e a hipervalorização de sua virilidade fez a mulher acreditar que era um ser frágil, a precisar de proteção. Desde o nascimento a convenceram que o casamento e maternidade era o único destino que lhe permitiam sonhar. Tanto que seus brinquedos sempre foram verdadeiro adestramento para cuidar do seu lar doce lar. A naturalização dessas tarefas, tidas como dignificantes, nunca foram consideradas atividades dignas de reconhecimento, não dispondo de qualquer valor econômico.

A submissão lhe era imposta como uma virtude e a preservação da castidade o símbolo maior de sua pureza. No altar, ao ser entregue pelo pai ao noivo, o imaculado branco de seu vestido tinha este significado. Nada mais do que mecanismos para se mantivesse pura, recatada e do lar, de modo a dar ao varão a segurança de que os filhos dela seriam filhos seus, para quem o seu patrimônio seria legitimamente transferido. Basta atentar que até hoje a lei impõe o dever de fidelidade no casamento,[9] o que faz gerar a presunção legal da paternidade do marido,[10] ainda que a esposa confesse o adultério.[11]

Este sistema social e cultural fundado na hierarquia de gênero sempre imperou desde tempos imemoriais, e – desgraçadamente – persiste até os dias de hoje. É o chamado patriarcado, em que o homem detém o poder, é o titular de todos os bens, ocupa as posições de liderança e desfruta de toda sorte de privilégios. Em face da exacerbada sacralização da maternidade, a ponto de se afirmar que possui instinto materno, à mulher cabe a função reprodutiva. Confinada ao espaço doméstico, a ela são delegados todos os encargos de cuidado, atividade à qual não é reconhecido qualquer valor econômico. Alijada das esferas de poder, desempenha papéis subalternos, que não gozam de reconhecimento. De um modo geral, a ela são reservadas profissões identificadas no feminino que se situam no solo da pirâmide social.

Esta divisão desigual do trabalho acarreta desigualdade salarial e desagua na falta de representatividade feminina, o que fragiliza a mulher que, colocadas em situação de dependência e submissão, torna-se refém de toda sorte de violência e menosprezo. E a manutenção dos papéis de gênero impulsiona a desigualdade de gênero, constituindo

9. CC, art. 1.566: São deveres de ambos os cônjuges: I – fidelidade recíproca.

10. CC, art. 1.597: Presumem-se concebidos na constância do casamento os filhos:

I – nascidos cento e oitenta dias, pelo menos, depois de estabelecida a convivência conjugal;

II – nascidos nos trezentos dias subsequentes à dissolução da sociedade conjugal, por morte, separação judicial, nulidade e anulação do casamento.

11. CC, art. 1.600: Não basta o adultério da mulher, ainda que confessado, para ilidir a presunção legal da paternidade.

o pano de fundo para a violência estrutural que vitimiza inúmeras mulheres, seja no âmbito privado, seja no público.[12]

O machismo estrutural, conservador e falocêntrico da sociedade acaba encontrando guarida na legislação. Afinal, as casas legislativas são, na sua esmagadora maioria, formadas por homens, brancos e heterossexuais, realidade que se perpetua mesmo com todo avançar do movimento feminista, que sempre foi desqualificado e ridicularizado.

A outro giro, o Poder Judiciário ainda é, na sua significativa maioria integrada por homens brancos, heterossexuais e que não se despem de seus conceitos e preconceitos ao vestirem a toga.

O resultado acaba por ser dos mais perversos, pois forma-se um verdadeiro círculo vicioso. O legislador, por medo de desagradar seu eleitorado e comprometer sua reeleição, se abstém de editar leis inclusivas aos segmentos cuja vulnerabilidade merece especial proteção. Já juízes e juízas, por ausência de lei, olvidam a obrigação de decidir atentando à realidade da vida, mesmo de quem não dispõe de um dispositivo legal a ampará-los.

A resposta a esta ciranda encontra-se na máxima: a ausência de lei não significa ausência de direito! Aliás, é o que, desde o ano de 1942, determina a Lei de Introdução às Normas do Direito Brasileiro,[13] indicando, inclusive, o caminho: analogia, princípios gerais do direito e costumes. Com esta ferramentas não há como buscar respostas exclusivamente na legislação infraconstitucional, na maioria das vezes de lenta tramitação e que, ao ser editada, já não mais reflete a situação presente.

Cabe à Constituição, prenhe de princípios e garantias, ser o leme a servir de norte para que a jurisprudência não reproduza os estereótipos de gênero que ainda se encontram na lei e subjazem na sociedade. Basta atentar aos absurdos números da violência contra a mulher e de feminicídios, que não param de crescer. E que somente serão estancados quando a sociedade encontrar no Poder Judiciário uma postura de absoluta intransigência frente a toda e qualquer situação que a mantenha na posição de menos valia que ainda lhe é imposta.

Christine Oliveira Peter da Silva chama de constitucionalismo feminista o método de interpretação do direito a partir das lentes de gênero, tendo como objetivo a contraposição da masculinidade hegemônica, fundada na noção do homem como sujeito universal dos direitos, para a afirmação do princípio da igualdade em sentido substancial. E propõe uma releitura do constitucionalismo contemporâneo, em diferentes aspectos,

12. BIANCHINI, Alice. O protocolo para julgamento com perspectiva de gênero e o seu impacto em decisões judiciais. *Protocolo para Julgamento com perspectiva de gênero* – Reflexões, implementações e desafios. *Coleção Jurisfeministas*. Florianópolis: Habitus Editora, 2025, v. II, p. 246.
13. Dec. Lei 4.657/1942, art. 4º: Quando a lei for omissa, o juiz decidirá o caso de acordo com a analogia, os costumes e os princípios gerais de direito.

que incluem a interpretação das normas jurídicas, em especial pela construção da jurisprudência e pela produção literária.[14]

Alerta Ana Luisa Schmidt Ramos que é possível que as questões de gênero passem despercebidas pela Justiça. Como construtos culturais, os estereótipos de gênero tendem a ser neutralizados e assim, mesmo que gritantes e óbvios, passem sem ser notados. Não é improvável que juízes e juízas julguem os casos que lhes são submetidos a partir dos papéis determinados socialmente a homens e mulheres, desconsiderem provas que refutem ideias preconcebidas e hipóteses já levantadas e valorem somente as que as confirmem. Talvez nem queiram julgar diferentemente, para que se mantenha o *status quo*. Afinal, desconstruir estereótipos, reformular ideias, modos de pensar, de agir e de julgar lhes exigiria um maior esforço mental.[15]

Este é o desiderato do Protocolo para Julgamento com Perspectiva de Gênero, ao pontuar que: diariamente, nota-se que a sociedade impõe papéis diferentes a homens e mulheres. Mas o conceito de gênero permite ir além, expondo como essas diferenças são muitas vezes reprodutoras de hierarquias sociais. Isso porque, em muitos casos, aos homens são atribuídos características e papéis mais valorizados, enquanto às mulheres são atribuídos papéis e características menos valorizados, o que tem impactos importantes na forma como as relações sociais desiguais se estruturam.

Ao contrário do que uma ala conservadora e machista sustenta, o Protocolo não sugere que a Justiça favoreça as mulheres. Como afirma Eduardo Cambi, a exigência de sua aplicação concreta-se na necessidade de tratamentos jurídicos desiguais, na necessidade de políticas afirmativas, na desconstrução do caráter patriarcal ou sexista do direito, para combater condutas preconceituosas e buscar os limites e ambiguidades das leis antidiscriminatórias e protetivas.[16]

O constitucionalismo multinível feminista eficiente não se constrói sobre um sujeito feminino abstrato, porque depende da valorização das características específicas femininas, o que implica ressaltar suas diferenças e experiências próprias. O foco na diversidade é um dos aspectos mais notáveis de uma abordagem feminista do constitucionalismo. A diferença é reivindicada, aqui, em seu sentido plural: as desigualdades e a opressão vividas pelas mulheres não se limitam a um código binário homem/mulher, mas também abrangem outros marcadores sociais, como raça, cultura e categorias de classe social. É indispensável a construção de critérios hermenêuticos adequados, necessários, proporcionais e intersecionais que levem em consideração

14. SILVA, Christine Oliveira Peter da. Por uma dogmática constitucional feminista. *Suprema*. Revista de Estudos Constitucionais, v. 1, n. 2, 2021, p. 156.
15. RAMOS, Ana Luisa Schmidt. Parcial é o juiz ou a juíza que não aplica o protocolo para julgamento com perspectiva de gênero. *Protocolo para Julgamento com perspectiva de gênero* – Reflexões, implementações e desafios. Coleção Jurisfeministas. Florianópolis: Habitus Editora, 2025, v. II, p. 42.
16. CAMBI, Eduardo Augusto Salomão. *Direito das Famílias com perspectiva de gênero:* aplicação do protocolo de julgamento do Conselho Nacional de Justiça (Recomendação 128/2022 e Resolução 192/2023). Indaiatuba: Foco, 2024, 25.

os seus interesses concretos, com a finalidade de promover o princípio da igualdade em sentido substancial.[17]

A naturalização dos deveres de cuidado não remunerado das mulheres no âmbito familiar, somada às expectativas geradas pelos papéis sociais dos corpos femininos, promove a rotulação, o empobrecimento, o endividamento e o afastamento das mães do mercado de trabalho remunerado, deixando de se atentar que a estrutura social capitalista e neoliberal também se sustenta às expensas do capital invisível investido pelas mulheres no exercício do cuidado, para que os homens posam continuar mantendo-se inertes no âmbito da família.[18]

O Protocolo para Julgamento com Perspectiva de Gênero impõe também a capacitação dos magistrados e magistradas em temas relacionados a direitos humanos, gênero, raça e etnia, em uma perspectiva interseccional. Sua estrutura absolutamente didática estabelece os conceitos básicos sobre sexo, gênero, identidade de gênero e sexualidade, com a apresentação de quadros comparativos. Ao tratar da desigualdade de gênero, chama a atenção das desigualdades estruturais nas relações de poder, a divisão sexual do trabalho e os estereótipos de gênero no direito e na atividade jurisdicional, apontando questões relevantes por meio de exemplos. Depois de apontar os diversos tipos de violência de gênero discorre sobre gênero e direito, neutralidade e imparcialidade, na interpretação e aplicação abstrata do direito sob a ótica do princípio da igualdade. Na parte seguinte é apresentado um guia com minucioso passo a passo. Fala primeiro sobre a aproximação com o processo, com os sujeitos processuais e as medidas especiais de proteção. Quanto à instrução processual, aborda a valorização das provas, a identificação dos fatos e do marco normativo, bem como dos precedentes aplicáveis. Ressalta a necessidade de interpretação não abstrata do direito e a análise tanto das normas impregnadas com estereótipos, bem como das indiretamente discriminatórias. Na parte final são trazidas questões de gênero específicas no âmbito da Justiça Federal, Justiça Estadual, Justiça do Trabalho, Justiça Eleitoral e Justiça Militar, abordando transversalmente os mais diversos temas.

Para garantir acesso aos julgamentos que dão efetividade a estas diretrizes, o Conselho Nacional de Justiça criou o Banco de Sentenças e Decisão, que reúne julgados que atentam à perspectiva de gênero. Do mesmo modo o Superior Tribunal de Justiça dispõe de uma compilação de decisões no repertório Jurisprudência em Teses, de números 209, 2010, 211 e 231.

Merece especial destaque a decisão do Supremo Tribunal Federal que estabeleceu punições às autoridades que questionam a vida sexual pregressa ou tentam desqualificar

---

17. CAMBI, Eduardo Augusto Salomão. *Direito das Famílias com perspectiva de gênero*: aplicação do protocolo de julgamento do Conselho Nacional de Justiça (Recomendação 128/2022 e Resolução 192/2023). Indaiatuba: Foco, 2024, p. 92.
18. PEREIRA, Gabriella Andréa. Invisibilidade do trabalho de cuidado e a possibilidade de responsabilização civil pela sobrecarga materna. *Protocolo para Julgamento com perspectiva de gênero* – Reflexões, implementações e desafios. Coleção Jurisfeministas. Florianópolis: Habitus Editora, 2025, v. II, p. 193.

as vítimas de violência sexual em investigações e ações que envolvem violência doméstica e violência política de gênero.[19]

Mas nem sempre a Justiça alcança os desdobramentos que as questões de gênero merecem. Diz a lei que, independente da situação conjugal, o poder familiar é exercido de forma igualitário por ambos os pais.[20] Apesar de preferencial a "guarda compartilhada",[21] em que o tempo de convívio com os filhos deve ser dividido de maneira equilibrada entre a mãe e o pai,[22] é admitido que um deles – de um modo geral, o pai – de forma imotivada, abra mão de tais encargos, atribuindo-se a "guarda unilateral" à mãe.[23] Tal possibilidade é flagrantemente inconstitucional, além de configurar abandono afetivo, modalidade do dano moral que assegura direito indenizatório.[24] Ninguém pode abrir mão de um dever imposto a ambos os pais, em sede constitucional[25] e legal, tanto pelo Código Civil,[26] como pelo Estatuto da Criança e do Adolescente (ECA).[27]

O fato é que, historicamente, o cuidado para com os filhos é delegado à mãe e, quando da separação do casal eles permanecem sob sua responsabilidade, assumindo ela, sozinha, todos os encargos parentais Ao genitor é imposta, exclusivamente, a obrigação

---

19. STF – ADPF 1.107, Tribunal Pleno, Rel. Min. Cármen Lúcia, j. 23.05.2024.
20. CC, art. 1.634: Compete a ambos os pais, qualquer que seja a sua situação conjugal, o pleno exercício do poder familiar, que consiste em, quanto aos filhos: I – dirigir-lhes a criação e a educação.
21. Os destaques às expressões "guarda compartilhada", "guarda unilateral" e direito "de visitas" servem para evidenciar a impropriedade de tais termos para identificar vínculos de parentalidade. Filhos não são objetos que possam ser guardados. Custódia diz com cuidado. Pais não visitam os filhos, mas tem o dever de com eles conviver. Deste modo, preferível falar em convivência conjunta, custódia unilateral e em período de convívio.
22. CC, art. 1.583, § 2º: Na guarda compartilhada, o tempo de convívio com os filhos deve ser dividido de forma equilibrada com a mãe e com o pai, sempre tendo em vista as condições fáticas e os interesses dos filhos.
23. CC, art. 1.584: A guarda, unilateral ou compartilhada, poderá ser: I – requerida, por consenso, pelo pai e pela mãe, ou por qualquer deles, em ação autônoma de separação, de divórcio, de dissolução de união estável ou em medida cautelar.
24. (...) A possibilidade de os pais serem condenados a reparar os danos morais causados pelo abandono afetivo do filho, ainda que em caráter excepcional, decorre do fato de essa espécie de condenação não ser afastada pela obrigação de prestar alimentos e nem tampouco pela perda do poder familiar, na medida em que essa reparação possui fundamento jurídico próprio, bem como causa específica e autônoma, que é o descumprimento, pelos pais, do dever jurídico de exercer a parentalidade de maneira responsável. O dever jurídico de exercer a parentalidade de modo responsável compreende a obrigação de conferir ao filho uma firme referência parental, de modo a propiciar o seu adequado desenvolvimento mental, psíquico e de personalidade, sempre com vistas a não apenas observar, mas efetivamente concretizar os princípios do melhor interesse da criança e do adolescente e da dignidade da pessoa humana, de modo que, se de sua inobservância, resultarem traumas, lesões ou prejuízos perceptíveis na criança ou adolescente, não haverá óbice para que os pais sejam condenados a reparar os danos experimentados pelo filho. (...) (STJ – REsp 1887697 RJ 2019/0290679-8, 3ª T., Rel. Min. Nancy Andrighi, j. 21.09.2021).
25. CR, art. 226, § 5º: Os direitos e deveres referentes à sociedade conjugal são exercidos igualmente pelo homem e pela mulher.
26. CC, art. 1.632: A separação judicial, o divórcio e a dissolução da união estável não alteram as relações entre pais e filhos senão quanto ao direito, que aos primeiros cabe, de terem em sua companhia os segundos.
27. ECA, art. 22: Aos pais incumbe o dever de sustento, guarda e educação dos filhos menores, cabendo-lhes ainda, no interesse destes, a obrigação de cumprir e fazer cumprir as determinações judiciais.

    Parágrafo único. A mãe e o pai, ou os responsáveis, têm direitos iguais e deveres e responsabilidades compartilhados no cuidado e na educação da criança, devendo ser resguardado o direito de transmissão familiar de suas crenças e culturas, assegurados os direitos da criança estabelecidos nesta Lei.

de pagar alimentos e "visitar" os filhos em finais de semanas alternados, para atividades meramente recreativas.

Esta realidade traz à tona a absoluta falta de atenção à situação das mulheres que sofrem enormes prejuízos de ordem pessoal, afetiva e profissional, nem ao menos indenizadas por assumir tarefas que não são somente dela. Como alerta Silvia Marzagão, se está diante de grande discrepância na responsabilização dos genitores com relação aos cuidados da prole, situação que traz dificuldades inerentes à falta de tempo, de atualização profissional, de recolocação no mercado de trabalho, enfim, de retomada da vida de maneira plena.[28] É necessária a conscientização de que as responsabilidades para com a família não é uma tarefa exclusivamente a cargo das mulheres, e que os cuidados com a prole devem ser exercidos de forma igualitária por ambos os genitores. Afinal a mãe tem os mesmos direitos do pai de exercer suas atividades profissionais, em igualdade de condições e oportunidades, algo inatingível enquanto não for imposta a corresponsabilidade parental.

Principalmente no âmbito demandas que versam sobre a obrigação alimentar, alguns exemplos evidenciam a cegueira da lei e da justiça, que pouca ou nenhuma sensibilidade têm frente a esta assimetria.

As ações são propostas por quem se encontra em situação de vulnerabilidade patrimonial: crianças e adolescentes representados por suas mães ou mulheres que se dedicaram prioritariamente aos trabalhos domésticos, ficaram fora do mercado de trabalho, não dispondo de meios de prover a própria subsistência. São elas que batem às portas do Judiciário acionando quem, durante o período da vida em comum, se limitou a amealhar patrimônio e, depois da separação, deixou de cumprir com o dever de sustento da família. Ainda assim o Supremo Tribunal Federal, afirmando se tratar de procedimento de menor complexidade, dispensa a presença do advogado na audiência inicial das ações de alimentos, sob a equivocada justificativa de não haver afronta aos princípios constitucionais da ampla defesa e do contraditório.[29]

Três exemplos bastam para escancarar absoluta falta de atenção à perspectiva de gênero, evidenciando a necessidade de uma mudança de paradigmas para que seja atendido o princípio da igualdade.

Além da tendência de estabelecer como termo inicial dos alimentos provisórios a data da citação e não a data em que o encargo é deferido como diz a lei,[30] sistematicamente é determinado que o pagamento ocorra no mês seguinte ao vencido. Ou seja, é imposto ao credor de alimentos um período de jejum absoluto, pelo menos, de 30 dias. Apesar do silêncio no âmbito do Livro do Direito das Famílias, em nome da unicidade

---

28. MARZAGÃO, Silvia Felipe. A fixação dos alimentos, gênero e o protocolo para julgamento com essa perspectiva. *Protocolo para Julgamento com perspectiva de gênero* – Reflexões, implementações e desafios. Coleção Jurisfeministas. Florianópolis: Habitus Editora, v. II, p. 180.
29. STF – ADPF 591, T. Pleno, Rel. Cristiano Zanin, 21.08.2024.
30. LA, art. 4º: As despachar o pedido, o juiz fixará desde logo alimentos provisórios a serem pagos pelo devedor, salvo se o credor expressamente declarar que deles não necessita.

do arcabouço legal, indispensável invocar o dispositivo que trata do legado de alimentos, que determina o pagamento no começo de cada período.[31]

Apesar de o dever alimentar dos avós dispor de natureza subsidiária e complementar, insiste a jurisprudência, sem qualquer respaldo na lei, em reconhecer que a obrigação só surge quanto nenhum dos genitores tem condições de prover o sustento dos filhos.[32] Ora, quando a lei estabelece a reciprocidade da prestação de alimentos entre pais e filhos, não significa que a obrigação é de um deles na falta do outro. Não existe solidariedade entre cônjuges ou companheiros.

Continua a lei. Se o parente que deve alimentos em primeiro lugar, não estiver em condições de suportar totalmente o encargo, serão chamados a concorrer os parentes de grau imediato.[33] Os ascendentes.[34] Os graus de parentesco são os definidos na lei.[35] Cônjuges ou companheiros não são parentes entre si. Assim, absolutamente insustentável a orientação jurisprudencial consolidada. Ou seja, se o pai não paga, o encargo é transferido à mãe, ao invés de se admitir que seja acionado o avô paterno. Deste modo, a mãe que tem os filhos em sua companhia e precisa trabalhar para obter meios de assegurar que sobrevivam em face da omissão paterna, terá que assumir sozinha o encargo alimentar, sem poder convocar o ascendente do devedor, como autoriza a lei.

Outra distorção, agora no que diz com a obrigação alimentar entre cônjuges e companheiros. O dever de mútua assistência remanesce mesmo com fim da vida em comum, como obrigação alimentar, tendo por baliza o reconhecimento da necessidade de quem pede e a possibilidade de quem tem o dever de pagar.[36] No entanto, os tribunais passaram a reconhecer que os alimentos devidos à mulher têm caráter excepcional e

31. CC, art. 1.928: Parágrafo único. Se as prestações forem deixadas a título de alimentos, pagar-se-ão no começo de cada período, sempre que outra coisa não tenha disposto o testador.
32. (...) A jurisprudência desta Corte manifesta-se no sentido de que a responsabilidade dos avós de prestar alimentos é subsidiária e complementar à responsabilidade dos pais, sendo exigível, tão somente, em caso de impossibilidade de cumprimento da prestação, ou de cumprimento insuficiente, pelos genitores. (...) (STJ – AgInt no AREsp 2047200 AL 2021/0407758-0, 4ª T., Rel. Min. Raul Araújo, j. 13.02.2023).
33. CC, art. 1.698: Se o parente, que deve alimentos em primeiro lugar, não estiver em condições de suportar totalmente o encargo, serão chamados a concorrer os de grau imediato; sendo várias as pessoas obrigadas a prestar alimentos, todas devem concorrer na proporção dos respectivos recursos, e, intentada ação contra uma delas, poderão as demais ser chamadas a integrar a lide.
34. CC, art. 1.696: O direito à prestação de alimentos é recíproco entre pais e filhos, e extensivo a todos os ascendentes, recaindo a obrigação nos mais próximos em grau, uns em falta de outros.
35. CC, art. 1.591: São parentes em linha reta as pessoas que estão umas para com as outras na relação de ascendentes e descendentes.

    CC, art. 1.592: São parentes em linha colateral ou transversal, até o quarto grau, as pessoas provenientes de um só tronco, sem descenderem uma da outra.
36. CC, art. 1.694: Podem os parentes, os cônjuges ou companheiros pedir uns aos outros os alimentos de que necessitem para viver de modo compatível com a sua condição social, inclusive para atender às necessidades de sua educação.

    § 1º Os alimentos devem ser fixados na proporção das necessidades do reclamante e dos recursos da pessoa obrigada.

    Art. 1.695: São devidos os alimentos quando quem os pretende não tem bens suficientes, nem pode prover, pelo seu trabalho, à própria mantença, e aquele, de quem se reclamam, pode fornecê-los, sem desfalque do necessário ao seu sustento.

transitório, sob a justificativa de ser descabido incentivar o ócio.[37] Assim, por meio de um exercício sobrenatural de futurologia, é fixado um prazo peremptório de vigência dos alimentos, que cessam automaticamente, sem qualquer espaço para verificar se quem ficou tanto tempo fora do competitivo e estreito mercado de trabalho conseguiu obter meios de sobreviver.

Há situações outras que existem. Sempre existiram. Mas, por serem alvo do rechaço social, acabavam condenadas à invisibilidade pela Justiça. Aliás, durante décadas, foi o que aconteceu com os chamados filhos "ilegítimos", as uniões extramatrimoniais e os vínculos homoafetivos. Demorou até o Poder Judiciário se dar conta de que não tem o dom de fazer desaparecer situações alvo de preconceitos e discriminações.

No entanto, esta onipotência persiste. Negar a existência de multiconjugalidades: famílias simultâneas e poliafetivas é, no mínimo, uma hipocrisia. Ao não reconhecer vínculos familiares revestidos de publicidade, publicidade e continuidade, a Justiça é conivente com o homem que assim age, naturaliza, chancela e estimula tais comportamentos.[38] Apesar de ter sido ele quem descumpriu o dever de fidelidade, foi infiel e cometeu adultério, não lhe é imposta qualquer obrigação para com a família que ele constituiu. Em nome do princípio da monogamia – que nem princípio é – o homem é absolvido e acabam punidos a mulher e os filhos nascidos desta relação.

Exemplos outros não faltam. Mas sobra a esperança de que este panorama se modifique com a imposição de julgamento com perspectiva de gênero, norma cogente que não se destina somente aos julgadores e julgadoras, mas a todos os atores da área jurídica, em face da necessidade de utilização das lentes de gênero como forma de buscar a garantia de atuação da igualdade, pois é indispensável reconhecer as vulnerabilidades que atingem as mulheres ao longo de toda a história.[39]

Aliás, esta é a grande responsabilidade dos advogados, advogadas, membros do Ministério Público e da Defensoria. Destacar em todas as demandas a necessidade de

37. (...) Os chamados alimentos transitórios, conquanto não possuam previsão legal específica, repousam no artigo 1.694 do Código Civil, por também prestigiar o dever de mútua assistência e solidariedade, embora caracterizados pela fixação de alimentos a prazo certo com termo final, a fim de propiciar a subsistência do cônjuge menos favorecido financeiramente até sua reintegração no mercado de trabalho. O casamento não confere necessariamente o direito aos alimentos ao ex-cônjuge. A (in) capacidade potencial de trabalho é fator primordial para a concessão dos alimentos. Não bastam, portanto, a possibilidade do alimentante e a necessidade do alimentado. (...) (STJ – AREsp 2284105 DF 2023/0019281-6, Rel. Min. Maria Thereza de Assis Moura, p. DJ 13.03.2023).

38. STF – Tema 526: É incompatível com a Constituição Federal o reconhecimento de direitos previdenciários (pensão por morte) à pessoa que manteve, durante longo período e com aparência familiar, união com outra casada, porquanto o concubinato não se equipara, para fins de proteção estatal, às uniões afetivas resultantes do casamento e da união estável.

    STF – Tema 529: A preexistência de casamento ou de união estável de um dos conviventes, ressalvada a exceção do artigo 1.723, § 1º, do Código Civil, impede o reconhecimento de novo vínculo referente ao mesmo período, inclusive para fins previdenciários, em virtude da consagração do dever de fidelidade e da monogamia pelo ordenamento jurídico-constitucional brasileiro (RE 1.045.273).

39. CARVALHO Hildemar Menegazzi de. Protocolo para julgamento com perspectiva de gênero e a atuação dos tribunais de justiça: um recorte inicial. Protocolo para Julgamento com perspectiva de gênero – Reflexões, implementações e desafios. *Coleção Jurisfeministas.* v. II. Florianópolis: Habitus Editora, p. 61.

um olhar sob a ótica de gênero. Recorrer quando o tema deixa de ser enfrentado pelo juízo singular, uma vez que a omissão compromete a validade da sentença. Somente uma atenta vigilância conseguirá emprestará efetividade ao Protocolo.

O Projeto de reforma do Código Civil, elaborado pela comissão de juristas nomeada pelo Congresso Nacional – da qual tive a honra de participar – foi extremamente econômico, quase omisso, no que diz com esta temática.

Ao disciplinar o regime da separação de bens, um dispositivo salutar:

> Art. 1.688, § 2º: O trabalho realizado na residência da família e os cuidados com a prole, quando houver, darão direito a obter uma compensação que o juiz fixará, na falta de acordo, ao tempo da extinção da entidade familiar.

Na regulamentação sobre a obrigação alimentar, dois dispositivos abordam a violência doméstica:

> Art. 1.694, § 5º: A violência doméstica impede o surgimento da obrigação de alimentos em favor de quem praticou a agressão.
>
> Art. 1.708: O direito de receber alimentos poderá ser extinto ou reduzido, caso o credor tenha causado ou venha a causar ao devedor danos psíquicos ou grave constrangimento, incluindo as hipóteses de violência doméstica, perda da autoridade parental e abandono afetivo e material.
>
> Parágrafo único. A extinção total ou parcial do direito aos alimentos dependerá da gravidade dos atos praticados.

E somente um artigo atenta à economia do cuidado, no âmbito do direito sucessório.

> Art. 1.832. O herdeiro com quem comprovadamente o autor da herança conviveu, e que não mediu esforços para praticar atos de zelo e de cuidado em seu favor, durante os últimos tempos de sua vida, se concorrer à herança com outros herdeiros, com quem disputa o volume do acervo ou a forma de partilhá-lo:
>
> I – terá direito de ter imediatamente, antes da partilha, destacado do montemor e disponibilizado para sua posse e uso imediato, o valor correspondente a 10% (dez por cento) de sua quota hereditária.

Ainda é pouco, muito pouco.

Não parece razoável – ao menos que se queira chancelar de maneira definitiva as desigualdades até então postas – que a igualdade jurídica constitucional possa, ainda que de maneira não intencional, ser usada contra aquela que dela mais deve ser beneficiária: a própria mulher.[40]

Mas há que comungar da esperança de Alice Bianchini. A mudança interna de valores socioculturais, a ser estabelecida em todos os setores (privados e públicos) e por todas as instâncias (social, cultural, jurídica etc.) é a única chave capaz de levar à erradicação do sistema patriarcal, responsável direto pela opressão feminina/dominação

40. MARZAGÃO, Silvia Felipe. A fixação dos alimentos, gênero e o protocolo para julgamento com essa perspectiva. Protocolo para Julgamento com perspectiva de gênero – Reflexões, implementações e desafios. *Coleção Jurisfeministas*. Florianópolis: Habitus Editora, v. II p. 183.

masculina. O esforço de mudança que alcance cada um pode levar à alteração da forma de se viver em sociedade.[41]

Quem sabe o Protocolo consiga arrancar a venda dos olhos da Justiça. Aliás, representada por uma mulher!

REFERÊNCIAS

BIANCHINI, Alice. O protocolo para julgamento com perspectiva de gênero e o seu impacto em decisões judiciais. Protocolo para Julgamento com perspectiva de gênero. Reflexões, implementações e desafios. *Coleção Jurisfeministas.* v. II, p. 231-24. Florianópolis: Habitus Editora, 2025.

CAMBI, Eduardo Augusto Salomão. *Direito das Famílias com perspectiva de gênero*: aplicação do protocolo de julgamento do Conselho Nacional de Justiça (Recomendação 128/2022 e Resolução 192/2023). Indaiatuba: Foco, 2024.

CARVALHO, Hildemar Meneguzzi de. Protocolo para julgamento com perspectiva de gênero e a atuação dos tribunais de justiça: um recorte inicial. Protocolo para Julgamento com perspectiva de gênero – Reflexões, implementações e desafios. *Coleção Jurisfeministas.* v. II, p. 61-70. Florianópolis: Habitus Editora, 2025.

MARGAZÃO, Silvia Felipe. A fixação dos alimentos, gênero e o protocolo para julgamento com essa perspectiva. Protocolo para Julgamento com perspectiva de gênero – Reflexões, implementações e desafios. *Coleção Jurisfeministas.* v. II. p. 171-184. Florianópolis: Habitus Editora, 2025.

PEREIRA, Gabriella Andréa. Invisibilidade do trabalho de cuidado e a possibilidade de responsabilização civil pela sobrecarga materna. Protocolo para Julgamento com perspectiva de gênero – Reflexões, implementações e desafios. *Coleção Jurisfeministas.* v. II, p. 185-198. Florianópolis: Habitus Editora, 2025.

RAMOS, Ana Luisa Schmidt. Parcial é o juiz ou a juíza que não aplica o protocolo para julgamento com perspectiva de gênero. Protocolo para Julgamento com perspectiva de gênero – Reflexões, implementações e desafios. *Coleção Jurisfeministas.* v. II, p. 31-44. Florianópolis: Habitus Editora, 2025.

SILVA, Christine Oliveira Peter da. Por uma dogmática constitucional feminista. *Suprema.* Revista de Estudos Constitucionais, v. 1, n. 2, p. 154-157, 2021.

41. BIANCHINI, Alice, O protocolo para julgamento com perspectiva de gênero e o seu impacto em decisões judiciais. Protocolo para Julgamento com perspectiva de gênero – Reflexões, implementações e desafios. *Coleção Jurisfeministas.* Florianópolis: Habitus Editora, 2025, v. II p. 246.

SÚMULA VINCULANTE 24 DO STF E O ATIVISMO JUDICIAL DE RESISTÊNCIA: ANÁLISE TEMÁTICA DE UMA DECISÃO DA CÂMARA CRIMINAL DO TJPB

Eduardo Sérgio Cabral de Lima

Mestrando em Direito pela UNICAP/PE. Advogado.

Flávia Carvalho

Mestranda em Direito pela UNICAP/PE. Juíza de Direito do TJPB.

Renata Câmara

Mestranda em Direito pela UNICAP/PE. Juíza de Direito do TJPB.

INTRODUÇÃO

O Novo Código de Processo Civil (2015) estabeleceu um sistema de precedentes vinculantes para promover uniformidade e previsibilidade nas decisões judiciais (art. 489, § 1º, VI, e art. 926, § 1º). Contudo, a efetiva implementação desse sistema enfrenta desafios, incluindo a influência de vieses cognitivos na aplicação dos precedentes.

Estudos em neurociência e psicologia comportamental (Kahneman, 2012) demonstram que a tomada de decisões é frequentemente influenciada por processos cognitivos automáticos (Sistema 1), que podem levar a erros sistemáticos de julgamento (vieses cognitivos). Vieses como confirmação, status quo, simplificação e generalização podem comprometer a aplicação objetiva e imparcial dos precedentes, conduzindo à sua violação automática e inconsciente.

Essa desobediência a precedentes vinculantes, seja deliberada ou motivada por vieses, configura o que se denomina, neste trabalho, de "ativismo judicial de resistência".

Inserido nesse contexto, este trabalho analisa se a aplicação da Súmula Vinculante 24 pela Câmara Criminal do TJ-PB em crimes contra a ordem tributária tem sido influenciada por vieses cognitivos, manifestando-se em análises superficiais da autoria e materialidade. Utilizando a Análise Temática em Contexto (ATC), investiga-se se a *ratio decidendi* da Súmula tem sido observada ou se vieses comprometem sua aplicação, caracterizando ativismo de resistência.

Este estudo, ao propor o conceito de "ativismo judicial de resistência", contribui para o debate sobre ativismo judicial e a atuação do STF, em especial a tensão entre a força normativa dos precedentes e a liberdade decisória dos magistrados. A análise do "ativismo judicial de resistência" aprofunda a compreensão dos desafios da uniformidade jurisprudencial no Brasil.

1. RACIONALIDADE ARGUMENTATIVA E PRECEDENTES: A RECONSTRUÇÃO DA *RATIO DECIDENDI*

Nunes (2015) aponta um déficit na aplicação de precedentes antes do CPC/2015, caracterizado por fundamentação superficial e ausência de análise panorâmica dos fundamentos, fragilizando o sistema jurisprudencial. O novo modelo de precedentes, segundo Nunes, baseia-se na teoria normativa da comparticipação, evidenciada pelo dever de demonstração de padrões de distinção (art. 489, § 1º, VI, CPC). Essa visão democrática do processo visa combater o solipsismo judicial, permitindo que todos os atores processuais participem da construção da decisão.

Didier Jr. (2017), em seu artigo sobre o sistema de precedentes do CPC/2015, analisa os deveres institucionais dos tribunais (art. 926) de uniformizar a jurisprudência e mantê-la estável, íntegra e coerente. Destacam-se os deveres de estabilidade ("inércia argumentativa"), coerência (externa, respeito aos próprios precedentes) e integridade (visão holística do ordenamento jurídico, evitando o voluntarismo judicial).

Ribeiro (2017) enfatiza que a aplicação discursiva do precedente (*stare decisis vertical*) exige a demonstração da identidade fática e jurídica entre os casos, não a mera repetição mecânica. O juiz deve justificar fundamentadamente por que o caso atual se enquadra na *ratio decidendi* do precedente estabelecido pelo tribunal superior.

Essa preocupação com a aplicação criteriosa e fundamentada de precedentes já era evidente antes do CPC/2015. Ribeiro (2016) alertava para os riscos de uma aplicação mecânica e superficial, que poderia desvirtuar o sistema. A "aplicação discursiva" dos precedentes, com a identificação correta da *ratio decidendi*, é essencial para evitar a "hiperintegração" (Nunes; Bahia, 2015) e garantir a justiça e a coerência das decisões.

Mitidiero (2023) afirma que a correta aplicação de precedentes vinculantes exige a reconstrução lógico-argumentativa da *ratio decidendi* do caso que gerou o precedente. Esse processo envolve a identificação das questões centrais, sua classificação (idênticas, semelhantes ou distintas) e a extração da regra jurídica (ratio) que guiará a decisão.

1.1 As regras de justificação de Alexy

As regras da racionalidade do discurso jurídico sugeridas por Robert Alexy (2020) são fundamentais para a reconstrução da *ratio decidendi*. Alexy distingue entre justificação interna e externa:

> Justificação Interna: Verifica se a decisão se segue logicamente das premissas apresentadas como fundamentação (Alexy, 2020, p. 195). Os problemas relacionados à justificação interna são frequentemente discutidos sob o nome de "silogismo jurídico".
>
> Justificação Externa: Avalia a validade das premissas com base em critérios como justiça, razoabilidade e eficácia social, examinando a correção das premissas empregadas.

Essas lições de Alexy estabelecem critérios rigorosos para a validade e a aceitabilidade da fundamentação jurídica. A justificação interna garante a coerência lógica da *ratio* (a conclusão decorre das premissas), enquanto a justificação externa exige que as próprias premissas sejam justificadas. A combinação dessas duas formas de justificação contribui para uma reconstrução mais completa e robusta da *ratio decidendi*.

A aplicação mecânica e generalizante de precedentes, impulsionada por vieses cognitivos como o de simplificação, confirmação e generalização, pode levar à "hiperintegração" (Nunes; Bahia, 2015), resultando em decisões inadequadas e injustas.

1.2 O uso dos precedentes na teoria de Alexy: universalidade, carga da argumentação e fundamentação

Alexy, em sua "Teoria da Argumentação Jurídica", aborda o uso dos precedentes (item 2.5), fundamentando-o no princípio da universalidade: "*tratar de igual maneira ao igual*" (Alexy, 2020, p. 238). Reconhecendo que "*nunca há dois casos completamente iguais*" (Alexy, 2020, p. 238), a questão central reside na relevância das diferenças, surgindo a regra da carga da argumentação: "uma decisão só pode ser mudada se se podem apresentar razões suficientes para isso" (Alexy, 2020, p. 238).

Afastar um precedente exige, portanto, fundamentação robusta, superando a presunção de correção que ele carrega. Alexy menciona *distinguishing* e *overruling* como formas de afastamento, ambas demandando fundamentação com "razões jurídicas" e "argumentos práticos de tipo geral" (Alexy, 2020, p. 241).

Alexy formula duas regras para o uso dos precedentes:

> Quando se puder citar um precedente a favor ou contra uma decisão, deve-se fazê-lo (Alexy, 2020, p. 240).
>
> Quem quiser se afastar de um precedente, assume a carga da argumentação. (Alexy, 2020, p. 240).

Essas regras conectam-se ao método de Mitidiero, auxiliando na identificação e classificação das questões centrais para determinar a relevância do precedente e sua aplicação.

Em suma, as regras de Alexy reforçam a importância da fundamentação, alicerçada na análise criteriosa das semelhanças e diferenças entre os casos, garantindo a racionalidade da decisão judicial, a segurança jurídica e a previsibilidade do direito.

Apesar dos avanços de Mitidiero, persiste a lacuna de uma técnica detalhada para a reconstrução da *ratio decidendi*. Como extrair, de forma precisa, os fundamentos determinantes de uma decisão? E como lidar com a influência do pensamento intuitivo e dos vieses cognitivos, revelada pela Teoria Dual do Pensamento de Kahneman, nas decisões judiciais? A análise temática de conteúdo, proposta neste trabalho, apresenta-se como um instrumento potencial para mitigar esses efeitos, promovendo uma aplicação mais consistente dos precedentes, como a Súmula Vinculante 24 pelo TJ-PB, tema a ser explorado adiante.

1.3 A Reconstrução da *Ratio Decidendi* no Contexto do CPC/2015: Mitidiero, Alexy e o novo modelo de precedentes

O CPC/2015 estabeleceu um novo modelo de precedentes no Brasil, buscando fortalecer a segurança jurídica e a igualdade. Para a efetividade desse sistema, é crucial identificar e aplicar a *ratio decidendi* dos julgados. Nesse sentido, são relevantes as contribuições de Mitidiero (metodologia de reconstrução da *ratio*) e Alexy (fundamentos para a justificação racional de decisões baseadas em precedentes).

Segundo Mitidiero, precedente vinculante é a decisão que, ao solucionar um caso, estabelece uma regra jurídica (*ratio decidendi*) a ser seguida em casos semelhantes. A *ratio* é o núcleo essencial, o fundamento determinante, distinto dos *obiter dicta*, que são considerações não essenciais e sem força vinculante.

Posso definir a *ratio decidendi* como uma norma formulada a partir da decisão de um caso por uma Corte Suprema em que razões necessárias e suficientes operam sobre fatos relevantes para determinar, no todo ou em parte, a solução de uma questão idêntica ou semelhante. Como muitos fatores influenciam essa formulação, é preciso tomar o texto da decisão como uma moldura capaz de fornecer, diante de suas descrições concorrentes, uma prescrição normativa mediante sua reconstrução lógico normativa (Mitidiero, 2023, p. 70).

A *ratio decidendi* é a norma jurídica, *não explicitamente etiquetada*, extraída dos fundamentos jurídicos essenciais da decisão, considerando os fatos relevantes. Sua identificação exige uma reconstrução interpretativa, com base no texto da decisão e sua justificação.

Considerando que a '*ratio* é arquitetada com razões jurídicas cimentadas em fatos relevantes' (Mitidiero, 2023, p. 74), sua reconstrução exige identificar os fundamentos determinantes da decisão. Crucial é a identificação dos fatos relevantes, definidos como aqueles 'sobre os quais operam as normas que determinam a solução de uma questão de direito' (Mitidiero, 2023, p. 78). A justificação da decisão guia essa determinação, pois, como afirma Mitidiero, 'a justificação constitui uma ferramenta para a reconstrução lógico-argumentativa da *ratio* [...] É preciso destacá-la na justificação' (Mitidiero, 2023, p. 79).

A abordagem de Mitidiero conecta-se à teoria da argumentação de Alexy. A justificação (Mitidiero) corresponde à justificação interna (coerência lógica entre conclusão e premissas) e externa (fundamentação das premissas) de Alexy. A *ratio* é formulada a partir da justificação da decisão, e sua decomposição "serve para demonstrar 'o que' foi considerado e 'como' foi considerado pela corte'" (Mitidiero, 2023, p. 81). A interpretação da ratio "não declara, tão pouco cria – reconstrói [...]'" (Mitidiero, 2023, p. 81).

A justificação revela as razões para a relevância dos fatos e a aplicação das normas, permitindo a reconstrução da *ratio*. Contudo, a multiplicidade de fundamentos, nem sempre hierarquizados, nas decisões judiciais torna essa reconstrução complexa, exigindo análise cuidadosa.

No entanto, a reconstrução da *ratio decidendi* não é um processo puramente objetivo e neutro. A subjetividade do julgador, com seus valores, crenças e experiências, inevitavelmente influencia a interpretação do precedente. Como o próprio Mitidiero reconhece:

> a potencial equivocidade dos textos, contudo não é algo que possa ser eliminado simplesmente pelo apuramento linguístico na sua redação. Na verdade, a equivocidade não é propriamente um defeito objetivo do texto, mas uma decorrência de diferentes interesses e concepções a respeito da justiça dos intérpretes e da multiplicidade de concepções dogmáticas e métodos interpretativos por eles utilizados que interferem na atividade de individualização, valoração e escolha de significados (...) (Mitidiero, 2023, p. 81).

A interpretação do precedente, longe de ser mecânica, envolve a subjetividade do intérprete, abrindo espaço para diferentes interpretações da *ratio decidendi*. Essa subjetividade pode levar a vieses cognitivos, que afetam a percepção dos fatos, a avaliação dos argumentos e a reconstrução da *ratio*. Mitidiero propõe uma abordagem metodológica (classificação das questões) para mitigar esse problema.

Para auxiliar na identificação da *ratio decidendi*, Mitidiero propõe uma abordagem tríplice: classificar as questões em idênticas, semelhantes e distintas. Questões idênticas apresentam identidade essencial, ou seja, congruência normativa entre seus elementos essenciais, abstraídos os acidentais. Uma questão é idêntica a outra quando as proposições fático-jurídicas relevantes são as mesmas, sendo, em regra, irrelevantes as pessoas, o tempo, o lugar e o valor envolvidos (Mitidiero, 2023, p. 91).

Na abordagem tríplice de Mitidiero, questões semelhantes, embora não idênticas, apresentam congruência normativa em seus elementos essenciais (abstraídos os acidentais) em certo nível de generalização. Exigem, diferentemente da subsunção (questões idênticas), abstração, generalização, categorização e justificação para estender a *ratio decidendi* por analogia. A individualização dos elementos de semelhança é "confiada à valoração e à decisão do intérprete [...]" (Mitidiero, 2023, p. 97).

Entretanto, o autor nada menciona sobre como fazer essa categorização, a partir de que texto, que tipo de categorização, se por meio de análise de conteúdo ou análise crítica do discurso ou outra técnica de análise de texto. Esse problema tem sérias repercussões na prática jurídica de aplicação de precedentes e o exemplo abaixo pode ilustras bem essa questão.

Antes de surgir o dever de decidir o caso de acordo com a *ratio* da questão semelhante, é preciso enquadrar a questão ainda não decidida em uma categoria (categorização) capaz de justificar o tratamento dentro dos domínios da questão já resolvida. *É preciso justificar*, em outras palavras, a semelhança – a analogia entre as questões. Como também essa não se encontra pronta de antemão, *é preciso demonstrá-la na fundamentação* (Mitidiero, 2023, p. 97).

Quais as razões para o STF decidir que não se tipifica crime contra a ordem tributária sem lançamento definitivo do tributo? Afinal, por que o Ministério Público, dominus da ação pública incondicionada, não pode, nos limites de sua autonomia constitucional, denunciar um cidadão por crime contra a ordem tributária, quando já há indícios de delito consubstanciados, por exemplo, num auto de infração ou processo administrativo fiscal pendente?

A reconstrução lógico-argumentativa do precedente, inserida na visão adscritiva da interpretação (que reconhece a indeterminação do direito), alinha-se à teoria normativa da comparticipação. Essa teoria enfatiza o caráter democrático e dialógico do processo, em que a reconstrução da *ratio* é um processo argumentativo, não meramente descritivo, com participação de todos.

A teoria da argumentação de Alexy fundamenta a justificação racional de decisões baseadas em precedentes. A justificação interna exige coerência lógica; a externa, fundamentos em normas válidas, precedentes aplicáveis ou argumentos racionais. Central em sua teoria, o princípio da universalidade reforça a coerência e integridade dos precedentes, exigindo decisões semelhantes para casos semelhantes.

Em segundo, delineando os fatos juridicamente relevantes da *ratio decidendi*, ligando-os à questão idêntica ou semelhante já decididas. A precisa identificação da questão idêntica ou semelhante em que se apoia a postulação é essencial para uma rápida capitulação do *thema dedidendum*. Como marcadores da *ratio*, identidade e semelhança servem para indicar o resultado que deve ser alcançado mediante a atividade de comparação entre os elementos essenciais e abstração de acidentais que compõem os fatos juridicamente relevantes (Mitidiero, 2023, p. 120-121).

A perspectiva adscritiva da interpretação é crucial na aplicação de precedentes em casos de semelhança essencial, exigindo que o julgador reconstrua o sentido do precedente com base em critérios racionais, previstos nos arts. 489, 926 e 927 do CPC. A regra da carga da argumentação de Alexy, incorporada pelo CPC, promove um processo dialógico, no qual a decisão é construída por todos os atores processuais, e não apenas pelo juízo.

Na abordagem tríplice, questões distintas não apresentam congruência normativa com questões já decididas, em qualquer nível, ou possuem um fato novo relevante não considerado na *ratio* do precedente. Ao contrário da identidade (aplicação direta) e semelhança (analogia), a distinção leva à não aplicação/limitação da *ratio*. Segundo Mitidiero, a comparação "leva à não incidência ou à limitação da *ratio* [...]" (Mitidiero, 2023, p. 108).

Após definir identidade, semelhança e distinção (abordagem tríplice de Mitidiero), analisa-se a influência da teoria dual dos sistemas de pensamento na reconstrução dessas categorias e, consequentemente, na aplicação da *ratio decidendi*. O Sistema 1, intuitivo e rápido, pode gerar vieses cognitivos, afetando a percepção de semelhanças e diferenças, com impacto na segurança jurídica e igualdade.

2. DA RACIONALIDADE À IRRACIONALIDADE: VIESES COGNITIVOS E ATIVISMO JUDICIAL DE RESISTÊNCIA

A análise da aplicação da Súmula Vinculante 24 exige considerar fatores além dos normativos na decisão judicial. O Ministro Marco Aurélio expressou preocupação com a aplicação mecânica de súmulas vinculantes, especialmente no Direito Penal: "'Em matéria penal, não se pode ter engessamento. [...] o verbete leva a bateção de carimbo, à generalização [...]'" (Brasil, 2009, p. 48).

A advertência do Ministro sobre decisões injustas pela aplicação automática de súmulas (sem considerar particularidades), decorrentes de "'atalhos cognitivos' e 'vieses'" (Kahneman, 2012), encontra respaldo na Teoria Dual do Pensamento. Esta, segundo Nunes, Santos e Pedron (2022) e Horta e Costa (2017), destaca a importância de compreender os vieses para garantir um processo justo e imparcial.

A preocupação com a aplicação acrítica de súmulas (desconsiderando particularidades e fatores extranormativos) contrasta com a visão idealizada do juiz Hércules de Dworkin (1999). Essa visão, assim como teorias hermenêuticas, positivistas e da argumentação, é criticada por negligenciar fatores psicológicos e extrajurídicos na decisão judicial (Horta e Costa, 2017). A distinção entre descoberta e justificação é considerada artificial (Horta e Costa, 2017, p. 277-278), já que a justificação retroalimenta a descoberta (Horta; Costa, 2017, p. 290).

Contra a visão idealizada e a dicotomia descoberta/justificação, a Teoria Dual do Pensamento busca compreender as decisões judiciais considerando fatores psicológicos. Em "Rápido e Devagar: Duas Formas de Pensar", Kahneman (2012) descreve o Sistema 1 (rápido, intuitivo, propenso a vieses) e o Sistema 2 (lento, deliberativo, corretivo).

A interação entre os Sistemas 1 (respostas rápidas) e 2 (monitoramento e correção) é fundamental. No contexto judicial, o Sistema 2 (racional, deliberativo) busca uma aplicação refletida do direito, considerando as particularidades do caso. É o sistema acionado para a justificação da decisão (Horta e Costa, 2017, p. 289-290).

Para decisões rápidas, o Sistema 1 usa heurísticas: atalhos mentais que simplificam o processo, substituindo questões complexas por mais fáceis (princípio da simplificação) (Kahneman, 2012). Úteis, as heurísticas podem levar a vieses (erros sistemáticos por falhas do Sistema 1). Exemplo é o viés da disponibilidade, que pode levar a julgamentos influenciados por estereótipos.

Embora existam inúmeros vieses cognitivos que podem influenciar a tomada de decisão judicial, este trabalho, dado seu foco na aplicação de precedentes, abordará apenas alguns dos vieses mais comuns nesse contexto.

Embora existam inúmeros vieses cognitivos que podem influenciar a tomada de decisão judicial, este trabalho, dado seu foco na aplicação de precedentes, abordará apenas alguns dos vieses mais comuns nesse contexto.

Vieses cognitivos relevantes incluem o de confirmação (busca por informações que confirmem crenças preexistentes, negligenciando as contrárias), o do *status quo* (preferência pelo estado atual, resistência a mudanças) (Kahneman, 2012), o da simplificação (uso de atalhos mentais, apegando-se a poucos aspectos) e o da generalização (extrair conclusões com base em poucos casos) (Kahneman, 2012). Na aplicação de precedentes, esses vieses podem levar a decisões que ignoram precedentes contrários, relutam em afastar precedentes estabelecidos ou desconsideram diferenças importantes entre os casos.

Por fim, cabe mencionar o efeito halo, conceito também presente na obra de Kahneman (2012). Trata-se da tendência a avaliar positivamente algo (uma pessoa, instituição ou decisão) em vários aspectos, com base em uma única característica positiva. No contexto dos precedentes, um precedente de um tribunal superior ou de um juiz renomado pode ser supervalorizado, independentemente de seu mérito intrínseco.

Embora existam inúmeros vieses cognitivos que podem influenciar a tomada de decisão judicial, este trabalho, dado seu foco na aplicação de precedentes, abordará apenas alguns dos vieses mais comuns nesse contexto. Como alerta Nunes (2017, p. 232), "a atividade jurisdicional é um ato humano e, como tal, impregnado de influências e vieses, nem sempre conscientes, que podem determinar o resultado do julgamento, tornando-o, em certa medida, previsível, o que pode ser muito perigoso para a integridade do direito".

A aplicação do sistema de precedentes enfrenta o desafio de estabelecer, objetivamente, semelhanças e distinções relevantes entre os casos, devido à subjetividade do julgador. Vieses cognitivos (confirmação, *status quo*, simplificação, generalização, efeito halo) podem distorcer essa percepção, comprometendo a aplicação consistente dos precedentes.

3. APLICAÇÃO DA SÚMULA VINCULANTE 24 NO TJ-PB: UM ESTUDO DE CASO SOBRE ATIVISMO JUDICIAL DE RESISTÊNCIA COM BASE EM ANÁLISE TEMÁTICA

A aplicação de precedentes, que exige análise da *ratio decidendi* e uso do *distinguishing*, pode ser influenciada por vieses cognitivos, levando a inconsistências e ativismo judicial. Para investigar essa dinâmica na aplicação da Súmula Vinculante 24 (SV 24) pela Câmara Criminal do TJ-PB, será utilizada a Análise Temática (AT) (Bardin, 2020), que permite identificar vieses e influências ideológicas subjacentes, avaliando a qualidade da argumentação e a aderência à *ratio decidendi* da SV 24 (definida a partir do HC 81.611).

Segundo Bardin (2020, p. 121), a AT tem três fases: 1) pré-análise (plano de ação, leitura flutuante, seleção de documentos, hipóteses, objetivos, indicadores); 2) exploração do material; 3) tratamento dos resultados, inferência e interpretação. Neste estudo, a pré-análise envolveu o acórdão do HC 81.611 e decisões do TJ-PB sobre a SV 24 (com dados anonimizados).

Como afirma Bardin (2020, p. 40), o analista de conteúdo, tal como um detetive, busca indícios no texto para realizar inferências sobre as condições de produção desse texto. A inferência é o procedimento intermediário que permite a passagem controlada da descrição (características do texto) para a interpretação (significação dessas características).

Para guiar as inferências, foi formulada a seguinte hipótese: *As decisões da Câmara Criminal do TJ-PB que deixaram de aplicar ou aplicaram incorretamente a SV 24 mostrarão evidências de vieses cognitivos, levando a uma desobediência inconsistente da ratio decidendi, caracterizando um ativismo judicial de resistência.*

Essa hipótese se baseia em um marco teórico composto: 1) Teorias da Argumentação Jurídica (Alexy), cujas regras de justificação (interna/externa) avaliam a racionalidade das decisões; 2) Sistema de Precedentes e *Distinguishing*, onde o uso (ou ausência) do *distinguishing* indica a (in)adequação da aplicação do precedente; 3) Teoria Dual do Pensamento (Kahneman), que revela como vieses (ancoragem, disponibilidade, confirmação) podem influenciar a aplicação da SV 24 pelo TJ-PB. Acredita-se que a combinação dessas teorias com a AT permitirá identificar se a (não) aplicação da SV 24 pelo TJ-PB foi resultado de uma análise cuidadosa e justificada ou se foi influenciada por vieses cognitivos, caracterizando um ativismo judicial de resistência. Em seguida, será apresentada a codificação do HC 81.611, explicando-se de forma detalhada, porém objetiva, o método de codificação utilizado.

Contudo, antes de iniciarmos o trabalho de codificação, faz necessária, para fins de reconstrução da *ratio decidendi*, identificar a aporia, ou o problema relevante que deu causa ao julgado. Para tanto, o levantamento dos fatos relevantes é extremamente importante.

Os pacientes, Sócios de uma empresa foram denunciados por sonegação fiscal antes da conclusão do processo administrativo-tributário. A defesa alegou, em *habeas corpus* ao STF, que a ação penal era prematura, pois não havia lançamento definitivo do tributo, elemento essencial do crime. A aporia central era se o lançamento definitivo seria condição para a persecução penal em crimes tributários materiais, ou se a autonomia das esferas permitiria a ação penal independente.

Dando prosseguimento à análise, apresenta-se a codificação do acórdão do HC 81.611 (que estabeleceu a *ratio decidendi* da SV 24), demonstrando a aplicação da Análise Temática (AT). O processo incluiu: leitura flutuante, identificação de unidades de registro, atribuição de códigos (baseados no marco teórico: Alexy, *distinguishing*, vieses) e agrupamento em categorias (Tabela 1). Seguindo Bardin (2020, p. 121) e Franco (2021, p. 43), definiram-se unidades de análise (tema), buscando núcleos de sentido (Bardin, 2021, p. 131) e organizando-os em categorias (Bardin, 2021, p. 145).

A categorização, segundo Bardin, classifica e reagrupa elementos de um conjunto por diferenciação e analogia, com base em critérios predefinidos. As categorias são classes que reúnem elementos com características comuns (unidades de registro na análise de conteúdo) (Bardin, p. 145). Na análise do acórdão do HC 81.611 (STF) para identificar a *ratio decidendi* da SV 24, foram criados 10 temas, agrupados em 3 categorias (Tabela abaixo).

Categoria	Tema
Garantias Fundamentais e Processuais no Direito Penal Tributário	O Lançamento Definitivo como Condição para a Tipicidade Penal e a Persecução Criminal
	A integração entre os Regimes Penal e Tributário e a Necessidade do Lançamento Definitivo
	A Autonomia entre os Processos Administrativo e Jurisdicional à Luz do Princípio do Contraditório
Política Criminal e Limites do Punitivismo no Direito Penal Tributário	A Crítica à Instrumentalização Arrecadatória do Direito Penal e a Primazia das Garantias Constitucionais
	Legislação Penal Tributária como Instrumento Arrecadatório Atípico: Uma Análise Histórica
	O Direito Penal como *Ultima Ratio* e a Rejeição ao Punitivismo Arrecadatório
Relação entre as Esferas Penal e Administrativa no Direito Penal Tributário	A Interpretação Sistemática entre os Regimes Penal e Tributário como Fundamento do Lançamento como Elemento Condicionante do Tipo Penal Tributário.
	A Separação das Esferas Penal e Administrativa e o Lançamento como Condição Objetiva de Procedibilidade

Para a criação do tema "O Lançamento Definitivo como Condição para a Tipicidade Penal e a Persecução Criminal", foi utilizado, dentre outros recortes do texto do Acórdão do HC 81.611 o seguinte trecho do Voto do Ministro Relator, Sepúlveda Pertence:

56. "Antes do lançamento" – assinala, em consequência –, "não há débito, obrigação individualizada e concretizada; há tão só uma relação entre o dever jurídico do sujeito passivo (contribuinte ou responsável) e o dever do fisco, que se define como um poder-dever, de realizar o lançamento".

57. Dessa necessidade de acertamento ou concretização da existência e extensão dela é que arranca a distinção no Cód. Tributário - que ainda assusta aos que apreendemos com os civilistas a essencial bilateralidade das relações obrigacionais - entre a obrigação tributária – que "surge com a ocorrência do fato gerador" (CTN, art. 113, § 1º) – e o crédito tributário - que "compete privativamente à autoridade administrativa constituir (...) pelo lançamento" (CTN, art. 142).

Outro recorte de texto para a produção do aludido tema foi retirado do Voto do Ministro Carlos Velloso:

Ora, o crime de sonegação fiscal – "suprimir ou reduzir tributo" – inscrito no art. 1º da Lei 8.137, de 1990, só se consuma no momento em que a autoridade administrativa, incumbida do lançamento, diz, em definitivo, que houve supressão ou redução de tributo. Isso só ocorre com o lançamento, ou com a constituição definitiva do crédito fiscal. É a partir daí, portanto, que se tem a consumação do crime; é a partir daí que começa a correr a prescrição para o Ministério Público. E mais: há um princípio na teoria geral do direito, mais velho do que a Sé de Braga: a prescrição da ação rege-se pelo princípio da *actio nata*. Se o direito de ação ainda não nasceu, não há falar em prescrição. A ação penal, no caso, somente nasce com a realização do lançamento fiscal, com a constituição definitiva do crédito tributário.

Observe-se que sentido expresso no tema reflete ou busca refletir o significado das mensagens dos textos recortados, funcionando, como diz Bardin, como uma unidade de sentido. Para além de expressar um sentido, entretanto, no método aqui empregado – Análise Temática Comparativa, os temas produzidos na análise temática do texto do precedente servirão, no momento da análise da decisão da Corte de Justiça, tags de denotação da *ratio decidendi*, facilitando a análise de aderência da decisão ao precedente.

Segundo Bardin, a produção de inferências envolve deduções lógicas baseadas no texto do acórdão do HC 81.611 e no referencial teórico. O objetivo é identificar os argumentos centrais, a relação entre temas/categorias e a (não) aplicação de *distinguishing* ou influência de vieses cognitivos.

Para ilustrar esse processo, vejamos alguns exemplos, considerando-se o mesmo recorte de texto do voto do Relator Sepúlveda Pertence, mesmo tema – *O Lançamento Definitivo como Condição para a Tipicidade Penal e a Persecução Criminal* e mesma categoria – *Garantias Fundamentais e Processuais no Direito Penal Tributário*:

O Min. Sepúlveda Pertence, com base nos arts. 113, § 1º, e 142 do CTN, define o lançamento como constitutivo do crédito tributário. Antes do lançamento definitivo, não há obrigação tributária concretizada, impedindo a tipificação dos crimes materiais. Essa interpretação é uma justificação externa (Alexy), fundamentada em normas jurídicas positivas. A consequência: a persecução penal só pode se iniciar após a constituição definitiva do crédito.

Veja a inferência produzida para o trecho do Voto do Ministro Carlos Velloso já analisado acima:

O Min. Carlos Velloso defende uma *ratio* decidendi dupla: (1) o lançamento definitivo é condição para a tipicidade do crime de sonegação; (2) a prescrição só começa a correr após a constituição definitiva do crédito (*actio nata*). Sem o lançamento, não há crime, e a ação penal é inviável. Essa interpretação é uma justificação interna e externa (Alexy). A consequência: a ausência do lançamento impede a persecução e o início da contagem do prazo prescricional.

O processo de inferência, na Análise Temática, é uma dedução lógica que parte do texto original (votos dos Ministros no HC 81.611), passa pela identificação de temas e categorias, e chega a conclusões sobre o raciocínio jurídico. A inferência resulta da interpretação do texto à luz do marco teórico e dos temas identificados.

Seguindo Bardin (2016), a interpretação, na Análise Temática, vai além da descrição; busca o sentido profundo do texto, articulando as inferências com o contexto e os objetivos da pesquisa. No caso do acórdão do HC 81.611, a interpretação sintetiza as inferências para reconstruir a *ratio decidendi* do STF sobre a (des)necessidade do lançamento definitivo do tributo para configurar a sonegação fiscal e iniciar a persecução penal, usando as inferências como peças-chave.

Segue a interpretação dada ao material analisado:

A *tipificação* desses delitos como *crimes de resultado* exige a *efetiva supressão ou redução* do tributo, o que só se *verifica* com o lançamento definitivo.

O lançamento, ato privativo da autoridade administrativa, constitui o crédito tributário, tornando-o líquido e certo. Esse processo deve respeitar as garantias do devido processo legal, ampla defesa e contraditório.

Autonomia e Integração: Embora os processos administrativo e penal sejam autônomos, eles se integram de forma sistemática. A autonomia da esfera penal não permite a antecipação da persecução antes da conclusão do processo administrativo-tributário, que define a existência e o montante do tributo devido. A incerteza e iliquidez do crédito impedem a configuração do crime.

Vedação à Coerção Indireta: A impossibilidade de iniciar a ação penal antes do lançamento definitivo visa impedir que o processo penal seja utilizado como instrumento de coerção para o pagamento de tributos, preservando as garantias constitucionais do contribuinte.

Esta interpretação servirá como referência central para a Análise Temática Comparativa (ATC) que será empreendida a seguir, na qual se buscará identificar em que medida as decisões do Tribunal de Justiça da Paraíba (TJ-PB) se alinham (ou não) a esse entendimento consolidado do STF.

Após a análise do *leading case* (HC 81.611), que estabeleceu o entendimento do STF sobre crimes tributários materiais, inicia-se a Análise Temática Comparativa (ATC). Confronta-se a Súmula Vinculante 24 com a jurisprudência do TJ-PB (alinhamento ou divergência). Analisa-se um Processo Criminal (PCrim) da Câmara Criminal do TJ-PB sobre sonegação fiscal (resumo da acusação, defesa, apelo e acórdão).

3.1 Resumo da Acusação

O Ministério Público da Paraíba denunciou a ré por sonegação fiscal (art. 1º, I e II, Lei 8.137/90, c/c art. 71, CP), por suprimir ICMS (2019 e 2020) omitindo informações e fraudando a fiscalização (vendas por cartão e omissão em livros fiscais). A materialidade baseou-se na CDA 0200042202211327 (R$ 133.033,40) e em partes do Processo Administrativo Tributário (PAT).

3.2 Resumo da Defesa (principais argumentos)

A defesa alegou: (i) ausência de justa causa (falta de PAT regular contra a sócia, SV 24/STF); (ii) inépcia da denúncia (falta de descrição da conduta individual); (iii) ausência de provas do dolo (acusação baseada em presunção e na condição de sócia). Requereu absolvição sumária.

3.3 Sentença

A ré foi condenada à prisão. O juiz considerou a CDA como prova da materialidade e a condição de sócia administradora como prova da autoria.

3.4 Razões do apelo (principais argumentos)

A defesa reiterou: (i) insuficiência de provas (baseadas em presunção tributária e na condição de sócia); (ii) ausência de comprovação do dolo; (iii) inadmissibilidade de inversão do ônus da prova; (iv) responsabilidade pessoal do sócio administrador (não apurada no PAT). Requereu absolvição.

3.5 Tutela de urgência para suspensão da exigibilidade do crédito

A ré obteve liminar em Agravo de Instrumento (n. 0817458-66.2024.8.15.0000) na Ação Declaratória de Nulidade (n. 0868883-80.2023.8.15.2001) que suspendeu a exigibilidade do crédito tributário da CDA 0200042202211327, por ausência de intimação da sócia no PAT, mas a suspensão limitou-se à responsabilidade da sócia.

3.6 Resumo do Acórdão (análise dos principais fundamentos)

O TJ-PB (relator Des. Ricardo Vital de Almeida) negou provimento à apelação, mantendo a condenação. Rejeitou a suspensão da ação penal (independência das esferas). No mérito, afirmou materialidade e autoria comprovadas (dolo genérico da ré, como administradora, que fraudou a fiscalização e não recolheu ICMS). Manteve a dosimetria, considerando o dolo. Destacou que a jurisprudência não exige dolo específico para sonegação.

Apresentado o relatório, é importante identificar-se a aporia que move o caso concreto. Na hipótese a questão central pode ser assim descrita: *É possível a instauração e prosseguimento de processo penal por crime material contra a ordem tributária quando o crédito tributário foi constituído definitivamente apenas contra a pessoa jurídica, sem a participação ou direito de defesa do sócio-administrador no processo administrativo tributário (PAT), e com a exigibilidade do crédito suspensa por decisão judicial em razão dessa nulidade (ausência de intimação do sócio)?*

A aporia central do caso do TJ-PB é a possibilidade de processo penal por crime tributário material quando o crédito foi constituído apenas contra a pessoa jurídica, sem participação do sócio-administrador no PAT e com exigibilidade suspensa por nulidade (falta de notificação do auto). Será analisada à luz da *ratio decidendi* do HC 81.611.

Próximo passo é empreender a tematização e categorização, com base em recortes de textos. Foram criadas 03 (três) categorias e 06 (seis) temas. À categoria Materialidade (Constituição Definitiva do Crédito Tributário) foram relacionados dois temas: Afirmação da Existência de Lançamento Definitivo e Inscrição em Dívida Ativa e Caracterização do Lançamento como Condição Objetiva para a Persecução Penal.

A formulação dos temas e da categoria levou em consideração recortes de textos como os seguintes:

> *In casu* a materialidade delitiva se encontra devidamente comprovada, notadamente pelas peças que compõem o procedimento administrativo fiscal 0462272017-5, principalmente, pelo Auto de Infração 93300008.09.00002950/2022-20 (ID 26686122), de onde se extrai a descrição da infração e fundamentação legal, e pelo lançamento definitivo do débito tributário, através da CDA 0200042202211327 (ID 26686122 – p. 54-55).
>
> E
>
> Assim, caracterizada a causa condicionante objetiva para persecução penal, qual seja, o lançamento do crédito tributário e sua inscrição na dívida ativa, a teor do disposto na Súmula Vinculante 24 ("Não se tipifica crime material contra a ordem tributária, previsto no art. 1º, incisos I a IV, da Lei 8.137/90, antes do lançamento definitivo do tributo"). Tanto é que a denúncia foi devidamente recebida em 27/10/2023 (ID 26686126).

À categoria Autoria (Responsabilidade do Sócio-Administrador), foram vinculados dois temas: Atribuição da Autoria com base, exclusivamente, na Condição de Sócio-Administrador e (Ausência de) Demonstração do Nexo Causal entre a Conduta da Sócia e a Supressão/Redução do Tributo. Os temas levaram em consideração como:

> A autoria, por sua vez, infere-se da prova documental carreada aos autos, sobretudo pelo contrato social da empresa XXXXXXXXXXXX, no contrato e alteração social, registrados na Junta Comercial do Estado da Paraíba (ID 26686122), que é a acusada a gestora financeira e patrimonial da empresa (sócia-administradora), desde maio de 2017, fato corroborado conforme se observa da prova oral produzida (Pje mídias).

Por fim, à categoria Independência das Esferas (Cível e Penal), foram vinculados dois temas: Autonomia da Esfera Penal em Relação à Cível: Não Vinculação Automática e (Des)Consideração dos Efeitos da Suspensão da Exigibilidade do Crédito Tributário na Materialidade do Crime", para os quais considerou-se recortes como:

> Sendo facultativa a suspensão, deve-se avaliar sua conveniência e oportunidade. Na hipótese, já existe sentença condenatória e considerando que a decisão deferida na ação anulatória – em virtude de alegado vício de citação no processo administrativo – é precária não está afastada a ocorrência do delito e não se mostra, portanto, recomendável tal medida.

A partir das categorias, foram elaboradas três inferências e com base nelas, realizada a interpretação final, sobre a obediência do julgado à autoridade do precedente da SV 24 e eventual prática de ativismo judicial de resistência.

Para a categoria Materialidade (Constituição Definitiva do Crédito Tributário) foi elabora a seguinte inferência:

A *ratio decidendi* do HC 81.611/SV 24 exige constituição definitiva do crédito tributário, com processo administrativo regular (contraditório/ampla defesa), como condição de tipicidade. A suspensão da exigibilidade por nulidade (falta de contraditório à sócia) impede a materialidade. O acórdão do TJ-PB, porém, afirma a materialidade com base no lançamento contra a empresa, ignorando a ausência de lançamento definitivo contra a sócia e a suspensão. Há distinção do precedente: não há crédito válido contra a acusada (contraria a jurisprudência do STF). O TJ-PB demonstra vieses: confirmação (busca de elementos que confirmem a materialidade, ignorando a suspensão) e simplificação (reduz a materialidade ao lançamento contra a empresa).

Para a categoria Autoria (Responsabilidade do Sócio-Administrador foi elaborada a seguinte inferência:

O acórdão do TJ-PB atribui autoria à sócia-administradora pela condição formal na empresa (contrato social, gestão financeira), presumindo a autoria sem demonstrar nexo causal ou domínio do fato. Há vieses: generalização/efeito halo (presunção pela posição), confirmação (busca de elementos que confirmem a responsabilidade, ignorando a falta de nexo) e solipsismo (afastamento da fundamentação, ignorando a defesa e a jurisprudência do STF sobre dolo e especificação da conduta).

Por fim, quanto à categoria Independência das Esferas (Cível e Penal) foi elaborada a seguinte inferência:

O acórdão do TJ-PB afirma a autonomia da esfera penal, minimizando a suspensão da exigibilidade do crédito (decorrente de nulidade no PAT por falta de contraditório à sócia, violando a SV 24). Ignora que a suspensão, por vício grave, afeta a existência do crédito contra a acusada. Temas como "Autonomia entre Processos" reforçam a semelhança com o precedente (crédito não constituído/inexigível). Há vieses: *status quo* (resistência em parar a ação penal), confirmação (minimiza a decisão cível) e solipsismo (não há diálogo com a defesa, nem análise das provas).

A análise do acórdão da Câmara Criminal do TJ-PB, à luz da *ratio decidendi* do HC 81.611/DF e da Súmula Vinculante 24, revela ofensa à súmula e ativismo judicial de resistência (influenciado por vieses cognitivos). O TJ-PB condenou a sócia-administradora sem lançamento definitivo contra ela (e com suspensão da exigibilidade por nulidade no PAT), violando a SV 24, que exige constituição definitiva do crédito *antes* da tipificação de crime material tributário. O TJ-PB considerou a materialidade configurada pelo lançamento *apenas contra a empresa*, ignorando a *exigência* de *constituição definitiva* em *relação à acusada.*

A suspensão da exigibilidade, por vício grave (falta de contraditório à sócia no PAT), afeta a justificação de justa causa. Ao minimizar essa suspensão e afirmar autonomia absoluta da esfera penal, o TJ-PB contraria a *ratio* da SV 24 (crédito definitivo/exigível, com processo administrativo regular). Isso se evidencia em temas como "Lançamento

Definitivo como Condição para Tipicidade" e categorias como "Garantias Fundamentais no Direito Penal Tributário".

O *ativismo judicial de resistência* se *manifesta* quando um *órgão judicial inferior deixa de aplicar*, *injustificadamente*, *precedente vinculante* do *STF*. No *caso*, o *acórdão* do *TJ-PB* apresenta *características* desse *ativismo*:

Desconsideração da *Ratio Decidendi*: O TJ-PB ignora a essência da decisão do STF no HC 81.611/DF, que exige a constituição definitiva do crédito em relação ao acusado e o respeito ao contraditório no processo administrativo.

Interpretação Distorcida: O TJ-PB interpreta a autonomia da esfera penal de forma absoluta, desconsiderando o impacto da discussão cível sobre a validade do crédito na esfera penal, conforme o entendimento do STF.

Vieses Cognitivos: A presença de vieses cognitivos (confirmação, simplificação, status quo, generalização/efeito halo) reforça a ideia de que o TJ-PB buscou justificar uma conclusão pré-concebida, afastando-se do precedente vinculante.

Presunção de Autoria: O TJ atribui responsabilidade com base na condição formal de sócia.

Solipsismo: A ausência de diálogo com a defesa e a falta de análise acurada das provas demonstram que o TJ-PB não se pautou pela construção colaborativa do processo, característica do sistema de precedentes.

Diante do exposto, conclui-se que o acórdão da Câmara Criminal do TJ-PB *ofendeu* a autoridade da Súmula Vinculante 24, ao condenar a sócia-administradora sem a constituição definitiva do crédito tributário em relação a ela, e incorreu em ativismo judicial de resistência, ao deixar de aplicar, por força da influência de vieses cognitivos, o precedente vinculante do STF estabelecido no HC 81.611/DF.

CONCLUSÃO

Este artigo demonstrou, por meio de uma análise minuciosa do acórdão da Câmara Criminal do Tribunal de Justiça da Paraíba (TJ-PB) em confronto com a *ratio decidendi* do HC 81.611/DF e a Súmula Vinculante 24, que a decisão proferida pelo tribunal paraibano incorreu em grave ofensa à jurisprudência vinculante do Supremo Tribunal Federal (STF) e incorreu em ativismo judicial de resistência.

A condenação da sócia-administradora, mesmo diante da ausência de lançamento definitivo do crédito tributário em relação a ela – e, mais ainda, com a suspensão da exigibilidade desse crédito em razão de nulidade no processo administrativo por falta de contraditório –, revela um claro descompasso com os preceitos estabelecidos pelo STF. O TJ-PB, equivocadamente, considerou a materialidade do crime configurada pelo lançamento realizado apenas contra a pessoa jurídica, ignorando a exigência de constituição definitiva do crédito em relação à pessoa física acusada, conforme estabelece a Súmula Vinculante 24.

A análise revelou que a decisão do TJ-PB foi influenciada por vieses cognitivos, como os de confirmação, simplificação, *status quo* e generalização/efeito halo, que levaram o tribunal a desconsiderar elementos cruciais da *ratio decidendi* do precedente vinculante. A presunção de autoria com base na mera condição formal de sócia, a minimização dos efeitos da suspensão da exigibilidade do crédito e a afirmação da autonomia da esfera penal de forma absoluta, sem considerar a interdependência com a esfera cível em casos de crimes tributários materiais, demonstram um distanciamento do entendimento consolidado pelo STF.

Ademais, a ausência de diálogo com os argumentos da defesa e a falta de análise acurada das provas evidenciaram o caráter solipsista da decisão, incompatível com a construção colaborativa do processo, princípio fundamental do sistema de precedentes.

A identificação do ativismo judicial de resistência, caracterizado pela não aplicação injustificada de precedente vinculante por órgão judicial inferior, reforça a gravidade da conduta do TJ-PB. Ao ignorar a jurisprudência do STF, o tribunal não apenas compromete a segurança jurídica e a uniformidade na aplicação do Direito, mas também fragiliza o próprio sistema de precedentes, essencial para a estabilidade e previsibilidade das decisões judiciais.

Importante ressaltar que a presente análise foi conduzida sob a ótica da Análise Temática em Contexto (ATC). Este método, com seu duplo grau de investigação – reconstrução lógico-argumentativa da *ratio decidendi* e comparação dos seus elementos constitutivos com os fundamentos da decisão analisada –, demonstrou-se crucial para identificar, de forma objetiva e criteriosa, a inobservância do precedente vinculante por parte do TJ-PB. A ATC, portanto, revela-se como ferramenta metodológica indispensável para o estudo e aplicação do sistema de precedentes, contribuindo para a sua efetividade e para a segurança jurídica.

Este estudo de caso, portanto, serve de alerta para a importância do respeito aos precedentes vinculantes e para a necessidade de constante vigilância contra o ativismo judicial de resistência, que, ao subverter a lógica do sistema jurídico, pode gerar insegurança, desigualdade e arbitrariedade. A correta aplicação da *ratio decidendi* dos precedentes, a análise criteriosa das provas, o diálogo com as partes e a superação de vieses cognitivos são elementos essenciais para a construção de decisões judiciais justas, fundamentadas e alinhadas com os princípios do Estado Democrático de Direito. O presente trabalho contribui para a reflexão a respeito do tema, e conclama a comunidade jurídica a trilhar o caminho oposto àquele palmilhado pela Câmara Criminal do TJ-PB.

REFERÊNCIAS

BRASIL. Supremo Tribunal Federal. Tribunal Pleno. Proposta de Súmula Vinculante 29. Relator: Min. Gilmar Mendes. Julgamento: 02.12.2009. Publicação: 19.02.2010. Disponível em: https://www.stf.jus.br. Acesso em: 12 fev. 2025.

DIDIER JR., Fredie. Sistema Brasileiro de Precedentes Judiciais Obrigatórios e os deveres institucionais dos tribunais: uniformidade, estabilidade, integridade e coerência da jurisprudência. *Revista de Processo,*

Jurisdição e Efetividade da Justiça, v. 18, n. 36, p. 114-139, 2015. Disponível em: https://periodicos.pucminas.br/index.php/Direito/article/view/P.2318-7999.2015v18n36p114. Acesso em: 12 fev. 2025.

MITIDIERO, Daniel. *Ratio decidendi*: quando uma questão é idêntica, semelhante ou distinta. 7. tir. São Paulo: RT, 2023.

MITIDIERO, Daniel. *Precedentes*: da persuasão à vinculação. 5. ed. São Paulo: RT, 2023.

NUNES, Dierle; HORTA, André F. S.; *PROCNET* – Rede Internacional de Pesquisa – Justiça Civil e Processo Contemporâneo. Aplicação de precedentes e "distinguishing" no CPC/2015. Disponível em: https://www.academia.edu/12353024/APLICA%C3%87%C3%83O_DE_PRECEDENTES_E_DISTINGUISHING_NO_CPC_2015. Acesso em: 12 fev. 2025.

NUNES, Dierle; BAHIA, Alexandre Melo Franco. Precedentes no CPC-2015: por uma Compreensão Constitucionalmente Adequada do seu uso no Brasil. *Revista do Ministério Público do Rio de Janeiro*, n. 57, p. 17-52, jul./set. 2015. Disponível em: https://bdjur.stj.jus.br/handle/2011/98634. Acesso em: 15 fev. 2025.

RODRIGUES, Rafael de Oliveira. A vinculação obrigatória (art. 927 do CPC) e a invocação discursiva dos precedentes: distinções necessárias sob a ótica da Teoria do Direito e da Análise Econômica do Direito. *Revista de Processo Civil Internacional*, v. 2, n. 2, p. 71-98, 29 nov. 2018. DOI: 10.26668/IndexLawJournals/2595-3124/2017.v2i2.19825. Disponível em: https://periodicos.ufes.br/processocivilinternacional/article/view/19825.

CONTRIBUTOS DO MIN. EDSON FACHIN PARA O FIM DA REVITIMIZAÇÃO DE MULHERES VÍTIMAS DE VIOLÊNCIA DOMÉSTICA EM JUÍZO: DA RELATORIA AO JULGAMENTO DA ADI 7267

Thimotie Aragon Heemann

Especialista em Direito. Professor de Direito Constitucional e Direitos Humanos na Fundação Escola do Ministério Público do Estado do Paraná (FEMPAR) e da Escola da Magistratura do Estado do Paraná (EMAP). Editor da Coluna "Direito dos Grupos Vulneráveis" no site JOTA. Autor de livros e artigos jurídicos. Promotor de Justiça no Ministério Público do Estado do Paraná (MP/PR). E-mail. taheemann@mppr.mp.br.

Sumário: Introdução – 1. Do cenário posto quando do ajuizamento da ADI 7267 – 2. O sorteio do Ministro Edson Fachin como relator da ADI 7267 e sua primeira decisão – 3. O julgamento da ADI 7267 por unanimidade e a importância do voto do Ministro Edson Fachin como fio condutor da tese – 4. Natureza bifronte da audiência de verificação – Conclusão – Referências.

INTRODUÇÃO

Após quase uma década de atuação enquanto ministro do Supremo Tribunal Federal, Edson Fachin possui dentre seus inúmeros predicados uma marca indelével: a contribuição para o reconhecimento e proteção do *corpus iuris* do Direito das Mulheres no âmbito da jurisdição constitucional.

Apenas a título de exemplo, o ministro votou favoravelmente às mulheres (vítimas de violência doméstica ou não) em relevantes precedentes firmados pela Corte nos últimos anos. Por amostragem, entre os precedentes com participação do Min. Fachin podem ser citados: a) início da contagem do prazo da licença-maternidade a partir da alta hospital da mãe ou do bebê, ação da qual foi, inclusive, relator;[1] b) financiamento eleitoral de candidaturas femininas, ADI que também contou com a relatoria do ministro;[2] c), o reconhecimento da constitucionalidade de lei municipal que impede a nomeação a cargos públicos de condenados por crimes cometidos em contexto de violência doméstica e familiar contra a mulher, recurso extraordinário também relatado por Fachin;[3] d) inconstitucionalidade de submissão de gestantes ao trabalho insalubre;[4] e) inconstitucionalidade da tese jurídica popularmente conhecida como "legítima defesa da honra";[5] f) o reconhecimento da inconstitucionalidade de lei que excluía material didático sobre gênero da rede municipal

1. BRASIL. Supremo Tribunal Federal. ADI 6327. Rel. Min. Edson Fachin, Tribunal Pleno, j. 24.10.2022.
2. BRASIL. Supremo Tribunal Federal. ADI 5617. Rel. Min. Edson Fachin, Tribunal Pleno, j. 15.03.2018.
3. BRASIL. Supremo Tribunal Federal. RE 1.308.883. Rel. Min. Edson Fachin, j. 07.01.2021.
4. BRASIL. Supremo Tribunal Federal. ADI 5938. Rel. Min. Alexandre de Moraes, Tribunal Pleno, j. 29.05.2019.
5. BRASIL. Supremo Tribunal Federal. ADPF 779. Rel. Min. Dias Toffoli, Tribunal Pleno, j. 1º.08.2023.

de ensino;[6] g) a chancela constitucional das regras sobre as candidaturas eleitorais de mulheres negras;[7] h) a inconstitucionalidade da invocação pelas partes do passado sexual e/ou do estilo de vida das mulheres vítimas de violência em audiência;[8] i) o reconhecimento do direito à licença maternidade independentemente da natureza do vínculo da mulher com o Estado;[9] j) a inconstitucionalidade de restrição de vagas em percentual específico para ingresso de mulheres nas carreiras policiais;[10] k) a constitucionalidade de lei estadual que criou um cadastro de homens autores de violência doméstica e familiar contra a mulher,[11] dentre inúmeros outros precedentes que contaram com os contribuições do eterno professor da Universidade Federal do Estado do Paraná para a afirmação dos direitos das mulheres perante a jurisdição constitucional brasileira.

Para fins deste artigo, porém, será destacada de forma aprofundada a atuação do ministro Luiz Edson Fachin enquanto relator da ação direta de inconstitucionalidade 7267, ajuizada pela Associação Nacional dos Membros do Ministério Público (CONAMP) ao final do ano de 2022. Em apertada síntese – e apenas para fins introdutórios deste texto –, a ADI 7267 objetivava excluir, a partir da técnica da interpretação conforme a Constituição, duas interpretações do artigo 16 da Lei Maria da Penha que, da forma como estavam sendo aplicadas por membros do Poder Judiciário de todo o país, materializavam perniciosos e deletérios episódios de revitimização.

Se quiser deixar o texto com um pouco menos de cara de texto de opinião (como os do JOTA), sugiro explicar um pouco (em um ou dois parágrafos) a metodologia do artigo. Qual o seu referencial teórico (que autores, livros e linhas de raciocínio guiarão a leitura do voto do Ministro?), é um texto qualitativo (creio que sim)? Quais o métodos de análise.

1. DO CENÁRIO POSTO QUANDO DO AJUIZAMENTO DA ADI 7267

Nos crimes condicionados à representação cometidos em contexto de violência doméstica e familiar (*v.g.*, *stalking*, segundo exemplo etc.), o legislador brasileiro conferiu às mulheres vítimas de violência doméstica um direito subjetivo específico: a possibilidade de renunciar à representação anteriormente ofertada em detrimento do agressor, em audiência designada especificamente para tal finalidade, desde que preenchidos determinados requisitos, conforme dispõe o art. 16 da Lei Maria da Penha: "Nas ações penais públicas condicionadas à representação da ofendida de que trata esta Lei, só será admitida a renúncia à representação perante o juiz, em audiência especialmente designada com tal finalidade, antes do recebimento da denúncia e ouvido o Ministério Público".

O referido ato solene é conhecido no direito brasileiro como "audiência do art. 16", dada a sua posição topográfica na Lei Maria da Penha, porém também nominado

6. BRASIL. Supremo Tribunal Federal. ADPF 457. Rel. Min. Alexandre de Moraes, Tribunal Pleno, j. 27.04.2020.
7. BRASIL. Supremo Tribunal Federal. ADPF 738, Rel. Min. Ricardo Lewandowski, Tribunal Pleno, j. 05.10.2020.
8. BRASIL. Supremo Tribunal Federal. ADPF 1107. Rel. Min. Cármen Lúcia, Tribunal Pleno, j. 23.05.2024.
9. BRASIL. Supremo Tribunal Federal. RE 842.844. Rel. Min. Luiz Fux, Tribunal Pleno, j. 05.10.2023.
10. BRASIL. Supremo Tribunal Federal. ADI 7483. Rel. Min. Cristiano Zanin, Tribunal Pleno, j. 13.08.2024.
11. BRASIL. Supremo Tribunal Federal. ADI 6620. Rel. Min. Alexandre de Moraes, Tribunal Pleno, j. 18.04.2024.

pelo Tribunais Superiores como "audiência de justificação",[12] embora este autor prefira, a utilização da expressão "audiência de verificação",[13] uma vez que o *ethos* da referida audiência é protetivo, e não um espaço para justificativas – e muito menos para prestação de contas – por parte da mulher vítima de violência doméstica.

A finalidade do ato processual consagrado no art. 16 da Lei 11.340/2006 é verificar o real desejo da ofendida em eventualmente retratar-se da representação realizada em desfavor do agressor e não a sua confirmação. Não por outro motivo, Adriana Ramos de Mello e Lívia de Meira Lima Paiva alertam que: "[q]uem demanda a audiência é a vítima. É vedado ao(a) magistrado(a) marcar audiência para verificar se a vítima tem certeza da representação e deseja continuar com a ação penal".[14]

Ocorre que, em que pese a jurisprudência dos Tribunais Superiores fosse uníssona ao reconhecer o caráter protetivo do art. 16 da Lei Maria da Penha,[15] magistrados e magistradas de todo o país insistiam em aplicar – talvez por motivos de ordem pragmática – uma dupla interpretação inconstitucional do dispositivo: a) a designação do ato solene de ofício, sem qualquer manifestação de vontade da vítima, criando uma condição de procedibilidade da ação penal não prevista em lei e indo de encontro à jurisprudência do próprio Supremo Tribunal Federal;[16] e b) o reconhecimento do não comparecimento da ofendida na audiência – designada ao arrepio da lei – como "retratação tácita ao direito de representação", determinando a extinção da punibilidade do agressor e, por conseguinte, o arquivamento do feito, prática também realizada sem amparo constitucional ou legal.

O tema não passava isento de críticas da doutrina. Nesse sentido, Valéria Diez Scarance Fernandes afirma que o "artigo 16 da Lei 11.340/2006 pode ser desvirtuado caso não seja interpretado corretamente. Não se pretendeu a designação indiscriminada de audiências para ouvir a vítima, mas, sim, ouvir a vítima que – por sua vontade – desistiu de processar o agressor".[17]

Essa dupla interpretação inconstitucional do art. 16 da Lei 11.340/2006 atingia o âmago do sistema brasileiro de enfrentamento à violência doméstica e familiar contra a mulher, subvertendo a sua própria lógica, já que mulheres e meninas vítimas de violência doméstica eram levadas compulsoriamente a juízo, às margens da lei (art. 4º da LMP[18]), da Constituição Federal de 1988 (princípio da dignidade humana) e das próprias orien-

12. BRASIL. Superior Tribunal de Justiça. AgRg no HC 689.959/SE. Rel. Ministro Jesuíno Rissato (Desembargador Convocado do TJDFT), Quinta Turma, j. 16.11.2021.
13. Expressão também utilizada por DIAS, Maria Berenice. *A Lei Maria da Penha na Justiça*. 10. ed. Salvador: JusPodivm, 2025. p. 157.
14. PAIVA, Lívia de Meira Lima; MELLO, Adriana Ramos de. *Lei Maria da Penha na Prática*. São Paulo: RT, 2019. p. 173-4.
15. BRASIL. Superior Tribunal de Justiça. REsp 1.964.293/MG. Rel. Min. Reynaldo Soares da Fonseca, Terceira Seção, j. 08.03.2023.
16. BRASIL. Supremo Tribunal Federal. HC 109.176/MG. Relator: Ministro Ricardo Lewandowski, 2ª Turma, j. 04.10.2011.
17. FERNANDES, Valéria Diez Scarance. *Lei Maria da Penha*: O processo no caminho da efetividade. 4. ed. São Paulo: JusPodivm, 2023. p. 387.
18. Art. 4º da Lei 11.340/2006: "Na interpretação desta Lei, serão considerados os fins sociais a que ela se destina e, especialmente, as condições peculiares das mulheres em situação de violência doméstica e familiar".

tações do Comitê CEDAW, especialmente em relação ao art. 51.b da Recomendação 35/2015 do órgão onusiano, que impõe aos Estados um dever de proteção às mulheres vítimas de violência no tocante ao tema da vitimização secundária nos bancos do Poder Judiciário.[19] Havia, portanto, todo território nacional, um processo estrutural de revitimização de mulheres e meninas vítimas de violência doméstica.

Além disso, muitos dos homens autores de violência doméstica sequer eram processados perante o Poder Judiciário, uma vez que a partir da equivocada – e outrora aplicada de forma sistemática – interpretação inconstitucional do art. 16 fazia com que o não comparecimento da vítima ao ato solene fosse encarado como "renúncia tática ao direito de representação da vítima", resultando na declaração da extinção da punibilidade do homem autor de violência doméstica, nos termos do art. 107, inciso V, do Código Penal. Sabe-se, conforme entendimento consolidado do próprio Supremo Tribunal Federal, que uma vez declarada extinta a punibilidade de determinado indivíduo, não há como voltar atrás, excepcionados em que a decisão foi embasada em certidão de óbito falsa.[20]

Diante do cenário descrito, a única alternativa viável para realinhar o modelo de enfrentamento à violência doméstica e familiar contra a mulher – originalmente concebido pelo legislador – com os princípios constitucionais e o devido funcionamento do sistema de justiça, foi o ajuizamento de uma ação direta de inconstitucionalidade. Sob a iniciativa da Associação Nacional dos Membros do Ministério Público (CONAMP), esta ação incluiu um duplo pedido de interpretação conforme à Constituição, visando: a) impedir a designação de ofício da audiência prevista no art. 16 da Lei 11.340/2006 (Lei Maria da Penha); b) impossibilitar o reconhecimento de "retratação tácita" ou "renúncia do direito de representação" nos casos em que a mulher vítima de violência doméstica não compareça à audiência estipulada pelo artigo 16 da referida lei, garantindo assim a continuidade do processo. Estas medidas buscam assegurar que o processo legal siga seu curso adequado, protegendo os direitos das vítimas e mantendo a integridade do sistema jurídico no combate à violência doméstica.

2. O SORTEIO DO MINISTRO EDSON FACHIN COMO RELATOR DA ADI 7267 E SUA PRIMEIRA DECISÃO

Três dias após o ajuizamento da ação direta de inconstitucionalidade 7267, o ministro Luiz Edson Fachin foi sorteado pelo algoritmo do Supremo Tribunal Federal para ser o relator da ação. Em virtude do seu histórico de comprometimento com a concretização do direito das mulheres ao longo de sua trajetória acadêmica e na Corte Constitucional

19. "Tomem medidas efetivas para proteger as mulheres contra a vitimização secundária em suas interações com autoridades judiciais e demais encarregadas da aplicação da lei, bem como considerem estabelecer unidades especializadas em gênero dentro dos sistemas de aplicação da lei na investigação policial e no processamento penal" (ORGANIZAÇÃO DAS NAÇÕES UNIDAS. Recomendação geral n. 33 sobre o acesso das mulheres à justiça. Disponível em: https://assets-compromissoeatitude-ipg.sfo2.digitaloceanspaces.com/2016/02/Recomendacao-Geral-n33-Comite-CEDAW.pdf. Acesso em: 20 dez. 2024).
20. BRASIL. Supremo Tribunal Federal. HC 84.525. Rel. Min. Carlos Velloso, Segunda Turma, j. 16.11.2004.

brasileira, o sorteio da relatoria ao Min. Fachin foi considerado extremamente positivo por todos aqueles que estavam na expectativa pelo fim do processo nacional, estrutural e sistemático com o qual mulheres e meninas vítimas de violência doméstica estavam sendo submetidas em território nacional.

Um dia após ter sido escolhido como relator da ADI 7267, Fachin, de forma muito célere e diligente, proferiu decisão monocrática de suma importância para o desfecho rápido da ação, determinando a adoção do rito de urgência previsto no art. 12 da Lei 9.868/66. Na oportunidade, e sempre dialogando com o Direito Internacional dos Direitos Humanos, característica que lhe é peculiar, Fachin foi categórico:

> O relato trazido pela Requerente é preocupante. O art. 16 da Lei Maria da Penha materializa a recomendação feita pelos peritos das Nações Unidades de que a legislação de combate à violência doméstica contenha políticas favoráveis à persecução. Mais do que apenas verificar a vontade real da vítima, o objetivo da medida é também verificar as razões pelas quais a renúncia está sendo feita, sendo desaconselhável acolher a renúncia quando houver fundadas razões de que ela está sendo usada para encobrir uma nova violência ou vitimização.[21]

Além de determinar a adoção do rito de urgência, Fachin reconheceu a gravidade da situação narrada, esclareceu – de forma muito resumida, é verdade – a finalidade protetiva do artigo 16 da Lei Maria da Penha. Além disso, reconheceu a possibilidade de, a partir do cenário narrado na petição inicial, estarmos diante de uma situação onde a Lei Maria da Penha estaria sendo aplicada de forma a gerar um episódio de revitimização ou encobrir uma nova situação de violência doméstica e familiar.

3. O JULGAMENTO DA ADI 7267 POR UNANIMIDADE E A IMPORTÂNCIA DO VOTO DO MINISTRO EDSON FACHIN COMO FIO CONDUTOR DA TESE

Passados nove meses do ajuizamento da ação direta de inconstitucionalidade 7267 pela CONAMP, a ADI foi incluída em pauta no plenário virtual do Supremo Tribunal Federal, com data para encerramento do julgamento em agosto de 2023.

Por unanimidade, todos os ministros seguiram o voto do relator e foram fixadas duas teses: a inconstitucionalidade da designação de ofício da audiência do art. 16 da Lei Maria da Penha e a inconstitucionalidade do reconhecimento de que eventual não comparecimento da vítima de violência doméstica implique retratação tácita ou renúncia tácita ao direito de representação.[22] Ou seja, ambos os pedidos de interpretação conforme à Constituição formulados foram acolhidos pelo ministro Edson Fachin e acompanhados por todos os seus pares, colocando fim a um processo inconstitucional de desvirtuamento do art. 16 da LMP, e que acaba por gerar como consequência, a revitimização de mulheres e meninas vítimas de violência doméstica em todo o território nacional.

21. BRASIL. Supremo Tribunal Federal. ADI 7267. Rel. Min. Edson Fachin, decisão monocrática de 15 de dezembro de 2022.
22. BRASIL. Supremo Tribunal Federal. ADI 7267. Rel. Min. Edson Fachin, Tribunal Pleno, j. 22.08.2023.

Trata-se de uma decisão histórica da Suprema Corte brasileira em matéria de proteção de mulheres e meninas vítimas de violência doméstica e familiar, já que, a um só tempo, concretiza a dignidade da humana de mulheres e meninas vítimas e de violência doméstica e familiar, além de proibir – de forma absoluta – a utilização do artigo 16 da Lei 11.340/2006 como instrumento de violência institucional por parte de membros do Poder Judiciário.

O voto do ministro Fachin ainda trouxe algumas considerações aprofundadas acerca de um ponto específico do art. 16 da Lei Maria da Penha, e que, ao menos até aquele momento, era pouco explorado pela doutrina e pelos tribunais: a natureza bifronte da audiência de verificação.

4. NATUREZA BIFRONTE DA AUDIÊNCIA DE VERIFICAÇÃO

Após o julgamento da ADI 7267, parece-nos não pairar mais dúvidas acerca do assunto: a audiência de verificação prevista no artigo 16 da Lei Maria da Penha possui uma natureza jurídica bifronte, já que objetiva cumprir uma dupla finalidade.

Primeiramente, o ato solene previsto no art. 16 possui caráter orientativo. Deve o Estado, a partir de prévio atendimento e acolhimento por equipe multidisciplinar, e posteriormente em sala de audiência, orientar a mulher vítima de violência doméstica acerca das consequências jurídicas de ambos os caminhos possíveis, isto é: da renúncia à representação ou do prosseguimento da ação penal.

O papel orientativo da audiência de verificação foi ressaltado categoricamente pelo Supremo Tribunal Federal "o art. 16 da Lei Maria da Penha integra o conjunto de normas que preveem o atendimento por equipe multidisciplinar. Sua função é a de permitir que a ofendida, *sponte propria* e assistida necessariamente por equipe multidisciplinar, possa livremente expressar sua vontade".[23]

Há, portanto, um dever atribuído ao sistema de justiça em proporcionar um ambiente apto a deixar a vítima confortável para exercer sua manifestação de vontade. A condução da audiência deve ser realizada de forma humana e levando-se em consideração a dificuldade que é para uma vítima de violência estar em um Fórum de Justiça.

O Estado também desempenha um papel protetivo na condução da audiência de verificação. Isso, porque o ato também possui dentre os fins almejados, a aferição por parte do Poder Judiciário e do Ministério Público se a vontade da mulher vítima de violência doméstica em retratar-se é genuína, e está sendo exercida de forma livre e desembaraçada.

Ao enfrentar o tema em sede de recurso especial repetitivo em momento posterior ao julgamento da ADI 7267, o Superior Tribunal de Justiça reconheceu a finalidade protetiva da audiência de verificação: "[p]ode-se mesmo afirmar que a intenção do legislador, ao criar tal audiência, foi a de evitar ou pelo menos minimizar a possibilidade

---

23. BRASIL. Supremo Tribunal Federal. ADI 7267. Rel. Min. Edson Fachin, Tribunal Pleno, j. 22.08.2023.

de oferecimento de retratação pela vítima em virtude de ameaças ou pressões externas, garantindo a higidez e autonomia de sua nova manifestação de vontade em relação à persecução penal do agressor".[24]

É justamente em razão do caráter protetivo do artigo 16 que nos posicionamos no sentido de não ser adequada a presença do advogado de defesa e muito menos do agressor durante a realização da audiência de verificação. Para além disso, qualquer manifestação de vontade exercida pela vítima sob o efeito de coação ou qualquer outro elemento que lhe retire o caráter de espontaneidade deve ser considerada inválida e tornada sem efeito, conforme já decidiu o Superior Tribunal de Justiça[25] sendo possível também deduzir este entendimento da decisão monocrática inicial exarada pelo ministro Fachin no bojo da ADI 7267.[26]

CONCLUSÃO

Honrando sua trajetória não apenas no exercício da judicatura perante o Supremo Tribunal Federal, mas também enquanto acadêmico e professor pesquisador nas áreas do Direito Constitucional e do Direito Internacional dos Direitos Humanos, o professor Luiz Edson Fachin, ao ser designado como relator na ação direta de inconstitucionalidade 7267 e proferir voto condutor seguido a unanimidade por todos os outros ministros da Corte Constitucional brasileira, pode – e deve – ser considerável como um dos grandes responsáveis por colocar fim em uma era de quase duas décadas nas quais juízes e juízas de todo o território nacional adotavam uma dupla interpretação inconstitucional do art. 16 da Lei Maria da Penha e revitimizavam mulheres e meninas vítimas de violência doméstica nas arcadas do Poder Judiciário.

Por consequência lógica e constitucional, homens autores de violência doméstica, outrora beneficiados pelo desvirtuamento do artigo 16 da Lei 11.340/2006, passaram a ser processados perante o sistema de justiça, exatamente nos termos idealizados pelo legislador quando criação da Lei Maria da Penha, e do próprio Poder Constituinte, ao prever como direito fundamental esculpido no art. 5º, inciso XLI, da Constituição Federal de 1988 a punição a qualquer discriminação atentatória a direitos e garantias individuais.[27]

Concluída a abordagem proposta realizada neste texto, verifica-se que recolocação do art. 16 da Lei Maria da Penha nos trilhos da Constituição e do Direito Internacional dos Direitos Humanos se deve – muito – ao professor Luiz Edson Fachin. Em uma de

24. BRASIL. Superior Tribunal de Justiça. REsp 1.964.293/MG. Rel. Min. Reynaldo Soares da Fonseca, Terceira Seção, j. 08.03.2023.
25. BRASIL. Superior Tribunal de Justiça. HC 393.084/SC. Rel. Min. Rogério Schietti Cruz, Sexta Turma, j. 21.03.2019.
26. BRASIL. Supremo Tribunal Federal. ADI 7267. Rel. Min. Edson Fachin, decisão monocrática de 15 de dezembro de 2022.
27. Art. 5º XLI, da Constituição Federal de 1988: "a lei punirá qualquer discriminação atentatória dos direitos e liberdades fundamentais".

suas últimas obras, afirmou o ministro Luís Roberto Barroso que "[a] história é um caminho que se escolhe e não um destino que se cumpre".

Se milhares – quiçá milhões – de mulheres e meninas vítimas de violência doméstica deixaram de ser revitimizadas em todo o território nacional desde a publicação do acórdão da ação direta de inconstitucionalidade 7267, o contributo do ministro Edson Fachin deve ser não apenas reconhecido, mas efusivamente elogiado e agradecido.

Muito obrigado, professor!

REFERÊNCIAS

BARROSO, Luís Roberto. *Sem data venia*. Rio de Janeiro: Editora História Real, 2020.

BRASIL. Superior Tribunal de Justiça. AgRg no HC 689.959/SE. Rel. Ministro Jesuíno Rissato (Desembargador Convocado do TJDFT), Quinta Turma, j. 16.11.2021.

BRASIL. Superior Tribunal de Justiça. HC 393.084/SC. Rel. Min. Rogério Schietti Cruz, Sexta Turma, j. 21.03.2019.

BRASIL. Superior Tribunal de Justiça. REsp 1.964.293/MG. Rel. Min. Reynaldo Soares da Fonseca, Terceira Seção, j. 08.03.2023.

BRASIL. Supremo Tribunal Federal. ADPF 457. Rel. Min. Alexandre de Moraes, Tribunal Pleno, j. 27.04.2020.

BRASIL. Supremo Tribunal Federal. ADPF 738, Rel. Min. Ricardo Lewandowski, Tribunal Pleno, j. 05.10.2020.

BRASIL. Supremo Tribunal Federal. ADPF 779. Rel. Min. Dias Toffoli, Tribunal Pleno, j. 1º.08.2023.

BRASIL. Supremo Tribunal Federal. ADPF 1107. Rel. Min. Cármen Lúcia, Tribunal Pleno, j. 23.05.2024.

BRASIL. Supremo Tribunal Federal. ADI 5617. Rel. Min. Edson Fachin, Tribunal Pleno, j. 15.03.018.

BRASIL. Supremo Tribunal Federal. ADI 5938. Rel. Min. Alexandre de Moraes, Tribunal Pleno, j. 29.05.2019.

BRASIL. Supremo Tribunal Federal. ADI 6327. Rel. Min. Edson Fachin, Tribunal Pleno, j. 24.10.2022.

BRASIL. Supremo Tribunal Federal. ADI 6620. Rel. Min. Alexandre de Moraes, Tribunal Pleno, j. 18.04.2024.

BRASIL. Supremo Tribunal Federal. ADI 7267. Rel. Min. Edson Fachin, decisão monocrática de 15 de dezembro de 2022.

BRASIL. Supremo Tribunal Federal. ADI 7483. Rel. Min. Cristiano Zanin, Tribunal Pleno, j. 13.08.2024.

BRASIL. Supremo Tribunal Federal. HC 84525. Rel. Min. Carlos Velloso, Segunda Turma, j. 16.11.2004.

BRASIL. Supremo Tribunal Federal. HC 109.176/MG. Relator: Ministro Ricardo Lewandowski, 2ª Turma, j. 04.10.2011.

BRASIL. Supremo Tribunal Federal. RE 842.844. Rel. Min. Luiz Fux, Tribunal Pleno, j. 05.10.2023.

BRASIL. Supremo Tribunal Federal. RE 1.308.883. Rel. Min. Edson Fachin, j. 07.01.2021.

DIAS, Maria Berenice. *A Lei Maria da Penha na Justiça*. 10. ed. Salvador: JusPodivm, 2025.

FERNANDES, Valéria Diez Scarance. *Lei Maria da Penha*: O processo no caminho da efetividade. 4. ed. São Paulo: JusPodivm, 2023.

ORGANIZAÇÃO DAS NAÇÕES UNIDAS. Recomendação geral 33 sobre o acesso das mulheres à justiça. Disponível em: https://assets-compromissoeatitude-ipg.sfo2.digitaloceanspaces.com/2016/02/Recomendacao-Geral-n33-Comite-CEDAW.pdf. Acesso em: 20 dez. 2024.

PAIVA, Lívia de Meira Lima; MELLO, Adriana Ramos de. *Lei Maria da Penha na Prática*. São Paulo: RT, 2019.

LAICIDADE E LIBERDADE RELIGIOSA: ANÁLISE DE DOIS ACÓRDÃOS DO SUPREMO TRIBUNAL FEDERAL

Carlos Eduardo Pianovski Ruzyk

Doutor e Mestre e Graduado em Direito pela Universidade Federal do Paraná (UFPR), com estágio de pesquisa na Universidade Coimbra. Professor Associado nos cursos de Graduação e Pós-Graduação (Mestrado e Doutorado) da Universidade Federal do Paraná. Membro da Comissão constituída pelo Senado da República para a elaboração do anteprojeto de reforma do Código Civil. Presidente Estadual do IBDFAM Paraná. Advogado, parecerista e árbitro.

NOTA PREAMBULAR

Ao aceitar o honroso convite para integrar obra em homenagem ao Ministro Edson Fachin, não posso me furtar de uma breve nota preambular.

Luiz Edson Fachin, a par de sua exemplar trajetória no Supremo Tribunal Federal, é, e sempre será, o Professor que serve de exemplo para gerações de juristas brasileiros. Todos aqueles que contaram com o privilégio de tê-lo como professor, seja na graduação, seja na pós-graduação, são indelevelmente marcados por seu amor à docência, sua capacidade de unir dogmática rigorosa e pensamento crítico, sua aptidão para enxergar aquilo que, para a maioria, está oculto (o que pode ser chamado, autenticamente, de genialidade). São marcados, também, pelo seu profundo proceder ético, pela lhaneza e humildade no trato com todas as pessoas, e pela generosidade que dedica ao próximo.

T.S. Elliot, em famoso poema, se refere a "homens ocos", ou "homens de palha", que sussurram com "vozes dessecadas", "quietas e inexpressivas" nas profundezas de seus porões desolados. Não há homens ocos entre aqueles que, em suas vidas, tiveram o prêmio da convivência com o Ministro e Professor Luiz Edson Fachin.

INTRODUÇÃO

A liberdade religiosa é garantia fundamental individual assegurada pelos incisos V a VIII do art. 5º da Constituição. A expressão e a vivência da religiosidade – bem como a sua ausência – são asseguradas pela Constituição, nada obstante a laicidade do Estado.

Com efeito, se o Estado é laico, frente à distinção entre Estado e Religião, assegura-se o respeito (sob as formas de tolerância e de reconhecimento) às diferentes crenças dos indivíduos. Um Estado laico é neutro frente às escolhas religiosas, não podendo fazer prevalecer uma crença frente à outra, mas, ao mesmo tempo, tem o dever de assegurar a fruição dessa liberdade, não apenas como ausência de coerção, mas como poder individual de reger os rumos da própria vida a partir das concepções de mundo e de bem de cada indivíduo – o que passa pelo reconhecimento da religiosidade individual como expressão da personalidade e de exercício de cidadania.

Há, é certo, limites, que se encontram na própria laicidade. As escolhas públicas não podem se pautar em orientações dogmáticas de qualquer religião. Ao mesmo tempo, porém, a laicidade constitucional não exclui a relevância da religião no espaço público.

A jurisprudência do Supremo Tribunal Federal contém relevantes precedentes que assentam as balizas da expressão pública de que a crença religiosa pode se revestir, sem ofensa à separação entre Estado e Igreja.

Nessa senda, colhem-se, como objetos de trabalho para a análise aqui proposta, dois votos proferidos pelo Ministro Edson Fachin como relator (a) do acórdão no ARE 1099099, que gerou a tese do tema 1021 do STF, sobre liberdade religiosa e objeção de consciência frente à administração pública e (b) do acórdão na ADI 2.566, sobre proibição do proselitismo religiosa em rádios comunitárias.

Os dois votos selecionados revelam limites e possibilidades das repercussões que a liberdade religiosa, como direito fundamental individual, exerce no espaço público.

Antes do exame específico dos referidos acórdãos, cabe delinear algumas premissas teóricas que informam a análise aqui proposta.

Principia-se, assim, pelo exame da expressão da laicidade na Constituição, e como ela difere de outras possíveis orientações sobre o sentido de um Estado laico.

Em um segundo momento, analisa-se a liberdade religiosa como expressão de individualidade e conformação de subjetividade, vinculando-a à cidadania (sem a confundir com expressão identitária de feição coletivista) e ao exercício da liberdade positiva, como poder de determinação dos rumos da própria vida. É nesse âmbito que será examinado o voto condutor do acórdão que decidiu o Tema 1021 do STF.

Por fim, examina-se a vinculação entre liberdade de expressão e liberdade religiosa, tomando como objeto de análise o acórdão proferido na ADI 2.566.

1. ENTRE LAICIDADE E LAICISMO – EXPRESSÃO E VIVÊNCIA DA RELIGIOSIDADE NO ÂMBITO DE UM ESTADO LAICO

É conhecido o fenômeno referido por Max Weber nas sociedades ocidentais como "desencantamento do mundo", expressão de uma racionalização que, no século XX, resultaria na consolidação de uma relevante secularização da vida.

A correção desse diagnóstico não afasta o reconhecimento de que a religiosidade não foi afastada nem da vida privada (e Weber bem o reconhece, explicando que o desencantamento do mundo, como afastamento das soluções mágicas, é inerente às religiões judaico-cristãs[1]) nem da vivência pública.

Se a explicação dos fenômenos não mais passa por "poderes ocultos e imprevisíveis, que nela interfiram" e, nas palavras de Weber, "pelo contrário, todas as coisas podem – em princípio - ser dominadas mediante o cálculo", parece possível afirmar que a religiosidade ainda permeia a construção de subjetividades, mesmo quando negada.[2]

É bastante conhecida a crítica positivista de Comte sobre a religião, negando o teísmo na fase positiva ou científica da evolução da humanidade. Comte, porém, não se afasta da estrutura de pensamento que é forjada pela religiosidade, ao tratar da criação de uma "religião da humanidade",[3] que resultou até mesmo, na criação de "templos positivistas". O divino não é extirpado ou deixa um lugar vazio. Seu lugar remanesce, e é ocupado pela ciência.

No século XX, a seu turno, Eric Voegelin definia contraponto crítico à substituição da crença religiosa (notadamente cristã) pelo que chamou de "religiões políticas" (gnosticismo), em que o lugar da adoração ao divino é substituído por ideologias políticas, que se constituem estruturalmente em religiões de *per se*.[4]

Contemporaneamente, Luc Ferry, um dos mais relevantes defensores do laicismo do Estado (que, como Ministro da Educação da França extirpou símbolos religiosos em dados espaços públicos, como escolas, vedando expressões individuais de religiosidade, como uso de véus islâmicos ou outras manifestações ostensivas), trata do que denomina de uma "espiritualidade laica", como expressão de um novo humanismo, em que a transcendência não se situa em "nenhum lugar além da transcendência das pessoas de carne e osso".[5]

A ordem constitucional brasileira se filia à orientação diversa do laicismo de Ferry. A separação entre Igreja e Estado não implica a supressão da expressão religiosa, nem seu confinamento à esfera estritamente privada do culto.

A Constituição não apreende a religião como expressão de coletivos identitários – os quais, em sua generalidade, na fragmentação social que ensejam, importam a diluição do grande universal a ser preservado na ordem constitucional, que é a cidadania. Diversamente, a ordem constitucional protege a religiosidade como manifestação da liberdade individual de se autoconstituir, e, nessa medida, assegura ao indivíduo não

1. WEBER, Max. A ciência como vocação. Trad. Arthur Morão. www.lusosofia.net, p. 13. Sobre o tema, ver, especialmente a racionalização como fenômeno inerente às religiões ocidentais, WEBER, Max. *The Sociology of Religion*. Trad. Ephraim Fischoff. Londres: Methuen & CoLtd, 1963.
2. Segundo Weber, "O destino da nossa época, com a sua racionalização, intelectualização e, sobretudo, desencantamento do mundo, consiste justamente em que os valores últimos e mais sublimes desapareceram da vida pública e imergiram ou no reino trasmundano da vida mística, ou na fraternidade das relações imediatas dos indivíduos entre si". *A ciência como vocação*, p. 32.
3. COMTE, Augusto. *Catecismo positivista*. Trad. Miguel Lemos. São Paulo : Abril Cultural, 1978.
4. VOEGELIN, Eric. *Political Religions*. Trad. T.J. di Napoli e E.S. Easterly III. Lewiston, N.Y.: E. Mellen Press, 1986.
5. FERRY, Luc. *La vie heureuse*: Sagesses anciennes et spiritualité laïque. Paris: J'Ai Lu, 2023.

apenas o culto, mas a expressão de sua individualidade, inclusive no espaço público, por meio da crença.

Laicidade é algo diverso do laicismo. Enquanto a primeira assegura a separação entre Igreja e Estado, assegurando a neutralidade frente às religiões, que são igualmente protegidas pelo sistema jurídico como expressões de liberdade, o segundo consiste no que Jorge Miranda designa como "oposição relativa" à religião. Nas palavras do autor português laicismo "significa desconfiança ou repúdio da religião como expressão comunitária e, porque imbuído de pressupostos filosóficos ou ideológicos (o positivismo, o cientismo, o livre pensamento ou outros), acaba por pôr em causa o próprio princípio da laicidade".[6]

A constituição brasileira, ao aderir à laicidade, determina, em seu artigo 19:

> Art. 19. É vedado à União, aos Estados, ao Distrito Federal e aos Municípios:
>
> I – estabelecer cultos religiosos ou igrejas, subvencioná-los, embaraçar-lhes o funcionamento ou manter com eles ou seus representantes relações de dependência ou aliança, ressalvada, na forma da lei, a colaboração de interesse público.

A regra assegura a separação entre religião e Estado, garantindo, ao mesmo tempo, a igualdade entre religiões, impondo ao ente estatal a neutralidade frente às diferentes formas de culto – e, mesmo, à ausência de religiosidade.

Admite, além disso, que pode haver interesse público na colaboração com as religiões.

Não se trata, pois, de Estado laico, nem de Estado laicista nem de Estado ateu.

Também demonstra a relevância das religiões na ordem constitucional a previsão do art. 210, sobre o ensino religioso nas escolas:

> Art. 210. Serão fixados conteúdos mínimos para o ensino fundamental, de maneira a assegurar formação básica comum e respeito aos valores culturais e artísticos, nacionais e regionais.
>
> § 1º O ensino religioso, de matrícula facultativa, constituirá disciplina dos horários normais das escolas públicas de ensino fundamental.

A importância da religião é contemplada pela norma, que, ao mesmo tempo, garante a liberdade de não crer, mediante o caráter facultativo da matrícula na disciplina.

Também as regras tributárias mostram que a laicidade do Estado não apenas não se opõe à religião, mas a contempla como valor relevante para cos cidadãos, ao vedar a instituição de impostos sobre tempos e entidades religiosas:

> Art. 150. Sem prejuízo de outras garantias asseguradas ao contribuinte, é vedado à União, aos Estados, ao Distrito Federal e aos Municípios:
>
> (...)
>
> VI – instituir impostos sobre:

---

6. MIRANDA, Jorge. Estado, Liberdade Religiosa e Laicidade. *Revista do Ministério Público do Rio de Janeiro*, n. 60, abr./jun. 2016. Disponível em: https://www.mprj.mp.br/documents/20184/1272607/Jorge_Miranda.pdf.

b) entidades religiosas e templos de qualquer culto, inclusive suas organizações assistenciais e beneficentes.

Assegura, ainda, na esfera das relações privadas, a adoção da forma do casamento religioso (ainda que não de seu conteúdo, elementos e requisitos de validade) como apta a ensejar a eficácia civil:

Art. 226. A família, base da sociedade, tem especial proteção do Estado.

(...)

§ 2º O casamento religioso tem efeito civil, nos termos da lei.

A regra que assegura a eficácia civil do casamento religioso, ao mesmo passo em que afirma a relevância da liberdade religiosa na ordem constitucional, não apenas como ausência de coerção, mas como liberdade positiva (poder de definir os rumos da própria vida), reforça a neutralidade inerente à laicidade. Não pode o legislador eleger ritos de determinada religião como aptos à chancela de efeitos civis, excluindo outros. Em decorrência da norma constitucional, qualquer rito, de qualquer culto, será apto a servir como forma dotada de eficácia hábil ao atendimento dos elementos e requisitos do suporte fático do negócio jurídico matrimonial.

Em matéria de direito de família, a coordenação constitucional entre liberdade de crença e laicidade tem outro corolário: a impossibilidade de que as escolhas públicas em matéria de família sejam justificadas por modelos de moralidade próprios de religiões.

A laicidade assegura a neutralidade necessária para que as escolhas legislativas em matéria de direito de família possam abranger, inclusive, padrões morais minoritários, como apreensão da mesma liberdade positiva que serve de fundamento à própria liberdade religiosa.

Na mesma linha, a liberdade de crença é, também, a um só tempo, a liberdade de não crer. Isso impede que padrões morais religiosos, ainda que majoritários, sejam impostos àqueles que deles não compartilham, o que deve assegurar a cada indivíduo a consecução de suas próprias concepções de bem, desde que não gerem danos a outrem.

Tudo isso demonstra que a laicidade é assegurada em proveito da própria liberdade de crença, como expressão tanto da liberdade negativa (ausência de coerção)[7] como da liberdade positiva (poder assegurado aos indivíduos na definição dos rumos de suas próprias vidas):[8]-[9]

Nessa senda, o artigo 5º da Constituição, de modo eloquente, em seu inciso VI, assegura a inviabilidade da liberdade de crença, com livre exercício dos cultos e as suas liturgias.

---

7. BERLIN, Isaiah. Two concepts of liberty. In: BERLIN, Isaiah. *Four essays on liberty*. Oxford. Oxford University Press, 1979.
8. HANDLIN, Oscar; HANDLIN, Mary. *As Dimensões da Liberdade*. Rio de Janeiro: Fundo de Cultura, 1964.
9. Sobre os diferentes perfis do princípio da liberdade, permito-me citar PIANOVSKI RUZYK, Carlos Eduardo. *Institutos Fundamentais do Direito Civil e Liberdade(s)*. Rio de Janeiro: GZ, 2011.

Garante, ainda, assistência religiosa em entidades de internação coletiva (inciso VII), bem como impede que qualquer cidadão ou cidadã seja privado "de direitos por motivo de crença religiosa ou de convicção filosófica ou política, salvo se as invocar para eximir-se de obrigação legal a todos imposta e recusar-se a cumprir prestação alternativa, fixada em lei".

Trata-se de relevante expressão da liberdade positiva, como conformação da subjetividade, a impor um dever de reconhecimento, por meio da normatividade que deriva da objeção de consciência.

O Supremo Tribunal Federal, no tema 1021, assentou tese sobre a matéria, em acórdão da lavra do Ministro Edson Fachin, e que será objeto de análise a seguir.

2. LIBERDADE RELIGIOSA COMO EXPRESSÃO DE INDIVIDUALIDADE E CONFORMAÇÃO DE SUBJETIVIDADE

Assegurar a liberdade religiosa não consiste, apenas, em não proibir cultos. A ausência de coerção é, sem dúvida, parte essencial da garantia constitucional à liberdade individual. Trata-se, porém, de apenas um dos seus perfis, a que se denomina liberdade negativa.

Há, porém, outro perfil de liberdade que é assegurado pela Constituição, e que não se limita à ausência de proibição ou imposição (coerção). Trata-se da liberdade positiva.

A liberdade positiva é o poder assegurado ao indivíduo de escolher os rumos de sua própria vida. A escolha dos rumos da vida, quando integrante do conceito jurídico de liberdade, implica o reconhecimento de normatividade das escolhas individuais, que se consubstanciam como direitos. Essa normatividade se expressa, perante o Estado, por meio de um dever de reconhecimento.

No âmbito da liberdade religiosa, não basta ao Estado abster-se de proibir os diferentes cultos; a Constituição impõe, sob o perfil da liberdade positiva, que se assegure aos indivíduos o reconhecimento da vivência desses mesmos cultos religiosos, determinando, assim, os rumos de suas vidas em conformidade com as concepções de bem inerentes às suas escolhas.

É nesse campo que se situa a objeção de consciência. Assegurá-la é permitir ao indivíduo livre o exercício do poder sobre sua própria vida, a partir de escolhas valorosas que integram a conformação de sua subjetividade. Proteger a liberdade religiosa é assegurar ao cidadão o exercício do poder de determinar vida em conformidade com seu próprio credo, desde que não cause dano a outrem.[10]

---

10. É clássica a lição de Stuart Mill sobre a garantia da liberdade quando não gera dano a outrem: "Esse princípio é que o único fim para qual se permite que a humanidade, individual ou coletivamente, interfira na liberdade de ação de qualquer dos seus membros é a autoproteção. O único propósito pelo qual o poder pode ser legitimamente exercido sobre qualquer membro de uma comunidade civilizada, contra sua vontade, é evitar dano a outrem". (...) "O princípio requer liberdade de gostos e de inclinações; de formulação de um plano de vida a ser seguido conforme o caráter de cada um de nós; de fazermos que quisermos, sujeitos às consequências de nossos atos;

Assim Thiago Magalhães Pires define a objeção de consciência:

> Há objeção de consciência como a invocação de uma obrigação ou proibição, fundada na convicção religiosa, política, ética ou moral do indivíduo, como escusa para que este não cumpra um dever imposto por lei. O objetor não põe em questão a ordem política como um todo ou uma instituição, mas simplesmente a viabilidade de ele, em particular, cumprir uma obrigação concreta.[11]

Ressalta a necessária harmonização entre a objeção e o caráter laico do Estado quando se trata de serviço público, sem, porém, excluí-la:

> Os indivíduos não perdem o direito à objeção só por ingressarem no serviço público. No entanto, em comparação com a disciplina da matéria no campo privado, a incidência de outra norma – o princípio da laicidade do Estado ou com nenhuma convicção ética a ponto de empregá-la como fundamento exclusivo de seus atos.[12]

A objeção de consciência, pode, nesse sentido, ser exercida inclusive por agentes públicos, exigindo da administração obrigação alternativa para o exercício dos deveres decorrentes da função pública.

O STF tem decidido o tema nessa mesma linha, como se afere da tese assentada no tema 1021. A tese foi fixada no julgamento do RE com Ag 1.099.099/SP, em acordão da lavra do Ministro Edson Fachin, assim ementado:

> Ementa: constitucional. Direito fundamental. Liberdade religiosa. Objeção de consciência. Dever do administrador de oferecer obrigação alternativa para cumprimento de deveres funcionais. Recurso provido.
>
> 1. O princípio da laicidade não se confunde com laicismo. A separação entre Igreja e Estado não pode, portanto, implicar o isolamento daqueles que guardam uma religião à sua esfera privada. A neutralidade estatal não se confunde com indiferença religiosa. A indiferença gera posição antirreligiosa contrária à posição do pluralismo religioso típica de um Estado Laico.
>
> *2. O princípio da laicidade estatal deve ser interpretado de forma a coadunar-se com o dispositivo constitucional que assegura a liberdade religiosa, constante do art. 5º, VI, da Constituição Federal.*
>
> *3. O direito à liberdade religiosa e o princípio da laicidade estatal são efetivados na medida em que seu âmbito de proteção abarque a realização da objeção de consciência. A privação de direito por motivos religiosos é vedada por previsão expressa na constituição. Diante da impossibilidade de cumprir obrigação legal imposta a todos, a restrição de direitos só é autorizada pela Carta diante de recusa ao cumprimento de obrigação alternativa.*
>
> *4. A não existência de lei que preveja obrigações alternativas não exime o administrador da obrigação de ofertá-las quando necessário para o exercício da liberdade religiosa, pois, caso contrário, estaria configurado o cerceamento de direito fundamental, em virtude de uma omissão legislativa inconstitucional.*

---

sem impedimentos de terceiros, desde que não façamos nada que lhes prejudique, ainda que eles possam reputar nossa conduta como tola, pervertida ou errada". MILL, John Stuart. *On Liberty*. New York: Barnes and Noble, 2007, p. 11;15.

11. PIRES, Thiago Magalhães. Notas sobre a objeção de consciência. *Revista da EMERJ*, v. 21, n. 3, t. 2, set.-dez., 2019, p. 597.
12. PIRES, Thiago Magalhães. Notas sobre a objeção de consciência. *Revista da EMERJ*, v. 21, n. 3, t. 2, set.-dez., 2019, p. 598.

5. Tese aprovada pelo Plenário do Supremo Tribunal Federal: "Nos termos do art. 5º, VIII, da CRFB, é possível a Administração Pública, inclusive em estágio probatório, estabelecer critérios alternativos para o regular exercício dos deveres funcionais inerentes aos cargos públicos, em face de servidores que invocam escusa de consciência por motivos de crença religiosa, desde que presente a razoabilidade da alteração, não se caracterize o desvirtuamento no exercício de suas funções e não acarrete ônus desproporcional à Administração Pública, que deverá decidir de maneira fundamentada".

6. Recurso extraordinário provido para conceder a segurança.

O acórdão ressalta a necessária distinção entre laicidade e laicismo, para assegurar a expressão positiva da liberdade de crença, exercida por meio do dever de reconhecimento estatal da normatividade daí emergente, inclusive quando se tratar de servidor público, desde que atendidas às condicionantes constitucionais.

O Estado, demonstra o acórdão, é neutro perante as religiões, mas não é a elas indiferente, haja vista a necessidade de preservação da liberdade individual e da cidadania, que se assegura, inclusive, na esfera pública. Colhe-se do voto condutor:

A separação entre Igreja e Estado não pode, portanto, implicar o isolamento daqueles que guardam uma religião à sua esfera privada. O princípio da laicidade não se confunde com laicismo.

(...)

Inexiste dúvida de que o princípio da laicidade impõe ao Estado o dever de imparcialidade e neutralidade diante do fenômeno religioso, entretanto, a própria noção de "imparcialidade e neutralidade do Estado", como expectativa normativa de um princípio da laicidade é, ela própria, sujeita ao diálogo, ao debate e ao aprendizado.

O reconhecimento do poder de definir os rumos da própria vida, como liberdade positiva, e não apenas a liberdade negativa como ausência de coerção, é expresso no seguinte excerto:

Ademais, o dever de neutralidade se diferencia da ideia de indiferença religiosa, pois pressupõe a adoção de comportamentos positivos quando necessários para afastar sobrecargas que possam impedir ou dificultar determinadas opções em matéria de fé, visando efetivar a garantia da Liberdade Religiosa.

Para que a laicidade do Estado seja realmente concretizada, bem como reforçado o âmbito de proteção do direito à liberdade religiosa e o dever fundamental de serem oferecidas obrigações alternativas por objeção de consciência, para todos e todas, inclusive as minorias religiosas, torna-se imperioso o dever e compromisso com as respectivas políticas públicas, que envolvem decisões de todos os órgãos de poder.

A objeção de consciência do agente público, portanto, não ofende a laicidade do Estado, uma vez que visa a assegurar a sua liberdade positiva, que inclui a liberdade de crença, e que se harmoniza ao dever de neutralidade perante as religiões derivado princípio do Estado laico.

3. LIBERDADE RELIGIOSA E LIBERDADE DE EXPRESSÃO

Outro relevante tema decidido pelo STF em matéria de liberdade de crença dialoga com outra garantia constitucional: a liberdade de expressão.

Ter liberdade de crença consiste não apenas em não ser proibido de exercer o culto nas igrejas, templos ou no espaço privado, mas, também, de expressar a sua religiosidade (ou a falta dela) e, mesmo, persuadir outras pessoas a adotarem dada religião (ou a se afastarem de qualquer culto religioso).

Há uma íntima imbricação entre a liberdade religiosa e a liberdade de expressão.

Realizar-se essa afirmação é, na ordem constitucional brasileira, reconhecer que a expressão persuasiva da crença religiosa goza da mesma posição preferencial de que se reveste qualquer outra manifestação da liberdade de expressão.

Com efeito, a Constituição brasileira assegura à liberdade de expressão posição preferencial,[13] o que, historicamente, tem sido reconhecido pelo STF.[14] Isso não significa, é certo, afirmar uma hierarquia entre direitos ou princípios, mas, sim, na colisão entre eles, uma prevalência *prima facie* da liberdade.

Conforme já escrevemos:

> *Essa posição preferencial tem entre seus fundamentos a recíproca instrumentalidade entre liberdade de expressão e princípio democrático.*
>
> *Pela democracia, as convicções individuais chegam à ágora, como expressões de liberdade positiva, apta a contribuir para os rumos do complexo de relações sociais.*
>
> *Daí deriva a recíproca dependência, a ensejar correspectividade entre os princípios.*
>
> *Dessa forma, liberdade de expressão e democracia têm dependência recíproca.*
>
> *Não há verdadeira liberdade de expressão fora da democracia,[15] e não há democracia sem ampla liberdade de expressão.[16]*

---

13. BARROSO, Luis Roberto. Colisão entre Liberdade de Expressão e Direitos da Personalidade. Critérios de Ponderação. Interpretação Constitucionalmente Adequada do Código Civil e da Lei de Imprensa. *Revista de Direito Administrativo*, v. 235, p. 1-36, 2004.
14. Conforme Ingo Sarlet, ao explicar a tese prevalente no STF, "mesmo que, em um primeiro momento, a CF assegure um idêntico status protetivo a privacidade e a garantia da liberdade de manifestação e expressão, percebe-se que, em relação à segunda, o texto constitucional entendeu por bem ser mais explícito e detalhista no que se refere aos critérios de controle e de restrição dessa liberdade, tal como se vê das regras constitucionais contidas nos artigos 220 e 221. Isso porque a CF, além de fixar de antemão impedimentos legislativos (§§ 1º e 3º do artigo 220), entendeu por bem já prever a proibição categórica à censura (§ 2º do artigo 220), assim como fixar princípios diretivos que deverão guiar a produção publicitária, de rádio e de televisão (§§ 4º, 5º e 6º do artigo 220 e artigo 221). Tal opção constitucional pode ser interpretada como sendo um sinal de que o Constituinte foi mais seletivo no que se refere às restrições que poderão ser aplicadas à liberdade de imprensa, de manifestação de pensamento e de expressão do que foi em relação à proteção da intimidade e da privacidade, a qual deverá contar com uma ponderação *a posteriori* para identificar as situações de grave e intolerável interferência na esfera de proteção privada. Essa opção do constituinte de 1988 pode ser interpretada como indicando a escolha constitucional por tratar restrições à liberdade de manifestação e expressão como sendo algo excepcional, exigindo que eventuais restrições adicionais necessitem de um esforço argumentativo diferenciado e mais intenso que consiga justificar a necessidade particular de uma nova limitação." SARLET, Ingo Wolfgang. Liberdade de expressão e o problema da regulação do discurso do ódio nas mídias sociais. *REI* – Revista Estudos Institucionais, [S.l.], v. 5, n. 3, p. 1207-1233, dez. 2019. ISSN 2447-5467. Disponível em: https://estudosinstitucionais.com/REI/article/view/428/443. Acesso em: 08 mar. 2023. doi:https://doi.org/10.21783/rei.v5i3.428.
15. É inevitável a lembrança das palavras de Tocqueville, alicerce do pensamento democrático liberal, a respeito da liberdade de imprensa – ela própria, em nosso sistema, derivada do princípio mais amplo da liberdade de expressão: "Num país em que reina ostensivamente o dogma da soberania do povo, a censura não é apenas um perigo, mas um grande absurdo. Quando se concede a cada qual um direito de governar a sociedade, cumpre reconhecer-lhe a capacidade de escolher entre as diferentes opiniões que agitam seus contemporâneos e apreciar os diferentes feitos cujo conhecimento pode guiá-lo. A soberania do povo e a liberdade de imprensa são, pois, duas coisas inteiramente correlativas. A censura e o voto universal são, ao contrário, duas coisas que

Não se ignora que, em diferentes ordenamentos, a liberdade de expressão tem sentidos e extensões distintos.[17] A escolha constitucional brasileira, porém, parece inafastável, como pressuposto da própria ordem democrática.[18]

É em linha com a tese da posição preferencial que o STF, em acórdão relatado pelo Ministro Edson Fachin, reconhece a possibilidade de proselitismo religioso, como discurso persuasivo, mesmo em rádios comunitárias, como manifestação da liberdade religiosa e da liberdade de expressão; O acórdão, proferido na ADI 2.566/DF, foi assim ementado:

> *Ação direta de inconstitucionalidade. Direito constitucional. Lei 9.612/98. Radiodifusão comunitária. Proibição do proselitismo. Inconstitucionalidade. Procedência da ação direta. 1. A liberdade de expressão representa tanto o direito de não ser arbitrariamente privado ou impedido de manifestar seu próprio pensamento quanto o direito coletivo de receber informações e de conhecer a expressão do pensamento alheio. 2. Por ser um instrumento para a garantia de outros direitos, a jurisprudência do Supremo Tribunal Federal reconhece a primazia da liberdade de expressão. 3. A liberdade religiosa não é exercível apenas em privado, mas também no espaço público, e inclui o direito de tentar convencer os outros, por meio do ensinamento, a mudar de religião. O discurso proselitista é, pois, inerente à liberdade de expressão religiosa. Precedentes. 4. A liberdade política pressupõe a livre manifestação do pensamento e a formulação de discurso persuasivo e o uso de argumentos críticos. Consenso e debate público informado pressupõem a livre troca de ideias e não apenas a divulgação de informações. 5. O artigo 220 da Constituição Federal expressamente consagra a liberdade de expressão sob qualquer forma, processo ou veículo, hipótese que inclui o serviço de radiodifusão comunitária. 6. Viola a Constituição Federal a proibição de veiculação de discurso proselitista em serviço de radiodifusão comunitária. 7. Ação direta julgada procedente*

A controvérsia dizia respeito à constitucionalidade ou não do § 1º do art. 4º da Lei 9.612/1998, que trazia dispositivo a vedar o proselitismo em rádios comunitárias.

---

se contradizem e não se podem encontrar por muito tempo nas instituições políticas de um mesmo povo" (TOCQUEVILLE, Alexis de. *A democracia na América*: leis e costumes de certas leis e certos costumes políticos que foram naturalmente sugeridos aos americanos por seu estado social democrático. Trad. Eduardo Brandão. 2. ed. São Paulo: Martins Fontes, 2005, p. 209).

16. PIANOVSKI RUZYK, C. E. Desafios da liberdade de expressão nas redes sociais e o papel da responsabilidade civil no direito brasileiro frente à tese da posição preferencial. *Revista IBERC*, Belo Horizonte, v. 6, n. 1, p. 1-20, 2023. DOI: 10.37963/iberc.v6i1.255. Disponível em: https://revistaiberc.responsabilidadecivil.org/iberc/article/view/255. Acesso em: 21 fev. 2025.
17. Em diferentes ordenamentos jurídicos, o desenho da liberdade de expressão pode variar consideravelmente, sobretudo quanto à extensão e aos fundamentos das limitações impostas ao seu exercício. Sobre o tema, BRUGGER, Winfried. Proibição ou proteção do discurso do ódio? Algumas observações sobre o direito alemão e o americano. *Revista de Direito Público*, Brasília, v. 15, n. 117, jan./mar. 2007, e SARMENTO, Daniel. A liberdade de expressão e o problema do *hate speech*. *Revista de Direito do Estado*. Rio de Janeiro: Renovar, ano 1, n. 4, p. 56, out./dez. 2006.
18. Nessa linha: "A democracia, para vingar, deve estar assentada na liberdade individual, no reconhecimento de que o homem é um ser livre, que age à sua guisa, seguindo a orientação que ele mesmo se dá. O que constitui o fundamento da democracia é, assim, o seu limite, pois se um processo, digamos coletivo de escolha, abolir a liberdade individual, ele não poderá ser dito livre, embora possa se apresentar como o resultado de uma decisão coletiva. Uma decisão política que suprima a liberdade individual, mesmo tomada por uma coletividade, logo pela maioria de seus membros, apenas reduziria os seus membros à condição de servos, impedindo e extinguindo a vida dos indivíduos" (LERRER ROSENFIELD, D. Democracia e Liberdade de Escolha. *Revista Opinião Filosófica*, *[S. l.]*, v. 1, n. 1, 2017).

Colhe-se do voto condutor a necessária reafirmação de que a liberdade de expressão goza de posição preferencial:

Há mesmo dificuldade que emerge da presente controvérsia e que está intimamente relacionada ao alcance da liberdade de expressão, especialmente quando se cuida, como na espécie, de meio de comunicação. Mas a jurisprudência desta Corte tem realçado a primazia de que goza o direito à liberdade de expressão na Constituição. Por exemplo, quando do julgamento da ADI 4.451, Rel. Ministro Ayres Britto, DJe 24.08.2012, por exemplo, o Tribunal assentou que "não cabe ao Estado, por qualquer dos seus órgãos, definir previamente o que pode ou o que não pode ser dito por indivíduos e jornalistas". Já na ADPF 130, também de relatoria do e. Ministro Ayres Britto, o Tribunal fez observar que "o pensamento crítico é parte integrante da informação plena e fidedigna".

É precisamente essa posição preferencial[19] que, conjugada à liberdade religiosa, assegura a possibilidade de expressão de discurso persuasivo, sob a forma de proselitismo, sendo vedada a censura prévia ou a proibição de emissão desses discursos, mesmo em rádios comunitárias:

A restrição ao proselitismo, tal como o disposto na norma atacada, não se amolda, porém, a nenhuma das cláusulas em que se legitima a restrição. Quando do julgamento do RHC 134.682, de minha Relatoria, afirmei que "no que toca especificamente à liberdade de expressão religiosa, cumpre reconhecer, nas hipóteses de religiões que se alçam a universais, que o discurso proselitista é da essência de seu integral exercício. De tal modo, a finalidade de alcançar o outro, mediante persuasão, configura comportamento intrínseco a religiões de tal natureza".

Em fundamentação exemplar, que bem revela o sentido das normas constitucionais sobre a matéria, o Relator Ministro Edson Fachin afirma que a liberdade de expressão se realiza não apenas na divulgação de discursos, mas no debate e na persuasão, o que decorre tanto da Constituição quanto de Convenção Internacional:

Da mesma forma, a liberdade de pensamento inclui o discurso persuasivo e o uso de argumentos críticos. Consenso e debate público informado pressupõem a livre troca de ideias e não apenas a divulgação de informações. Não bastasse a manifesta incompatibilidade com o direito assegurado no art. 5º e nos tratados de direitos humanos, deve-se observar que o art. 220 da Constituição Federal, expressamente consigna a liberdade de expressão "sob qualquer forma, processo ou veículo". A rádio comunitária ou o serviço de radiodifusão comunitária evidentemente subsume-se a essa hipótese. Finalmente, ainda que se vislumbre uma teleologia compatível com a Constituição, como o fez a maioria do Tribunal quando

19. O Ministro Luis Roberto Barroso, em voto que segue integralmente a orientação do Ministro Relator, conclui de forma lapidar, com fundamentos que devem se conservar sempre hígidos como pilares da posição do STF em matéria de liberdade de expressão: "Portanto, estou convencido de que os riscos trazidos pela liberdade de expressão são mais bem combatidos pela ampliação da liberdade de expressão e não por sua restrição. Além disso, desde que o Supremo Tribunal Federal concedeu esta liminar, de 2002 para cá, o Brasil e a jurisprudência do Supremo Tribunal Federal mudaram, avançaram de maneira muito significativa nessa matéria de liberdade de expressão. Temos dois marcos relevantes: o julgamento da Arguição de Descumprimento de Preceito Fundamental 130, o qual derrubou a Lei de Imprensa que vinha do Regime Militar, por incompatibilidade sistêmica com a nova Constituição, arguição relatada pelo eminente Ministro – e tive a honra de sucedê-lo – Carlos Ayres Britto, e a ação direta em que discutimos a questão das biografias da relatoria da nossa hoje eminente Presidente. Nesta matéria, o Supremo Tribunal Federal tem tido um papel decisivo na expansão da liberdade de expressão em um País em que uma certa cultura autoritária e censória sempre prevaleceu – aliás, desde o começo".

do julgamento da cautelar, é preciso ter-se em conta que a veiculação em rádio de discurso proselitista, sem incitação ao ódio ou à violação, e, evidentemente, sem discriminações, é minimamente invasivo relativamente à intimidade, direito potencialmente a ser resguardado.

Eis, portanto, mais uma vez, a adequada correlação que harmoniza a laicidade e a liberdade de crença.

CONCLUSÃO

A ordem constitucional brasileira não adota o laicismo como princípio, mas, sim, a laicidade. Destarte, ao separar Estado e religião, a Constituição impõe neutralidade estatal frente a todas as formas de culto, com igual tratamento.

Ao mesmo tempo, por meio da liberdade de crença, a Constituição não apenas impõe a abstenção quanto à coerção restritiva dessa liberdade, mas, também, assegura o seu exercício sob o perfil positivo, como poder de definição dos rumos da própria vida, conforme os valores de cada indivíduo, merecedores de igual consideração e reconhecimento. Nessa linha, consolidou-se a jurisprudência do Supremo Tribunal Federal.

REFERÊNCIAS

BARROSO, Luis Roberto. Colisão entre Liberdade de Expressão e Direitos da Personalidade. Critérios de Ponderação. Interpretação Constitucionalmente Adequada do Código Civil e da Lei de Imprensa. *Revista de Direito Administrativo*, v. 235, p. 1-36, 2004.

BERLIN, Isaiah. Two concepts of liberty. In: BERLIN, Isaiah. *Four essays on liberty*. Oxford. Oxford University Press, 1979.

BRUGGER, Winfried. Proibição ou proteção do discurso do ódio? Algumas observações sobre o direito alemão e o americano. *Revista de Direito Público*, Brasília, v. 15, n. 117, jan./mar. 2007.

COMTE, Augusto. *Catecismo positivista*. Trad. Miguel Lemos. São Paulo: Abril Cultural, 1978.

FERRY, Luc. *La vie heureuse*: Sagesses anciennes et spiritualité laïque. Paris: J'Ai Lu, 2023.

HANDLIN, Oscar; HANDLIN, Mary. *As Dimensões da Liberdade*. Rio de Janeiro: Fundo de Cultura, 1964.

LERRER ROSENFIELD, D. Democracia e Liberdade de Escolha. *Revista Opinião Filosófica, [S. l.]*, v. 1, n. 1, 2017.

MIRANDA, Jorge. Estado, Liberdade Religiosa e Laicidade. *Revista do Ministério Público do Rio de Janeiro*, n. 60, abr./jun. 2016. Disponível em: https://www.mprj.mp.br/documents/20184/1272607/Jorge_Miranda.pdf.

PIANOVSKI RUZYK, Carlos Eduardo. *Institutos Fundamentais do Direito Civil e Liberdade(s)*. Rio de Janeiro: GZ, 2011.

PIANOVSKI RUZYK, Carlos Eduardo. Desafios da liberdade de expressão nas redes sociais e o papel da responsabilidade civil no direito brasileiro frente à tese da posição preferencial. *Revista IBERC*, Belo Horizonte, v. 6, n. 1, p. 1-20, 2023. DOI: 10.37963/iberc.v6i1.255. Disponível em: https://revistaiberc.responsabilidadecivil.org/iberc/article/view/255. Acesso em: 21 fev. 2025.

PIRES, Thiago Magalhães. Notas sobre a objeção de consciência. *Revista da EMERJ*, v. 21, n. 3, t. 2, set./dez. 2019.

SARLET, Ingo Wolfgang. Liberdade de expressão e o problema da regulação do discurso de ódio nas mídias sociais. *REI* – Revista de estudos institucionais, [S.l.], v. 5, n. 3, p. 1207-1233, dez. 2019. ISSN 2447-5467.

Disponível em: https://estudosinstitucionais.com/REI/article/view/428/443. Acesso em: 08 mar. 2023. doi:https://doi.org/10.21783/rei.v5i3.428.

SARMENTO, Daniel. A liberdade de expressão e o problema do hate speech. *Revista de Direito do Estado*. Rio de Janeiro: Renovar, ano 1, n. 4, p. 56, out./dez. 2006.

TOCQUEVILLE, Alexis de. *A democracia na América*: leis e costumes de certas leis e certos costumes políticos que foram naturalmente sugeridos aos americanos por seu estado social democrático. Trad. Eduardo Brandão. 2. ed. São Paulo: Martins Fontes, 2005.

VOEGELIN, Eric. *Political Religions*. Trad. T.J. di Napoli e E.S. Easterly III. Lewiston, N.Y.: E. Mellen Press, 1986.

WEBER, Max. *A ciência como vocação*. Trad. Arthur Morão. Disponível em: www.lusosofia.net.

WEBER, Max. *The Sociology of Religion*. Trad. Ephraim Fischoff. Londres: Methuen & CoLtd, 1963.

DIGNIDADE DA PESSOA HUMANA & "O DIREITO DE SER QUEM É" EM CONVERGÊNCIA: O PAPEL CONTRAMAJORITÁRIO DO STF NA PROMOÇÃO DOS DIREITOS DAS MINORIAS SEXUAIS E DE GÊNERO

Tauã Lima Verdan Rangel

Pós-doutorado em Sociologia Política pela Universidade Estadual do Norte Fluminense. Doutor e Mestre em Ciências Jurídicas e Sociais pela Universidade Federal Fluminense. Líder do Grupo de Pesquisa "Faces e Interfaces do Direito", vinculado à Faculdade de Direito de Cachoeiro de Itapemirim (FDCI). Professor Universitário, Pesquisador e Autor de diversos artigos e ensaios na área do Direito. E-mail: taua_verdan2@hotmail.com. Currículo Lattes: http://lattes.cnpq.br/8802878793841195. Orcid: http://orcid.org/0000-0002-9205-6487.

CONSIDERAÇÕES INICIAIS

A promulgação da Constituição Federal de 1988 representou, para a ordem jurídica brasileira, uma guinada paradigmática, sobretudo ao fixar a dignidade da pessoa humana, conceito jusfilosófico, como fundamento da República Federativa do Brasil, consagrado, de modo expresso, no artigo 1º, inciso III. Aludido reconhecimento trouxe para o centro dos debates e das discussões a pessoa humana e a imperiosidade de promoção de sua complexidade, o que redunda em mecanismos e instrumentos de promoção de uma isonomia material, consistente no reconhecimento de que grupos minoritários demandam uma atuação mais substancial em prol do reconhecimento e da concretização de direitos.

As minorias sexuais e de gênero tem, tradicionalmente, se inserido no campo de grupos em constante exposição à invisibilidade institucional, de políticas públicas e de representatividade, sendo, não raramente, condicionados a um patamar de subcidadania e marginalidade de acesso aos direitos fundamentais. Ora, não por acaso, o Supremo Tribunal Federal, enquanto guardião do Texto Constitucional, tem desempenhado papel de extrema relevância, notadamente ao atuar enquanto estrutura contramajoritária e asseguradora do direito de tais minorias.

Neste contexto, a jurisprudência contemporânea do Supremo Tribunal Federal tem se inclinado, nos limites de suas atribuições constitucionais e por meio da materialização do conteúdo jusfilosófico da dignidade da pessoa humana, no reconhecimento dos direitos que desbordam de tal fundamento e que não encontra reflexos na produção legislativa brasileira. Não por acaso, os entendimentos firmados pelo Supremo Tribunal Federal têm desempenhado papel instrumental, conferindo às minorias sexuais e de gênero o reconhecimento de ser quem é, enquanto direito, o que desborda em julgamentos paradigmáticos de uma série de temas afetos diretamente à comunidade.

No contexto brasileiro, portanto, a Suprema Corte não tem desempenhado "apenas" o papel de guardião do Texto Constitucional e da interpretação de seu conteúdo. Ao reverso, tem sido responsável pela concretização das minorias, a partir da hermenêutica e das técnicas de interpretação, conferindo à dignidade da pessoa humana a densidade contramajoritária necessária, notadamente no que concerne ao reconhecimento de direitos e, por extensão, o resgate da cidadania de grupos subrepresentados e condicionados a um cenário de periferia, no tocante ao acesso e gozo de direitos fundamentais.

Metodologicamente, a pesquisa valeu-se dos métodos científicos, historiográfico e dedutivo. O primeiro método teve sua aplicabilidade na compreensão dos conceitos e estruturas centrais sobre os quais o artigo se debruça, em especial a delimitação e a compreensão da locução "minorias sexuais e de gênero". Já o segundo método teve como escopo abordar a discussão central proposta, mormente o papel desempenhado pelo Supremo Tribunal Federal no que atina à promoção dos direitos das minorias e o papel contramajoritário desempenhado.

Ainda no que concerne à metodologia, a pesquisa se enquadra como dotada de natureza qualitativa e aspecto exploratório. Como técnica de pesquisa, optou-se pela revisão de literatura sob o formato sistemático, a partir de material previamente selecionado com base nas seguintes palavras-chave: Dignidade; Minorias; Papel Contramajoritário; Direito. As plataformas de pesquisa empregadas foram o Scielo, Scopus e o Google Acadêmico, tendo como critério de seleção o aleatório e o de pertinência temática ao assunto proposto.

1. A LOCUÇÃO "MINORIAS SEXUAIS E DE GÊNERO" EM DEFINIÇÃO

A ideia de democracia, muitas das vezes, é ligada à noção de "prevalência da vontade da maioria" como é apontado por Neves e Mitidieri (2019). No entanto, embora essa "maioria" possa realizar uma série de coisas, elas não podem tudo. As minorias, tanto de opinião como de identidade, possuem as mesmas garantias que a dita maioria, não podendo ser perseguidas, eliminadas ou até mesmo terem a cassação de sua liberdade. A sociedade, bem como sua história e evolução, demonstra que se vive em um contexto extremamente diversificado, culturalmente. Alguns grupos são entendidos como "hierarquicamente inferiores" e a estes, dá-se a nomenclatura de "minorias" (Anselmini; Cristianetti, 2020, p. 154). Existem divergências na doutrina internacional acerca do conceito desse termo.

A dificuldade para se alcançar um consenso sobre a definição do termo se justifica pela amplitude e diversidade de situações nas quais as minorias vivem (Nações Unidas, 2010, p. 03). Os Estados, em seus territórios, possuem um ou mais grupos minoritários caracterizados por uma nacionalidade, etnia, língua ou religião própria, diferenciando-os da população majoritária (Nações Unidas, 2010, p. 03).

A Constituição Federal de 1988, no decorrer de seus dispositivos, preza pela preservação do regime democrático e, em seu art. 60, §4º, inciso IV, traz a vedação de propostas de emenda à Constituição que tendam a abolir "os direitos e garantias individuais" (Brasil, 1988). É justamente nesse inciso em destaque que pode ser extraída a proteção especial das minorias. Nesse cenário, a liberdade, igualdade, segurança, propriedade e o direito à vida assumem contornos significativos no decorrer das garantias e direitos individuais estampados no art. 5º da Carta Magna (Neves; Mitidieri, 2019).

O extenso art. 5º acaba por traduzir a indistinção entre todo e qualquer brasileiro, assegurando a todos a "irredutibilidade dos direitos" previstos na Lei Maior do país (Neves; Mitidieri, 2019, n.p.). Ao falar da definição do termo "minorias" ao considerar o critério quantitativo, Anselmini e Cristianetti (2020, p. 154) asseguram que aqui tal conceituação leva em conta "grupos numericamente inferiores". Dessa maneira, complementando o exposto, Ferreira (1994 apud Anselmini; Cristianetti, 2020, p. 154) aduz que minoria se traduz na "parte menos numerosa duma corporação deliberativa, e que sustenta ideias contrárias as do maior número".

Importante esclarecer que a Declaração Universal não cuidou dos direitos das minorias de forma especial, deixando tal tarefa a encargo do Pacto Internacional dos Direitos Civis e Políticos (Anselimini; Cristianetti, 2020, p. 155). No entanto, o pacto tratou do assunto de forma bem genérica, trazendo em seu art. 27 a seguinte previsão:

> Nos Estados em que haja minorias étnicas, religiosas ou linguísticas, as pessoas pertencentes a essas minorias não poderão ser privadas do direito de ter, conjuntamente com outros membros de seu grupo, sua própria vida cultural, de professar e praticar sua própria religião e usar sua própria língua (Brasil, 1992, n.p.).

Em frente à importância e necessidade de uma conceituação mais precisa do termo "minorias", Anselmini e Cristianetti (2020, p. 155) afirmam, no decorrer de seu texto, que a Subcomissão para a Prevenção da Discriminação e a Proteção das Minorias, criada pela ONU, depositou em Francesco Capotorti a tarefa de pesquisar sobre a definição do termo, adotando dessa forma, o seguinte conceito:

> Un grupo numéricamente inferior al resto de la población de un Estado, que se encuentra en una posición no dominante y cuyos miembros, que son nacionales del Estado, poseen características étnicas, religiosas o lingüísticas diferentes de las del resto de la población y manifiestan, aunque sólo sea implícitamente, un sentimiento de solidaridad para preservar su cultura, sus tradiciones, su religión o su idioma (Nações Unidas, 2010, p. 03).

Nesse cenário, é perceptível que o elemento numérico, por si só, não é suficiente para a caracterização de uma minoria que precisa de proteção (Anselmini; Cristianetti,

2020, p. 155). Os autores ainda destacam alguns elementos importantes do conceito citado acima, quais sejam: a nacionalidade, a não dominação, e a solidariedade. O elemento da solidariedade acaba por implicar em um critério mais subjetivo, pois consiste na vontade manifestada de forma implícita ou explícita de preservar as características do grupo (Anselmini; Cristianetti, 2020, p. 155). No que se refere à "nacionalidade" trazida na definição acima, este elemento é bastante criticado, pois é "questionável o imperativo de pessoas pertencentes às minorias necessitarem ser cidadãos do Estado onde, de fato vivem, para que possam reivindicar direitos" (Anselmini; Cristianetti, 2020, p. 155).

Contudo, a necessidade dessa minoria encontrar-se em uma posição não dominante continua sendo de suma importância. No documento trazido pelas Nações Unidas (2010), é exposto que, na grande maioria dos casos, a minoria se constitui com base em um critério numérico. Em outras situações, existem grupos que constituem uma maioria no Estado, mas encontra-se em uma posição não dominante dentro de determinada região (Nações Unidas, 2010).

Para dar maior embasamento, Anselmini e Cristianetti (2020, p. 155) trazem um exemplo: "mulheres representavam 51,03% da população brasileira, segundo o censo de 2010 do IBGE, ou seja, são a maioria numérica, mas são consideradas minorias sociais". Diante disso, vê-se que o critério quantitativo não é suficiente para estabelecer um conceito sobre minorias e dessa forma, o critério qualitativo é utilizado também para tratar de grupos que, embora constituam uma maioria em termos quantitativos, são "marginalizados" em um contexto social.

Anselmini e Cristianetti (2020), ao falarem do conceito de minoria, com base no critério qualitativo, apoiam-se na premissa de que essas minorias compõem grupos de uma cultura não dominante dentro do Estado ou sociedade que estão inseridos e, justamente por isso, são suscetíveis de terem a violação de seus direitos. Não se trata, aqui, de uma minoria numérica e sim, de "ausência de poder" econômico, político ou cultural. Sobre os reflexos dessa ausência de poder, destaca-se o trecho seguinte:

> [...] essa ausência de poder reflete diretamente nas posições dentro da sociedade, já no aspecto econômico determina o acesso aos bens. Por último, no poder político, a falta de poder desses grupos interfere nas tomadas de decisões, deliberação e visibilidade em assuntos públicos, o que prejudica o reconhecimento da tutela dos direitos reivindicados pelos mesmos (Anselmini; Cristianetti, 2020, p. 156).

No que se refere à tutela de direitos, Costa (2015, p. 78), exibe que o reconhecimento das minorias sexuais é ume peça fundamental para que os indivíduos desse grupo possam se desenvolver. A negação de reconhecimento jurídico dessa população minoritária ainda é, nas falas do autor, uma prática recorrente dentro do Brasil e de outros Estados. O Legislativo federal, como bem assinala Balestro e Bahia (2018, p. 162), demonstra um verdadeiro "desprezo no reconhecimento dos direitos das minorias sexuais", sendo contrário ao que ocorre nas esferas municipais e estaduais. Exemplificando essa atuação protetiva no âmbito estadual, os autores citam o exemplo do estado da Paraíba, onde o governo do estado inaugurou em agosto de 2010 a "Delegacia de Crimes Homofóbicos" através da Medida provisória 129/2009.

Com base ainda nas falas dos autores, as minorias sexuais "são vítimas da intolerância constante" (Balestro; Bahia, 2018, p. 163). E a ausência de uma proteção legal remete a questionamentos sobre o grau de exclusão social que o sistema democrático brasileiro aceita, pois essa exclusão social resulta na degradação do ser humano e ainda afasta as minorias do amparo aos seus direitos e da discussão política. O Brasil possui, segundo os autores, a segunda maior rede de "ONGs LGBT do mundo" e a maior quantidade de marchas dessa população. No entanto, esse mesmo país não apresenta nenhuma lei federal "que contemple de forma geral e direta quaisquer das históricas reivindicações deste grupo vulnerável" e assim, o Estado Brasileiro é ineficaz no que se refere à defesa e à proteção dessas minorias que ainda sofrem com o preconceito em razão de sua orientação sexual.

Reforçando o exposto, Costa (2015, p. 78) destaca que somente no ano de 2011 o Supremo Tribunal Federal firmou o entendimento que indivíduos do mesmo sexo que optem por viver constituem espécie familiar a ser tutelada e protegida pela ordem jurídica, o que instrumenta, de sobremodo, a dignidade da pessoa humana, bem como o direito à constituição familiar. Diante disso, torna-se evidente que as minorias sexuais "não são suficientemente valorizadas pelos outros Poderes" (Costa, 2015, p. 78).

Nessa senda, é preciso um "tratamento equitativo" de proteção às minorias sexuais e o Estado possui o papel de fomentar essa política de reconhecimento e proteção com o respeito às diferenças (Balestro; Bahia, 2018, p. 165). Esse sistema de direito não pode menosprezar as diferenças, é necessário que haja uma política de reconhecimento que garanta a integridade das minorias bem como suas condições de identidade. Um Estado de Direito é rico em pressupostos que objetivam igualar e reconhecer o diferente (Balestro; Bahia, 2018, p. 165).

Em suma, todos os direitos até agora assegurados não se trata de simples concessões, muito pelo contrário, essas conquistas são derivadas de décadas e décadas de luta. O reconhecimento jurídico das minorias sexuais pelo Poder Judiciário não se trata de uma mera benevolência, mas sim do respeito aos princípios basilares da liberdade e igualdade, tão importantes dentro de um Estado Democrático de Direito (Costa, 2015, p. 79). A ausência de interesse por parte dos demais poderes deixa essa minoria sexual descoberta de respeito e até mesmo de direitos (Costa, 2015, p. 63). Reconhecer as minorias sexuais é crucial, pois "a mera tolerância é incompatível" com o Estado Democrático do país (Costa, 2015, p. 82).

2. A DIGNIDADE DA PESSOA HUMANA COMO INSTRUMENTO DE PROMOÇÃO DO DESENVOLVIMENTO HUMANO

O conceito de dignidade da pessoa humana ainda é inacabado e cheio de divergências dentro do âmbito jurídico. A presença do termo, pode ser observada, principalmente, nas discussões que envolvem os Direitos Fundamentais, bem como sua efetivação

(Angelin, 2010, p. 54). Para Sarlet (2015, n.p.), a definição de tal termo é, no mínimo, difícil de ser obtida "para efeitos de definição do seu âmbito de proteção como norma jurídica fundamental".

Nesse sentido, Angelin (2010, p. 55) aduz que a dignidade da pessoa humana se trata de um tema que gera bastantes discussões sobre a sua definição, uma vez presente a dimensão cultural. Justamente por apresentar traços que atravessam várias culturas, a dignidade da pessoa humana é considerada como um direito universal, sendo reivindicada por todos os povos. Em contrapartida, existem aqueles que afirmam que se trata de algo inerente à condição do próprio ser (Angelin, 2010, p. 55). Ao explicar a dificuldade na conceituação do tema em destaque, Sarlet (2015, n.p.) exibe que de forma exaustiva e correta, a doutrina destaca que se trata de um conceito com contornos imprecisos e vagos que traz à tona a "porosidade" e "ambiguidade" do termo, possuindo, dessa forma, uma natureza polissêmica.

Barroso (2010, p. 04), ao longo de seu texto, traz a evolução histórica do que se entende por dignidade da pessoa humana. Para o autor, a acepção contemporânea do termo possui uma origem religiosa, onde o homem era visto como "imagem e semelhança de Deus" (Barroso, 2010). No Iluminismo, o homem é posto no centro das relações e a dignidade aqui passa a ser fundamentada pela razão, valoração moral e autodeterminação do sujeito. No decorrer do século XX, ainda para Barroso (2010, p. 04), a dignidade da pessoa humana se torna política, nesse período ela passa a ser "um fim a ser buscado pelo Estado e pela sociedade".

Convertida agora em um conceito jurídico, o processo de conferir ao termo um conteúdo mínimo, capaz de torná-lo útil e operacional tanto no direito doméstico como no estrangeiro, é dificultoso (Barroso, 2010, p. 04). Somente no final da segunda década do século XX a dignidade da pessoa humana passou a ocupar uma posição dentro dos documentos jurídicos, como a Constituição Alemã de Weimar, em 1919, e a Constituição do México, em 1917.

A partir disso, diversas outras Constituições ao redor do globo incluíram a dignidade da pessoa humana em seus textos, dando-lhe proteção e projeção na ordem jurídica, tal como Portugal, Espanha, Japão e Itália; outros países, por seu turno, adotaram em seu texto ou em seu preâmbulo, como ocorreu no caso do Canadá, referência expressa à dignidade. Em alguns países, embora não haja menção expressa à dignidade em seu Texto Fundamental, a jurisprudência exerce o papel de reconhecimento desse princípio, bem como invoca sua força argumentativa e jurídica em importantes decisões como ocorre na França e Estados Unidos, por exemplo (Barroso, 2010, p. 05).

Frias e Lopes (2015, n.p.), compactuando com o exposto, afirmam que o princípio em comento se tornou presente em vários tratados internacionais e documentos constitucionais ao longo do século XX. Partindo da Declaração Universal dos Direitos Humanos, em 1948, estendendo-se por outros documentos internacionais e pelas Constituições de vários países. Denota-se que a dignidade é tratada de forma semelhante em todos esses textos, notadamente quando é afirmado que todos possuem a mesma dignidade, como também tal princípio funciona como parâmetro da atuação do Estado e, ainda, que o ente estatal tenha o objetivo de proporcionar a promoção da dignidade (Frias; Lopes, 2015, n.p.).

A dignidade encontra-se latente em tudo que se refere ao ser humano e sua essência, como bem ensina Sarlet (2010 apud Soares, 2019). É caracterizada como uma qualidade indissociável e intrínseca a todo e qualquer ser humano, "de forma que a destruição de um implicaria a destruição do outro, fazendo com que o respeito e a proteção da dignidade da pessoa constituam-se em meta permanente da humanidade, do Estado e do Direito" (Soares, 2019, n.p.).

Angelin (2010, p. 56) destaca que, ao mesmo tempo, a dignidade possui um caráter individual e uma dimensão humanitária. O debate para se alcançar uma definição do termo perpassa milênios. Os pensamentos filosóficos e políticos, desde a antiguidade, utilizam-se do termo "dignidade" para definir o status social ocupado pelo sujeito e o seu grau de reconhecimento dentro de um grupo social. Nas últimas décadas, a dignidade transformou-se em um dos "grandes consensos éticos do mundo ocidental", sendo mencionada em inúmeros documentos internacionais, leis, decisões e Constituições. No "plano abstrato, poucas ideias se equiparam a ela na capacidade de seduzir o espírito e ganhar adesão unânime", tal fato acaba por dificultar a sua utilização como um instrumento de relevância na interpretação jurídica (Barroso, 2010, p. 03).

Frequentemente, usa-se a dignidade como um "mero espelho" que reflete aquilo que cada indivíduo entende por dignidade e, dessa forma, não é por acaso que Barroso (2010, p. 03) afirma que, por esse motivo, acaba sendo invocada pelos dois lados que estão em disputa. A doutrina jurídica mais expressiva, estrangeira e nacional, considera a dignidade da pessoa humana no sentido de a pessoa possuir um fim em si mesmo, "repudiando toda e qualquer espécie de coisificação e instrumentalização do ser humano" (Sarlet, 2010 apud Soares, 2019, n.p.).

Em território nacional, Barroso (2010, p. 31-32) aduz que, como regra geral, a dignidade da pessoa humana é invocada pela jurisprudência como um "mero reforço argumentativo de algum outro fundamento ou como ornamento retórico". Tal fato se dá, porque, em razão da abrangência e do detalhamento da Constituição Federal de 1988, situações que em outras jurisdições necessitariam da utilização do princípio em comento, no direito constitucional brasileiro já encontram previsão.

Nesse caso, a dignidade é utilizada como um "reforço", pois, no constitucionalismo brasileiro, o âmbito de incidência desse princípio se dá diante de situações em que há linguagem ambígua. Desse modo, o termo é empregado aqui como um parâmetro entre uma escolha ou outra, em função daquela que realmente realize a dignidade em toda a sua densidade jusfilosófica. Barroso (2010, p. 31-32), para elucidar melhor a questão, cita o exemplo das uniões homoafetivas, pois, nesse caso, há uma aparente colisão de direitos fundamentais e normas constitucionais: de um lado tem-se o direito a não discriminação e ao reconhecimento da função social da família, da liberdade de constituição familiar e da busca pela felicidade, ao mesmo tempo em que há, noutro prisma, a liberdade de expressão.

Embora não haja uma definição unânime do que se entende por dignidade humana, usá-la como referência é considerar o acesso a uma vida digna que proporcione qualidade de vida às pessoas. Pois, como bem aponta Angelin (2010, p. 58), tal conceito abrange garantias nas quais são estabelecidas condições mínimas para a existência material. Dessa forma, Sarlet (2002 apud Angelin, 2010, p. 58) traz uma ampliada definição jurídica sobre o tema. Para ele, a dignidade da pessoa humana traduz-se em uma qualidade distintiva e intrínseca de cada ser humano que faz dele merecedor de consideração e respeito por parte da comunidade e do ente estatal.

À luz dessa percepção, acaba por implicar em um complexo de deveres e de direitos fundamentais que visam salvaguardar o indivíduo de todo e qualquer tipo de ato com cunho desumano e degradante. Garantem-se, assim, condições mínimas para uma vida saudável, promovendo e propiciando uma participação "ativa e co-responsável [sic] nos destinos da própria existência e da vida em comunhão com os demais seres humanos (Sarlet, 2002 apud Angelin, 2010, p. 58).

3. DIGNIDADE SEXUAL E O PAPEL CONTRAMAJORITÁRIO DESEMPENHADO PELA DIGNIDADE DA PESSOA HUMANA: PENSAR OS DIREITOS DAS MINORIAS SEXUAIS

A democracia é um regime político em que a soberania é exercida pelo povo e, através de eleições majoritárias, são eleitos os representantes para exercer o "poder de governança" (Antonello, 2021). Na visão de Kelsen (2000 apud Antonello, 2021), a democracia engloba dois postulados: o da liberdade e da igualdade formal. Esse primeiro postulado refere-se à garantia do acesso do povo às atividades legislativas e executivas, enquanto o segundo se trata da igualdade de direitos políticos a todos os indivíduos. O princípio majoritário é um importante e eficaz instrumento para que seja alcançado o elevado grau de liberdade, pois a "modificação da ordem vigente" dependerá da aderência da maioria absoluta dos indivíduos para que sejam gerados sujeitos livres e "em pleno acordo com a ordem social levada à concretização" (Antonello, 2021, n.p.).

Percebe-se, dessa forma, que o regime democrático tem como corolário fundamental a regra da maioria eleitoral e que desdobra na escolha realizada pelos representantes do povo para ocuparem os cargos nos Poderes Executivo e Legislativo (Souza, 2016). A Constituição Cidadã de 1988 declara, de forma expressa, em seu primeiro dispositivo, que todo "o poder emana do povo, que o exerce por meio de representantes eleitos ou diretamente" (Brasil, 1988).

Na democracia representativa, o voto substancializa do consentimento do povo "explicitado por um mandato parlamentar" (Koller; Ribeiro, 2018, p. 505). Para Koller e Ribeiro (2018, p. 505), está-se elegendo um representante para que ele crie e destine leis a uma determinada comunidade. Contudo, a criação de uma lei não é, conforme assinalam os autores, um fenômeno que representa o regime democrático perfeitamente.

Isso demonstra a necessidade de reconhecer que o elemento "maioria" não representa todos os indivíduos, pois, existem alguns grupos que acabam sendo excluídos de tal cenário. Um exemplo claro de tal argumento foram as figuras excluídas no passado e que não trouxeram prejuízo ao "ideal majoritário", como mulheres, escravos e estrangeiros, por exemplo (Koller; Ribeiro, 2018).

Interessante pontuar, conforme os expores de Souza (2016), que a vontade da maioria não pode ser absoluta e ilimitada, pois isso culminaria na legitimação do desrespeito e da inobservância das condições democráticas. Aliás, é justamente nesse ponto que surgem limitações importantes advindas da Lei Maior, cujo objetivo está alicerçado em proteger os direitos de grupos minoritários frente a essa maioria (Souza, 2016). Diante desses dois grupos – maioria e minoria – Kelsen (2000 *apud* Antonello, 2021) reforça o argumento, quando reconhece que há necessidade eventual de proteção dessa minoria diante do grupo majoritário.

O respeito ao regime democrático, que possui o princípio da maioria como um de seus primados basilares, e a garantia à efetivação dos direitos fundamentais constitui a base do Estado Democrático de Direito (Antonello, 2021). Nesse enfoque, a Constituição é concebida pelo constitucionalismo moderno como uma "normativa diretiva fundamental" que possui a função de coordenar os poderes públicos e limitar os particulares, simultaneamente, para garantir a efetuação dos direitos fundamentais.

Souza (2016), por seu turno, afirma que os direitos fundamentais impõem, materialmente, limites aos atos do governo com a finalidade de atender e proteger o interesse de todos, e não apenas de eventuais maiorias, para assim garantir o funcionamento regular da democracia. No Brasil, torna-se clara a "incapacidade" do Poder Legislativo de responder, fielmente, os pleitos sociais atuais de forma rápida, conforme exige-se nas sociedades contemporâneas (Rosa, 2016, p. 33).

Para Rosa (2016, p. 33), a tendência de "insolubilidade de situações" por parte do Legislativo é um reflexo do acúmulo de inacabados projetos. Complementando o exposto, o Poder em comento passa por uma crise de funcionalidade e representatividade, pois continua em um silêncio confortável no que se refere a demandas que "mais afligem as diversas camadas sociais e que mereceriam uma resposta rápida, eficiente e concreta" (Fonseca, [s.d.] *apud* Rosa, 2016, p. 33). O caso de relacionamentos estáveis entre indivíduos do mesmo sexo é um exemplo claro citado e que demonstra justamente esse silêncio eloquente e permissivo do Poder Legislativo.

Em razão de toda essa crise de legitimidade, funcionalidade e representatividade, a justiça constitucional é inserida, constantemente, dentro da seara Legislativa. E nesse cenário, por meio do controle de constitucionalidade, o ativismo judicial vem ganhando espaço ao declarar a inconstitucionalidade de leis ou, então, ao aplicar a Constituição em casos em que há uma "obscuridade no ato normativo ou em que esse é inexistente" (Rosa, 2016, p. 34). O ativismo judicial, neste contexto, instrumentaliza o conteúdo contido no Texto Constitucional e que demanda de regulação, em âmbito infraconstitucional, para que seja capaz de assumir e produzir plena eficácia de suas disposições.

Partindo dessa premissa, o Poder Judiciário, conforme destaca-se nas exibições de Lima e Freitas (2020, p. 19), é provocado a decidir acerca de "violações de direitos fundamentais", seja através de omissões inconstitucionais, como ocorre na criminalização da homofobia e transfobia, por exemplo; bem como ao viabilizar interpretações de normas infraconstitucionais que não tornem vulneráveis e estanques princípios da Lei Maior. Essa provocação do Judiciário decorre, simplesmente, da "letargia" do Legislativo em exercer a sua função típica, consistente em debater e constituir leis relacionadas a matérias que se mostram como "objeto de desacordos morais", cujo conteúdo compreende parte significativa das demandas relacionadas aos direitos minoritários.

Nesse enfoque, o Judiciário, em especial o Supremo Tribunal Federal, tem o papel de exercer a chamada "função contramajoritária ou objeção contramajoritária" (Lima; Freitas, 2020). Aqui a democracia é, de fato, o que a maioria decide, mas isso não pode proporcionar uma maior vulnerabilidade de princípios constitucionais e direitos fundamentais. Essa corrente é contestada por outra (*Westminster*) que defende a tese de que o Judiciário não deve "imiscuir em matérias relativas a desacordos morais", pois a última palavra, nesse caso, pertence ao parlamento, pois este é o "representante da vontade da maioria" (Lima; Freitas, 2020, p. 19).

Defendido por Waldron (2003 *apud* Lima; Freitas, 2020, p. 19), o modelo de *Westminster* se opõe ao ativismo judicial. Nesses moldes, determinadas matérias deveriam ser, preferencialmente, objeto de um debate político, caso contrário, estar-se-ia diante de "prejuízo à estabilidade democrática e da própria legitimidade da atuação do Estado-Juiz" (Lima; Freitas, 2020, p. 19). Contudo, é perceptível a utilização crescente do STF por "grupos minoritários para a consecução de seus direitos, uma vez que eles não têm sido decididos ou respeitados nos demais poderes" (Soares, 2014, n.p.).

Torna-se compreensível, nesse contexto, que a função constitucional do Supremo, enquanto guardião do Texto de 1988, pode trazer a garantia de direitos a uma minoria ou grupo minoritário que sofreu, ou ainda sofre, com intolerância, discriminação, preconceito e outras situações que geram as mais variadas modalidades de insegurança, seja social, política, cultural ou jurídica. Assim, respeitam-se, ainda, textos internacionais como a Declaração Universal dos Direitos Humanos, o Pacto de San José da Costa Rica e vários outros, os quais congregam em seu conteúdo disposições que são afetas à dignidade da pessoa humana e à promoção de direitos fundamentais (Soares, 2014, n.p.).

Extremamente importante e relevante o debate sobre o STF e seu papel contramajoritário, uma vez que este se encontra localizado na tomada de decisões que se colocam, não raramente, em contraposição à vontade dos demais Poderes, ou seja, dos poderes representativos que não deliberaram sobre determinados temas, comumente em razão dos contornos morais e a repercussão que pode desdobrar no âmbito da parcela de eleitorado (Soares, 2014). Essa função contramajoritária desempenha o papel de proteção de direitos fundamentais de determinado grupo que não obteve êxito na consecução de seus direitos na seara política. Veja-se que a função contramajoritária, exercida pelo

STF, redunda em consecução e substancialização do primado da dignidade da pessoa humana e seus desdobramentos sobre o plano das individualidades.

Lima e Freitas (2020, p. 20) trazem alguns casos que foram paradigmáticos no que se refere ao assunto. Tanto no Mandado de Injunção 4.733, quanto na Ação Direta de Inconstitucionalidade por Omissão (ADO) 26, com relatoria do Ministro Celso de Mello, houve o julgamento procedente dos pedidos, notadamente quando foi declarado que a "mora do Congresso Nacional em criminalizar atos atentatórios a direitos fundamentais dos integrantes da comunidade LGBTQI+" (Lima; Freitas, 2020, p. 20).

Em seu voto, Celso de Mello ressaltou a função contramajoritária do Supremo, incumbido de conferir uma proteção efetiva às minorias. O Ministro ainda abordou o papel da Suprema Corte em proteger as minorias de omissões por parte do Estado ou por eventuais excessos da maioria. Ainda sobre a função contramajoritária do Poder judiciário e sobre o silêncio do Poder Legislativo em tratar de determinados temas, interessante destacar o seguinte trecho:

> [...] Esse particular aspecto da questão põe em relevo a função contramajoritária do Poder Judiciário no Estado Democrático de Direito, considerada a circunstância de que as pessoas transgêneros representam parcela minoritária da população.
>
> O Poder Legislativo, certamente influenciado por valores e sentimentos manifestados por grupos confessionais, tem-se mostrado infenso, nesse tema específico, à necessidade de adequação do ordenamento nacional a essa realidade emergente das práticas e costumes sociais.
>
> Tal situação culmina por gerar um quadro de (inaceitável) submissão de grupos minoritários à vontade hegemônica da maioria, o que compromete, gravemente, por reduzi-lo, o próprio coeficiente de legitimidade democrática da instituição parlamentar, pois, ninguém o ignora, o regime democrático não tolera nem admite a opressão da minoria por grupos majoritários (Brasil, 2019, p. 142).

Assegurar a proteção aos grupos vulneráveis e às minorias qualifica-se "como fundamento imprescindível à plena legitimação material do Estado Democrático de Direito", acrescentou o Ministro (Brasil, 2019, p. 143). Por fim, importante deixar exposto um trecho extraído do trabalho de Lima e Freitas (2020, p. 15), segundo o qual o "grau de evolução da democracia em um país pode ser medido pelo nível de proteção à dignidade humana, em especial no que tange ao respeito às minorias e a seus direitos". E a dignidade, aqui, possui um elemento social na medida em que se refere ao bem-estar mínimo, assegurado ao indivíduo, em participar da sociedade com a devida autonomia.

Dessa forma, não há possibilidade de estipular um conceito de dignidade ou, então, de se estabelecer determinado padrão ou forma de vida como digna, como se o indivíduo só pudesse ter dignidade se vivesse sobre esses padrões predefinidos e que espelham a complexidade de discussões de temas, que, comumente, devido à conformação moral, são renegados à periferia das pautas, dos debates e das tramitações legislativas. O direito ao reconhecimento deve ser garantido pela dignidade de forma ampla e, nesse aspecto, tal dignidade guarda relação até mesmo com a cidadania (Nunes Júnior, 2009 apud Lima; Freitas, 2020, p. 15-16).

CONSIDERAÇÕES FINAIS

Diante do que foi acima apresentado, é possível compreender que o Judiciário exerce uma função importantíssima no que se refere à proteção das minorias na medida em que o Legislativo deixa de zelar em defesa desses grupos. A maioria elege, por meio do voto, os representantes do povo, mas isso não significa que a eventual minoria seja cerceada de direitos básicos ou que deixem de receber o respeito e a proteção do Estado que compõem. Exatamente por isso, a Constituição Federal, no decorrer de seu texto, traz limitações para que as condições democráticas não sejam violadas.

Ora, tais limitações têm o objetivo justamente de proteger e defender os interesses da minoria quando colocada diante da população majoritária. A ausência de leis federais que tutelem sobre a proteção, os direitos, a defesa e as garantias dos grupos minoritários demonstram a necessidade de se repensar a representatividade do povo. Como destacado no decorrer do texto, nas esferas municipais e estaduais é possível perceber que, mesmo que de forma tímida, há uma preocupação com a minoria e sua proteção. No entanto, o Poder Legislativo, em geral, ainda é ineficaz no que se refere a essa parcela da população, seja os indivíduos pertencentes ao movimento LGBTQIA+, sejam as mulheres, ou qualquer outra minoria existente no território do país.

Diante dessa dificuldade e morosidade que o Legislativo encontra em criar mecanismos que garantam a plena dignidade e demais direitos aos indivíduos pertencentes às minorias, a vulnerabilidade dessa população continua e esses indivíduos tornam-se reféns da discriminação, do preconceito e da falta de reconhecimento por parte da maioria e, até mesmo, do próprio Estado. Dessa maneira, o ativismo judicial vem ganhando força nas demandas que envolvem os direitos das minorias, uma vez que o Judiciário não raramente é invocado para sanar a obscuridade de atos normativos ou para declarar a inconstitucionalidade de lei. A função contramajoritária do Judiciário traduz-se em uma importante ferramenta de proteção às garantias fundamentais, salvaguardando os direitos das minorias frente a vontade política majoritária.

O papel desempenhado pelo Judiciário, nesse viés, representa o respeito e o alcance da dignidade da pessoa humana prevista no texto constitucional e diversos documentos internacionais. Os direitos e o reconhecimento já adquiridos por essa população, não pode ser traduzido em uma simples concessão, muito pelo contrário, tudo o que já foi conquistado pelos grupos minoritários no campo do direito são derivados de uma luta incansável por espaço e, acima de tudo, por reconhecimento e respeito.

REFERÊNCIAS

ANGELIN, Rosângela. A dignidade da pessoa humana e sua promoção: um desafio do Estado democrático de direito e da sociedade. *Revista Direito e Sociedade*, v. 1, n. 1, 2010.

ANSELMINI, Priscila; CRISTIANETTI, Jéssica. Minorias e a busca pelo reconhecimento no Estado Democrático de direito: uma abordagem a partir de Jurgen Habermas e Nancy Fraser. *Revista Jurídica Cesumar*, v. 20, n. 1, 2020.

ANTONELLO, Anuska Leochana Menezes. O papel contramajoritário dos Direitos Fundamentais. *DireitoNet*, portal eletrônico de informações, 2021. Disponível em: https://www.direitonet.com.br. Acesso em: 16 jul. 2021.

BALESTRO, Gabriela Soares; BAHIA, Alexandre Melo Franco de Moraes. Minorias sexuais e homofobia no direito brasileiro: breves delineamentos constitucionais. *Revista Videre*, Ouro Preto, 2018.

BARROSO, Luís Roberto. *A Dignidade da Pessoa Humana no Direito Constitucional Contemporâneo*: Natureza jurídica, conteúdos mínimos e critérios de aplicação. Versão provisória para debate público, 2010. Disponível em: http://www.professoraanafrazao.com.br. Acesso em: 15 jul. 2021.

BRASIL. Constituição [1988]. *Constituição da República Federativa do Brasil*. Promulgada em 05 de outubro de 1988. Brasília: Senado Federal, 1988.

BRASIL. Decreto 592, de 6 de julho de 1992. Atos Internacionais. Pacto Internacional sobre Direitos Civis e Políticos. Promulgação. Disponível em: http://www.planalto.gov.br. Acesso em: 13 jul. 2021.

BRASIL. Supremo Tribunal Federal. Ação Direta de Inconstitucionalidade por Omissão 26 Distrito Federal. 20.02.2019. Disponível em: http://www.stf.jus.br/arquivo/cms/noticiaNoticiaStf/anexo/ADO26VotoRelatorMCM.pdf. Acesso em: 15 jul. 2021.

COSTA, Vinícius de Castro. *LGBTS e trabalho*: o reconhecimento de minorias sexuais e a vedação do tratamento discriminatório. Orientador: Prof. Dr. Guilherme Scotti Rodrigues. 2015. 87f. Monografia (Bacharelado em Direito) – Universidade de Brasília, Brasília, 2015.

FRIAS, Lincoln; LOPES, Nairo. Considerações sobre o conceito de dignidade humana. *Direito GV*, v. 11, n. 2, jul./dez. 2015.

KOLLER, Carlos Eduardo; RIBEIRO, Marcia Carla Pereira. O papel contramajoritário do julgador e o embate entre constitucionalismo e democracia. *Revista Jurídica Luso-Brasileira*, a. 4, n. 5, 2018.

LIMA, Isan Almeida; FREITAS, Marcelo Politano de. A dignidade da pessoa humana no contexto pós-moderno e a violação de direitos de minoria. *Opará*: Etnicidades, Movimento Sociais e Educação, Paulo Afonso, v. 8, n. 13, 2020.

NAÇÕES UNIDAS. Escritório do Alto Comissariado das Nações Unidas para os Direitos Humanos (OHCHR). *Direitos das Minorias*: Normas Internacionais e Orientação para Implementação, 2010. Disponível em: https://www.refworld.org/docid/4db80ca52.html. Acesso em: 13 jul. 2021.

NEVES, Felipe Costa Rodrigues. MITIDIERI, Marcos. A Constituição e as minorias. *In: Migalhas*, portal eletrônico de informações, 2019. Disponível em: https://www.migalhas.com.br/coluna/constituicao-na-escola/294473/a-constituicao-e-as-minorias. Acesso em: 12 jul. 2021.

ROSA, Raíssa Roese da. *As cortes supremas e os direitos das minorias homoafetivas*: função contramajoritária do Poder Judiciário em defesa dos direitos fundamentais. Orientador: Prof. Dr. Argemiro Cardoso Moreira Martins. 2016. 57 f. Monografia (Bacharelado em Direito) – Universidade de Brasília, Brasília, 2016.

SARLET, Ingo Wolfgang. *Dignidade (da pessoa) Humana e Direitos Fundamentais a Constituição Federal de 1988*. 10 ed., rev., atual. e ampl. Porto Alegre: Livraria do Advogado Editora, 2015.

SOARES, Andrea Antico. A dignidade da pessoa humana e sua dimensão comunitária como centro da unidade e promoção dos direitos humanos e fundamentais. *Jus Navigandi*, Teresina, 2019.

SOARES, Hugo Henry Martins de Assis. As minorias sociais e o papel contramajoritário do Supremo Tribunal Federal. *Jus Navigandi*, Teresina, 2014.

SOUZA, Clarissa Abrantes. O papel contramajoritário do Supremo Tribunal Federal e a efetivação dos direitos fundamentais. *Conteúdo Jurídico*, Brasília, 2016.

A ENTREGA DA PRESTAÇÃO JURISDICIONAL E O ATIVISMO JUDICIAL

Theophilo Antonio Miguel Filho

Doutor em Direito pela Pontifícia Universidade Católica do Rio de Janeiro. Mestre em Direito da Administração Pública pela Universidade Gama Filho. Especialista em Direito Processual Civil e Direito Sanitário pela Universidade de Brasília. Bacharel em Teologia e Professor Adjunto da Pontifícia Universidade Católica do Rio de Janeiro (Direito Processual Civil, Direito Internacional Privado e Improbidade Administrativa). Coordenador Científico da Comissão de Direito Internacional da Escola de Magistratura Regional Federal (Emarf) do Tribunal Regional Federal – 2ª Região. Possui Curso de Extensão em Propriedade Intelectual pela PUC/RJ. Desembargador Federal do Tribunal Regional Federal da Segunda Região.

INTRODUÇÃO

Conceitua-se o ativismo judicial[1] como a prática em que magistrados assumem um papel mais proativo na interpretação e aplicação da lei, lançando-se além de uma leitura estrita do texto legal para promover políticas públicas ou direitos sociais. Esse conceito é frequentemente associado a decisões judiciais que buscam preencher lacunas legislativas, corrigir injustiças ou promover mutações sociais, mesmo quando isso acarreta uma expansão do papel tradicional do Judiciário.

Caracteriza-se o ativismo judicial por uma interpretação expansiva da norma jurídica, onde os magistrados interpretam a Constituição ou leis de maneira ampla, adaptando-as a contextos contemporâneos, bem como pela intervenção em políticas públicas, autorizando o Poder Judiciário a interferir em áreas tradicionalmente reservadas ao Legislativo ou Executivo, como saúde, educação ou meio ambiente. Vale lembrar, ainda, a proteção de direitos fundamentais, exteriorizado em decisões ativistas que, frequentemente, visam garantir direitos individuais ou coletivos que podem não estar sendo adequadamente protegidos por outras instâncias. Por derradeiro, significa uma

1. A expressão "ativismo judicial" apareceu pela primeira vez nos Estados Unidos em matéria jornalística intitulada The Supreme Court: 1947, publicada na revista *Fortune*, em 1947, de autoria do historiador e jornalista Arthur Schlesinger Jr. Para Schlesinger Jr., aos juízes ativistas caberiam as decisões de caráter político e a construção do direito voltada à ideia de uma justiça social, mesmo que isso significasse intervir em questões típicas do Poder Legislativo. Em contrapartida, para os juízes antiativistas, estaria reservado o estrito dever de decidir à luz da Constituição, não intervindo, portanto, em questões políticas e em matérias reservadas ao legislador. Campanharo, Jorge. Ativismo judicial e processo estrutural. *Revista de Processo*. v. 337. ano 48. p. 211-233. São Paulo: RT, março 2023. Disponível em: inserir link consultado. Acesso em: 25 fev. 2025.

resposta à mora legislativa, eis que o ativismo judicial pode surgir quando o Legislativo não consegue ou não quer agir em determinadas questões.

Exemplificativamente, arrolam-se casos de direitos humanos em decisões que ampliam a proteção de minorias ou garantem direitos sociais, como o casamento entre pessoas do mesmo sexo; o controle de políticas públicas, mediante intervenções em áreas como saúde (ex.: fornecimento de medicamentos) ou meio ambiente (ex.: proteção de florestas); e a invalidação de leis reputadas inconstitucionais ou afrontosas aos direitos fundamentais.

Em matéria tributária, avaliam Matheus Tauan Volpi e Murilo Tauan Volpi "que, após ampla análise da bibliografia nacional e internacional sobre o tema, que são possíveis sentenças manipulativas aditivas em matéria tributária, mas de forma extremamente excepcional. Pode-se afirmar a possibilidade do Poder Judiciário estender uma isenção, um benefício ou incentivo fiscal a determinado contribuinte apenas quando for comprovado ser aquela a única solução constitucionalmente possível e, ainda assim, em uma decisão com modulação temporal de efeitos, para que se promova a adequada dotação orçamentária para a garantia do equilíbrio orçamentário".[2]

Constata-se, também o ativismo judicial não apenas perante a esfera pública, mas também no âmbito do Direito Privado. Com efeito, asseveram Milton Flávio de A. C. Lautenschläger e Odete Novais Carneiro Queiroz que "haverá ativismo judicial em matéria contratual toda vez que, diante de uma controvérsia contratual complexa, fundada na inobservância ou no desrespeito a normas-princípio, na inobservância ou no desrespeito a imposições legais ou infralegais abertas e flexíveis, ou na necessidade de interpretar, integrar ou modificar um determinado contrato ou cláusula contratual, o magistrado intervenha de modo equivocado, formulando uma norma de decisão inadequada ou desmedida, além de contrária à vontade originalmente declarada pelos contratantes. Nestes termos, reafirma-se: em determinadas circunstâncias, uma decisão judicial que deixa de resolver um contrato com fundamento na teoria do adimplemento substancial pode configurar ativismo judicial".[3]

Eis alguns dos problemas relacionados a essa atividade desempenhada pelo Poder Judiciário. Críticos argumentam que o ativismo judicial pode violar o princípio da independência e separação harmônica dos poderes, ao assumir funções que caberiam ao Legislativo. Afinal, magistrados não são eleitos, o que levanta questões sobre a legitimidade de suas decisões em temas polêmicos. Ademais, isso tem o condão de acarretar uma verdadeira judicialização da política, pois o excesso de intervenção judicial pode transferir debates políticos para os tribunais, reduzindo o espaço para a deliberação democrática.

Há que se atentar para a relevante distinção entre ativismo judicial e judicialização. Essa refere-se ao processo em que questões políticas, sociais ou econômicas são levadas ao

---

2. VOLPI, Matheus Tauan; VOLPI, Murilo Alan. Sentenças manipulativas aditivas em matéria tributária. *Revista de Direito Tributário Contemporâneo*. v. 31. ano 6. p. 147-162. São Paulo: RT, out./dez. 2021.
3. LAUTENSCHLÄGER, Milton Flávio de A. C. e QUEIROZ, Odete Novais Carneiro. Teoria do Adimplemento Substancial e Ativismo Judicial. *Revista Magister de Direito Civil e Processual Civil* n. 88, jan./fev. 2019.

Judiciário para resolução; enquanto aquela é a postura proativa dos juízes ao interpretar e aplicar a lei, muitas vezes criando novos entendimentos ou soluções.[4]

Em apertada síntese, o ativismo judicial é um tema complexo e polêmico, visto tanto como uma ferramenta para a justiça social quanto como uma possível ameaça à democracia e à independência e separação harmônica de poderes.

1. A PRESTAÇÃO JURISDICIONAL E O ATIVISMO JUDICIAL

Conforme aforismo atribuído a Eneo Domitius Ulpianus, "ubi societas, ibi jus; ubi jus, ibi societas", vale dizer, onde está a sociedade, está o Direito; onde está o Direito, está a sociedade. Afigura-se absolutamente impossível a vida descontextualizada do convívio social, à margem do Estado.

Consubstancia-se o Direito no conjunto de normas jurídicas destinadas a disciplinar a vida em sociedade. Conceituando-se analiticamente a norma jurídica, compõe-se a mesma de um preceito, comando para que alguém assuma um comportamento comissivo ou omissivo, e de uma sanção, que é a consequência pela inobservância do preceito.

Ao longo da formação jurídica, compreende-se que deve a norma jurídica ser interpretada teleológica e finalisticamente, antes de ser aplicada ao caso concreto, a fim de deslindar o conflito de interesses, qualificado pela pretensão resistida, deduzida em juízo. Eis a função jurisdicional, cujo exercício pressupõe a existência de um instrumento para o legítimo exercício do poder estatal, denominado processo.

A sentença de mérito é o ato estatal de pacificação das relações estatais, que aplica a norma jurídica ao caso concreto para resolver a lide por intermédio da subsunção, vale dizer, fruto de um silogismo, conjuga-se uma premissa maior, normativa, com uma premissa menor, fática, e extrai-se um raciocínio lógico, derivado dessa conjugação.

---

4. Assevera José Flávio Fonseca de Oliveira que "O ativismo judicial surgiu a partir do desenvolvimento do constitucionalismo na metade do Século XIX, em decisões nas Cortes dos Estados Unidos, quando os juízes passaram a utilizar a Constituição como parâmetro de intepretação e construíram soluções para as demandas apresentadas ao Poder Judiciário. Em termos conceituais, Barroso (2012, p. 6) defende que [a] ideia de ativismo judicial está associada a uma participação mais ampla e intensa do Judiciário na concretização dos valores e fins constitucionais, com maior interferência no espaço de atuação dos outros dois Poderes. Nessa mesma linha de conceituação, Elival da Silva Ramos (2015, p. 131) entende que o ativismo judicial ocorre quando o Poder Judiciário, resolvendo litígios ou controvérsias jurídicas de natureza objetiva (controle de constitucionalidade), atua além dos limites impostos pelo ordenamento jurídico. Isso, no entender do jurista, importa atuação fora da atividade típica desse poder, em detrimento dos demais poderes. Assim, em uma conceituação abrangente, o ativismo judicial é a atuação do Poder Judiciário fora de suas atribuições constitucionais com o objetivo de concretizar direitos ou impor obrigações com fundamento em questões de justiça ou morais. Por outro lado, a judicialização da política pressupõe a submissão ao Poder Judiciário de questões políticas stricto sensu, de políticas públicas e das relações sociais, que não estão sendo resolvidas ou pelo Poder Executivo ou pelo Poder Legislativo, geralmente sob o argumento do descumprimento da Constituição. É um deslocamento da esfera de decisão dessas questões envolvendo escolhas políticas e políticas públicas que são decididas pelos Poderes Legislativo e Executivo para serem decididas pelo Judiciário. " OLIVEIRA, José Flávio Fonseca de. A criminalização da homofobia pelo Supremo Tribunal Federal: o uso da leitura moral de Ronald Dworkin em detrimento do princípio da maioria de Jeremy Waldron. *Revista CEJ*, Brasília, Ano XXIV, n. 79, p. 55-63, jan./jul. 2020.

Todavia, hipóteses há em que a norma jurídica é lacunosa e necessita ser integrada por meios interpretativos que assegurem a realização do ideal de Justiça, que, segundo Ulpiano, consiste na vontade constante e perpétua de dar a cada um o que é seu.

Os artigos 4º e 5º da Lei de Introdução às Normas do Direito Brasileiro preconizam, respectivamente, que "quando a lei for omissa, o juiz decidirá o caso de acordo com a analogia, os costumes e os princípios gerais de direito" e "na aplicação da lei, o juiz atenderá aos fins sociais a que ela se dirige e às exigências do bem comum."

2. O ATIVISMO JUDICIAL E A ORIENTAÇÃO JURISPRUDENCIAL

Em interessante orientação balizada pelo Superior Tribunal de Justiça, a Corte delimitou a utilização do ativismo judicial no caso em epígrafe. "Pedido de suspensão de medida liminar. Interferência do judiciário na atividade administrativa. Flagrante ilegitimidade e lesão à ordem pública. Ao Judiciário cabe o controle da legalidade dos atos da Administração. O ativismo judicial pode legitimar-se para integrar a legislação onde não exista norma escrita, recorrendo-se, então, à analogia, aos costumes e aos princípios gerais de direito (CPC, art. 126). Mas a atividade administrativa, propriamente tal, não pode ser pautada pelo Judiciário. Na espécie, em última análise, o MM. Juiz Federal fez mais do que a Administração poderia fazer, porque impôs o que esta só pode autorizar, isto é, que alguém assuma a responsabilidade pela prestação de serviço público. Agravo regimental não provido".[5]

CONCLUSÃO

O ativismo judicial no Brasil, embora seja um fenômeno complexo e multifacetado, tem se consolidado como uma prática recorrente nas decisões do Supremo Tribunal Federal e de outras instâncias judiciais. A atuação mais expansiva do Judiciário, muitas vezes além da mera aplicação das leis, levanta questões fundamentais sobre a separação dos poderes e a legitimidade de suas intervenções nas esferas política e legislativa. A discussão sobre o ativismo judicial no Brasil revela um delicado equilíbrio entre a proteção dos direitos fundamentais e o respeito à autonomia dos outros poderes, principalmente o Executivo e o Legislativo.

Embora os defensores do ativismo judicial argumentem que ele é necessário para garantir a efetividade dos direitos constitucionais, principalmente em um contexto de inércia legislativa e falhas no sistema político, seus críticos alertam para o risco de o Judiciário ultrapassar seus limites e comprometer a democracia representativa. Em um sistema de freios e contrapesos, é crucial que o Judiciário preserve sua função de controle constitucional, mas sem usurpar as funções próprias dos demais poderes.

No Brasil, o ativismo judicial pode ser visto como uma resposta às lacunas e ineficiências do sistema político e legislativo, mas também exige uma reflexão constante

---

5. AgRg na Suspensão de Liminar e de Sentença 1.427 – CE (2011/0185577-1). Disponível em: www.stj.jus.br. Acesso em: 25 fev. 2025.

sobre seus limites e consequências para a estabilidade institucional. A busca por um equilíbrio saudável entre a proteção dos direitos fundamentais e o respeito à ordem democrática é essencial para o fortalecimento do Estado de Direito e da democracia no país. Portanto, o desafio do ativismo judicial reside em sua capacidade de atuar como um agente de transformação social, sem perder de vista os princípios da separação de poderes e da legítima representação popular.

REFERÊNCIAS

ABBOUD, Georges; GAVAZZONI, Antonio Marcos. O fenômeno da interpretação e seus vieses a partir da mutação constitucional e do ativismo judicial como consequência da síntese dialética do constitucionalismo contemporâneo. *Revista de Processo*. v. 340. ano 48. p. 301-327. São Paulo: RT, jun. 2023.

CAMPANHARO, Jorge. Ativismo judicial e processo estrutural. *Revista de Processo*. v. 337. ano 48. p. 211-233. São Paulo: RT, mar. 2023.

GASTAL, Alexandre; SCHÖNHOFEN, Vivian. Processo estrutural, ativismo judicial e diálogos institucionais. *Revista de Processo*. v. 353. ano 49. p. 241-268. São Paulo: RT, jul. 2024. Disponível em: http://revistadostribunais.com.br/maf/app/document?stid=st-rql&marg=DTR-2024-7762. Acesso em: 25 fev. 2025.

LAUTENSCHLÄGER, Milton Flávio de A. C. e QUEIROZ, Odete Novais Carneiro. Teoria do Adimplemento Substancial e Ativismo Judicial. *Revista Magister de Direito Civil e Processual Civil*. n. 88. jan./fev. 2019.

MALHEIRO, Emerson Penha; Silva, Luís Delcides Rodrigues da. A interpretação constitucional e seus princípios, limites, ativismo judicial e efeitos no sistema jurídico na sociedade da informação. *Revista de Direito Constitucional e Internacional*. v. 136. ano 31. p. 109-125. São Paulo: RT, mar./abr. 2023.

OLIVEIRA, José Flávio Fonseca de. A criminalização da homofobia pelo Supremo Tribunal Federal: o uso da leitura moral de Ronald Dworkin em detrimento do princípio da maioria de Jeremy Waldron. *Revista CEJ*, Brasília, ano XXIV, n. 79, p. 55-63, jan./jul. 2020.

PAGANI, Lucas Augusto Gaioski; GOMES JÚNIOR, Luiz Manoel; CHUEIRI, Miriam Fecchio. O ativismo judicial, custos sociais e proteção dos direitos fundamentais: a não efetivação dos direitos fundamentais e o devido processo legislativo. *Revista dos Tribunais*. v. 1049. ano 112. p. 125-150. São Paulo: RT, março 2023.

VOLPI, Matheus Tauan; VOLPI, Murilo Alan. Sentenças manipulativas aditivas em matéria tributária. *Revista de Direito Tributário Contemporâneo*. v. 31. ano 6. p. 147-162. São Paulo: RT, out./dez. 2021.

QUEM PODERÁ NOS DEFENDER?! BREVE ANÁLISE E REFLEXÕES SOBRE POSSÍVEL SOLUÇÃO NO QUE TANGE O ATIVISMO JUDICIAL E A CREDIBILIDADE DO SUPREMO TRIBUNAL FEDERAL BRASILEIRO

Ohana Fernandes Sales

Especialista em Direito Público pelo Complexo Educacional Damásio de Jesus. Mestranda em Direito Processual Constitucional da Universidad Nacional Lomas de Zamora em parceria com o IIES – Instituto Internacional de Educação Superior – Buenos Aires. Atualmente, compõe a equipe de assessoria jurídica (Gabinete) do Quinto Juizado Especial Cível, Criminal e da Fazenda Pública da Comarca de Mossoró – RN. Advogada com mais de 10 (dez) anos de militância. Palestrante. Atuou como assistente jurídica na Procuradoria do Município de Mossoró – RN. Foi membro de diversas comissões da OAB Mossoró (do advogado iniciante, de direitos humanos, de eventos, da mulher advogada, OAB em ação, de educação e ensino jurídico, de apoio à criança adolescente e idoso, de meio ambiente). Atuou como Defensora Dativa do Tribunal de Ética e Disciplina da OAB Mossoró. Membro do Projeto Acolher Mossoró – MPRN.

INTRODUÇÃO

A sociedade é dinâmica e, consequentemente, o Direito torna-se um legítimo mutante que tenta acompanhar essa evolução constante e acelerada. É sabido que embora o Legislador elabore leis com o objetivo de prever situações dignas de proteção e os intérpretes procurem cumprir fielmente os ditames ali encartados, resta evidente que é impossível que o ordenamento jurídico contenha respostas para todos os problemas, dado que as relações jurídicas são amplas, os fatos concretos são únicos e, portanto, confirma-se que os valores já devidamente protegidos juridicamente representam apenas uma parcela insuficiente diante das necessidades que surgem diariamente.

O artigo 101 da Carta Magna indica o Supremo Tribunal Federal como órgão máximo que deve atuar especialmente para zelar e defender a Constituição. Porém, na história recente do Brasil, é fácil perceber pesquisas (das mais diversas fontes) e manifestações que questionam o ativismo judicial e a credibilidade das decisões tomadas pelo Supremo Tribunal Federal. Um dos pontos levantados, até mesmo por doutrinadores, é se a forma de ingresso ao cargo (nomeações realizadas pelo Presidente da República e sabatina perante o Senado) afeta o sistema jurídico e a jurisprudência do país, uma vez que mudam, "aparentemente", de acordo com o grupo dominante, seus interesses, afinidades, valores políticos e econômicos.

É importante ressaltar que este trabalho não trata de politicagem, questões partidárias. Da mesma forma, as críticas analisadas não têm a ver com a intenção de acionar o Supremo e obter uma decisão favorável a determinado interesse particular, mas sim saber quem realmente poderá nos defender. Trata-se de segurança jurídica, e da convicção de que a constituição, os direitos fundamentais, os direitos humanos e a democracia, como um todo, estão sendo verdadeiramente protegidos por quem for designado como seu guardião.

O presente trabalho foi desenvolvido através de pesquisa exploratória adotando como procedimento básico o estudo bibliográfico, incluindo doutrinas, artigos científicos, jurisprudência, legislação etc. sendo apresentado junto ao XXIII Congresso Internacional de Direito Constitucional, mais precisamente compondo a obra "Ativismo Judicial: o Supremo Tribunal Federal e a Constituição – em homenagem ao Ministro Edson Fachin", realizado pela Escola Brasileira de Estudos Constitucionais – EBEC (Recife – PE, 2025).

1. QUEM PODERÁ NOS DEFENDER?!

A Constituição Federal de 1988 é uma verdadeira solidificação da transição entre o regime militar e a nova república. Depois de anos de regime, o povo passou a ter uma Constituição chamada de cidadão, que permitiu a eleição de seus representantes bem como que preza em seu teor princípios democráticos documentados, a defesa dos direitos fundamentais, individuais e coletivos.

Inicialmente, vale ressaltar que, originariamente, o sistema jurídico brasileiro adotou como horizonte basilar a ser seguido a Pirâmide de Hans Kelsen e seu positivismo rígido. Além disso, igualmente é de grande valia para o estudo do direito brasileiro bem como para o tema ora analisado, considerar a Teoria da Ponderação de Alexy. Ora, ao se elaborar qualquer norma do ordenamento jurídico, por óbvio, o Legislativo e/ou Executivo (representantes escolhidos pelo povo), já devem ter seguido passos de ponderação, como a investigação e identificação de princípios em conflito; a atribuição de peso ou importância conforme as circunstância do caso concreto; e a decisão sobre a prevalência de um deles sobre o outro como solução corretamente fundamentada; formulando-se assim uma regra de obediência geral, em que se estipulam ocasiões especiais para que um princípio prevaleça ou deva ceder ao outro (processo legislativo previsto expressamente na Constituição).

Pois bem. "O legislador constituinte originário criou mecanismos por meio dos quais os atos normativos são controlados, verificando sua adequação aos preceitos estabelecidos na 'Lei Maior'."[1] Assim, é possível realizar o controle constitucional por meio difuso ou concentrado. O controle difuso trata essencialmente do conflito entre a aplicação de uma lei em um caso concreto, considerando os ditames da Constituição,

---

1. LENZA, Pedro. *Direito Constitucional esquematizado*. De acordo com o novo Código de Processo Civil, EC 88/2015, incluindo últimas decisões do STF, 53 Súmulas Vinculantes. 19. ed. São Paulo: Saraiva, 2015. p. 285.

prevalecendo o entendimento mais compatível com a Lei Superior, hierarquicamente superior. Já o controle concentrado surge diante de órgão julgador específico, constitucionalmente estabelecido, e trata da competência originária desse órgão para receber, processar e julgar a reclamação.

O Supremo Tribunal Federal é o guardião da Constituição. Composto por 11 (onze) Ministros. "(...) O Presidente da República escolhe e indica o nome que comporá o STF, que deverá ser aprovado pelo Senado Federal, por maioria absoluta (...). Uma vez aprovada, prossegue a nomeação, momento em que o Ministro é nomeado vitaliciamente (...)".[2] Ressalte-se que, entre os requisitos para ocupar o cargo de Ministro do Supremo Tribunal Federal, o indivíduo deve ser cidadão com notável conhecimento jurídico, mas notável conhecimento jurídico não significa que ele deva ser necessariamente jurista.

O Ministro Edson Fachin, homenageado desta coletânea de estudos, foi nomeado pela Presidenta da República Dilma Rousseff em 2015, tendo atuado em casos importantes como quando indeferiu o pedido de liminar na Reclamação RCL 50610 que pedia o relaxamento da prisão preventiva de Monique Medeiros da Costa e Silva, mãe do menino Henry Borel, acusada de envolvimento no crime; decidiu no julgamento do Habeas Corpus 154248 que o crime de injúria racial configurava uma forma de racismo e que era imprescritível; votou em sede de Habeas Corpus 208240 pela ilicitude de abordagem policial com base em raça, cor da pele e aparência física; quando relator da ADI 4275 reconheceu a transgêneros a possibilidade de alteração de registro civil sem mudança de sexo e do MI 4733 permitiu enquadrar a homotransfobia como crime de racismo; votou ainda pela inconstitucionalidade da proibição de doação de sangue por homens homossexuais ADI 5543; acolheu a sugestão de suspensão de operações policiais nas comunidades cariocas durante a Pandemia da COVID 19 e determinou que o Estado do Rio de Janeiro elaborasse plano de redução de letalidade policial na ADPF 635; dentre outros.

O ativismo judicial praticado pelo Supremo Tribunal Federal pode ser conceituado, de forma bem suscinta, como uma garantia de combate à inércia, em casos de grande repercussão, principalmente em se tratando de omissão legislativa, sendo defendido como uma legítima intromissão da justiça constitucional, na esfera legislativa e junto às autoridades respectivas, competentes, com o fito de resguardar a Constituição, o Estado de Direito e um sistema forte (fator de legitimidade); invocando-se como seu escudo o Princípio da Inafastabilidade da Jurisdição encartado na Constituição Federal, em seu artigo 5º, inciso XXXV (a Lei não pode excluir do Poder Judiciário a apreciação de ameaças ou lesões a direitos). Assim, a Corte Suprema pátria não só aprecia os pedidos formulados pelas partes interessadas, ela vai além, passando literalmente a "criar" o direito, por meio de novas formas de elucidar litígios.

---

2. LENZA, Pedro. *Direito Constitucional esquematizado*. De acordo com o novo Código de Processo Civil, EC 88/2015, incluindo últimas decisões do STF, 53 Súmulas Vinculantes. 19. ed. São Paulo: Saraiva, 2015. p. 869.

> (...) De modo que, o Poder Judiciário, e especialmente o Supremo Tribunal Federal, goza de posição de primazia na determinação do sentido e alcance da Constituição e das leis, pois cabe a ele dar a última palavra, que vinculará os demais Poderes. Esta supremacia judicial na determinação do que é a lei implica, obviamente, o exercício do poder político, com todas as suas implicações para a legitimidade democrática.[3]

Nesse sentido, entendo como cabível abrir um parênteses quanto à legitimidade do Supremo Tribunal Federal a respeito da "criação de direitos". No processo legislativo tradicional, as Leis são elaboradas por represente escolhidos pelo povo, por meio de eleições, fato este que nos leva, a princípio, a crer que apenas a este Poder compete legislar (função típica). De outro vértice, o Presidente da República eleito, igualmente por meio de eleições, inquestionavelmente ocupa papel no sistema democrático de maior representante de seu povo. Seguindo esse raciocínio lógico, a indicação de ministros para compor a Corte Suprema, realizada por parte do Presidente da República, pode ser interpretada (e inclusive é, por parte da doutrina) como manifestação legítima da vontade da sociedade. Após esse parêntese, fique à vontade, caro leitor, para refletir sobre tal legitimidade sob esse ponto de vista.

Continuando. Quando da ocorrência do fenômeno do ativismo judicial, faz-se imprescindível a atuação de ministros preparados, que exerçam sua jurisdição munidos de imparcialidade. O Supremo Tribunal Federal, ao processar e julgar uma demanda, indubitavelmente deve se valer de elementos que justifiquem a sua argumentação jurídica, como por exemplo, proporcionalidade; finalidade objetiva e constitucionalmente válida; adequação; necessidade; proporcionalidade; razoabilidade. Com isso, presentes tais elementos nos julgados, restaria rechaçada eventual conduta arbitrária e supridas as lacunas (sistema completo), conflitos e contradições (sistema coerente).

> (...) O juiz passa a ser o protagonista direto da questão social. Sem política, partidos ou vida social organizada, o cidadão recorre a ele, mobilizando o arsenal de recursos criado pelo legislador para lhe proporcionar meios alternativos de defesa e, eventualmente, de conquista de direitos. (...).[4]

> (...) O poder dos juízes e dos tribunais, como todo o poder político num Estado democrático, é representativo. Ou seja, é exercido em nome do povo e deve prestar contribuições à sociedade (...). Na verdade, a legitimidade democrática do poder judicial, especialmente quando interpreta a Constituição, está ligada à sua capacidade de responder ao sentimento social (...). A autoridade para fazer cumprir a Constituição, como qualquer autoridade que não dependa da força, depende da confiança dos cidadãos. Se os tribunais interpretarem a Constituição em termos que se desviam significativamente do sentimento social, a sociedade encontrará formas de transmitir as suas objecções e acabarão por resistir a cumprir a decisão. A relação entre os órgãos judiciais e a opinião pública envolve complexidades e sutilezas (...). Nesse ambiente, é possível estabelecer uma correlação entre o poder judiciário e a opinião pública e afirmar que, quando há um descompasso de posicionamentos, a tendência é que o poder judiciário se alinhe ao sentimento social (...). Embora o poder judicial deva ser transparente e responsável perante a sociedade, não pode ser escravo da opinião pública. Muitas vezes a

---

3. BARROSO, Luís Roberto. *Curso de Direito Constitucional Contemporâneo*. Os conceitos fundamentais e a construção do novo modelo. 5. ed. São Paulo: Saraiva, 2015. p. 454.
4. VIANNA, L.; BURGOS, M.; SALLES, P. Dezessete anos de judicialização da política. *Tempos Social*, v. 19, n. 2, p. 41, 2007.

decisão correta e justa não é a mais popular (...). Em resumo: no constitucionalismo democrático, o exercício do poder implica a interação entre os tribunais e o sentimento social. É expresso através da opinião pública ou de órgãos representativos. A participação e o compromisso popular influenciam e legitimam as decisões judiciais, e é bom que assim seja. Dentro dos limites, é claro. O mérito de uma decisão judicial não deve ser medido em pesquisas de opinião pública. Mas isso não diminui a importância do Judiciário, como um todo, ser compreendido, respeitado e aceito pela população.[5]

No Brasil de hoje, não é incomum nos depararmos com questionamentos e sensação de insegurança jurídica quando se trata de ativismo judicial e as decisões do Supremo Tribunal Federal. A Corte Suprema passou a ser considerada, por alguns, como uma visão de mundo absoluta, uma imposição que não pode ser contrariada, um verdadeiro vencedor de uma disputa simbólica (poder simbólico). Esta configuração que lhe fora atribuída destoa da sua missão constitucional, afastando-se da realidade fática e dos anseios daqueles que lhe suplicam justiça, ainda mais numa sociedade como a brasileira, extremamente diversa em todos os sentidos (raça, credo, classes sociais, gêneros etc.).

Neste cenário, a única certeza é que o Brasil está dividido. Por um lado, há quem acredite que o Supremo Tribunal Federal ignora princípios jurídicos que deveriam orientá-lo, como a imparcialidade, dando origem a uma terrível insegurança jurídica, à criação e manipulação de direitos sem fundamento aparente plausível, pronunciando-se por meio de decisões midiáticas. Por outro lado, há quem confie no Supremo Tribunal Federal como a luz no fim do túnel, com uma maioria de profissionais éticos, por vezes corajosos, comprometidos com a efetivação da justiça, guardiões da Constituição, dos direitos e princípios fundamentais, que em meio a diversas polêmicas tentam fazer prevalecer os direitos do povo brasileiro independentemente de influências externas.

2. REFLEXÕES SOBRE POSSÍVEL SOLUÇÃO NO QUE TANGE O ATIVISMO JUDICIAL E A CREDIBILIDADE DO SUPREMO TRIBUNAL FEDERAL

Credibilidade: qualidade de ser credível, inspirar confiança, ser digno de confiança, acreditado. Característica de alguém que conquista a confiança. Palavra que deriva do latim "credibilitas atis", que significa aquilo que é confiável, aquilo em que se pode confiar. Considerando que a Carta do Cidadão é a Lei Suprema do Estado Democrático Brasileiro e que seu protetor é o Supremo Tribunal Federal, obviamente o mínimo que se espera deste Tribunal é que as decisões que emite sejam confiáveis.

Este é o grande papel de um tribunal constitucional, o Supremo Tribunal Federal no caso do Brasil: proteger e promover os direitos fundamentais, bem como salvaguardar as regras do jogo democrático. Qualquer ação contramajoritária por parte do Judiciário em defesa dos elementos essenciais da Constituição será a favor, e não contra, a democracia.[6]

5. BARROSO, Luís Roberto. *Curso de Direito Constitucional Contemporâneo. Os conceitos fundamentais e a construção do novo modelo*. 5. ed. São Paulo: Saraiva, 2015. p. 472 e 473.
6. BARROSO, Luís Roberto. *Curso de Direito Constitucional Contemporâneo*. Os conceitos fundamentais e a construção do novo modelo. 5. ed. São Paulo: Saraiva, 2015. p. 447.

Isto posto, reflita comigo, caro leitor. Hoje, você se sente representado pelo Supremo Tribunal Federal? A sociedade brasileira está representada? O fato de o Supremo Tribunal Federal ser composto em sua maioria por homens faz diferença em seus julgados? Você se sente seguro com as decisões exaradas por aquele juízo (segurança jurídica)? A forma de ingresso (indicação política) influência? O argumento da vitaliciedade ser necessária para fins de segurança jurídica se sustenta? O que seria esse notório saber jurídico exigido?

Ao longo da história da humanidade, temos visto figuras dominantes que invocam sistemas simbólicos como a arte, a religião e a linguagem (inclusive jurídica) para estabelecer o seu poder e colocá-lo num plano soberano (concentração de poder). Com palavras estrategicamente pronunciadas, estes líderes se destacam em lutas pela consagração da integração social, mas, por vezes, questiona-se se os seus interesses íntimos reproduzem justamente a distinção contra a qual lutaram anteriormente e vestiram como bandeira.

O ativismo judicial e a credibilidade do Supremo Tribunal Federal tornaram-se foco de discussão mais intensa na atualidade, uma vez que a sociedade, diante de determinada insatisfação, busca apoio no ordenamento jurídico para obter respostas plausíveis e justas, e encontra respostas que possuem fundamentos duvidosos, confusos, com interpretação elástica excessiva, além de instabilidade (uma prova dessa insegurança jurídica foi o emblemático imbróglio sobre a possibilidade de prisão após segunda instância, que mobilizou o país, tendo o posicionamento oscilado drasticamente entre os julgados de 2016 e 2019).

Sobre o tema, em agosto de 2023, durante o Simpósio de Direito Constitucional (organizado pela OAB – RN, subseção Mossoró – RN), que discutiu e analisou a aplicação e evolução das leis constitucionais, a renomada professora, advogada e constitucionalista Flávia Bahia respondeu a esta que vos escreve, que concorda e compartilha de suas preocupações no que tange ao inflamado debate sobre ativismo judicial e a credibilidade que tem ocorrido em torno das decisões exaradas pelo Supremo Tribunal Federal.

Ao expor suas ideias em relação à temática (ou seja, parafraseando sua resposta), Flávia Bahia ressaltou que a afirmação de que a posição vitalícia é necessária não merece prosperar, pois visivelmente não garante mais a almejada segurança jurídica. Na ocasião, foi sugerido que o Brasil começasse a analisar a possibilidade de ministros exercerem mandatos, observadas e sem violar as cláusulas pétreas da Constituição (Separação de Poderes), já que esse modelo tem mostrado resultados positivos em outros países (especialmente na Europa). Adicionou ainda que se deveria considerar uma alteração na forma de nomeação, primeiro especificando o que significa "notório conhecimento jurídico" (de modo a adotar critérios mais objetivos, talvez) e exigindo maior qualificação do candidato ao cargo; e segundo, alterando o procedimento atualmente utilizado (nomeação pelo Presidente da República), o que parece apoiar a prática de "troca de favores" (vocabulário popular).

Aproveitando as sugestões e com o objetivo de ampliar o conhecimento, cito algumas experiências de tribunais constitucionais, como o alemão, o francês, o espanhol e o português, respectivamente, que possuem modelos interessantes para serem estudados como parâmetro de direito comparado, e que possuem boa aprovação; examinando mais precisamente suas formas de admissão e a existência de mandatos.

> (...) *três juízes de cada câmara*, ou seis no total, deverão ser juízes federais, ou seja, magistrados que pertençam há pelo menos três anos a um dos cinco tribunais superiores da Federação (...). Os restantes cinco juízes de cada secção – ou dez no total – "devem ser escolhidos entre pessoas com mais de 40 anos que possuam os diplomas necessários ao exercício das funções de magistrado (ou seja, na prática, entre personalidades políticas ou licenciados com ambos os exames de direito). (...).[7]

> *Composição.* O Conselho Constitucional é composto por nove membros designados, aos quais por vezes se acrescentam membros legais. a) Os membros legais são os ex-Presidentes da República. (...). b) Os membros do Conselho Constitucional serão nomeados por nove anos, três pelo Presidente da República, três pelo Presidente do Senado e três pelo Presidente da Assembleia Nacional. Como um terço da sua composição é renovável de três em três anos, cada autoridade nomeia um membro de três em três anos, o que garante uma certa continuidade e também uma diversidade de origens (...). Como em todas as jurisdições constitucionais, os membros têm inclinações políticas semelhantes às das autoridades que os nomeiam. Em qualquer caso, uma vez nomeados, os juízes constitucionais gozam de total independência, uma vez que, por um lado, o seu mandato de nove anos é improrrogável e, por outro, não podem ser destituídos ou afastados do cargo, salvo pelo próprio Conselho Constitucional e em circunstâncias excepcionais. (...).[8]

> *Composição.* O Tribunal Constitucional é composto por doze membros. a) Os doze são nomeados pelo Rei; mas o Rei apenas nomeia os membros que lhe são propostos, na proporção de quatro pelo Congresso dos Deputados, quatro pelo Senado, dois pelo Governo e dois pelo Conselho Geral da Magistratura. Dos doze magistrados designados, oito são nomeados pelas câmaras e, tal como no sistema italiano, um cargo é reservado a representantes do poder judicial (...). Os juízes devem ser escolhidos entre magistrados ou procuradores de carreira, professores universitários, funcionários públicos e advogados, todos juristas de reconhecida competência. O Presidente do Tribunal Constitucional é nomeado de entre os seus membros pelo Rei, sob proposta do Tribunal. Seu mandato é de três anos, renováveis. b) Após cinco renovações parciais, constata-se que, de acordo com a regra geral e apesar das precauções tomadas, as nomeações de juízes foram substituídas por negociações entre formações políticas e, em particular, entre os grandes partidos (...). O mandato dos juízes é de nove anos, sendo que um terço do Tribunal funciona a cada três anos. (...).[9]

> O Tribunal Constitucional é composto por 13 juízes, dez dos quais nomeados pela Assembleia da República e três por esta cooptados. Três (ou mais) juízes nomeados pela Assembleia e os três juízes cooptados devem ser escolhidos entre os juízes dos restantes tribunais, os restantes entre os juristas. O mandato dos juízes é renovável por seis anos. O presidente é eleito pelos seus pares para um mandato de dois anos. É necessária uma maioria de dois terços para a eleição dos primeiros dez juízes, bem como dos juízes cooptados.[10]

7. FAVOREU, Louis. *As Cortes Constitucionais*. Introdução de Cláudia Toledo e Luiz Moreira. Editora Landy, 2004. p. 59 e 60.
8. FAVOREU, Louis. *As Cortes Constitucionais*. Introdução de Cláudia Toledo e Luiz Moreira. Editora Landy, 2004. p. 93 e 94.
9. FAVOREU, Louis. *As Cortes Constitucionais*. Introdução de Cláudia Toledo e Luiz Moreira. Editora Landy, 2004. p. 103 e 104.
10. FAVOREU, Louis. *As Cortes Constitucionais*. Introdução de Cláudia Toledo e Luiz Moreira. Editora Landy, 2004. p. 114.

É de notório conhecimento que as Cortes Constitucionais atuantes na América Latina possuem claros e específicos desafios, sem dúvida diversos da realidade europeia, como combater regimes ditatoriais, auxiliar processos de transição política, fortalecer a democracia e enfrentam outras dificuldades que não podem ser ignoradas como o "(...) elevado grau de exclusão e desigualdade social e com precária tradição de generalizado desrespeito aos direitos humanos.[11]

> Cada cultura possui seu próprio discurso acerca dos direitos fundamentais, que está relacionado as específicas circunstâncias culturais e históricas de cada sociedade. Não há moral universal, já que a história do mundo é a história de uma pluralidade de culturas. Há uma pluralidade de culturas no mundo, e essas culturas produzem seus próprios valores.[12]

Ante o exposto, trazemos à baila a América Latina, que em matéria de justiça constitucional, coexistem o controle concentrado e o controle difuso. Quando se trata de exemplos latino-americanos, vale citar o Peru, onde o Tribunal Constitucional é "(...) composto por sete membros, eleitos por um período, entre dois terços dos seus membros (...)".[13] Na Argentina, ao contrário do Brasil, tanto quem escolhe quanto quem fixa a quantidade de ministros é o Governante; a Corte Constitucional dos hermanos ainda tem como objetivo ter em sua composição 5 (cinco) membros, devendo, destes, 2 (duas) serem mulheres. Todavia, tal determinação não ultrapassou as barreiras da utopia, uma vez que, em toda a história do país vizinho, somente 3 (três) mulheres chegaram a ocupar o cargo junto à cúpula da justiça.

Nesse diapasão, importante destacar a frase clichê "cada caso é um caso", que explica de modo cristalino que a atuação das Cortes Constitucionais europeias, interamericanas, africanas, são diferentes, posto que a efetivação e concretização de justiça deve respeitar cada indivíduo e/ou coletividade que apresentam características, cultura, necessidades, histórias, realidades sociais únicas, mas nada impede que haja estudo comparado em busca de aperfeiçoamento da justiça constitucional pátria, com experiências bem sucedidas.

CONCLUSÕES DO ESTUDO

Hoje, o acesso ao cargo de ministro se dá basicamente por indicação do Presidente da República, ouvidoria do Legislativo e é vitalício. A condição de notório conhecimento jurídico não exige que o candidato seja jurista e permeia o pensamento nacional de que quando o ministro é indicado e aprovado pelos políticos, consequentemente deve favorecer aqueles que o apoiaram, o que implicaria em decisões tomadas impregnadas de interesses particulares, longe da imparcialidade que é essencial, e igualmente longe da ideia de proteger a Constituição Federal e seus preceitos.

---

11. PIOVESAN, Flávia. *Direitos humanos e justiça internacional*. Um estudo comparativo dos sistemas regionais europeu, interamericano e africano. 9. ed. rev. e atual. São Paulo: Saraiva, 2019. p. 22.
12. R. J. Vicent. *Human rights and international relations*. p. 37-38.
13. FAVOREU, Louis. *As Cortes Constitucionais*. Introdução de Cláudia Toledo e Luiz Moreira. Editora Landy, 2004. p. 131.

Nota-se que estas decisões modificam o sistema e a realidade jurídica do país, têm efeitos de longo alcance e profundas consequências jurídicas. E nesse contexto, considerando a sensação e receio da sociedade, a ocorrência do ativismo judicial incontrolável gera insegurança jurídica, que deve ser combatida em vez de fortalecida.

Compulsando-se principalmente a doutrina bem como projetos legislativos, verifica-se que há propostas que procuram alterar a composição e o funcionamento do Supremo Tribunal Federal, das mais diversas autorias, e que se acumulam há anos nas gavetas dos poderes legislativo e executivo. Via de regra, sequer são rejeitados, posto que simplesmente não ultrapassam a fase inicial de análise pelas comissões, não têm prazo para finalizá-los, e independentemente de quem esteja no poder, não há força política suficiente para levar a diante tais projetos e debate.

De modo geral, os projetos atacam os mecanismos de eleição dos membros do Supremo Tribunal Federal, a possibilidade de estipular a duração dos mandatos dos ministros, o sistema de destituição, as hipóteses de redução de poder, novas formas de revisão das decisões[14] e as mudanças que dificultariam a tomada de decisão monocrática.

Se não pudermos confiar no Supremo Tribunal Federal, quem nos defenderá?!

O fato é que a atual composição do Supremo Tribunal Federal, sem dúvida, causa desconforto à população, aos juristas, aos acadêmicos, operadores do direito e à classe política. A mudança desejada carece de força política e encontra obstáculos. Os políticos, embora insatisfeitos, temem avançar com as mudanças, pois isso poderá ter consequências jurídicas e consequentemente não querem enfrentar quem um dia poderá julgá-los.

Acredito que a nomeação de um ministro para o Supremo deva ser baseada em critérios técnicos, ainda que haja envolvimento político na nomeação, desde que essa participação se esgote plenamente após a posse, "(...) já que uma vida inteira no cargo (...) não dependerá mais de nenhum novo julgamento político (...)".[15]

Outrossim, não há espaço para hipocrisia dado que as decisões proferidas pelo Supremo Tribunal Federal também estão carregadas de ramificações políticas, razão pela qual não pode parecer estranho, isolado ou alienado. "O direito é certamente diferente da política. Mas é impossível ignorar que a linha divisória entre os dois, que sem dúvida existe, nem sempre é clara e certamente não é fixa.".[16]

> O Direito pode e deve ter uma reivindicação vigorosa de autonomia face à política. Isto é essencial para a subsistência do conceito de Estado de Direito e para a confiança da sociedade nas instituições

---

14. "(...) então quer dizer que o Judiciário não acerta a mão em alguns casos, mas também é possível que os Magistrados sejam homens e mulheres que abusem do poder. E quando abusarem, quem revê? Aquele Magistrado (...) diz que quem vai rever são os próprios juízes. Perfeito! Mas, quem revê o que decide a Corte Superior de Justiça? Deus?! (...)". Trecho de fala de José Eduardo Cardoso em sua palestra "Crise no Estado de Direito", durante o XXI Congresso Internacional de Direito Constitucional, realizado pela Escola Brasileira de Estudos Constitucionais – EBEC (Natal – RN, 2024).
15. BARROSO, Luís Roberto. *Curso de Direito Constitucional Contemporâneo. Os conceitos fundamentais e a construção do novo modelo.* 5. ed. São Paulo: Saraiva, 2015. p. 459.
16. BARROSO, Luís Roberto. *Curso de Direito Constitucional Contemporâneo. Os conceitos fundamentais e a construção do novo modelo.* 5. ed. São Paulo: Saraiva, 2015. p. 453.

judiciais. A realidade, porém, revela que esta autonomia será sempre relativa. Existem razões institucionais, funcionais e humanas para isso. As decisões judiciais reflectirão frequentemente factores extralegais. Entre eles, os valores pessoais e ideológicos do juiz, bem como outros elementos de natureza política e institucional. Durante muito tempo, a teoria jurídica tentou negar esse fato, apesar das inúmeras evidências. A energia gasta na construção de um muro de separação entre o direito e a política deve agora ser canalizada para outro empreendimento. Trata-se de compreender melhor os mecanismos desta intensa e inevitável relação, com o relevante propósito de preservar, em essência, a especificidade e, sobretudo, a integridade do Direito.[17]

Conclui-se (por ora), em resposta aos questionamentos, que seria prudente a existência de um Tribunal misto, com 5 (cinco) vagas para membros de carreira, como uma espécie de promoção (procuradores, defensores, funcionários públicos, procuradores, magistrados), 5 (cinco) vagas para juristas, advogados, de reconhecido prestígio e comprovada qualificação (com critérios objetivos, específicos, rigorosos), que sejam livremente nomeados pelo Chefe do Executivo (semelhante ao que se faz hoje) e 1 (uma) vaga destinada à nomeação de representante da sociedade civil "com notório saber jurídico", relevância social, e igualmente de reputação ilibada.

No que tange à possibilidade de estipulação de mandato, não creio que este seja o cerne da crise de credibilidade neste momento, podendo continuar assim a aplicação de vitaliciedade ao cargo (até porque em todo o sistema do Poder Judiciário, independentemente da instância – grau de jurisdição, a vitaliciedade agrega-se, a título de prerrogativa, à função de Magistrado, como uma garantia constitucional concedida, que impede que o juiz seja demitido sem uma decisão judicial transitada em julgado; e não necessariamente esta condição acarreta abuso de poder, ativismo judicial excessivo e/ou conduta reprovável do Douto Julgador).

Com isso, finalizado as reflexões de uma eterna estudante, operadora do direito e, acima de tudo, cidadã brasileira que aguarda ansiosamente os próximos capítulos e evolução da nossa justiça constitucional.

REFERÊNCIAS

ALEXY, Robert. *Teoria & Direito Público. Teoria dos Direitos Fundamentais*. Trad. Virgílio Afonso da Silva. 2. ed. 4. tir. São Paulo: Malheiros, 2015.

BAHIA, Flávia. Direito Constitucional. Atualizado de acordo com o Novo CPC. In: DOURADO, Sabrina (Coord.). *Coleção Descomplicando*. 3. ed. Recife: Editora Armador, 2017.

BARROSO, Darlan; ARAUJO JUNIOR, Marco Antônio. *Vademecum. OAB & Concursos*. 14. ed. 2. tir. São Paulo: Saraiva, 2021.

BARROSO, Luís Roberto. *Curso de Direito Constitucional Contemporâneo. Os conceitos fundamentais e a construção do novo modelo*. 5. ed. São Paulo: Saraiva, 2015.

BARRY, Friedman. The politics of judicial review. *Texas Law Review*. 84:257. p. 321 a 322. 2005.

17. BARROSO, Luís Roberto. *Curso de Direito Constitucional Contemporâneo*. Os conceitos fundamentais e a construção do novo modelo. 5. ed. São Paulo: Saraiva, 2015. p. 460.

BOBBIO, Noberto. *A Era dos Direitos*. Trad. Carlos Nelson Coutinho. Rio de Janeiro, 1992. BOBBIO, Noberto. *A Era dos Direitos*. Nova edição. Rio de Janeiro: Campus, 2004.

BOURDIEU, Pierre. *O poder simbólico*. 14. ed. Rio de Janeiro. Editora Bertrand Brasil, 2010.

BRASIL. Constituição 1988. Constituição da República do Brasil. Brasília – DF. Senado, 1988.

CANOTILHO, José Joaquim Gomes. *Direito constitucional*. 4. ed. Coimbra: Almedina, 1989.

CANOTILHO, José Joaquim Gomes. *Direito constitucional e teoria da Constituição*. Coimbra: Livr. Almedina, 1998.

COZZI, Carlos; SERBIA, José Maria. *El proceso de producción de datos de la investigación social. Nociones y herramientas básicas para la práctica investigativa*.

DIAS, Rodrigo. *Resenha de "O Poder Simbólico"* – Bourdieu: um clássico ainda não reconhecido como tal. Publicado em 28 de junho de 2012 as 21h:57min. Sociologiaeantropologia.blogspot.com. Disponível em :http://sociologiaeantropologia.blogspot.com/2012/06/resenha-de-o-poder-simbolico.html. Acesso em: 28 ago. 2020.

DWORKIN, Ronald. *O império do direito*. 1999.

FACHIN, O. *Fundamentos da Metodologia*. 3. ed. São Paulo: Saraiva, 2001.

FAVOREU, Louis. *As Cortes Constitucionais*. Introdução de Cláudia Toledo e Luiz Moreira. Editora Landy, 2004.

FERRAJOLI, Luigi. *Diritti Fondamentali* – Un dibattito teórico .

GERALDO, P. H. B.; ALMEIDA, F. F. de. A produção da decisão judicial: uma abordagem praxeológica dos julgamentos judiciais. *Revista de Estudos Empíricos em Direito*, 4 (3), 2017.

KANT. *Para a paz perpétua*. Terceiro artigo definitivo em A paz perpétua – um projeto para o hoje. In: J. Guinsburg (Org.). São Paulo: Perspectiva, 2004.

LENZA, Pedro. *Direito Constitucional esquematizado*. De acordo com o novo Código de Processo Civil, EC n. 88/2015, incluindo últimas decisões do STF, 53 Súmulas Vinculantes. 19. ed. São Paulo: Saraiva, 2015.

LUCAS, Ana Maria Bezerra. *Coletânea de textos ciência política*. Apostila. Rio Grande do Norte, 2009.

MAAR, Wolfgang Leo. *O que é política*. 16. ed. São Paulo. Editora Brasiliense, 1994. MACHIAVELLI, Niccoló. *O príncipe*. São Paulo. Editora Lafonte, 2012.

MAUS, Ingeborg. Judiciário como superego da sociedade: o papel da atividade jurisprudencial na "sociedade órfã". *Novos Estudos CEBRAP*, n. 58, p. 183-202, nov. 2000.

MENDES, Gilmar Ferreira; BRANCO, Paulo Gustavo Gonet. *Curso de Direito Constitucional*. 10. Edição comemorativa. São Paulo: Saraiva, 2015.

MENDONÇA, Eduardo. A inserção da jurisdição constitucional na democracia: algum lugar entre o direito e a política. *Revista de direito do Estado*. 13:211. p. 212, 2009.

MORAIS, Alexandre de. Direito Constitucional. De acordo com o Novo CPC e a Lei 13.363/2016. *Revista atualizada até a EC 95 de 15 de dezembro de 2016*. 33. ed. São Paulo: Atlas, 2017.

MOREIRA NETO, Diogo de Figueiredo. *Quatro paradigmas do direito administrativo pós-moderno*. 2008.

PIZZI, Jovino. *Juridicidade, judicialização e justicialização*: entre o direito positivo e a justiça. Universidade Federal de Pelotas. Disponível em ::http://www.congresoalacip2017.org/arquivo/downloadpublic2?q=YToyOntzOjY6InBhcmFtc yI7czozNToiYToxOntzOjEwOiJJRF9BUlF VSVZPIjtzOjQ6IjI5MjYiO30iO3M6MToiaCI7cz ozMjoiYjMxM2Y2ZGRhYmZmYjA5NTQ2MWJhNDA3MjFmZDUxOTYiO30%3D. Acesso em: 13 dez. 2022.

POTIGUAR, Universidade. *Manual de Normalização Bibliográfica para Elaboração de Artigo Científico.* Mossoró, 2011.

ROBERT Post; SIEGEL, Reva. Roe rage: Democratic constitutionalism and backlash. Harvard Civil Rigts - *Civil Liberties Law Review*. 42:373, p. 373. 2007.

SADI, Andréia; RIZEK, André. Entrevista ao programa Altas Horas exibido em 22 de Agosto de 2020). Globoplay.globo.com. Disponível em: https://globoplay.globo.com/v/8798250/. Acesso em: 29 ago. 2020.

VIANNA, L.; BURGOS, M.; SALLES, P. Dezessete anos de judicialização da política. *Tempos Social*, v. 19, n. 2, p. 39-85, 2007.

WOLKMER, Antonio Carlos. *Pluralismo jurídico*: fundamentos de uma nova cultura do Direito. 4. ed. São Paulo: Saraiva, 2015.